徐 峰 魏金营 主编

汽车维修入门与提高

图解版

化学工业出版社

·北京·

本书为方便汽车维修从业人员快速掌握汽车维修基本技能，并提高汽车维修故障诊断与排除能力而编写，内容包括汽车维修基础知识（含汽车二级维护保养操作）、汽车发动机的维修、汽车底盘的维修、汽车电气的维修，可使读者快速入门，掌握汽车维修的基本知识与技能。书中采用了大量图片，按步骤讲述，与实际操作接轨，方便理解和掌握。

本书适合汽车维修从业及相关技术人员使用，也可作为汽车维修企业培训用书和职业院校的教材，还可供广大汽车车主参考。

图书在版编目（CIP）数据

汽车维修入门与提高：图解版/徐峰，魏金营主编.
北京：化学工业出版社，2017.12
ISBN 978-7-122-30818-4

Ⅰ.①汽… Ⅱ.①徐… ②魏… Ⅲ.①汽车-车辆修理-基本知识 Ⅳ.①U472.4

中国版本图书馆CIP数据核字（2017）第257314号

责任编辑：韩庆利　　文字编辑：张绪瑞
责任校对：王素芹　　装帧设计：史利平

出版发行：化学工业出版社（北京市东城区青年湖南街13号　邮政编码100011）
印　　刷：三河市延风印装有限公司
装　　订：三河市宇新装订厂
787mm×1092mm　1/16　印张$24\frac{3}{4}$　字数650千字　2018年3月北京第1版第1次印刷

购书咨询：010-64518888（传真：010-64519686）　售后服务：010-64518899
网　　址：http://www.cip.com.cn
凡购买本书，如有缺损质量问题，本社销售中心负责调换。

定　　价：78.00元

汽车维修入门与提高
（图解版）
编写人员名单

主　　编　徐　峰　魏金营

副 主 编　杨光明　姚栋伟　潘明明

编写人员　杨小波　夏红民　卢小虎　满维龙　程宇航　汪倩倩
汪立亮　连　昺　黄　芸　张能武　潘旺林　陈忠民
徐伟平　冯宪民　周　钊　程宇航　邱立功　潘珊珊
陈梅艳　刘兴武　唐亚鸣　韩满林　桂黎红　王治平
江建刚　夏红民　方立友　杨　文　孙　波　王吉华
李树军　姚韵红　程国元

前言

Preface

随着科学技术和汽车工业的迅速发展，使得汽车电器设备日趋繁杂，不仅用电设备的数量和功率在增大，产品的质量和性能在提高，而且汽车新技术正以惊人的速度，广泛应用于汽车。因此，学习和掌握汽车新技术、新结构方面的知识，就显得十分重要。为了使汽车有关技术人员能更全面地、系统地掌握有关汽车结构原理与检修知识，我们组织编写了《汽车维修入门与提高（图解版）》。

本书针对初学入门者的特点，避免大量的理论和文字，采用了大量图片和实施流程图，内容通俗易懂，可以有效增强实际操作能力。本书主要特点如下：

1. 本书在编写过程中，按照工作过程导向及实施流程的思路编写，较好地满足了当前各初学入门的需求。

2. 本书在编写过程中，在内容的安排上遵照循序渐进的原则，文字和图片在分量上更加均衡，充分增强了培训者学习的主观能动性。

3. 本书在编写过程中，紧密结合汽车技术发展方向，注重新技术应用。

4. 本书在编写过程中，参考了大量汽车品牌的售后服务培训资料，内容、形式和体例都有创新，真正实现了与企业需求之间的并轨。

本书从汽车维修基础入手，讲解了汽车维修基础知识、汽车二级维护；并按照结构、原理、检修内容编排，讲解了汽车发动机、底盘、电气的维修。书中在讲解维修时，运用了大量的图表，按照步骤一步一步提示，便于理解和掌握。

本书结合现代汽车维修作业的先进理念，并借鉴了企业员工培训的内容，书中内容既适合广大汽车维修从业人员使用，又适合企业员工技术培训，还可供车辆评估员、汽车维修接待及维修主管学习使用。本书内容与实际结合紧密，并紧跟市场发展，适用面广，且通俗易懂。

由于水平有限，书中疏漏与不妥之处在所难免，恳请读者批评指正。

编　者

目录
Contents

第一章 汽车维修基础知识

第一节 汽车维修的技术要求

一、维修车间的一般操作

维修车间的一般操作流程如图 1-1 所示。

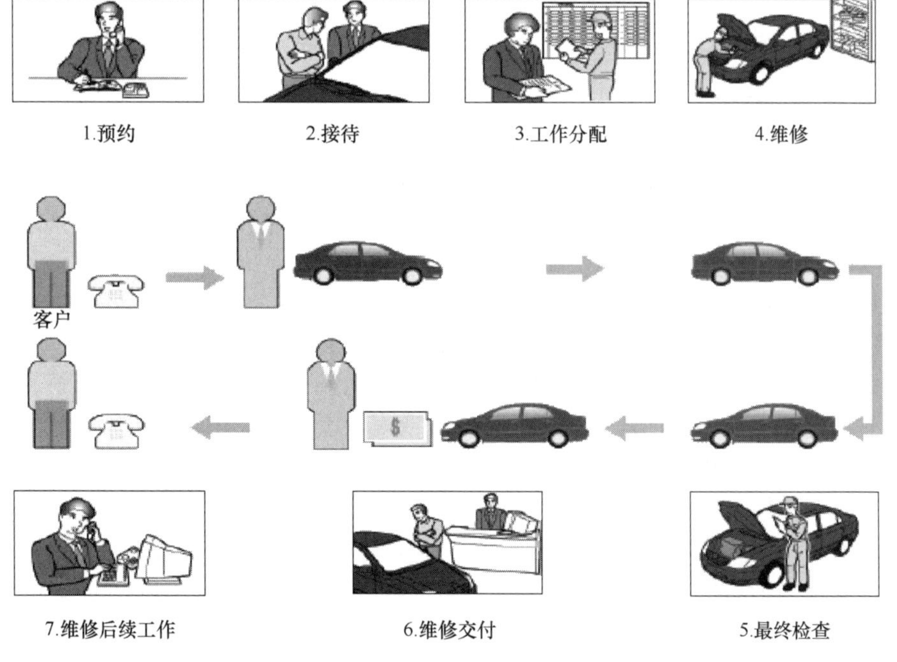

图 1-1 维修车间的一般操作流程

1. 预约

主要由业务人员负责。任务：倾听客户的需求并做好记录，如车型、时间、估算等；安排预约并通知管理员与配件部门。

2. 接待

也主要由业务人员负责。任务：顾客到达后问候客户；说明维修工作，特别是时间和费用；取得客户对维护工作的批准；填写修理单，记录客户的需求，检查维修记录；进行车辆的全身检查，避免不必要的麻烦；将修理单转交给管理员以安排任务。

3. 工作分配

主要由管理员负责。任务：根据完成任务的时间及技术水平分配任务。

4. 维修

主要由维修人员负责。任务：接受工作任务（修理单）；根据工作任务到仓库领零部件；在允许的时间内完成任务；向班组长确认工作完成。对于难度高的任务，班组长要给维修人员提供技术帮助。如果在维护作业过程中，维修人员发现不能按时完成工作任务或需要其他零部件时，一定要向班组长或管理员及时汇报，并根据指示进行工作或开始另一项工作。

5. 最终检查

主要由班组长负责。任务：进行完工后的检查；向管理员确认工作完成。管理员再向业务人员确认工作完成，准备交付。

6. 维修交付

主要由业务人员负责。任务：检查车辆是否清洁；准备将更换的零部件给客户看；准备为所有费用开出发票；电话通知客户，确认车辆准备交付。在业务人员或客户要求时，管理员提供技术说明。

7. 维修后续工作

主要由业务人员负责。任务：对客户作所完成的工作满意度调查。

二、汽车维修的技术要求

1. 汽车分解的要求

汽车分解前，首先应该做好人员的合理分工，以免造成窝工而降低工效。其次应清洗外部，放出所有润滑油和冷却液。然后按照分解规则和顺序进行分解。分解工作进行的好坏，直接影响到汽车修理的质量和速度，所以在分解工作中，应充分考虑到以后的修理和装配工作，因此要求：

（1）汽车和总成分解时，应按分解顺序依次进行，对有公差配合要求和不应互换的机件，如气门、连杆与轴承盖等，在分解时应检查和打上装配记号。

（2）拆卸带有调整垫片的机件时，如减速器、转向机等，勿使垫片丢失或损坏。

（3）如在拆卸时遇到机件锈蚀，可先用煤油或汽油浸润或加热后再进行分解，切不可猛敲猛打，贪图省事损坏机件和工具。

（4）拆下的螺栓、螺母，在不影响修理加工时，可装回原位。

（5）为了零件清洗方便，在分解中，应将不同清洗方法的零件分别放置，如皮质件、橡胶件、铝合金件和钢铁件等。

（6）应正确使用工具，注意事项如下。

① 旋具、钳子，不准代替锤子和铳子使用。各种扳手在使用时，应注意受力方向。

② 拆卸时应选择合适工具，应该用什么工具就用什么工具，切不可勉强凑合。

③ 拆卸过盈配合的轴、销、衬套时，应用专用铳头或铜铳，不可直接敲打。

④ 拆卸齿轮、带轮、轴承时，应用专用工具拉出，如无专用设备可用软金属对称地轻打非工作面，使其脱出。

2. 汽车零件清洗的要求

被分解的汽车零件，表面上积有许多积炭、油污和水垢等，为了便于检验和修理，必须彻底清除污物。

（1）表除积炭　可采用化学和机械的方法清除，或两者并用。

① 用刮刀、铲刀、金属刷清除。

② 用配制的（配方可参考表1-1）化学液清除。清除时溶液温度应保持在80～90℃，将

积炭浸泡软化后，用毛刷或棉纱擦拭干净。清除积炭后，如果是铝合金零件还应用热水冲洗。

表 1-1　清除汽车零件积炭的溶液配方表

品　名		苛性钠/g	碳酸钠/g	硅酸钠/g	肥皂/g	重铬酸钾/g	水/kg
钢铁零件	配方 1	25	33	8.5			1
	配方 2	100				5	1
	配方 3	25	31	10	8	5	1
铝合金零件	配方 1		18.5	8.5	10		1
	配方 2		20	8	10	5	1
	配方 3		10		10	5	1

（2）清除油污

① 对金属零件的清洗。冷洗法：用柴油、汽油或煤油作清洗剂，清洗后用压缩空气吹干。此法简便易行，但成本较高。热洗法：用碱溶液作清洗剂，效果同于汽油，而费用较低。溶液配方可参考表 1-2。

表 1-2　清洗汽车零件油污的溶液配方表

品　名		苛性钠/g	碳酸钠/g	磷酸三钠/g	肥皂/g	硅酸钠（水玻璃）/g	重铬酸钾/g	液态肥皂/g	水/kg
钢铁零件	配方 1	100						2	1
	配方 2	7.5	50	10	1.5				1
	配方 3	20		50		30			1
铝合金零件	配方 1		10				0.5		1
	配方 2		4			1.5			1
	配方 3					1.5		2	1

注：清洗钢铁零件，在无上述配方条件时，只把苛性钠加入水中作清洗液也可。

② 对非金属零件的清洗。对橡胶零件，如制动皮碗、皮圈等，清洗时可用酒精或制动液，不得用汽油、碱溶液清洗，以防发胀变质。

当离合器和制动器的摩擦擦片有轻微油污时，应用汽油刷洗干净。

对皮质零件，如皮质油封等，一般用干净布擦净即可。

3. 汽车装配的要求

（1）所有机加工的零件，在工作面上有毛刺、突点或锤击伤痕，凡影响装配质量的均需锉磨修整。

（2）所有重要零件在装配以前，必须进行彻底清洗并用压缩空气吹净，然后做最后检验。

（3）发动机和底盘的主要零件螺纹，如有出现断扣、变形或滑牙在有效范围内超过两扣以上而无法修复者，均不能装用。

（4）主要螺钉均应伸出螺母1～3扣。一般螺钉应不低于螺母，在不妨碍使用的情况下，高出螺母两三扣以上。凡是用螺纹连接所使用的平垫圈、弹簧垫圈、开口销、保险锁片等，都要按照规定装配齐全。如用铁丝锁紧的螺栓，正确的方法是当螺栓动时，铁丝被拉紧。

（5）凡有规定扭紧顺序的螺钉和螺母，要按规定顺序扭紧。对有规定转矩的螺钉和螺母，可用扭力扳手按规定扭紧。

（6）对用过的衬垫、铜皮、铁皮等，要严格检查，对不符合使用条件的不再用。各种垫片均不得涂抹清漆。

（7）对气缸盖、气缸水道侧盖、进排气歧管、化油器及水泵等处的螺钉和双头螺钉，安装前在螺纹上涂以红丹油。

（8）所有皮质油封，在安装前浸入60℃的混合液（机油和煤油各占50%）中5～8min，方可使用。如果是胶质的油封，应在摩擦部分涂上齿轮油。安装时油封的铁壳外周及座圈应涂上锌白漆。

（9）全部油嘴、油杯均应装配齐全，并按季节（规定时间）、种类及容量分别加足润滑油。

第二节 汽车维修安全操作规则

汽车维修的安全规定，是预防在生产过程中引起的伤、病和其他不幸事故的一种措施，因此，要求每个工作人员必须确实遵守和执行。

一、作业须知

1. 事故

（1）事故的因素　事故的因素有人为因素和自然因素。人为因素是由于不正确地使用设备或工具，穿着不合适的衣物或由于操作人员不小心造成的事故。自然因素是由于设备或工具出现故障或缺少完整的安全装置、工作环境不良等原因造成的事故。

（2）事故的危害　事故的后果有设备损坏或人身伤害。如果在工作中发生事故，将对你本人及家庭，同事和公司造成非常大的影响。

2.“5S”理念

（1）什么是“5S”　“5S”是现代企业普遍推行的一种重要管理方法，是保持车间环境、实现快速可靠、安全工作的前提。“人造环境、环境造人”，一个良好的工作现场、操作现场有利于企业吸引人才、创建企业文化、降低损耗和提高工作效率，同时可以大幅度提高全体人员的素质和敬业爱岗精神。“5S”来自日文整理（SEIRI）、整顿（SEITON）、清扫（SEISO）、清洁（SEIKETSU）和素养（SHITSUKE）发音的首字母“S”，所以简称为“5S”。

① 整理（SEIRI）：是指确认某种物品是否需要，如不需要应立即丢弃，以便有效利用空间。该物品可以是工具、零件甚至信息。应在指定的地方丢弃不需要的物品。

② 整顿（SEITON）：是指对需要的物品，根据使用频率进行整顿，以方便使用。原则：将很少使用的物品放在单独的地方；将偶尔使用的物品放在你的工作场地；将经常使用的物品放在身边。

③ 清扫（SEISO）：是指使工作场地及场地内的所有物品都保持干净的过程。使设备处

于完全正常的状态，保证随时都可正常使用。

④ 清洁（SEIKETSU）：是指保持整理、整顿、清扫的过程。

⑤ 素养（SHITSUKE）：是指通过持续（长时间坚持）的整理、整顿、清扫、清洁使之成为习惯的过程。

（2）“5S”管理的效用　“5S”管理的五大效用可归纳为5个“S”，即：Sales、Saving、Safety、Standardization、Satisfaction。

①“5S”管理是最佳推销员（Sales）——被顾客称赞为干净整洁的工厂使客户有信心，乐于下订单；会有很多人来厂参观学习；会使大家希望到这样的工厂工作。

②“5S”管理是节约家（Saving）——降低不必要的材料、工具的浪费；减少寻找工具、材料等的时间；提高工作效率。

③“5S”管理对安全有保障（Safety）——宽广明亮、视野开阔的职场，遵守堆积限制，危险处一目了然；走道明确，不会造成杂乱情形而影响工作的顺畅。

④“5S”管理是标准化的推动者（Standardization）——用一定的原则规范作业现场，大家都按照规定执行任务，程序稳定，品质稳定。

⑤“5S”管理形成令人满意的职场（Satisfaction）——创造明亮、清洁的工作场所，使员工有成就感，能造就现场全体人员进行改善的气氛。

二、人与车辆的防护

1. 人员防护

穿戴整洁的工作服和工作鞋，是职业化形象的具体体现，也是安全生产的具体要求，如图1-2所示。

（1）工作服　为了安全和方便工作，工作服必须结实合身。为保护车内外，不要将带子、纽扣、手表等坚硬物体暴露在外，同时应保持工作服的整洁。为了防止受伤或烫伤，请规范穿着工作服，尽量不要裸露自己的皮肤。

（2）工作鞋　工作鞋前部有保护钢板，底部可以防滑并且绝缘，可以起到很好的保护作用。为了防止因重物坠落砸伤脚或因工作区域有油污而摔倒，在工作时，应穿戴符合要求的工作鞋，如图1-3所示。

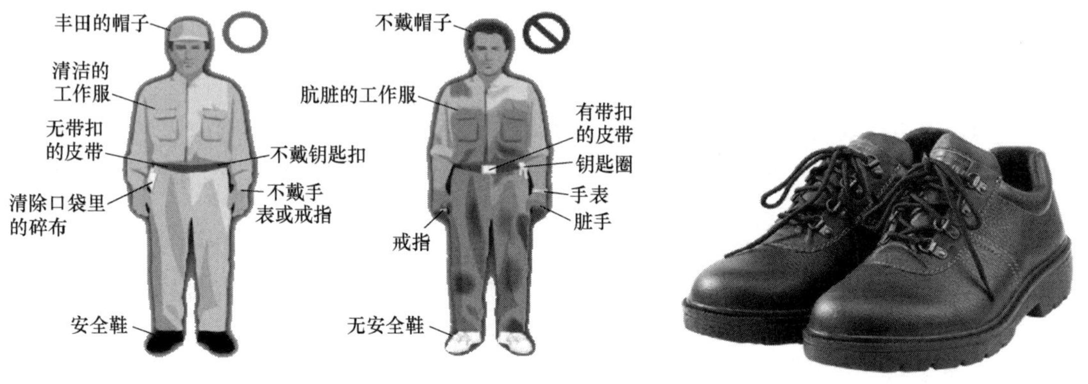

图1-2　人员防护

图1-3　工作鞋

（3）工作手套　工作服和工作鞋是在工作中必须按要求穿戴的，而工作手套（图1-4）并非必须佩戴，应根据自己的作业内容来决定。如提升重物或拆检类似排气管等热的物体时必须佩戴，以免受伤；在操作旋转性设备时，禁止戴手套。

在工作中，如操作会产生碎片的旋转性工具时，还应佩戴护目镜，如图1-5所示。

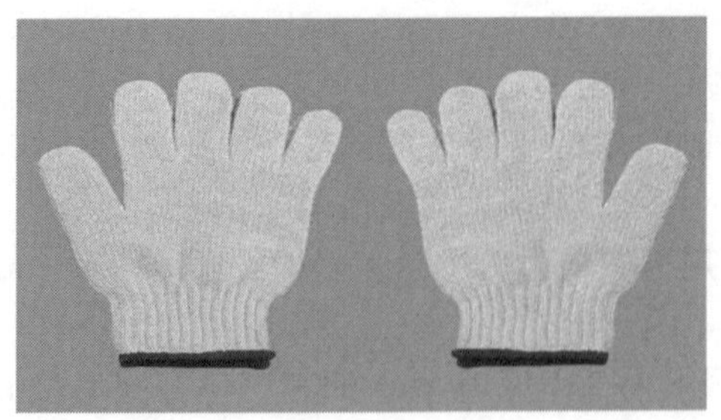

图 1-4 工作手套

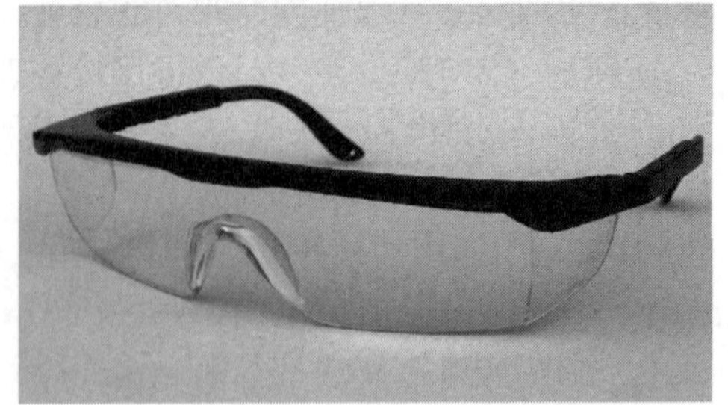

图 1-5 护目镜

2. 车辆的防护

在进行车辆作业前，必须对车辆内外做好防护工作，这不仅是保护车辆，也能体现企业“客户至上”的理念。为了避免在作业时弄脏客户车内，应铺好地板垫、座椅套、方向盘套、换挡杆套等；为了避免在操作时损坏或腐蚀车辆外部，应铺好翼子板布、前围；为了可靠保证车辆不移动，还应放好车轮挡块，如图 1-6 所示。此外，为了保护操作环境，在启动发动机前还应接上烟道；在对车辆维护操作完成后，还应对车内外进行清洁。

三、工作安全

1. 防火知识

（1）预防措施（图 1-7）

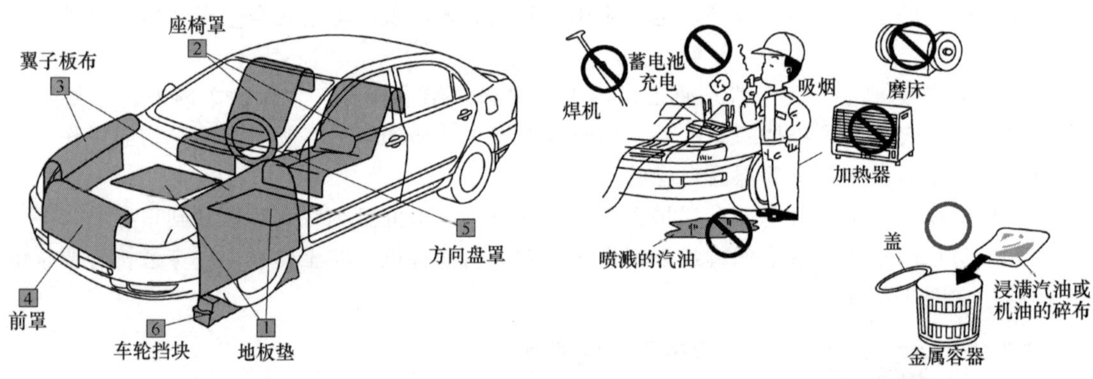

图 1-6 车辆的内外防护

图 1-7 防火措施

① 不得在工作场所吸烟。如在吸烟区吸烟后，应确认烟头熄灭在烟灰缸里。

② 千万不要在正在充电的蓄电池旁使用明火或产生火花的设备，因为在充电时蓄电池产生可燃性气体——氢气。

③ 在机油存储地或可燃性的零件清洗剂附近，不要使用明火。

④ 仅在必要时才将燃油或清洗剂带到车间，携带时还应使用密封的容器。

⑤ 吸满机油和汽油的碎布在特定条件下，可能发生自燃，所以应将其放入带盖的金属容器内。

⑥ 不要将可燃性废机油或燃油倒入污水管道，这不仅造成环境污染，还将可能造成污水管道发生火灾，应将这些废油倒入指定的回收容器内。

⑦ 在维修车辆燃油系统前，应断开蓄电池的负极，在没有修好前，可以防止误启动。

⑧ 让员工知道灭火器、灭火沙、消防栓放在何处，如何使用。

（2）施救 如发生火灾，首先拨打火警电话 119，在消防员没有到达现场前，所有人员

应配合扑灭火焰。

2. 防电知识

（1）预防措施（图 1-8）

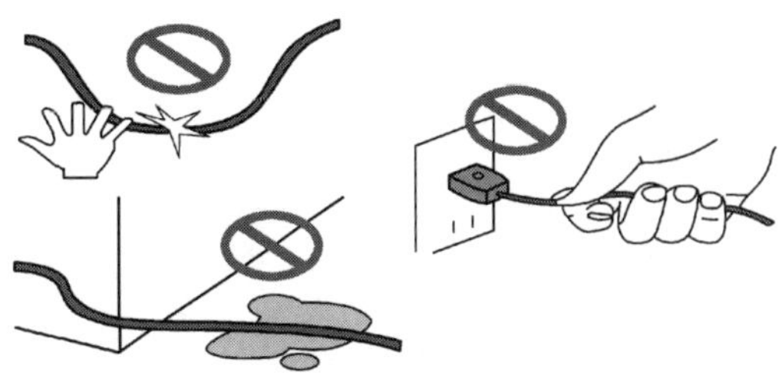

图 1-8　防电措施

① 拔电缆插头时，不要拉电线，而应拉插头本身。

② 对于标有故障的电气开关，千万不要触碰。

③ 不要靠近断裂或摇晃的电线。

④ 千万不要用湿手接触电气设备。

⑤ 千万不要让电线通过尖角、潮湿、有油污、高温的地方。

⑥ 千万不要在发动机、配电箱等附近使用易燃物。

⑦ 如发现电气设备不正常，应立即关掉开关。

（2）施救　如果因电路或电气设备引起的火灾或人身伤害，应先断开电源开关，再施救。

3. 险情报告

无论何时，在车间发现险情，都应立即向上级汇报。

第三节　汽车维修工量具及设备

一、常用工具

1. 成套套筒扳手

该工具是由一套多规格的套筒和手柄及接杆等组成的多用途扳手，如图 1-9 所示。根据工作条件和螺栓螺母的大小，选择不同的套筒和手柄后，可以轻松快速地拆下螺栓螺母。成套套筒扳手组件的多少取决于其型号。

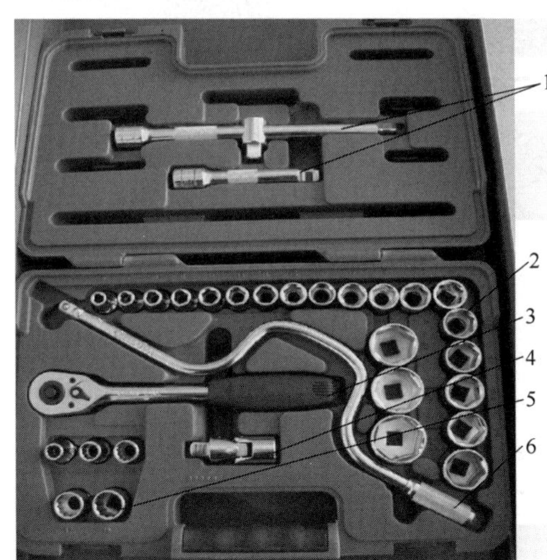

图 1-9　成套套筒扳手

1—加长杆；2—六角套筒；3—棘轮手柄；4—万向节；5—双六角套筒；6—摇把

（1）套筒　套筒的接口有大小两种规格，大的比小的可以获得更大的扭矩；套筒的深度有标准型和深型两种，深型主要用于螺栓突出的场合；套筒的钳口有六角和双六角之分，应根据螺栓螺母的形式合理选用，如图 1-10 所示。套筒的大小尺寸有多种，应根据螺栓螺母尺寸正确选择。

（2）加长杆　加长杆有长短之分，主要用于拆装装的太深不易接触的螺栓螺母。也用于将工具抬高，便于使用。如图 1-11 所示。

（3）棘轮手柄　棘轮手柄需与套筒配合使用，可以实现在有限的空间里快速拆装螺栓螺母。棘轮手柄可以调节旋向，在使用时要根据使用情况合理选择。在使用中切忌施加较大扭矩，大的扭矩将导致棘轮手柄中的棘轮棘爪机构损坏，如图 1-12 所示。

（4）滑动手柄　通过移动滑动手柄上的套头，滑动手柄可以有两种使用方法：L 型——可以实现施加较大扭矩；T 型——可以增加拆装速度，如图 1-13 所示。

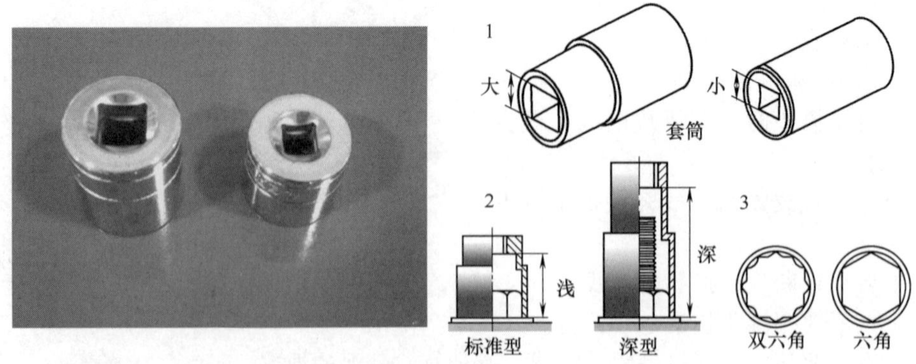

图 1-10　套筒的形式

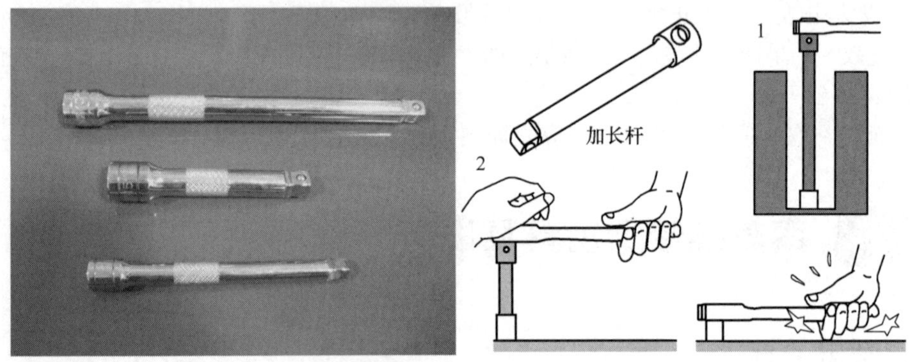

图 1-11　加长杆

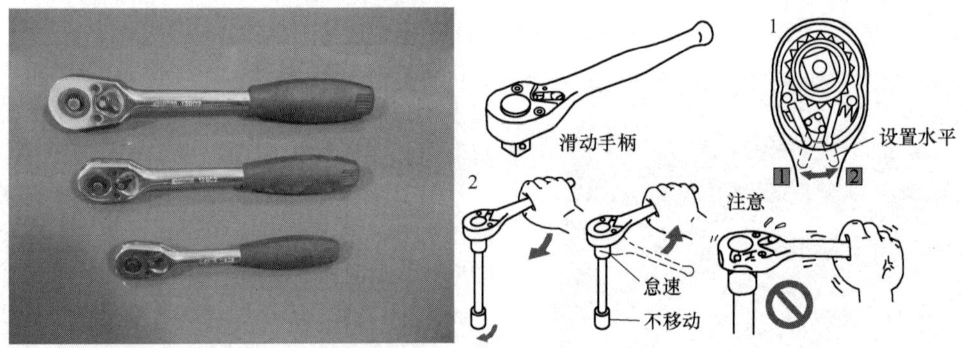

图 1-12　棘轮手柄

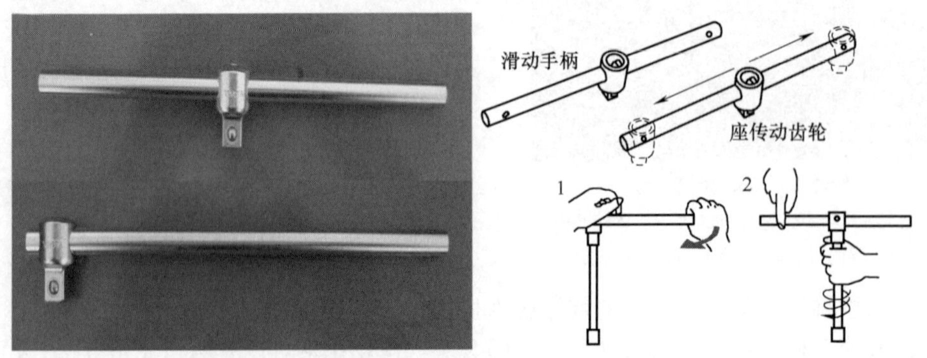

图 1-13　滑动手柄

2. 梅花扳手

梅花扳手可以对螺栓螺母施加较大的扭矩，其尺寸有多种规格，并有长短之分，短型主要用于长度方向空间有限的场合。由于可以完全包住螺栓螺母，因此没有损坏螺栓螺母的可能，并可施加大扭矩；由于梅花扳手的轴是有角度的，因此可方便地用于拆装凹进或平面上的螺栓螺母，如图 1-14 所示。

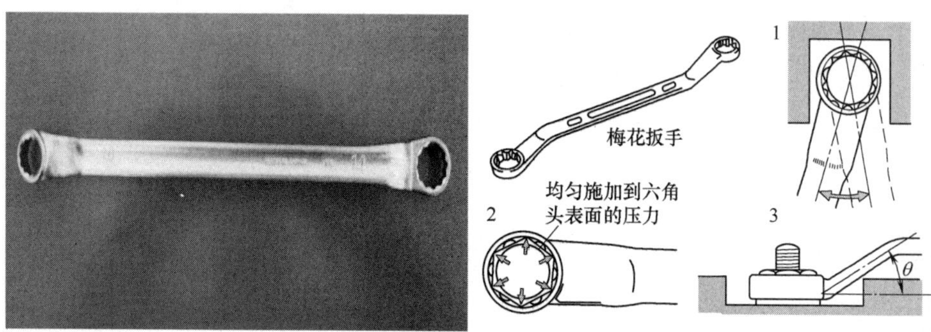

图 1-14　梅花扳手

3. 开口扳手

开口扳手主要用于不能使用成套套筒扳手和梅花扳手拆装螺栓螺母的场合。为防止相对的零件转动，可以用两个开口扳手配合使用，如拧松燃油管、调整前轮前束。因不能完全包住螺栓螺母，所以不能施加较大的扭矩，不能用于最终的拧紧。不可在开口扳手上套接管子以增加扭矩，这会导致超大扭矩，损坏螺栓螺母或开口扳手。如图 1-15 所示。

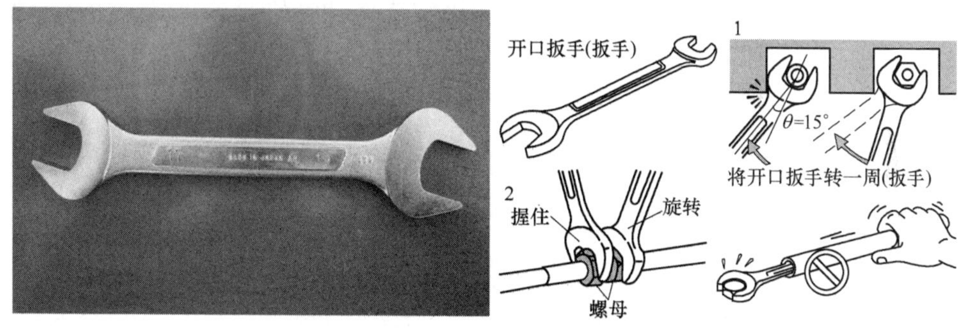

图 1-15　开口扳手

4. 扭力扳手

扭力扳手有可调式和不可调式之分，主要用于按规定扭矩的最终拧紧。通过旋转扭力扳手的手柄可以获得不同的扭力（上有刻度），在扭力扳手的前部有调节旋向的装置，在使用前，调至规定扭力，并锁紧，再确认旋向后方可使用；在使用中，要坚持采用拉的姿势，如空间限制无法采用拉的姿势则可用手掌推的姿势，否则有可能造成严重伤害。扭力扳手的旋向调节和锁紧装置的形式根据厂家的不同可能不同。如图 1-16 所示。

5. 钳子

（1）尖嘴钳　用于在密封的空间里操作或夹紧小零件。在钳子的颈部还有一组刀口，用于切割细导线或剥掉电线外面的绝缘层。不可在钳子头部施加大的力，这将导致钳口变形，如图 1-17 所示。

（2）鲤鱼钳　主要用于夹东西，如卡箍等，也可利用刀口剪断导线。通过改变支点的位

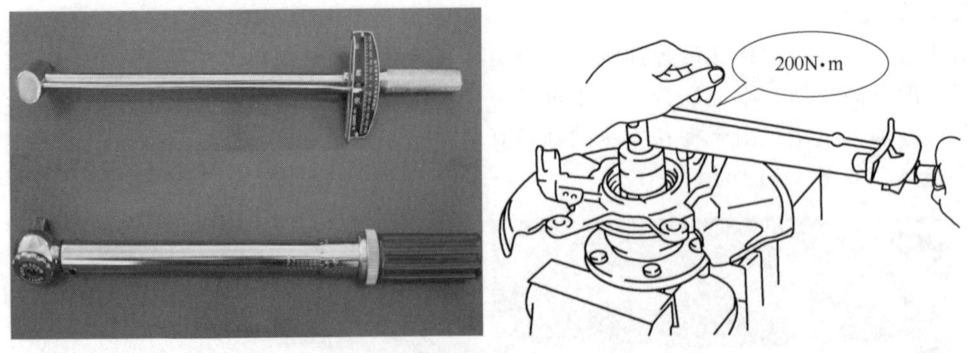

图 1-16　扭力扳手

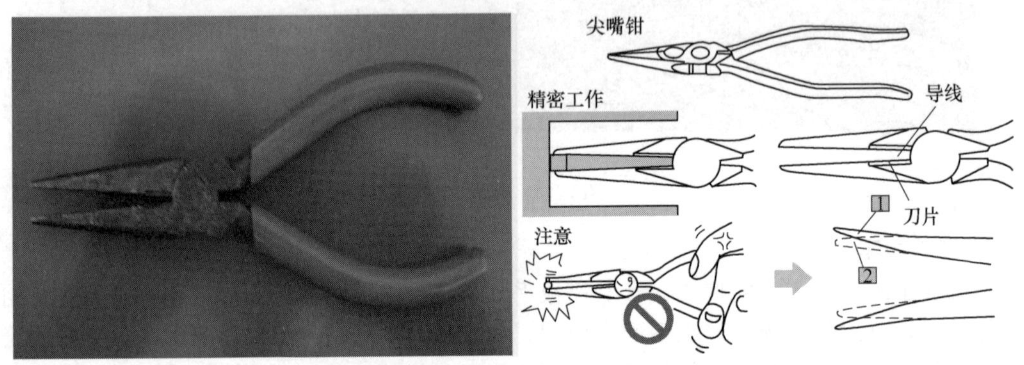

图 1-17　尖嘴钳

置，可以调节钳口张开的程度，以实现不同的用途。在夹紧易损件时，需要对易损件做好防护，如在外面包裹防护布。如图 1-18 所示。

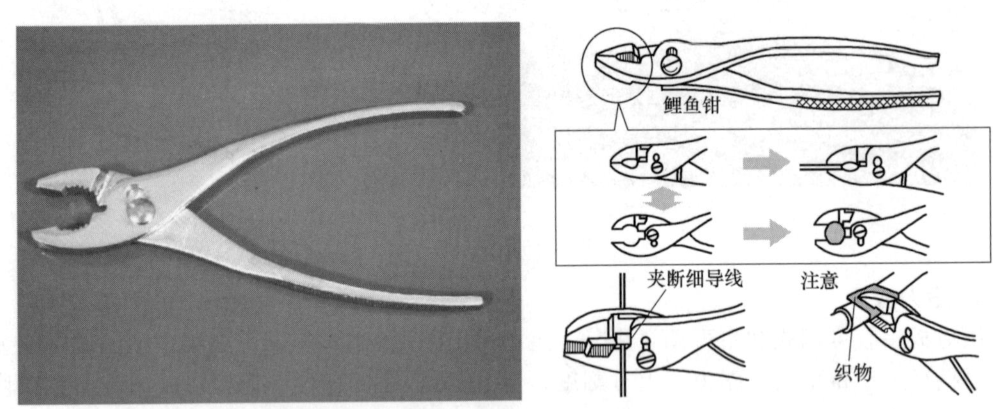

图 1-18　鲤鱼钳

6. 螺丝刀

主要用于拆装螺钉。有十字（正型）和一字（负型）之分。在使用时，要选择与螺钉槽口尺寸相适合的螺丝刀，并要使螺丝刀与螺钉尾端保持直线，边用力边转动。切勿使用其他工具来增加螺丝刀上的扭矩，这将导致螺丝刀或螺钉的损坏。如图 1-19 所示。虽然普通螺丝刀应用最为广泛，但穿透螺丝刀、短柄螺丝刀、方柄螺丝刀、精密螺丝刀也得到一定的应用，如图 1-20 所示。

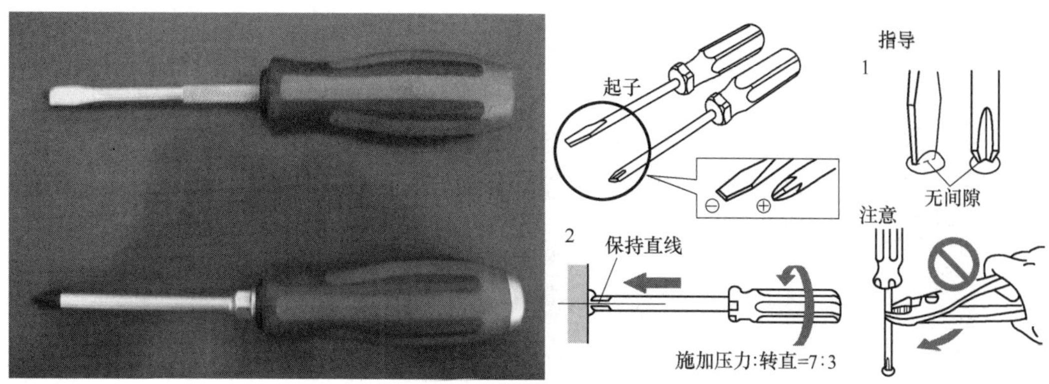

图 1-19　螺丝刀

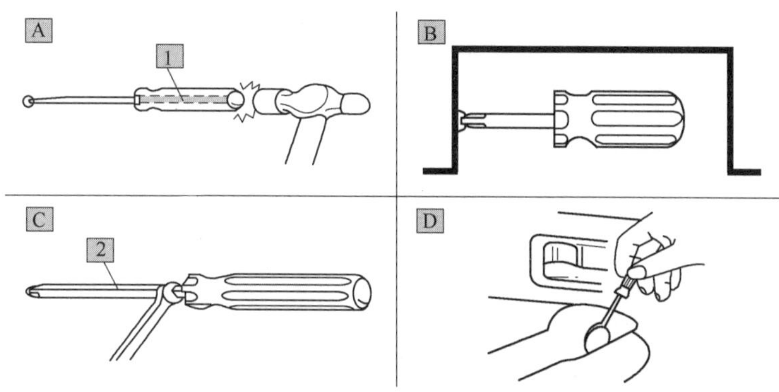

图 1-20　其他类型螺丝刀

7. 活动扳手

主要用于尺寸不规则的螺栓螺母。通过调节螺杆可以改变开口的开度，一个活动扳手相当于多个开口扳手，在使用时，要调节钳口使之与螺栓螺母头部无间隙。开口扳手不能施加大的扭矩。要使活动钳口在旋转方向上来转动扳手，否则扭力将施加在调节螺杆上，使其损坏，如图 1-21 所示。

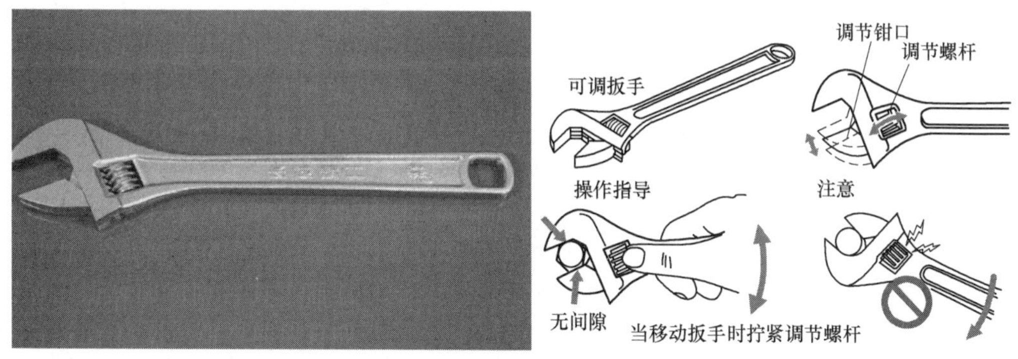

图 1-21　活动扳手

8. 锤子

主要用于通过敲击拆装零部件。常用的有球头销锤子、塑料锤、检修锤。球头销锤子有铸铁头部；塑料锤主要用于通过振动拆卸零部件，同时可避免损坏零部件；检修锤主要用于通过敲击的声音和振动来检查螺栓的松紧度。如图 1-22 所示。

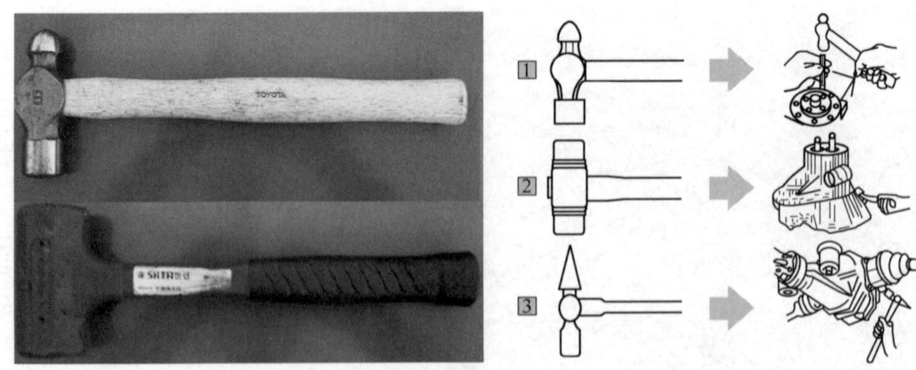

图 1-22　锤子

9. 刮刀

主要用于拆卸气缸盖、油底壳等各结合表面的液态密封胶及胶黏物表面上的其他东西。当使用在易于损坏的表面上时，刮刀应包裹塑料带；切勿把手放在刀片前，可能会受伤，如图 1-23 所示。

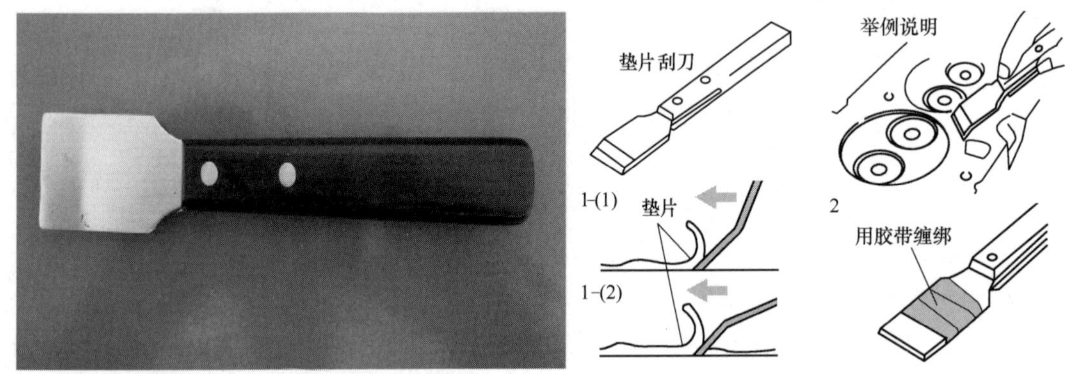

图 1-23　刮刀

10. 风动工具

风动工具是以压缩空气为动力源，用于实现快速拆装螺栓、螺母的工具，广泛应用于石化行业、电力行业、交通运输行业、船舶制造行业、冶炼行业等。在汽车维修企业，为了提高生产效率，一般都配有该工具。目前使用比较多的是冲击式气动扳手和棘轮式气动扳手。由于该产品使用的动力源是压缩空气，所以在一些防爆场所特别适宜使用。

（1）冲击式气动扳手　冲击式气动扳手主要用于实现拆卸大扭矩的螺栓、螺母，俗称风炮，如图 1-24 所示。该工具的输出扭矩和旋转方向可以根据使用对象进行调整。在使用冲击式气动扳手时，请与工具箱内的专用套筒扳手配合使用，专用的套筒扳手经过专门加工，其特点是能防止套筒从传动装置上松脱，同时该套筒为了在较大的冲击载荷下不致损坏，增加了套筒的壁厚，即加强型套筒。扭矩调整和旋转方向按钮的位置和形状因生产厂家的不同而不同。

（2）棘轮式气动扳手　棘轮式气动扳手主要用于实现快速拆卸和安装小扭矩的螺栓及螺母，如图 1-25 所示。该风动工具可以改变旋向，但不可以对扭矩进行调整，可与套筒和加长杆配合使用，在使用时，要确保排风口不要对着螺栓、螺母、小零件、机油等。在没有气源的情况下使用，其使用方法与普通的棘轮扳手使用方法一致。

（3）冲击式气动扳手的使用注意事项

① 在使用冲击式气动扳手时请勿戴手套，因为它是旋转性工具，如图 1-26 所示。

图 1-24　冲击式气动扳手

图 1-25　棘轮式气动扳手

② 在使用前请确认套筒和气源连接牢靠，选择适当的挡位和旋向，并在使用前确认，如图 1-27 所示。

③ 选择的气源气压应符合规定。

④ 选择的套筒种类和大小应符合要求。

⑤ 使用时要确认套筒与螺母完全套好结合再打开气动扳手，否则会损坏螺母或螺纹。

⑥ 如用于旋紧螺母时，请使用小挡位小扭矩旋紧，并在使用前确认螺纹螺母完全旋合。

⑦ 如果从螺栓上完全取下螺母，则旋转力有可能使螺母飞出。

⑧ 在操作时，手要握紧气动扳手并用一定的正压力，因为接通气动扳手时会释放比较大的扭矩，这将引起振动。

⑨ 定期检查气动扳手并用气动扳手油进行润滑和防锈是非常必要的。

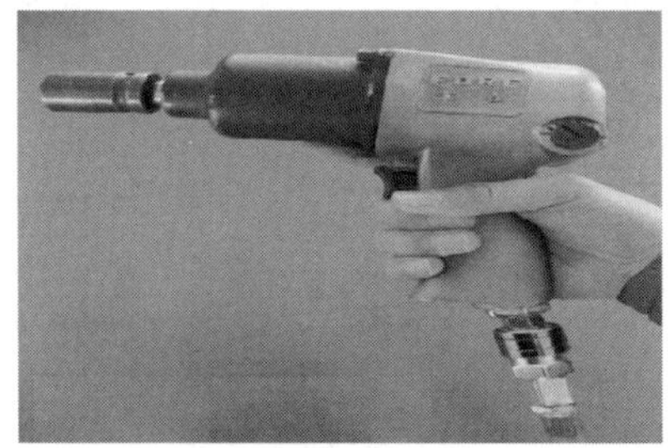

图 1-26　冲击式气动扳手的使用

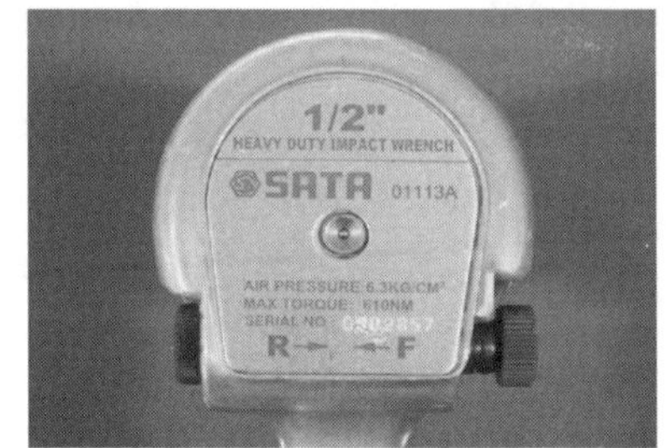

图 1-27　旋向调整

二、常用测量仪器

1. 游标卡尺

游标卡尺的量程有 0～150mm、200mm、300mm，测量精度一般为 0.05mm，可以测量长度、外径、内径、深度。游标卡尺的结构如图 1-28 所示。

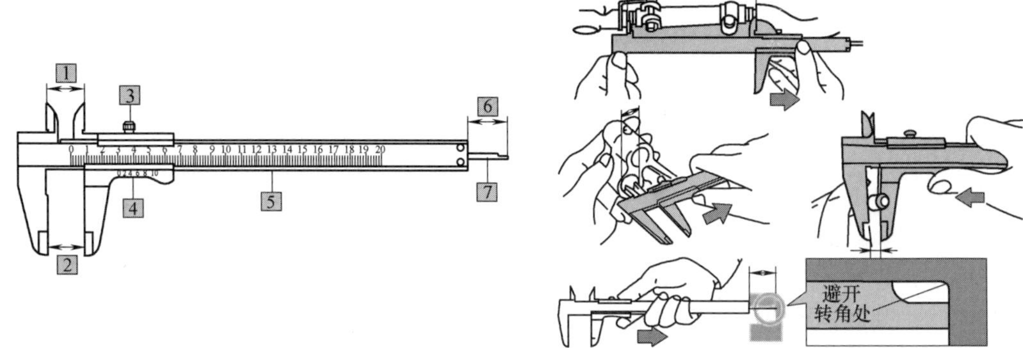

图 1-28　游标卡尺

1—内径测量爪；2—外径测量爪；3—止动螺钉；4—游标尺刻度；5—主标尺刻度；6—深度测量；7—深度测量杆

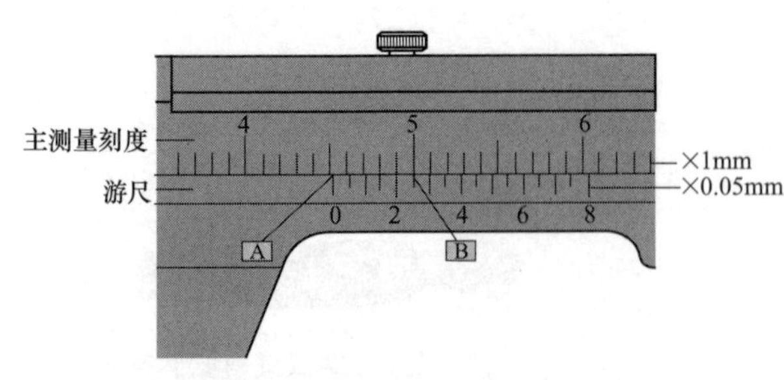

图 1-29 游标卡尺的读数

测量值的读取：读数大于 1.0mm 时，读取主标尺刻度的数值，其位于游标“零”的左边，例如 A 为 45mm；读数低于 1.0mm 大于 0.05mm 的数值，读取游标上的刻度与主测量刻度相对齐的点，例如 B 为 0.25mm；最终的测量值为：A＋B＝45＋0.25＝45.25mm，如图 1-29 所示。

2. 千分尺

常用千分尺的量程有 0～25mm、25～50mm、50～75mm 和 75～100mm 四种，测量精度为 0.01mm，主要用来测量厚度与外径。千分尺的结构如图 1-30 所示。

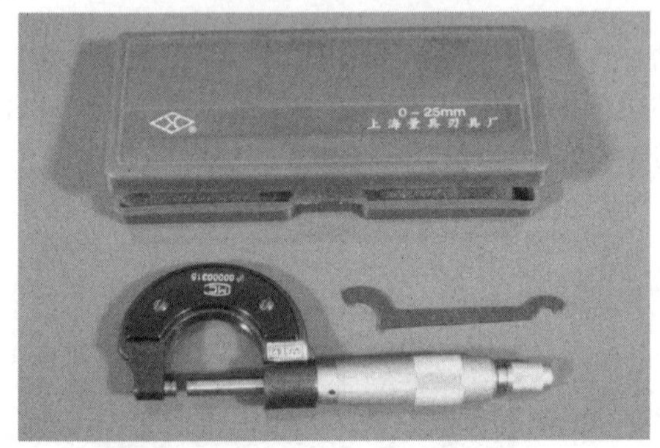

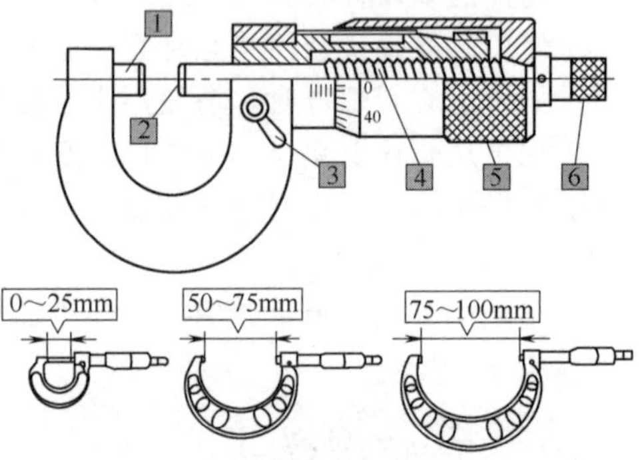

图 1-30 千分尺

1—测毡；2—轴；3—锁销；4—螺钉；5—套筒；6—棘轮定位器

测量前，首先清洁测量毡，校零，如不在零位可用调整扳手进行调整；测量时，旋转套筒直到轴轻触被测件，并保证测毡与被测件正确接触，然后转动棘轮定位器，直到空转几次后读取测量值。测量值的读取：读出至 0.5mm 的值，读出在套管刻度上可以看见的最大值，例如 A＝55.5mm；读出 0.5mm 以下 0.01mm 以上的值，读取套筒上的刻度与套管上的刻度对齐点的数值，例如 B＝0.45mm，最终的测量值为：A＋B＝55.5＋0.45＝55.95mm，如图 1-31 所示。

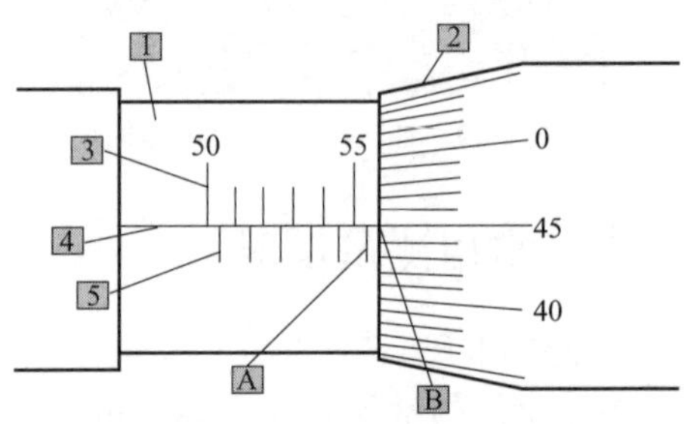

图 1-31 千分尺的读数

1—套管；2—套筒；3—1mm 递增；4—套管上的基线；5—0.5mm 递增

3. 百分表

百分表主要用于测量轴的弯曲、端面圆跳动等，测量精度为 0.01mm，百分表的结构如图 1-32 所示。

将百分表与磁性表座相连，可以实现测量弯曲度、端面圆跳动；与内径测量杆相连，可以测量气缸内径。测量时，要使测量头垂直于被测面，并设置指针位于量程的中间位置，以提高灵敏度，如图 1-33 所示。测量值的读取：读取表盘指针在表盘内偏摆的最大刻度。如左右偏摆 7 个刻度，则偏差为 0.07mm。

4. 精确测量的要点

（1）测量前

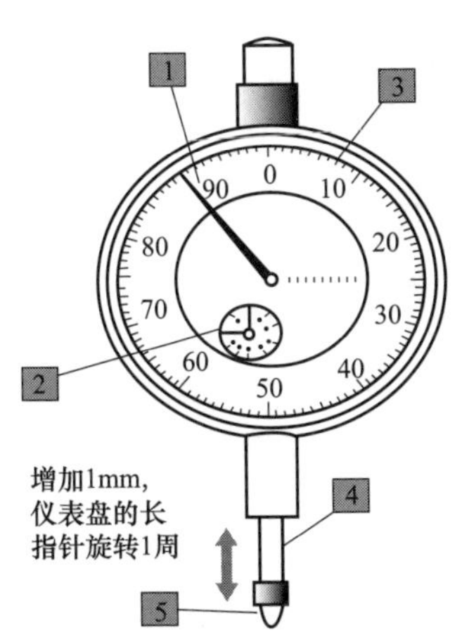

图 1-32　百分表

1—长指针；2—短指针；3—表盘；4—伸缩轴；5—测量头

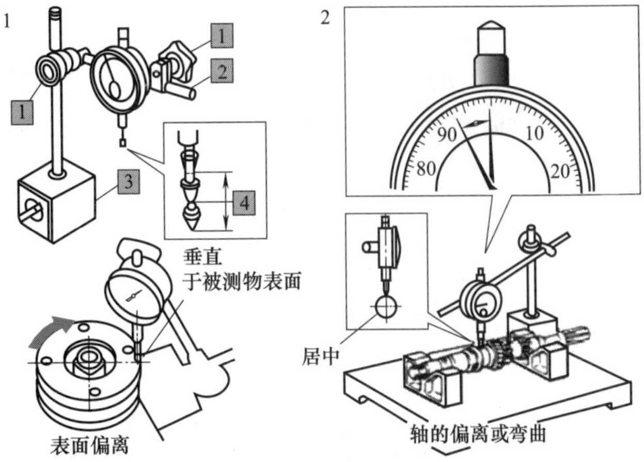

图 1-33　百分表的使用

① 清洁被测零部件和仪器。零部件和测量仪器脏污将导致测量误差，所以测量前必须进行相应的清洁。

② 按照测量要求，选择合适精度的测量仪器。

③ 使用仪器测量前必须进行校零。

（2）测量时

① 测量位置应符合规范，如制动盘圆跳动的测量点在离外边缘 1mm 处。

② 测量头（毡）要与被测零部件垂直。

③ 读取测量值时，眼睛要与刻度垂直。

（3）测量后

① 要清洁测量仪器，并放回原处。

② 如果长时间放置不用，需要涂油防锈。

三、常用维修设备

（一）发动机故障诊断设备

1. 气缸压力表

气缸压力表如图 1-34 所示。气缸压力表用于检测气缸压缩压力，根据测试结果可以判断气缸衬垫、气缸体与缸盖之间的密封状况、活塞环与缸壁配合状况，以及燃烧室内积炭是否过多等与气缸有关的技术状况。

2. 气缸漏气量检测仪

气缸漏气量检测仪如图 1-35 所示。气缸漏气量检测仪用于测量活塞处于压缩行程上止点位置时，气缸内外传输压缩空气的压力变化值，从而判断气车发动机的气缸和进、排气门的密封状况。在测量气缸漏气量的同时，进行人工察听辅助诊断，可对气缸、气缸垫和进、排气门的密封状况进行深入准确的诊断。

3. 曲轴箱窜气量检测仪

曲轴箱窜气量检测仪如图 1-36 所示。曲轴箱窜气量检测仪用于测量发动机曲轴箱窜气量，从而检验发动机的动态密封性，判断发动机气缸、活塞和活塞环的技术状况，监测发动机磨合质量。

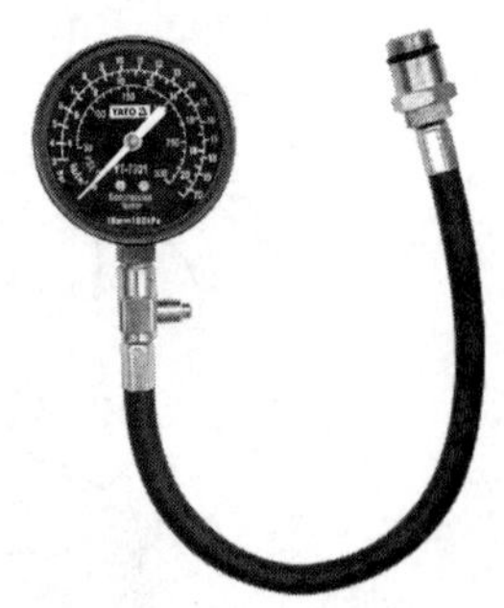

图 1-34　气缸压力表

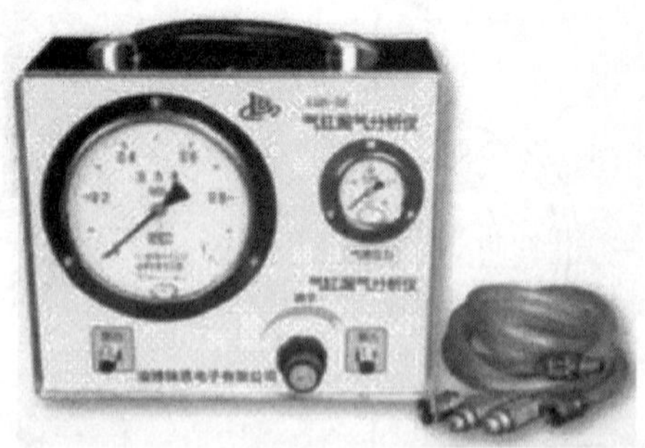

图 1-35　气缸漏气量检测仪

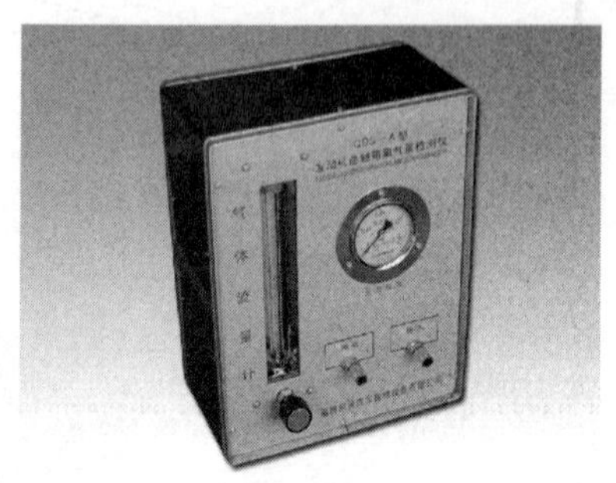

图 1-36　曲轴箱窜气量检测仪

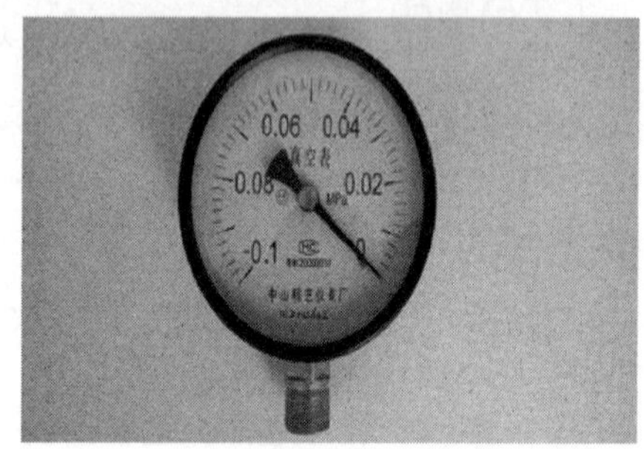

图 1-37　真空表

4. 真空表

真空表如图 1-37 所示。用于检测汽油发动机进气歧管的真空度，通过测量进气歧管真空度可以判断发动机密封性能的好坏、空燃比的好坏和点火性能的好坏，可以诊断进气管或化油器衬垫的泄漏、配气机构密封性、排气消声器阻塞、点火时间和点火性能等诸多方面的故障。

5. 点火正时灯（枪）

点火正时一般用点火提前角（曲轴转角或凸轮轴转角）表示。点火正时灯（枪）如图 1-38 所示。可检测汽油机点火提前角，有的还能测试转速、点火导通（闭合）角和电压参量。

6. 发动机废气分析仪

发动机废气分析仪如图 1-39 所示。主要用于测量汽车发动机排气中的多种气体含量。这类仪器还可用于检查空燃比，检测催化转化器性能，检查燃油反馈系统、化油器及进、排气管泄漏等故障，帮助分析并排除发动机控制系统的故障，以及确保车辆污染排放指标的正常。根据检测气体种类的不同，发动机废气分析仪分为二气体、四气体和五气体分析仪。

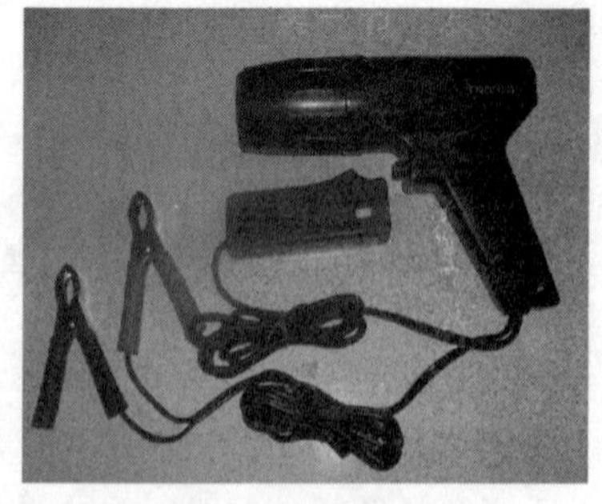

图 1-38　点火正时枪

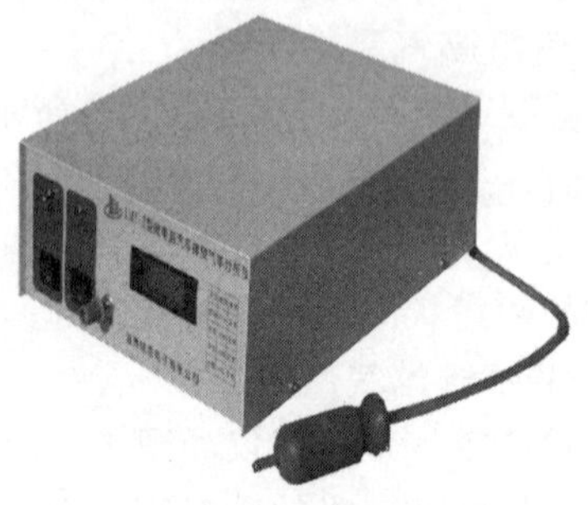

图 1-39　发动机废气分析仪

7. 柴油机烟度计

柴油机烟度计用于检测柴油车的排气烟度，以便研究和分析柴油机的工作状况。烟度计可分为滤纸式烟度计、透光式烟度计和重量式烟度计等多种。我国使用滤纸式烟度计和透光式烟度计。

8. 发动机综合分析仪

发动机综合分析仪如图 1-40 所示，有汽油机综合分析仪，柴油机综合分析仪和汽、柴油两用发动机分析仪等形式，可适用的发动机类型很广，可对启动和充电系统、点火系统、燃油系统和点火正时等多种项目进行精确测试。

（二）底盘故障诊断设备

1. 底盘测功机

底盘测功机如图 1-41 所示。一般用于检测各类汽车的底盘输出功率、驱动力、车速、加速性能、滑行性能，以及车速表和里程表的准确性。若配以燃油流量计可检测油耗，配以排放分析仪可检测排放污染物成分含量，可综合评定汽车的动力性能、经济性，以及环保指标；配以曲轴箱窜气量检测仪和离合器频闪仪可进行发动机磨损检测和离合器打滑检测。现在的底盘测功机多采用电涡流测功器作为功率吸收装置，并用微机作为控制中心。

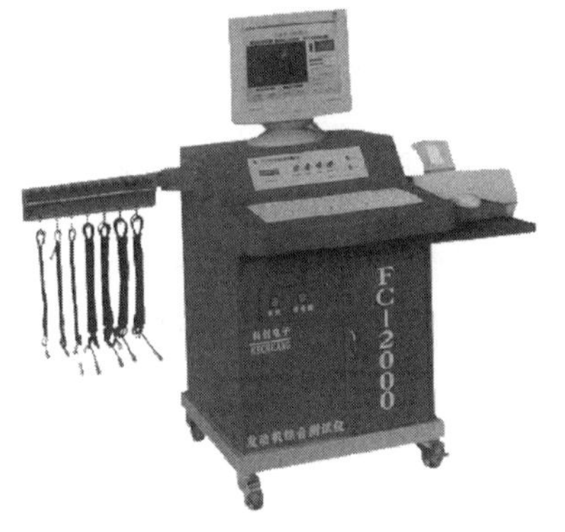

图 1-40　发动机综合分析仪

图 1-41　底盘测功机

2. 四轮定位仪

四轮定位仪用于测量车轮的各项定位参数，判断车轮走位的准确性，同时还可检验出车轮定位部件的故障。现用四轮定位仪一般存储大量流行车型的车轮定位参数的标准值和车轮定位调整方法指导，车轮定位技术状态判断方便，调整操作容易。为便于检测和调整，被检汽车需放在地沟或举升平台上，地沟或举升平台应处于水平状态，四轮定位仪则安装在地沟两旁或举升平台上。如图 1-42 所示。

图 1-42　四轮定位仪

3. 车身、底盘矫修仪

车身及底盘矫修仪如图 1-43 所示。除可实现整形汽车快速多点定位固定、全方位牵引校正外，还配有量基准定位系统、专用量具和专用测量触头，可实现车身上各测量点的三维坐标精确测量，并备有常见车型测量基点分布图及车身、底盘数据，为提高车身整形速度和

质量提供了保证。

4. 轮胎平衡机

轮胎平衡机如图 1-44 所示。可用于汽车各类型车轮的平衡调试，可以获得动、静态下的精密测试和准确的平衡。此类设备一般都采用微机控制，具有较高的精确度，能自动测定出轮胎两个校正平面上的动平衡度。

图 1-43　车身、底盘矫修仪

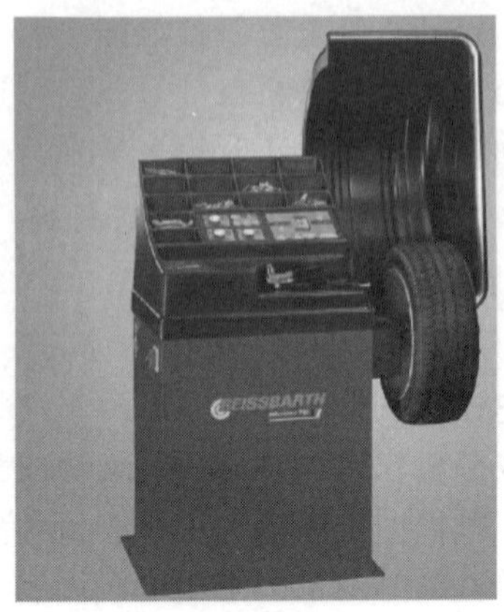

图 1-44　轮胎平衡机

5. 底盘间隙检测仪

底盘间隙检测仪用于检测转向系统各销轴、悬架系统及底盘其他部件因磨损产生的间隙，从而消除隐患，确保安全。

6. 制动试验台

制动试验台一般用于各种类型车辆的制动性能检测。测量参数包括所有车轮的制动力、制动力差、制动协调时间等。制动试验台有滚筒式和平板式两种。

7. 侧滑试验台

侧滑试验台用于检测汽车前轮的侧滑量，以判断车轮定位中车轮前束和车轮外倾的配合是否恰当。侧滑试验台有单板式和双板式两种，其中双板式应用普遍。

（三）汽车电控系统诊断设备

1. 试灯

汽车电路的检测试灯有无源试灯和有源试灯两种。

(1) 无源试灯　无源试灯就是在一段导线中连接一个 12V 灯泡，如图 1-45 所示，当试灯一端搭铁另一端接触到带电的导体时，灯泡就会点亮，如图 1-46 所示，它不能像电压表显示出被检电路点的电压，只能显示是否有电压。

警告：不提倡用试灯检测计算机控制的电路，容易烧坏电脑的内部控制电路，

(2) 有源试灯　有源试灯同无源示灯类似，只是自带一个电池电源，连接到一条导线的两端上时，试灯内灯泡点亮，可用于测试线路的通、断，如图 1-47 所示。不能用有源示灯测试带电电路，否则会损坏试灯。

2. 跨接线

跨接导线有时可作为故障诊断的辅助工具，如图 1-48 所示，可用于跨过某段被怀疑已断开的导线，而直接向某一部件提供电的通路，也可用于不依赖于电路中的开关或导线而向电路中加上电池电压，如图 1-49 所示，它可配上与通导性测试笔相同的探针和夹子，也可设计为各种特殊形式。切勿将跨接线直接跨接在蓄电池的两端或蓄电池正极和搭铁之间。

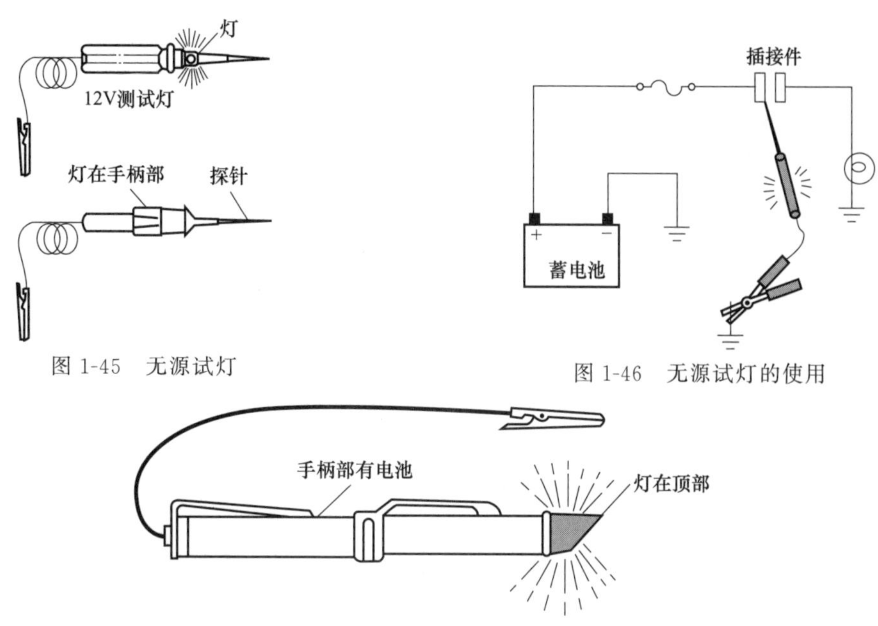

图 1-45 无源试灯

图 1-46 无源试灯的使用

图 1-47 有源试灯

操作应用与规范：

操作序号	作业内容	图　解	具体操作方法及要求
1	试灯的认识		认知要求： 试灯由探针、绝缘透明外壳、12V小灯泡、导线、鳄鱼夹组成
2	试灯的组装		组装要求： 将导线一端与鳄鱼夹相连，另外一端连接绝缘透明外壳内 注意事项： 在组装过程中导线不要用力拉扯，防止导线损坏
3	试灯的搭铁		操作要求： 将试灯的鳄鱼夹端，夹住车身或发动机机体等搭铁部位
4	试灯的检测		操作要求： 用一只手拿起胶皮电线，用中指抵住被测的线，另一只手握住试电笔将探针插入胶皮线中，如果被测线中有电流通过，则灯泡即将亮起 注意事项： 在检测过程中，注意用力过度，保护用电设备

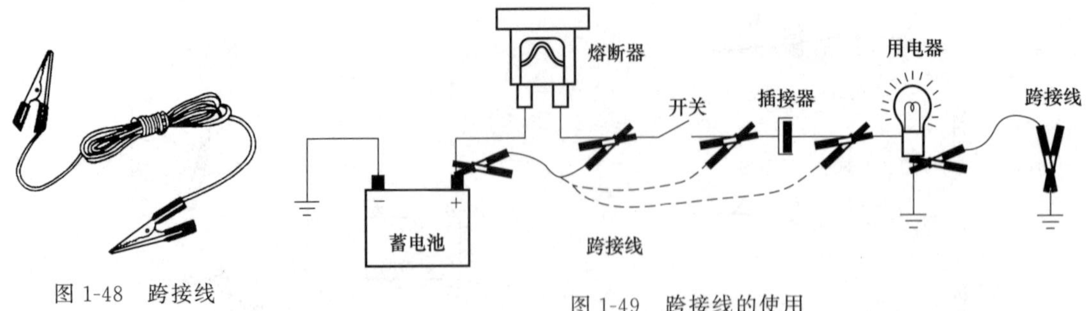

图 1-48　跨接线

图 1-49　跨接线的使用

3. 数字式万用表

不同的汽车万用表功能及结构不尽相同，但基本都是由数字及模拟量显示屏、功能按钮、测试项目选择开关、温度测量插孔、公用插孔（用于测量电压、电阻、频率、闭合角、频宽比和转速等）、搭铁插孔、电流测量插孔、测试探针（或大电流钳）等全部或部分构成。普通汽车万用表如图 1-50 所示。

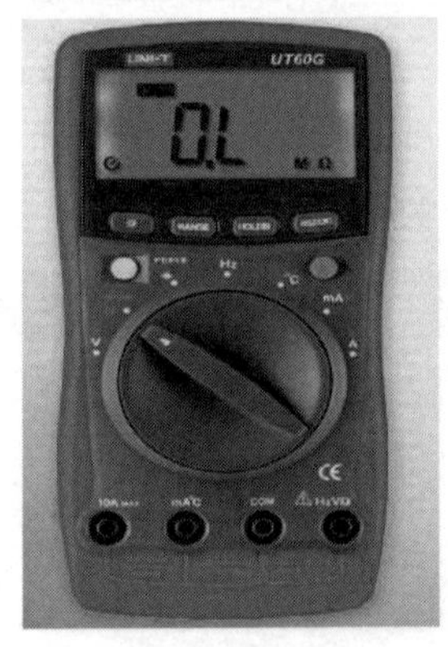

图 1-50　数字式万用表

操作应用与规范：

操作序号	作业内容	图　解	具体操作方法及要求
1	万用表的认识	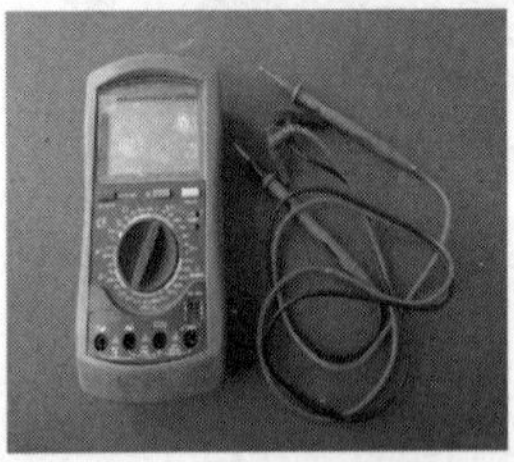	认知要求： 汽车万用表主要由数字及模拟量显示屏、功能按钮、测试项目选择开关、温度测量座孔、公用座孔（用于测量电压、电阻、频率、闭合角、频宽比和转速等）、搭铁座孔、电流测量座孔等构成
2	万用表的组装	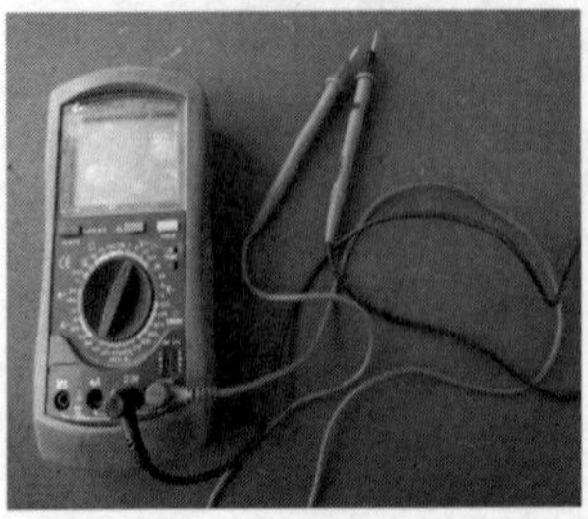	组装要求： 将红色试验导线插头连接正（＋）输入插孔，将黑色导线连接负（－）输入插孔 注意事项： 在组装过程中导线不要用力拉扯，防止导线损坏

续表

操作序号	作业内容	图　解	具体操作方法及要求
3	万用表通电		操作要求： 按下功能按钮“POWER”按钮，万用表通电
4	万用表校零		操作要求： 将万用表开关转到电阻挡的适当位置，把两根试验导线对接，屏幕显示为“1”，表明万用表正常，校零完毕。 注意事项： 确认万用表的好坏，禁止使用蜂鸣挡
5	万用表使用		操作要求： 万用表校零后，可以选择不同挡位进行直流、交流电压测量，直流、交流电流测量，二极管、三极管测试，电阻测试，转速测量，温度测量，频率测量等

4. 汽车故障诊断仪

故障诊断仪通过数据通信线以串行的方式获得控制电脑的实时数据参数，包括故障信息、实时运行参数、控制电脑与诊断仪之间的相互控制指令。故障诊断仪有两种：通用诊断仪和专用诊断仪。

(1) 通用诊断仪　通用诊断仪的主要功能有：控制电脑版本的识别、故障码的读取和清除、动态数据参数显示、传感器和部分执行器的功能测试与调整、某些特殊参数的设定、维修资料及故障诊断提示、路试记录等。通用诊断仪可测试的车型较多，使用范围较宽，但它与专用诊断仪相比，无法完成某些特殊功能。通用诊断仪如图 1-51 所示。

(a) 车博仕V-30

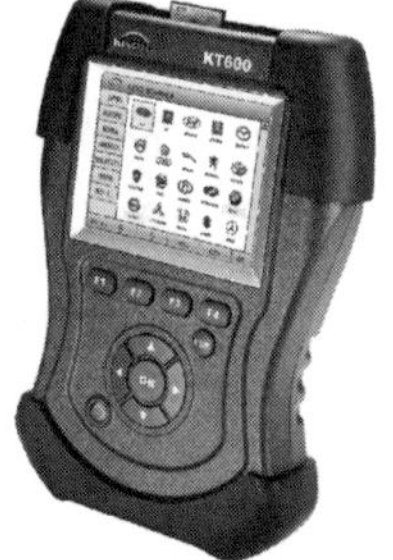

(b) 金德KT600

图 1-51　通用诊断仪

操作应用与规范：

操作序号	作业内容	图　解	具体操作方法及要求
1	解码仪的认识		认知要求： BOSCH 博世金德 KT600 具有读取故障码、清除故障码、读取通道数据、动态数据流、元件测试及基本设定，ECU 编程及匹配等功能

续表

操作序号	作业内容	图　解	具体操作方法及要求
2	解码仪的使用		组装要求： 将数据线一端接入诊断仪诊断座上，另外一端接入车辆诊断插座上 注意事项： 连接过程中，点火开关应处于关闭状态
3	读取故障码	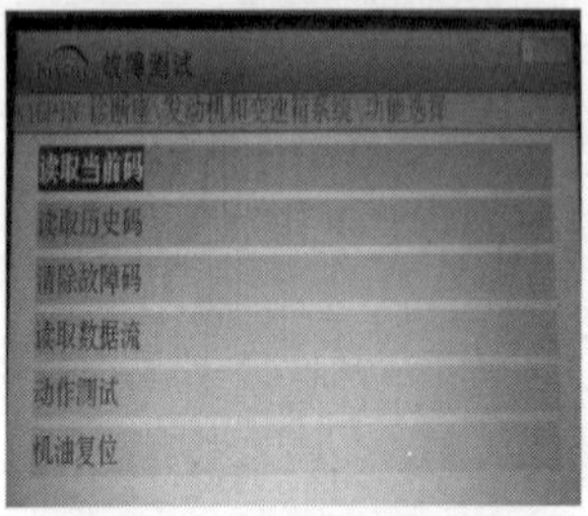	操作要求： 打开点火开关。接通电源，启动KT600进入主菜单，选择汽车诊断模块→选择车系→选择16PIN诊断座→选择汽车总成系统（诊断仪连接汽车电控单元）→功能选择界面，选择读取故障码
4	确定故障码	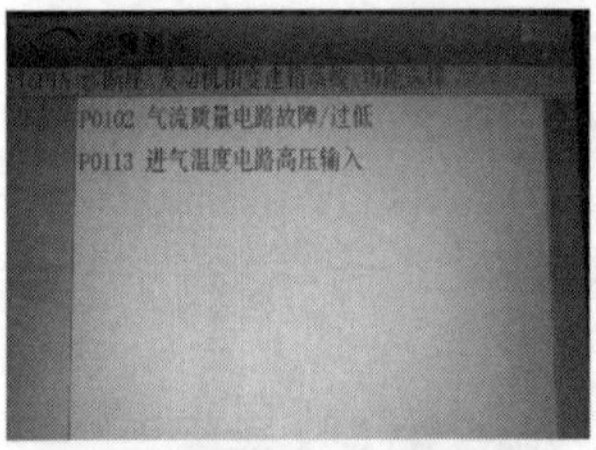	操作要求： 记录屏幕显示的电控单元存储的故障码并退回功能选择界面，选择清除故障码，再次退回功能选择界面，二次读取故障码，记录屏幕显示数据 注意事项： 清除故障码后，如果故障码消除，说明是偶发故障，无须处理；如果故障码依然存在，则确定为实际存在故障码
5	读取数据流	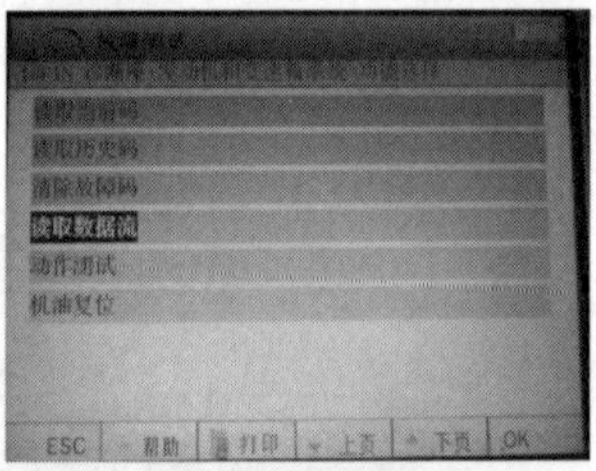	操作要求： 如果故障码不能被清除，要进一步分析，进入功能选择界面，读取静态数据流，并记录结果 注意事项： 读取静态数据流，发动机不启动
6	分析数据流	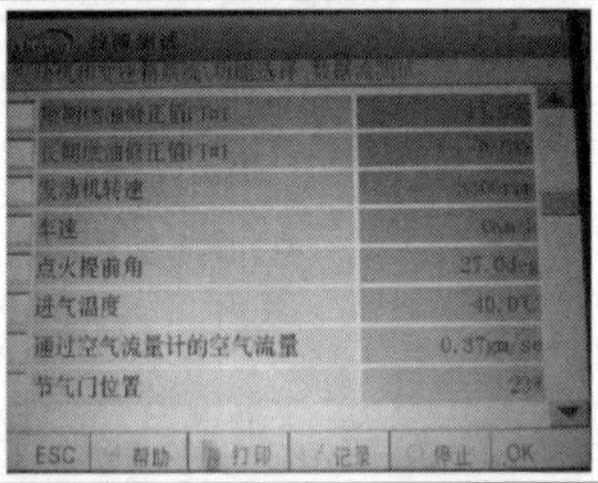	操作要求： 启动发动机，进入功能选择界面，读取动态数据流，并记录结果，对比静态数据，分析原因 注意事项： 读取动态数据流，发动机启动

（2）专用诊断仪　专用诊断仪除具有通用诊断仪的功能之外，能完成某些特殊功能，诊断的内容更深，更完善。如图1-52所示。

5. 汽车示波器

示波器如图1-53所示。可用于测试电池、传感器、ECU信号的电压，测试火花塞线、传感器、继电器的电阻，测试保险丝、灯、导线、开关的线路通断。使用相应探头可测试温度和电流。

常见的汽车专用示波器按功能一般可分为专用型示波器和综合型示波器两种。

（1）专用型示波器　这类示波器专用性比较强，可以精确地显示各种变化的波形，如点

(a) 大众VAG1552诊断仪　　(b) 大众VAG5051诊断仪

图 1-52　专用诊断仪

火初级次级波形、各种传感器的输入输出电压波形、各种执行器的电流或电压波形、脉冲宽度和占空比等，缺点是功能比较单一，如图 1-54 所示。

图 1-53　示波器

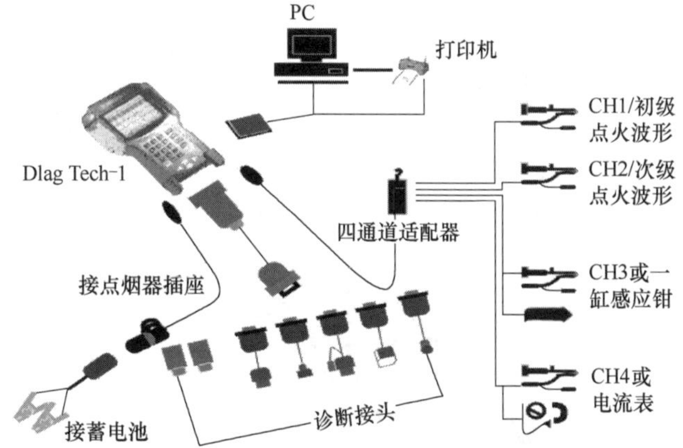

图 1-54　金奔腾 Diag Tech-Ⅰ汽车专用示波器

（2）综合型示波器　除了具有专用型示波器的一般功能外，通常还具有读取与消除故障码功能和动态数据分析功能等，部分诊断仪还具有发动机动力性能测试功能等，缺点是系统稳定性及精度略低。如图 1-55 所示。

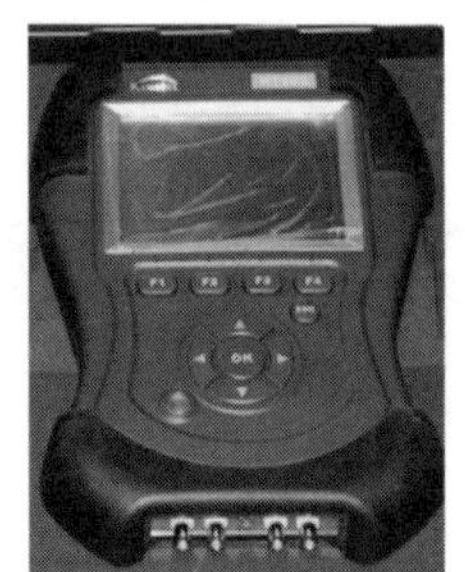

图 1-55　金德 KT600 综合型示波器

警告：

① 测试点火高压线时，必须使用专用探头，不能将示波器探头直接接入点火次级电路。

② 使用汽车专用示波器时，注意远离热源，如排气管、催化器等，温度过高会损坏仪器。

③ 汽车示波器在测试时，要注意尽量离开风扇叶片、皮带等转动部件。

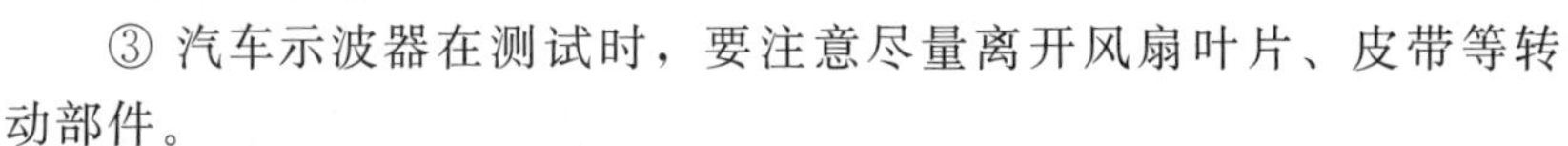

④ 测试时确认发动机盖支撑良好，防止发动机盖自动下降时伤及头部或示波器。

⑤ 路试时，不要将汽车专用示波器放在仪表台上方，最好是拿在手中测试。

（四）举升机

举升机是汽车维修企业必备的设备之一，在车辆作业中发挥着至关重要的作用，无论整车大修，还是小修保养，都离不开举升机，常用的有立柱式举升机和剪式举升机。

图 1-56　立柱式举升机

1—托臂；2—垫块；3—举升操作按钮；4—下降操作臂

1. 立柱式举升机

立柱式举升机结构如图 1-56 所示，安装比较方便，地面无需挖槽，但对车间高度有一定要求。

汽车维修企业很多重大事故是由举升机操作不当导致，因此，使用举升机一定要遵守操作规范，有以下注意事项。

（1）在上升或下降时，都应在取得同伴同意后才可操作。

（2）在上升或下降时，眼睛要注视车辆，观察是否同步，如发现异常，应停止举升或下降，并采取可靠措施，避免车辆意外坠落，切忌东张西望。

（3）认真学习和掌握使用说明书中的各项安全注意事项并认真执行，严禁超载使用，并特别注意防止偏载。

（4）严禁带故障使用举升机。

2. 剪式举升机

剪式举升机的结构如图 1-57 所示。其使用方法与注意事项同立柱式举升机，不同之处是，举升前放置好垫块，在车辆受力后再次检查垫块的放置，在举升至操作位置后，应锁止并关闭控制面板上的电源开关，如图 1-58 所示。

图 1-57　剪式举升机

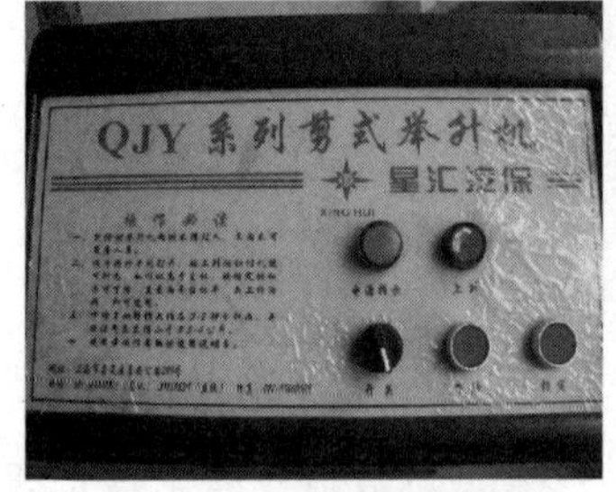

图 1-58　控制柜控制面板

操作步骤与规范（以剪式举升机为例）：

作业项目	作业内容	技术规范	图　解
1	将车辆置于举升机工位	要求 (1)取出车内的大件行李 (2)驾驶车辆，将车辆驶上举升工位 (3)拉紧驻车制动器 提示 (1)驾驶车辆时，一定要由有驾照的工作人员操作，并确保学生和车辆安全 (2)一定要拉紧驻车制动器，以防车辆移动 (3)一定要拿出车内大件行李	取出车内大件行李 车辆驶上举升工位

续表

作业项目	作业内容	技术规范	图　解
1	将车辆置于举升机工位	**要求** (1)取出车内的大件行李 (2)驾驶车辆,将车辆驶上举升工位 (3)拉紧驻车制动器 **提示** (1)驾驶车辆时,一定要由有驾照的工作人员操作,并确保学生和车辆安全 (2)一定要拉紧驻车制动器,以防车辆移动 (3)一定要拿出车内大件行李	拉紧驻车制动器
2	安装举升机支撑垫块	**要求** 支撑垫块位置应对准车辆被支撑部位 **提示** 切勿将支撑垫块伸出板外	安装举升机支撑垫块
3	发出举升机准备举升的信号	**要求** 甲站在举升机操作台前,高声发出举升信号:“请注意,举升机准备上升!” **提示** 喊声要响亮,环视四周,并聆听配合者的应答	
4	发出举升机可以举升信号	**要求** 乙在听到甲发出举升机准备举升信号后,用眼睛环顾车辆周围,仔细检查,在确认没有影响举升安全的物体或人的情况下,目视举升者(甲)大喊喊出:“车辆周围无障碍物,可以举升!” **提示** (1)一定要检查待举升车辆周围是否有障碍物,以免存在安全隐患 (2)车辆周围检查不认真、不仔细 (3)检查车辆周围时心不在焉	
5	举起车辆使车轮即将离开地面	**要求** (1)将电路、气路开关闭合 (2)按住举升机控制台上的“上升”按钮,将车辆举升至车轮即将离开地面的状态,松开“上升”按钮 **提示** 车轮离开地面可能存在安全隐患	
6	再次检查举升机支撑垫块安装情况	**要求** 蹲下,仔细确认支撑垫块是否对准车辆被支撑部位。支撑垫块不允许歪斜。 **提醒** 如果支撑垫块位置不正确,必须降下举升机重新安放。 **提示** 支撑垫块位置不正确会存在安全隐患	

续表

作业项目	作业内容	技术规范	图　解
7	检查车辆支撑牢固情况	**要求** 甲乙分别在前后保险杆或翼子板处采用下压方式检查车辆支撑是否牢靠 **提示** (1)不允许按压发动机舱盖等易变形处 (2)按压时的力量要适中	
8	再次发出举升机准备举升信号，进行举升安全检查	**要求** 两人配合完成该项工作，每人操作的技术要求同步骤三和步骤四 **提示** 同步骤三和步骤四	 
9	按住举升机上升按钮，举起车辆	**要求** (1)按住上升按钮，进行车辆举升 (2)在车辆举升的过程中，操作人员眼睛要密切注意举升机周围和被举升车辆本身的情况，以便存在安全隐患 **提示** (1)操作者眼睛要始终观察举升机周围和车辆本身的情况，遇到安全隐患应及时停止举升作业 (2)在车辆举升的全过程中，不允许在车辆周围或下部进行任何其他作业	 按住举升机上升按钮   车辆举升过程中要注视举升机和被举升车辆

续表

作业项目	作业内容	技术规范	图　解
10	车辆举到适宜高度后,将举升机安全锁止	**要求** (1)待被举升车辆被举升到适宜的作业高度(作业位置)后,放开举升机控制柜上的“上升”按钮,并按下举升机控制柜上的“锁定”按钮 (2)确认举升机安全锁止后,发出“举升机锁止安全,可以作业!”的指令,然后开始相应作业项目的作业 **提示** (1)在车辆整个举升过程中,操作人员要始终注意观察举升机周围及被举升车辆的情况,遇到安全隐患应立即停止举升作业 (2)切勿超出举升机最大举升高度,否则容易损坏举升机	操作举升机控制柜上的“上升”按钮 车辆举到适宜高度
11	完成车辆作业工作任务,发出准备降下举升机信号	**要求** 在完成车辆相关作业后,同学甲高声发出“请注意,举升机准备下降!”的提示信息 **提示** 声音要响亮,要环视举升工位周围,并聆听配合者的应答	
12	发出举升机可以下降信号	**要求** 乙在听到同学甲“,请注意! 举升机准备下降”的提示信息后,站在车辆另一侧,目视检查车辆周围,确认车辆周围没有影响车辆安全下降的障碍物后,目视举升机操作者高声发出“车辆周围无障碍物,可以下降!”的回应信息 **提示** (1)一定要进行车辆周围是否有障碍物的检查 (2)检查完毕在确认车辆周围无障碍物的情况下,一定要高声发出“车辆周围无障碍物,可以下降!”的回应信息	
13	将车辆下降到相应作业位置或完全降下	**要求** (1)解除举升机锁止 (2)按住举升机控制柜上的“下降”按钮 (3)将车辆下降到相应的作业高度位置或完全降下后锁止 (4)如果是作业完毕需要将车辆完全降下,一定要使举升机板条回到最低位置,车轮完全着地 **提示** (1)在车辆下降的过程中,操作人员要始终注意观察举升机周围和车辆的情况,发现安全隐患应立即停止作业 (2)在车辆下降的过程中,不允许在车辆下部或车辆周围进行任何其他作业	
14	取出举升机支撑垫块并放回原位,关闭举升机电源开关	**要求** (1)取出举升机支撑垫块,并将支撑垫块放到规定位置 (2)关闭举升机电源开关	

续表

作业项目	作业内容	技术规范	图　解
15	进行设备和场地的5S现场整理工作	要求 (1)整理、整顿、清洁、清扫、自律 (2)车身上凡是作业过程中动过的部位均应用干净抹布清洁 (3)地面必须用拖把清洁 (4)举升机控制柜必须清洁 (5)所有废气物必须分类丢弃 (6)所有物品必须归位 提示 不要用潮湿的抹布清洁电器开关、按钮等	

第四节 汽车二级维护保养操作

一、预检工作

工单中的序号	作业项目名称	作业技术要求和作业规范	图　解
驾驶员座椅			
(001)	预检工作—驾驶员座椅—安装座椅套	要求 先将座椅套打开，然后找到座椅套地开口处，从上往下整齐地套在驾驶员的座椅上 提示 避免因用力过大，端面不齐，导致座椅套损坏	
(002)	预检工作—驾驶员座椅—安装地板垫	要求 将地板垫铺设在方向盘下的地板上，要求有字面朝上双手平铺	
(003)	预检工作—驾驶员座椅—安装方向盘套	要求 先展开方向盘套，先套好方向盘上面靠近挡风玻璃侧，然后由上往下拉方向盘套直至完全套好 提示 方向盘套是由薄塑料制成，极易破损。安装方向盘时不要生拉，否则会造成方向盘套的损坏	

续表

工单中的序号	作业项目名称	作业技术要求和作业规范	图 解
(004)	预检工作—驾驶员座椅—拉起发动机盖释放杆	要求 用右手往上拉发动机舱盖释放杆，其位置在驾驶室车门边上	 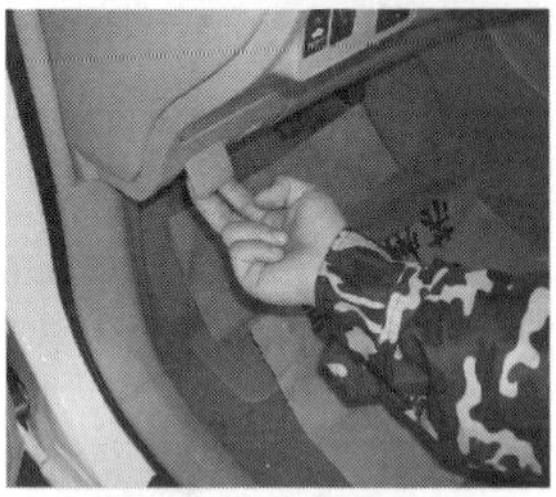 
		提示 此时发动机机舱盖处于打开位置	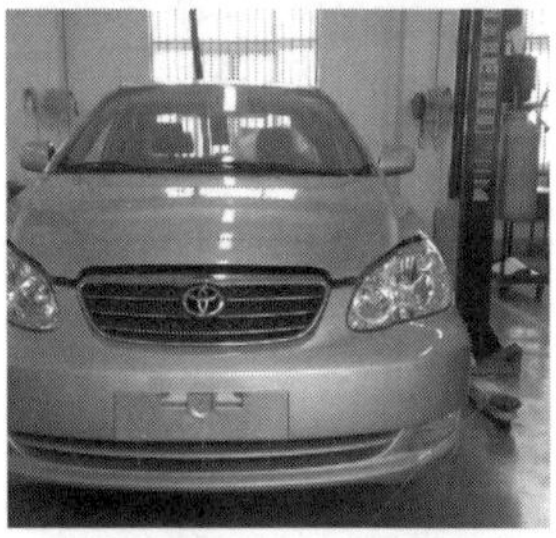
		提示 发动机舱盖释放杆拉起后，人走出车内，同时注意用左手握车门把手处关闭车门	
车辆前部			
(005)	预检工作—车辆前部—打开发动机舱盖	步骤1：站在车辆的正前方，双手伸向发动机盖，右手伸到发动机盖下方拉起锁片	

续表

工单中的序号	作业项目名称	作业技术要求和作业规范	图 解
(005)	预检工作—车辆前部—打开发动机舱盖	步骤 2：在拉起发动机盖锁片后，抬起发动机盖 45°左右	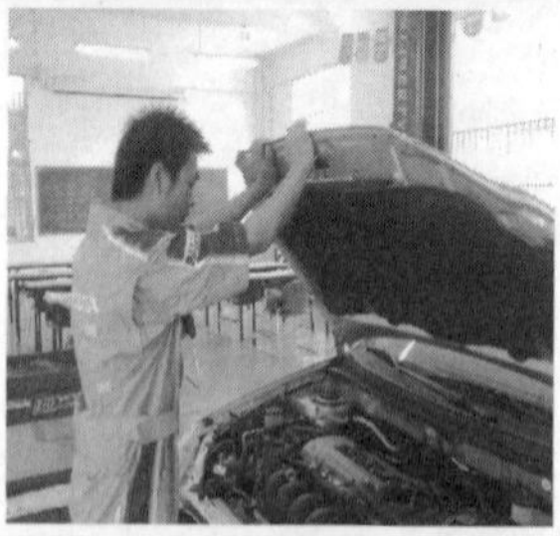
		步骤 3：在抬起发动机盖后，右手撑住发动机盖，左手去拿发动机盖支撑杆，然后把支撑杆插入到发动机盖的定位孔上 提示 确保发动机盖支撑牢固	
(006)	预检工作—车辆前部—安装翼子板布	步骤 1：首先从工具车中取来翼子板布和前格栅布，然后将它们按（翼子板布→前格栅布→翼子板布）的顺序叠好	
(007)	预检工作—车辆前部—安装前格栅布	步骤 2：将三块布按顺序叠好后，从车辆左侧开始。首先，将翼子板布的一端磁铁与车辆的翼子板的最前面吸住	
		步骤 3：将翼子板布的两端磁铁都吸住车辆的翼子板	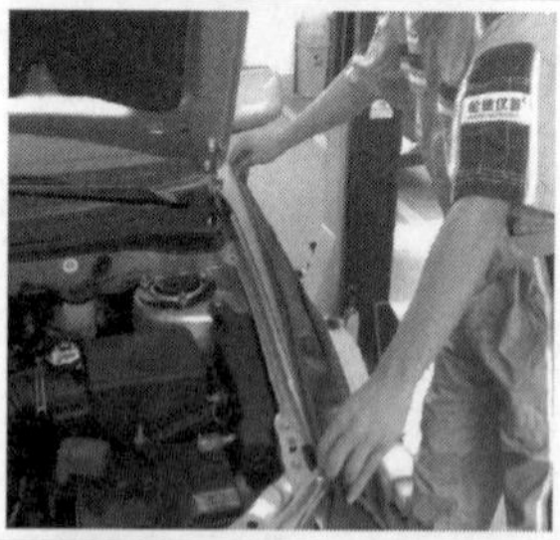
		步骤 4：双手拿起其他两块布离开车辆的翼子板，离开距离约 10cm	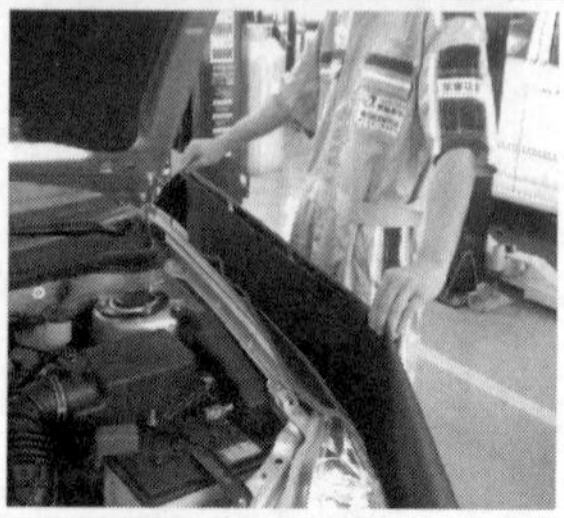

续表

工单中的序号	作业项目名称	作业技术要求和作业规范	图　解
(007)	预检工作—车辆前部—安装前格栅布	步骤5:左脚不动,右脚交叉步走到车辆左侧大灯位置	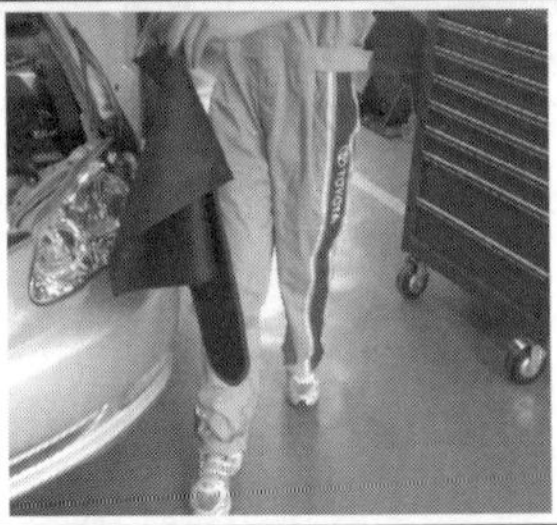
		步骤6:右脚不动,左脚跟步到车辆的正前方,左右两脚的距离50cm左右	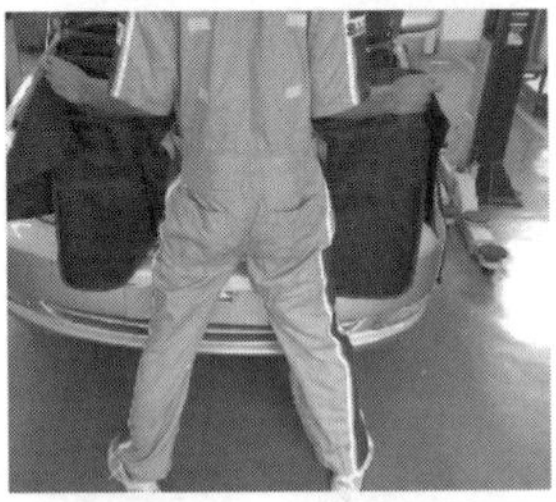
		步骤7:双手向下将前格栅布安装在车辆的正前方面的前格处	
		步骤8:左脚定位不动,右脚交叉步走到右前车轮处	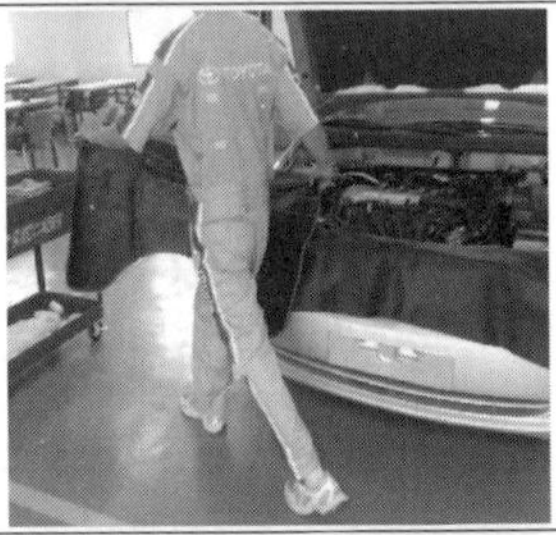
		步骤9:右脚定位不动,左脚跟步走到车辆右侧,左右脚距离50cm左右	
		步骤10:将翼子板布的一端磁铁与车辆的翼子板的最前面吸住	

续表

工单中的序号	作业项目名称	作业技术要求和作业规范	图解
（007）	预检工作—车辆前部—安装前格栅布	步骤11：将翼子板布的两端磁铁都吸住车辆的翼子板 此时，翼子板布和前格栅布已经安装完毕	
（008）	预检工作—车辆前部—安装车轮挡块（可以用举升机顶起部分车辆重量）	步骤1：走到举升机右边立柱单脚蹲下，用双手拿车轮挡块，然后站起来以规定步数走向左后车轮处	
		步骤2：走到右前车轮处单脚蹲下，将挡块安放在车轮的后方中间位置，同时在安装的时候注意不要慢慢地放挡块，在安装的时候要有一定的力度，以防松动	
		步骤3：走到左前车轮处单脚蹲下，将挡块安放在车轮的后方中间位置，同时在安装的时候注意不要慢慢地放挡块，在安装的时候要有一定的力度，以防松动	
	安装尾气抽气管	要求 （1）打开汽车排气抽气管上的端盖，双手操作插入汽车排气抽气管。 （2）汽车排气抽气管要插入到位，以免作业过程中脱落	
发动机舱			
（009）	预检工作—发动机舱—检查发动机冷却液液位	要求 确认散热器储液罐内有足够的冷却液，是否在规定的刻度范围内 提示 发动机冷却液液位的检查是为了确保有足够的冷却液，以保证发动机正常运转。如果冷却液不足，则应立即补充，防止发动机运转时不能冷却，造成严重后果	

续表

工单中的序号	作业项目名称	作业技术要求和作业规范	图　解
(010)	预检工作—发动机舱—检查发动机机油液面	要求 用油尺检查发动机机油是否在正常刻度范围之内 提示 检查机油是为了确保发动机能够运转，如果没有机油，则不能启动发动机，不然会造成严重后果 步骤 1:左手拿一块纱布，右手去拔机油尺	
		步骤 2:拔机油尺的时候，纱布一直包在机油尺中，当机油尺拔出后，从上往下擦机油尺 提示 拔机油尺过程和擦机油尺过程中要防止机油的滴落	
		步骤 3:把机油尺擦干净后，再将机油尺插入到发动机中	
		步骤 4:拔出机油尺，检查发动机的机油在两个刻度线之间。确认机油液位正常，如果不足则加注到正常刻度 提示 在检查时，机油尺沿水平向下方向 45°左右，同时机油尺的顶端放在纱布上面，防止机油的滴落	
		步骤 5:检查完后将机油尺插回到发动机中 提示 在操作过程中，如果发现有机油滴落，必须马上用纱布擦除	

续表

工单中的序号	作业项目名称	作业技术要求和作业规范	图解
(011)	预检工作—发动机舱—检查制动液液位	**要求** 确保制动总泵的储液箱内的制动液液位是否正常 **提示** 制动液液位的检查是为了确保制动系统能够正常运行	
(012)	预检工作—发动机舱—检查喷洗器液面	**要求** 用液位尺来检查喷洗液的液位是否在规定范围内 **提示** 由于在接下来的检查中有喷洗器的检查项目，要使用到喷洗液，则必须在检查之前先要确定喷洗液的液位正常，这样才能使下面的操作正常进行	
	收起翼子板布和前格栅布，盖上发动机舱盖	**要求** (1)收起翼子板布和前格栅布后要叠放整齐并放回原位 (2)叠翼子板布和前格栅布时要确保上面的品牌标识和文字朝外 (3)取下发动机舱盖支撑杆并放回原位，牢固卡住 (4)双手放下发动机舱盖，在一定高度处放开双手，利用发动机舱盖的自身重力盖上发动机舱盖	

二、汽车灯光的检查

工单中的序号	作业项目名称	作业技术要求和作业规范	图解
(013)	驾驶员座椅—左右车灯—检查示宽灯点亮	**要求** 将变光器开关旋动一挡，然后检查车灯是否正常亮起	

续表

工单中的序号	作业项目名称	作业技术要求和作业规范	图　解
(013)	驾驶员座椅—左右车灯—检查示宽灯点亮	**要求** 车外操作人员观察相应的灯光(示宽灯)是否正常点亮 **提示** 外面辅助人员在观察车灯的同时,也可以做与灯光相应的手势,向坐在驾驶室的操作人员示意	
(014)	驾驶员座椅—左右车灯—检查牌照灯点亮	**要求** 将变光器开关旋动一挡,然后观察车灯(尾灯、牌照灯)是否正常点亮 **提示** 此时,当变光器开关旋至一挡后,尾灯和牌照灯会一起点亮,即同一个操作动作	
(015)	驾驶员座椅—左右车灯—检查尾灯点亮	**要求** 车外操作人员观察相应的灯光(尾灯、牌照灯)是否正常点亮 **提示** 外面辅助人员在观察车灯的同时,也可以做与灯光相应的手势,向坐在驾驶室的操作人员示意	 
(016)	驾驶员座椅—左右车灯—检查大灯(近光)点亮	**要求** 将变光器开关旋至两挡后,检查车灯是否能正常亮起	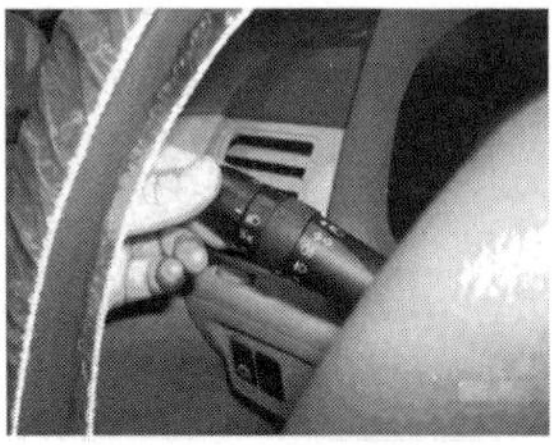
		要求 车外操作人员观察相应的灯光(大灯近光)是否正常点亮 **提示** 外面辅助人员在观察车灯的同时,也可以做与灯光相应的手势,向坐在驾驶室的操作人员示意	

续表

工单中的序号	作业项目名称	作业技术要求和作业规范	图　解
(017)	驾驶员座椅—左右车灯—检查大灯（远光）和指示灯点亮	要求 将变光器开关向前推开，检查大灯（远光灯）是否发光和仪表盘指示灯是否点亮	变光器开关向前推开 大灯远光点亮
(018)	驾驶员座椅—左右车灯—检查大灯闪光开关和指示灯点亮	要求 把变光器开关向后拉，大灯闪光器和指示灯正常亮或闪实现变光	变光器开关向后拉起 远近光切换(变光)

续表

工单中的序号	作业项目名称	作业技术要求和作业规范	图 解
(019)	驾驶员座椅—左右车灯—检查转向信号灯和指示灯点亮	要求 把变光器上下移动信号转换开关时，左右转向信号灯正常亮或闪。车内仪表盘上指示灯是否点亮	 变光器移动信号转换开关 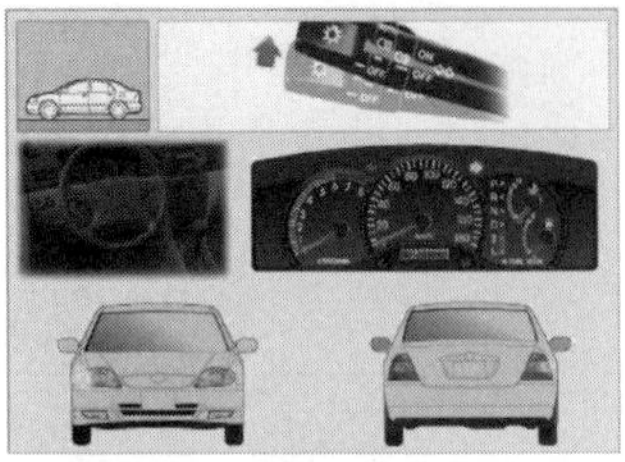 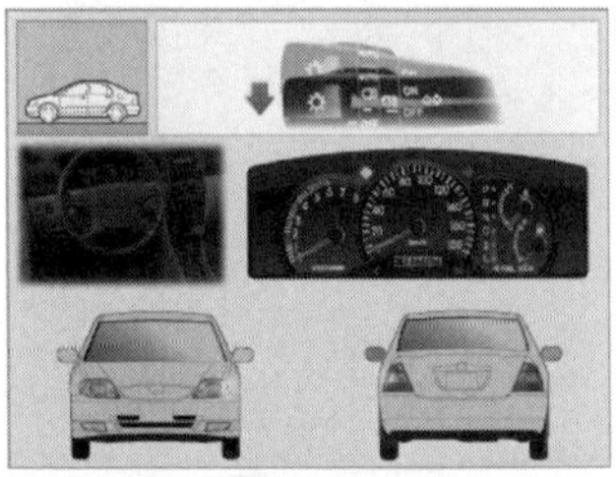
(020)	驾驶员座椅—左右车灯—检查危险警告灯和指示灯点亮	要求 用手指按下危险信号开关，左右转向信号灯(包括侧灯)点亮	 用手指按下危险信号开关 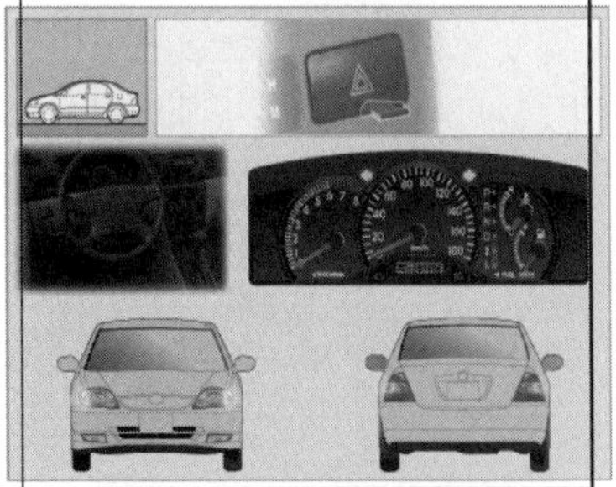
(021)	驾驶员座椅—左右车灯—检查制动灯点亮(尾灯点亮时)	要求 踩制动踏板时，检查停车灯正常亮 提示 一定要确保在P挡，以防在作业过程中，由于松制动踏板时，车辆移动导致作业人员人身伤害	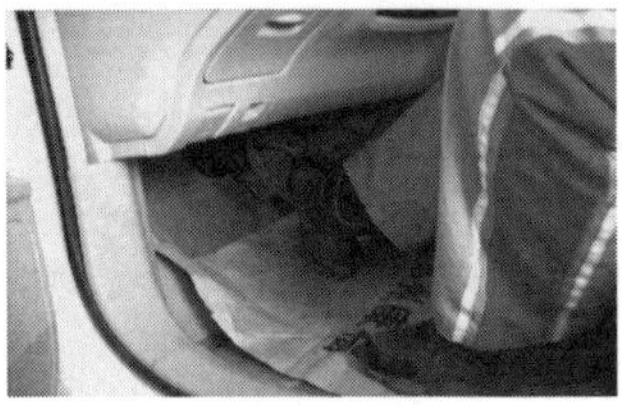 踩住制动踏板

续表

工单中的序号	作业项目名称	作业技术要求和作业规范	图解
(021)	驾驶员座椅—左右车灯—检查制动灯点亮(尾灯点亮时)	要求 踩制动踏板时，检查停车灯正常亮 提示 一定要确保在P挡，以防在作业过程中，由于松制动踏板时，车辆移动导致作业人员人身伤害	 制动灯(包括高位制动灯)点亮 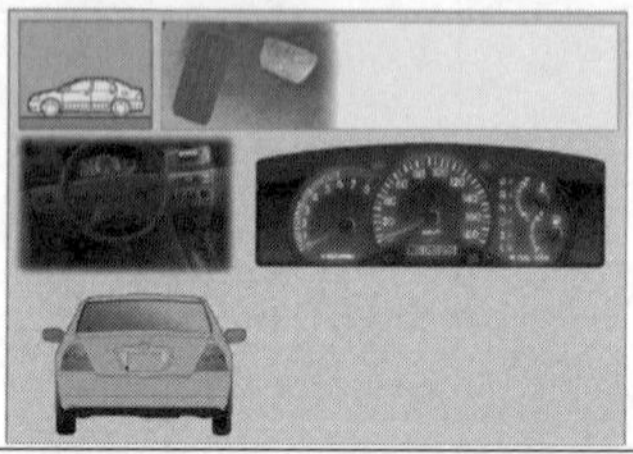
(022)	驾驶员座椅—左右车灯—检查倒车灯点亮	要求 踩制动踏板时，同时挂到倒挡，检查倒车灯正常亮 提示 一定要踩住制动踏板，必须先回到P挡位置，后松制动踏板	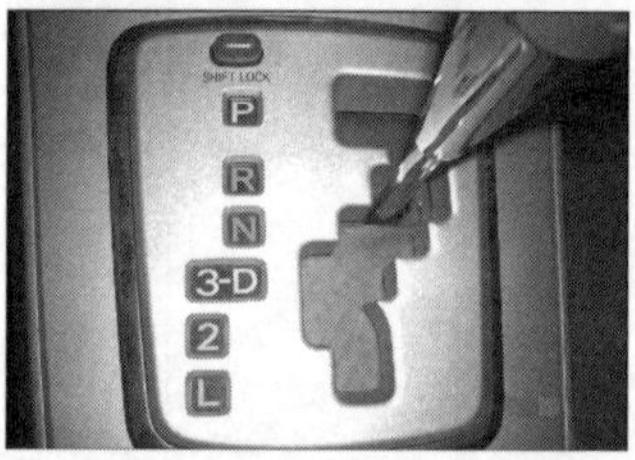 挂倒挡(R)  倒车灯点亮 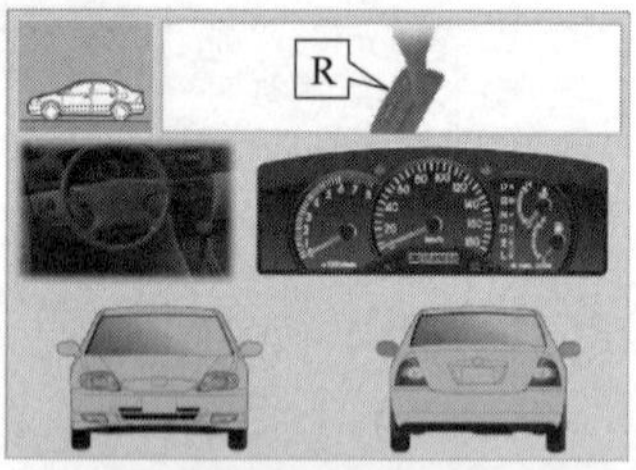
(023)	驾驶员座椅—左右车灯—检查转向开关自动返回功能	要求 车辆正放，上(下)转动变光器开关，然后顺时针(逆时针)方向转动方向盘约90°，把方向盘转到初始位置，变光器开关自动回于中间位置	 把方向盘转到初始位置

续表

工单中的序号	作业项目名称	作业技术要求和作业规范	图 解
(024)	驾驶员座椅—左右车灯—检查仪表板照明灯点亮	**要求** 将灯光控制开关旋动一挡,然后检查下列车灯是否亮起	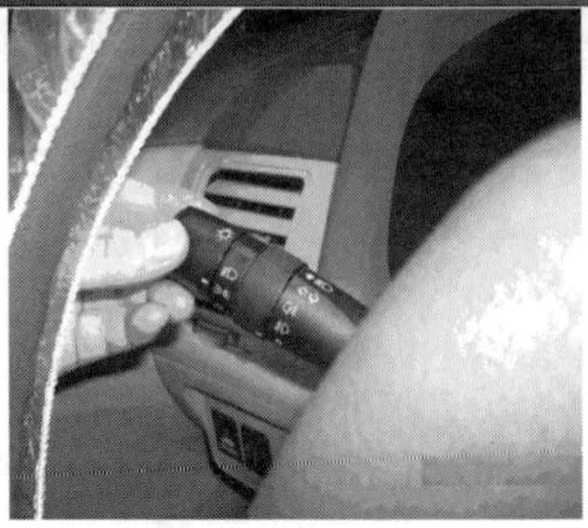 控制开关旋动一挡  仪表板灯点亮
(025)	驾驶员座椅—左右车灯—检查顶灯点亮	**要求** 顶灯开关置于 ON 时,检查顶灯正常亮,然后开到 door 的挡位 点火开关要在 ON 挡位	 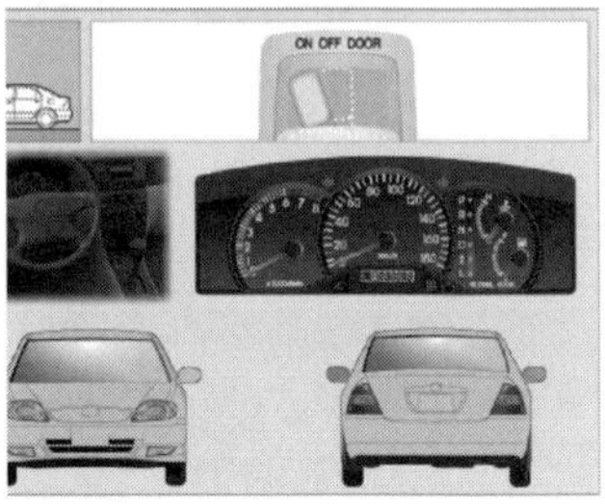 顶灯开关置于ON,检查顶灯正常亮,然后开到door的挡位
(026)	驾驶员座椅—左右车灯—检查组合仪表警告灯(点亮和熄灭)	**要求** 将点火开关转到 ON,检查所有的警告灯亮。放电警告灯、故障指示灯(MIL)、油压警告灯等 启动发动机,所有警告灯熄灭 **提示** (1)发动机启动前,要再次确认换挡杆置于 P 挡,拉起驻车制动器 (2)请注意每次启动发动机的时间不宜太长 (3)如果第一次未能启动发动机,再次启动发动机时要有足够的时间间隔(15s)	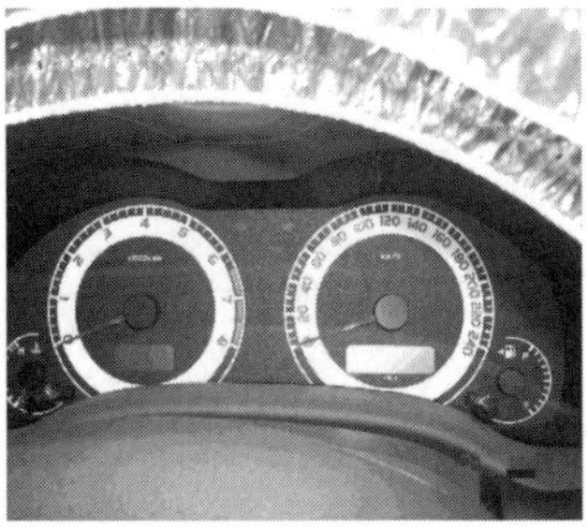 组合仪表图

三、风挡玻璃喷洗器及刮水器的检查调整

工单中的序号	作业项目名称	作业技术要求和作业规范	图解
左右前挡风玻璃喷洗器			
(027)	驾驶员座椅—左右前挡风玻璃喷洗器—检查喷射力、喷射位置(目测)	**要求** (1)发动机启动前，要再次确认换挡杆置于P挡，拉起驻车制动器 (2)请注意每次启动发动机的时间不宜太长 (3)如果第一次未能启动发动机，再次启动发动机时要有足够的时间间隔(15s) **提醒** 在进行风挡玻璃喷洗器及刮水器的检查时，发动机必须处于怠速运转状态 **提示** (1)发动机启动前，要再次确认换挡杆置于P挡，拉起驻车制动器 (2)启动发动机前一定要大声提醒周围人注意，并确认发动机舱处无人再做其他操作 将雨刮组合开关向上方提一次	启动发动机
(028)	驾驶员座椅—左右前挡风玻璃喷洗器—检查喷射时刮水器联动(目测)	**要求** 刮水器应协同工作，停止在最低位置	
前挡风玻璃刮水器			
(029)	驾驶员座椅—前挡风玻璃刮水器—检查工作情况(低速)	**要求** 在发动机怠速运转情况下，操纵刮水器开关，分别打低速挡位，检查每只刮水器工作情况	
(030)	驾驶员座椅—前挡风玻璃刮水器—检查工作情况(高速)	**要求** 在发动机怠速运转情况下，操纵刮水器开关，打到高速挡位，检查每只刮水器工作情况	

续表

工单中的序号	作业项目名称	作业技术要求和作业规范	图　解
(031)	驾驶员座椅—前挡风玻璃刮水器—检查自动回位位置	要求 当刮水器开关关闭时，刮水器自动停止在其停止位置	
(032)	驾驶员座椅—前挡风玻璃刮水器—检查刮拭状况（目测）	要求 洗涤液喷射位置应集中在刮水器工作范围内	

四、转向盘、驻车制动杆和制动踏板的检查（含喇叭）

工单中的序号	作业项目名称	作业技术要求和作业规范	图　解
左右喇叭			
(033)	驾驶员座椅—左右喇叭—检查工作情况	要求 （1）在方向盘转动一周的同时按喇叭垫，确保其发声来检查喇叭，检查喇叭是否发声，检查音量和音调是否稳定 （2）没有必要检查配备空气囊的车辆的整个方向盘	转动方向盘同时按下喇叭按钮
驻车制动器			
(034)	驾驶员座椅—驻车制动器—检查驻车制动杆行程	要求 驻车制动杆行程，检查并确保驻车制动杆拉动时，驻车制动杆行程在预定的槽数内（拉动时可以听到咔嗒声）。如果不符合标准（6～9格），调整驻车杆的行程	
(035)	驾驶员座椅—驻车制动器—检查驻车制动器指示灯点亮	要求 指示灯的工作情况。在点火开关位于ON时，检查以确保当驻车制动杆操作时，在拉动杆到达第一个槽口前，指示灯就已经发光，放下立即熄灭	检查指示灯工作

续表

工单中的序号	作业项目名称	作业技术要求和作业规范	图解
(035)	驾驶员座椅—驻车制动器—检查驻车制动器指示灯点亮	要求 指示灯的工作情况。在点火开关位于ON时，检查以确保当驻车制动杆操作时，在拉动杆到达第一个槽口前，指示灯就已经发光，放下立即熄灭	指示灯的工作情况 1驻车制动杆行程 调节点 锁紧螺母 调整螺母
制动器			
(036)	驾驶员座椅—制动器—检查制动器踏板应用状况(响应性)	要求 踏板状况检查，发动机未启动，踩踏制动踏板数次检查，踏板反应灵敏度、踏板不完全落下、异常噪声和过度松动	检查制动踏板状况
(037)	驾驶员座椅—制动器—检查制动器踏板应用状况(完全踩下)		
(038)	驾驶员座椅—制动器—检查制动器踏板应用状况(异常噪声)		
(039)	驾驶员座椅—制动器—检查制动器踏板应用状况(过度松动)		
(040)	驾驶员座椅—制动器—测量制动踏板高度	要求 踏板高度检查。测量从地面到制动踏板上表面的距离。如果必须要从地毯表面开始测量，则从标准值中扣除地毯的厚度，或者地毯和沥青纸毡的厚度	
(041)	驾驶员座椅—制动器—测量制动器踏板自由行程	要求 踏板自由行程，发动机停止后，踩下制动踏板几次，以便解除制动助力器。然后，使用手指轻轻按压制动踏板并且使用一把直尺测量制动踏板自由行程	
(042)	驾驶员座椅—制动器—检查制动助力器工作情况(下沉)	要求 踩下制动踏板并检查制动助力器是否正常工作	发动机停机 踩压制动踏板数次。 检查：要求踏板高度没有变化。 在装有液压制动助力器的汽车上，应当踩压制动踏板40次以上。 检查踏板是否继续下沉。 踏板踩下后，启动发动机。

续表

工单中的序号	作业项目名称	作业技术要求和作业规范	图　解
(043)	驾驶员座椅—制动器—检查制动助力器真空功能(控制阀:高度不变)	**要求** 踩下制动踏板并按照如图步骤检查制动助力器气密性和真空性是否正常	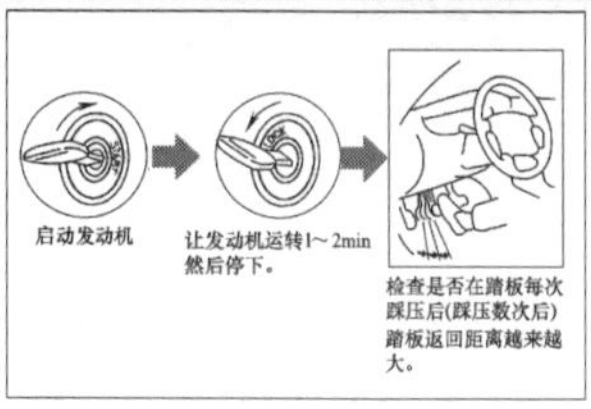 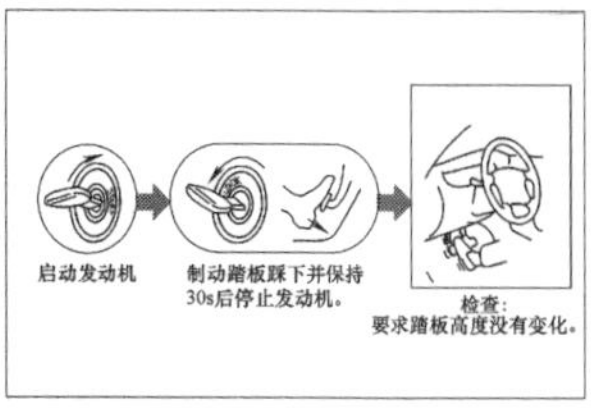 启动发动机 让发动机运转1~2min然后停下。 检查是否在踏板每次踩压后(踩压数次后)踏板返回距离越来越大。 启动发动机 制动踏板踩下并保持30s后停止发动机。 检查:要求踏板高度没有变化。
		方向盘	
(044)	驾驶员座椅—方向盘—测量自由行程	**要求** 自由行程,在配备动力转向系统的车辆上,启动发动机,使车辆笔直向前。轻轻移动方向盘在车轮就要开始移动时,使用一把直尺测量方向盘的移动量测量转向盘自由行程;在一个配备倾斜转向或者伸缩转向系统的车上,在方向盘整个移动范围内检查松动情况	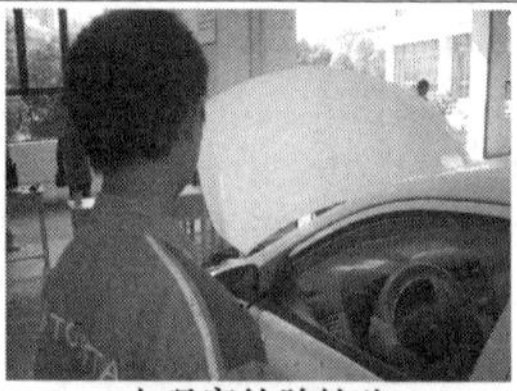 一人观察轮胎转动  自由行程 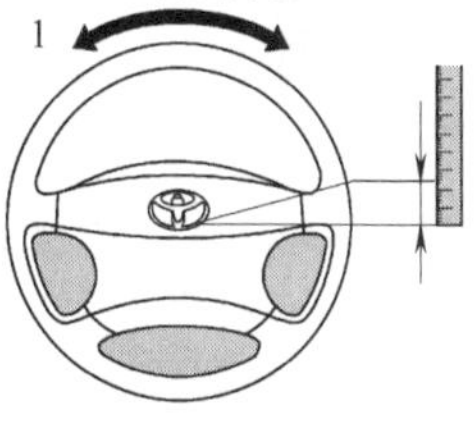 1 检查方向盘自由行程
(045)	驾驶员座椅—方向盘—检查松弛和摆动	**要求** 松动和摆动,用两手握住方向盘,轴向地、垂直地或者向两侧移动方向盘,移动方向盘,检查有没有松动或者摆动	 松动和摆动 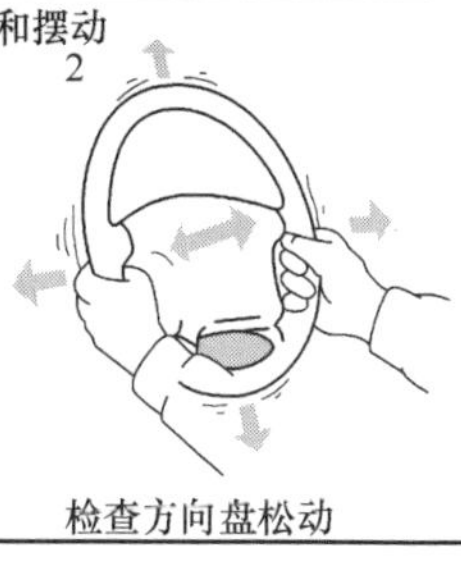 2 检查方向盘松动

续表

工单中的序号	作业项目名称	作业技术要求和作业规范	图　解
(046)	驾驶员座椅—方向盘—检查点火开关ACC位置时，方向盘可否自由移动	要求 通过将点火开关转动到ACC，保持方向盘不锁定和可自由移动	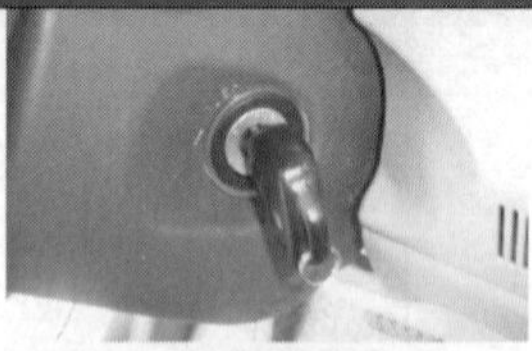 点火开关ACC  转动方向盘

五、车外检查

工单中的序号	作业项目名称	作业技术要求和作业规范	图　解
外部检查准备			
(047)	驾驶员座椅—外部检查准备—打开行李厢门	要求 用右手拉起行李厢按钮	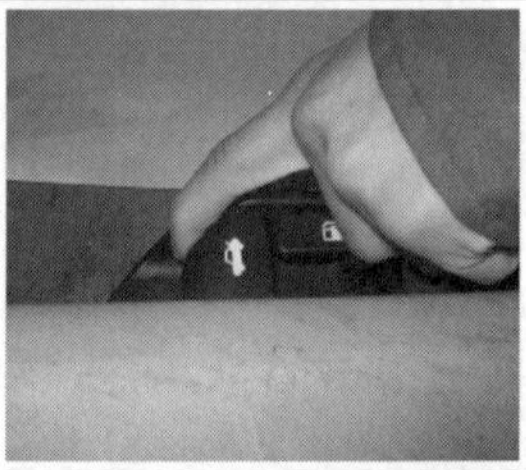
(048)	驾驶员座椅—外部检查准备—打开燃油盖	要求 用右手拉起燃油箱盖按钮	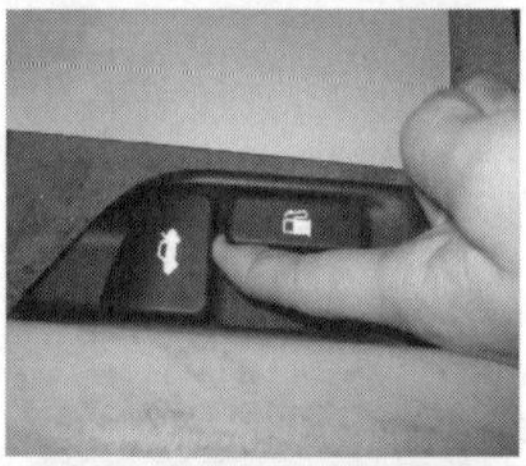
(049)	驾驶员座椅—外部检查准备—将顶灯开关旋至“DOOR”	要求 顶灯开关旋至“DOOR”	
(050)	驾驶员座椅—外部检查准备—将换挡杆置于空挡	要求 踩住制动，将挡位挂至“N”挡	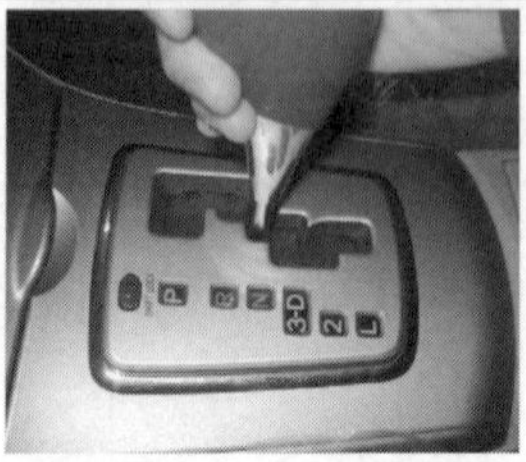

续表

工单中的序号	作业项目名称	作业技术要求和作业规范	图解
(051)	驾驶员座椅—外部检查准备—释放驻车制动杆	要求 释放驻车制动杆	
左前门检查			
(052)	左前车门—门控灯开关—检查工作情况(顶灯和指示器灯工作情况)	要求 打开车门,顶灯亮,关闭车门顶灯熄灭;打开车门,仪表盘指示车门指示灯亮,关闭车门,仪表盘车门指示灯熄灭	
(053)	左前车门—车身螺母和螺栓—检查座椅安全带的螺栓和螺母是否松动	要求 拉出安全带,检查安全带三个连接点是否有松动	
(054)	左前车门—车身螺母和螺栓—检查座椅的螺栓和螺母是否松动	要求 晃动座椅,检查座椅螺栓螺母是否有松动	
(055)	左前车门—车身螺母和螺栓—检查车门的螺栓和螺母是否松动	要求 扳动车门检查车门螺栓螺母是否松动	
左后门检查			
(056)	左后车门—门控灯开关—检查工作情况(顶灯和指示灯工作情况)	要求 与左前门要求一致	

续表

工单中的序号	作业项目名称	作业技术要求和作业规范	图解
(057)	左后车门—螺母和螺栓—检查座椅安全带的螺栓和螺母是否松动	要求 与左前门要求一致	
(058)	左后车门—螺母和螺栓—检查座椅的螺栓和螺母是否松动		
(059)	左后车门—螺母和螺栓—检查车门的螺栓和螺母是否松动		
油箱盖			
(060)	油箱盖—检查是否变形和损坏	要求 查看油箱盖是否损坏，是否有扭力声	
(061)	油箱盖—检查连接状况		
(062)	后部—左右车灯—检查安装状况	要求 检查车灯是否有松动，是否有损坏和污垢	
(063)	后部—左右车灯—检查是否损坏和有污垢		
(064)	后部—备用轮胎—检查是否有裂纹和损坏	要求 （1）边旋转边检查轮胎是否有裂纹或者损坏现象，轮胎至少旋转1圈 （2）如有较大裂纹、割痕（见帘布层），或者其他损坏，应更换轮胎 提示 （1）旋转轮胎的速度不宜太快 （2）旋转轮胎时，应戴手套，以防划伤手	裂纹或者损坏
(065)	后部—备用轮胎—检查是否嵌入金属颗粒或其他异物	要求 （1）边旋转边检查轮胎是否有任何金属微粒或其他异物，轮胎至少旋转1圈 （2）如嵌入任何金属微粒、石子或者其他异物，应将异物取出并视情节维修	嵌入金属微粒或者其他异物

续表

工单中的序号	作业项目名称	作业技术要求和作业规范	图解
(066)	后部—备用轮胎—测量胎面沟槽深度(测量规)	**要求** (1)用干净的布清洁测量规 (2)对测量规进行校零 (3)沿轮胎圆周方向每120°测量1次胎面沟槽深度。每次测量前均需要用干净的布清洁测量规 (4)轮胎沟槽极限深度为1.6mm,对于高速行驶车辆的轮胎要求为4mm。低于极限深度必须建议客户更换	
(067)	后部—备用轮胎—检查是否有异常磨损	**要求** 轮胎不存在图示的异常磨损情况。如果轮胎存在下面的异常磨损,要更换轮胎	异常磨损 双肩磨损 1 中间磨损 2 落边磨损 3 单肩磨损 4 跟部磨损 5
(068)	后部—备用轮胎—检查气压	**要求** (1)对轮胎气压表进行校零 (2)将轮胎气压表测量头对准气门芯压下,按压轮胎气压表的手柄,读出轮胎气压读数 (3)测量后,清洁轮胎气压表,并正确归位 (4)轮胎气压一定要符合车辆技术要求,冷胎充气压力为220kPa	
(069)	后部—备用轮胎—检查是否漏气	**要求** (1)拧下气门芯帽,用毛刷蘸肥皂水,涂抹在气门芯上,查看是否有气泡冒出,以检查气门芯处是否有漏气现象。如果有气泡冒出说明气门芯漏气 (2)检查完毕要用抹布将黏附在轮胎上的肥皂液清洁干净	
(070)	后部—备用轮胎—检查钢圈是否损坏或腐蚀	**要求** 戴手套,用手摸、目视的方式,检查钢圈和轮盘是否损坏、腐蚀、变形和跳动	
(071)	后部—螺母和螺栓—检查行李厢门的螺栓和螺母是否松动	**要求** 晃动行李厢门,检查行李厢螺栓螺母是否有松动	

续表

工单中的序号	作业项目名称	作业技术要求和作业规范	图解
(072)	后部—左右后悬架—检查减振器的阻尼状态	要求 上下摇动车身，感觉缓冲力，每个角上下压动车身，感觉缓冲力，然后在中间压一下	
(073)	后部—左右后悬架—检查车辆倾斜度	要求 水平目视车辆，检查车辆是否倾斜	
(074)	右后车门—门控灯开关—检查工作情况（顶灯和指示灯工作情况）	要求 打开车门，顶灯亮，关闭车门，灯灭（无延时功能）	
(075)	右后车门—螺母和螺栓—检查座椅安全带的螺栓和螺母是否松动		
(076)	右后车门—螺母和螺栓—检查座椅的螺栓和螺母是否松动		
(077)	右后车门—螺母和螺栓—检查车门的螺栓和螺母是否松动		
(078)	右前车门—门控灯开关—检查工作情况（顶灯和指示灯工作情况）	要求 同左前门	
(079)	右前车门—螺母和螺栓—检查座椅安全带的螺栓和螺母是否松动		
(080)	右前车门—螺母和螺栓—检查座椅的螺栓和螺母是否松动		
(081)	右前车门—螺母和螺栓—检查车门的螺栓和螺母是否松动		

续表

工单中的序号	作业项目名称	作业技术要求和作业规范	图解
(082)	前部—右悬架—检查减振器的阻尼状态	要求 检查前减振器阻尼是否正常,车身是否有倾斜	
(083)	前部—右悬架—检查车辆倾斜度		
(084)	前部—右灯—检查安装状况	要求 用手晃动车灯,车灯是否有松动。检查反光镜是否褪色,有无污垢或进水	
(085)	前部—右灯—检查是否损坏和有污垢		
(086)	前部—发动机舱—检查发动机舱盖的螺栓和螺母是否松动	要求 扳动发动机舱盖,检查螺栓和螺母是否有松动	
(087)	前部—发动机舱—拆卸机油加注口盖	要求 旋松机油加注盖	

六、机油及机油滤清器的更换

工单中的序号	作业项目名称	作业技术要求和作业规范	图解
(088)	检查是否漏油(发动机各部位的配合表面)	要求 准备机油收集装置、机油排放塞及机油滤清器专用拆卸工具 检查发动机各区域的接触面、油封、机油排放塞是否漏油	
(089)	检查是否漏油(油封)		
(090)	检查是否漏油(排放塞)		

续表

工单中的序号	作业项目名称	作业技术要求和作业规范	图解
(091)	排放发动机机油	要求 先用14#梅花扳手逆时针旋松，然后用手旋，机油排放塞放到工作台上 用手旋出机油排放塞时要小心机油的喷溅 提示 (1)严禁戴手套进行机油排放塞的拆装作业 (2)如果手上沾上机油应及时清洗 (3)机油收集装置一定要调整到适当的高度	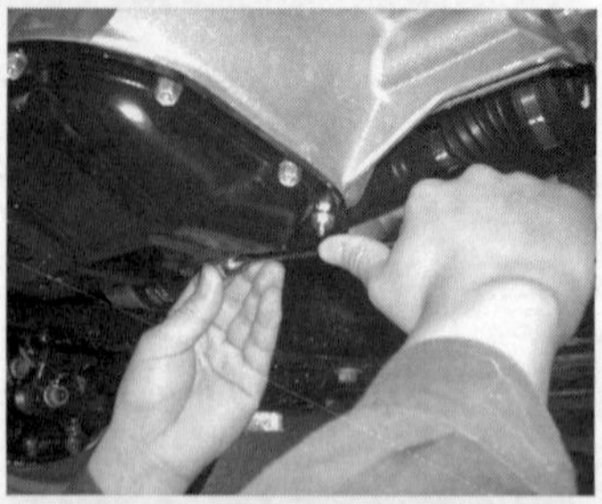 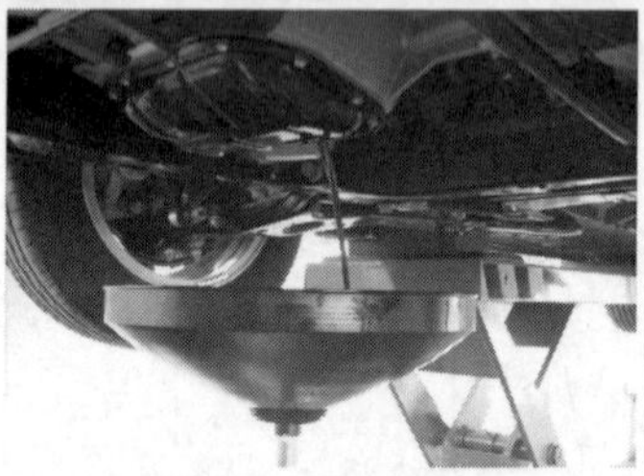
(123)	更换发动机机油滤清器及排放塞衬垫	要求 先用机油滤清器专用扳手逆时针旋转使之松动，然后用手旋下 机油涂抹均匀，及时清洁手指 用手安装，将密封垫圈接触底座即可	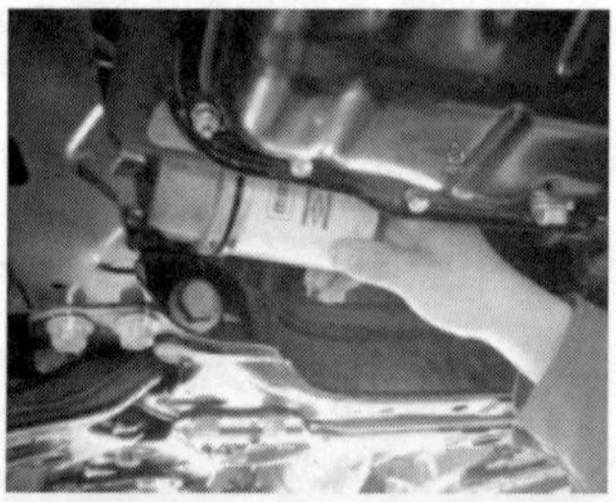 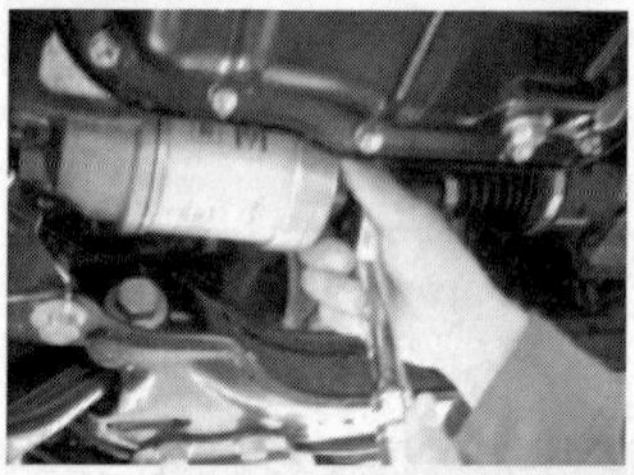
(124)	安装紧固排放塞	要求 更换机油排放塞垫片 安装机油排放塞	 

七、底盘螺栓松动和底盘部件密封状况检查规范

工单中的序号	作业项目名称	作业技术要求和作业规范	图 解
		传动带	
(092)	检查是否变形	要求 用电筒查看传动带是否变形，是否磨损	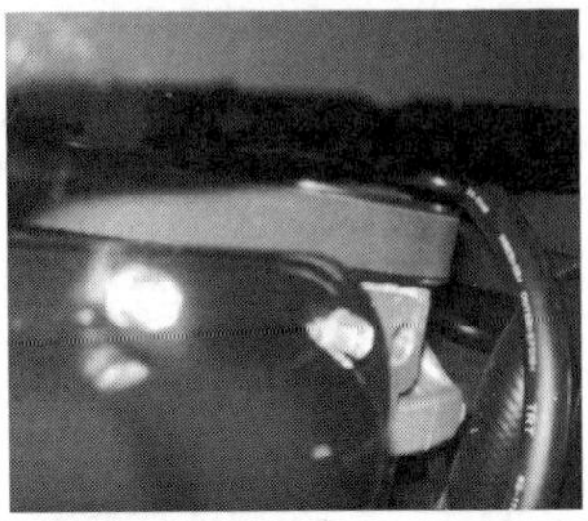
(093)	检查是否损坏（磨损、裂纹、脱层或其他损坏）		
(094)	检查安装状况（传动带张力检查）	要求 传动带偏移量检查，升起位置，用手压测量偏移 8～10mm(98N 力)	
		驱动轴护套	
(095)	检查是否有裂纹、损坏（外侧）	要求 转动轮胎一周，仔细查看驱动轴护套	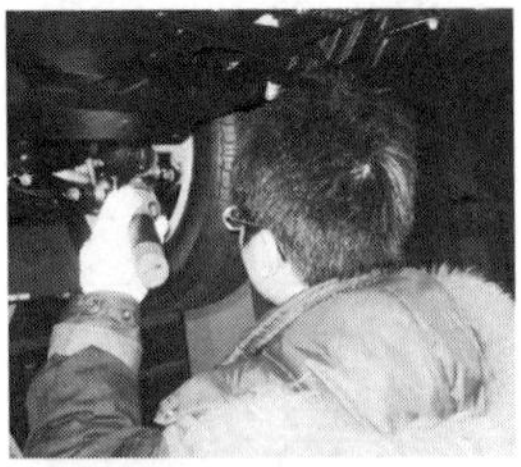
(096)	检查是否有裂纹、损坏（内侧）	要求 转动一周，利用电筒仔细查看	
(097)	检查是否有泄漏（外侧）	要求 利用电筒，转动驱动轴，检查护套是否漏油	
(098)	检查是否有泄漏（内侧）		
		转向连接机构	
(099)	检查是否松动和摇摆	要求 用手摸到和看到 提示 只看不摸	 检查转向横拉杆松动和扭曲变形 
(100)	检查是否弯曲和损坏		
(101)	检查防尘套是否有裂纹和损坏		

续表

工单中的序号	作业项目名称	作业技术要求和作业规范	图　解
制动管路			
(102)	检查是否泄漏	**知识链接** (1)检查制动管路连接部分是否有液体渗漏 (2)检查制动管路是否有凹痕或者其他损坏。检查制动管路软管是否扭曲、磨损开裂、隆起等。如果保护盖上有飞石的痕迹，制动管路可能有相同的损坏 **要求** 用手摸到和看到 **提示** 未戴手套作业，造成对皮肤的伤害	1.液体渗漏 2.损坏 检查制动管路
(103)	检查制动管路上的压痕或其他损坏		
(104)	检查制动管路软管扭曲、裂纹和凸起	**要求** 检查制动管道和软管，确保车辆运动时，或者方向盘完全转动到任何一侧时，不会因为振动而与车轮或者车身接触。手动转动轮胎直到方向盘被完全转向一侧时检查 **提示** 一定要戴手套，旋转轮胎前点火开关在ACC挡位或者ON挡位	安装状况 前轮转到一边时检查制动软管的安装情况
(105)	检查制动器管道和软管的安装状况(松旷)		
燃油管路			
(106)	检查燃油是否泄漏	**知识链接** 检查软管是否有燃油渗漏、裂纹和其他损坏。如果保护盖上有飞石的痕迹，燃油管路可能有持久的损坏	1.燃油渗漏 2.损坏 检查燃油管路
(107)	检查燃油管路是否损坏		

续表

工单中的序号	作业项目名称	作业技术要求和作业规范	图解
排气管和安装件			
(108)	检查排气管是否损坏	**知识链接** 汽车排气抽气管用来将发动机工作时排出的尾气抽排到车间外面，以免尾气污染车间，对作业人员造成人身伤害 **要求** 检查接头处密封垫片、O形圈、排气管和消声器是否出现排气渗漏、裂纹和其他损坏 **提示** 必须戴手套，防止烫伤自己	 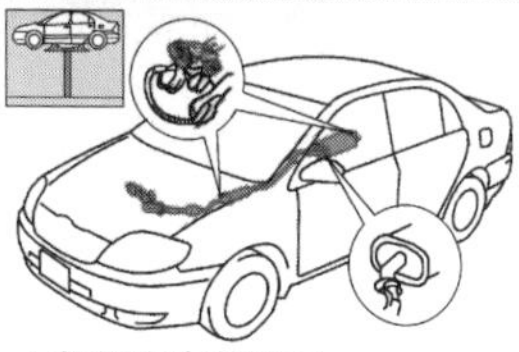 1.损坏和安装状况 2.排气管渗漏 检查排气管和消声器 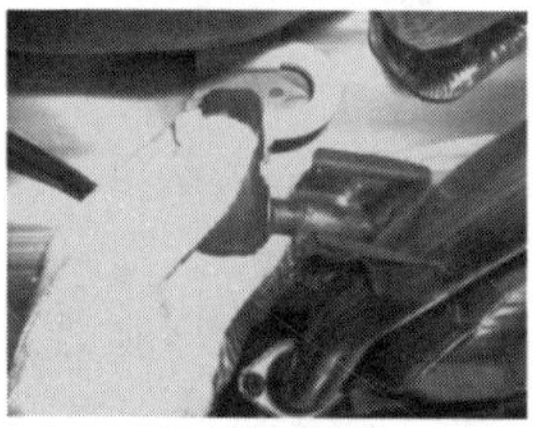 检查排气吊挂
(109)	检查消声器是否损坏		
(110)	检查排气管吊挂是否损坏或脱落		
(111)	检查密封垫片是否损坏		
(112)	检查排气管是否泄漏		
悬架			
(113)	检查是否损坏(转向节)	**要求** 利用工作灯或电筒晃动和目测检查	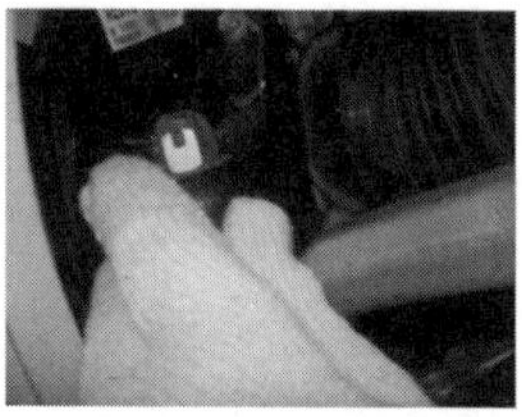
(114)	检查是否损坏(前减振器)	**要求** 目视检查前减振器是否损坏	
(115)	检查是否损坏(后减振器)	**要求** 目视检查后减振器是否损坏	

续表

工单中的序号	作业项目名称	作业技术要求和作业规范	图　解
(116)	检查是否泄漏(前减振器)	要求 目视检查前减振器是否泄漏	
(117)	检查是否泄漏(后减振器)	要求 目视检查后减振器是否泄漏	
(118)	检查是否损坏(前减振器螺旋弹簧)	要求 目视检查前减振器弹簧是否损坏	
(119)	检查是否损坏(后减振器螺旋弹簧)	要求 目视检查后减振器弹簧是否损坏	
(120)	检查是否损坏(下臂)	要求 目视检查下臂是否损坏	
(121)	检查是否损坏(稳定杆)	要求 目视检查稳定杆是否损坏	

续表

<table>
<tr><th>工单中的序号</th><th>作业项目名称</th><th>作业技术要求和作业规范</th><th>图　解</th></tr>
<tr><td>(122)</td><td>检查是否损坏(拖臂和后桥)</td><td>要求
目视检查拖臂和后桥是否损坏</td><td>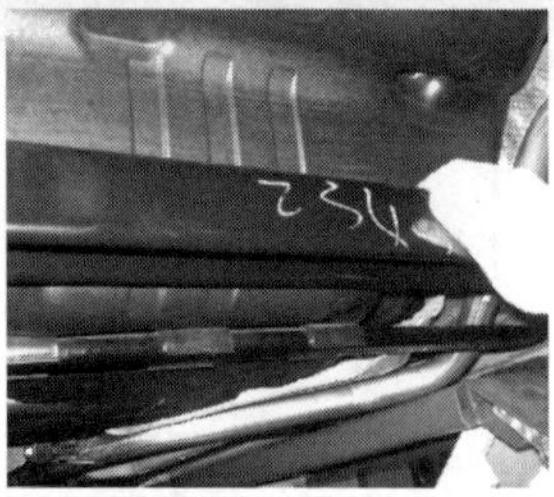</td></tr>
<tr><td>(125)</td><td>前下悬架臂×前悬架横梁</td><td rowspan="18">要求
(1)工具选择时必须遵循:套筒→梅花扳手→开口扳手进行作业
(2)扭力扳手操作时,先调到规定扭矩(参照修理手册),然后锁止,最后上套筒进行操作
提示
注意操作发力时的站位,小心操作排气管螺栓时伤到自己,小心操作后制动分泵与背板时刮坏减振器</td><td rowspan="18">

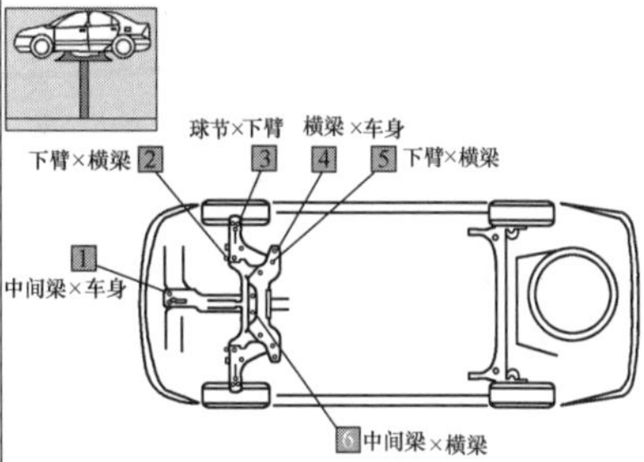

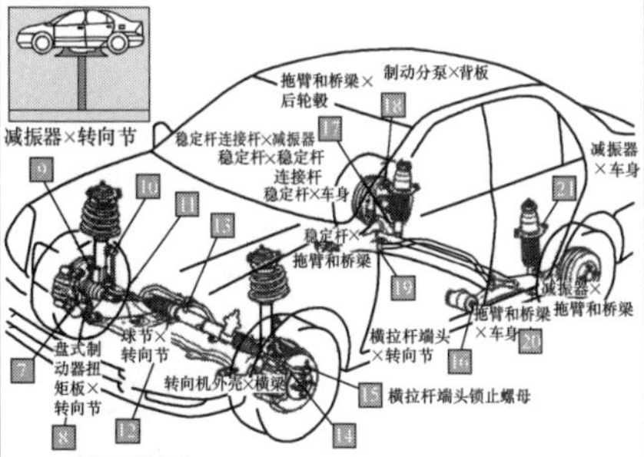

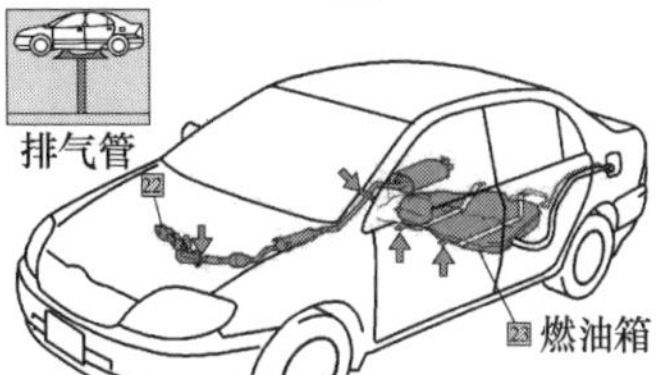
</td></tr>
<tr><td>(126)</td><td>前下球节×前下悬架臂</td></tr>
<tr><td>(127)</td><td>前悬架横梁×车身</td></tr>
<tr><td>(128)</td><td>前制动卡钳×转向节</td></tr>
<tr><td>(129)</td><td>前减振器×转向节</td></tr>
<tr><td>(130)</td><td>稳定杆连杆×前减振器</td></tr>
<tr><td>(131)</td><td>稳定杆×稳定杆连杆</td></tr>
<tr><td>(132)</td><td>前悬架横梁前支架×前悬架横梁</td></tr>
<tr><td>(133)</td><td>前悬架横梁后支架×车身</td></tr>
<tr><td>(134)</td><td>前悬架横梁加强件固定螺栓</td></tr>
<tr><td>(135)</td><td>横拉杆端头锁止螺母(检查)</td></tr>
<tr><td>(136)</td><td>横拉杆端头×转向节(检查)</td></tr>
<tr><td>(137)</td><td>转向机壳×前横梁</td></tr>
<tr><td>(138)</td><td>后桥横梁(拖臂)总成×车身</td></tr>
<tr><td>(139)</td><td>制动分泵×背板</td></tr>
<tr><td>(140)</td><td>后减振器×后横梁总成</td></tr>
<tr><td>(141)</td><td>排气管</td></tr>
<tr><td>(142)</td><td>燃油箱</td></tr>
</table>

八、轮胎及盘式制动器的规范检查

工单中的序号	作业项目名称	作业技术要求和作业规范	图解
车轮轴承			
		要求 一定要进行保险操作，不同的举升设备，保险锁止方式有不同 **提示** 垫块安装位置必须正确，车辆不得晃动 **知识链接** 参见项目一：举升机的规范操作	举升车辆至合适高度(与操作者心脏平)
(143)	检查有无摆动	**要求** 先检查轴承的松动和摆动，然后转动轮胎检查轴承运转有无噪声 **提示** 要戴手套，并且转动轮胎胎面，不能转动轮毂，以免轮毂对手造成伤害	转动状况和噪声 摆动 检查车轮轴承和转动状况
(144)	检查转动状况和噪声		
(145)	拆卸车轮(左前)	**要求** 先检查风动扳手的管路和套筒的连接状况，然后检查旋向和扭矩。按照交叉顺序拆卸五个车轮螺母。拆卸最后一个螺母时应按住轮胎，然后，拆卸车轮 **提示** 禁止戴手套作业	检查风动扳手旋向 拆卸轮胎

续表

工单中的序号	作业项目名称	作业技术要求和作业规范	图 解
轮胎			
(146)	检查是否有裂纹和损坏	要求 详见备胎检查方法 提示 应该检查四个轮胎	 检查轮胎 
(147)	检查是否嵌入金属碎片和异物		
(148)	测量胎面沟槽深度		
(149)	检查轮胎异常磨损		
(150)	测量轮胎气压		
(151)	检查轮胎漏气		
(152)	检查钢轮损坏或腐蚀		
盘式制动器(左前)			
	制动分泵与卡钳螺栓拆卸操作	要求 使用一把14-17的开口扳手和一把14-17的梅花扳手,按照左手拉右手固定的动作拆卸	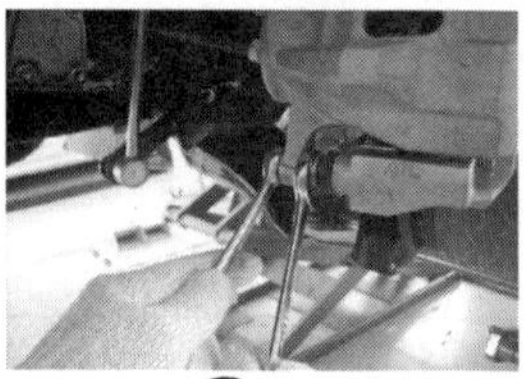 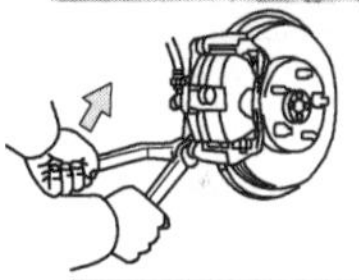 盘式制动器润滑脂 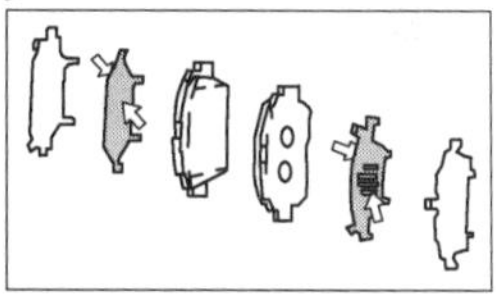 拆卸分泵螺栓
(153)	目视检查制动器摩擦片厚度(内侧)	要求 使用一把直尺测量外制动器摩擦片的厚度,通过制动卡钳内的检查孔目测检查内制动器摩擦片的厚度,确保其与外制动器摩擦片没有明显的偏差,确保制动器摩擦片没有不均匀磨损 或拆下制动摩擦片使用直尺测量	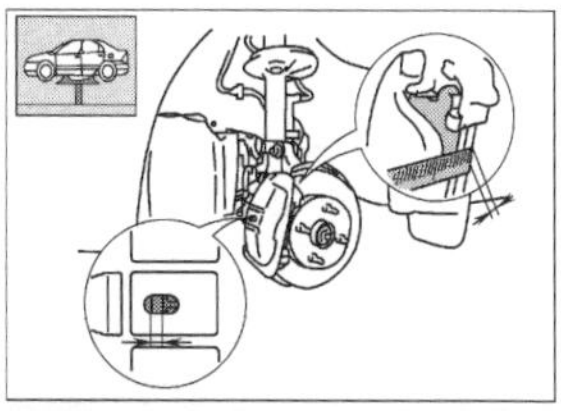  测量摩擦片厚度
(154)	测量制动器摩擦片厚度(外侧)		

续表

工单中的序号	作业项目名称	作业技术要求和作业规范	图解
(155)	检查制动器摩擦片的不均匀磨损		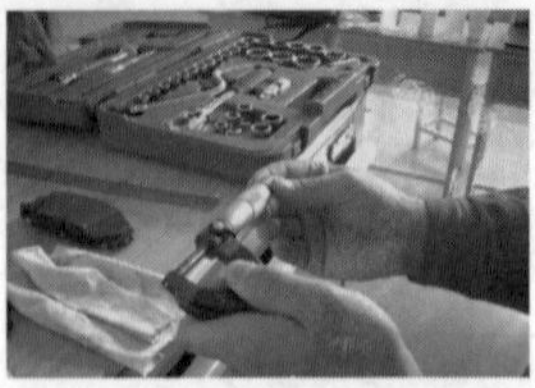 千分尺校准
(156)	检查盘式转子盘磨损和损坏	**知识链接** 先检查制动盘上是否有刻痕、不均匀或者异常磨损以及裂纹和其他损坏。然后用外径千分尺测量转子盘厚度。必须在离制动盘10cm处测量，最少均匀测3个点，取最小值 **要求** 使用千分尺必须先清洁—校零—测量—再清洁	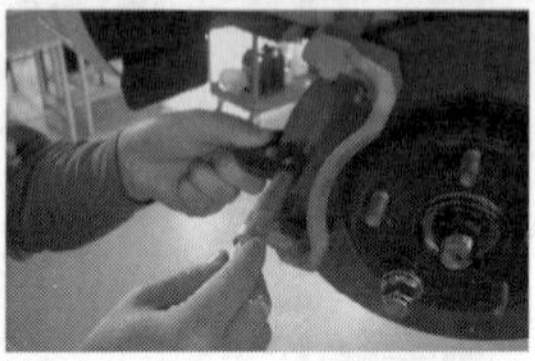
(157)	盘式转子盘厚度检查		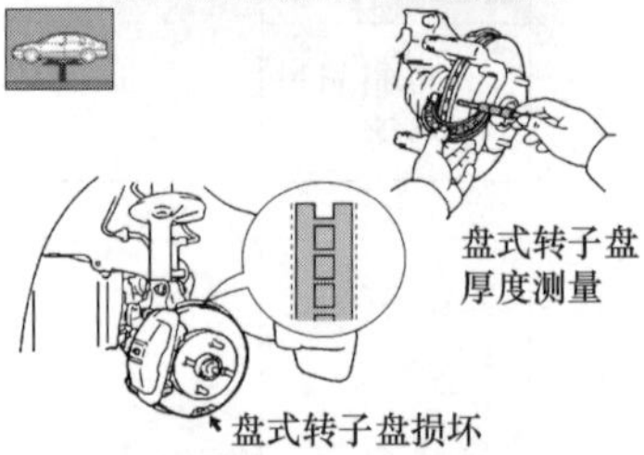 测量盘式转子盘厚度
(158)	检查制动卡钳处有无制动液泄漏	**要求** 要戴手套，如果制动液溅出或者粘在油漆上，立即用水漂洗。否则，将损坏油漆表面	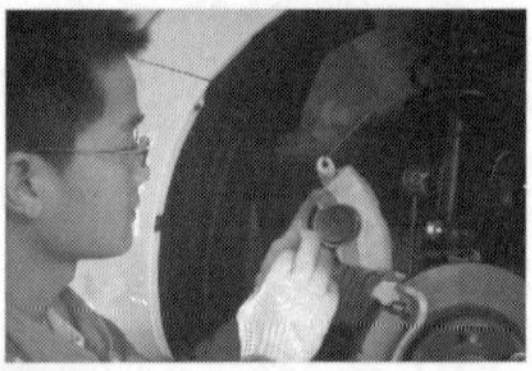 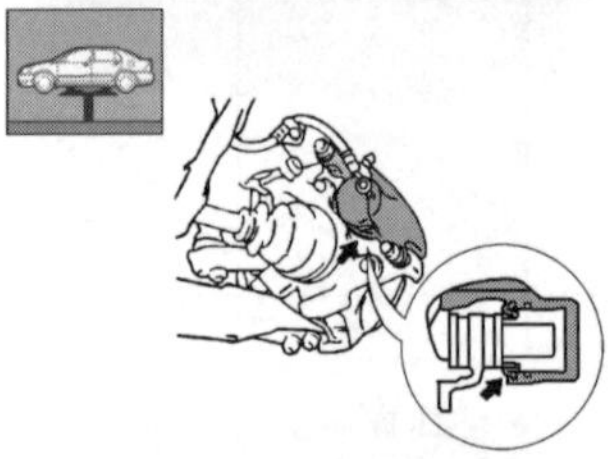 检查制动液从分泵处渗漏
	安装制动卡钳	按照拆下的逆序进行安装	
轮胎			
(159)	车轮临时安装	**要求** 选择合理的工具进行临时安装车轮	

九、发动机发动前检查项目

工单中的序号	作业项目名称	作业技术要求和作业规范	图 解
		驻车制动器和车轮挡块	
(160)	使用驻车制动器并放置车轮挡块	要求 打开车门，拉起驻车制动杆，放置车轮挡块，安装尾气排烟器	
		发动机油	
(161)	加注发动机油	要求 使用漏斗加注 4.2L 机油	
		蓄电池	
(162)	检查电解液液位	要求 查看单元格的液位是否处于上线和下线之间 提示 必要时加水时一定要加蒸馏水，不许加已经配置好的电解液	
(163)	检查蓄电池盒损坏	要求 检查蓄电池盒是否损坏；检查蓄电池盒是否有裂纹或者渗漏，如有则更换 提示 小心渗漏的电解液与皮肤接触，一旦接触要用大量清水冲洗	
(164)	检查蓄电池端子腐蚀	要求 如果蓄电池桩头有氧化物或者腐蚀，应进行清理	

续表

工单中的序号	作业项目名称	作业技术要求和作业规范	图　解
(165)	检查蓄电池端子导线松动	**要求** 如果蓄电池端子导线有松动现象，应进行紧固处理 **提示** 紧固正极极柱时，扳手严禁与车身金属相碰	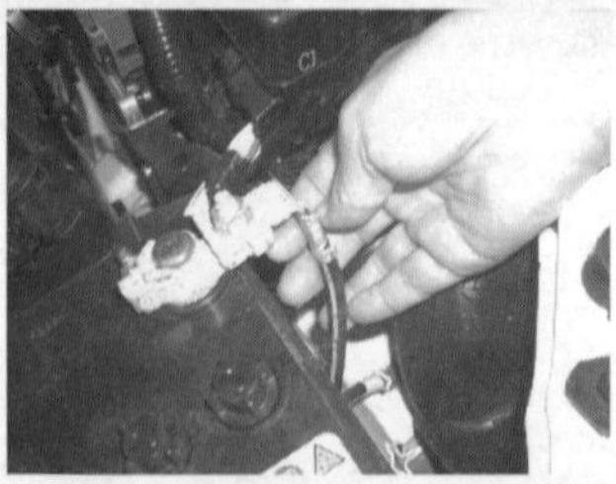
(166)	检查通风孔塞损坏、孔堵塞	**要求** 检查通风孔塞是否损坏、通风孔塞上的孔是否堵塞 **特别提醒** 如果蓄电池通风孔塞损坏，则需要更换，如果通风孔塞上的孔堵塞，则应进行疏通处理	
(167)	测量电解液相对密度（单格）	**要求** (1)取出电解液密度检测仪，用吸管吸蒸馏水对电解液密度检测仪进行清洁，并对电解液密度检测仪进行校零 (2)双手将电解液密度检测仪端平，对着光线良好的地方，用眼睛查看蓄电池电解液的相对密度 **提示** 蓄电池电解液的相对密度在20℃(68℉)时应为1.25～1.29	 
制动液			
(168)	检查总泵内液面（储液罐）	**要求** 目视检查制动总泵的液面及制动总泵是否泄漏	
(169)	检查总泵是否泄漏		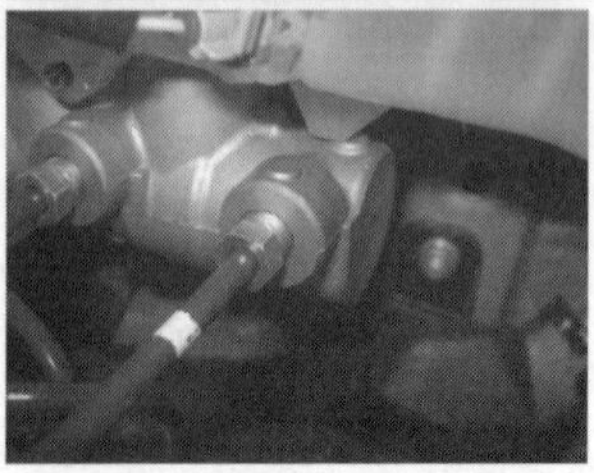

续表

工单中的序号	作业项目名称	作业技术要求和作业规范	图　解
制动管路			
(170)	检查液体是否泄漏	要求 目测制动总泵、制动管路是否有泄漏、损坏	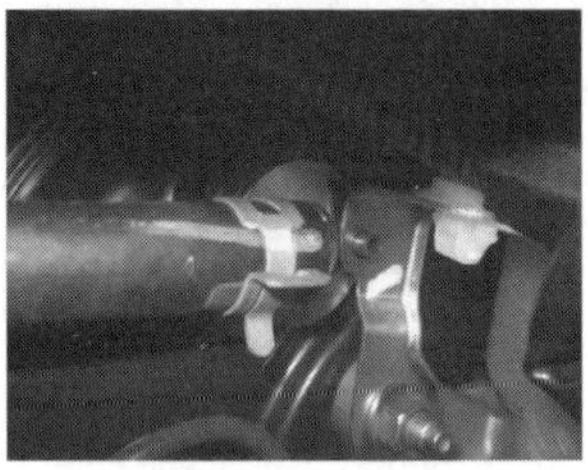
(171)	检查制动器管和软管是否有裂纹和损坏		
(172)	检查制动器软管和管的安装状况		
空气滤清器芯			
(173)	检查并更换	要求 检查原有的空气滤清器，并更换空气滤清器	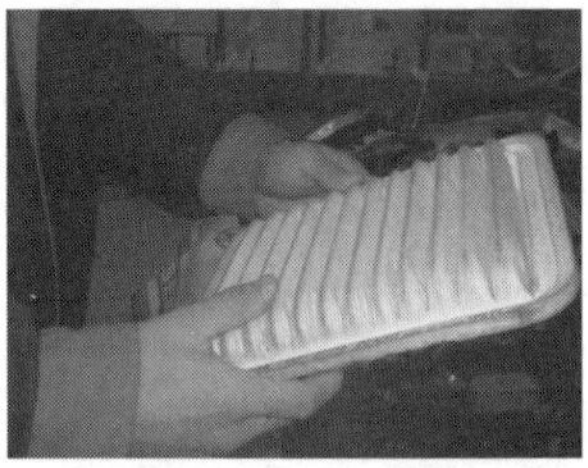
前减振器的上支承			
(174)	检查前减振器上支承的松动	要求 选用14＃梅花扳手紧固	
喷洗液			
(175)	检查液位(目视即可)	要求 检查喷洗液液位	

十、发动机冷却液、自动桥液位、空调制冷剂量的检查

工单中的序号	作业项目名称	作业技术要求和作业规范	图　解
轮毂螺母的再紧固			
(176)	旋紧车轮	要求 使用扭力扳手，以对角线顺序，按照规定扭力旋紧	

续表

工单中的序号	作业项目名称	作业技术要求和作业规范	图　解
发动机冷却液			
(177)	检查是否从散热器泄漏	要求 仔细查看散热器周围是否有泄漏	
(178)	检查橡胶软管是否泄漏	要求 查看橡胶软管及软管夹周围是否有泄漏	
(179)	检查软管夹周围是否泄漏		
(180)	检查散热器盖是否泄漏	要求 查看散热器盖有无松动、泄漏	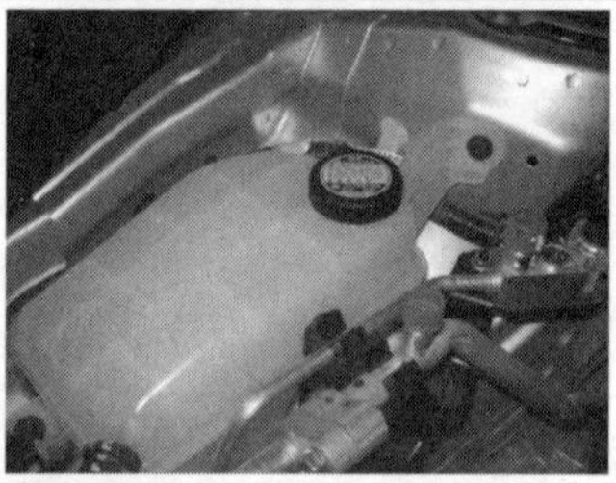
(181)	检查橡胶软管是否有裂纹、凸起和硬化	要求 目视检查橡胶软管是否有裂纹、凸起和硬化	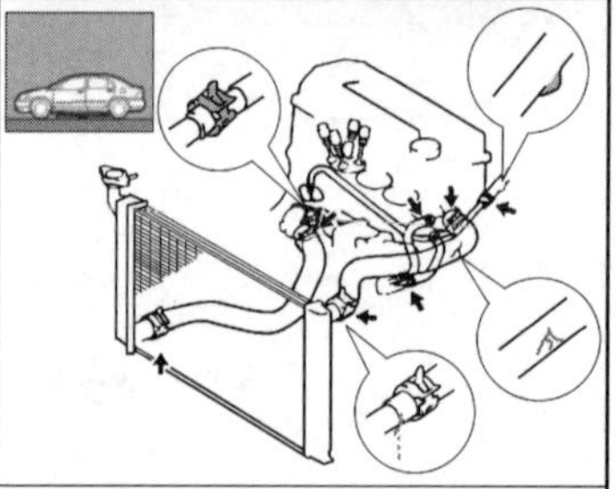
(182)	检查橡胶软管连接松动		
(183)	检查夹箍安装松动		
自动传动桥			
(184)	检查液位	要求 发动机处于怠速时，按照从P挡到L挡的顺序换挡，再从L挡到P挡的顺序换回，每次换挡间隔2s 换挡结束后，发动机处于怠速状态下检查自动传动桥液位	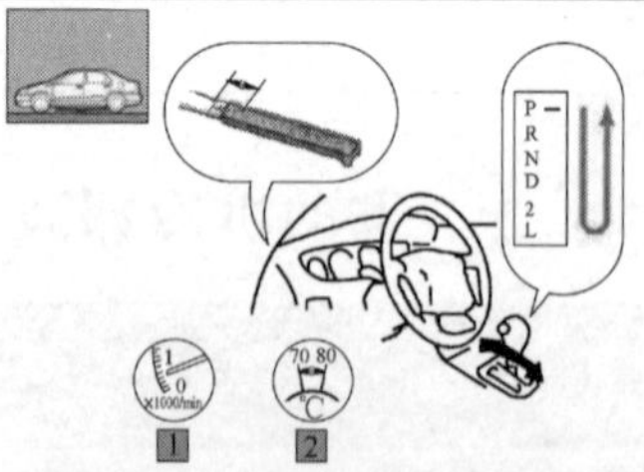 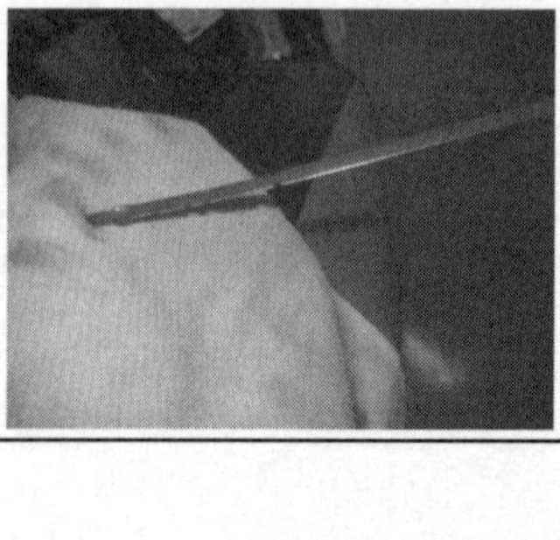 P R N D 2 L 1 2

续表

工单中的序号	作业项目名称	作业技术要求和作业规范	图　解
空调			
(185)	检查制冷剂量(从观察窗检查)	**要求** (1)打开所有车门 (2)鼓风机控制开关处于高位 (3)A/C 开关 ON (4)温度控制设为最凉 (4)发动机转速保持 1500r/min **提示** (1)观察窗有少量气泡属于正常 (2)观察窗有大量气泡说明制冷剂不充足 (3)无气泡说明无制冷剂或者制冷剂太多	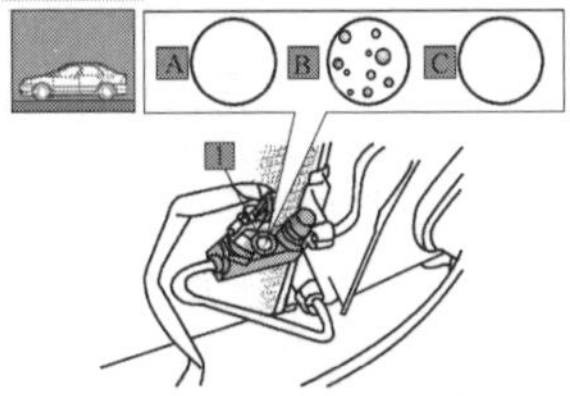 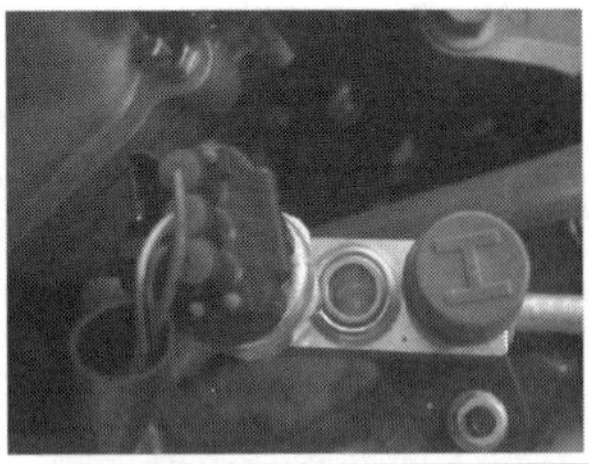 A B C 1
发动机油			
(186)	检查发动机油位(不必预热,按照当时温度)	**要求** 关闭发动机,检查机油液位	
发动机冷却液			
(187)	检查冷却液液位(目测储液罐)	**要求** 检查冷却液液位	
	举升至第八工位	**要求** 将汽车举升至最高,详见举升机的操作规范	
(188)	发动机机油泄漏	**要求** 检查发动机机油、制动器液是否泄漏,机油滤清器安装情况	
(189)	制动器液泄漏		
(190)	更换零件等的安装状况		
	将举升机降至地面	**要求** 将举升机降至地面	

续表

工单中的序号	作业项目名称	作业技术要求和作业规范	图解
(191)	拆卸翼子板布和前格栅布	要求 拆卸翼子板布和前格栅布并摆放整齐，关上发动机盖	
(192)	清洁车身、车身内部、烟灰缸等	要求 清洁车身，车身内部，烟灰缸。要做到清洁细致，不留死角	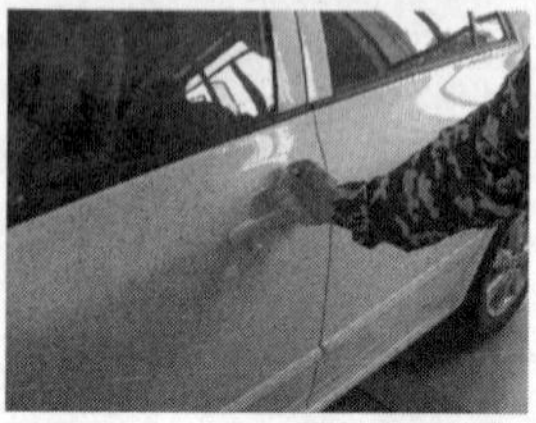
	5S整理	要求 去除三件套，分类扔进垃圾桶，工具清洁复位，工具车复位，清洁地面	 

第二章 汽车发动机的维修

第一节 发动机概述

一、发动机基础知识

（一）发动机的类型

发动机是汽车的动力源。现代汽车发动机主要采用的是往复式内燃机，本书所提及的发动机，无特别说明的，均指往复式内燃机。发动机的作用是通过燃料在气缸内的燃烧将化学能转化为热能，再把热能通过膨胀转化为机械能并对外输出动力。

汽车发动机的分类方法很多，按照不同的分类方法可以把汽车发动机分成不同的类型。

1. 按照活塞运动方式分类

汽车发动机按照活塞运动方式的不同，可以分为往复活塞式和旋转活塞式两种。活塞在气缸内做往复直线运动的发动机称为往复活塞式发动机，如图 2-1 所示；活塞在气缸内做旋转运动的发动机称为旋转活塞式发动机，这种发动机称为三角活塞转子发动机（或转子发动机），又称为米勒循环发动机，如图 2-2 所示。

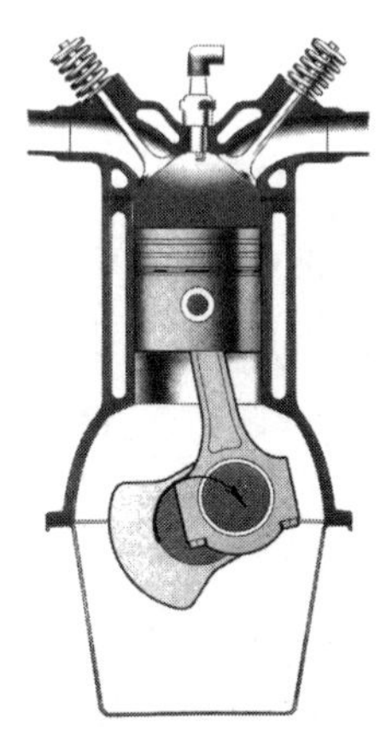

图 2-1　往复活塞式发动机

图 2-2　旋转活塞式发动机

转子发动机与往复活塞式发动机相比，具有体积较小、重量轻、重心低、高功率容积比（发动机容积较小就能输出较多动力）、曲轴平衡简单、转速高、振动和噪声较低、故障率低等优点。但是其制造成本高昂，耐用性也低于往复活塞式发动机。转子发动机成功运用于市场产品的仅有马自达 RX 系列跑车。

2. 按照所用燃料分类

汽车发动机按照所使用燃料的不同可以分为汽油机和柴油机。使用汽油为燃料的发动机称为汽油机，如图 2-3 所示；使用柴油为燃料的发动机称为柴油机，如图 2-4 所示；另外也有一些发动机使用其他液体或气体（如酒精、植物油、天然气等）为燃料，这些发动机往往根据结构和工作原理也划入汽油机或柴油机。

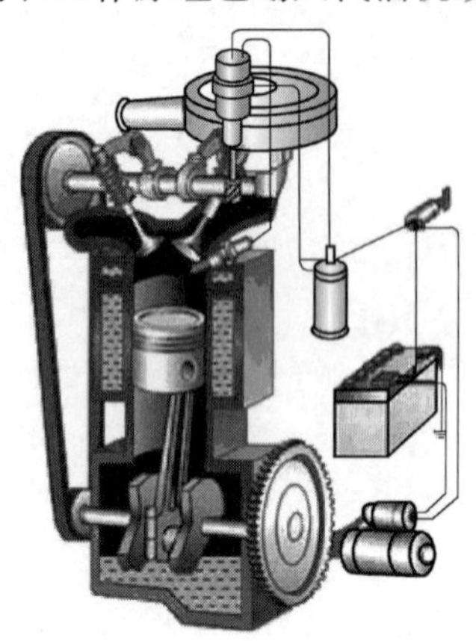

图 2-3 汽油机

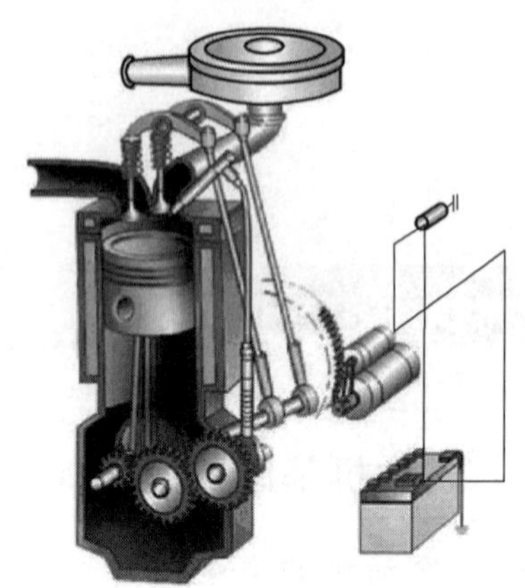

图 2-4 柴油机

汽油机与柴油机相比较各有特点：汽油机转速高，体积小、质量轻，工作中振动及噪声小，启动容易，制造成本低，但热效率和经济性不如柴油机，适合于中、小型汽车，尤其是高速汽车的使用；柴油机转速低，压缩比大，热效率高，燃料消耗率低，经济性能和排放性能比汽油机好，但体积大、质量重，工作中振动及噪声较大，启动性差（尤其是低温时），价格高，超负荷运转时容易冒黑烟，最大功率时的转速低，适合于载货汽车的使用。

3. 按照行程分类

汽车发动机按照完成一个工作循环所需的冲程数可分为四冲程发动机和二冲程发动机。曲轴转两圈（720°），活塞在气缸内上下往复运动四个行程，完成一个工作循环的发动机机称为四冲程发动机机，如图 2-5 所示；曲轴转一圈（360°），活塞在气缸内上下往复运动两个行程，完成一个工作循环的发动机称为二冲程发动机，如图 2-6 所示。

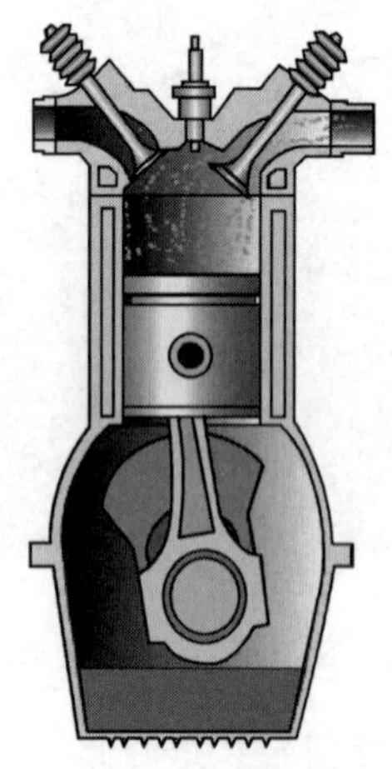

图 2-5 四冲程发动机

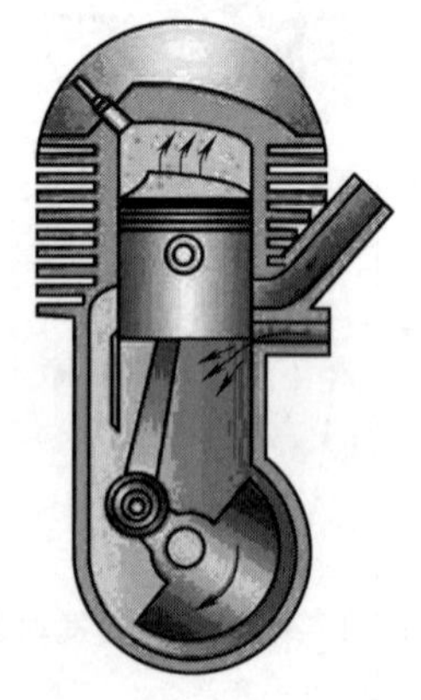

图 2-6 二冲程发动机

二冲程发动机体积小、重量轻、功率大、结构简单，制造、维修方便，可靠性高，价格便宜，但油耗高、排放高，主要用于一些对重量、体积和可靠性要求较高的汽车或摩托车；

四冲程发动机体积大、结构复杂，油耗低，排放低，制造、维修较麻烦，价格相对较高，用于大多数汽车。

4. 按照冷却方式分类

汽车发动机按照冷却方式的不同可以分为水冷发动机和风冷发动机。利用在气缸体和气缸盖冷却水套中进行循环的冷却液作为冷却介质进行冷却的发动机称为水冷发动机，如图 2-7 所示；以空气作为冷却介质的发动机称为风冷发动机，如图 2-8 所示。

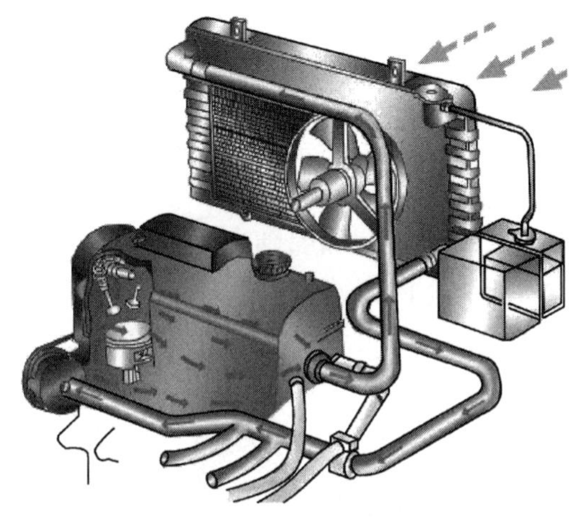
图 2-7　水冷发动机

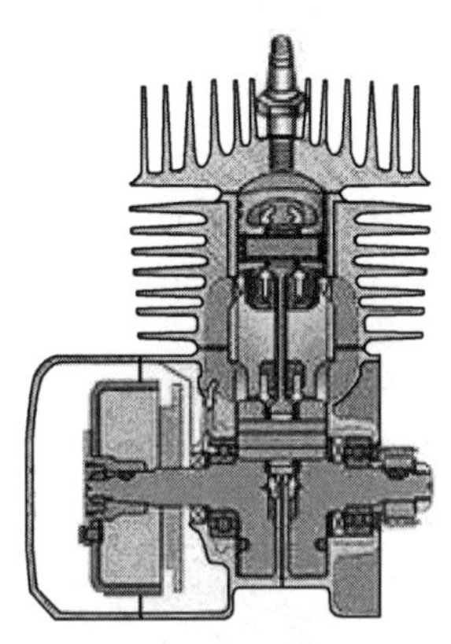
图 2-8　风冷发动机

水冷发动机冷却均匀，水路和冷却强度可调节，工作可靠，冷却效果好，广泛地应用于现代车用发动机。风冷发动机结构简单，质量轻，维护使用方便，对气候变化适应性强，启动快，不需要散热器，但缸体和缸盖刚度差，振动大，噪声大，容易过热。被一些军用汽车和个别载货汽车采用。风冷发动机还用于缺水地区。

5. 按照气缸数目分类

汽车发动机按照气缸数目的不同可以分为单缸发动机和多缸发动机。仅有一个气缸的发动机称为单缸发动机，如图 2-9 所示；有两个以上气缸的发动机称为多缸发动机，如图 2-10 所示。汽车发动机常用缸数有 3 缸、4 缸、5 缸、6 缸、8 缸、10 缸、12 缸、16 缸等。

图 2-9　单缸发动机

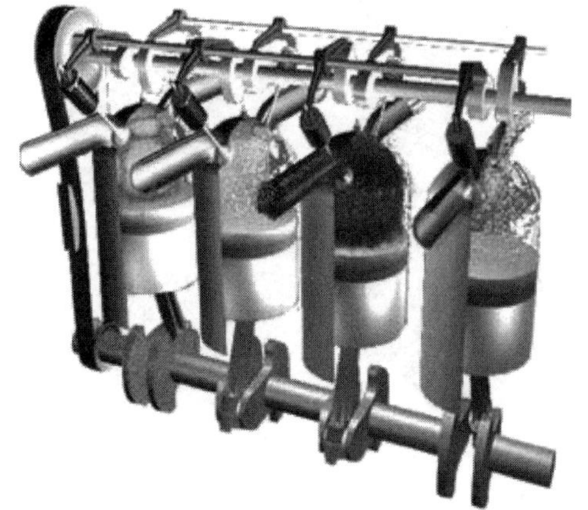
图 2-10　多缸发动机

单缸发动机工作平稳性差，转速波动大，振动大，且随着转速或排量的增加而增大，但其结构简单，重量轻，结构尺寸小，制造成本较低，维护方便。多缸发动机在同等缸径下，排量和功率较大；在同等排量下，多缸发动机的缸径小，允许转速高、升功率大，运转平稳，振动与噪声较小。现代汽车都采用多缸发动机。微型汽车发动机多为 3 缸，小型载重汽车、客车和中型以下轿车发动机多为 4 缸；中型载重汽车、大型轿车及客车发动机多为 6 缸；重型汽车一般为 6～8 缸。

6. 按照气缸排列方式分类

汽车发动机按照气缸排列方式的不同分为 L 型、V 型、H 型和 W 型四种。所有的气缸均按同一角度肩并肩排列成一个平面的发动机称为 L 型（直列式）发动机，如图 2-11 所示；所有的气缸分成两组，相邻的气缸以一定的夹角布置在一起，使两组气缸形成两个有一定夹角的平面（左右两列气缸中心线的夹角 $\gamma<180°$），从侧面看气缸呈 V 字形的发动机称为 V 型发动机，如图 2-12 所示；将 V 型发动机每侧气缸再进行小角度的错开（如帕萨特 W8 的小角度为 15°），从侧面看气缸呈 W 字形的发动机，称为 W 型发动机，W 型发动机的气缸排列也可以认为是由两个小 V 形组成一个大 V 字形，W 型发动机是德国大众专属的发动机技术，如图 2-13 所示；左右两列气缸之间的夹角等于 180°的 V 型发动机又称为 H 型（水平对置式）发动机，如图 2-14 所示。

图 2-11 L 型发动机

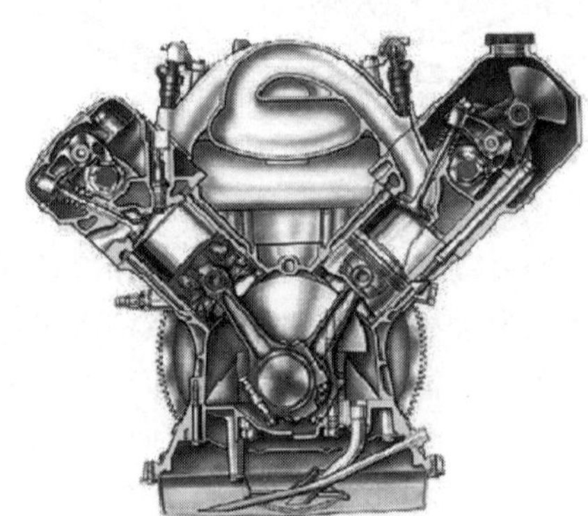

图 2-12 V 型发动机

图 2-13 W 型发动机

图 2-14 H 型发动机

L 型（直列式）发动机结构简单、体积小、制造成本低、运转平衡性和操控性好，但是 L 型发动机随着缸数的增加长度也将增加，缸数、最大功率都受到限制，主要有 L3、L4、L5、L6 型。L 型发动机在国产汽车中应用十分广泛，几乎所有中档以下的国产车及采用四缸发动机的车型都是直列发动机。宝马的 L6（直列六缸）发动机在技术含量、缸数、性能

表现上是直列发动机的极致。

V 型发动机的气缸之间相互错开布置，缩短了机体的长度和高度，高度的降低可以减小汽车的迎风面积，提高汽车的空气动力学性能；长度的缩短可以增加驾乘舱的空间，还可以扩大气缸直径和气缸数来提高发动机的排量和功率。发动机气缸的对向布置，可抵消一部分振动，使发动机运转更平顺。但 V 型发动机结构复杂、制造成本高、保养和维修较为困难。V 型发动机从 V3 到 V5、V6、V8、V10、V12、V16 都有，排气量可以从很小做到很大。

W 型发动机比 V 型发动机的长度更短，重量更轻，体积更小。但 W 型发动机结构过于复杂，制造成本高昂，其宽度更大，发动机室更满。W 型发动机是大众的专利技术，只有大众集团旗下的顶级车型上才使用 W 型发动机，目前主要有 W12 和 W16。

H 型（水平对置式）发动机的气缸平放，降低了机体的高度和汽车的重心，增强了汽车的行驶稳定性和操控性；H 型发动机较 V 型发动机运转平顺性更好，油耗更低、功率损耗更小。但水平对置发动机的结构复杂，造价和养护成本高。另外由于重力作用气缸的上侧得不到充分润滑。富士 WRX-Sti 和保时捷 911 车都采用的是水平对置发动机。

7. 按照进气系统是否采用增压方式分类

发动机机按照进气系统是否采用增压方式可以分为自然吸气（非增压）式发动机和强制进气（增压）式发动机两种。空气未经压缩直接供入气缸内的发动机称为自然吸气（非增压）式发动机，如图 2-15 所示；将空气预先压缩后再供入气缸的发动机称为强制进气（增压）式发动机，如图 2-16 所示。

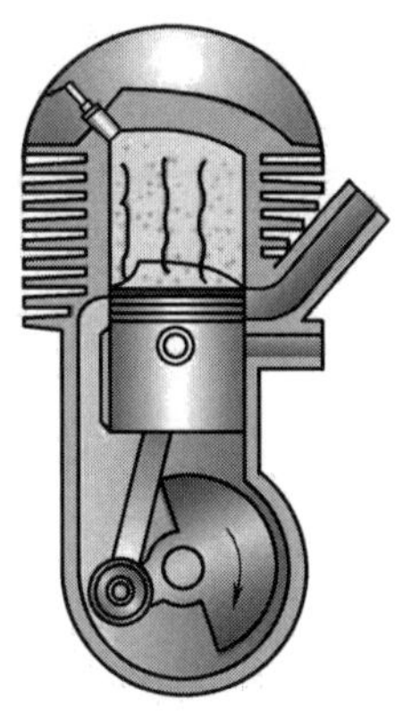

图 2-15　自然吸气式发动机

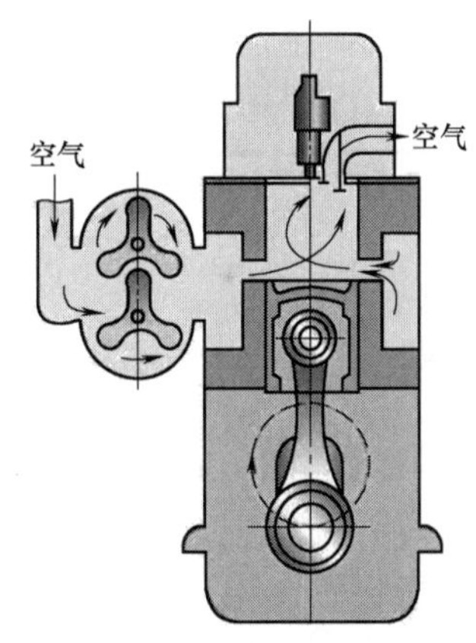

图 2-16　强制进气式发动机

发动机增压可以分为机械增压、气波增压、废气涡轮增压、复合增压四种，其中废气涡轮增压是最常见的增压装置，它是利用发动机排出废气的惯性冲力来推动涡轮室内的涡轮，涡轮带动同轴的叶轮压送空气。增压使进入燃烧室内的空气量增多，发动机的功率及扭矩可增大 20%～30%。但采用增压技术后使发动机强度、机械加工精度、装配技术等要求更严格。同时采用涡轮增压后会出现动力输出反应滞后，即突然加速时，瞬间会有提不上速度的感觉。

（二）发动机基本术语

1. 上止点

活塞在气缸内作往复直线运动时，当活塞运动到距离曲轴旋转中心最远时活塞顶所处的位置，称为上止点，如图 2-17 所示。

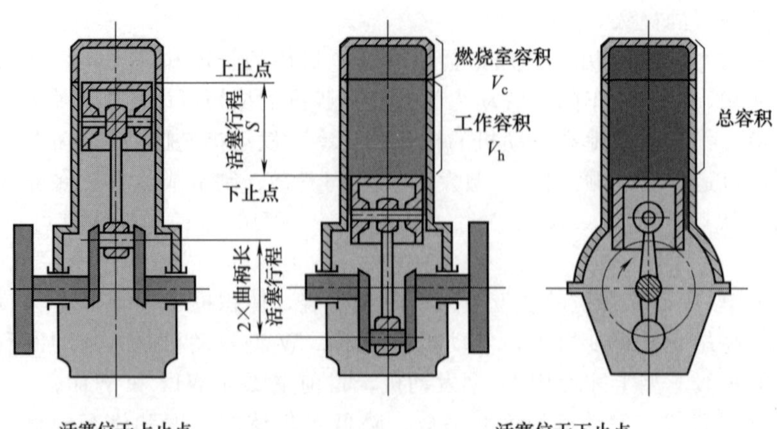

图 2-17　发动机的基本术语

2. 下止点

活塞在气缸内作往复直线运动时，当活塞运动到距离曲轴旋转中心最近时活塞顶所处的位置，称为下止点，如图 2-17 所示。

3. 活塞行程

活塞从一个止点到另一个止点所移动的距离，即上、下止点之间的距离称为活塞行程。一般用 S 表示，对应一个活塞行程，曲轴旋转 180°，如图 2-17 所示。

4. 曲柄半径

曲轴旋转中心到曲柄销中心之间的距离称为曲柄半径，一般用 R 表示。通常活塞行程为曲柄半径的两倍，即 $S=2R$，如图 2-17 所示。

5. 气缸工作容积

活塞从一个止点运动到另一个止点所扫过的容积，称为气缸工作容积，如图 2-17 所示。一般用 V_h 表示：

$$V_h=\frac{\pi}{4}D^2S\times10^{-6}\ \text{(L)}$$

式中　D——气缸直径，mm；

　　　S——活塞行程，mm。

6. 燃烧室容积

活塞位于上止点时，其顶部与气缸盖之间的容积称为燃烧室容积，如图 2-17 所示。一般用 V_c 表示。

7. 气缸总容积

活塞位于下止点时，其顶部与气缸盖之间的容积称为气缸总容积。一般用 V_a 表示，如图 2-17 所示。

气缸总容积就是气缸工作容积和燃烧室容积之和，即 $V_a=V_c+V_h$。

8. 发动机排量

多缸发动机各气缸工作容积的总和，称为发动机排量。一般用 V_L 表示：

$$V_L=V_hi$$

式中　V_h——气缸工作容积；

　　　i——气缸数目。

9. 压缩比

压缩比是指气体压缩前的容积与气体压缩后的容积之比值，即气缸总容积与燃烧室容积

之比称为压缩比。压缩比表示了气体的压缩程度，是发动机中一个非常重要的概念，发动机实际的压缩比往往受气缸密封程度的影响而改变，一般用 ε 表示。

$$\varepsilon=\frac{V_a}{V_c}=\frac{V_h+V_c}{V_c}=1+\frac{V_h}{V_c}$$

式中　V_a——气缸总容积；

V_h——气缸工作容积；

V_c——燃烧室容积；

通常汽油机的压缩比为 6～10，柴油机的压缩比较高，一般为 16～22。

10. 工作循环

每一个工作循环包括进气、压缩、做功和排气过程，即完成进气、压缩、做功和排气四个过程叫一个工作循环。

（三）发动机工作原理

发动机是一种能量转换机构，它将燃料燃烧产生的热能转变成机械能。要完成这个能量转换必须经过进气、压缩、做功、排气四个过程。我们把这四个过程称为发动机的一个工作循环，工作循环不断地重复，就实现了能量转换，使发动机连续运转。曲轴转两圈（720°），活塞上下往复运动四次完成一个工作循环的发动机，称为四冲程发动机。而把完成一个工作循环，曲轴转一圈（360°），活塞上下往复运动两次的发动机称为二冲程发动机。

1. 四冲程汽油机的工作原理

（1）进气行程。随着曲轴的旋转，活塞从上止点向下止点运动，这时进气门打开，排气门关闭，如图 2-18 所示。进气过程开始时，气缸内残存有上一循环未排净的废气，因此，气缸内的压力稍高于大气压力。随着活塞下移，气缸内容积增大，压力减小，当压力低于大气压时，在气缸内产生真空吸力，空气经空气滤清器、进气管道、进气门等被吸入气缸。由于进气系统的阻力，进气终了时，气缸内气体压力略低于大气压，约为 0.075～0.09MPa。同时由于受残余废气和高温机件的加热，气体温度升至 370～400K。

（2）压缩行程。进气行程结束后，活塞在旋转曲轴的带动下，从下止点向上止点运动，如图 2-19 所示，这时进气门和排气门都关闭，气缸内成为封闭容积，进入气缸内的可燃混合气受到压缩，压力和温度不断升高，当活塞到达上止点时压缩行程结束。此时气体的压力和温度主要随压缩比的大小而定，气体压力约为 0.6～1.2MPa，温度可达 600～700K。

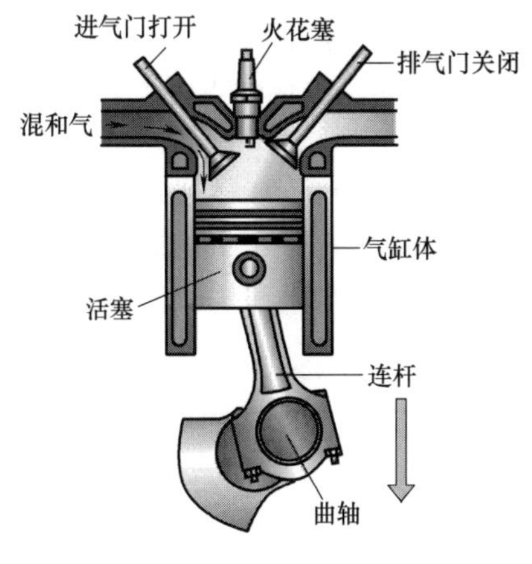

图 2-18　进气行程

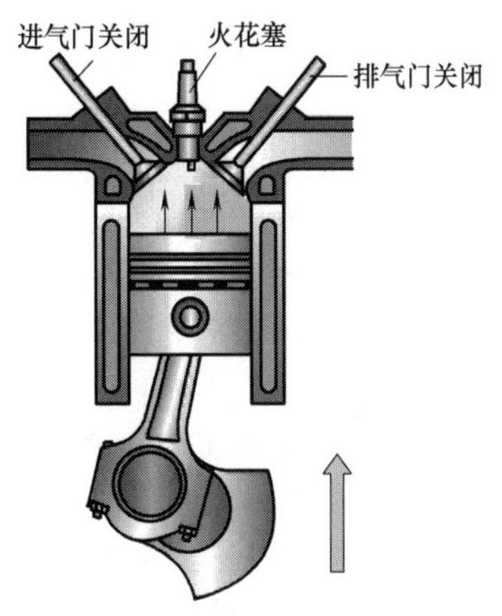

图 2-19　压缩行程

(3) 做功行程。当活塞位于压缩行程接近上止点（即点火提前角）位置时，火花塞产生电火花点燃混合气并迅速燃烧，这时进气门和排气门仍然保持关闭，混合气燃烧放出大量的热使气缸内的气体温度和压力急剧升高，从而推动活塞从上止点向下止点运动，通过连杆使曲轴旋转并输出机械能，如图 2-20 所示。

做功行程开始阶段气缸内的最高压力可达 3～5MPa，温度可达 2200～2800K，随着活塞的下移，气缸内容积增加，气体压力和温度逐渐下降，做功行程终了时气体压力约为 0.3～0.5MPa，温度约为 1300～1600K。

(4) 排气行程。当做功接近终了时，排气门开启，进气门仍然关闭，如图 2-21 所示，靠废气的残余压力先进行自由排气，活塞到达下止点再向上止点运动时，继续把废气强制排出到大气中去，活塞越过上止点后，排气门关闭，排气行程结束。由于燃烧室容积的存在，不可能将废气全部排出气缸。受排气阻力的影响，排气终止时，气体压力仍高于大气压力，约为 0.105～0.115MPa，温度约为 900～1200K。

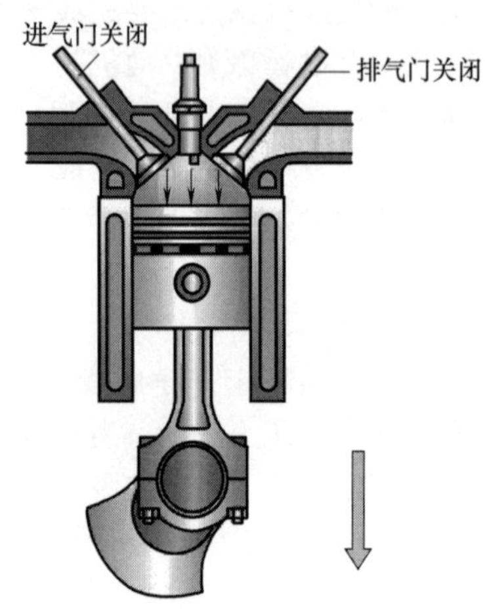

图 2-20　做功行程

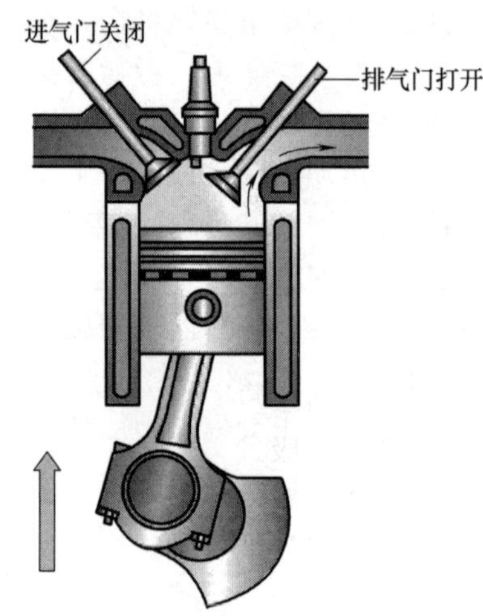

图 2-21　排气行程

曲轴继续旋转，活塞从上止点向下止点运动，又开始了下一个新的工作循环。

2. 四冲程柴油机与四冲程汽油机的主要区别

① 在进气行程，柴油机进入气缸的是纯空气；而汽油机进入气缸的是可燃混合气。柴油发动机混合气形成的时间比汽油发动机混合气形成时间短。

② 在压缩行程，柴油发动机的压缩比大，而汽油发动机的压缩比小。

③ 点火方式不同，柴油机使用压燃式点火方式，汽油机使用点燃式点火方式。

④ 柴油发动机和汽油发动机燃烧室的构造不同。

⑤ 柴油发动机转速低，汽油发动机转速高。

柴油机工作可靠，寿命长，燃油消耗率低，使用经济性好，有一定的功率储备，能适应短期超载工作，但比重量大，一般噪声较大。汽油机比重量小，噪声和振动小，但燃油消耗率高，经济性较差。

3. 二冲程发动机的工作原理和工作过程

二冲程汽油机的工作循环也是由进气、压缩、做功、排气四个过程组成，但它是在曲轴旋转一圈（360°），活塞上下往复运动的两个行程内完成的。因此，二冲程发动机与四冲程发动机工作原理不同，结构也不一样。

曲轴箱换气式二冲程汽油机，气缸上有三排孔，利用这三排孔分别在一定时刻被活塞打

开或关闭来进行进气、换气和排气的。当活塞向上运动到将三排孔都关闭时［图 2-22（a)]，活塞上部形成了密闭的空间并开始压缩混合气，此时压缩过程开始；活塞继续上行，活塞下方进气孔开始打开，可燃混合气进入曲轴箱［图 2-22（b)]，此时进气过程开始；活塞接近上止点时［图 2-22（c)]，火花塞点燃混合气，气体燃烧膨胀，推动活塞向下运动，此时做功过程开始；进气孔关闭，曲轴箱内的混合气受到压缩，当活塞接近下止点时，排气孔打开，排出废气，此时排气过程开始；活塞再向下运动，换气孔打开，受到压缩的混合气便从曲轴箱经进气孔流入气缸内，并扫除废气［图 2-22（d)]，此时换气过程开始。

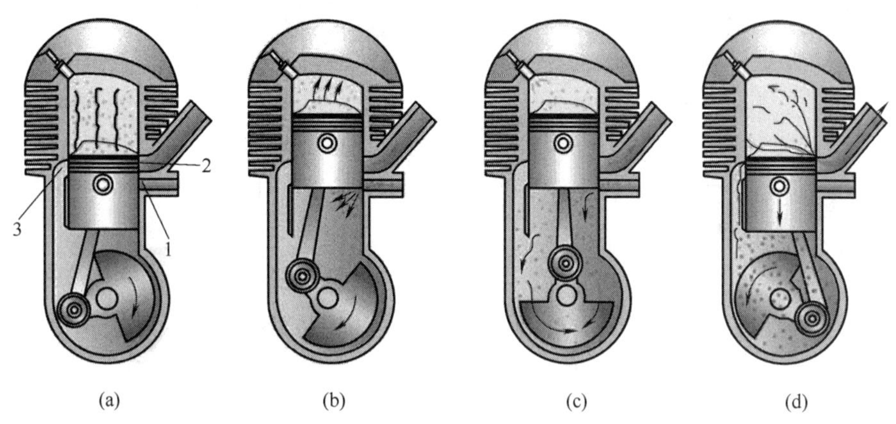

图 2-22　二冲程发动机工作原理

第一行程：活塞从下止点向上止点运动，事先已充满活塞上方气缸内的混合气被压缩，新的可燃混合气被吸入活塞下方的曲轴箱内。

第二行程：活塞从上止点向下止点运动，活塞上方进行做功过程和换气过程，而活塞下方则进行可燃混合气的预压缩。

（四）发动机结构组成

发动机是一种由许多机构和系统组成的复杂机器。无论是汽油机还是柴油机，无论是四冲程发动机还是二冲程发动机，无论是单缸发动机还是多缸发动机。要完成能量转换，实现工作循环，保证连续正常工作，都必须具备以下一些机构和系统。

1. 曲柄连杆机构

曲柄连杆机构（图 2-23）是发动机实现工作循环，完成能量转换的传动机构。在做功行程中，活塞承受燃气压力在气缸内作直线运动，通过连杆转换成曲轴的旋转运动，并从曲轴对外输出动力。而在进气、压缩和排气行程中，飞轮释放能量又把曲轴的旋转运动转化成活塞的直线运动。一般由机体组、活塞连杆组和曲轴飞轮组等组成。

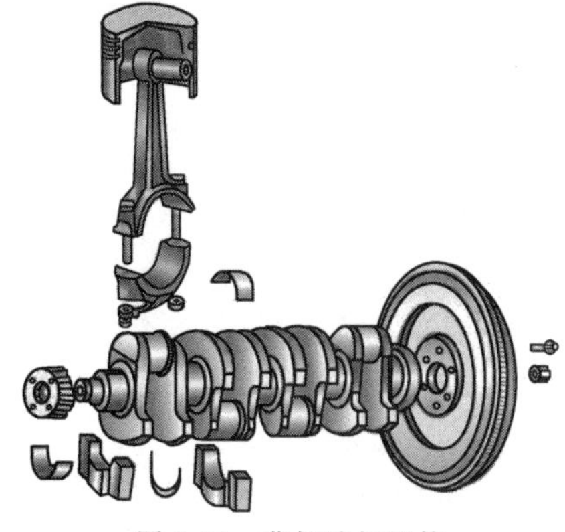

图 2-23　曲柄连杆机构

2. 配气机构

配气机构（图 2-24）的功用是根据发动机的工作顺序和工作过程，定时开启和关闭进气门和排气门，使可燃混合气或空气进入气缸，并使废气从气缸内排出，实现换气过程。配气机构大多采用顶置气门式配气机构，一般由气门组、气门传动组和气门驱动组等组成。

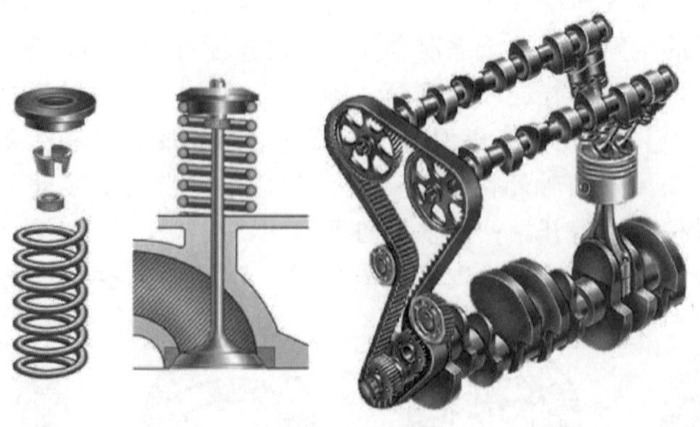

图 2-24 配气机构

3. 燃料供给系统

燃料供给系统（图 2-25）的功用是根据发动机的要求，配制出一定数量和浓度的混合气，供入气缸，并将燃烧后的废气从气缸内排出到大气中去；柴油机燃料供给系统的功用是把柴油和空气分别供入气缸，在燃烧室内形成混合气并燃烧，最后将燃烧后的废气排出。一般由空气供给装置、燃油供给装置和废气排除装置等组成。

4. 润滑系统

润滑系统（图 2-26）的功用是向作相对运动的零件表面输送定量的清洁润滑油，以实现液体摩擦，减小摩擦阻力，减轻机件的磨损。并对零件表面进行清洗和冷却。润滑系统通常由润滑油道、机油泵、机油滤清器和一些阀门等组成。

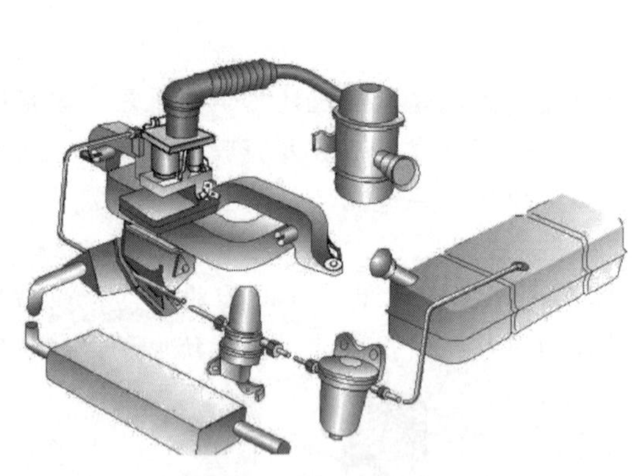

图 2-25 燃料供给系统

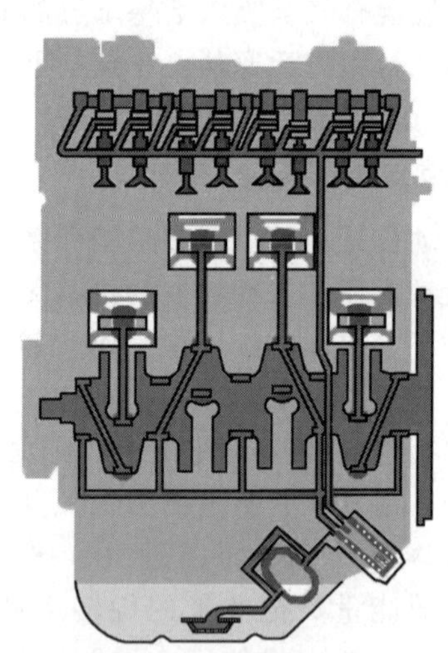

图 2-26 润滑系统

5. 冷却系统

冷却系统（图 2-27）的功用是将发动机受热零部件吸收的多余热量及时散发出去，保证发动机在最适宜的温度状态下工作。水冷发动机的冷却系统通常由冷却水套、水泵、风扇、水箱、节温器等组成。

6. 点火系统

点火系统（图 2-28）的功用是按照发动机的工作顺序定时产生足够强度的电火花把混合气点燃。点火系统通常由蓄电池、发电机、分电器、点火线圈和火花塞等组成。

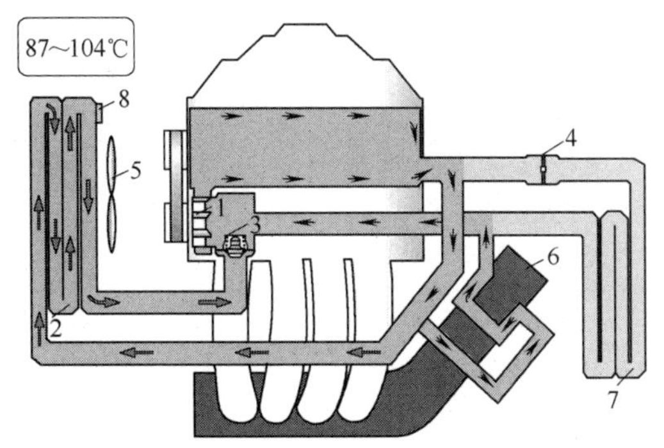

图 2-27　冷却系统

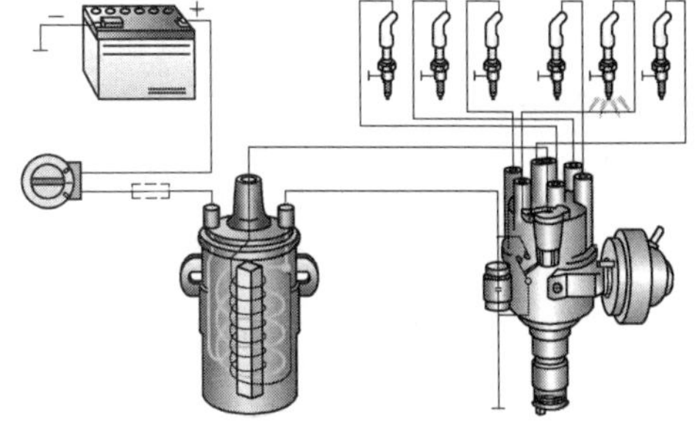

图 2-28　点火系统

7. 启动系统

要使发动机由静止状态过渡到工作状态，必须先用外力转动发动机的曲轴，发动机才能自行运转，工作循环才能自动进行。因此，曲轴在外力作用下从开始转动到发动机开始自动地怠速运转的全过程，称为发动机的启动。完成启动过程所需的装置，称为发动机的启动系统（图 2-29）。

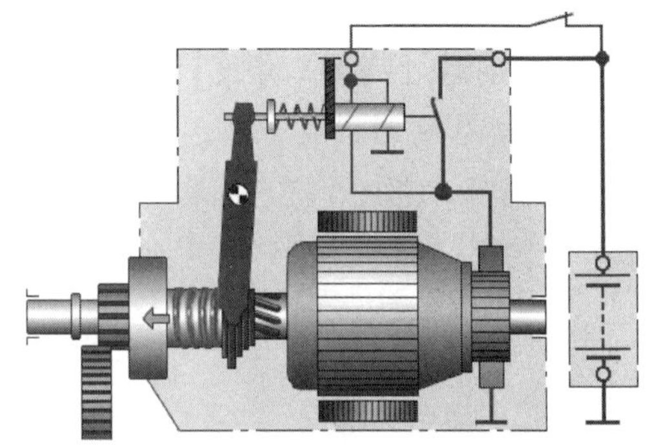

图 2-29　启动系统

汽油机由曲柄连杆机构、配气机构，燃料供给系统、润滑系统、冷却系统、点火系统和启动系统等两大机构和五大系统组成；柴油机由曲柄连杆机构、配气机构，燃料供给系统、润滑系统、冷却系统、启动系统等两大机构和四大系统组成，柴油机是压燃的，不需要点火系。

（五）发动机主要性能指标

发动机的性能指标是用来衡量发动机性能好坏的标准。发动机的主要性能指标有：动力性能指标、经济性能指标和排放性能指标。

1. 动力性能指标

动力性能指标指曲轴对外做功能力的指标，包括有效扭矩、有效功率和曲轴转速。

（1）有效扭矩　有效扭矩指发动机通过曲轴或飞轮对外输出的扭矩，通常用 T_e 表示，单位为 N·m。有效扭矩是作用在活塞顶部的气体压力通过连杆、传给曲轴产生的扭矩，并克服了摩擦，驱动附件等损失之后从曲轴对外输出的净扭矩。

（2）有效功率　有效功率指发动机通过曲轴或飞轮对外输出的功率，通常用 P_e 表示，单位为 kW。有效功率同样是曲轴对外输出的净功率。它等于有效扭矩和曲轴转速的乘积。发动机的有效功率可以在专用的试验台上用测功器测定，测出有效扭矩和曲轴转速，然后用下面公式计算出有效功率。

$$P_e = T_e \frac{2\pi n}{60} \times 10^{-3} = \frac{T_e n}{9550}\ (\text{kW})$$

式中　T_e——有效扭矩，N·m；

n——曲轴转速，r/min。

（3）曲轴转速　转速指发动机曲轴每分钟的转数，单位为 r/min。发动机产品铭牌上标明的功率及相应转速称为额定功率和额定转速。按照汽车发动机可靠性试验方法的规定汽车

发动机应能在额定工况下连续运行300～1000h。

2. 经济性能指标

通常用燃油消耗率来评价发动机的经济性能。燃油消耗率是指单位有效功的燃油消耗量，也就是发动机每发出1kW有效功率在1小时内所消耗的燃油质量（以g为单位），燃油消耗率通常用g_e表示，其单位为g/(kW·h)，计算公式如下

$$g_e=\frac{1000G_T}{P_e}\ [\text{g/(kW·h)}]$$

式中 G_T——每小时的燃油消耗量，kg/h；

P_e——有效功率，kW。

很明显，有效燃油消耗率越小，表示发动机曲轴输出净功率所消耗的燃油越少，其经济性越好。通常发动机铭牌上给出的有效燃油消耗率g_e是最小值。

3. 排放性能指标

排放性能指标包括排放烟度、有害气体（CO，HC，NO_x）排放量、噪声等。

（六）识别发动机编号

为了便于发动机的生产管理和使用，国家标准（GB 725—82）《内燃机产品名称和型号编制规则》中对发动机的名称和型号作了统一规定。

1. 发动机型号的排列顺序及符号所代表的意义

发动机型号的排列顺序及符号所代表的意义规定如下：

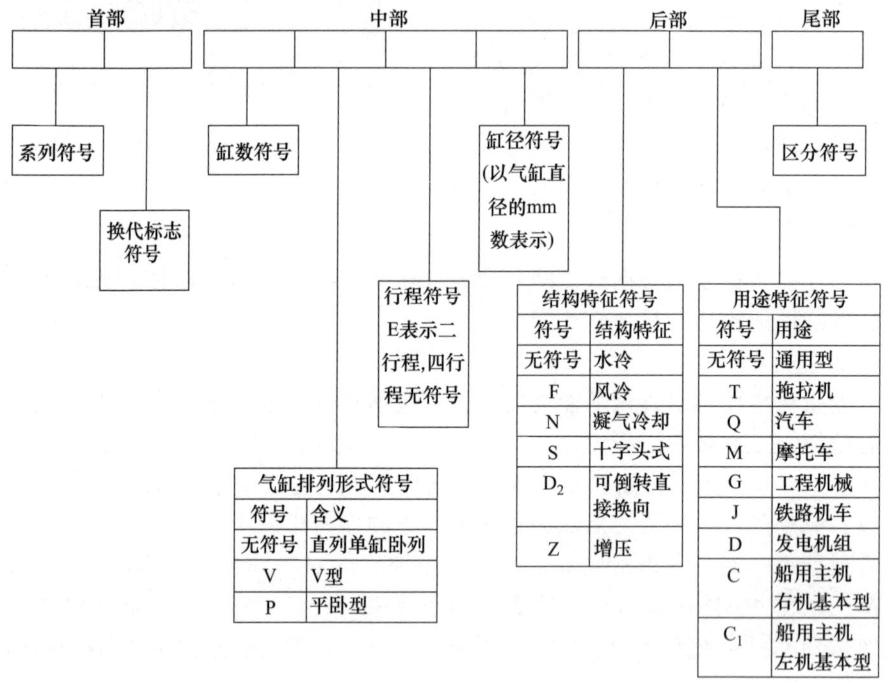

2. 发动机的名称和型号

发动机名称均按所使用的主要燃料命名，例如汽油机、柴油机、煤气机等。

发动机型号由阿拉伯数字和汉语拼音字母组成。

发动机型号由以下四部分组成。

首部：为产品系列符号和换代标志符号，由制造厂根据需要自选相应字母表示，但需主管部门核准。

中部：由缸数符号、气缸排列形式符号、行程符号和缸径符号等组成。

后部：结构特征和用途特征符号，以字母表示。

尾部：区分符号。同一系列产品因改进等原因需要区分时，由制造厂选用适当符号表示。

3. 型号编制举例

（1）汽油机

1E65F：表示单缸，二行程，缸径 65mm，风冷通用型。

4100Q：表示四缸，四行程，缸径 100mm，水冷车用。

CA6102：表示六缸，四行程，缸径 102mm，水冷通用型，CA 表示系列符号。

（2）柴油机

195：表示单缸，四行程，缸径 95mm，水冷通用型。

165F：表示单缸，四行程，缸径 65mm，风冷通用型。

495Q：表示四缸，四行程，缸径 95mm，水冷车用。

X4105：表示四缸，四行程，缸径 105mm，水冷通用型，X 表示系列代号。

二、认识了解发动机

操作步骤	操作内容	图　解	操作说明
1	工具准备		（1）准备翼子板护垫三件套、方向盘套、换挡手柄套、椅背套、脚垫、抹布等 （2）将上述工具在工具车上叠放整齐
2	从车身标记识别发动机的类型		从汽车外围标记识别发动机的类型及有关技术特征
3	打开车门安装三件套		（1）打开车门 （2）依次安装地板垫、方向盘套、座椅套等
4	打开发动机舱盖释放杆		打开发动机舱盖释放杆开关（不同的车型位置和形状有所不同）

续表

操作步骤	操作内容	图　解	操作说明
5	打开发动机舱盖挂钩		打开发动机舱盖挂钩
6	打开发动机舱盖		(1)打开发动机舱盖 (2)安装发动机舱盖支撑杆
7	安装翼子板布		安装翼子板布
8	取下发动机装饰盖		(1)观察发动机装饰盖上的标记 (2)取下发动机装饰盖
9	观察发动机		(1)找出发动机各主要部件位置 (2)判断发动机的类型并记录 (3)注意发动机的特点
10	清洁		(1)安放发动机装饰盖 (2)取下翼子板布并叠放整齐 (3)关闭发动机舱盖 (4)取下方向盘套、座椅套、地板垫等并叠放整齐 (5)做好车身和地面清洁工作

第二节　曲柄连杆机构

曲柄连杆机构是内燃机实现工作循环，完成能量转换的传动机构，用来传递力和改变运动方式。曲柄连杆机构在做功行程把活塞的往复运动转变成曲轴的旋转运动，对外输出动力；而在其他三个行程，即进气、压缩、排气行程中又把曲轴的旋转运动转变成活塞的往复直线运动。曲柄连杆机构的零件分为机体缸盖组、活塞连杆组和曲轴飞轮组三个部分。

一、曲柄连杆机构的结构组成

（一）机体缸盖组

发动机的机体组主要由气缸体、曲轴箱、气缸盖和气缸垫等零件组成，如图 2-30 所示。

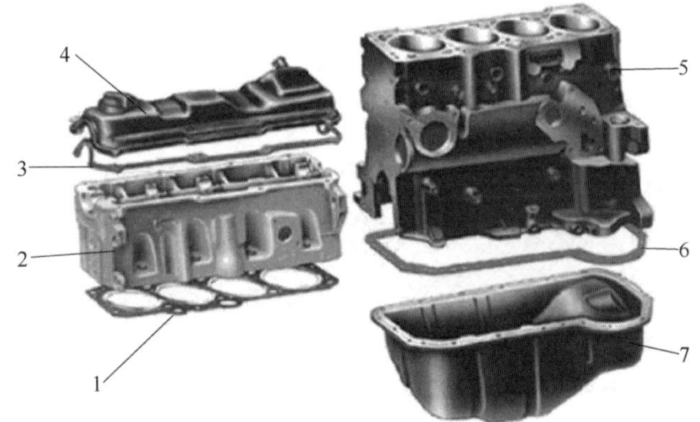

图 2-30　机体组总成

1—气缸垫；2—气缸盖；3—气门室垫片；4—气门室罩盖；
5—气缸体；6—油底壳密封垫（密封胶）；7—油底壳

1. 气缸体

水冷发动机的气缸体和上曲轴箱常铸成一体，称为气缸体-曲轴箱，也可称为气缸体。气缸体一般用灰铸铁铸成，气缸体上部的圆柱形空腔称为气缸，下半部为支承曲轴的曲轴箱，其内腔为曲轴运动的空间。在气缸体内部铸有许多加强筋，冷却液套和润滑油道等。如图 2-31 所示。

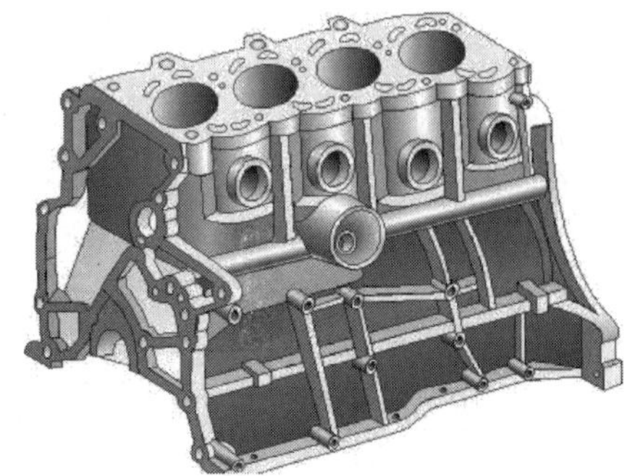

图 2-31　气缸体

气缸体要有足够的强度和刚度，根据气缸体与油底壳安装平面的位置不同，通常把气缸体分为一般式、龙门式、隧道式三种形式，如图 2-32 所示。

为了使气缸内表面在高温下正常工作，必须对气缸和气缸盖进行适度冷却。冷却方法有两种，一种是水冷，一种是风冷。水冷发动机的气缸周围和气缸盖中都加工有冷却液套且水套相通，冷却液在水套内不断循环，带走部分热量，对气缸和气缸盖起冷却作用。

现代汽车基本都采用多缸水冷发动机。对于多缸发动机，气缸的排列形式决定了发动机外形尺寸和结构特点，对发动机机体的刚度和强度也有影响，并关系到汽车的总体布置。按照气缸的排列方式不同，气缸体可以分成单列式、V 型（还有一种称为 W 型的气缸的排列

方式，它是由两个V型组成一个大V型）式和对置式三种，如图2-33所示，各种排列方式的特点参考第一节的识别发动机类型。

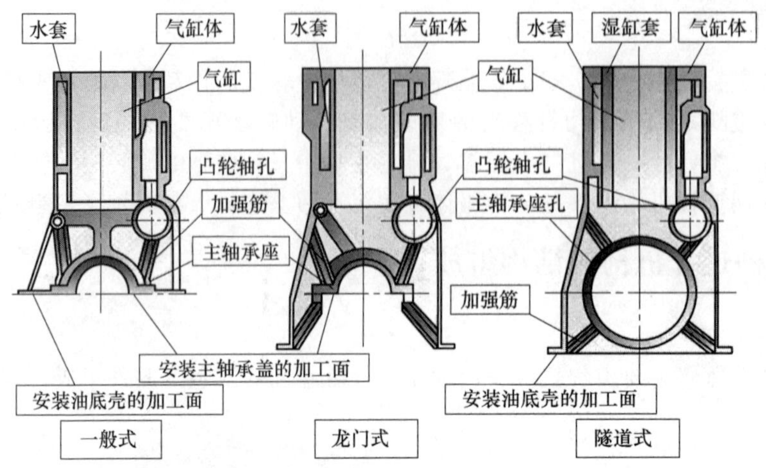

图 2-32　气缸体分类

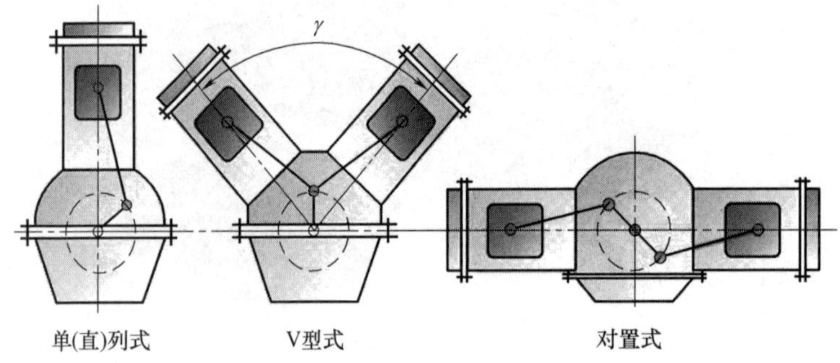

图 2-33　气缸体的排列形式

2. 气缸和气缸套

（1）气缸　气缸直接镗在气缸体上叫作整体式气缸，整体式气缸的强度和刚度较好，能承受较大的载荷，但对材料要求高，成本高。用耐磨的优质材料将气缸制造成单独的圆筒形零件，然后再装到气缸体内，这种气缸叫气缸套。采用气缸套后，气缸体可用价格较低的一般材料制造，降低了发动机的制造成本；同时气缸套还可以从气缸体中单独取出，便于修理和更换，大大延长气缸体的使用寿命。

（2）气缸套　气缸套有干式气缸套和湿式气缸套两种，如图2-34所示。

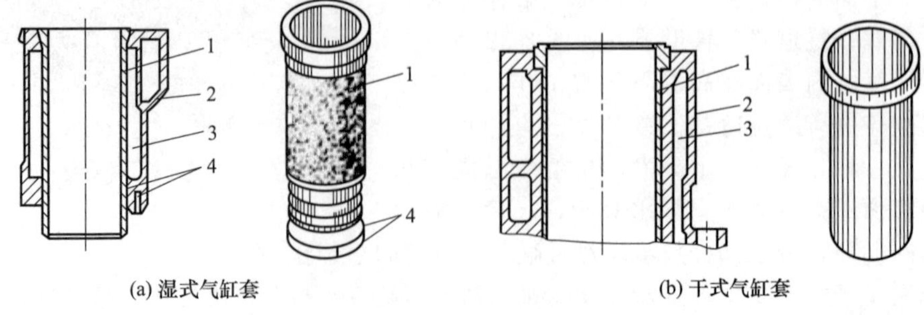

图 2-34　气缸套

1—气缸套；2—气缸体；3—冷却液套；4—密封圈

① 干式气缸套的特点是气缸套装入气缸体后，其外壁不直接与冷却液接触，而和气缸体的壁面直接接触，壁厚较薄，一般为1～3mm。它具有整体式气缸体强度和刚度都较好的优点，但由于气缸套的内、外表面都需要进行精加工，加工比较复杂、制造成本高，拆装不方便，散热不良。

② 湿式气缸套的特点是气缸套装入气缸体后，其外壁直接与冷却液接触，气缸套仅在上、下各有一圆环带和气缸体接触，壁厚一般为5～9mm。它散热良好，冷却均匀，加工容易，通常只需要精加工内表面，而与水接触的外表面不需要加工，拆装方便，但缺点是强度、刚度都不如干式气缸套好，而且容易产生漏水现象。必须采取一些防漏措施。

（3）气缸的磨损　气缸在使用磨损后，将失去正确的几何形状，影响发动机的动力性和经济性。所以在汽车修理时，要对气缸体的磨损进行检验，以此来判断发动机是否需要大修。

气缸磨损的规律。发动机在使用中，气缸表面在活塞环运动区域内磨损较大且不均匀。从气缸的纵断面看磨损最大部位一般在当活塞到达上止点时，第一道环所对应的气缸壁处，使气缸磨损形成了上大下小的形状。从气缸的横断面看磨损呈不规则的椭圆形，最大磨损一般发生在气缸的前后方向或左右方向。因此，在测量气缸的磨损时，通常是取上、中、下三个截面，并在气缸的前后和左右两个方向进行测量，检测时称为圆柱度或圆柱度误差。

3. 气缸盖

气缸盖安装在气缸体的上面，从上部密封气缸并构成燃烧室。它经常与高温高压燃气相接触，承受很大的热负荷和机械负荷。水冷发动机的气缸盖内部制有冷却液套，缸盖下端面的冷却液孔与缸体的冷却液孔相通，利用循环水来冷却燃烧室等高温部分。缸盖上还装有进、排气门座，气门导管孔，用于安装进、排气门，另外还有进气和排气通道等。汽油机的气缸盖上加工有安装火花塞的火花塞孔，柴油机的气缸盖上加工有安装喷油器的喷油器孔。顶置凸轮轴式发动机的气缸盖上还加工有凸轮轴轴承孔，用以安装凸轮轴。

气缸盖一般由灰铸铁或铝合金等铸成。由于铝合金的导热性好，有利于提高压缩比，铝合金气缸盖近年来被采用得越来越多。

气缸盖是燃烧室的组成部分，燃烧室的形状对发动机的工作影响很大。由于汽油机和柴油机的燃烧方式不同，气缸盖上组成燃烧室的部分差别较大，汽油机的燃烧室主要在气缸盖上，而柴油机的燃烧室主要在活塞顶部的凹坑。汽油机燃烧室常见的有半球形燃烧室、楔形燃烧室、盆形燃烧室三种形式，如图2-35所示。柴油机的燃烧室对可燃混合气的形成和燃烧过程影响较大，将在柴油供给系部分详细介绍。

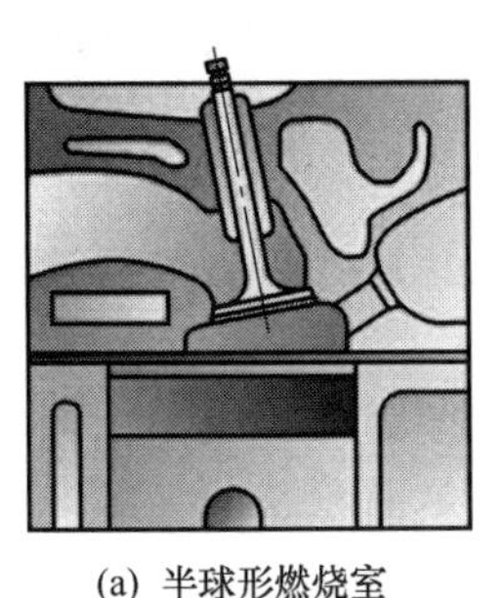

(a) 半球形燃烧室　(b) 楔形燃烧室

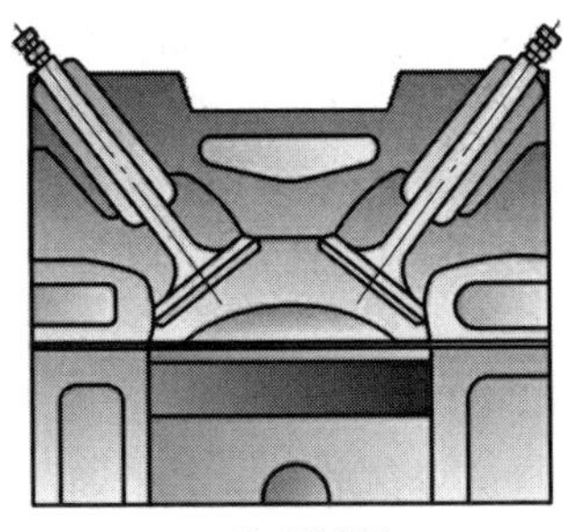

(c) 盆形燃烧室

图2-35　汽油机燃烧室类型

4. 气缸垫

气缸垫装在气缸盖和气缸体之间，其功用是保证气缸盖与气缸体接触面的密封，防止漏

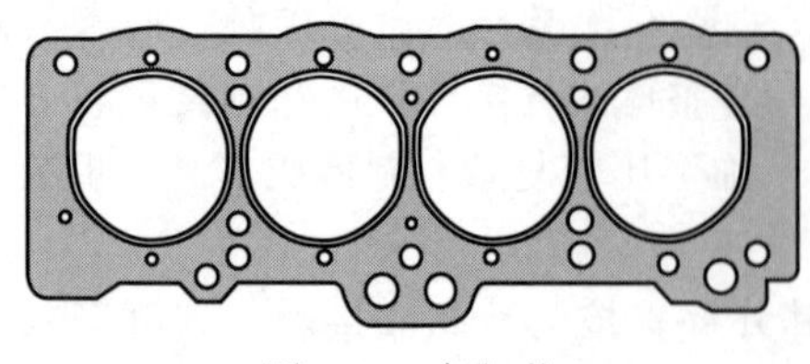

图 2-36　气缸垫

气、漏水和漏油，如图 2-36 所示。气缸垫要有一定的弹性，能补偿结合面的不平度，以确保密封；要有好的耐热性和耐压性，确保在高温高压下不烧损、不变形。目前应用较多的是铜皮和石棉结构的气缸垫。有的发动机还采用在石棉中心用编织的钢丝网或有孔钢板为骨架，两面用石棉及橡胶黏结剂压成的气缸垫。

安装气缸垫时，首先要检查气缸垫的质量和完好程度，所有气缸垫上的孔要和气缸体上的孔对齐，其次要严格按照技术要求上好气缸盖螺栓。拧紧气缸盖螺栓时，必须由中央对称地向四周扩展的顺序分 2～3 次进行，最后一次拧紧到规定的力矩。

5. 油底壳

气缸体下部用来安装曲轴的部位称为曲轴箱，曲轴箱分上曲轴箱和下曲轴箱。下曲轴箱用来储存润滑油，并封闭上曲轴箱，故又称为油底壳，如图 2-37 所示。油底壳受力很小，一般用薄钢板冲压而成，其形状取决于发动机的总体布置和机油的容量。油底壳内装有稳油挡板，以防止汽车颠动时油面波动过大。油底壳底部装有放油螺塞，放油螺塞上通常装有永久性磁铁，以吸附润滑油中的金属屑，减少发动机的磨损。在上下曲轴箱接合面之间装有衬垫，防止润滑油泄漏。

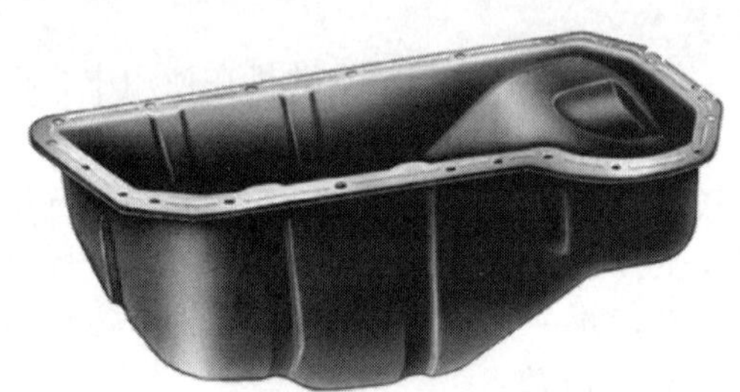

图 2-37　油底壳

（二）活塞连杆组

活塞连杆组由活塞、活塞环、活塞销、连杆、连杆轴瓦等组成。

1. 活塞

活塞的功用是承受气体压力，并通过活塞销传给连杆以驱动曲轴旋转，活塞顶部还是燃烧室的组成部分。活塞直接与高温气体接触，受热严重，散热条件又差，活塞工作时的温度很高且分布很不均匀；活塞顶部承受气体压力很大，特别是做功行程压力最大，汽油机高达 3～5MPa，柴油机高达 6～9MPa，这对活塞就会产生冲击和侧压力；活塞在气缸内以很高的速度（8～12m/s）往复运动，且速度在不断地变化，这就产生了很大的惯性力；另外高温、高压还会使活塞产生变形，高速和润滑不良会加速磨损，同时还受到燃气的化学腐蚀作用。因此要求活塞的材料要有足够的刚度和强度；耐高压高温、耐磨损；导热性能好；质量小，重量轻。一般都采用高强度铝合金，在一些低速柴油机上也采用高级铸铁或耐热钢。

活塞可分为三部分，活塞顶部、活塞头部和活塞裙部。

（1）活塞顶部　活塞顶部（见图 2-38）承受气体压力，也是燃烧室的组成部分，其形状、大小都和燃烧室的具体形式有关。其顶部形状可分为四大类，即平顶活塞、凸顶活塞、凹顶活塞和成型顶活塞。

① 平顶活塞顶部是一个平面，结构简单，制造容易，受热面积小，顶部应力分布较为均匀，一般用在汽油机上，柴油机很少采用。

② 凸顶活塞顶部凸起呈球冠形，二行程汽油机常采用凸顶活塞，有利于改善换气过程。

③ 凹顶活塞顶部呈凹陷形，凹坑的形状和位置有利于可燃混合气的形成和燃烧，主要用于柴油机，有双涡流凹坑、球形凹坑、U 形凹坑等等。

（2）活塞头部　活塞头部指第一道活塞环槽到活塞销孔以上部分。它有数道环槽，用以

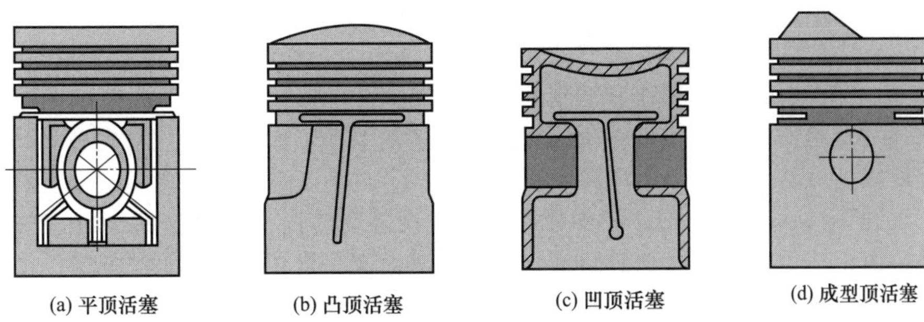

图 2-38　活塞顶部分类

安装活塞环，起密封作用，又称为防漏部。柴油机压缩比高，一般有四道环槽，上部三道安装气环，下部一道安装油环。汽油机一般有三道环槽，上部两道安装气环，下部一道安装油环。在油环槽底面上钻有许多径向小孔，使被油环从气缸壁上刮下的机油经过这些小孔流回油底壳。

活塞顶部吸收的热量主要是由防漏部的活塞环传给气缸壁，再由冷却液传出去。活塞头部除了用来安装活塞环外，还有密封和传热作用。

（3）活塞裙部　活塞裙部指从油环槽下端面起至活塞最下端的部分，它包括装活塞销的销座孔。活塞裙部对活塞在气缸内的往复运动起导向作用，并承受侧压力。裙部的长短取决于侧压力的大小和活塞直径。所谓侧压力是指在压缩行程和做功行程中，作用在活塞顶部的气体压力的水平分力使活塞压向气缸壁。压缩行程和做功行程气体的侧压力方向正好相反，由于燃烧压力大大高于压缩压力，所以，做功行程中的侧压力也大大高于压缩行程中的侧压力（见图 2-39）。活塞裙部承受侧压力的两个侧面称为推力面，它们处于与活塞销轴线相垂直的方向上。

2. 活塞环

活塞环（见图 2-40）是具有弹性的开口圆环，有气环和油环之分。

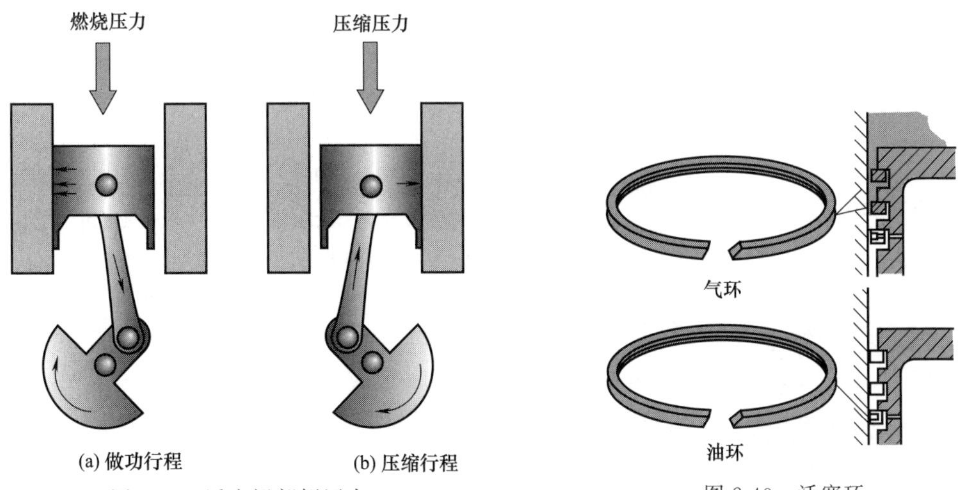

图 2-39　活塞裙部侧压力

图 2-40　活塞环

气环是保证气缸与活塞间的密封性，防止漏气，并且要把活塞顶部吸收的大部分热量传给气缸壁，由冷却液带走。其中密封作用是主要的，因为密封是传热的前提。如果密封性不好，高温燃气将直接从气缸表面流入曲轴箱。这样不但由于环面和气缸壁面贴合不严而不能很好散热，而且由于外圆表面吸收附加热量而导致活塞和气环烧坏；油环起布油和刮油的作用，下行时刮除气缸壁上多余的机油，上行时在气缸壁上铺涂一层均匀的油膜。这样既可以防止机油窜入气缸燃烧掉，又可以减少活塞、活塞环与气缸壁的摩擦阻力，此外，油环还能起到封气的辅助作用。

活塞环在高温、高压、高速和润滑极其困难的条件下工作，尤其是第一道环。长期以来，活塞环一直是发动机上使用寿命最短的零件。活塞环工作时受到气缸中高温高压燃气的作用，温度很高（特别是第一道环温度可高达 600K），活塞环在气缸内随活塞一起作高速运动，加上高温下机油可能变质，使环的润滑条件变坏，难以保证良好的润滑，因而磨损严重。另外，由于气缸壁的锥度和椭圆度，活塞环随活塞往复运动时，沿径向会产生一张一缩运动，使环受到交变应力而容易折断。因此，要求活塞环弹性好，强度高，耐磨损。目前广泛采用的活塞环材料是合金铸铁，第一道环镀铬，其余环一般镀锡或磷化。

（1）气环　气环是一个有开口的弹性圆环，在自由状态下外径大于气缸直径，它与活塞一起装入气缸后，外圆柱面紧贴在气缸壁上，形成第一密封面，被封闭的气体不能通过环周与气缸之间，便进入了环与环槽的空隙，一方面把环压到环槽端面形成第二密封面，同时，作用在环背的气体压力又大大加强了第一密封面的密封作用（见图 2-41），气环密封效果一般与气环数量有关，汽油机一般采用 2 道气环，柴油机一般多采用 3 道气环。

气环的断面形状很多，最常见的有矩形环、扭曲环、锥面环、梯形环和桶面环，如图 2-42 所示。

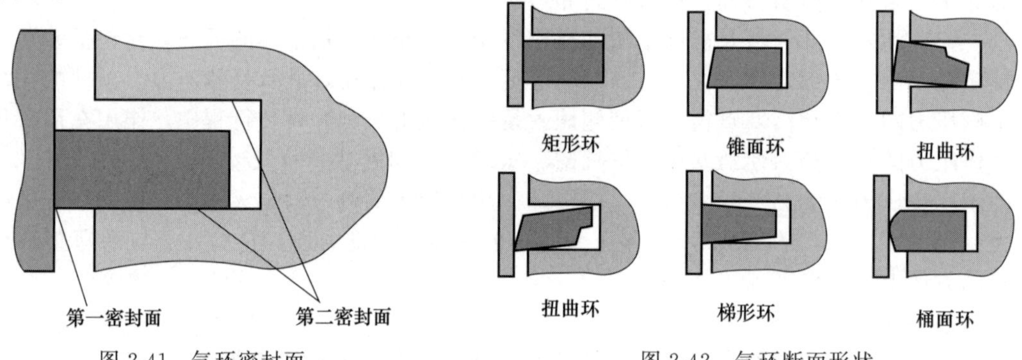

图 2-41　气环密封面　　　图 2-42　气环断面形状

（2）油环　油环有普通油环和组合油环两种（见图 2-43）。

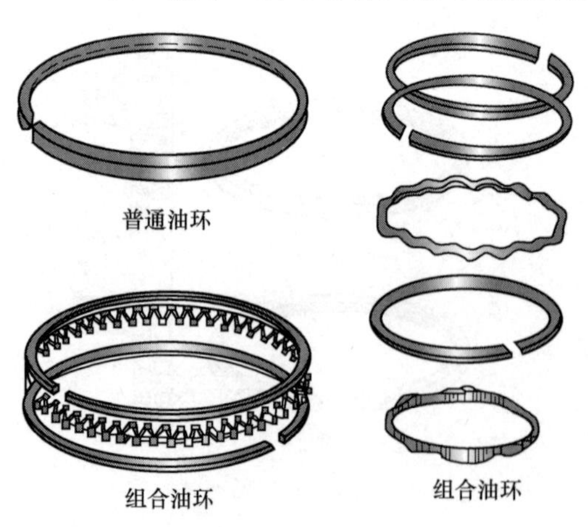

图 2-43　油环

① 普通油环。普通油环又叫整体式油环。环的外圆柱面中间加工有凹槽，槽中钻有小孔或开切槽，当活塞向下运动时，将缸壁上多余的机油刮下，通过小孔或切槽流回曲轴箱；当活塞上行时，刮下的机油仍通过回油孔流回曲轴箱。有些普通环还在其外侧上边制有倒角，使环在随活塞上行时形成油楔，可起均布润滑油的作用，下行刮油能力强，减少了润滑油的上窜（见图 2-44）。

② 组合油环。组合环由上下两片侧轨环与中间的扩胀器组成，侧轨环用镀铬钢片制成，扩胀器的周边比气缸内圆周略大一些，可装侧轨环紧紧压向气缸壁。这种油环的接触压力高，对气缸壁面适应性好，而且回油通路大，重量小，刮油效果明显。图 2-44 右侧所示的组合环由三个刮油钢片和两个弹性衬环组

图 2-44　油环的断面形状

成，它具有上述组合环的优点。近年来汽车发动机上越来越多地采用了组合式油环。它的缺点主要是制造成本高。

3. 活塞销

活塞销（见图 2-45）的功用是连接活塞和连杆小头，并把活塞承受的气体压力传给连杆。

活塞销在高温下周期性地承受很大的冲击载荷，其本身又作摆转运动，而且处于润滑条件很差的情况下工作，因此，要求活塞销具有足够的强度和刚度，表面韧性好，耐磨性好，重量轻。所以活塞销一般都做成空心圆柱体，采用低碳钢和低碳合金钢制成，外表面经渗碳淬火处理以提高硬度，精加工后进行磨光，有较高的尺寸精度和表面光洁度。

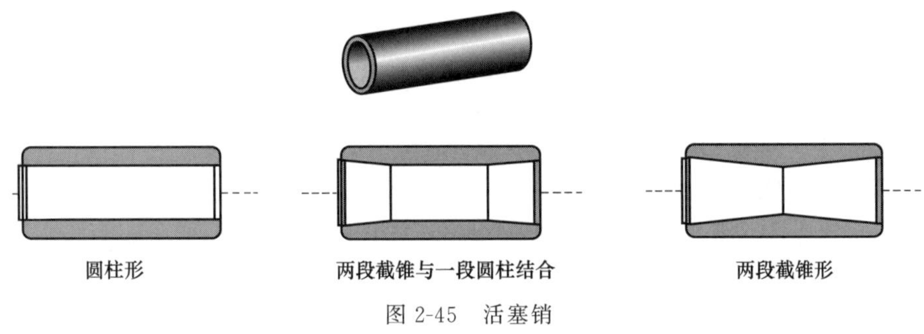

图 2-45　活塞销

活塞销的内孔有圆柱形、两段截锥与一段圆柱组合、两段截锥形三种形状。

圆柱形孔结构简单，加工容易，但从受力角度分析，中间部分应力最大，两端较小，所以这种结构质量较大，往复惯性力大；为了减小质量，减小往复惯性力，活塞销做成两段截锥形孔，接近等强度梁，但孔的加工较复杂；组合形孔的结构介于二者之间。

活塞销与活塞销座孔及连杆小头衬套孔的连接配合有两种方式（图 2-46）：“全浮式”安装和“半浮式”安装。

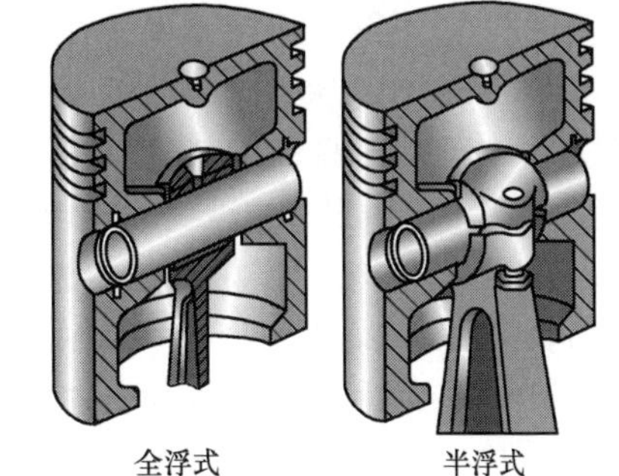

图 2-46　活塞销的连接方式

（1）“全浮式”安装　当发动机工作时，活塞销、连杆小头和活塞销座都有相对运动，这样，活塞销能在连杆衬套和活塞销座中自由摆动，使磨损均匀。为了防止全浮式活塞销轴向窜动刮伤气缸壁，在活塞销两端装有挡圈，进行轴向定位。由于活塞是铝活塞，而活塞销采用钢材料，铝比钢热膨胀系数大。为了保证高温工作时活塞销与活塞销座孔为过渡配合。装配时，先把铝活塞加热到一定程度，然后再把活塞销装入，这种安装方式应用较广泛。

（2）“半浮式”安装　其特点是活塞中部与连杆小头采用紧固螺栓连接，活塞销只能在两端销座内作自由摆动，而和连杆小头没有相对运动。活塞销不会作轴向窜动，不需要锁片。

4. 连杆

连杆的功用是连接活塞与曲轴，如图 2-47 所示。连杆小头通过活塞销与活塞相连，连杆大头与曲轴的连杆轴颈相连。并把活塞承受的气体压力传给曲轴，使活塞的往复运动转变成曲轴的旋转运动。

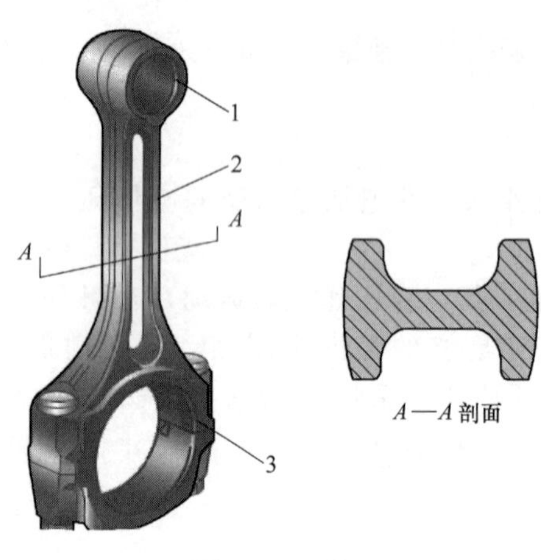

图 2-47　连杆
1—连杆小头；2—连杆杆身；3—连杆大头

连杆工作时，承受活塞顶部气体压力和惯性力的作用，而这些力的大小和方向都是周期性变化的。因此，连杆受到的是压缩、拉伸和弯曲等交变载荷。这就要求连杆强度高，刚度大，重量轻。连杆一般都采用中碳钢或合金钢经模锻或辊锻而成，然后经机加工和热处理，连杆分为连杆小头 1、连杆杆身 2 和连杆大头 3（包括连杆盖）三个部分。

对全浮式活塞销，由于工作时小头孔与活塞销之间有相对运动，所以常常在连杆小头孔中压入减摩的青铜衬套。为了润滑活塞销与衬套，在小头和衬套上铣有油槽或钻有油孔以收集发动机运转时飞溅上来的润滑油并用以润滑。有的发动机连杆小头采用压力润滑，在连杆杆身内钻有纵向的压力油通道。采用半浮式活塞销是与连杆小头紧配合的，所以小头孔内不需要衬套，也不需要润滑。

连杆杆身通常做成“I”字形断面，抗弯强度好，重量轻；采用压力法润滑的连杆，杆身中部都制有连通大、小头的油道。

（三）曲轴飞轮组

曲轴飞轮组（见图 2-48）主要由曲轴、飞轮和一些附件组成。

1. 曲轴

曲轴是发动机最重要的机件之一。它与连杆配合将作用在活塞上的气体压力变为旋转的动力，传给底盘的传动机构。同时，驱动配气机构和其他辅助装置，如风扇、水泵、发电机等。

图 2-48　曲轴飞轮组

工作时，曲轴承受连杆的压力、惯性力及惯性力矩的作用，受力大而且受力复杂，并且承受交变负荷的冲击作用。同时，曲轴又是高速旋转件，因此，要求曲轴具有足够的刚度和强度，具有良好的承受冲击载荷的能力，耐磨损且润滑良好。

曲轴一般用中碳钢或中碳合金钢模锻而成。为提高耐磨性和耐疲劳强度，轴颈表面经高频淬火或氮化处理，并经精磨加工，以达到较高的表面硬度和表面粗糙度的要求。

曲轴一般由主轴颈、连杆轴颈、曲柄、平衡块、前端和后端等组成。一个主轴颈、一个连杆轴颈和一个曲柄组成了一个曲拐，曲轴的曲拐数目等于气缸数（直列式发动机）；V 型

发动机曲轴的曲拐数等于气缸数的一半。

(1) 主轴颈　主轴颈是曲轴的支承部分，通过主轴承支承在曲轴箱的主轴承座中。主轴承的数目不仅与发动机气缸数目有关，还取决于曲轴的支承方式。曲轴的支承方式一般有两种，一种是全支承曲轴，另一种是非全支承曲轴。

① 全支承曲轴（见图 2-49）。曲轴的主轴颈数比气缸数目多一个，即每一个连杆轴颈两边都有一个主轴颈。如六缸发动机全支承曲轴有七个主轴颈。四缸发动机全支承曲轴有五个主轴颈。这种支承，曲轴的强度和刚度都比较好，并且减轻了主轴承载荷，减小了磨损。柴油机和大部分汽油机多采用这种形式。

② 非全支承曲轴（见图 2-50）。曲轴的主轴颈数比气缸数目少或与气缸数目相等。这种支承方式叫非全支承曲轴，虽然这种支承的主轴承载荷较大，但缩短了曲轴的总长度，使发动机的总体长度有所减小。有些汽油机，承受载荷较小可以采用这种曲轴形式。

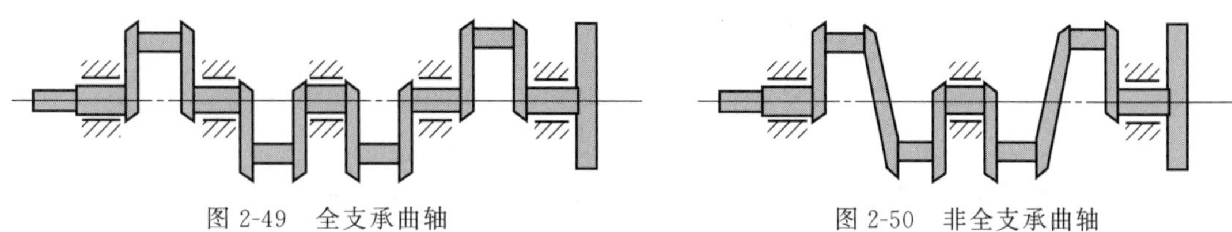

图 2-49　全支承曲轴

图 2-50　非全支承曲轴

(2) 连杆轴颈　曲轴的连杆轴颈是曲轴与连杆的连接部分，通过曲柄与主轴颈相连，在连接处用圆弧过渡，以减少应力集中。直列发动机的连杆轴颈数目和气缸数相等。V 型发动机的连杆轴颈数等于气缸数的一半。

(3) 曲柄及平衡块　曲柄是主轴颈和连杆轴颈的连接部分，断面为椭圆形。为了平衡惯性力，曲柄处铸有（或紧固有）平衡重块。平衡重块用来平衡发动机不平衡的离心力矩，有时还用来平衡一部分往复惯性力，从而使曲轴旋转平稳。

(4) 曲轴前端　曲轴前端装有正时齿轮，驱动风扇和水泵的皮带轮以及启动爪等。为了防止机油沿曲轴轴颈外漏，在曲轴前端装有一个甩油盘，在齿轮室盖上装有油封。

(5) 曲轴的后端　曲轴的后端用来安装飞轮，在后轴颈与飞轮凸缘之间制成挡油凸缘与回油螺纹，以阻止机油向后窜漏。

曲轴的形状和曲拐相对位置（即曲拐的布置）取决于气缸数、气缸排列和发动机的发火顺序。安排多缸发动机的发火顺序应注意使连续做功的两缸相距尽可能远，以减轻主轴承的载荷，同时避免可能发生的进气重叠现象。做功间隔应力求均匀，也就是说发动机在完成一个工作循环的曲轴转角内，每个气缸都应发火做功一次，而且各缸发火的间隔时间以曲轴转角表示，称为发火间隔角。四行程发动机完成一个工作循环曲轴转两圈，其转角为 720°，在曲轴转角 720°内发动机的每个气缸应该点火做功一次。且点火间隔角是均匀的，因此四行程发动机的点火间隔角为 720°/i，（i 为气缸数目），即曲轴每转 720°/i，就应有一缸做功，以保证发动机运转平稳。

四缸四行程发动机的发火顺序和曲拐布置如图 2-51 所示。

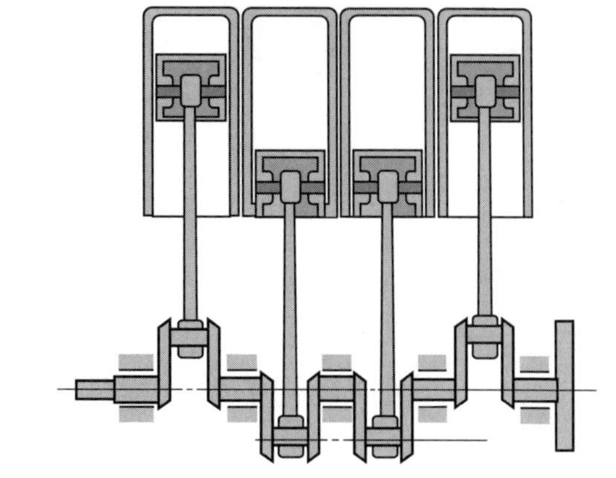

图 2-51　四缸四行程发动机曲拐布置

四缸四行程发动机的发火间隔角为 720°/4＝180°，曲轴每转半圈（180°）做功一次，四个缸的做功行程是交替进行的，并在 720°内完成，因此，可使曲轴获得均匀的转速，工作平稳柔和。对于每一个气缸来说，其工作过程和单缸机的工作过程完全相同，只不过是要求它按照一定的顺序工作，即为发动机的工作顺序，也叫作发动机的发火顺序。可见，多缸发动机的工作顺序（发火顺序）就是各缸完成同名行程的次序。四缸发动机四个曲拐布置在同一平面内。1，4 缸在上，2，3 缸在下，互相错开 180°，其发火顺序的排列只有两种可能，即为 1-3-4-2 或为 1-2-4-3，两种工作顺序的发动机工作循环表分别见表 2-1 和表 2-2。

表 2-1　发火顺序 1-3-4-2 工作循环表

曲轴转角	第一缸	第二缸	第三缸	第四缸
0°～180°	做功	排气	压缩	进气
180°～360°	排气	进气	做功	压缩
360°～540°	进气	压缩	排气	做功
540°～720°	压缩	做功	进气	排气

表 2-2　发火顺序 1-2-4-3 工作循环表

曲轴转角	第一缸	第二缸	第三缸	第四缸
0°～180°	做功	压缩	排气	进气
180°～360°	排气	做功	进气	压缩
360°～540°	进气	排气	压缩	做功
540°～720°	压缩	进气	做功	排气

2. 飞轮

飞轮（见图 2-52）的主要功用是用来储存做功行程的能量，用于克服进气、压缩和排气行程的阻力和其他阻力，使曲轴能均匀地旋转。飞轮外缘压有的齿圈与启动电机的驱动齿轮啮合，供启动发动机用；汽车离合器也装在飞轮上，利用飞轮后端面作为驱动件的摩擦面，用来对外传递动力。

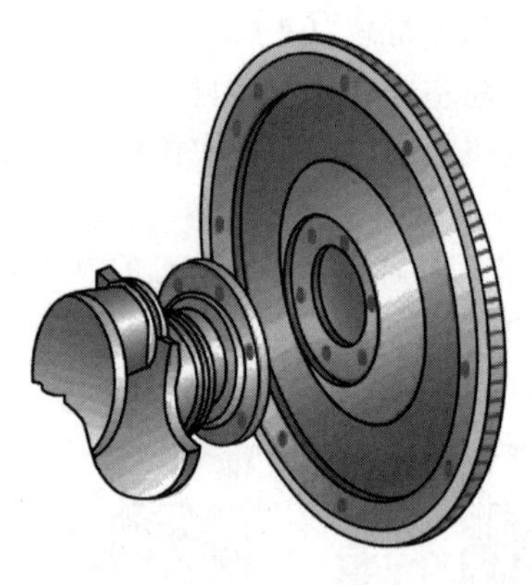

图 2-52　飞轮

飞轮是高速旋转件，因此，要进行精确地平衡校准，平衡性能要好，达到静平衡和动平衡。飞轮是一个很重的铸铁圆盘，用螺栓固定在曲轴后端的接盘上，具有很大的转动惯量。飞轮轮缘上镶有齿圈，齿圈与飞轮紧配合，有一定的过盈量。

在飞轮轮缘上做有记号（刻线或销孔）供找压缩上止点用（四缸发动机为 1 缸或 4 缸压缩上止点；六缸发动机为 1 缸或 6 缸压缩上止点）。当飞轮上的记号与外壳上的记号对正时，正好是压缩上止点。

飞轮与曲轴在制造时一起进行过动平衡实验，在拆装时为了不破坏它们之间的平衡关系，飞轮与曲轴之间应有严格不变的相对位置。通常用定位销和不对称布置的螺栓来定位。

二、曲柄连杆机构的检修操作

（一）机体缸盖组的检修

1. 气缸盖和油底壳的检测

操作步骤	操作内容	图　解	操作说明
1	工具准备		(1)要准备的工具：摇把、刀口尺、厚薄规、指针式扭力扳手、可调式扭力扳手、毛刷、抹布、油盆、枕木、吸棒、橡胶锤、起子、大飞接杆、专用套筒一个(10号)、丁字套筒一个(10号)、转角扳手、气枪、铲刀、游标卡尺、机油、煤油等 (2)工具准备要齐全，摆放要整齐
2	拆缸气缸盖螺栓		(1)组装工具：10号专用套筒、指针式扭力扳手和大飞接杆 (2)用扭力扳手按先两边后中间的交叉顺序松动气缸盖螺栓 (3)用摇把按顺序分两次拆下气缸盖螺栓
3	取下气缸盖螺栓和垫片		(1)用吸棒取出气缸盖10个螺栓和10个垫片 (2)按顺序放好气缸盖螺栓和垫片
4	取下气缸盖、气缸垫		(1)用起子和橡胶锤松动气缸盖，水平抬起气缸盖，将气缸盖倒放在枕木上 (2)取下气缸垫，水平放置

续表

操作步骤	操作内容	图　解	操作说明
5	拆油底壳、清洁气缸体下平面		(1)拆下 19 个螺栓和 2 个螺母 (2)铲掉密封垫和拆下油底壳 (3)铲掉密封胶,用抹布清洁
6	清洁气缸体、气缸盖		(1)用铲刀铲气缸盖下平面和气缸体上平面,分别从两边由内向外铲 (2)用抹布清洁气缸盖下平面和气缸体上平面,向两边擦,防止杂物掉进气缸里 (3)气缸盖放入油盆中用毛刷轻轻洗 (4)用压缩空气对气缸盖下平面和气缸体上平面清洁。气缸盖先吹燃烧室,再吹螺栓孔和油孔,最后吹整个平面,由中间向两边吹;气缸体上平面先吹螺栓孔,再由中间向两边吹
7	测量气缸盖下平面的平面度		用塞尺和刀口尺在缸盖下平面上依次测量横向、纵向及交叉共 6 个位置,每个位置 5 个点。采用塞尺测量之前需目测检查刀口尺和气缸体上平面之间的透光度
8	清洁和检测缸盖螺栓		(1)将气缸盖螺栓放入油盆里清洗,并用压缩空气吹 (2)取出游标卡尺,清洁、校零,按安装顺序测量气缸盖螺栓长度和直径 (3)注意螺栓的摆放顺序

续表

操作步骤	操作内容	图解	操作说明
9	安装油底壳		(1)彻底清洁所有组件，油底壳和气缸体接触表面无沾油，清除所有松脱的材料 (2)涂上新的密封胶后，立即安装，用19个螺栓和2个螺母紧固油底壳
10	安装气缸垫和气缸盖		(1)清洁和检查定位销(目视检查和游标卡尺检查) (2)清洁气缸垫(用蘸煤油或柴油的抹布擦拭)，并水平安装(注意正反面) (3)水平安装气缸盖，需要注意定位，保证一次到位
11	安装气缸盖螺栓		(1)润滑气缸盖螺栓旋入机体部分的螺纹 (2)先用手旋入气缸盖螺栓2～3牙，再用摇把按先中间后两边交叉的顺序上紧，最后用可调式扭力扳手分2次将连杆螺栓按顺序上紧至29N·m，使用转角盘(做标记亦可)，再次将连杆螺栓拧紧两次90°
12	清洁整理工具和工作台		(1)所有用过的工量具必须及时清洁归位 (2)最后要注意整理好工作台 (3)分类收集废弃物 (4)用拖把清洁地面

2. 气缸体的检测

操作步骤	操作内容	图解	操作说明
1	工具准备		(1)要准备的工具：刀口尺、厚薄规、毛刷、抹布、油盆、气枪、铲刀、游标卡尺、千分尺、内径百分表、机油、煤油等 (2)工具准备要齐全，摆放要整齐
2	检测气缸体上平面		(1)清洁气缸体上平面 (2)用塞尺和刀口尺在缸盖下平面上依次测量横向、纵向及交叉共6个每个位置5个点。采用塞尺测量之前需目测检查刀口尺和气缸体上平面之间的透光度

续表

操作步骤	操作内容	图解	操作说明
3	清洁气缸体		(1)检查气缸内壁有无损坏 (2)用干净柔软的抹布擦拭气缸内壁
4	使用游标卡尺测量气缸直径		(1)清洁游标卡尺,检查锁止螺母后校零 (2)每个缸测量横向和纵向两个方向的气缸直径 (3)用游标卡尺测量气缸直径时,要来回晃动游标卡尺的游标端,以寻找到最大的尺寸
5	组装量缸表并校零		(1)检查百分表表头的活动情况,转动表盘无卡滞,捏住百分表上部的拉手部位轻轻向上提无卡滞 (2)检查表杆是否弯曲 (3)组装量缸表,并留 1~2mm 的预压缩量 (4)检查量缸表导向端的活动情况 (5)检查调整垫片是否有锈蚀或脏物,清洁并测量调整垫片 (6)根据测量的气缸直径选择合适的接杆和调整垫片,并用扳手拧紧接杆 (7)在台钳上校准螺旋千分尺 (8)用螺旋千分尺校量缸表,保持螺旋千分飞水平放置 (9)量缸表复校
6	测量气缸直径,记录数据并计算	 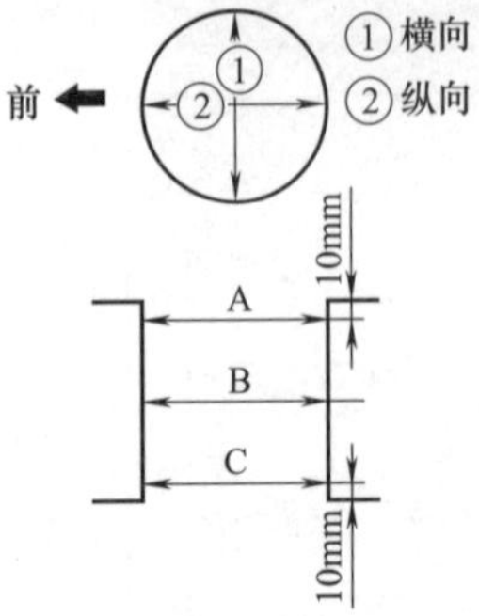	(1)测量位置:上、中、下三个平面,每个平面横向和纵向测量两个直径。上平面是指活塞在上止点时第一道气环所对应的位置(丰田 8A 距缸口 10mm);中平面是指活塞在上点时活塞裙部所对应的位置;下平面是活塞在下止点时最下一道活塞环所对应的位置(丰田 8A 距底部缸口 10mm) (2)测量气缸直径时,要先将导向轮放入气缸并贴着缸壁直到表头达到待测位置,切勿磨损表头 (3)测量气缸直径时,要前后摆动量缸表,当指针出现最大的偏转时的计数即为该位置气缸的直径 (4)计算各缸的圆度误差(同一平面位置两直径之差再除以 2) (5)计算各缸的圆柱度误差(最大直径与最小直径之差再除以 2) (6)判断能否正常使用,得出结论

续表

操作步骤	操作内容	图解	操作说明
7	整理工量具及工作台		(1)拆卸量缸表,同时要求千分尺归零,及时清洁量具 (2)工量具按排位摆放

(二)活塞连杆组的检修操作

操作步骤	操作内容	图解	操作说明
1	工具准备		(1)要准备的工具:14#套筒,指针式扭力扳手、橡胶锤、螺栓保护套、榔头、活塞环扩张器、气枪、活塞安装工具、千分尺、钢皮直尺、塞尺、游标卡尺、外径百分表、铲刀、抹布等 (2)工具准备要齐全,摆放要整齐
2	清洁气缸体上平面		(1)使用指针式扭力扳手旋转曲轴,使所有的活塞在气缸筒内保持同一高度 (2)用铲刀清洁气缸体上平面,再用抹布由内向外擦
3	检查连杆是否弯曲和序号是否一致	前标记(凹坑) 标记1,2或3 标记1,2或3	(1)将要拆装的活塞连杆旋转到上止点位置,检查连杆是否有明显弯曲现象 (2)检查活塞连杆组的序号是否与气缸体上的序号一致 (3)将指定活塞连杆旋转到下止点位置,用抹布清洁气缸,检查有无缸肩和积炭
4	检查连杆和连杆轴承盖标记		(1)翻转台架,使油底壳位置向上 (2)检查或设置装配标记(如果无原车标记,用记号笔在连杆和连杆轴承盖上做记号)

续表

操作步骤	操作内容	图解	操作说明
5	取下连杆轴承	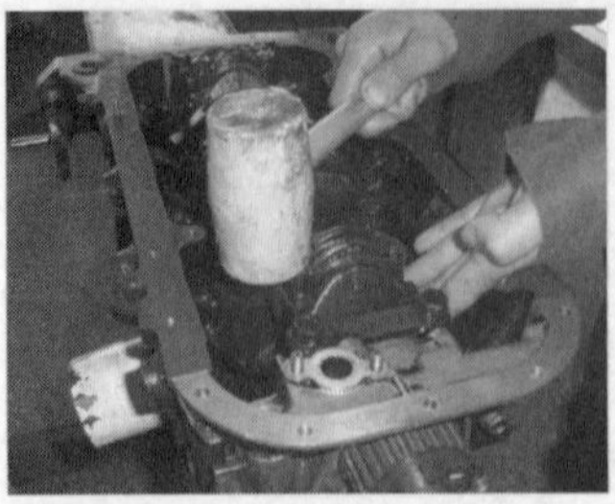	(1)用指针式扭力扳手和14＃套筒分2次旋松连杆螺母，手旋并取下螺母 (2)用橡胶锤轻敲连杆螺栓，取出连杆盖(注意连杆轴承不要掉落)，同时取下下盖上的连杆轴承，按顺序摆放连杆轴承
6	取下活塞连杆组		(1)套上连杆螺栓保护套 (2)用榔头柄在合适的位置推出连杆活塞组(用左手在缸体上平面处扶持住) (3)取下连杆螺栓上的护套，取下连杆和连杆轴承盖上的连杆轴承，并按顺序摆放
7	取下活塞环		(1)使用活塞环扩张器拆下两道压缩环 (2)用手拆下组合油环 (3)用铲刀清理活塞顶面、活塞环和活塞环槽的积炭
8	取下活塞销	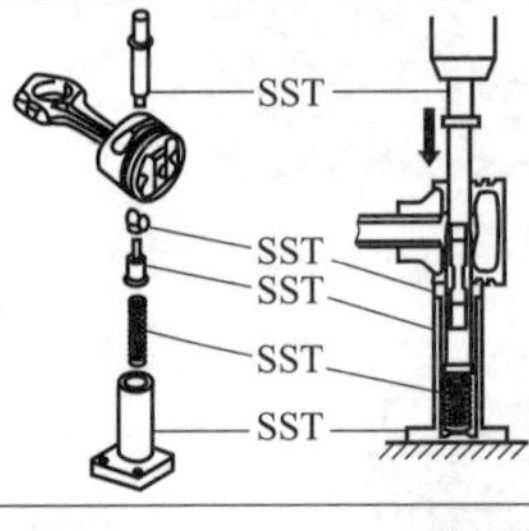 SST SST SST SST SST	(1)从活塞中压出活塞销 (2)拆下连杆
9	清洁活塞及相关部件		(1)清洁活塞连杆、活塞环、连杆轴承(两片，并注意原来的安装位置摆放)、连杆轴承盖、连杆螺母、气缸筒和连杆轴颈 (2)用压缩空气吹净上述清洗零件
10	目视检查活塞连杆组		(1)检查气缸体有无垂直划痕 (2)活塞有无损伤 (3)连杆轴颈和连杆轴承有无麻点、划痕和损伤 (4)检查活塞销状况

续表

操作步骤	操作内容	图　解	操作说明
11	测量活塞环侧隙		(1)清洁塞尺,用塞尺测量活塞环与相应环槽的侧壁的间隙,边滚动边测量(3点位置) (2)如果测量间隙超过标准,则更换活塞 技术标准: 第一道气环:0.040～0.080mm 第二道气环:0.030～0.070mm
12	测量活塞环端隙		(1)用钢直尺或是游标卡尺的深度尺测量活塞高度(50.00mm),将第一道(或第二道)气环放入相应气缸,用活塞将活塞环推入气缸(可以用钢直尺借用活塞销平面处测量,此时的距离为47mm),取出活塞,用钢直尺再次检查推入深度应为97mm。清洁塞尺,测量端隙 (2)如果端隙超过使用极限,更换活塞环,如果使用新活塞环,端隙超过最大值,重新镗削所有4个气缸或更换气缸体 技术标准: 第一道气环:0.250～0.450mm(使用极限:1.05mm) 第二道气环:0.350～0.600mm(使用极限:1.20mm) 油环:0.150～0.500mm(使用极限:1.10mm)
13	检查连杆螺栓	15mm(0.59in)	(1)把螺母装到连杆螺栓上,检查能用手容易地将螺母拧到底,如果螺母转动困难,用游标卡尺测量螺栓外径(在距离螺栓底面15mm处测量) (2)如果外侧的直径小于最小值,一起更换连杆螺栓和螺母 技术标准: 标准外径:8.86～9.00mm 最小外径:8.60mm
14	测量活塞与气缸间隙		(1)将活塞倒置,清洁千分尺并校零(注意手法),用布清洁活塞裙部,在与销孔轴线垂直的方向距离活塞顶28.5mm处测量活塞头部直径 (2)用气缸直径减去气缸筒直径 (3)如果间隙超过最大值,更换所有4个活塞并重新镗削所有4个气缸。如果必要,更换气缸体 技术标准: 标准活塞直径有3级尺寸,分别标记"1"、"2"和"3",这个标记打在活塞顶上。 1:78.615～78.625mm 2:78.625～78.635mm 3:78.635～78.645mm 标准间隙: 0.075～0.095mm 最大间隙:0.115mm

续表

操作步骤	操作内容	图解	操作说明
15	检查连杆分总成		使用连杆校正器，检查连杆变形，检查弯曲和扭曲 技术标准： 最大弯曲 0.05mm/100mm 最大扭曲 0.05mm/100mm
16	组装活塞环	刮油环上 2号压缩环 朝前标记 前 1号压缩环 刮油环(下)	（1）组装活塞环（油环开口直接装配到位，气环开口在安装活塞前错口），将连杆轴承（2片）安装到相应位置，套上连杆螺栓保护套 （2）用压缩空气再次吹气缸筒，清洁连杆轴颈（用布擦）和连杆上的连杆轴承（用布擦），润滑气缸筒、活塞裙部、活塞环、活塞销和连杆轴承（连杆上的轴承）
17	安装活塞组		（1）放入活塞安装工具，调整安装工具 （2）按照装配记号放入活塞，用橡胶锤轻轻推入（推入深度与缸体平面平齐），取下活塞安装工具，再次用橡胶锤将活塞推入到位
18	安装连杆螺母	朝前标记（凸起） 90° 90°	（1）取下连杆螺栓保护套，清洁（用布擦）并润滑连杆轴承盖，装入连杆盖 （2）注意连杆螺母的安装方向，润滑螺母的旋转平面，用手上连杆螺母，分两次拧紧到29N·m（第一次15N·m，第二次29N·m），再用记号笔或角度计转动45° （3）转动曲轴，使活塞旋转到上止点位置，确认安装良好
19	检查连杆止推间隙		（1）使用百分表，前后移动连杆测量止推间隙 （2）如果止推间隙超过最大值，更换连杆总成 技术标准： 0.15～0.25mm 最大止推间隙：0.30mm

续表

操作步骤	操作内容	图　解	操 作 说 明
20	整理工量具及工作台		及时归位整理工量具以及工作台

（三）曲轴飞轮组的检修

操作步骤	操作内容	图　解	操 作 说 明
1	工具准备		(1)要准备的工具:指针式扭力扳手、14 套筒、平台、V 型铁、千分尺、百分表、表架、机油、抹布 (2)工具准备要齐全,摆放要整齐
2	拆卸机油泵总成		(1)拆下机油泵 7 个螺栓 (2)用塑料锤轻轻敲击机油泵体,拆下机油泵 (3)拆下垫片
3	拆下发动机后油封座		拆下 6 个螺栓、座圈和垫片
4	拆卸主轴承盖螺栓		(1)使用指针式扭力扳手和套筒由外向内拆卸主轴承盖螺栓 (2)分几次均匀松开主轴承盖螺栓
5	取下主轴承盖		(1)检查主轴承盖对前记号 (2)使用拆下的主轴承盖的螺栓,前后撬动并拆下主轴承盖和下止推片(只有 3 号主轴承盖处有) (3)检查轴承和轴承盖标记

续表

操作步骤	操作内容	图解	操作说明
6	取下曲轴和止推垫片		(1)抬出曲轴，平行放在V型铁上 (2)把下轴承和主轴承盖放在一起，并按顺序摆放 (3)检查下轴承标记
7	清洁曲轴及相关零件	(1)清洁曲轴轴颈、轴承和轴承盖，用气枪吹净 (2)检查每个主轴颈、连杆轴颈和轴承有无麻点和划痕	
8	检查曲轴磨损		(1)检查主轴颈直径 (2)检查连杆轴颈直径 (3)计算主轴颈、连杆轴颈圆度和圆柱度误差 技术标准： 主轴颈直径标准：47.982～48.000mm 连杆轴颈直径标准：39.985～9.755mm 圆度和圆柱度误差：0.02mm
9	检查曲轴变形		(1)将曲轴水平放置在平台上，并用V型铁支承 (2)检查百分表及支架并组装 (3)测量曲轴弯曲变形 技术标准： 最大弯曲度：0.06mm
10	安装曲轴轴承和止推垫片	3	(1)对准轴承凸起和缸体的凹槽 (2)安装止推垫片，带槽的一面朝外 (3)润滑轴承内面，润滑止推垫片
11	安装曲轴		(1)安装曲轴，注意止推垫片 (2)润滑轴颈
12	安装曲轴轴承盖		(1)对准轴承凸起和主轴承盖的凹槽 (2)润滑轴承内面 (3)轴承盖标记向前，按顺序摆放，相互位置不得更换

续表

操作步骤	操作内容	图　解	操作说明
13	安装轴承盖螺栓		(1)主轴承盖螺栓的螺纹和螺栓头下面涂一薄层机油 (2)按顺序几次均匀拧紧10个主轴承螺栓 (3)扭矩:60N·m (4)检查曲轴转动是否灵活
14	安装机油泵总成和后油封座		(1)安装一个新的垫片和用6个螺栓安装后油封座圈,扭矩为9.3N·m (2)更换新气垫片,使机油泵的驱动转子的花键齿与油泵侧曲轴的大齿啮合 (3)安装7个螺栓,扭矩为22 N·m 标记A:35mm 标记B:25mm
15	检查曲轴止推间隙		(1)检查百分表和支架,并组装 (2)使用百分表顶住曲轴一端,用起子前后撬动曲轴测量止推间隙 技术标准: 标准止推间隙:0.020～0.220mm 最大止推间隙:0.30mm
16	及时清洁、整理工量具		(1)及时清洁工量具并整理 (2)及时清洁工作台

第三节 配气机构

一、配气机构的结构原理

(一) 配气机构的作用及分类

1. 配气机构的作用

配气机构是进、排气管道的控制机构，它按照气缸的工作顺序和工作过程的要求，准时地开闭进、排气门、向气缸供给可燃混合气（汽油机）或新鲜空气（柴油机）并及时排出废气；当进、排气门关闭时，保证气缸密封。

2. 配气机构的分类

发动机配气机构形式多种多样，其主要区别在于气门布置形式和数量、凸轮轴布置形式

和驱动方式等。

（1）按气门的布置位置分类　按气门的布置位置不同可以分为气门顶置式和气门侧置式两类。顶置式配气机构的优点很多，如进气阻力小，燃烧室结构紧凑等，故被广泛采用。侧置式配气机构现已被淘汰。如图 2-53 所示。

(a) 气门侧置式

(b) 气门顶置式

图 2-53　气门布置形式

顶置式配气机构按每缸气门的数量，可分为双气门式和多气门式。一般发动机较多采用一个进气门和一个排气门。其特点是结构简单，能适应各种燃烧室。但其气缸换气受到过气通道的限制，故都用于低速发动机。

（2）按凸轮轴的位置分类　按凸轮轴的位置不同可分为凸轮轴下置式、凸轮轴中置式和凸轮轴上置式，如图 2-54 所示。

① 凸轮轴下置式。如图 2-54（a）所示，大多数载货汽车和大、中型客车发动机都采用这种方式。凸轮轴平行布置在曲轴的一侧，由于曲轴和凸轮轴位置靠近，只用一对正时齿轮传动，使得传动系比较简单。

(a) 凸轮轴下置式

(b) 凸轮轴中置式

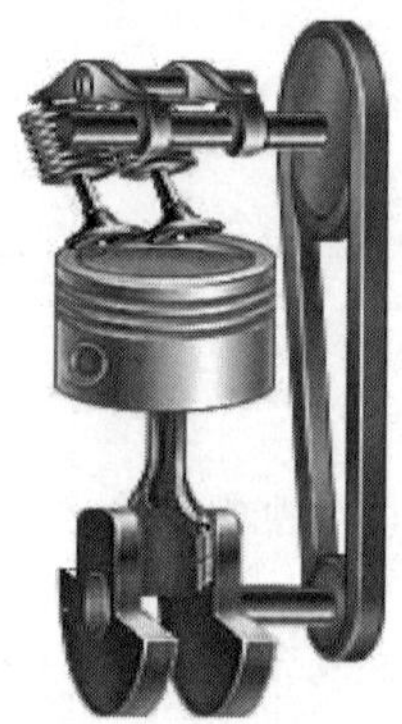

(c) 凸轮轴上置式

图 2-54　凸轮轴布置形式

② 凸轮轴中置式。　如图 2-54（b）所示，为减小气门传动组零件的往复运动惯性力，某些速度较高的发动机将下置式凸轮轴的位置抬高到缸体的上部，缩短了传动零件的长度，称之为凸轮轴中置式配气机构。

③ 凸轮轴上置式。　如图 2-54（c）所示，配气机构的凸轮轴直接布置在缸盖上。凸轮轴直接通过摇臂来驱动气门，省去了推杆、挺柱等，使往复运动质量大大减小，因此它适合于高速发动机。由于凸轮轴离曲轴中心较远，因而都采用链条传动或同步齿形带传动，使得正时传动机构较为复杂，而且拆装气缸盖也比较困难。

（3）按凸轮轴传动方式分类　按曲轴和凸轮轴的传动方式，可分为齿轮传动式、链条传动式和同步齿形带传动式等，如图 2-55 所示。

① 齿轮传动。如图 2-55（a）所示。凸轮轴下置、中置的配气机构大多采用圆柱形正时齿轮传动，从曲轴到凸轮轴的传动只需一对正时齿轮，若齿轮直径过大，可在中间加装一个惰轮，如 YC6105 柴油机就用此传动形式。为了啮合平稳，减小噪声，正时齿轮多用斜齿。在中小功率发动机上，曲轴正时齿轮用钢来制造，而凸轮轴正时齿轮则用铸铁或夹布胶木制

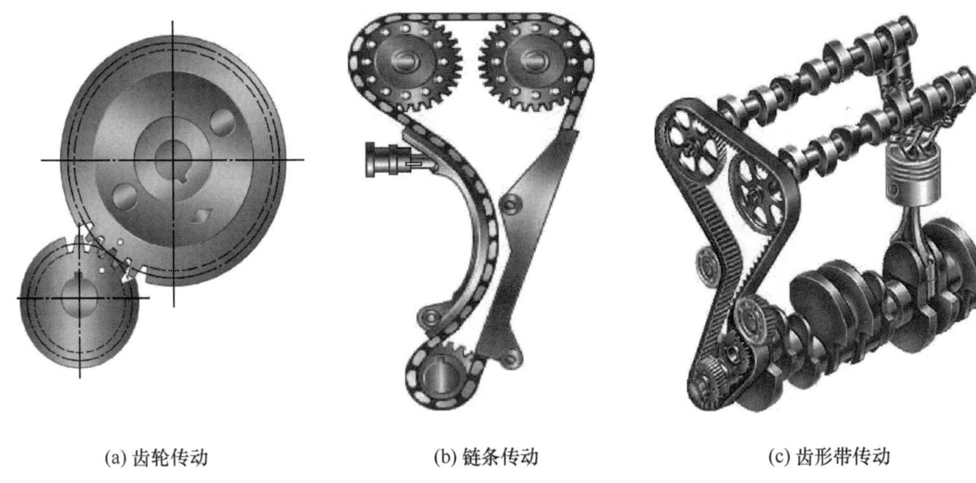

图 2-55　凸轮轴传动方式

造，以减小噪声。

② 链条传动。如图 2-55（b）所示。链条传动适用于凸轮轴上置的配气机构。为使工作时链条有一定的张力而不至脱链，通常装有导链板、张紧轮装置等。

③ 齿形带传动。如图 2-55（c）所示。近年来，在高速发动机上广泛采用齿形带来代替传动链。这种齿形带用氯丁橡胶制成，中间夹有玻璃纤维和尼龙织物，以增加强度。采用齿形带传动，能减少噪声和减少结构质量，也可以降低成本。

（二）配气机构的结构组成

发动机的配气机构由气门组和气门传动组组成。气门组的作用是封闭进、排气道；气门传动组的作用是使进、排气门按配气相位规定的时刻开闭，且保证有足够的开度。

1. 气门组

气门组主要包括气门、气门座圈、气门导管、气门油封、气门弹簧、气门弹簧座和气门锁片等，如图 2-56 所示。

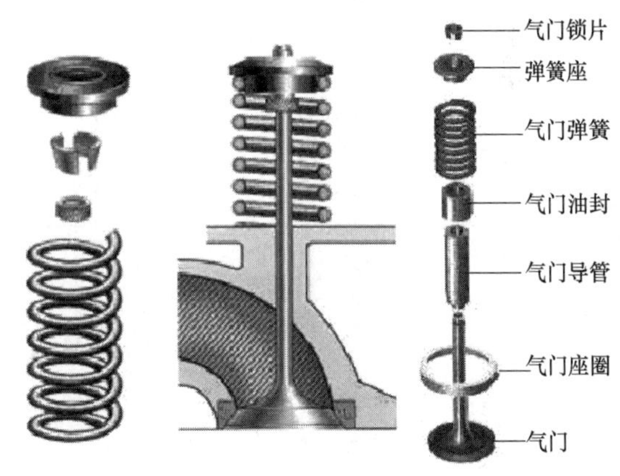

图 2-56　气门组

（1）气门　气门主要起到控制进、排气管的开闭作用。气门主要在承受高温、高压、冲击、润滑困难的条件下工作，要求足够的强度、刚度、耐磨、耐高温、耐腐蚀、耐冲击。通常进气门采用合金钢（铬钢或镍铬等），排气门采用耐热合金钢（硅铬钢等）。气门主要由头部、杆身和尾部组成。

气门头部是一个具有圆锥斜面的圆盘，气门锥角一般为 45°，也有 30°的，气门头边缘应保持一定厚度，一般为 1～3mm，以防工作中冲击损坏和被高温烧蚀。气门密封锥面与气门座配对研磨。如图 2-57 所示。

气门头顶部形状有平顶、球面顶和喇叭形顶等，如图 2-58 所示。

① 平顶：结构简单，制造方便，吸热面积小，质量小，进、排气门均可采用。

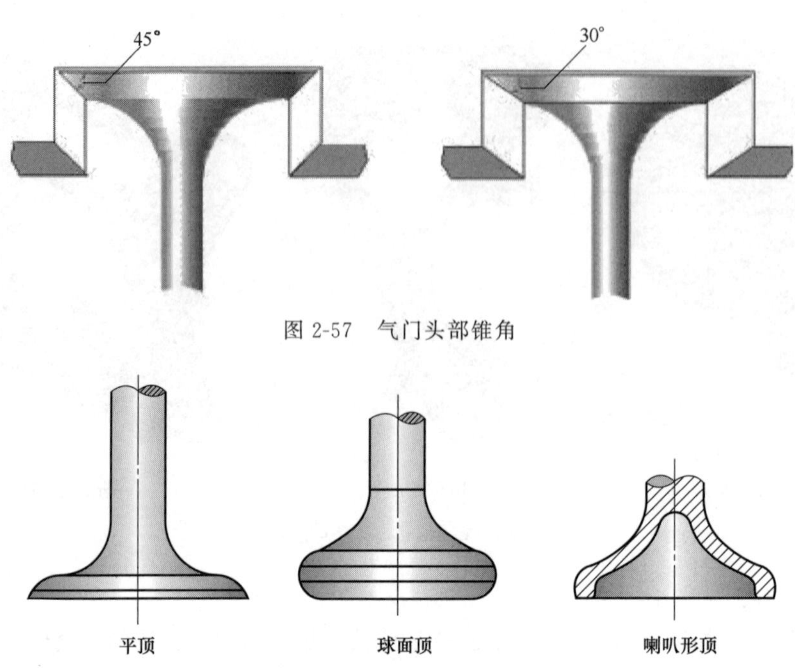

图 2-57 气门头部锥角

图 2-58 气门头部形状

② 球面顶：适用于排气门，强度高，排气阻力小，废气的清除效果好，但受热面积大，质量和惯性力大，加工较复杂。

③ 喇叭形顶：适用于进气门，进气阻力小，但受热面积大。

有的发动机进气门头部直径比排气门大，两气门一样大时，排气门有记号。杆身与头部制成一体，装在气门导管内起导向作用，杆身与头部采用圆滑过渡连接。尾部制有凹槽（锥形槽或环形槽）用来安装锁紧件。

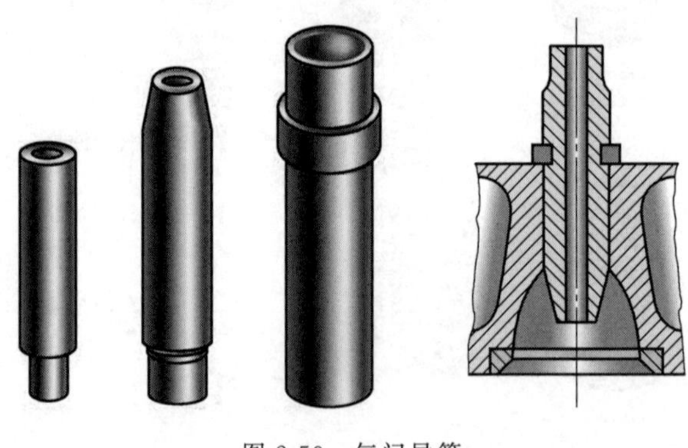

图 2-59 气门导管

（2）气门导管 气门导管的作用是起导向作用，保证气门作直线往复运动，同时还起到导热作用，将气门头部传给杆身的热量，通过气缸盖传出去。如图 2-59 所示。

为了保证导向，导管应有一定的长度，气门导管的工作温度也较高，约为 500K。气门导管和气门的润滑是靠配气机构飞溅出来的机油进行润滑的，因此易磨损。为了改善润滑性能，气门导管常用灰铸铁或球墨铸铁或铁基粉末冶金制造。导管内、外圆面加工后压入气缸盖的气门导管孔内，然后再精铰内孔。为了防止气门导管在使用过程中松脱，有的发动机对气门导管用卡环定位。

（3）气门座 气门座与气门头部密封锥面配合密封气缸，气门头部的热量亦经过气门座外传。气门座可以在缸盖或缸体上直接镗出，也可以采用镶嵌式结构。镶嵌式结构气门座都采用较好的材料（合金铸铁、奥氏体钢等）单独制作。

（4）气门弹簧 气门弹簧能保证气门关闭时能紧密地与气门座或气门座圈贴合，并克服在气门开启时配气机构所产生的惯性力，使传动件始终受凸轮控制而不相互脱离。为保证上

述作用的实现，气门弹簧的刚度一般都很大，而且在安装时进行了预紧压缩，预紧力很大。如图 2-60 所示。

图 2-60　气门弹簧

气门弹簧承受交变载荷，为保证其工作可靠，气门弹簧多采用优质合金钢丝卷绕成螺旋状，并经热处理，两端磨平，以防止在工作中弹簧产生歪斜。为提高弹簧的疲劳强度，保证弹簧的弹力不下降，弹簧不折断，弹簧丝表面要磨光、抛光或喷丸处理，再经发蓝或磷化处理，以免在使用中生锈。

气门弹簧一般为等螺距圆柱形螺旋弹簧。当气门弹簧的工作频率与其固有的振动频率相等或为整数倍时，气门弹簧就会发生共振。共振时将使配气定时遭到破坏，使气门发生反跳和冲击，甚至使弹簧折断。为防止共振的发生，常采取下列结构措施。

① 采用双气门弹簧。在柴油机和高性能汽油机上广泛采用每个气门安装两个直径不同、旋向相反的内、外弹簧。由于两个弹簧的固有频率不同，当一个弹簧发生共振时，另一个弹簧能起到阻尼减振作用。采用双气门弹簧可以减小气门弹簧的高度，而且当一个弹簧折断时，另一个弹簧仍可维持气门工作。弹簧旋向相反，可以防止折断的弹簧圈卡入另一个弹簧圈内使其不能工作或损坏。

② 采用变螺距气门弹簧。某些高性能汽油机采用变螺距单气门弹簧。变螺距弹簧的固有频率不是定值，从而可以避开共振。

③ 采用锥形气门弹簧。锥形气门弹簧的刚度和固有振动频率沿弹簧轴线方向是变化的，因此可以消除发生共振的可能性。

（5）气门旋转机构　当气门工作时，气门旋转机构能使气门产生缓慢的旋转运动。气门旋转机构可使气门头部周向温度分布比较均匀，从而减小气门头部的热变形。同时，气门旋转时，在密封锥面上产生轻微的摩擦力，能够清除锥面上的沉积物。如图 2-61 所示。

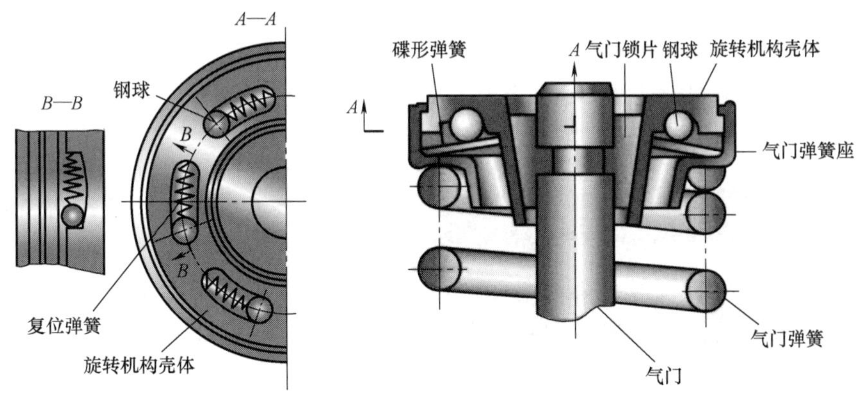

图 2-61　气门旋转机构

（6）锁片、卡簧　锁片、卡簧的作用是在气门弹簧力的作用下把弹簧座和气门杆锁住，使弹簧力作用到气门杆上。如图 2-62 所示。

2. 气门传动组

气门传动组主要包括正时齿轮、凸轮轴、挺柱、推杆、摇臂、摇臂轴座和摇臂轴等。气门传动组的作用是使进、排气门能按配气相位规定的时刻开闭，且保证有足够的开度，如图 2-63 所示。

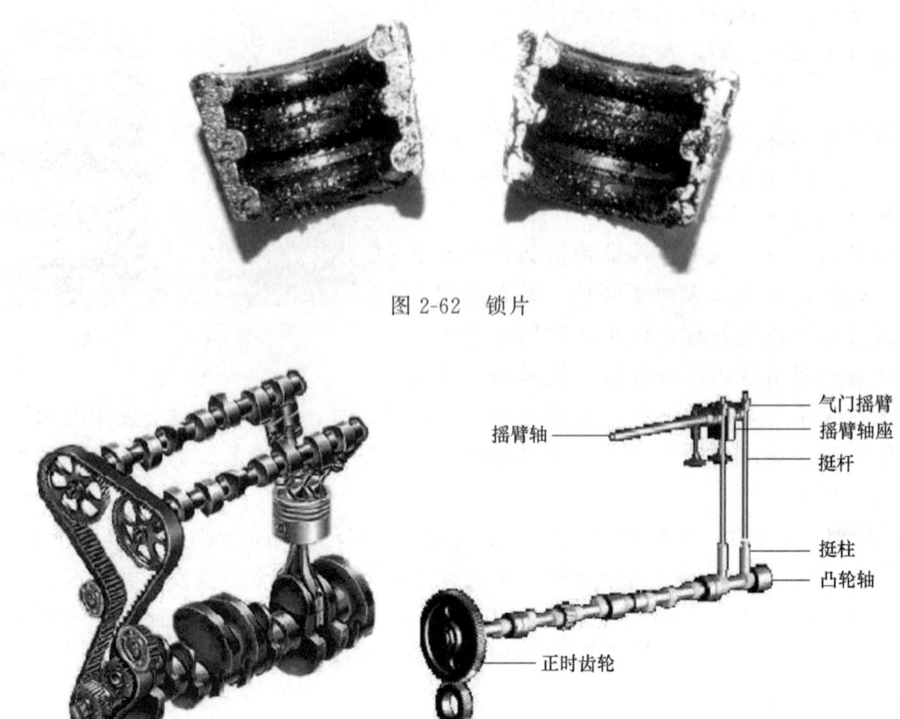

图 2-62　锁片

图 2-63　气门传动组

（1）凸轮轴　凸轮轴是由发动机曲轴驱动而旋转，用来驱动和控制各缸气门的开启和关闭，使其符合发动机的工作顺序、配气相位及气门开度的变化规律等要求。此外，多数老式汽油机还利用凸轮轴来驱动分电器、机油泵和汽油泵。凸轮轴主要由凸轮、轴颈、偏心轮和螺旋齿轮等组成。如图 2-64 所示

凸轮轴承受周期性的冲击载荷；凸轮与挺柱之间的接触应力很大，相对滑动速度很高，因此，凸轮轴工作表面的磨损较快。凸轮轴轴颈和凸轮工作表面除应有较高的尺寸精度、较小的表面粗糙度和足够的刚度外，还应有较高的耐磨性和良好的润滑。凸轮轴通常由碳钢或合金钢锻造，也可用合金铸铁或球墨铸铁铸造。轴颈和凸轮工作表面经热处理后磨光。

图 2-64　凸轮轴

由于凸轮轴是通过凸轮轴轴颈支撑在凸轮轴轴承孔内的，因此，凸轮轴轴颈数目的多少是影响凸轮轴支撑刚度的重要因素。如果凸轮轴刚度不足，工作时将发生弯曲变形，影响配气正时。

上置式凸轮轴的轴承若为剖分式结构时，各凸轮轴轴颈的直径均相等。下置式凸轮轴轴颈的直径由前端向后端依次减小，目的是便于安装。

中置式和下置式凸轮的轴承一般制成衬套压入整体式轴承座孔内，再加工轴承内孔，使其与凸轮轴轴颈相配合。上置式凸轮轴的轴承多由上下两片轴瓦对合而成，装入剖分式轴承座孔内。轴承材料多与主轴承相同，在低碳钢钢背上浇敷减摩合金层。也有的凸轮轴轴承采用粉末冶金衬套或青铜衬套。

(2) 挺柱　挺柱是凸轮的从动件，其作用是将来自凸轮的运动和作用力传给推杆或气门，同时还承受凸轮所施加的侧向力，并将其传给机体或气缸盖。

挺柱可分为机械挺柱和液力挺柱两大类，每一类中又有平面挺柱和滚子挺柱等多种结构形式。近年来，液力挺柱被广泛地应用。

① 机械挺柱。机械挺柱的结构如图 2-65 所示。其中，杯形平面挺柱由于结构简单、质量轻，在中小型发动机中应用比较广泛。滚子挺柱的突出优点是摩擦和磨损小，但其结构比平面挺柱复杂，质量也比较大，多用于气缸直径较大的发动机。

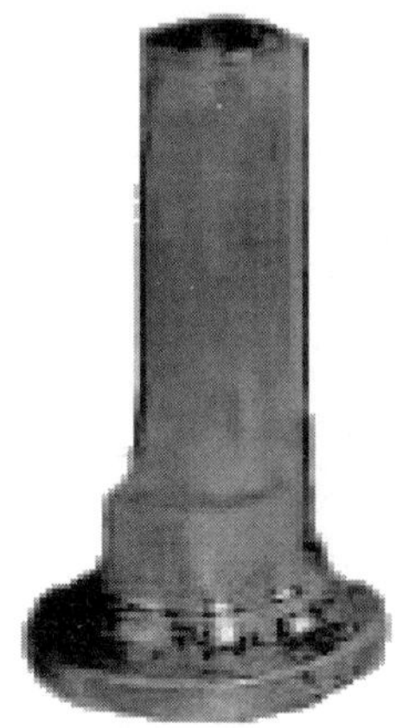

图 2-65　机械挺柱

② 液力挺柱。液力挺柱如图 2-66 所示。挺柱体由圆柱和上端盖焊接而成。下端封闭的油缸外圆柱面与挺柱导向孔配合，内圆柱面与柱塞配合。球阀 7 被补偿弹簧压靠在柱塞下端面的阀座上。

挺柱体内部的低压油腔通过挺柱顶背面的键形槽与柱塞上方的低压油腔相通。当挺柱在运动过程中，挺柱体上的环形槽与缸盖上的斜油孔 4 对齐时，缸盖油道 2 内的润滑油通过量油孔 3、斜油孔 4 和环形油槽进入低压油腔。柱塞下端油缸内部的空腔，称为高压油腔，当球阀打开时；高压油腔与低压油腔相通。

气门关闭以后，补偿弹簧将柱塞和挺柱体继续向上推动一个微小的行程（补偿由于油液泄漏而造成的柱塞与挺柱体的下降），同时高压油腔油压下降，此时球阀打开，低压油腔的油液进入高压油腔内补充泄漏掉的油液。当气门关闭时，挺柱体上的环形油槽与缸盖上的斜油孔对齐，润滑系的油液进入挺柱低压油腔内。

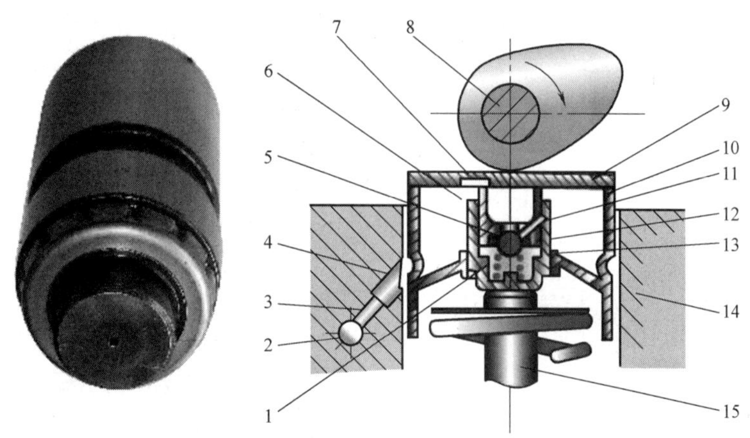

图 2-66　液力挺柱

1—高压油腔；2—缸盖油道；3—量油孔；4—斜油孔；5—球阀；6—低压油腔；7—键形槽；8—凸轮轴；9—挺柱体；10—柱塞焊缝；11—柱塞；12—套筒；13—弹簧；14—缸盖；15—气门杆

气门受热膨胀伸长时，通过柱塞与油缸之间的间隙，高压油腔内的油向低压油腔泄漏一部分，柱塞与油缸产生相对运动，从而使挺柱自动“缩短”，保证气门关闭紧密。同时，通过减少气门关闭后的补油量，也保证了气门的关闭紧密。当气门冷却收缩时，补偿弹簧将柱塞与挺柱体向上推动，球阀打开，低压油腔油液进入高压油腔，挺柱自动“伸长”，可保证无气门间隙。

(3) 推杆　推杆处于挺柱和摇臂之间，其作用是将挺柱传来的运动和作用力传给摇臂。它是配气机构中最容易弯曲的零件，要求有很高的刚度，在动载荷大的发动机中，推杆应尽量做得短些。

推杆的外形如图 2-67 所示。推杆一般用冷拔无缝钢管制造，两端焊上球头和球座；也可以用中碳钢制成实心推杆，这时两端的球头或球座与推杆锻成一个整体；对于机体和气缸盖都是用铝合金制造的发动机，宜采用锻铝或硬铝制造推杆，并在其两端压入钢制球头和球座，其目的是当发动机温度变化时，不至于因为材料热膨胀系数的不同而引起气门间隙的改变。

（4）摇臂　摇臂是一个双臂杠杆，以中间摇臂轴孔为支点，将推杆传来的力改变方向和大小，传给气门并使气门开启。摇臂的两臂不等长，摇臂两边臂长的比值称为摇臂比。摇臂比约为 1.2～1.8。短臂端装有调节螺钉而与推杆接触，长臂端用以推动气门杆端，可使气门的升程大于凸轮的升程。摇臂的结构如图 2-68 所示。摇臂在摆动过程中承受很大的弯矩，因此应有足够的强度和刚度，以及较小的质量。摇臂由锻钢、可锻铸铁、球墨铸铁或铝合金制造。

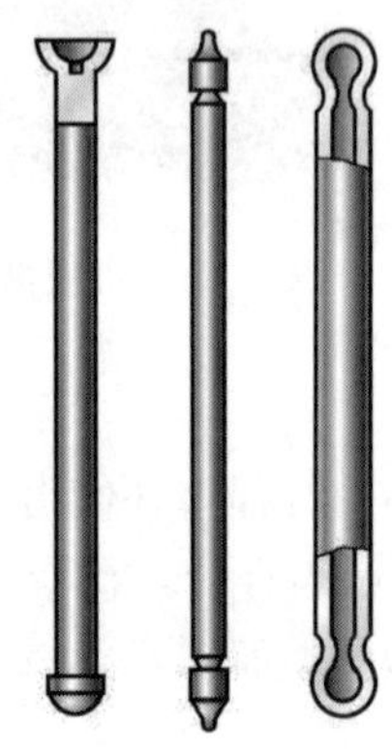

图 2-67　推杆

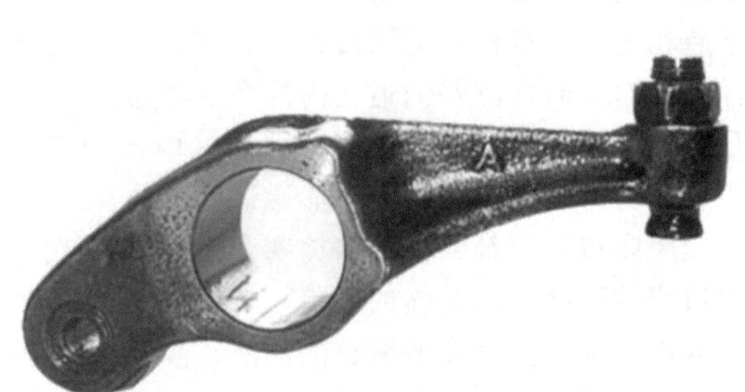

图 2-68　摇臂

摇臂中间摇臂轴轴孔内镶有摇臂轴套。长臂端制成圆弧状，与气门杆尾端接触。短臂端制成螺纹孔，安装有调整螺钉，用来调整气门间隙。调整时转动调整螺钉，调好后将调节螺母拧紧，以防调整螺钉在使用中松动而改变气门间隙。摇臂上端面钻有油孔，中间轴孔的润滑油通过该油孔流向摇臂两端进行润滑。

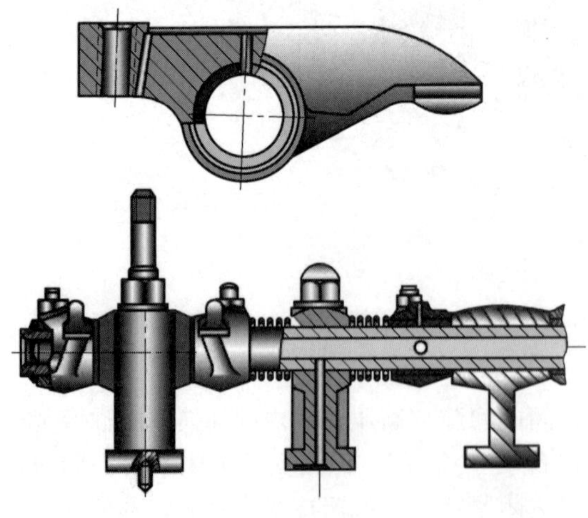

图 2-69　摇臂组

摇臂组如图 2-69 所示，主要由摇臂、摇臂轴、摇臂轴支座和定位弹簧等组成。

摇臂轴为空心轴，支撑在摇臂轴支座孔内，支座用螺栓固定于缸盖上。为防止摇臂轴转动，利用摇臂轴紧固螺钉将摇臂轴固定于支座。中间支座有油孔与缸盖油道相通，油道内的润滑油通过摇臂轴上的油孔进入摇臂轴内腔。碗形塞封住摇臂轴两端，防止润滑油漏出。摇臂通过中间轴孔套装在摇臂轴上，摇臂内的润滑油通过轴上的油孔进入到轮与摇臂衬套的配合间隙中进行润滑，并通过摇臂上的油孔对摇臂两端进行润滑。

摇臂在轴上的位置通过定位弹簧来定位，在轴上两摇臂之间装有一个定位弹簧，防止摇臂轴向窜动。

（三）配气相位与气门间隙

1. 配气相位

实际发动机的工作中，为使进气充分，排气干净，进气门和排气门均存在早开晚关的情况，进气门和排气门的开启持续时间也大于 180°曲轴转角。配气相位是用曲轴转角表示的进、排气门的开启时刻和开启延续时间，通常用环形图表示配气相位图。如图 2-70 所示。

配气相位是否准确对发动机的动力性、经济性、环保性有很大的影响。配气相位不准，会导致进气不充分、排气不顺畅，将影响混合气的形成品质，造成燃烧不完全，使发动机的动力性下降，燃料消耗量增加，排放污染物中的一氧化碳、氮氧化合物、碳氢化合物将大大增加。

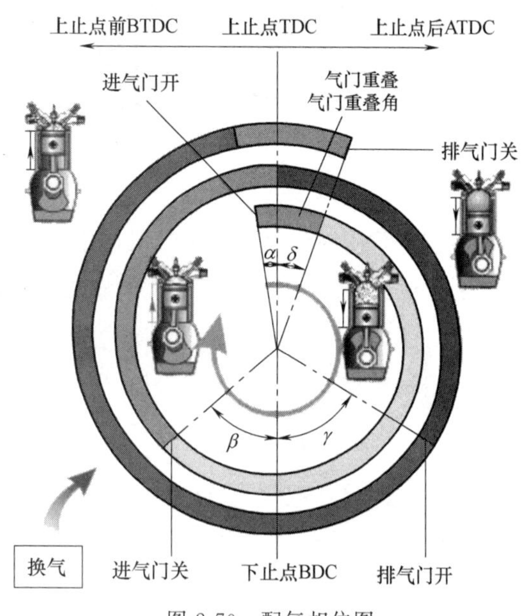

图 2-70　配气相位图

（1）进气门配气相位　发动机实际工作过程中，进气门是在活塞运行到排气行程上止点之前开始打开的，而在活塞运行到进气行程下止点之后才关闭。从进气门开始开启到活塞运行到上止点，曲轴转过的角度，称为进气门提前角 α，一般为 10°～30°。从进气行程下止点到进气门完全关闭，曲轴转过的角度，称为进气门的迟闭角 β，一般为 40°～80°。从进气门开始开启到完全关闭，曲轴转过的角度称为进气门开启持续角，即 $\alpha+180°+\beta$。

（2）排气门配气相位　发动机实际工作工程中，排气门是在活塞运行到做功行程下止点之前开始打开的，而在活塞运行到排气行程上止点之后才关闭。从排气门开始开启到活塞运行到下止点，曲轴转过的角度 ，称为排气门提前角 γ，一般为 40°～80°。从排气行程上止点到排气门完全关闭，曲轴转过的角度，称为排气门的迟后角 δ，一般为 10°～30°。从排气门开始开启到完全关闭，曲轴转过的角度，称为排气门开启持续角，即 $\gamma+180°+\delta$。

（3）气门重叠角　活塞处于排气行程上止点附近时，由于进气门在上止点前即开启，而排气门在上止点后才关闭，这就出现了在一段时间内排气门和进气门同时开启的现象，称为气门叠开。气门叠开过程中，曲轴转过的角度称为气门重叠角，即 $\alpha+\delta$。

如果气门重叠角过大，当汽油机小负荷运转，进气管内压力很低时，就可能出现废气倒流，进气量减少。

2. 气门间隙

气门间隙是指发动机处于冷态时，气门完全关闭（凸轮的凸起部分不顶挺柱）在气门杆端面与传动机构间留有适当的间隙，以补偿气门受热后的膨胀量，这一预留间隙称为气门间隙，如图 2-71 所示。一般排气门的气门间隙要略大于进气门的气门间隙。

不同机型，气门间隙的大小不同，根据实验确定，一般冷态时，排气门间隙大于进气门间隙，进气门间隙约为 0.25～0.3mm，排气门间隙约为 0.3～0.35mm。

间隙过大就会造成进、排气门开启迟后，缩短了进排气时间，降低了气门的开启高度，改变了正常的配气相位，使发动机因进气不足、排气不净而功率下降，此外，还使配气机构零件的撞击增加，磨损加快；间隙过小将会造成发动机工作后，零件因受热膨胀，将气门推

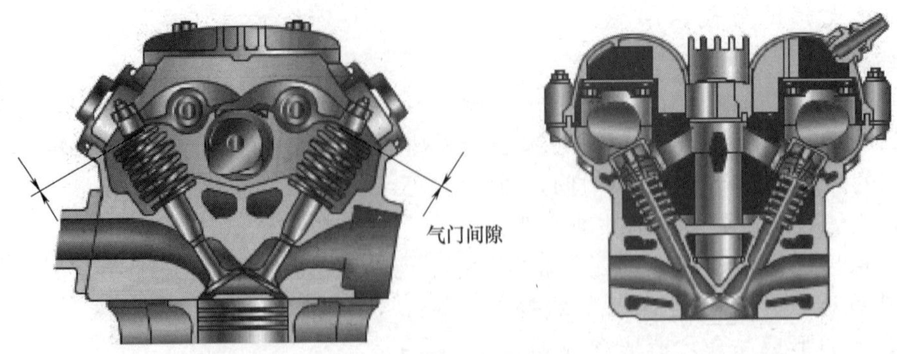

图 2-71　气门间隙

开，使气门关闭不严，造成漏气，功率下降，并使气门的密封表面严重积炭或烧坏，甚至气门撞击活塞。采用液压挺柱的配气机构不需要留气门间隙。

（四）可变气门正时和气门升程电子控制系统（VTEC）

VTEC 系统全称是可变气门正时和升程电子控制系统，是本田的专有技术，它能随发动机转速、负荷、水温等运行参数的变化，而适当地调整配气正时和气门升程，使发动机在高、低速下均能达到最高效率。如图 2-72 所示。在 VTEC 系统中，其进气凸轮轴上分别有三个凸轮面，分别顶动摇臂轴上的三个摇臂，当发动机处于低转速或者低负荷时，三个摇臂之间无任何连接，左边和右边的摇臂分别顶动两个进气门，使两者具有不同的正时及升程，以形成挤气作用效果。此时中间的高速摇臂不顶动气门，只是在摇臂轴上做无效的运动。当转速在不断提高时，发动机的各传感器将监测到的负荷、转速、车速以及水温等参数送到电脑中，电脑对这些信息进行分析处理。当达到需要变换为高速模式时，电脑就发出一个信号打开 VTEC 电磁阀，使压力机油进入摇臂轴内顶动活塞，使三只摇臂连接成一体，使两只气门都按高速模式工作。当发动机转速降低达到气门正时需要再次变换时，电脑再次发出信号，打开 VTEC 电磁阀压力开头，使压力机油泄出，气门再次回到低速工作模式。

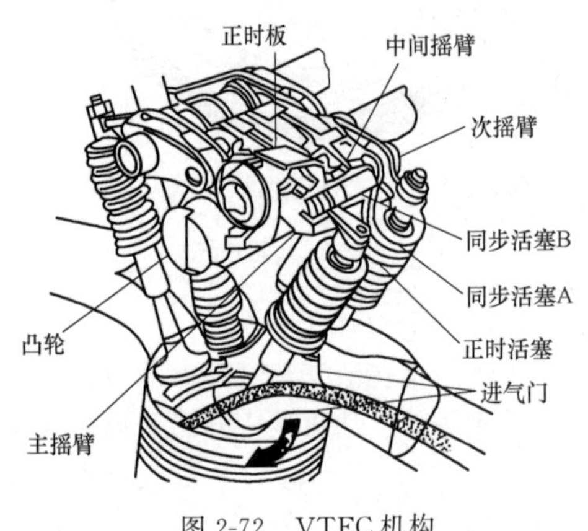

图 2-72　VTEC 机构

二、配气机构的检修操作

（一）配气机构的拆装

操作步骤	操作内容	图　解	操作说明
1	准备工作		（1）工具准备齐全，摆放整齐，场地清洁 （2）常用拆装工具、工具柜、抹布若干、维修手册 （3）发动机台架

续表

操作步骤	操作内容	图　解	操作说明
2	拆卸发动机罩盖	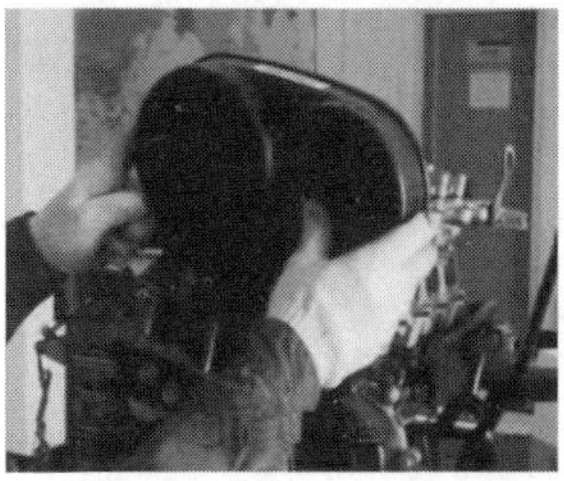	(1)取下正时上罩盖
		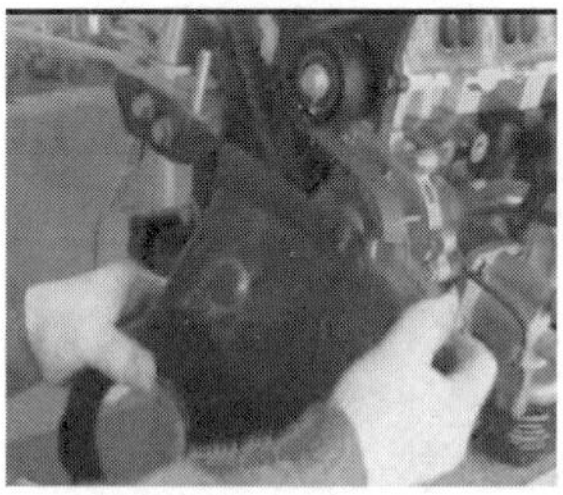	(2)取下正时下罩盖
			(3)用13号套筒松开曲轴正时调整孔螺栓 注意:调整螺栓位于启动机的上方
			(4)用发动机正时工具插入正时孔中并拧紧,用扳手转动曲轴带盘中的大螺母,使曲轴旋转。同时慢慢拧入发动机正时工具,直到曲轴不能转动为止
		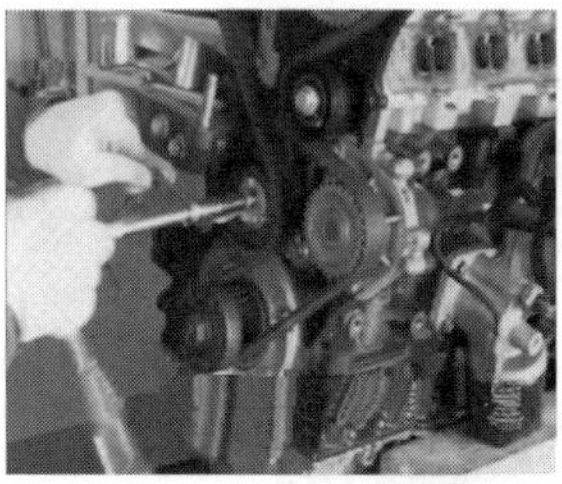	(5)用10号套筒松开张紧轮固定螺栓,取下张紧轮固定螺栓,并取下张紧轮
			(6)取下正时带 注意:取下正时带时,正时带运转方向以发动机曲轴运转方向和正时带箭头方向为参考

续表

操作步骤	操作内容	图　解	操作说明
2	拆卸发动机罩盖		(7)用凸轮轴正时工具卡在凸轮轴的卡槽内
			(8)用18号套筒松开凸轮轴正时齿轮的固定螺栓。 注意： ①力矩为：120N·m±5N·m ②进气凸轮轴和排气凸轮轴的正时齿轮是没有分别的，两者可以通用
			(9)用十字旋具松开正时齿轮内挡板的固定螺栓
		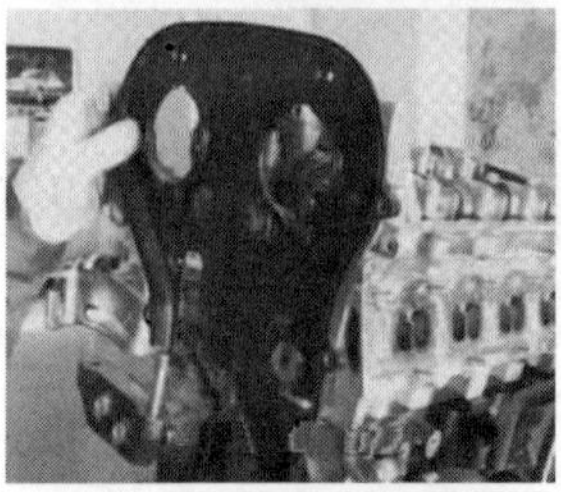	(11)取下正时齿轮内挡板
			(12)按照由两边向中间对角的顺序，用10号套筒拆下凸轮轴轴承盖的固定螺栓 注意：凸轮轴轴承盖的位置和顺序包括螺栓的位置都是不可以改变的，在拆卸和安装时应按照标记一一对应
			(13)取下凸轮轴轴承盖

续表

操作步骤	操作内容	图　　解	操作说明
2	拆卸发动机罩盖	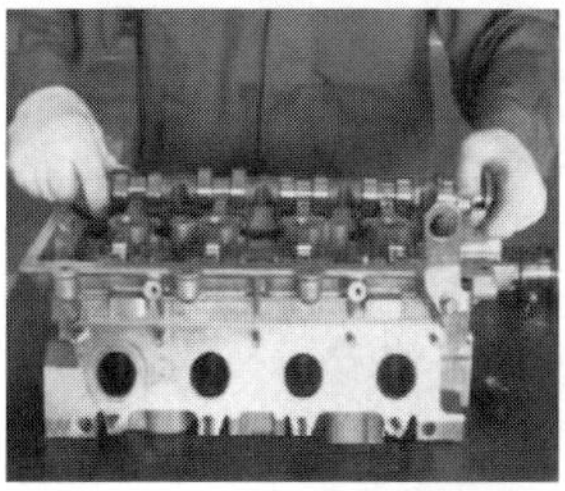	(14)取出凸轮轴总成
		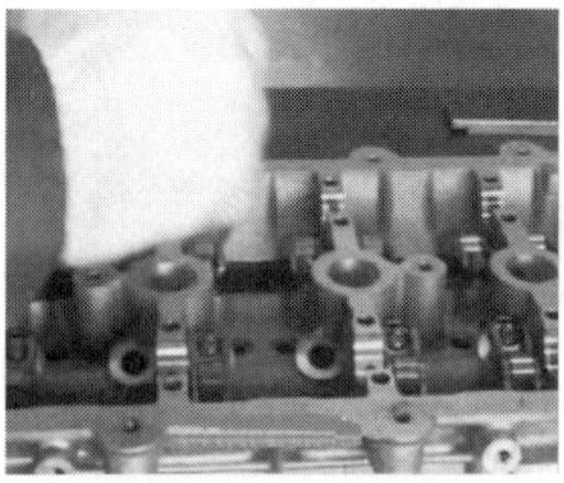	(15)取出液压挺柱体
			(16)用专用维修工具,压缩气门弹簧并拆卸两个定位锁片
		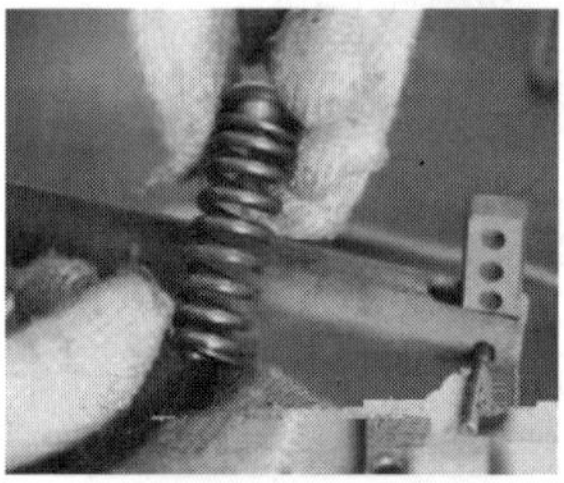	(17)拆卸弹簧座圈、气门弹簧、气门。所有拆下的零件按照顺序摆放好
			(18)用专用工具拉出气门油封 用同样的方法拆卸其他弹簧座圈、气门弹簧、气门等部件,并依次放好
3	配气机构的安装		(1)安装气门油封 在新油封上涂抹一薄层发动机机油,用气门油封导套将新的气门油封安装在气门导管上;用气门油封安装工具套在气门油封导套上,并轻轻用力压紧;用锤子敲打气门油封安装工具,当听到金属碰撞的声音时候去除气门油封导套

续表

操作步骤	操作内容	图　解	操作说明
3	配气机构的安装		(2)安装气门
			(3)安装气门弹簧
		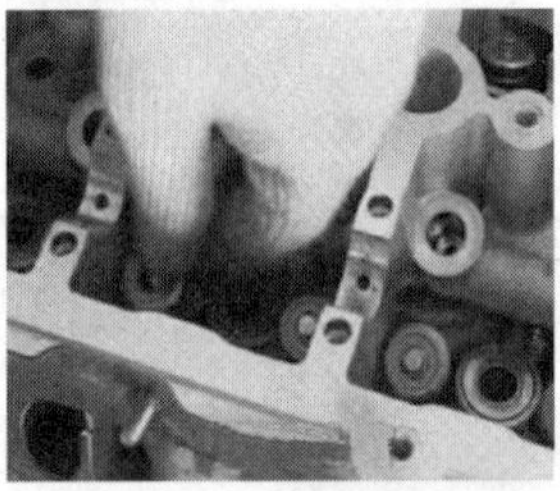	(4)安装气门弹簧上座、气门锁块 注意:安装气门锁块时,用专用维修工具压缩气门弹簧;将两个锁片装入气门杆和弹簧座圈之间,要保证锁块安装到位,锁止可靠
		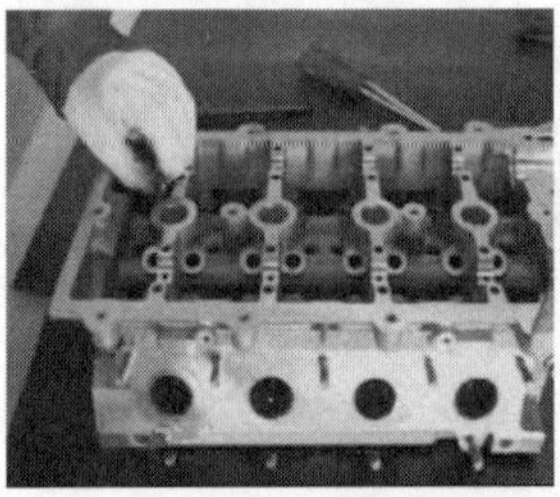	(5)安装液压挺柱和摇臂 注意:安装液压挺柱时在孔内加少量机油
			(6)安装进气凸轮轴
			(7)安装排气凸轮轴 注意:安装时注意区分进气凸轮轴和排气凸轮轴。凸轮轴尾部有齿轮的是进气凸轮轴,并注意凸轮轴轴瓦盖的区分标记

续表

操作步骤	操作内容	图　　解	操作说明
3	配气机构的安装	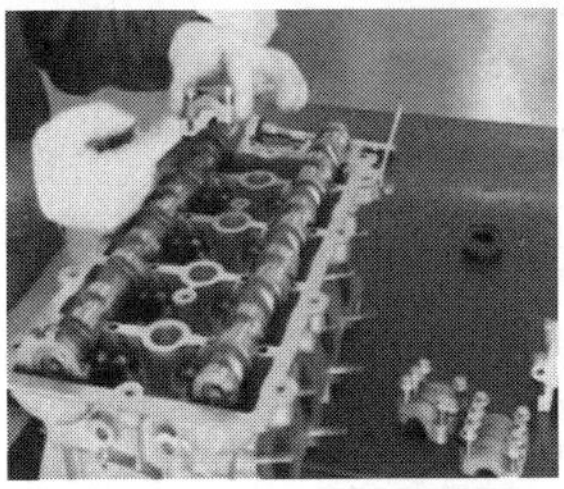	(8)安装凸轮轴轴承盖及油封 注意：在凸轮轴轴瓦上加注机油后，放置进排气凸轮轴并盖好轴瓦盖；安装第一道轴瓦时注意按照要求涂抹密封胶；在凸轮轴油封上涂抹少量发动机机油，把油封套在凸轮轴上，用专用工具安装；装上轴瓦盖固定螺栓，用10号套筒扳手逐步压紧轴瓦盖，同一轴瓦盖上的两个螺栓同时拧紧
			(9)按照对角由中间向两端的顺序拧紧凸轮轴轴瓦盖螺栓 注意：力矩为(8.5±1.5)N·m
			(10)装上内挡板，用十字旋具拧紧正时齿轮内挡板的固定螺栓
		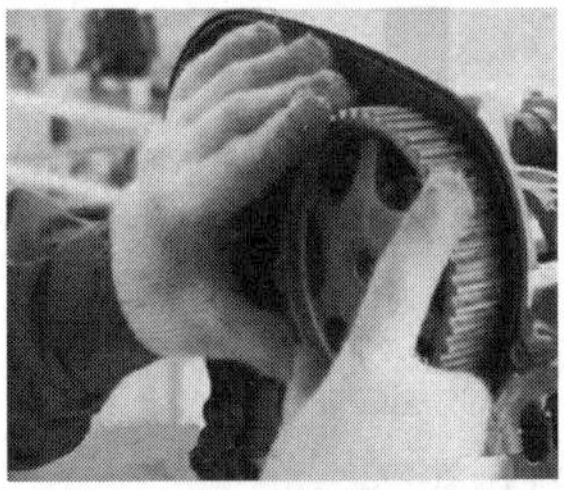	(11)装上凸轮轴正时齿轮，拧上其固定螺栓
			(12)安装惰轮，并拧上其紧固螺栓
			(13)松开张紧轮固定螺栓并转动到最小张紧位置

续表

操作步骤	操作内容	图　解	操作说明
3	配气机构的安装		(14)安装正时带，并用5号内六角扳手转动张紧轮。转动到调整内六角和固定螺栓大约在同一水平线时停止，并拧紧固定螺栓 注意：力矩为(27±3)N·m
		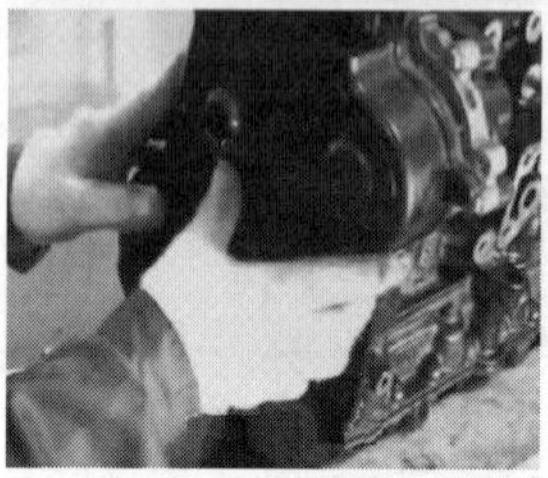	(15)安装正时下罩盖
			(16)安装正时上罩盖
4	整理工具，清理工作场所		

（二）气门传动组的检修

操作步骤	操作内容	图　解	操作说明
1	准备工作	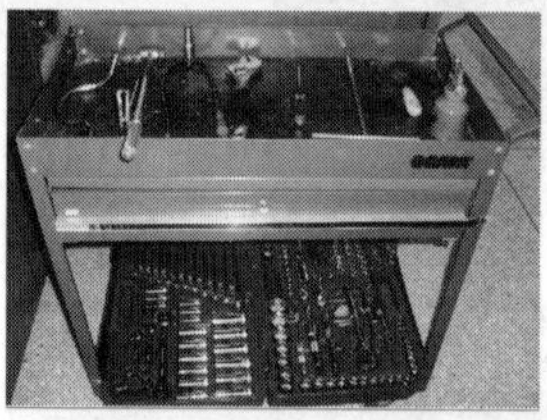	(1)工具准备齐全，摆放整齐，场地清洁 (2)常用拆装工具、磁性百分表支架、百分表、游标卡尺、外径千分尺、内径量表、V型铁、测量工作台、拆装工具、维修手册 (3)发动机台架
2	凸轮轴及轴承的修理		(1)凸轮轴外观检查 ①检查凸轮工作面有无擦伤、疲劳剥落现象 ②如果擦伤是沿滑动方向产生的小痕迹，而后发展成为严重的粘着损伤时应更换
		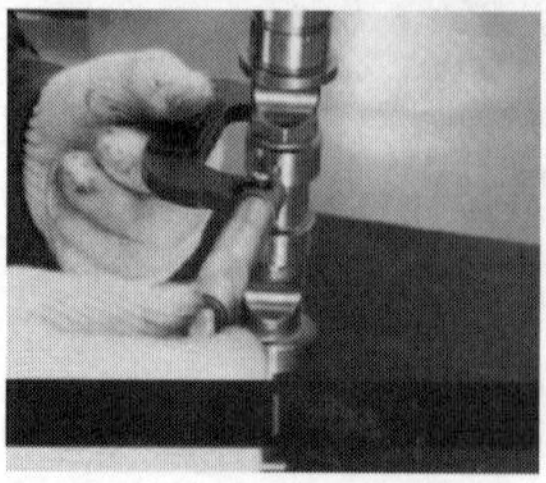	(2)凸轮轴凸轮高度检查 用外径千分尺测量凸轮轴凸轮的高度，如果凸轮的高度低于允许值，应更换凸轮轴

续表

操作步骤	操作内容	图　解	操作说明
2	凸轮轴及轴承的修理	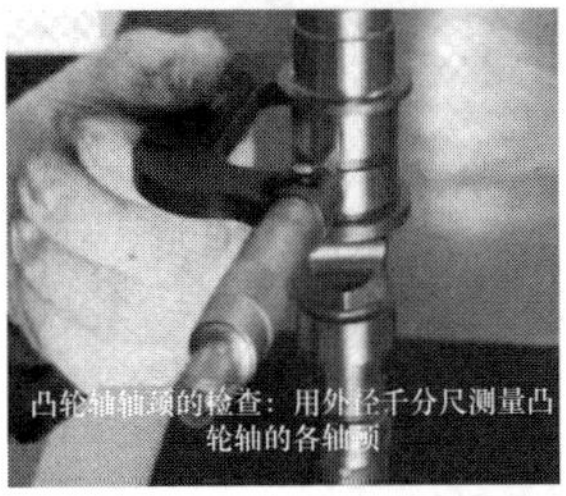 凸轮轴轴颈的检查：用外径千分尺测量凸轮轴的各轴颈	(3)凸轮轴主轴颈磨损检查 检查凸轮轴主轴颈磨损情况：先用外径千分尺分别测量各道轴颈的圆度和圆柱度，其误差超过 0.015mm，应该进行修复。修复方法可以经涂镀后磨削或更换新件
		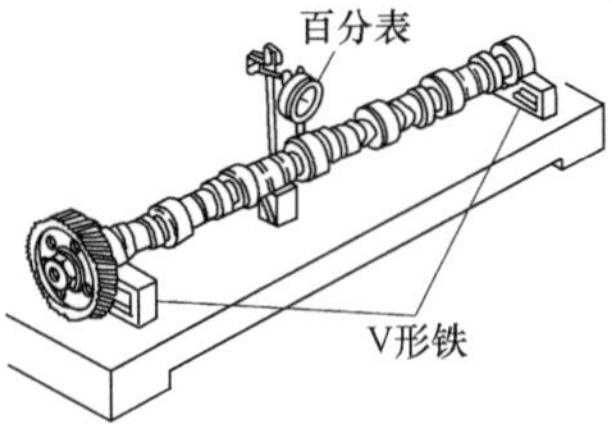 百分表 V形铁	(4)检查凸轮轴弯曲 检查凸轮轴的弯曲度可用百分表检查，以两端轴颈为支承检查中间两轴颈的径向圆跳动。如 AJR 发动机若不大于 0.05mm 时，可不修理
		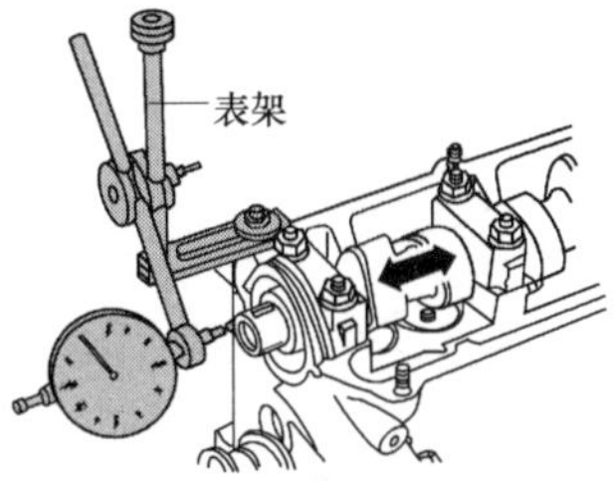 表架	(5)检查凸轮轴轴向间隙 首先拆去桶形挺柱，装好 1 号和 5 号轴承盖，用百分表水平抵住凸轮轴一端，测其轴向间隙，若超过 0.15mm 则应修理或更换
		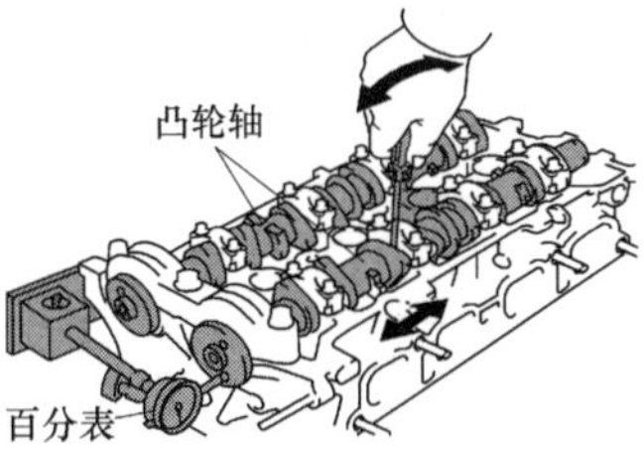 凸轮轴 百分表	
		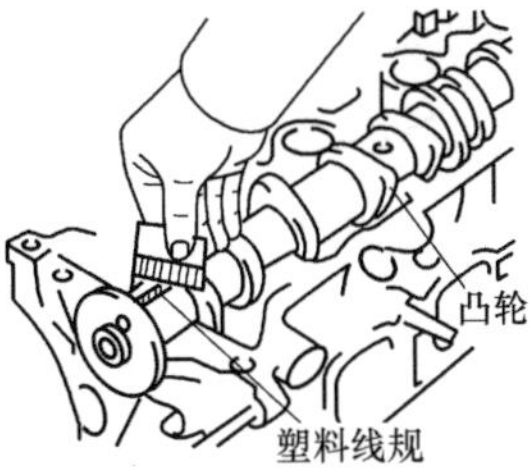 凸轮 塑料线规	(6)凸轮轴油膜间隙的检测 把凸轮轴放置在气缸盖轴承座上，在各轴颈表面按轴向位置放上一小段塑料线规，装上轴承盖并按规定力矩紧固螺栓。重新把轴承盖拆下，通过规尺确定油膜间隙的大小。
3	气门挺柱的检修	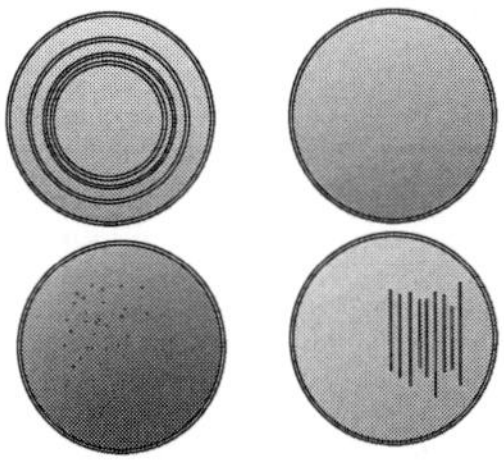	(1)机械挺柱的检修 (2)外观检查 (3)当挺柱底部出现裂纹、疲劳剥落、擦伤划痕时，应更换

续表

操作步骤	操作内容	图　解	操作说明
3	气门挺柱的检修	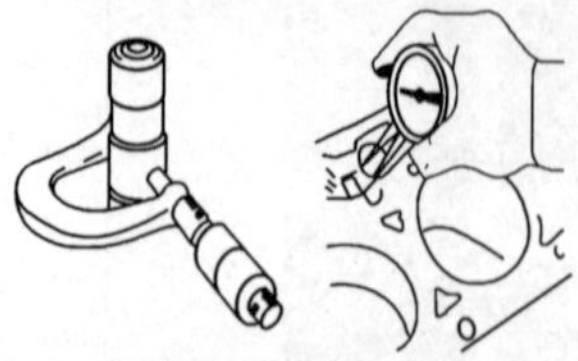	(4)挺柱与导管孔的配合间隙检查 当挺柱与导孔的配合间隙过大时，应更换挺柱或导孔支架
		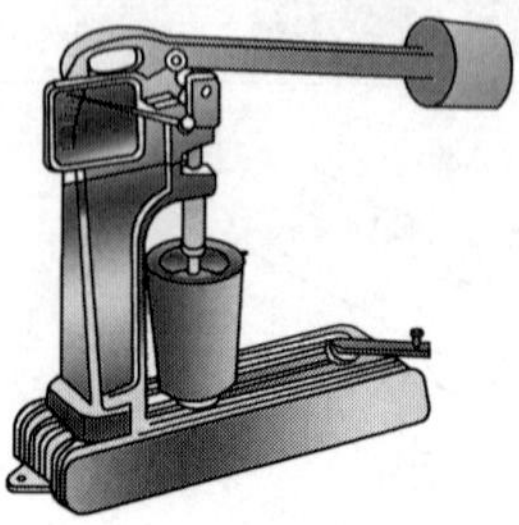	(5)液力挺柱的检修 ①液压挺柱与承孔的配合间隙一般为0.01～0.04mm，使用极限为0.10mm。逾期后应更换液压挺柱 ②液力挺柱密封性检查 液力挺柱的柱塞和油缸是一对精密偶件，其配合间隙不得超过0.005mm。间隙过大，工作中液压油过度渗漏，会影响挺柱的正常工作长度
4	气门推杆的检查	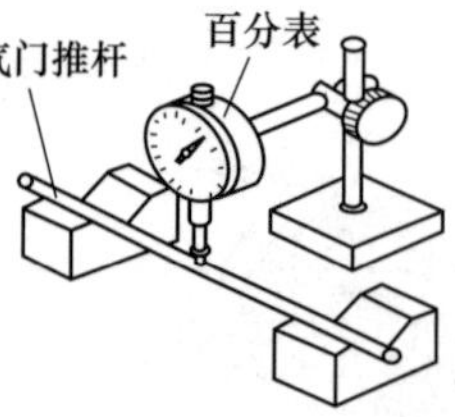	(1)外观：检查推杆杆身，表面应光滑、平直，不得有锈蚀及裂纹现象 (2)气门推杆弯曲度检查。测量其弯曲度误差应不大于0.30mm，如超过规定值，应进行冷压校直 (3)上端凹球端面和下端凸球面半径磨损应控制在－0.01～＋0.03mm之间
5	摇臂和摇臂轴的检查	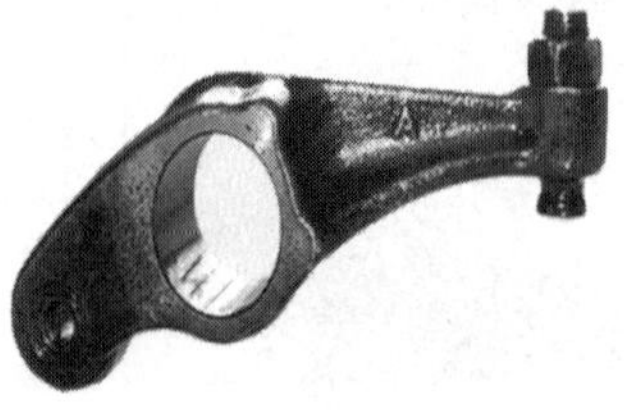	(1)摇臂外观检查 ①工作面有无缺口、凹陷、沟槽、麻点、滑损等缺陷，修磨或更换 ②摇臂头部磨损后，其凹陷量应不大于0.50mm，如超过规定，应采用堆焊，然后铣平的方法修复 ③摇臂上的调整螺钉螺纹孔损坏，应换用新件 (2)摇臂和摇臂轴之间间隙的检查 ①用手感检查摇臂与摇臂轴的配合情况 ②用内径量表检查摇臂孔的直径 ③用外径千分尺测量摇臂轴的直径 ④计算摇臂轴和摇臂孔之间的间隙。摇臂轴轴颈磨损量大于0.02nm，与摇臂的配合间隙大于0.10mm，应换用新件或采用涂镀法修复 ⑤检查摇臂轴弯曲变形，其弯曲度误差应不大于0.20mm，如超过此值，应冷压校直，校正后的弯曲度误差在100mm长度上应不大于0.03mm
		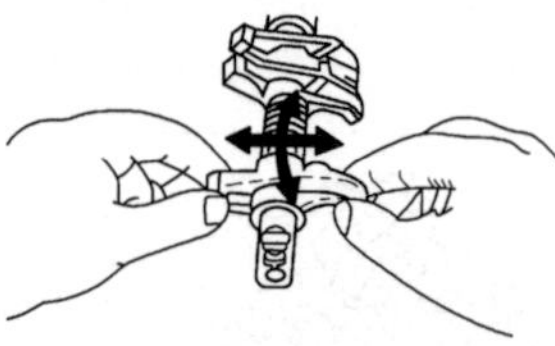	
		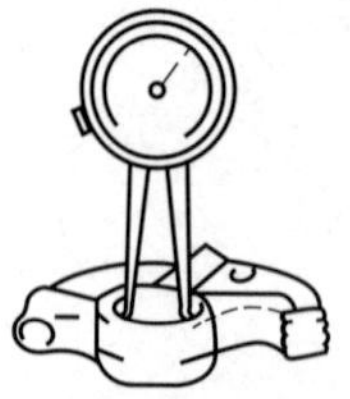	

续表

操作步骤	操作内容	图　解	操作说明
6	正时链轮和链条的检查	1 2 链条长度	(1)正时链条的检查 测量链条长度。测链条长度的方法是对链条施以一定的拉力拉紧后测量其长度。测量时的拉力为50N，如丰田2Y、3Y发动机的链条长度应不超过291.4mm，若长度超过此值时，应更换新链条
			(2)正时链轮的检查 测量最小的链轮直径。将链条分别包住凸轮轴正时链轮和曲轴正时齿轮，用游标卡尺测其直径，其直径不得小于允许值。例如，丰田2Y、3Y发动机允许的最小值：凸轮轴正时链轮为114mm；曲轴正时链轮为59mm。若小于此值时，应更换链条和链轮
7	齿形皮带的检查与调整	13-790	(1)检查齿形带有无裂纹、老化、破损或折断现象，如有应换用新件 (2)为保证配气机构的正常工作，齿形带的张紧力应符合要求

（三）气门组的拆装及检修

操作步骤	操作内容	图　解	操作说明
1	工具准备		要准备的工具：常用工具1套，标记笔1支，抹布若干，百分表、游标卡尺、螺旋千分尺、磁性表座、气门光磨机、铰刀、气门密封性检测仪、深度游标卡尺、台秤、直角尺
2	气门的检修		(1)外观检验 观察气门是否有裂纹、破损或烧蚀现象，有则应更换
			(2)气门杆磨损的检修 气门杆磨损使用外径千分尺和游标卡尺测量。一般情况下，货车的气门杆的磨损量大于0.01mm时，轿车的气门杆的磨损量大于0.05mm时，或出现明显的台阶形磨损时应更换气门

续表

操作步骤	操作内容	图 解	操作说明
2	气门的检修	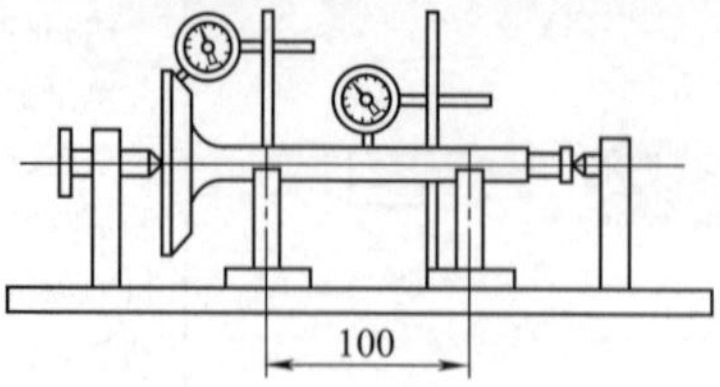	(3)气门弯曲度的测量 将气门支撑在两V形架上，用支撑钉顶住气门两端面。检查时将百分表触头与气门杆中间接触，转动气门杆一周，百分表摆差的一半，即为气门杆的直线度误差。气门杆的直线度误差大于0.05mm时应更换或校直
		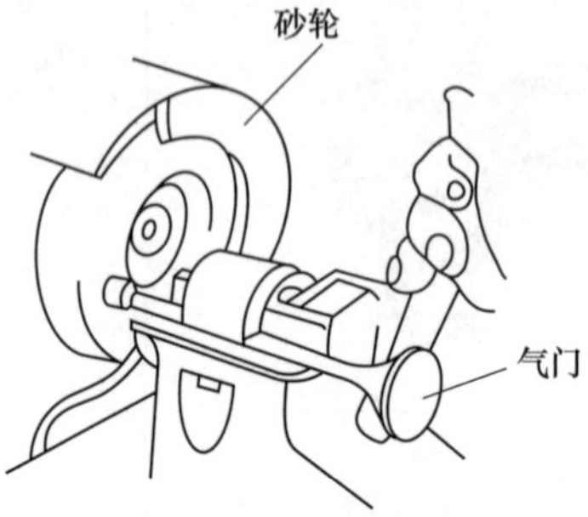	(4)气门杆端面磨损的检修 用V形架支撑气门杆，用百分表检查气门杆端面，百分表的摆差应不大于0.03mm。否则，可用气门光磨机将气门杆端面磨平
		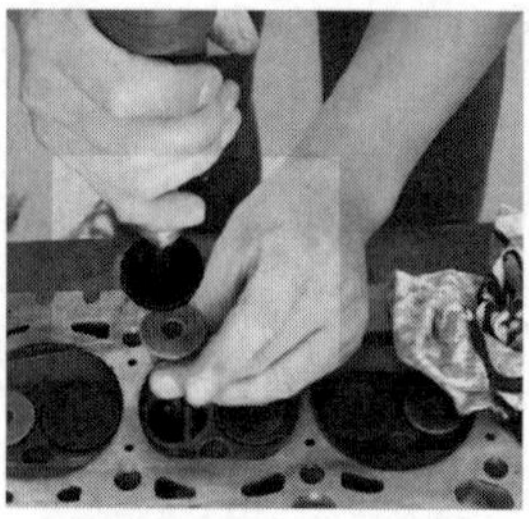	(5)气门工作面磨损的检修 气门工作面磨损主要检查气门的密封性，气门工作面的磨损超过极限时可以在气门光磨机磨削后，再进行研磨
3	气门座的检修	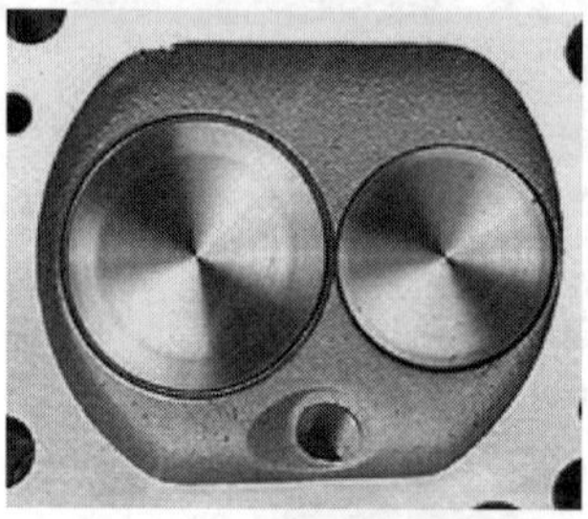	(1)气门座外观的检修 ①外观检视气门座，如果气门座出现松动、下沉则需要更换 ②新座圈与座孔一般有0.075～0.125的过盈量，将气门座圈镶入座圈孔内，通常采用冷缩法和加热法
		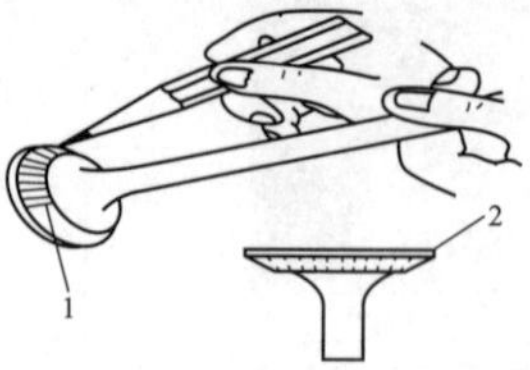 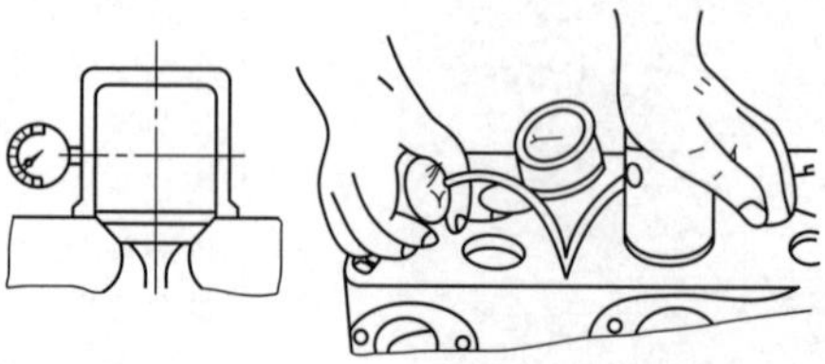	(2)气门密封性检查 ①将气缸盖倒置，气门放入气门座内，注入煤油检验 ②将气门装上气门弹簧，气缸盖侧置，从进排气支管处注入煤油检验 ③在气门头工作锥面径向划铅笔线条法检验 ④用气门密封检验器检验

续表

操作步骤	操作内容	图　解	操作说明
3	气门座的检修		(3)气门座的铰削 ①铰削气门座前，应检查气门导管，若不符合要求应先更换或修理，以便保证气门座与气门导管的中心线重合 ②按气门头部直径和气门座各锥面角度选择一组合适的气门座铰刀。按气门导管内径选择合适的气门座铰刀杆，铰刀杆插入气门导管应转动灵活而不松旷 ③先用45°的粗铰刀加工气门座工作锥面，直到工作面全部露出金属光泽 注意：铰削时，两手握住手柄垂直向下用力，并只作顺时针方向转动，不允许倒转或只在小范围内转动 ④然后用修理好的气门或新气门进行试配，根据气门密封锥面接触环带的位置和宽度进行调整铰削。接触环带偏向气门杆部，应用75°的铰刀铰削；接触环带偏向气门顶部，应用15°的铰刀修正。铰削好的气门座工作面宽度应符合规定，接触环带应处在气门密封锥面中部偏气门顶的位置 ⑤最后用45°的细铰刀精铰气门座工作锥面，并在铰刀下面垫上细砂布修磨

		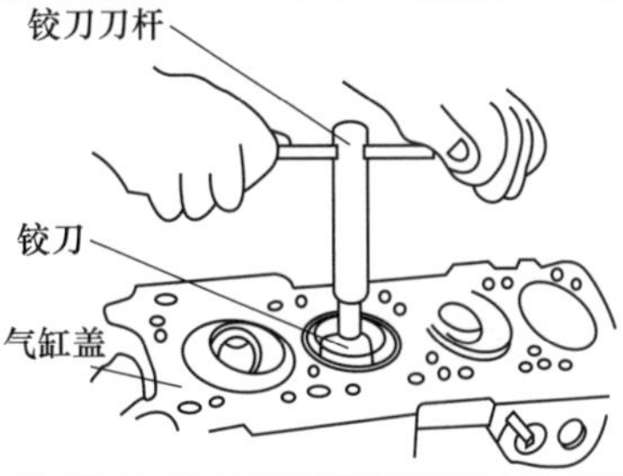	
		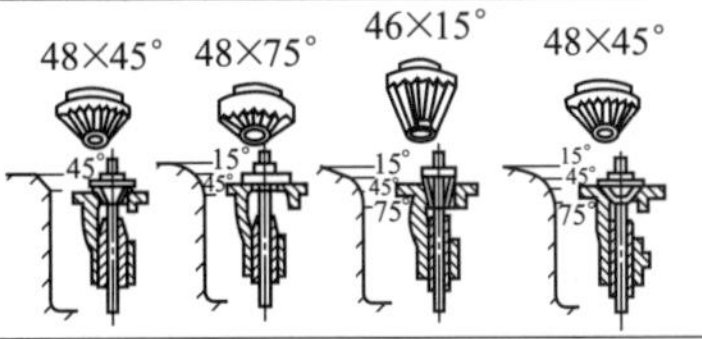	
		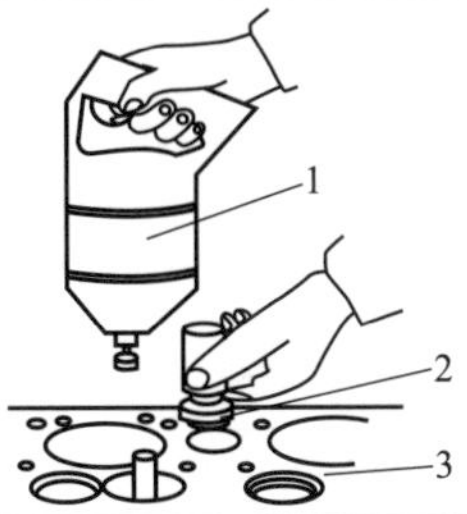	(4)气门座的磨削 气门座工作面也可用高速砂轮机进行磨削，它主要是利用砂轮来代替铰刀，以小型电动机作为动力。用气门座磨光机磨气门座，速度快、质量高，对于磨削硬度高的气门座效果更好
		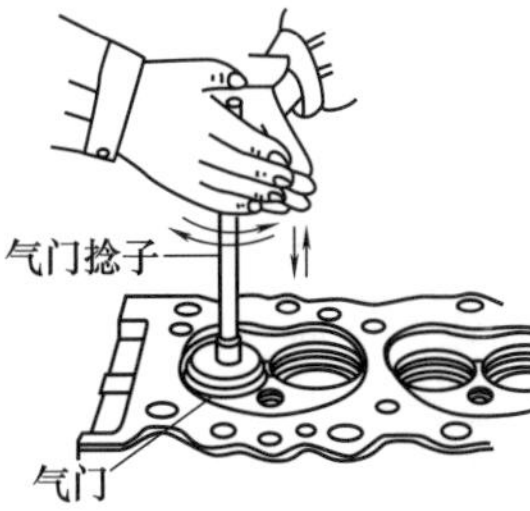	(5)气门座的研磨 对于磨损较轻或气门斜面有轻微麻点或更换的气门以及经过铰削的气门座，通常都是采用研磨的方法，来恢复它们配合的严密性 ①机动研磨法：气门研磨机上进行 ②手工研磨法 a. 研磨前，先将气门、气门座及气门导管内的积炭清除干净，并在气门上顺序作出记号

续表

操作步骤	操作内容	图　　解	操作说明
3	气门座的检修	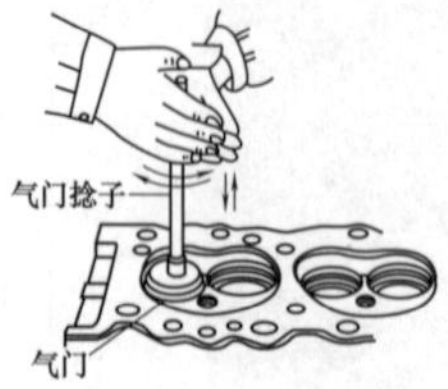	b. 在气门工作面上涂抹一层粗研磨砂，并在气门杆上涂上机油后插入导管内 c. 研磨时，用手掌搓转气门捻子，带动气门在气门座上往复转动，进行研磨 d. 当气门斜面与气门座磨出一条较整齐而无斑痕、麻点的接触环带时，洗去粗气门砂，涂上细气门砂继续研磨，等到气门斜面出现一条整齐的灰色环带时，洗去细气门砂，涂上机油继续研磨 5min，就完成了研磨工作。研磨中，注意不要让研磨砂掉入气门导管内，以免气门杆与气门导管受到磨损 e. 气门和气门座经过研磨后，需进行密封性能检查
		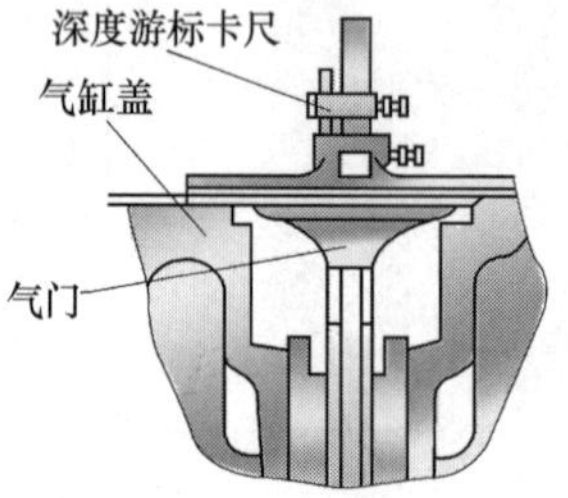	(6)气门座圈下陷量的测量 气门座经多次铰削或磨削，将导致气门与气门工作面下陷 气门座圈下陷量的测量可用深度游标卡尺测量气缸盖平面至气门顶平面的距离。当气门工作面下陷低于气缸盖 2mm 时，或原气门座圈有裂纹，严重烧蚀或松动时，应重新镶配气门座圈
		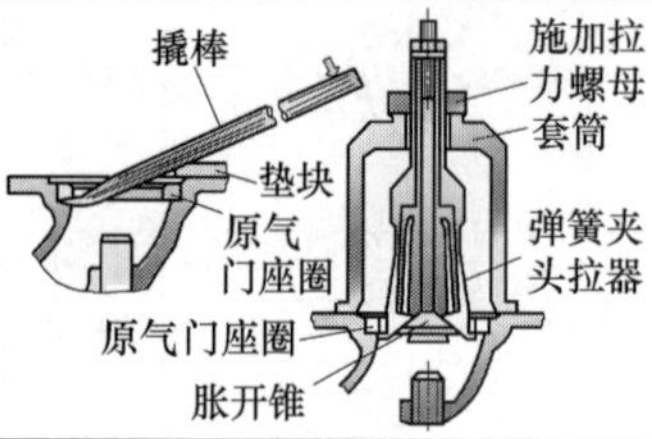	(7)气门座圈的镶配 ①取出旧气门座圈 ②检查气门座圈孔 ③气门座圈与气门座圈孔为过盈配合。用冷镶法，过盈量为 0.05～0.15mm。用热镶法，过盈量为 0.20～0.25mm。座圈镶入后，上端面与基体平面平齐，高出平面部分应予修平
4	气门导管的检修	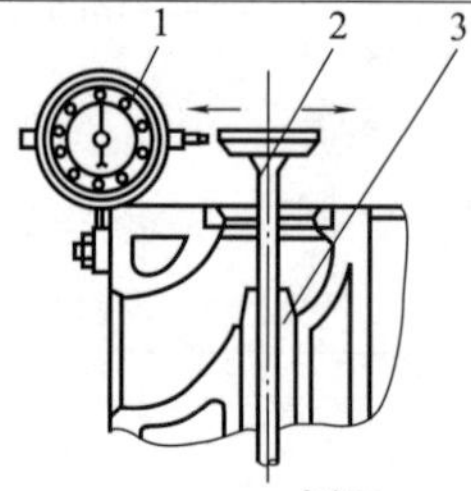 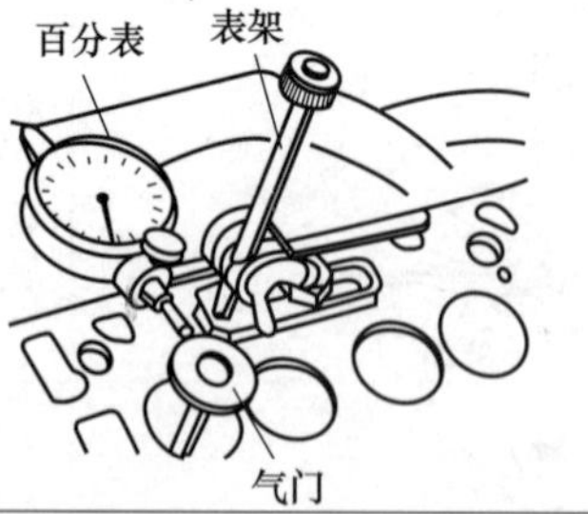	(1)气门杆与气门导管配合间隙的检查 将气门提离气缸盖平面 15mm 左右，用百分表触头抵在气门头的边缘处，然后左右摆动气门，百分表指针摆动读数的一半即为被测气门杆与导管的配合间隙。如该值超过使用极限时，应更换气门导管
		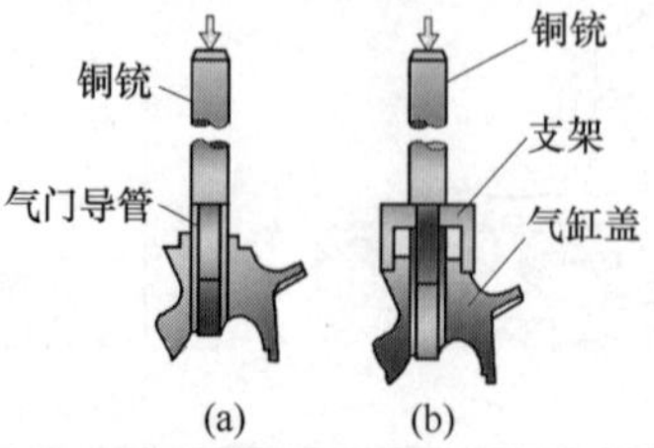	(2)气门导管的镶配 ①选择新导管，要求导管的内径应与气门杆的尺寸相适应，其外径与导管承孔的配合应有一定的过盈 ②用直径小于导管外径 1.0～1.5mm 的铜铳，压出或冲出旧气门导管，并清洁导管孔 ③将选择好的新导管外面涂一层薄机油，然后用铜铳压入或冲入新导管 ④镶入后，气门导管的压入深度(*L*)必须符合有关规定

续表

操作步骤	操作内容	图　解	操作说明
4	气门导管的检修		(3)气门导管的铰削 气门导管镶好后，应检查气门杆与气门导管的配合间隙是否符合要求，如果间隙小，可用气门导管铰刀进行铰削，以达到与气门杆的配合要求。铰削时，将铰刀放入孔内，铰刀要求正直，用扳钳夹手柄顺时针转动刀杆，双手用力要均匀，边铰边试配，直至达到规定的配合要求
5	气门弹簧的检查与选配		(1)外观检查 从外观上检查气门弹簧，不允许有任何变形、裂纹或折断，如有则应更换
			(2)气门弹簧自由长度的检查 ①新旧对比法：将一标准弹簧与被测弹簧置于同一平板上，比较其长度差是否超出允许极限 ②用游标卡尺测量弹簧的自由长度。当自由长度减小值超过 2mm 时，应予以更换
			(3)测量弹簧弹力 用台秤测量弹簧弹力，将弹簧压至规定长度，台秤上所示弹力大小即为所测弹簧弹力
			(4)气门弹簧弯曲和扭曲变形的检查 将气门弹簧放置在平板上，用直角尺检查其弯曲量(δ)和扭曲变形。当 $\delta \leqslant$ 1.5mm，弹簧轴线偏移小于等于 2°时为合格，否则应更换

（四）配气机构气门间隙的检测与调整

操作步骤	操作内容	图　解	操作说明
1	工具准备		要准备的工具：常用工具 1 套，塞尺，摇把、抹布若干。工具准备要齐全，摆放要整齐

续表

操作步骤	操作内容	图　解	操作说明
2	拆下气缸盖罩		(1)拆下气缸盖罩的固定螺钉，小心取下气缸盖罩。注意不要损坏气缸盖罩耐油橡胶衬垫。用抹布擦净气门及摇臂轴上的油污，以方便气门调整作业
		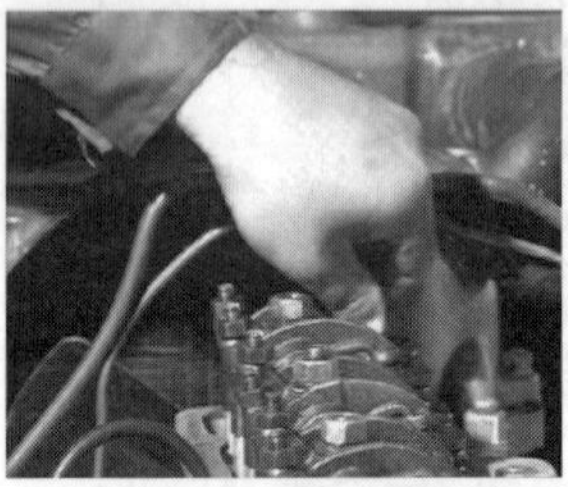	(2)根据记号确定 1 缸活塞处于上止点位置；检查 1 缸两个气门的摇臂是否能够绕轴颈微微摆动，若进排气门均能摆动则表明此时 1 缸处于压缩上止点，进排气门间隙都可以进行调整
			(3)选出符合规格的厚薄规插入气门杆与气门摇臂（或凸轮）之间，稍微拉动厚薄规，如有轻微的阻力，表示间隙正确，若间隙偏大或偏小都需进行调整
			(4)调整时先松开气门调整螺钉的固定螺母，把规定厚度的厚薄规插入气门间隙处，一手抽拉厚薄规，一手转动调整螺钉，直到厚薄规稍微受到阻力为止。调整气门间隙完毕后要拧紧紧固螺母
			(5)锁好螺钉后，再用厚薄规重新测量气门间隙，因为可能在锁紧时无意转动了调整螺钉，使气门间隙改变。如果气门间隙改变，应重新调整到正确为止
			(6)再次转动曲轴使得各缸依次处于压缩上止点位置，使用同样的方法依次检查和调整其余各缸的气门间隙

第四节 汽油机电控燃油喷射系统

一、电控燃油喷射系统的结构原理

汽油机电控燃油喷射系统（EFI）由空气供给系统、燃油供给系统和电子控制系统三部分组成。系统通过喷油器将一定数量和压力的汽油喷射到进气歧管中，与进入的空气混合形成可燃混合气。其目的是为了提高汽油的雾化质量，改进燃烧，同时对可燃混合气空燃比进行精确控制，使发动机在不同工况下都处于最佳工作状态，改善汽油机的性能。目前汽油机电控燃油喷射系统已被世界各国汽车业广泛采用。

（一）空气供给系统

汽油机空气供给系统的主要作用是根据发动机的负荷需要，及时地将新鲜空气送入进气管并与燃油充分混合，形成一定浓度的可燃混合气进入气缸燃烧。

电控汽油机空气供给系统主要由空气滤清器、空气流量传感器、进气软管、节气门体、进气总管、进气歧管等组成，如图 2-73 所示。

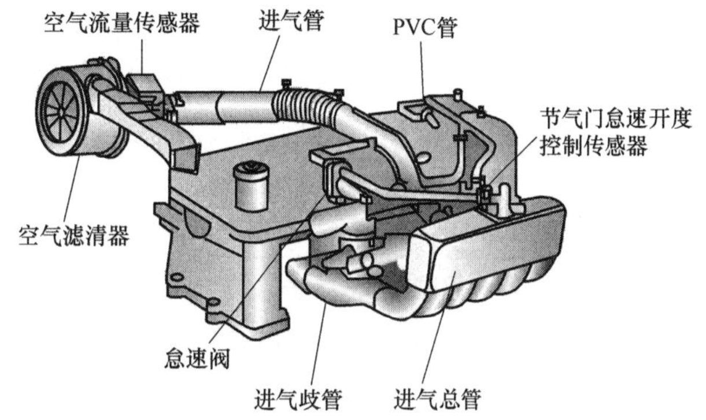

图 2-73 电控汽油机空气供给系统的组成

1. 节气门体

节气门体的主要功用是通过改变节气门开度的大小，来改变进气通道的横截面积，从而改变发动机的进气量，控制发动机的运转工况。节气门体位于空气流量传感器之后的进气管上，它包括节气门、节气门位置传感器、怠速旁通气道和怠速调整螺钉等，如图 2-74 所示。还有的车型发动机将怠速控制阀、怠速空气阀等安装在节气门体上。

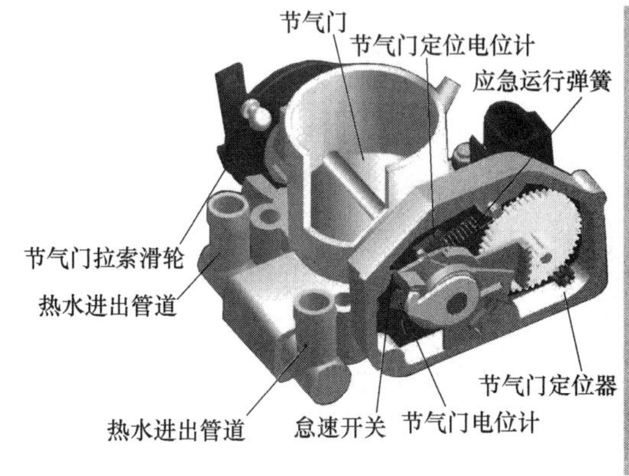

图 2-74 节气门体

如图 2-75 所示为桑塔纳 2000GSi 轿车的 AJR 发动机上使用的节气门体结构。其特点是没有旁通道式的怠速空气阀，没有怠速调整螺钉（发动机怠速的调整是通过专用仪器对电控单元中的怠速数据进行基本设定的）。它对发动机怠速的控制，是利用怠速电机及其传动机

构直接控制节气门的开度来调节怠速空气的进气量。节气门开度是由驾驶员通过操纵加速踏板来进行控制，并由怠速节气门电位计和节气门电位计将其转换成电信号输入发动机的ECU。这种节气门体结构紧凑，可靠性好。

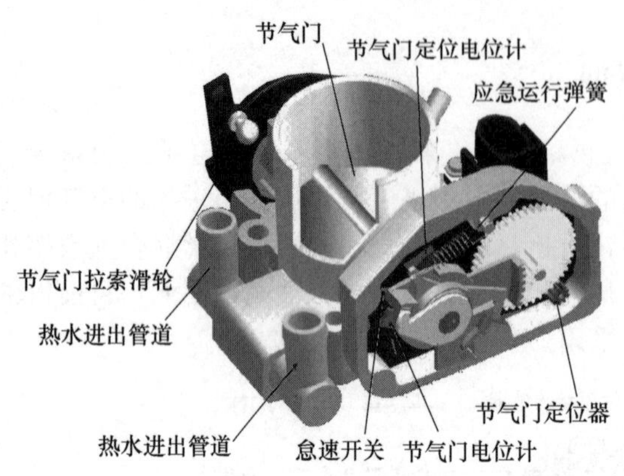

图 2-75　桑塔纳 2000GSi 轿车 AJR 发动机节气门

2. 电子控制节气门

电子控制节气门（ETCS-i）的功用是利用发动机 ECU 来精确地控制节气门开度。该系统主要由加速踏板位置传感器、ECU 和节气门体等组成。

电子进气门系统的结构原理如图 2-76 所示。

为了保证加速踏板传感器 APP 和节气门位置传感器 TPS 的测量精度和可靠性，电子节气门控制系统都使用双传感器结构，两个传感器的电压信号之间呈现特定的代数对应关系，两个加速踏板传感器信号电压之间的关系是 $V_{APP1}=2V_{APP2}$，两个节气门位置传感器信号电压之间的关系是 $V_{TPS1}+V_{TPS2}=5V$。

如图 2-77 所示为丰田雷克萨斯 LS400 轿车 1UZ-FE 发动机和 S430 轿车 3UZ-FE 发动机上的电子控制节气门体。它主要由减速齿轮、节气门复位弹簧、节气门位置传感器、节气门和节气门控制电机等组成。ECU 控制流向节气门控制电机的电流量的大小和方向，使控制电机转动或维持，并通过减速齿轮打开、关闭或维持节气门，节气门的实际开启角由节气门位置传感器检测并反馈给发动机 ECU。

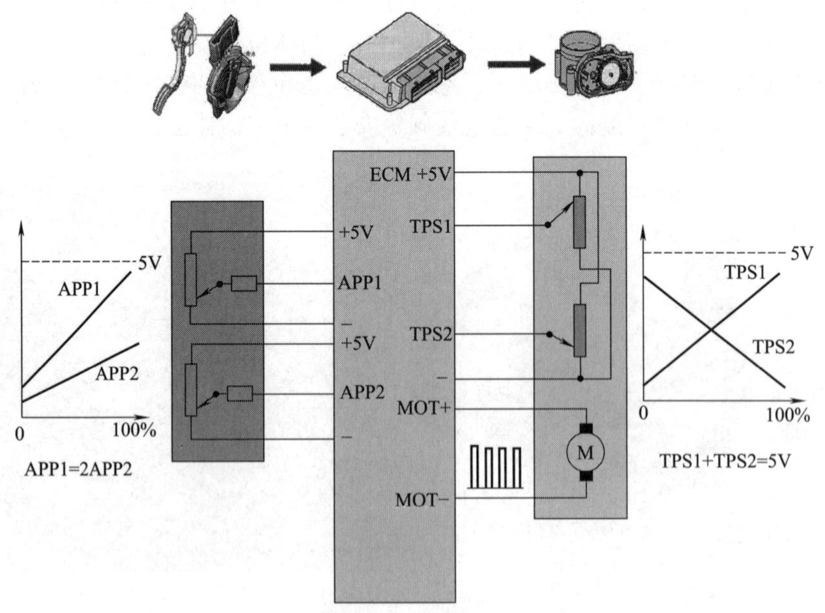

图 2-76　电子进气门系统的结构原理

在发动机不工作时，节气门复位弹簧使节气门开启到一个固定位置（大约为 7°）。在怠速时节气门的开度反而要关闭到小于这个固定位置。

ETCS-i 能够进行以下控制。

（1）怠速控制（ISC）。一些发动机是利用步进电机式怠速控制阀来实现怠速控制的，而 ETCS-i 是通过 ECU 和节气门控制电机控制节气门开度来完成对怠速的控制。

（2）减少换挡冲击控制。在变速器换挡期间，ETCS-i 与电控变速器之间能实现同步控制，以减少换挡冲击。

（3）巡航控制。以前车速是由巡航控制执行器打开或关闭节气门来控制的。在采用 ETCS-i 后，车速是通过 ECU 和节气门控制电机控制节气门开度来完成对巡航的控制。

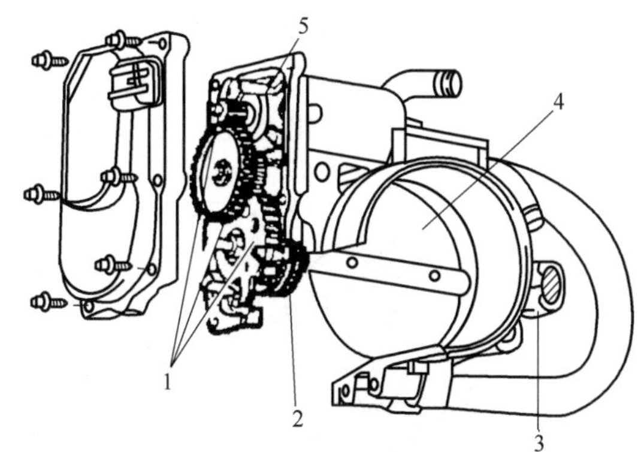

图 2-77　电子控制节气门（ETCS-i）
1—减速齿轮；2—节气门复位弹簧；3—节气门位置传感器；4—节气门；5—节气门控制电机

除此之外，ETCS-i 还可以实现对雪地模式控制、牵引力控制（TRC）、车辆稳定控制（ESP）等。

3. 进气管

进气管包括进气总管和进气歧管。进气总管具有稳压的功能，可减小由于气缸进气而产生的空气脉动；进气歧管一般采用一缸一根式；但为了增加进气气流速度，一缸两根进气歧管的使用也相当广泛（即多气门发动机），一根进气歧管常进气，而另一根进气歧管的进气与否根据发动机的负荷利用真空膜片阀控制。为了保证各缸配气的均匀，对进气总管、进气歧管在形状、长短、容积等方面都提出了严格的设计要求。进气总管与进气歧管有的制成整体形的，有的分开制造再以螺栓连接，如图 2-78 所示。

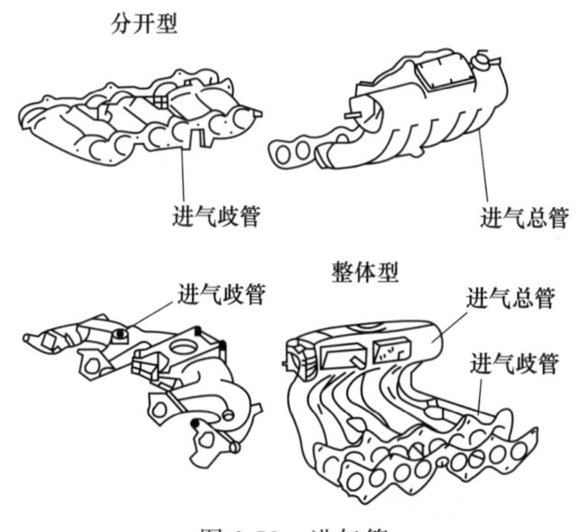

图 2-78　进气管

4. 空气流量传感器及氧传感器

空气流量传感器是测量发动机进气量的装置。它的功用是将吸入的空气量转换为电信号传送给发动机电脑（ECU），是发动机 ECU 确定发动机基本喷油量的重要信号之一。根据测量原理的不同，空气流量传感器又分为热线式、热膜式和卡门旋涡式三种。

（1）热线式空气流量传感器　热线式空气流量传感器的基本原理：在空气通道中放置一发热体，空气流经发热体时带走其热量，对发热体进行冷却，发热体周围通过的空气流量越多，被带走的热量也就越多。热线式空气流量传感器就是利用热线与空气之间的这种热传递现象进行空气质量流量测量的。

如图 2-79 所示，进气道的两端设有金属防护网，防护网用卡箍固定在壳体上，取样管置于进气道中间，管内架有一根极细的铂线（直径约为 0.07mm），铂线被电流加热至 120℃左右，所以被称之为热线。在热线式空气流量传感器电路中，热线是惠斯顿电桥电路的一部分，如图 2-80 所示，混合集成控制电路调节电桥的电流，使电桥保持平衡。当空气流经流量传感器时，进入取样管的气流流经热线周围，使其冷却，温度下降，电阻也随之减小。热线电阻的减小使电桥失去了平衡，此时混合集成控制电路会自动增加供给热线的电流，使热线恢复原来的温度和电阻值，直至电桥恢复平衡。混合集成控制电路所增加的电流大小取决于热线被冷却的程度，也就是取决于通过流量传感器的空气流速。由于电流的增加，电阻两端的电压降也会增加，这就将电流的变化转换为电压的变化。当发动机 ECU 接收到电压信号后，会计算出通过流量传感器的空气量。

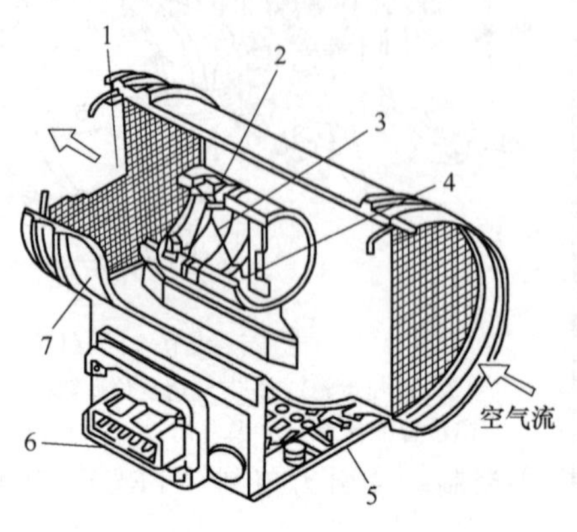

图 2-79　热线式空气流量传感器

1—金属防护网；2—取样管；3—铂线；4—温度补偿电阻；5—控制电路板；6—电源插座；7—壳体

发动机 ECU 还具有对热线的自清洁功能，在每次的发动机停止运转后，ECU 便会对热线进行通电，使热线温度达到 1000℃左右，时间为 1～2s，以清除热线上的污物。

（2）热膜式空气流量传感器　热膜式空气流量传感器的结构和工作原理与热线式空气流量传感器基本相同，其结构如图 2-81 所示。它是将热体由热线改为热膜，热膜是由发热金属铂固定在薄的树脂膜上构成。这种结构可使发热体不直接承受空气流动所产生的作用力，增加了发热体的强度，使其可靠、耐用，不会因黏附污物而影响其测量精度，提高使用寿命。

热线式和热膜式空气流量传感器能测量出空气质量流量，避免了压力引起的误差，并且响应时间短，测量精度高，被广泛应用于现代汽车发动机电控燃油喷射系统中。

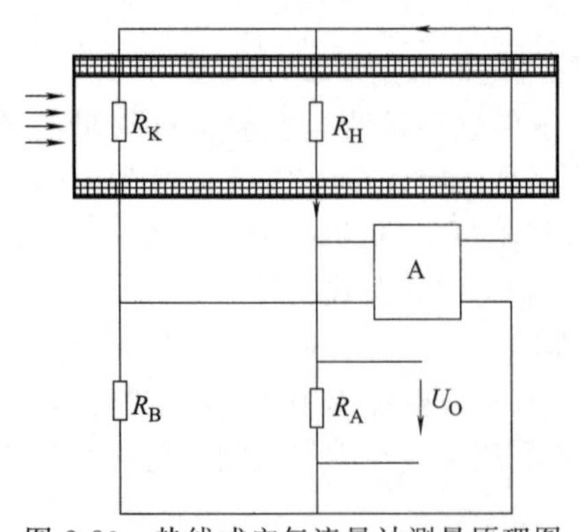

图 2-80　热线式空气流量计测量原理图

A—混合集成电路；R_H—白金热线电阻；R_K—温度补偿电阻；R_A—精度电阻；R_B—电桥电阻；U_O＝电压

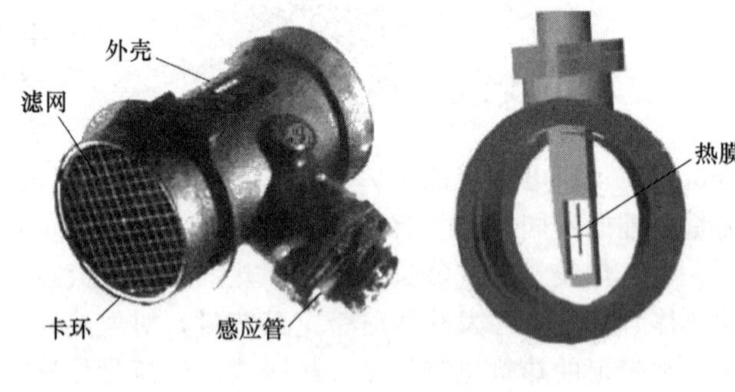

图 2-81　热膜式空气流量传感器

（3）卡门旋涡式空气流量传感器　卡门旋涡式空气流量传感器在进气道的正中间有一个锥形的涡流发生器，故又称卡尔曼涡流式空气流量传感器。当空气流经涡流发生器时，在其后方的气流中会产生空气旋涡，这些旋涡移动的速度与空气流速成正比。因此，通过测量单

位时间内旋涡的数量就可计算出空气流速和流量。根据检测方式的不同可分为反光镜检测方式和超声波检测方式的卡门旋涡式空气流量传感器。

（4）进气歧管绝对压力传感器　进气歧管绝对压力传感器的功用是通过检测进气歧管内的绝对压力，并将其转变为电压信号输送到发动机的ECU，发动机的ECU据此和发动机转速信号确定实际进气量。进气歧管绝对压力传感器的种类较多，下面以电子控制燃油喷射系统应用较多的半导体压敏电阻式进气歧管绝对压力传感器为例介绍其结构和工作原理。

半导体压敏电阻式进气歧管绝对压力传感器是利用半导体的压阻效应制造而成的。它的特点是尺寸小、精度较高、成本低、响应性和抗振性较好，因而被广泛采用。如图2-82所示，主要由压力转换元件、集成电路、滤清器和壳体等组成。

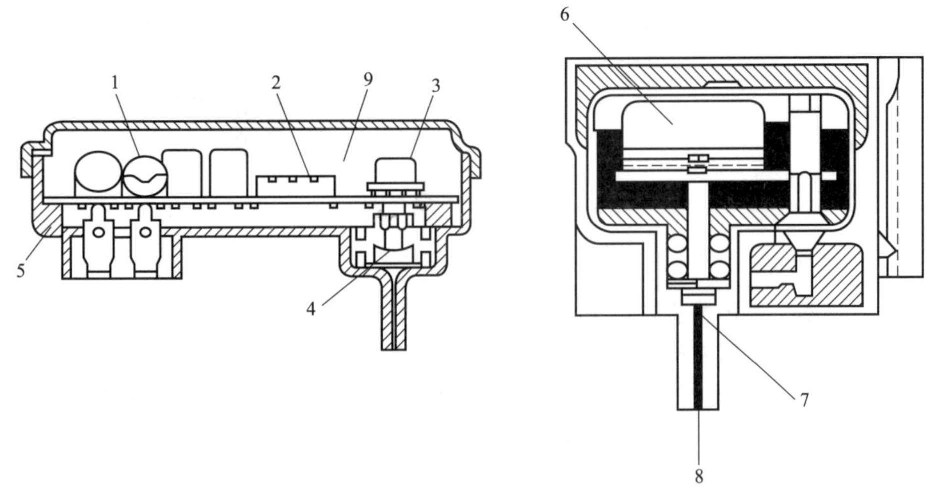

图2-82　半导体压敏电阻式进气歧管绝对压力传感器

1—EMI过滤器；2—集成电路；3,6—压力转换元件；4,7—滤清器；5—外壳；8—连接管；9—真空室

压力转换元件是利用半导体的压阻效应制成的硅膜片。硅膜片的一面是真空室，另一面通过连接管路与进气歧管相通。硅膜片为约3mm的正方形，其中部分经光刻腐蚀形成直径约2mm、厚度约为0.05mm的薄膜，薄膜周围有四个应变电阻，组成惠斯顿电桥，如图2-83所示。薄膜一侧是真空室，另一侧是进气歧管绝对压力，当进气歧管内绝对压力变化时，硅膜片也产生变形，附着在薄膜上的应变电阻的阻值与变形成正比例关系，因此即可通过惠斯顿电桥将硅膜片的变形转换为电信号，经集成电路放大后输入到发动机的ECU。传感器输出的信号电压具有随进气歧管绝对压力的增大呈线性增大的特性。

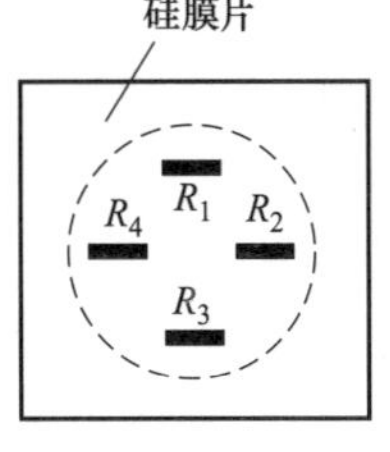

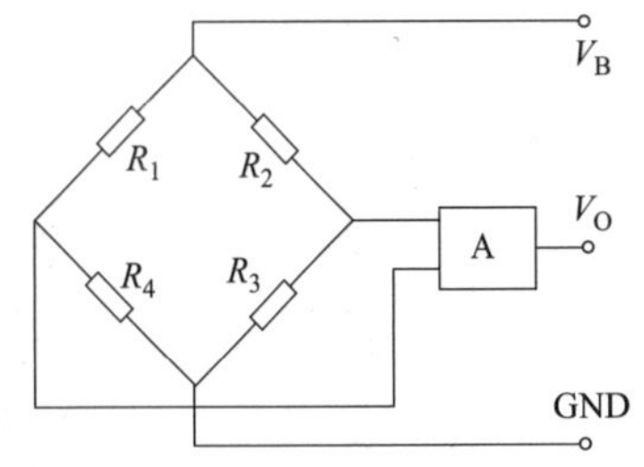

图2-83　半导体压敏电阻式进气歧管绝对压力传感器工作原理

（5）进气温度传感器　进气温度传感器通常安装在空气滤清器之后的进气软管或空气流量传感器上，也有个别车型将其安装在进气管的动力腔上，用以检测进气温度，它与进气压力传感器联合使用可以间接测量进入气缸的空气量。发动机电控单元ECU根据进气温度传感器检测到的进气温度来修正喷油量，使发动机自动适应外部环境（寒冷、高温、高原、平原）的变化。

进气温度传感器属于热敏电阻型，其结构外形及内部电路如图2-84所示。它主要由外

壳和对温度变化非常敏感的负温度系数的热敏电阻组成。负温度系数的热敏电阻具有外界温度越高而其电阻值越小的特性。

当发动机工作时，进气温度传感器的热敏电阻随进气温度而变化，电控单元 ECU 检测的电压信号也随之改变。进气温度低时（进气密度大），热敏电阻阻值大，ECU 检测的信号电压高，根据此信号，相应增加喷油量；反之，当进气温度高时（进气密度小），热敏电阻阻值小，电控单元 ECU 检测的信号电压低，根据此信号，相应减小喷油量。

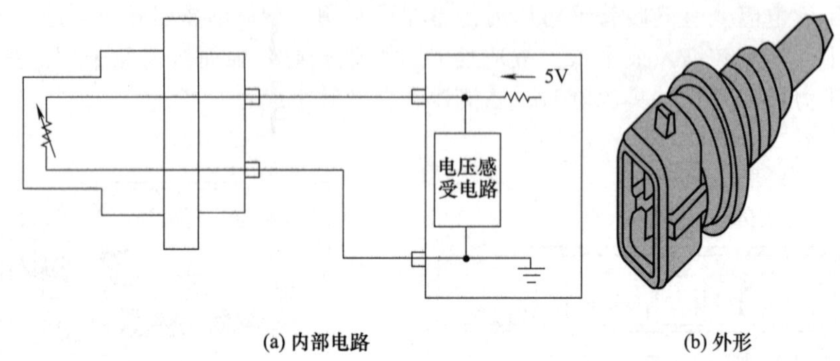

图 2-84 进气温度传感器的结构外形及内部电路

（6）氧传感器 氧传感器是电子控制燃油喷射系统进行反馈控制的传感器，一般安装在排气管上。它的功用是用来检测排气中的氧气含量，以确定实际空燃比是比理论空燃比浓还是稀，并向发动机 ECU 反馈相应的电压信号。发动机 ECU 根据氧传感器反馈的混合气浓稀信号，在上次喷油量的基础上对本次喷油量进行减小或增加的修正。目前实际应用的氧传感器主要有氧化锆式和氧化钛式两种。

① 氧化锆式氧传感器。氧化锆式氧传感器的基本结构如图 2-85 所示，其基本元件是氧化锆固体电解质。氧化锆制成试管状，也称为锆管。锆管固定在带有安装螺钉的固定套中，其内表面与大气相通，外侧与排气直接接触。锆管内外表面都覆盖着一层多孔性的铂膜作为电极，外表面加装一个带有槽口的防护套。

② 氧化钛式氧传感器。氧化钛式氧传感器的结构如图 2-86 所示，它具有两个二氧化钛

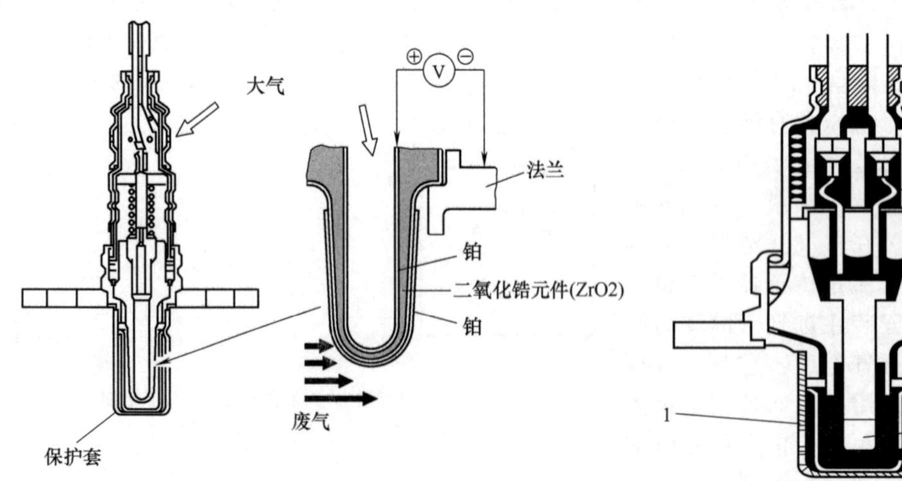

图 2-85 氧化锆式氧传感器结构

图 2-86 氧化钛式氧传感器结构

1—保护套管；2—连接线；3—二氧化钛厚膜元件

元件。一个具有多孔性，是用来检测排气中含氧量的二氧化钛元件；另一个则是实心二氧化钛元件，用作加热器调节温度，补偿温度的误差。传感器的外端是用具有孔槽的金属管制成的保护管，可以让废气进出，又防止内部的二氧化钛元件受外物的撞击，接线端用橡胶作为密封材料，以防止外界空气渗入。

氧传感器通常与三元催化转换器一同使用。三元催化转换器安装在排气管中段，它能同时净化排气中 CO、HC 和 NO_x 三种主要的有害气体，但只有在混合气的空燃比处于接近理论空燃比的一个窄小范围内，三元催化转换器才能有效地起到净化作用。因此应用氧传感器进行反馈控制的目的也在于保证三元催化转换器的排气净化效果，以解决功率、油耗和排气污染之间的矛盾。

氧传感器信号反馈控制的闭环控制，能使实际混合气的空燃比接近理论空燃比。但对特殊工况如启动、暖机、怠速、加速、满负荷等需加浓混合气的情况，仍需要开环控制（即发动机 ECU 暂不采用氧传感器反馈回的信号，而是按实际运行工况进行喷油控制），以充分发挥发动机的动力性能。所以目前普遍采用开环和闭环相结合的控制方式，而开环和闭环控制之间的转换由发动机 ECU 来完成。

（二）燃油供给系统

1. 燃油供给系统的基本组成

如图 2-87 所示，电控汽油机燃油供给系统的作用是通过位于油箱中电动燃油泵将汽油加压形成符合压力和流量要求的清洁燃油送入喷油器，经喷油器喷射雾化后与进气管中的新鲜空气混合形成可燃混合气。电子控制单元 ECU 控制电磁喷油器的开启时间（ms）对喷油量进行控制。

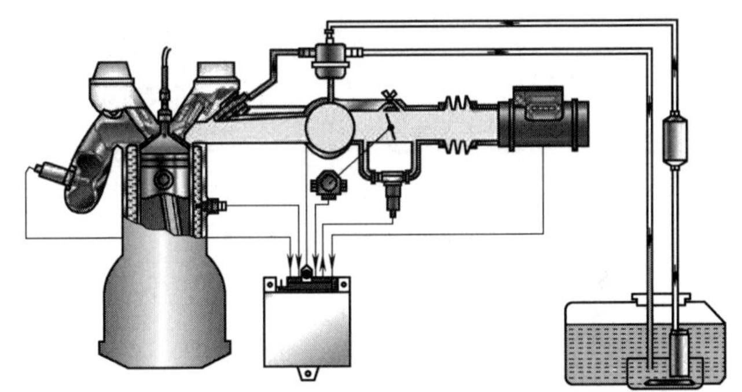

图 2-87 燃油供给系统的功用

根据喷油器的安装位置分单点燃油供给系统和多点燃油供给系统两类，如图 2-88 所示。

① 单点燃油供给系统：由一个或两个喷油器将燃油喷射在节气门上方，与新鲜空气形成可燃混合气，供所有气缸使用。

② 多点燃油供给系统：在每个气缸的进气歧管与气缸盖连接处分别设置一个喷油器，每个喷油器向所属气缸独立喷油，形成可燃混合气。

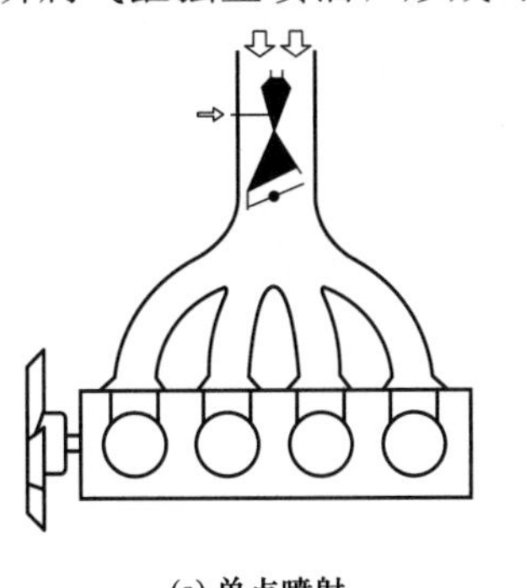

(a) 单点喷射

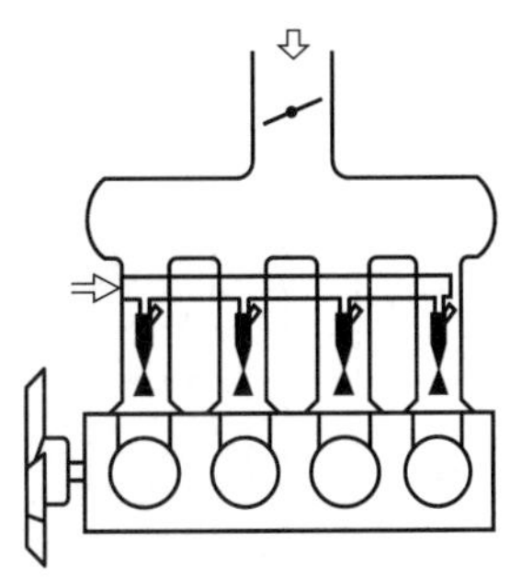

(b) 多点喷射

图 2-88 燃油供给系统的分类

由于多点燃油喷射系统与单点燃油喷射系统相比，具有每个气缸燃油分配均匀，燃油供给响应快等优点，现在主要使用多点燃油供给系统，单点燃油供给系统主要使用于早期电控汽油机。

燃油供给系统主要由燃油箱、电动燃油泵、燃油滤清器、燃油总管（油轨）、燃油压力调节器、电磁喷油器和进油回油管路等组成，如图 2-89 所示。

电动燃油泵吸进油箱中的燃油并形成一定的压力，经燃油滤清器过滤杂质送至燃油总管（油轨），电子控制单元 ECU 根据发动机的工况需要，控制安装在燃油总管上的电磁喷油器的开启时间（ms），将燃油喷入进气管雾化与新鲜空气混合形成空燃比可控的可燃混合气，实现对喷油量的控制。燃油压力调节器根据进气管中进气压力的变化自动控制燃油总管中的油压，使燃油总管中的燃油压力 p_y 与进气管中的空气压力 p_q 之差 p_y-p_q 保持不变，以保证喷油器单位时间内喷油量的精确恒定。

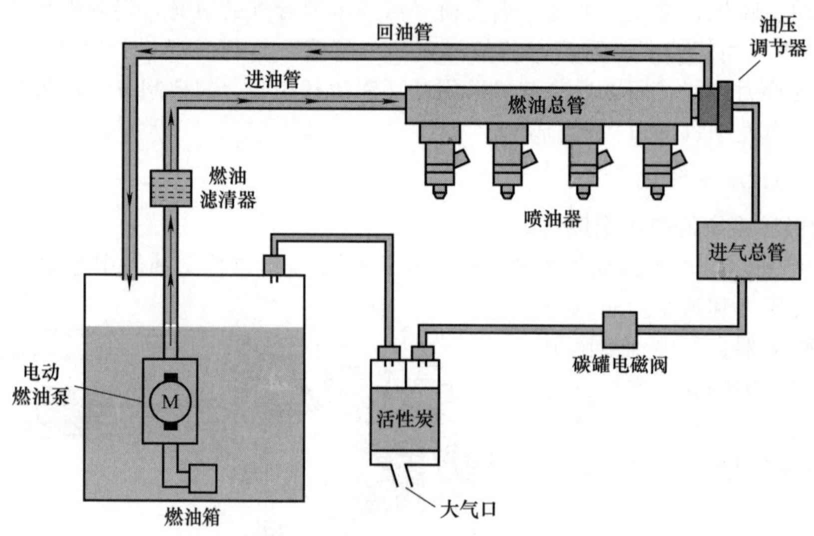

图 2-89　典型燃油供给系统组成

为了进一步提高燃油供给系统的安全性，简化油路，降低油箱燃油蒸气的生成量，近年许多新式轿车（如丰田系列、本田系列）采用无回油燃油系统设计，取消回油管，将燃油压力调节器、燃油滤清器和电动燃油泵集中在一起作为一个总成件安装在燃油箱中，其结构示意图如图 2-90 所示。

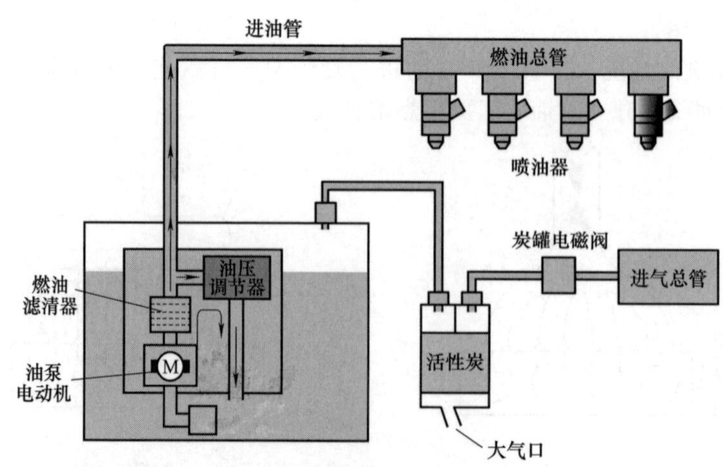

图 2-90　无回油供油系统

目前，现代汽油机电控系统都设置了油箱燃油蒸气活性炭罐吸收系统（EVAP），将油箱中产生的燃油蒸气引入发动机燃烧，以减少燃油蒸气对环境的污染，同时降低发动机的耗油率，改善发动机经济性。

2. 燃油供给系统主要部件

（1）电动燃油泵　电动燃油泵的功用是将油箱中的燃油加压后，通过燃油管道存入燃油总管及喷油器入口形成具有一定压力和流量的压力燃油，供电磁喷油器喷油之用。

根据安装位置不同，电动燃油泵可分为油箱内装式和外装式两种。由于内装式燃油泵具有工作噪声低、散热好和安全性好等优点，目前主要使用内装式燃油泵。

根据机械液压泵结构不同，可分为滚柱泵、齿轮泵、涡轮泵和侧槽泵等几种。由于涡轮泵体积小、工作噪声低、振动小、磨损小、出口压力稳定，使用的较为广泛。

电动燃油泵主要有直流电动机、机械泵、集滤器、单向阀和限压阀等组成。电动燃油泵的结构如图2-91所示。

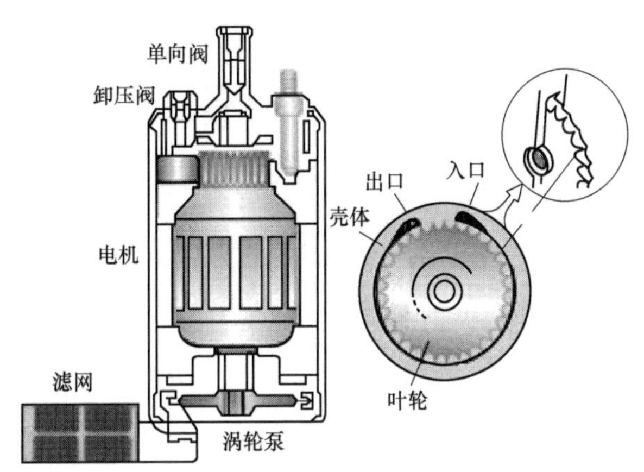

(a) 内装式涡轮泵

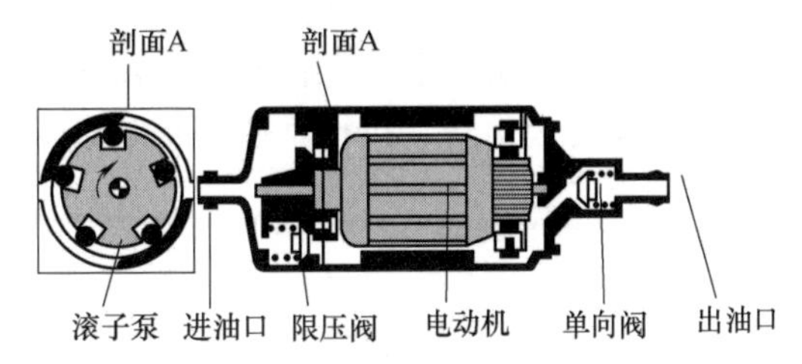

(b) 外装式滚柱泵

图 2-91　电动燃油泵的结构

电动燃油泵的工作原理：当机械液压泵在直流电动机的驱动下旋转时，油箱中的燃油经集滤器滤除杂质被吸入油泵后加压，流过直流电动机，经单向阀将燃油压入燃油管路，流过的燃油同时对电动机散热。出油口单向阀的作用是在发动机熄火、燃油泵停止工作时，使燃油管路能保持一定的残余压力，以利于发动机的重新启动。当燃油管路出现堵塞等故障，引起燃油泵出口压力过高时，位于燃油泵中的限压阀自动开启泄压，防止电动机因过载而损坏。

早期生产的汽车电动燃油泵控制方式较多，功能单一。目前汽车电动燃油泵都采用发动机电子控制单元 ECU 经燃油泵继电器进行控制。如上海大众桑塔纳 2000GSi 轿车电动燃油泵控制电路原理如图 2-92 所示。

ECU 对电动燃油泵 FP 执行以下控制功能。

① 燃油泵 3S 供油功能：当点火开关置 ON，ECU 1＃脚接收到点火开关＋15 电源电压信号，燃油泵继电器控制线经 ECU 4＃脚搭铁 3S，使燃油泵工作，对燃油系统进行预加压，使发动机容易启动。

② 燃油泵正常工作控制：当发动机旋转，曲轴位置传感器 CKP 向 ECU 54＃～63＃脚发送发动机转速信号时，ECU 控制燃油泵连续工作。ECU 一旦不能收到 CKP 信号和 15 电源信号，即刻控制燃油泵停止工作。

③ 燃油泵强制切断控制：当汽车发生碰撞事故时，为了防止汽车发生次生火灾，减少事故损失，许多汽车燃油供给系统都设计了燃油泵强制切断控制功能。早期的汽车一般是在

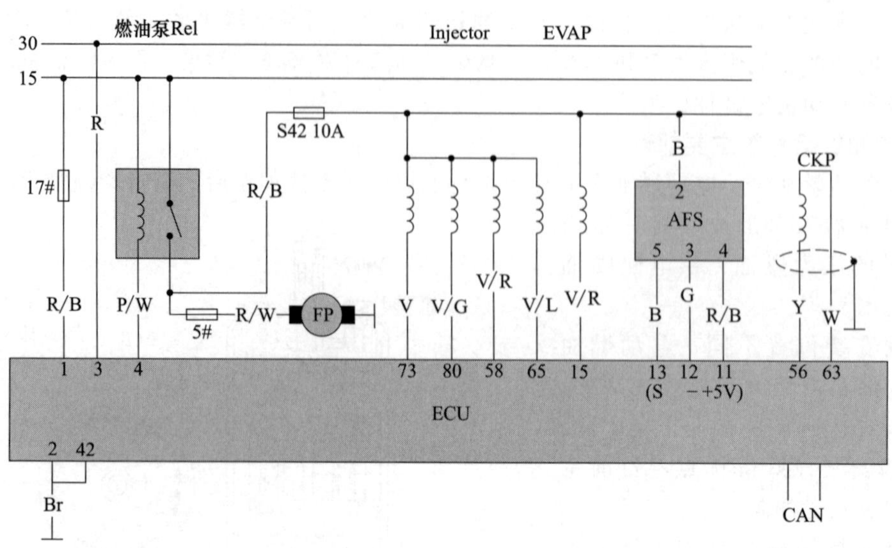

图 2-92 桑塔纳 2000GSi 燃油泵控制电路

燃油泵供电电路中串联了一个机械惯性开关，当汽车发生强烈碰撞事故时，惯性开关自动切断燃油泵供电电源，如早期美国福特系列轿车和国产神农富康、爱丽舍轿车等即采用这种控制方式。近年生产的安装了安全气囊和 CAN BUS 数据总线的新式轿车则采用数字程序控制方式，当汽车发生强烈碰撞事故，在安全气囊弹出的同时，发动机 ECU 通过 CAN BUS 数据总线即收到这个碰撞信号，执行燃油泵断电功能，如奥迪、大众、本田、通用系列轿车等都采用这种控制方式。

(2) 燃油滤清器 燃油滤清器的功用是滤除燃油中的氧化铁、粉尘等固体夹杂物，防止燃料系统的堵塞，减小系统的机械磨损，确保发动机稳定运转，提高工作的可靠性。燃油滤清器通常安装在燃油泵之后的高压油路中。

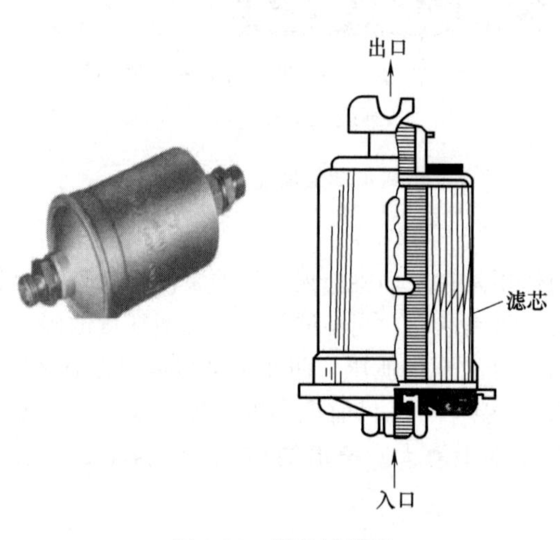

图 2-93 燃油滤清器

燃油滤清器应具有过滤效率高、寿命长、压力损失小、耐压性能好、体积小、质量小的优点。燃油滤清器主要由壳体和滤芯等组成，其结构如图 2-93 所示。

燃油滤清器一般是整体型的一次性产品，当滤芯堵塞时，将使管路中的燃油压力下降，造成发动机启动困难，发动机功率降低，因此应按规定定期更换燃油滤清器。

(3) 燃油压力调节器 如图 2-94 所示，汽油机 EFI 系统中，电磁喷油器将燃油喷入进气歧管中与新鲜空气混合形成可燃混合气，当喷油器的结构参数一定时，燃油压力调节器的作用是保证燃油总管中的系统油压 $p_{油}$ 随进气歧管气压 $p_{气}$ 的变化而变化，使 $p_{油}$ 与 $p_{气}$ 之差保持不变，即 $p_{油}-p_{气}=$恒值 p，保证喷油器在 ECU 控制下每单位时间 t 喷出的燃油质量 m 都是相等的。

$$喷油器喷油量\ m=kpt（ECU\ 执行喷油量时间控制）$$

式中 m——喷油量；

k——喷油器结构常数；

p——喷油器进出油口的压力差；

t——喷油器开启时间。

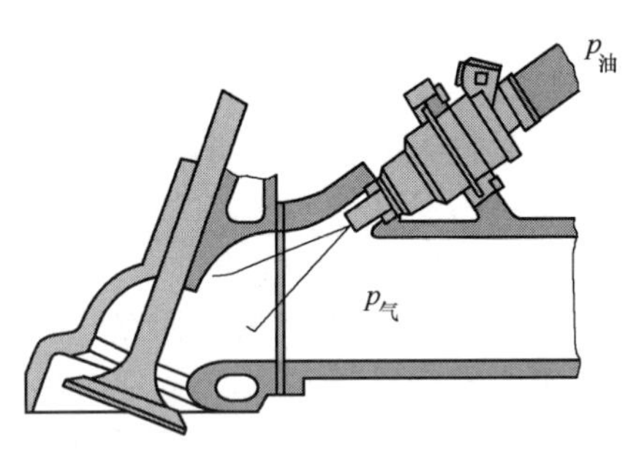

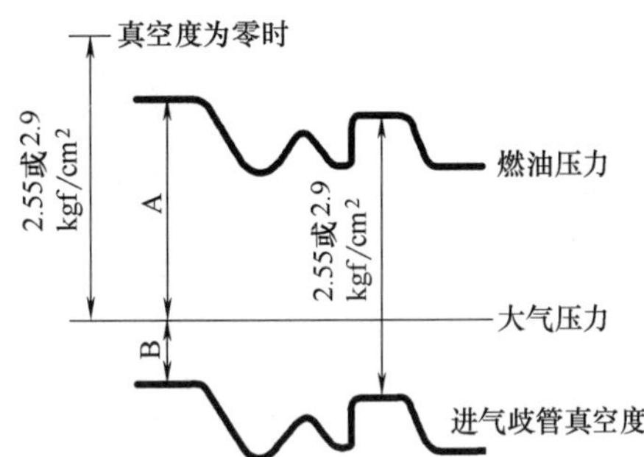

图 2-94　燃油压力调节器作用原理

燃油压力调节器主要由膜片、控制阀、真空室和油压室等组成。其结构原理如图 2-95 所示。

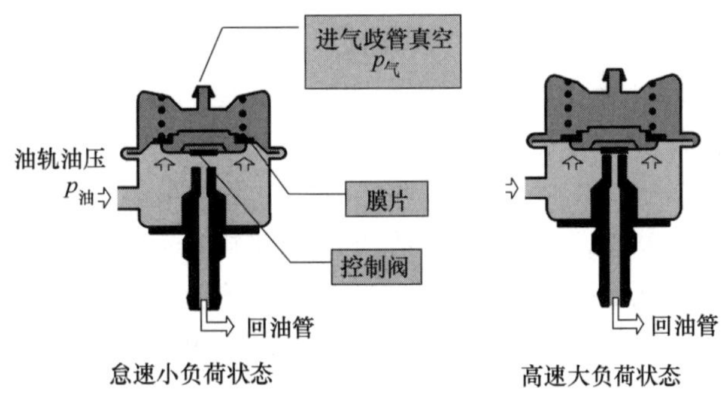

图 2-95　燃油压力调节器

当发动机负荷较小、节气门开度较小时，进气歧管中的真空度较大，绝对压力 $p_{气}$ 较小，处于膜片下方的油压 $p_{油}$ 大于真空室绝对压力 $p_{气}$ 和弹簧力之和，膜片上移，控制阀打开，燃油总管及下油室的燃油压力经回油管泄压而降低。反之，当发动机负荷较大、节气门开度较大时，控制阀的开度较小，燃油压力调节器使系统油压 $p_{油}$ 随绝对压力 $p_{气}$ 增大而增大，使喷油器进出油口的压力之差保持恒定。

（4）燃油分配管　燃油分配管的功用是将燃油均匀、等压地输配给各个喷油器，同时还具有储油蓄压的作用。其容积油量相对于发动机的循环喷油量要大很多，因而可以防止燃油压力的波动，可供给各喷油器以等量的燃油。此外，还可使喷油器的安装不至于复杂。如图 2-96 所示为桑塔纳 2000GSi 轿车 AJR 发动机燃油总管和各缸喷油器、燃油压力调节器组合件的安装。

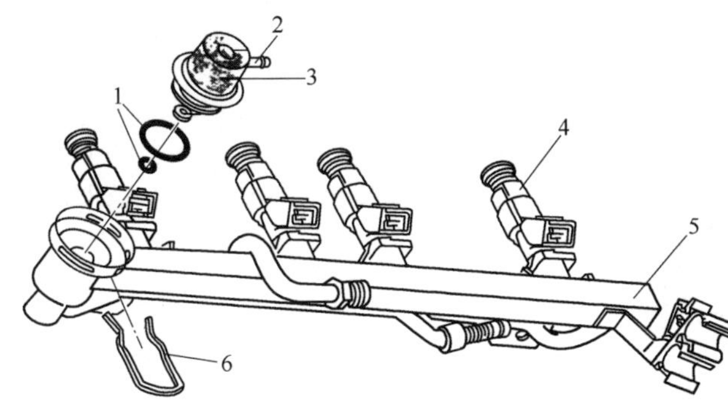

图 2-96　燃油总管、喷油器及燃油压力调节器组合件

1—O 形圈；2—与进气歧管连接；3—燃油压力调节器；4—喷油器；5—燃油总管；6—卡簧

（5）喷油器　单点喷射和多点喷射系统使用的喷油器在结构上存在一些差异，由于单点喷射系统已几近淘汰，在此只介绍多点喷射系统使用的喷油器。

喷油器安装在燃油分配总管和进气歧管之间，其结构如图2-97所示。

当电磁线圈在 ECU 的控制下流过电流时，线圈产生的电磁吸力使

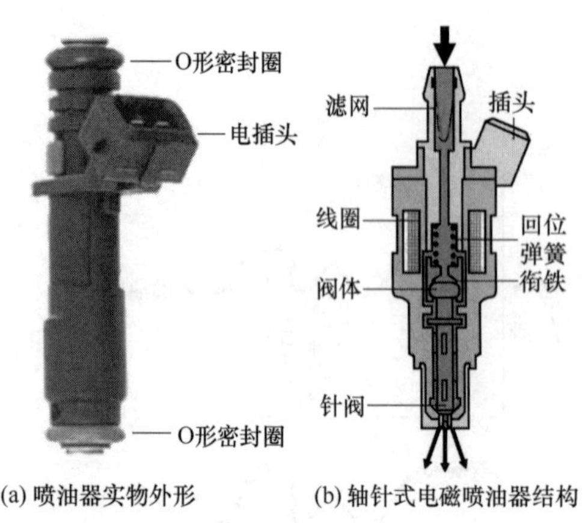

(a) 喷油器实物外形　(b) 轴针式电磁喷油器结构

图 2-97　喷油器结构

衔铁及针阀阀体克服复位弹簧的弹力，阀体与针阀上升，阀门打开，压力燃油从喷孔喷入进气歧管，雾化后与新鲜空气混合，形成可燃混合气。当线圈电流切断时，电磁力消失，针阀与阀体在弹簧的弹力作用下回位，阀门关闭，喷油停止。

如图 2-98 所示，以桑塔纳 2000GSi 为例，说明 ECU 在各种工况下的喷油量控制。

喷油器的供电电源由燃油泵继电器提供，ECU 控制喷油器的负极搭铁回路，控制电磁线圈电流的导通时间（ms）实现对喷油量的实时控制。ECU 根据发动机工况不同，执行相应的喷油量控制程序。

（三）汽油蒸气排放（EVAP）控制系统

汽油是一种易挥发的液体，在常温下燃油箱经常充满蒸气，燃料蒸发排放控制系统的作用是将蒸气引入燃烧并防止挥发到大气中。这个过程起重要作用的是活性炭罐储存装置，因为活性炭有吸附功能，当汽车运行或熄火时，燃油箱的汽油蒸气通过管路进入活性炭罐的上部，新鲜空气则从活性炭罐下部进入活性炭罐。发动机熄火后，汽油蒸气与新鲜空气在罐内混合并储存在活性炭罐中，当发动机启动后，装在活性炭罐与进气歧管之间的燃油蒸发净化装置的电磁阀门打开，活性炭罐内的汽油蒸气被吸入进气歧管参加燃烧。

为了控制燃油箱逸出的燃油蒸气，电控发动机普遍采用了炭罐，油箱中的燃油蒸气在发动机不运转时被炭罐中的活性炭所吸附，当发动机运转时，依靠进气管中的真空度将燃油蒸

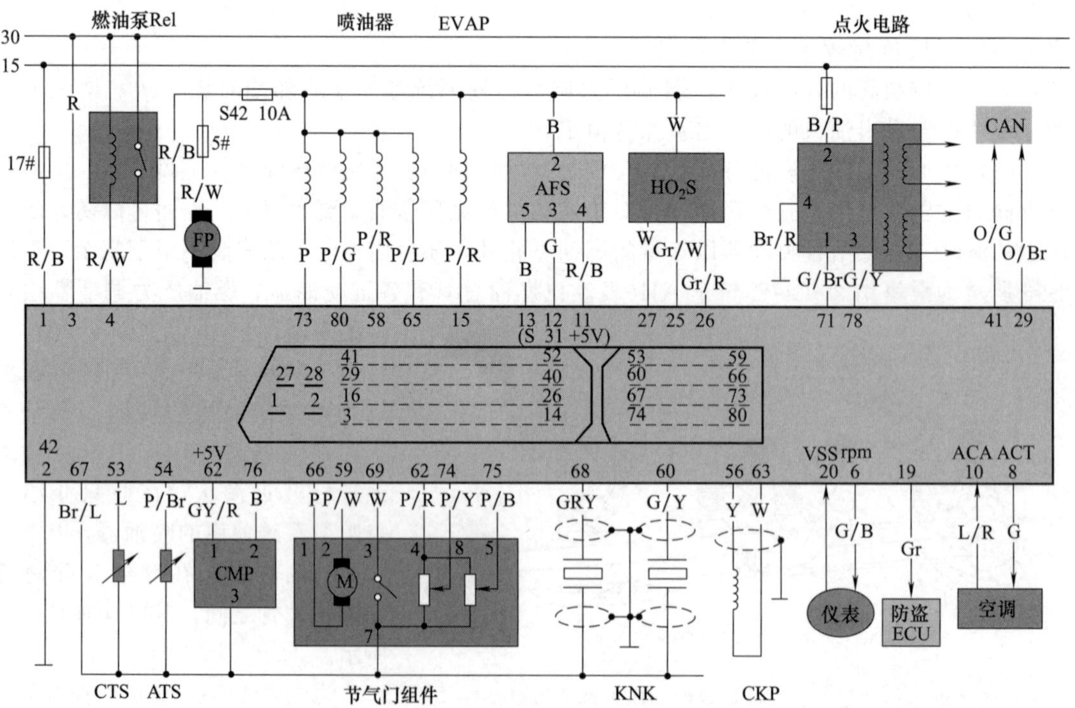

图 2-98　桑塔纳 2000GSi 喷油器控制电路原理图

气吸入发动机中。电子控制单元根据发动机的工况通过电磁阀控制真空度的通或断达到燃油蒸气的控制。所以采用燃油蒸气的控制可减少大气中的 HC 和节约燃料。

1. 汽油蒸气排放(EVAP) 控制系统的组成

如图 2-99 所示，汽油蒸气排放（EVAP）控制系统主要由单向阀、炭罐控制真空电磁阀、活性炭罐等组成。

(1) 活性炭罐　如图 2-100 所示，活性炭罐内部装有活性炭，用来吸附汽油蒸气，活性炭罐的作用就是收集油箱等部位的燃油蒸气。当发动机工作时，又将这些蒸气送入进气歧管。

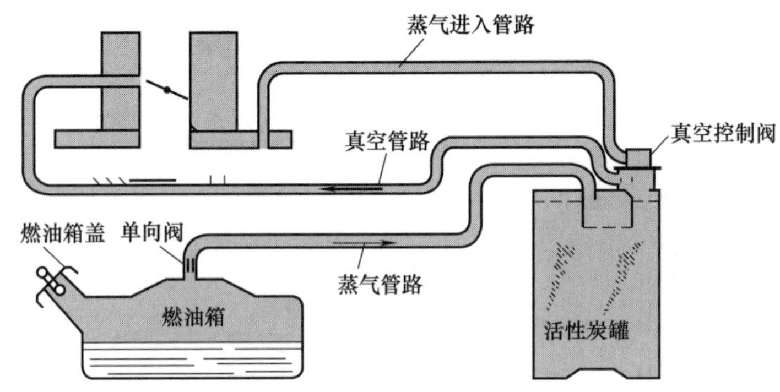

图 2-99　汽油蒸气排放（EVAP）控制系统

(2) 排放控制阀　用来控制从活性炭罐吸入进气歧管的气体流量（含空气和蒸气），它受炭罐控制真空电磁阀控制。当发动机怠速时，从活性炭罐吸入进气歧管的气体流量应少些，否则会使混合气过稀而造成怠速不稳；当发动机转速升高，负荷增大时，吸入的气体流量可大些，以使炭罐内的燃油蒸气能被及时净化。

(3) 炭罐控制真空电磁阀　用来控制通向排放控制阀的真空度，受发动机 ECU 控制。

(4) 真空泄放阀　它安装在油箱加油口盖上，用来保持油箱内的气压。当油箱内因燃油减少，真空度增大到一极限值时，该阀打开，使油箱内保持正常大气压力，保证供油稳定。

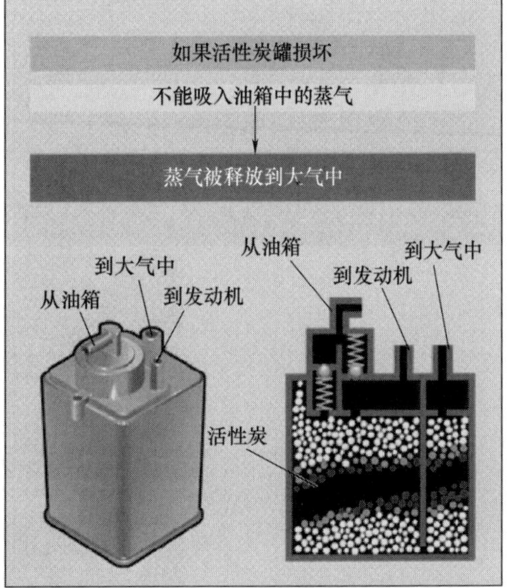

图 2-100　活性炭罐

2. 电控 EVAP 控制系统典型布置方式

如图 2-101 所示。

3. 电控 EVAP 控制系统工作过程

如图 2-102 所示。

控制方式：

① ECU→清污电磁阀→真空→真空控制阀→进气歧管吸入燃油蒸气。

② ECU→清污电磁阀→进气歧管吸入燃油蒸气。

二、电控燃油喷射系统的检修操作

以下实际操作以桑塔纳 2000GSi 轿车发动机为例进行介绍，其他车型可参考进行。

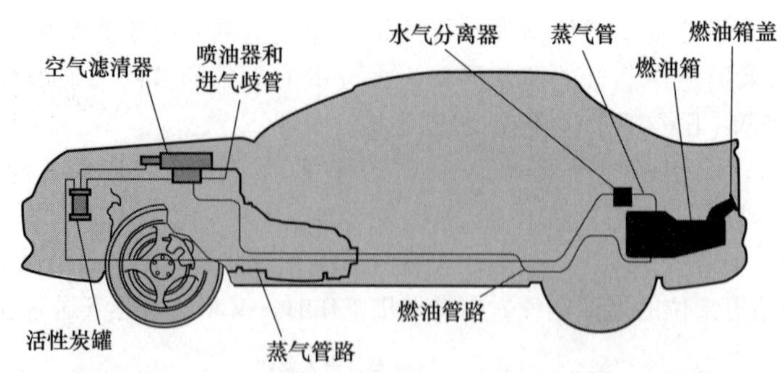

图 2-101 电控 EVAP 控制系统典型布置方式

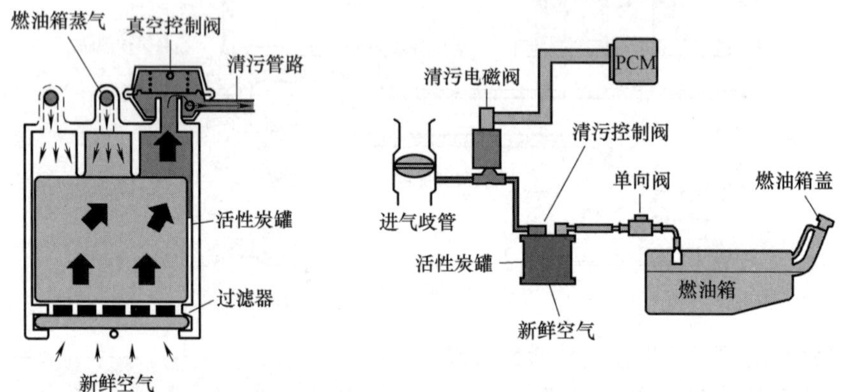

图 2-102 电控 EVAP 控制系统工作过程

（一）空气供给系统的检修

1. 检查节气门体

操作步骤	操作内容	图 解	操作说明
1	工具准备		要准备的工具：组合套筒、开口扳手、梅花扳手各一套；鲤鱼钳、尖嘴钳、一字起子、十字起子各一把；万用表和塞尺一只。化油器清洗剂一瓶 工具准备要齐全，摆放要整齐
2	拆卸节气门体		（1）断开蓄电池负极线 （2）拆卸空气滤清器进气软管 （3）拆卸节气门位置传感器插头，以及连接真空管和加热水管等 （4）拆卸节气门体与进气总管间的连接螺栓
			拆卸节气门体

续表

操作步骤	操作内容	图解	操作说明
3	检查节气门体	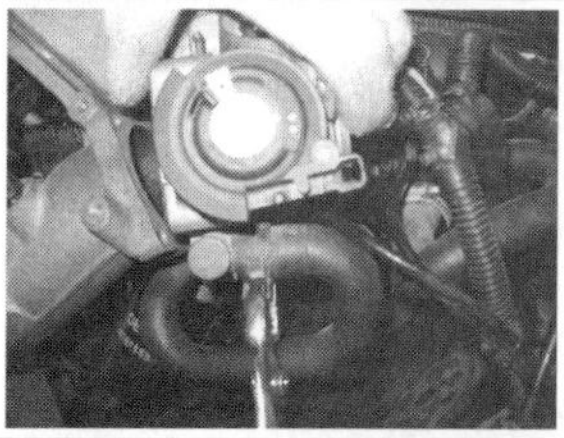	检查节气门回位情况
		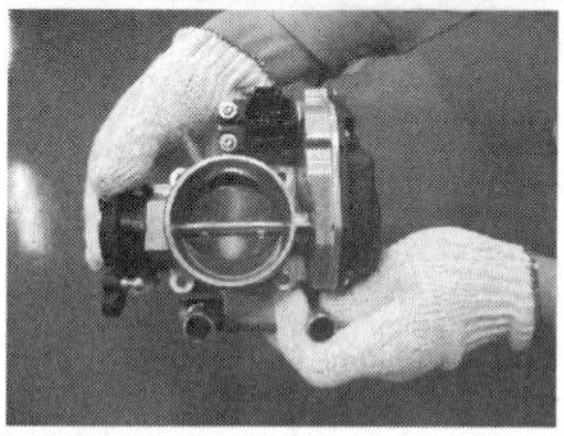	检查节气门开度

2. 检测节气门位置传感器

操作步骤	操作内容	图解	操作说明
1	确定安装位置		节气门位置传感器(G69)、怠速节气门位置传感器(G88)和怠速开关(F60)安装在节气门控制装置(J338)内部
2	确定连接电路	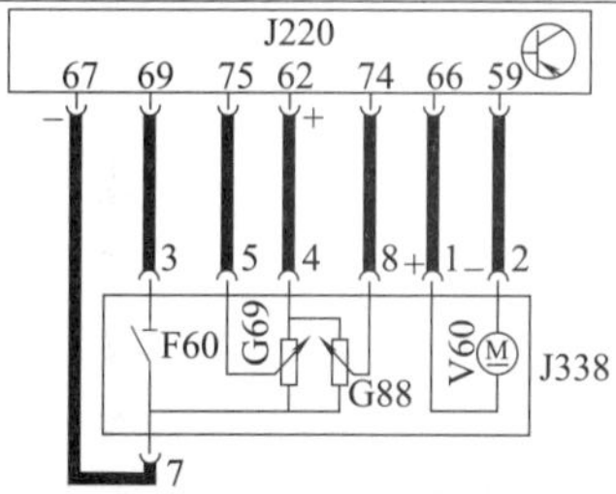 J220 67 69 75 62 74 66 59 3 5 4 8 1 2 F60 G69 G88 V60 M J338 7	节气门位置传感器(G69)、怠速节气门位置传感器(G88)和怠速开关(F60)与ECU连接电路
3	检查电源	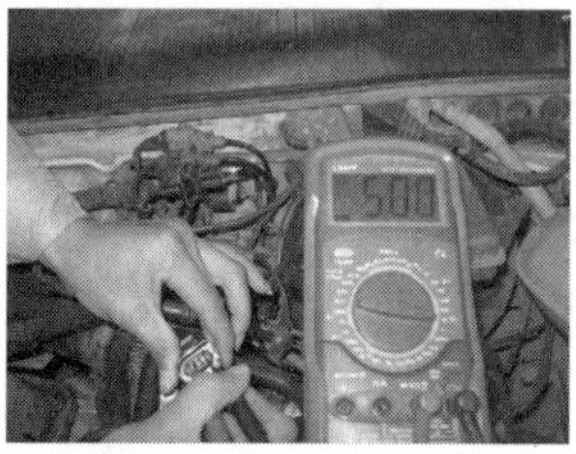	节气门位置传感器和怠速节气门位置传感器需要ECU内部的电源供电，即5V，由ECU第62端子引出。打开点火开关，测量第4和第7脚之间的电压，其值不应小于4.5V
4	检查连接线路	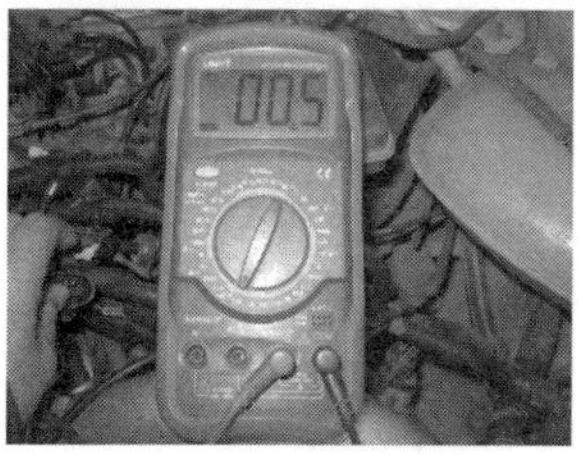	关闭点火开关，拔下ECU上的28端子插头。节气门控制装置的插头第4脚与ECU插头第62端子、插头第8脚与ECU插头第74端子、插头第5脚与ECU插头第75端子、插头第3脚与ECU插头第69端子，它们之间的导线电阻不得大于0.5Ω，插头第7脚与ECU插头第67端子、插头第1脚与ECU插头第66端子、插头第2脚与ECU第59端子，它们之间的导线电阻不得大于1.0Ω。导线与导线之间不得有短路和漏电。否则，应更换线束

续表

操作步骤	操作内容	图　解	操作说明
5	检查节气门位置传感器本身		关闭点火开关，拔下节气门传感控制装置的插头，测量第 8 脚和第 7 脚的电阻，缓慢踩加速踏板，节气门从全闭到全开（节气门从 0°到 90°顺畅平稳转动），电阻值应平稳变化。或插上节气门控制装置的插头，打开点火开关，用电压表检测 8 脚插座的第 8 脚和第 7 脚，同样节气门从全闭到全开，电压应平滑变化，节气门位置传感器的电压最大值必须达到 4V 以上。否则，应更换节气门控制装置
6	检查怠速开关		在关闭点火开关的状态，拔下节气控制装置的 8 脚插座，用万用表测量第 3 和第 7 端子的电阻。节气门关闭时电阻应小于 1.5Ω
			慢慢打开节气门，阻值突变为无穷大，说明怠速开关良好。否则，应更换节气门控制装置
7	检查怠速控制电动机	J220 66　59 +1　−2 M V60	怠速控制电动机的电路
			关闭点火开关，拔下 ECU 上的 28 脚插头，用万用表测量节气门控制装置插座上的第 1 和 2 脚间的电阻（怠速控制电动机绕组的电阻），其值应在 3～300Ω。否则，应更换节气门体

3. 检测空气流量传感器

操作步骤	操作内容	图　解	操作说明
1	确定空气流量传感器安装位置		空气流量传感器安装在空气滤清器和进气软管之间，主要由控制电路、热膜、金属护网等组成

续表

操作步骤	操作内容	图　解	操作说明
2	确定空气流量传感器的连接电路	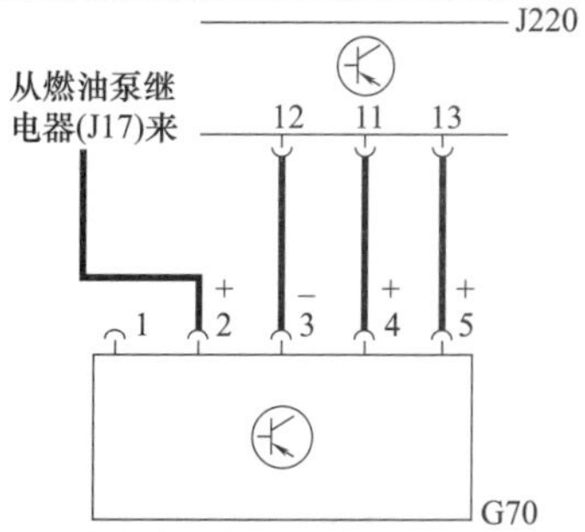	确定空气流量传感器(G70)与ECU连接电路
3	检查空气流量传感器的电源	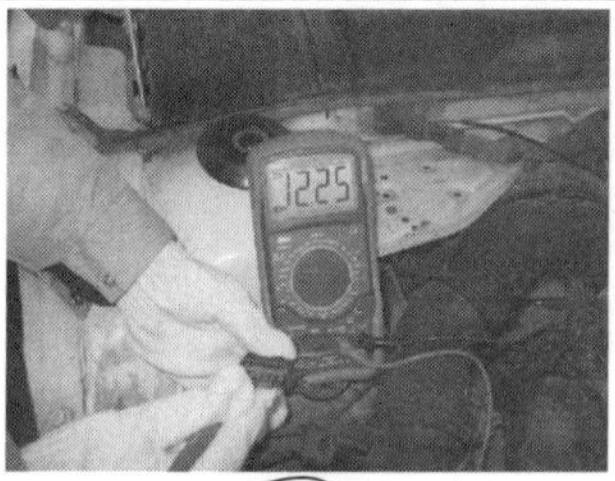 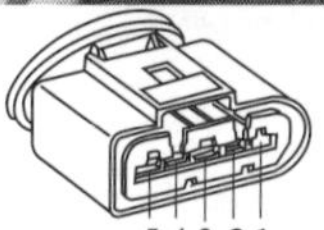	关闭点火开关,拔下空气流量传感器的5脚插头。原地启动车辆。测量插头第2脚与发动机搭铁间的电压,该电压不低于11.5V
4	检查连接线路	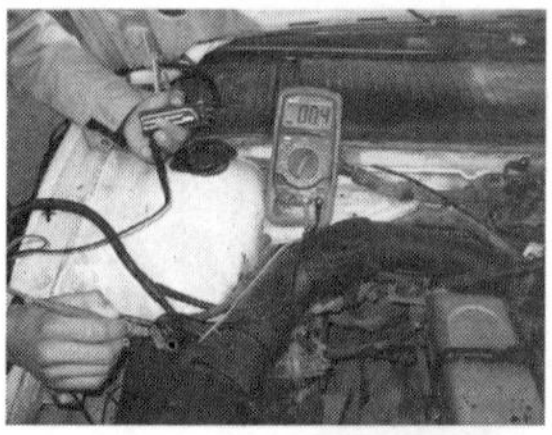	关闭点火开关,断开蓄电池负极线,拔下ECU上的52脚插头。检查空气流量传感器的插头第3脚与ECU插头第12端子、传感器插头第4脚与ECU插头第11端子、传感器插头第5脚与ECU插头第13端子间的导线电阻,其值不得大于0.5Ω。导线与导线之间不得有短路或漏电,否则要更换线束
5	拆卸空气流量传感器		(1)断开蓄电池负极线 (2)拔下空气流量传感器插头 (3)拆卸进气软管 (4)拆卸空气流量传感器
6	检查空气流量传感器本身	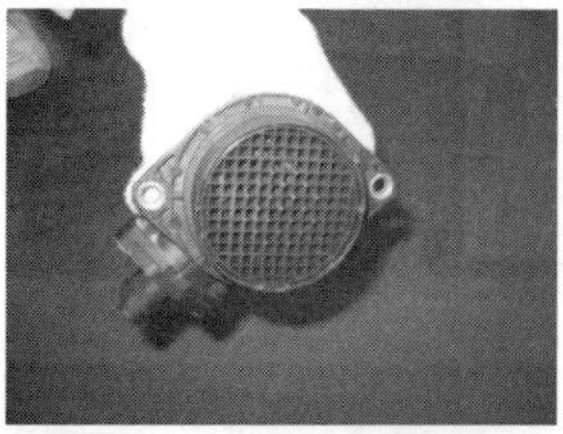	观察空气流量传感器,防护网有无堵塞或破裂。如有异常,应更换传感器
		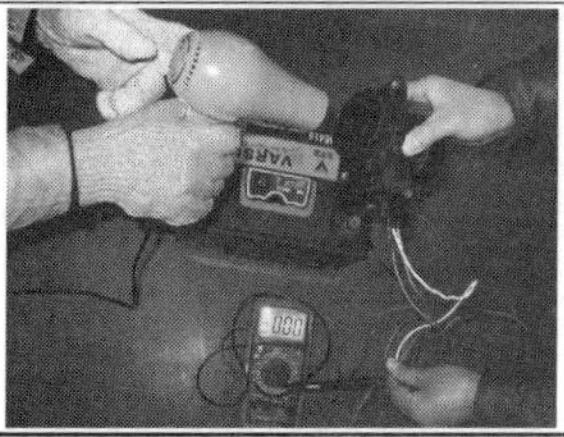	将蓄电池电压(或稳压电源12V)接至传感器插座内的电源输入端,然后用电压表测量信号输出端的电压。用嘴或风扇将风吹入空气流量传感器,吹风时信号输出端的电压应平稳变化。若测量结果不符合要求,应更换传感器

4. 检测氧传感器

操作步骤	操作内容	图　解	操作说明
1	确定氧传感器及插头位置	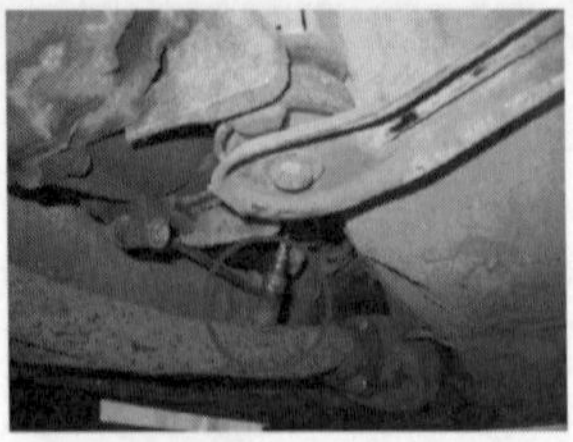	桑塔纳 2000GSi 轿车发动机采用氧化钛式传感器 氧传感器安装在排气管上
		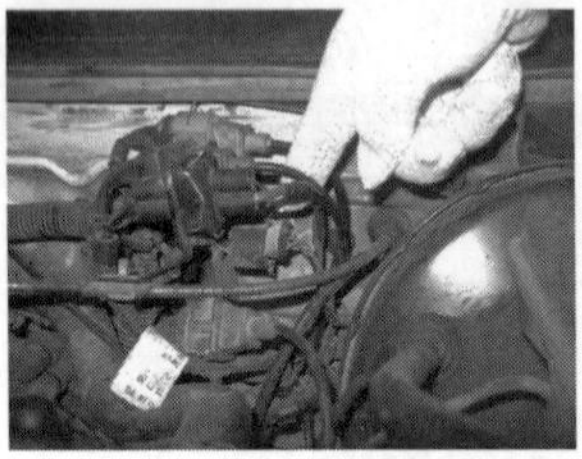	确定氧传感器插头位置
2	确定氧传感器的连接电路	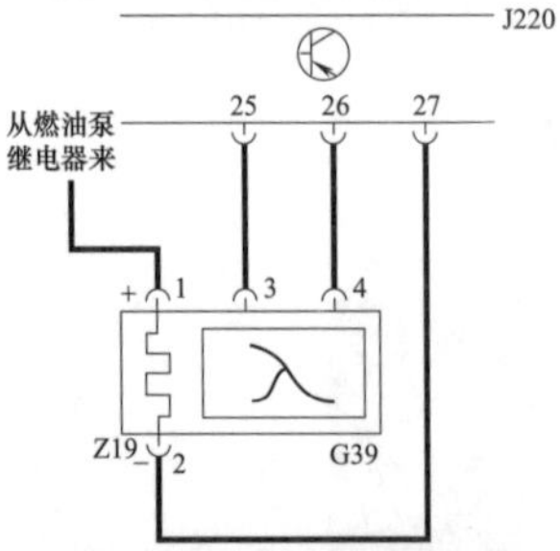 J220 从燃油泵继电器来 25 26 27 + 1 3 4 Z19 2 G39	确定氧传感器(G39)与 ECU 的连接电路
3	检查参考电压	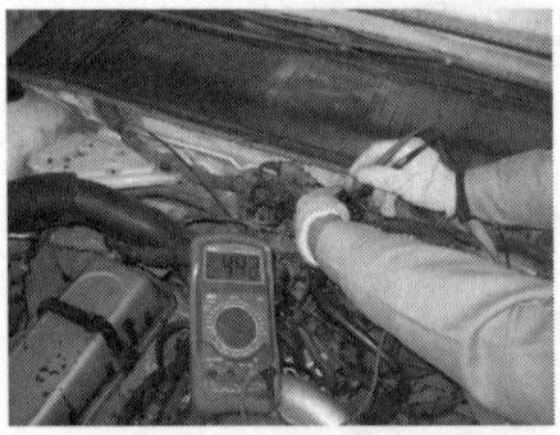	关闭点火开关，拔下氧传感器 4 脚黑色插头，再打开点火开关，检查来自 ECU 的参考电压，即测量第 3 脚和第 4 脚，它们之间的电压应为 0.40～0.55V
4	检查连接线路	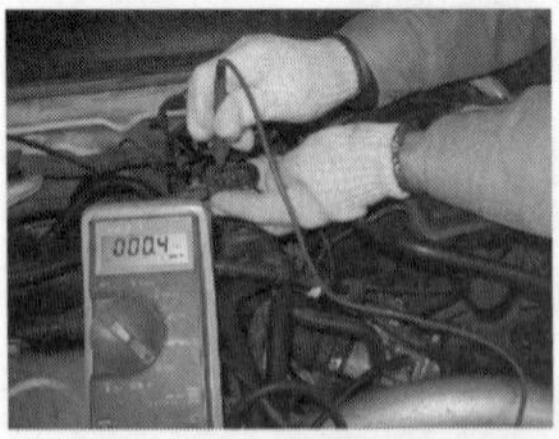	关闭点火开关，断开蓄电池负极线，拔下氧传感器 4 脚插头和 ECU 的 52 脚插头。检查氧传感器插头的第 3 脚与 ECU 插头第 25 端子、氧传感器插头第 4 脚与 ECU 插头第 26 端子，它们之间的导线电阻不得大于 0.5Ω。导线与导线之间不得有短路或漏电。否则更换线束
5	检查氧传感器本身	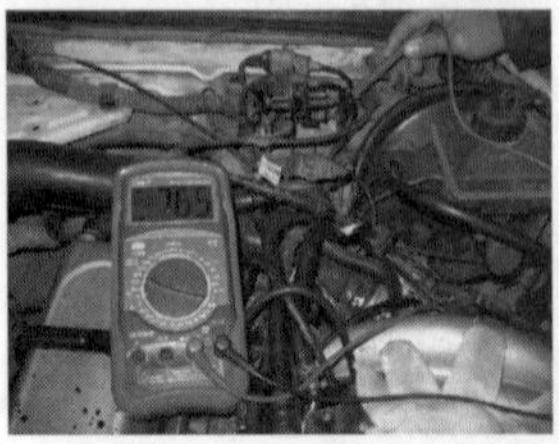	原地启动发动机，使其处于怠速状态。待发动机温度达到正常工作温度时，急剧增大发动机转速，再回到怠速状态运行 2min，取下氧传感器 4 脚插头，检测传感器插座第 4 脚与搭铁线间的电压，该电压应该是波动电压。当可燃混合气较浓时电压在 0.7～1V 之间波动，当可燃混合气较稀时电压在 0.1～0.3V 之间波动。如果传感器的反应速度太慢，则传感器或系统有故障

续表

操作步骤	操作内容	图　解	操作说明
6	检查加热元件	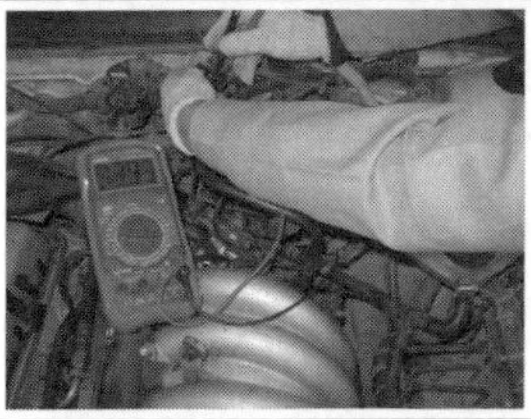	关闭点火开关，拔下氧传感器 4 脚插头。打开点火开关，启动发动机使其处于怠速状态，检查来自 ECU 一侧插座上的第 1 脚和 2 脚之间的电压，该值不应该低于 11.5V，否则检查氧传感器加热线圈电路
		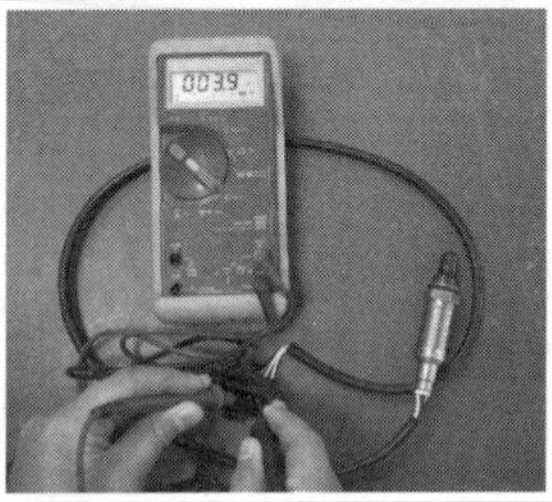	在常温下，加热元件的电阻约为 1～5Ω（冷态电阻）；温度升高，电阻应增大。否则说明加热元件损坏应更换氧传感器

（二）燃油供给系统的检修

1. 检测喷油器

操作步骤	操作内容	图　解	操作说明
1	感觉喷油器喷油脉动	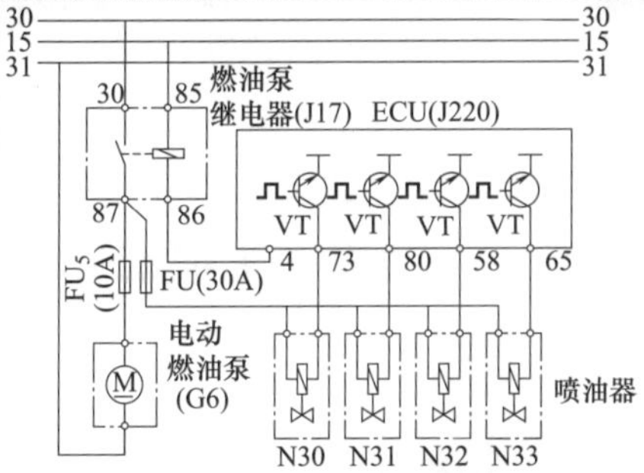 30 15 31 30 85 燃油泵继电器(J17) ECU(J220) VT VT VT VT 87 86 4 73 80 58 65 FU₅(10A) FU(30A) 电动燃油泵(G6) M 喷油器 N30 N31 N32 N33	喷油器（N30、N31、N32、N33）与 ECU 连接电路
			发动机运转时，用手指接触喷油器，正常时应可感觉到喷油器喷油时的脉动
2	检查喷油器电阻值	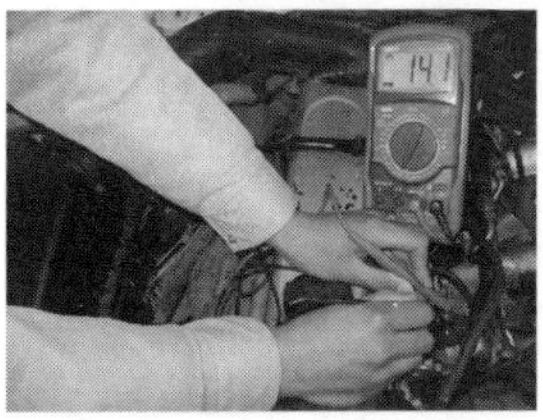	关闭点火开关，拔下喷油器插头，测量喷油器插脚间的电阻值。冷态阻值应为 13～18Ω（发动机热态时，电阻会增加 4～6Ω）。否则喷油器有故障，应更换
3	检查电源		关闭点火开关，拔下喷油器插头，在插头的 1 脚和搭铁之间接入电压表。原地启动发动机，电压表的读数应为电源电压（大于 11.5V）。如果没有电压，应检查喷油器线路

续表

操作步骤	操作内容	图 解	操作说明
4	检查连接线路	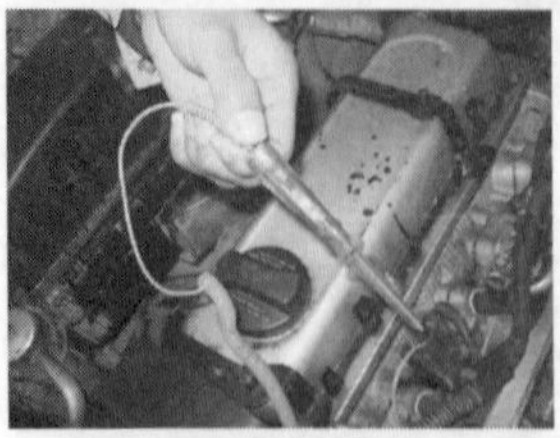	在喷油器插头1脚与2脚接入LED测试灯。启动发动机，LED测试灯闪亮说明有控制信号
		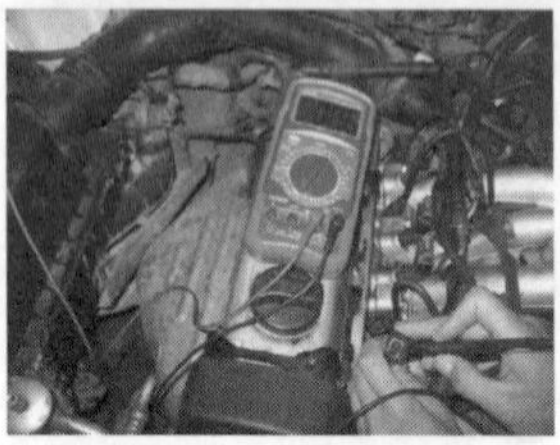	如LED测试灯不亮，检查线路。检查1缸喷油器插头的2脚与ECU插头的第73端子、2缸喷油器插头的2脚与ECU插头的第80端子、3缸喷油器插头的2脚与ECU插头的第58端子、4缸喷油器插头的2脚与ECU插头的第65端子间的电阻，其阻值应小于1.0Ω。导线和导线之间不得有短路和漏电。否则，应更换相应导线。如导线也正常，说明ECU有问题
5	检查漏油情况	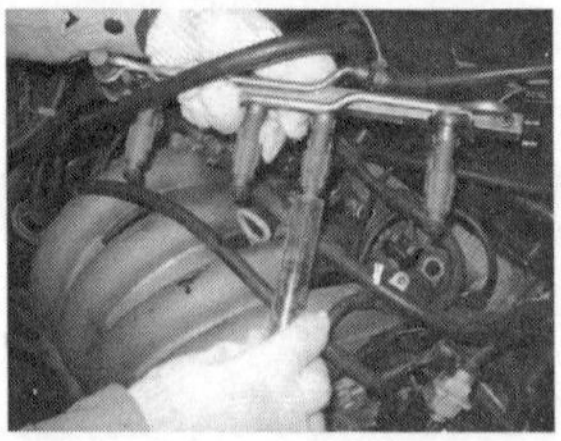	如以上检查没有问题，可检查喷油器漏油情况。打开点火开关，使发动机原地怠速运行一段时间后，关闭发动机，喷油器不应漏油，正常油压下，每分钟漏油不应多于两滴，否则，更换喷油器

2. 燃油压力调节器的检查

操作步骤	操作内容	图 解	操作说明
1	确定燃油压力调节器安装位置	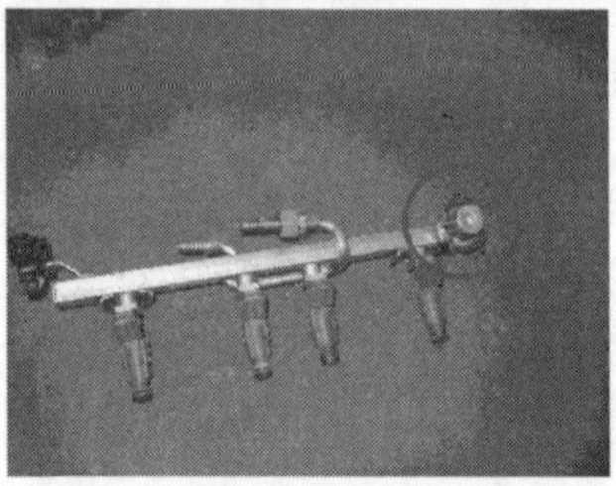	燃油压力调节器安装位置
2	检查燃油压力调节器外观		外观有无破裂，滤网有无脏污，密封圈是否完好
3	检查燃油压力调节器工作状况	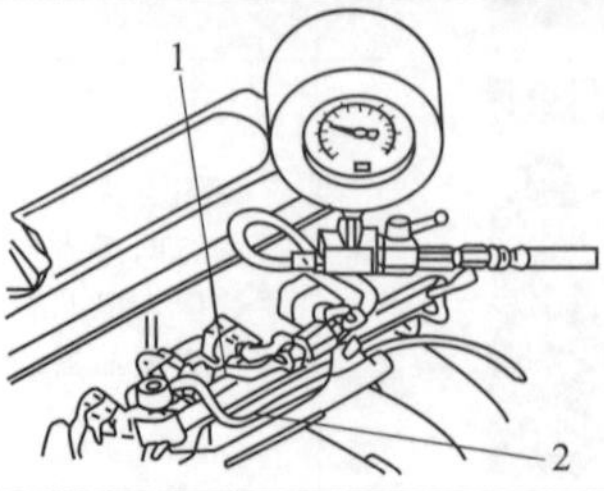 1 2	(1)启动发动机并使其怠速运转，测量怠速状态下的燃油压力，其值应为250kPa左右 (2)拔下燃油压力调节器上的真空软管，并检查燃油压力，此时的燃油压力应比怠速运转时的燃油压力高50kPa左右。若压力不符合要求，说明燃油压力调节器工作不良，应更换

续表

操作步骤	操作内容	图　解	操作说明
4	检查燃油分配管	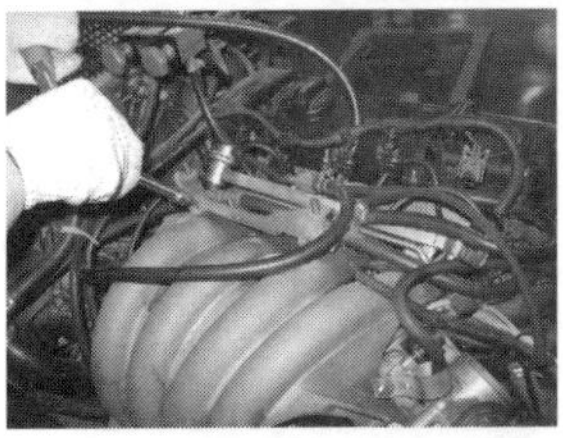	用5＃内六角扳手拆下燃油分配管支架
			(1)用5＃内六角扳手拆下喷油器固定卡 (2)拆下压力调节器固定卡
		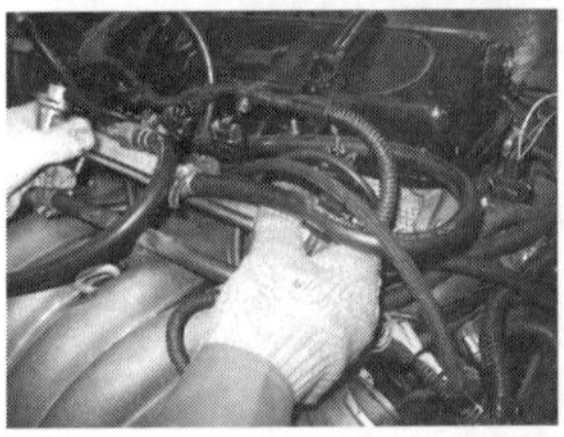	(1)轻轻取下燃油分配管组件 (2)检查燃油分配管是否破损或漏油现象

（三）汽油蒸气排放（EVAP）控制系统的检修

操作步骤	操作内容	图　解	操作说明
1	工具准备		要准备的工具：组合套筒、开口扳手、梅花扳手各一套；鲤鱼钳、尖嘴钳、一字起子、十字起子各一把；万用表和塞尺一只，化油器清洗剂一瓶 工具准备要齐全，摆放要整齐
2	确定活性炭罐和活性炭罐电磁阀的安装位置	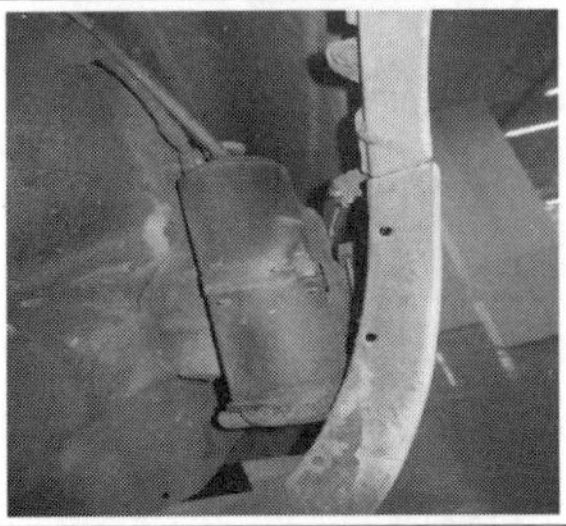	活性炭罐的位置在右前轮罩下，拆卸及安装活性炭罐要拆下右前轮罩的挡板
		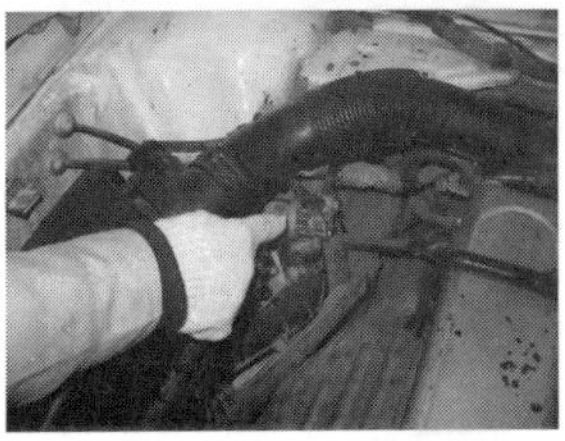	活性炭罐电磁阀的安装位置

续表

操作步骤	操作内容	图　解	操作说明
3	确定燃油蒸发控制装置电路连接		燃油蒸发控制装置电路连接
4	检查活性炭罐		先将活性炭罐拆下，检查活性炭罐是否有开裂或损坏现象，如果发现上述情况或活性炭罐内部被燃油浸泡，就必须更换活性炭罐
5	检查活性炭罐电磁阀		启动发动机运转时，用手触摸活性炭罐电磁阀应有明显的振动感。当断开点火开关时，应能听到电磁阀阀门关闭的“咔嚓”声，说明电磁阀线路断路或电磁阀失效，可继续以下检查
6	检查活性炭罐电磁阀电源		关闭点火开关，拔下活性炭罐电磁阀的插头，启动发动机，怠速运行。检查活性炭罐电磁阀插头第 2 脚与搭铁之间的电压，该值应大于 11.5V。如果不是，检查燃油泵继电器
7	检查活性炭罐电磁阀线圈		关闭点火开关，拔下活性炭罐电磁阀的插头，检查电磁线圈的电阻，其冷态电阻应为 22～30Ω。否则，应更换电磁阀

第五节　柴油机燃油供给系统

柴油机燃油供给系统的作用是根据柴油机工作的要求，定时、定量、定压地将雾化质量良好的柴油，以一定喷油规律喷入燃烧室与空气相混合，为可燃混合气的形成与燃烧提供良好条件。燃油供给系统的工作性能好坏，将直接影响到柴油机的工作性能。

一、柴油机燃油供给系统的结构原理

（一）柴油机燃油供给系统的组成

柴油机燃油供给系统用于燃料的储存、滤清和输送工作，并按柴油机各种不同工况的要求，定时、定量、定压并以一定的喷油质量喷入燃烧室，使其与空气迅速且良好地混合和燃烧，最后将废气排入大气。

柴油机燃油供给系统由油箱、柴油滤清器、输油泵、喷油泵、高压油管、喷油器及低压油管等组成，如图 2-103 所示。

1. 柴油滤清器

柴油滤清器作用是将柴油中杂质滤掉，保证喷油泵和喷油器工作可靠并延长使用寿命。结构如图 2-104 所示。

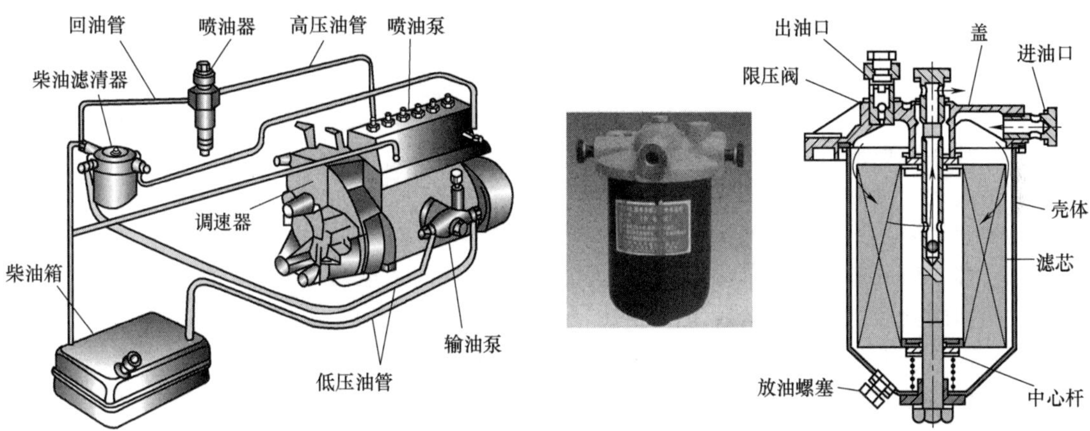

图 2-103　燃油系统组成

图 2-104　柴油滤清器

柴油滤清器的滤芯是由微孔滤纸制成，装在滤清器盖与底部的弹簧座之间，并用橡胶圈密封。输油泵输出的柴油，经低压油管进入滤芯外的壳体内，再透过滤芯经出油管输出给喷油泵，柴油机中的机械杂质和尘土被滤去，水分沉淀在壳体下部。

2. 输油泵

柴油机输油泵的作用是用以克服滤清器及管路阻力，将足够数量的柴油自油箱输送到喷油泵。为了便于排除低压油路中的空气，输油泵上常装有手油泵。柴油机输油泵主要有活塞式、膜片式、滑片式及齿轮式等，用得较多的是活塞式输油泵。

活塞式输油泵的结构如图 2-105 所示。

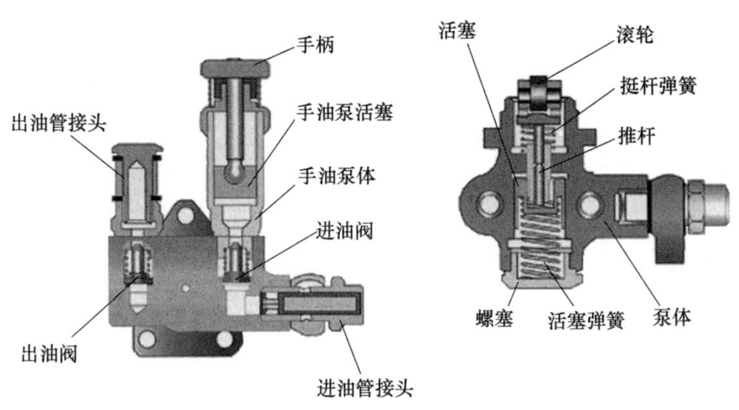

图 2-105　活塞式输油泵的构造

输油泵的工作原理及工作过程如图 2-106 所示。

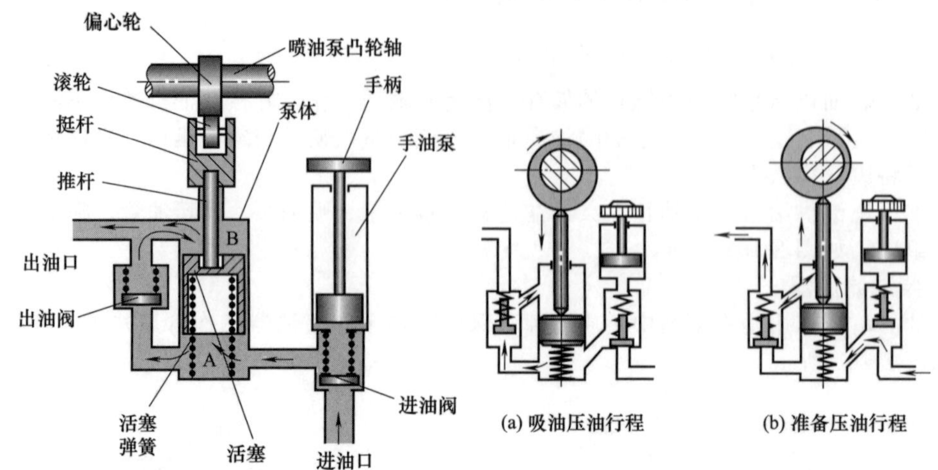

图 2-106 输油泵工作原理

（1）吸油和压油行程 在弹簧力的作用下，随着偏心轮的转动，活塞上行，下腔容积增大，产生真空，进油阀开启，柴油经进油口进入下泵腔。同时，上泵腔容积缩小，压力增大，出油阀关闭，上泵腔中的柴油经出油口压出。

（2）准备压油行程 偏心轮推动滚轮、挺杆和活塞向下运动，下泵腔油压增高，进油阀关闭，出油阀开启，柴油从下腔流入上腔。

（3）输油量的自动调节 输油泵供油量大于喷油泵需要量时，上泵腔油压逐渐增高，活塞的有效行程越来越小，泵油量也逐渐减少，当上泵腔压力与活塞弹簧弹力相平衡时，输油泵便停止泵油。

3. 油水分离器

油水分离器的作用是除去柴油中的水分，构造与工作原理如图 2-107 所示。柴油流经油水分离器时，油中的水分由于重力的作用而沉淀下来。浮子随着积水的增多而上浮，当浮子到达规定的放水水位时，仪表板上的报警灯发出放水信号，驾驶员及时旋松放水塞放水。

4. 喷油泵

喷油泵作用是根据柴油机的工作要求，在规定的时刻将定量的柴油以一定的压力输送至喷油器。现代柴油机上常用的喷油泵主要有柱塞式喷油泵、喷油泵-喷油器和转子分配式喷油泵等三类。柱塞式喷油泵如图 2-108 所示，是利用柱塞的往复运动来泵油，这种喷油器结

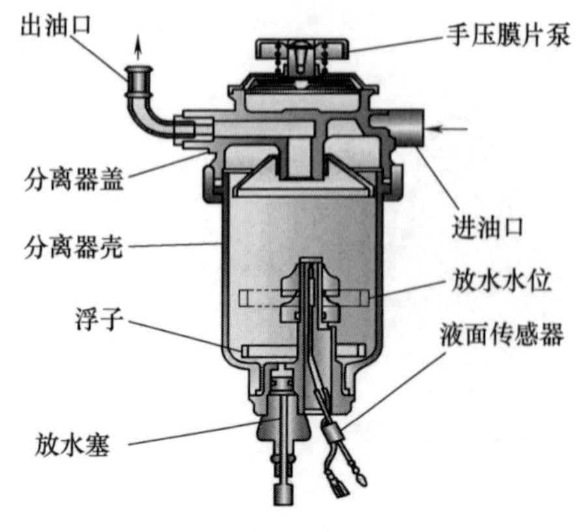

图 2-107 油水分离器构造与工作原理

图 2-108 柱塞式喷油泵

构紧凑、性能良好、工作可靠，为大多数汽车柴油机所采用。喷油泵-喷油器是将喷油泵和喷油器结合成一个整体，直接安装在气缸盖上，消除了高压油管所引起的压力波动现象，可以更加精确地控制喷油规律，PT 燃油供给系统的喷油泵就属于此类。转子分配式喷油泵是依靠转子的转动实现压油及分配，它体积小、重量轻、零件少、成本低，但其最大供油量和供油压力均比柱塞式喷油泵小，比较适合用在中小功率的多缸柴油机上。

国产系列柱塞式喷油泵分为Ⅰ、Ⅱ、Ⅲ和 A、B、P、Z 等系列。其中 A、B、P、Z 系列泵采用整体式泵体，结构刚性较好；Ⅰ、Ⅱ、Ⅲ系列泵采用上下分体式泵体，拆装较方便。在每一个系列中都有若干种喷油泵，其结构形式、柱塞行程（凸轮升程）和分泵中心距都是相同的，但柱塞直径和分泵数不同，以满足各种柴油机的需要，喷油泵的系列化有利于制造和维修。上述七种系列泵的主要参数如表 2-3 所示。

表 2-3　国产系列柱塞式喷油泵主要参数

主要参数＼系列代号	Ⅰ	Ⅱ	Ⅲ	A	B	P	Z
凸轮升程/mm	7	8	10	8	10	10	12
分泵中心距/mm	25	32	38	32	40	35	45
柱塞直径范围/mm	7～8	7～11	9～13	7～9	8～10	8～13	10～13
最大供油量范围/（mm^3/循环）	60～150	80～250	250～330	60～150	130～225	130～475	300～600
分泵数	1～12	2～12	2～8	2～12	2～12	4～8	2～8
最大转速范围/（r/min）	1500	1500	1000	1400	1000	1500	900
适用柴油机缸径范围/mm	105 以下	105～135	140～160	105～135	135～150	120～160	150～180

5. 喷油器

喷油器的作用是将柴油雾化成较细的颗粒，并把它们分布到燃烧室中。根据混合气形成与燃烧的要求，喷油器应具有一定的喷射压力和过程，以及合适的喷雾锥角。此外，喷油器在规定的停止喷油时刻应能迅速地切断燃油的供给，不发生滴漏现象。

6. 回油管

用于将多余的柴油收集回流到油箱或滤清器中。通常在其余喷油泵连接处有个单向阀，拆装及排故时要留意。

（二）柱塞式喷油泵

1. 柱塞式喷油泵构造

柱塞式喷油泵一般由分泵、油量调节机构、传动机构及泵体组成。

（1）分泵　分泵是喷油泵的泵油机构，多缸发动机中分泵的数量与柴油机气缸数相等。分泵主要由柱塞偶件、柱塞弹簧、弹簧下座、出油阀偶件、出油阀弹簧、出油阀压紧座等组成，如图 2-109 所示。

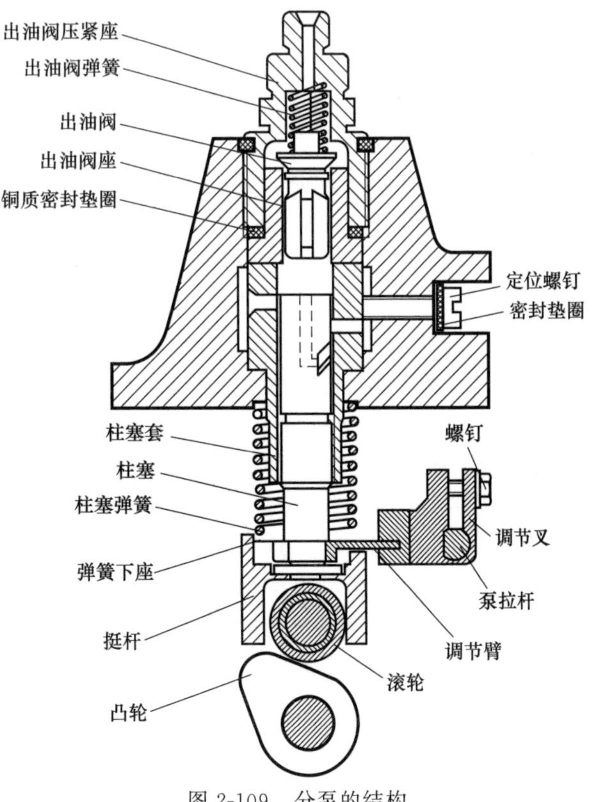

图 2-109　分泵的结构

（2）出油阀偶件　出油阀偶件如

图 2-110 所示，包括出油阀和出油阀座，它的作用是出油、断油和断油后迅速降低高压油管的剩余压力，使喷油器迅速停止供油而不出现滴漏现象。

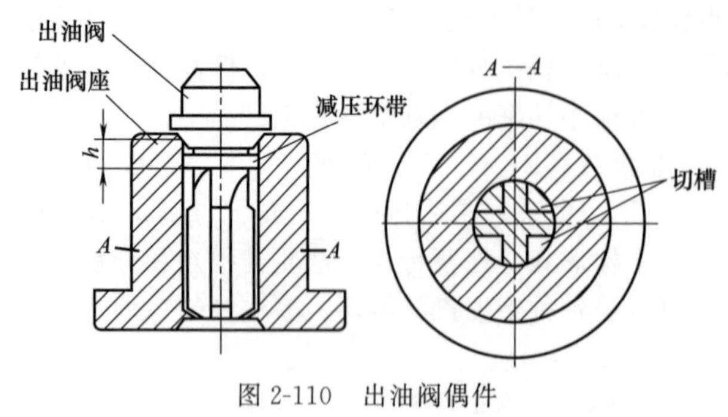

图 2-110　出油阀偶件

出油阀的上部有一圆锥面，出油阀弹簧将此锥面紧压在阀座的圆锥面上，形成宽为 0.3～0.5mm 的密封环带。锥面下部有一窄的圆柱形环带，称为减压环带，它与阀座孔精密配合，也具有密封作用。出油阀减压环带下部为导向部，在圆柱形的阀杆上铣出了四个直切槽，使阀杆断面呈“十”字形，既能导向，又为高压柴油提供通道。出油阀偶件装在柱塞的上端，由出油阀压紧座压紧在喷油泵体上。出油阀偶件是燃油供给系的第三副精密偶件，要求有较高的精度和光洁度、好的耐磨性，采用优质合金钢制造，加工中经过选配和互研，其工作表面的径向间隙为 0.006～0.016mm，使用和维修过程中不得互换。

（3）油量调节机构　油量调节机构的作用是根据柴油机工况的变化来改变喷油泵的供油量且保证各缸的供油量一致。从喷油泵的工作原理可知，柱塞每次循环的供油量取决于供油的有效行程的大小，由于斜槽的存在，只要转动柱塞就可以改变柱塞的供油有效行程，从而达到调节供油量的目的。常用的油量调节机构有齿杆式、拨叉式和球销式三种。

① 齿杆式油量调节机构。该调节机构如图 2-111 所示。油量调节套筒松套在柱塞套上。在油量调节套筒的下端开有两个纵向切槽，柱塞下端的两个凸耳就嵌在切槽之中。可调节齿圈用螺钉锁紧在油量调节套筒上并与调节齿杆啮合。当齿杆作往复运动时，柱塞被带着转动而改变循环供油量。当松开齿圈的锁紧螺钉，将油量调节套筒及柱塞相对于柱塞套转动一个角度时，可调整各缸油量的大小和均匀性。这种调节机构的优点是传动平稳，工作比较可靠，寿命长，但结构尺寸较大。

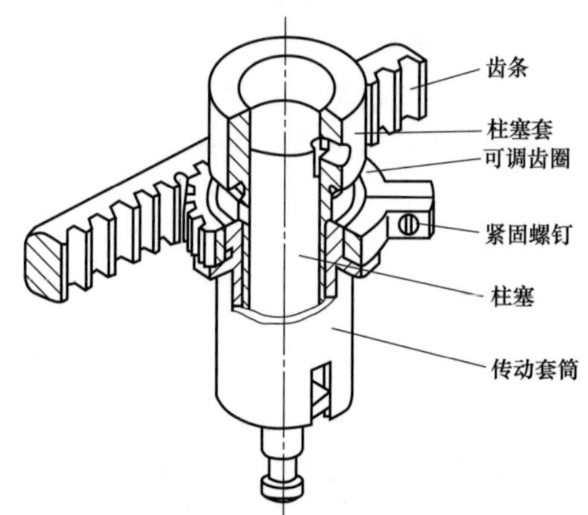

图 2-111　齿杆式油量调节机构

② 拨叉式油量调节机构。该调节机构如图 2-112 所示。在柱塞下端压装一调节臂，臂的球头插入调节叉的槽内，而调节叉则用螺钉紧固在供油拉杆上。移动供油拉杆则可转动柱塞，改变循环供油量。松开调节叉上的螺钉可以调整调节叉在拉杆上的位置，可以调整各缸的供油量的大小和均匀性。这种调节结构的优点是结构简单、容易制造。

（4）传动机构　传动机构由凸轮轴和滚轮传动部件组成。凸轮轴的两端支承在圆锥滚子轴承上，前端装有联轴器及机械离心式供油提前角自动调节器，后端与调速器相连。滚轮传动部件如图 2-113 所示。带有衬套的滚轮松套在滚轮轴上。轴又支承在滚轮架的座孔中。滚轮架左侧圆柱面上镶有一导向块。泵体上相应开有轴向长槽。导向块插入该槽中，使滚轮架只能上下移动而不能转动。

喷油泵的凸轮轴是由柴油机的曲轴通过齿轮驱动的。当凸轮轴上的凸轮凸起部分与滚轮接触时，便克服柱塞弹簧的弹力，推动柱塞向上运动。当凸轮的凸起部分转过后，柱塞便在

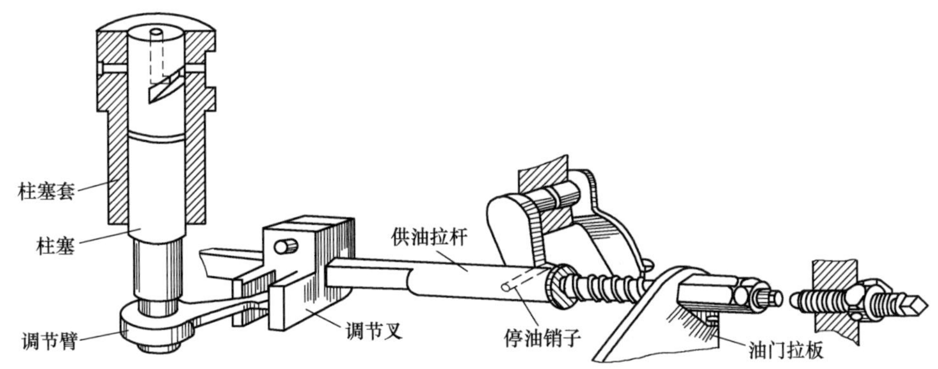

图 2-112　拨叉式油量调节机构

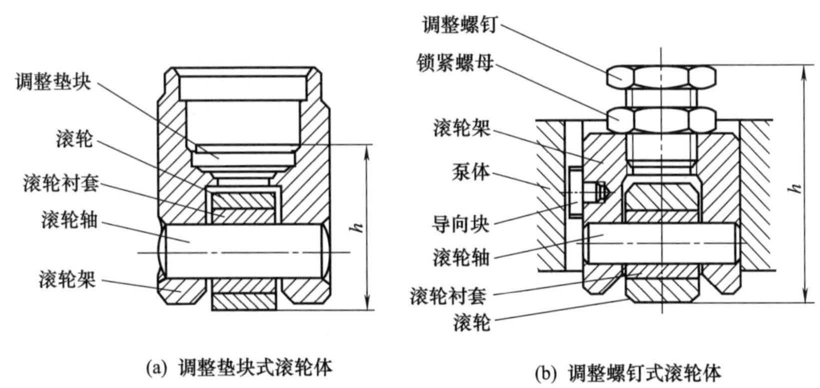

图 2-113　滚轮传动部件

弹簧的作用下回位。为保证在相当于一个工作循环的曲轴转角内，各缸都能喷油一次，四冲程柴油机的喷油泵凸轮轴的转速应等于曲轴转速的二分之一。凸轮的外部轮廓应满足柴油机对燃油供油规律的要求，各凸轮相对角位置，必须符合柴油机的发火次序。

2. 喷油泵主要零部件的检测

由于机械零部件在使用过程中，主要的耗损形式是磨损，所以有必要进行相关的检测。

（1）凸轮轴　凸轮轴的主要损坏形式是磨损和弯曲。磨损主要是用外径千分尺测量凸轮高度和凸轮轴轴径。凸轮高度超差只能报废；通过测量若发现凸轮轴弯曲度超过允许值必须更换或进行弯曲校正。

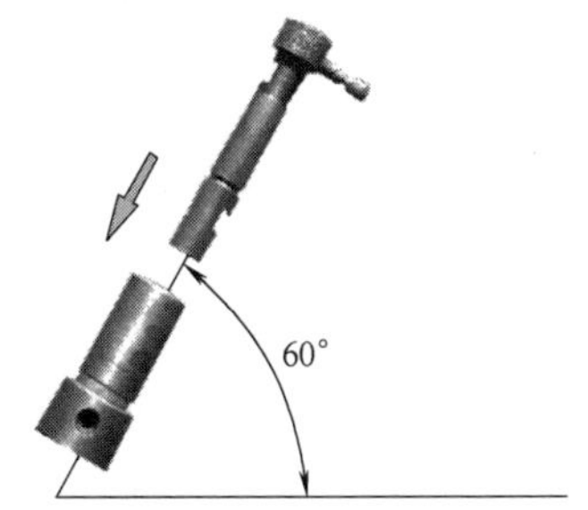

图 2-114　柱塞偶件配合间隙的检查

（2）柱塞偶件　柱塞偶件由柱塞和柱塞套组成，如图 2-114所示。柱塞偶件主要检查相互之间的配合间隙及柱塞及柱塞工作面的磨损情况。检查柱塞偶件相互配合间隙时，在柱塞外圆柱面和柱塞套内涂上干净的柴油，然后将两者装合并倾斜 60°，若柱塞在柱塞套内能缓慢滑下，则证明配合间隙正好，否则应成套更换。

（3）出油阀偶件　出油阀偶件由出油阀和阀座两部分组成，如图 2-115 所示。出油阀偶件常见的故障主要是出油阀密封锥面、出油阀减压环带、出油导向部分等部位的磨损及出油阀座的磨损，磨损情况主要通过检查偶件之间的密封性来检测。

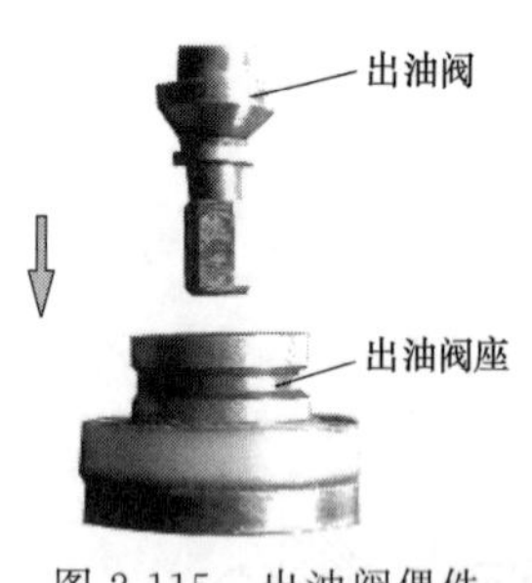

图 2-115 出油阀偶件

（4）油量控制机构 如图 2-116 所示，若油量调节机构有明显的松脱或松旷，则说明定位不牢固或磨损变大，应予以调整或更换。

（三）喷油器

喷油器的作用是将柴油雾化成均匀细小的颗粒，喷入燃烧室。喷油器应具有一定的喷射压力和射程及合适的喷射锥角，停止喷油时刻应断油干脆迅速、无滴漏现象。喷油器结构如图 2-117 所示。

常见有孔式和轴针式两种。孔式喷油器包括单孔式和多孔式；

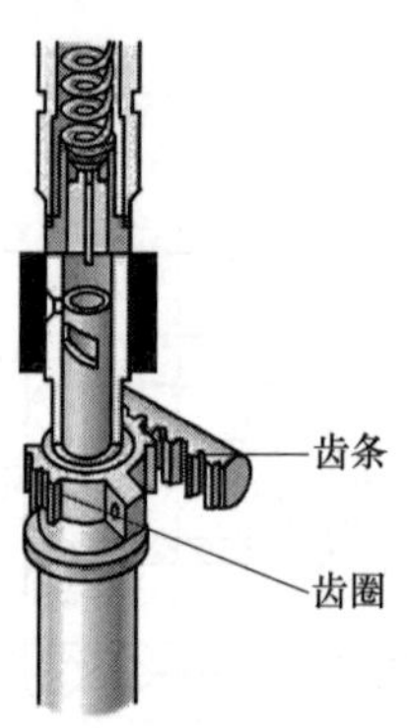

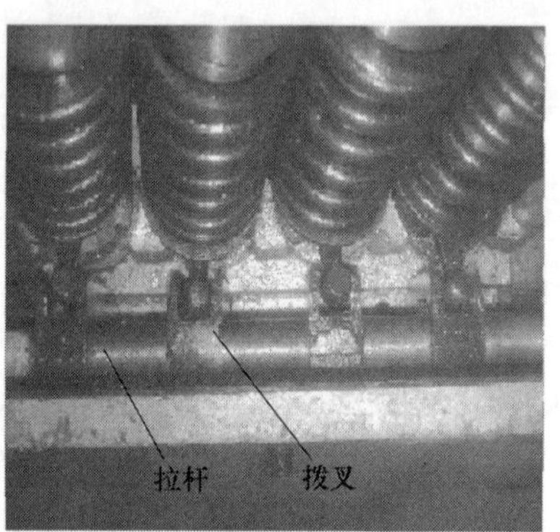

图 2-116 油量控制机构

轴针式喷油器又可分为节流式和针阀式，如图 2-118 所示。

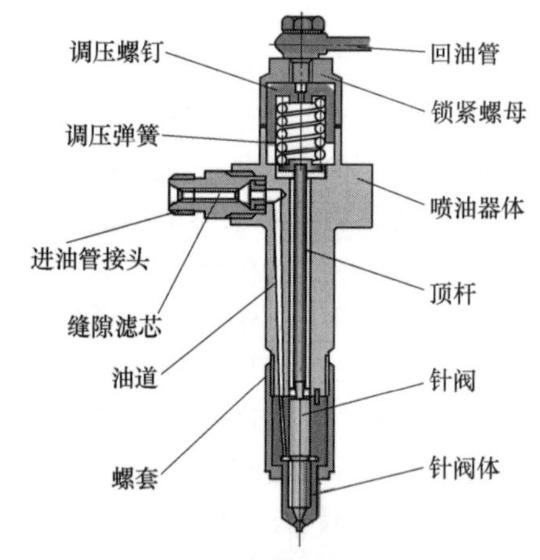

图 2-117 喷油器构造

1. 孔式喷油器

喷油器由针阀、针阀体、顶杆、调压弹簧、调压螺钉及喷油器壳体等零件组成，如图 2-119 所示。

孔式喷油器主要用于具有直接喷射式燃烧室的柴油机。喷油孔的数目范围一般为 1～8 个，喷孔直径 0.2～0.8mm。喷孔数目和喷孔角度的选择视燃烧室的形状、大小和空气涡流情况而定。

针阀和针阀体合称针阀偶件。针阀上部的圆柱表面与针阀体的相应圆柱面作高精度的滑动配合，配合间隙为 0.002～0.003mm。

针阀偶件的配合面通常是经过精磨后再研磨，从而保证其配合精度的。所以选配和研磨好的一副针阀偶件是不能互换的，这点在维修过程中应特别注意。装在喷油器上部的调压弹簧通过顶杆使针阀紧压在针阀体的密封锥面上，将喷孔关闭喷油泵输出的高压柴油从进油管接头经过喷油器体与针阀体中的油孔道进入针阀中部周围的环状空间——高压油腔。油压作用在针阀的承压锥面上，造成一个向上的轴向推力，当此推力克服了调压弹簧的预紧力、针阀与针阀体间的摩擦力（此力很小）及针阀自身重力后，针阀即上移而打开喷孔，高压柴油便从针阀体下端的喷油孔喷出。当喷油泵停止供油时，由于油压迅速下降，针阀在调压弹簧作用下及时回位，将喷孔关闭。喷油开始时的喷油压力取决于调压弹簧的预紧力，喷油压力可用调压

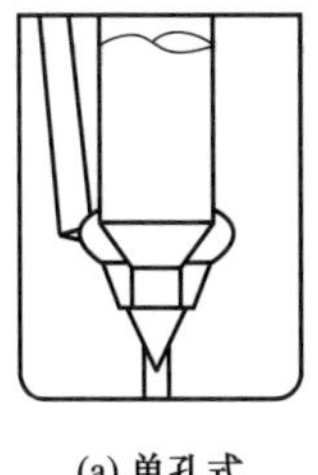
(a) 单孔式
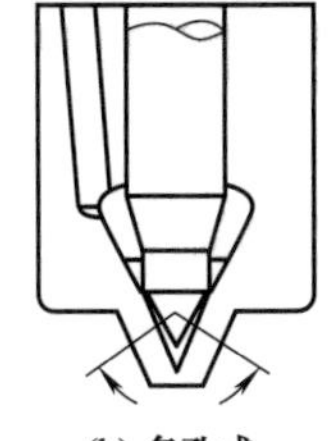
(b) 多孔式
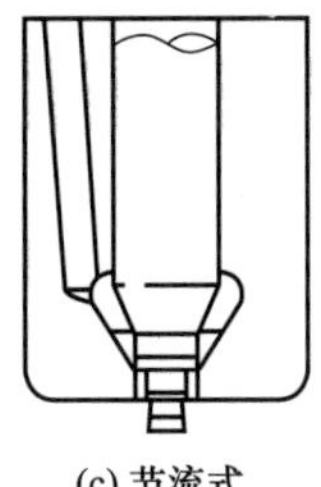
(c) 节流式
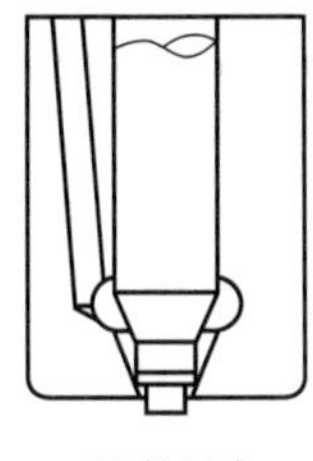
(d) 针阀式

图 2-118　喷油器分类

螺钉调节。

喷油器喷油时，其喷射油束锥角必须与所用燃烧室形状相适应，使燃油雾粒直接喷射在燃烧室空间并均匀分布。在喷油器工作过程中，会有少量柴油从针阀与针阀体的配合表面之间的间隙漏出。这部分柴油对针阀起润滑作用，并沿顶杆周围的空隙上升，通过回油管螺栓上的孔进入回油管，流回柴油滤清器。对多缸柴油机，为使各缸喷油器工作一致，各缸应采用长度相等的高压油管。喷油器用两个固定螺钉固定在气缸盖上的喷油器孔座内，用铜制的锥体密封，以防止漏气。

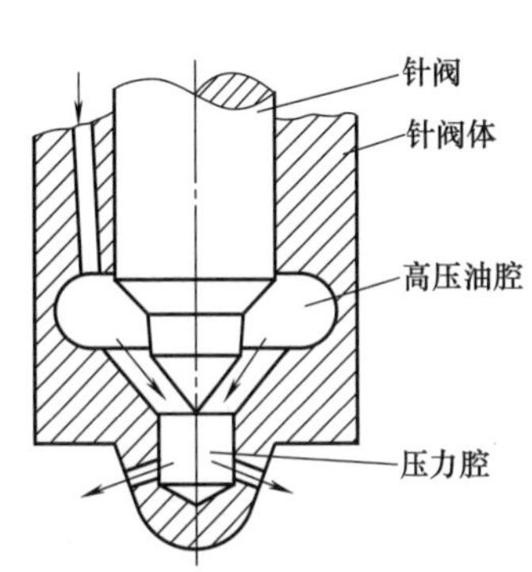

图 2-119　孔式喷油器

2. 轴针式喷油器

轴针式喷油器的工作原理与孔式的相同。其结构特点是针阀下端的密封锥面以下还延伸出一个轴针，其形状可以是倒锥形或圆柱形。轴针伸出喷孔外，使喷孔成为圆环状的狭缝(轴针与孔的径向间隙为 0.05mm)。这样，喷油时的喷注将呈空心的锥状或柱形，如图 2-120 所示。喷孔通过端面与喷注锥角的大小取决于轴针的升程和形状，因此要求轴针的形状加工得很精确。

常见的轴针式喷油器只有一个直径 1～3mm 的喷孔。由于喷孔直径较大，孔内有轴针上下运动，喷孔不易积炭，而且还能自行清除积炭。

轴针式喷油器孔径较大，喷油压力较低（12～14MPa），故比较易于加工。它适用于对喷雾要求不高的涡流室式燃烧室和预燃室式燃烧室。

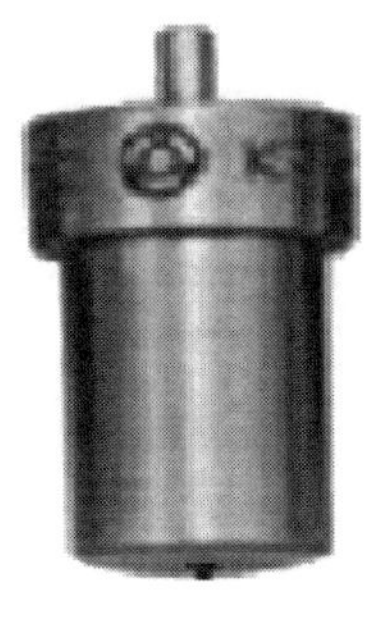
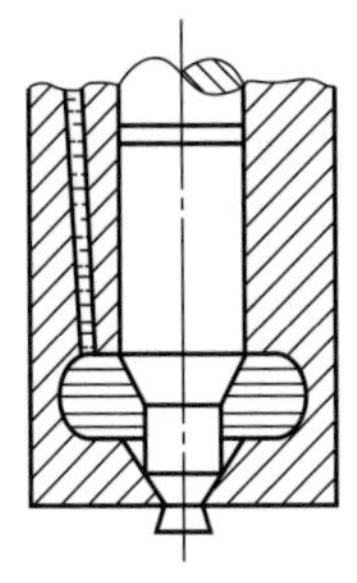
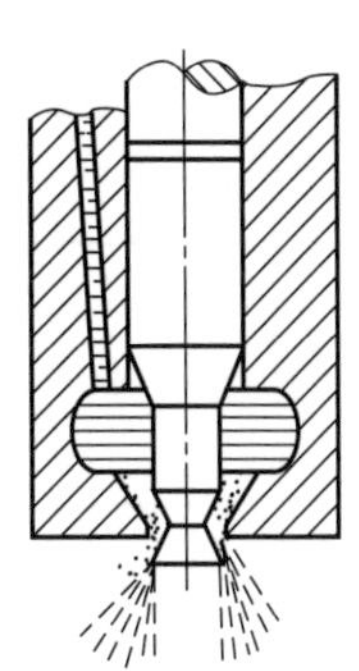

图 2-120　轴针式喷油器

（四）柴油机电子控制喷油系统

1. 位置控制系统

位置控制系统只是对齿条或者油量控制滑套的运动位置予以电子控制，即采用电子调速器代替机械调速器。采用旋转电磁铁来直接控制泵油柱塞上的滑套，实现喷油量控制，如图图 2-121 所示。通过控制旋转电磁铁线圈的电流，可使其转子在 0°～60°范围内旋转，然后利用装在转子轴上、并且与控制轴套啮合的一只钢球来移动泵油柱塞上的滑套，从而控制喷油量，而检测转子角度控制滑套位置的是一种无触点的电感式角位移传感器，如图 2-122 所示。

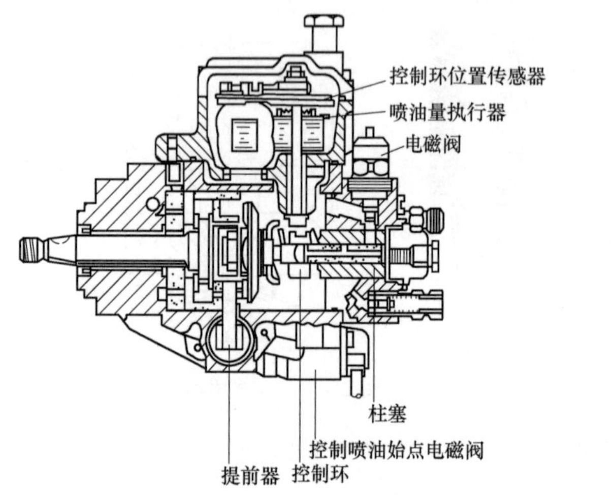

图 2-121 位置控制系统

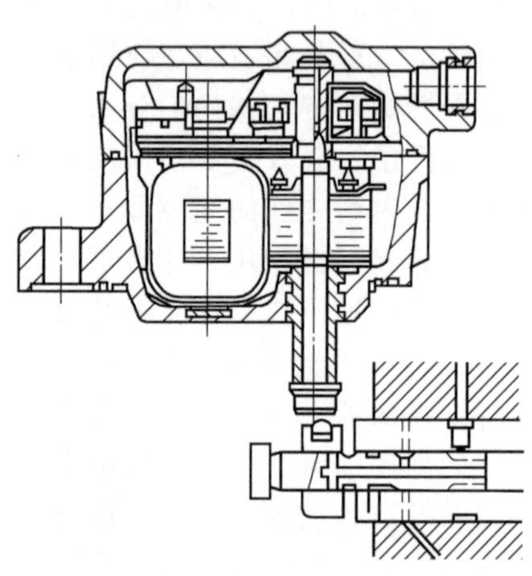

图 2-122 电感式角位移传感器

2. 时间控制系统

时间控制系统如图 2-123 所示，是用高速强力电磁阀直接控制高压燃油。当电磁溢流阀通电切断溢油通路时，燃油则经喷油器喷入燃烧室。当电磁溢流阀断电，溢油通路即被打开，喷油即可停止。这样，可取消原分配泵中的溢油滑环，以及位置控制式分配泵中的线性（比例）电磁铁，还有溢油滑环位置传感器，使泵结构大为简化。

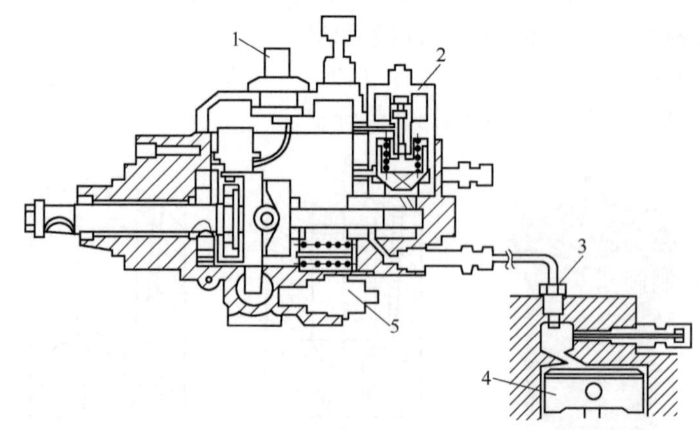

图 2-123 时间控制系统

1—转速传感器；2—溢油控制阀；3—喷油定时传感器；4—发动机；5—喷油定时控制阀

该系统能自由控制喷油量和喷油定时，喷射压力高（峰值压力可达 240MPa），但其无

法实现喷油压力的灵活调节，且较难实现预喷射或分段喷射。

3. 共轨燃油喷射系统

第一代共轨高压泵总是保持在最高压力，导致能量的浪费和很高的燃油温度。第二代可根据发动机需求而改变输出压力，并具有预喷射和后喷射功能。

（1）共轨燃油喷射系统的优点

① 可燃混合气比例更精确，燃烧更充分。

② 有害物质的排放减少，利于环保。

③ 工作噪声大大降低。

（2）系统组成　主要由低压油路、高压油路、传感器与控制器等几部分组成，如图 2-124所示。

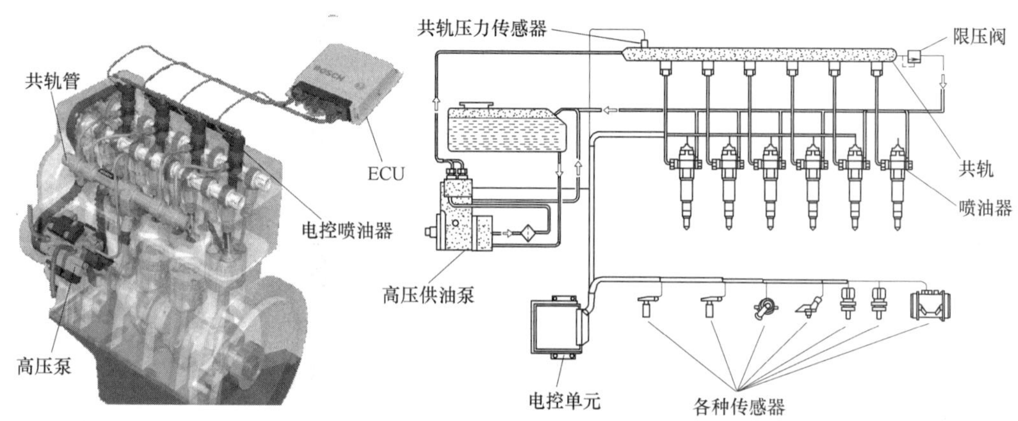

图 2-124　共轨燃油喷射系统的组成

① 低压油路：结构原理与传统的柴油供给系统低压油路相似。

② 高压油路：由高压泵、调压阀、共轨管、流量限制器、限压阀和电控喷油器等组成。

（3）主要部件的结构

① 高压泵。高压泵的作用是产生高压油，构造如图 2-125 所示。

柱塞下行，控制阀开启，低压燃油经控制阀 PVC 流入柱塞腔；柱塞上行，但控制阀中尚未通电，控制阀仍处于开启状态，吸进的燃油并未升压，经控制阀又流回低压腔。

图 2-125　高压泵

控制阀通电使其关闭，则回油流路被切断，柱塞腔内燃油被升压。因此，高压燃油经出油阀（单向阀）压入共轨内。控制阀关闭后的柱塞冲程与供油量对应。如果使控制阀的开启时间（柱塞的预冲程）改变，则供油量随之改变，从而可以控制共轨压力。

凸轮越过最大升程后，则柱塞进入下降冲程，柱塞腔内的压力降低。这时出油阀关闭，压油停止。控制阀处于断电状态，控制阀开启，低压燃油将被吸入柱塞腔内，既恢复到初始状态。

② 调压阀。其作用是根据发动机负荷状况调整和保持共轨管中的压力。

③ 高压存储器（共轨管）。其作用是存储高压油，保持压力稳定。

共轨管上安装有压力传感器、限压阀和流量限制器，如图 2-126 所示。

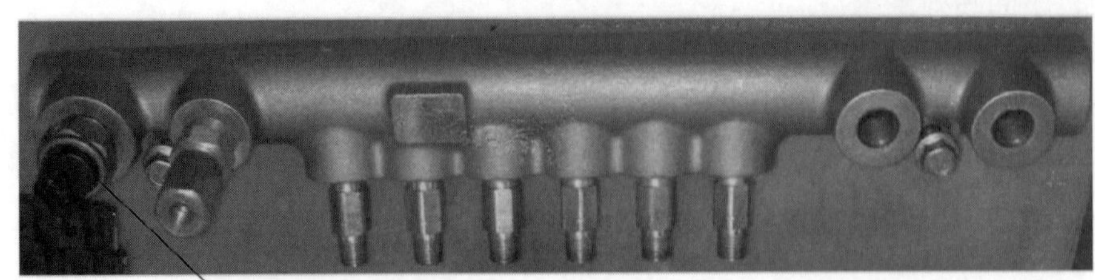

图 2-126　高压存储器

④ 电控喷油器。它是共轨柴油喷射系统的核心部件，其作用是准确控制向气缸喷油的时间、喷油量和喷油规律。

二位二通高速电磁阀控制的喷油器的作用原理，如图 2-127 所示。

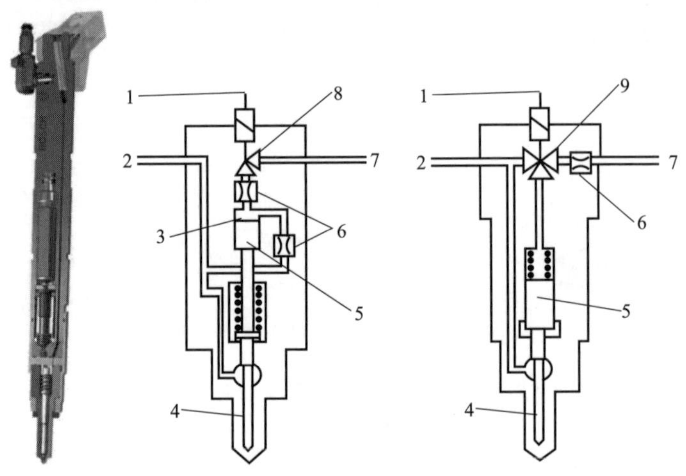

图 2-127　电控喷油器

1—信号脉冲；2—共轨压力；3—控制室；4—喷嘴；5—液压活塞；6—节流孔；7—回油；8—二位二通电磁阀；9—二位三通电磁阀

喷油器的主要零件是喷油器、控制喷油率的节流孔、液压活塞和高速电磁阀。喷油器中的高速电磁阀在新结构采用二位二通阀结构。

喷油器控制喷油量和喷油定时，通过二位二通电磁阀的开启和关闭进行控制。当二位二通阀开启时，控制腔内的高压燃油经出油节流孔流入低压腔中，控制室中的燃油压力降低，但是，喷油器压力腔的燃油压力仍是高压。压力室中的高压使针阀开启向气缸内喷射燃油。当二位二通阀关闭时，共轨高压油经控制室的进油节流孔流入控制室，控制室的燃油压力升高，使针阀下降，喷油结束。

二位二通阀的通电时刻确定了喷油始点，二位二通阀通电时间确定了喷油量。这些基本喷油参数都由电子脉冲控制。

二位二通阀通过控制喷油器控制室内的压力，来控制喷油的开始和喷油终了。节流孔既控制喷油器针阀的开启速度，也控制了喷油率形状。

4. 排气后处理系统

如图 2-128 所示，此系统采用颗粒滤清器、催化转化器和脱 NO_x 催化器等，主要是为了降低排气中颗粒和 NO_x 的含量，利于环境保护。

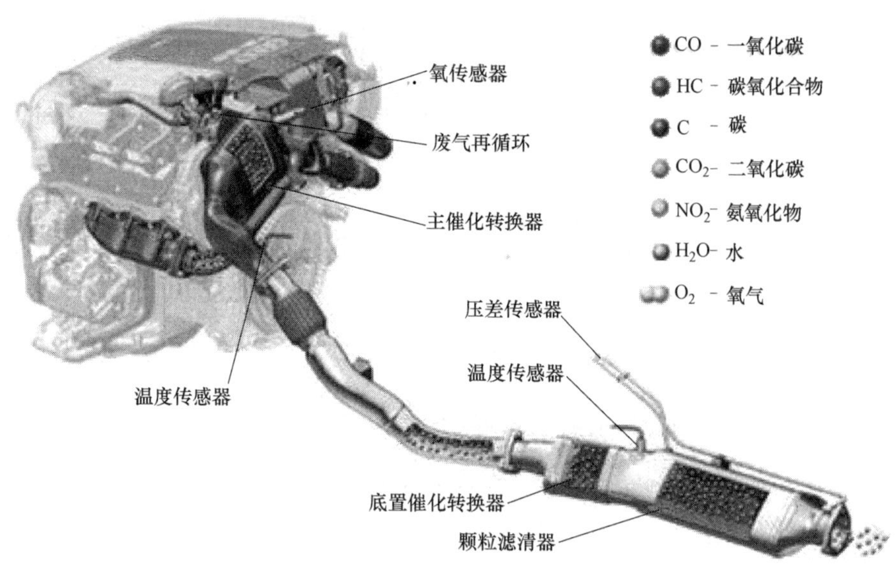

图 2-128　排气后处理系统

二、柴油机燃油供给系统的检修操作

（一）柴油机燃油供给系统的拆卸

操作步骤	操作内容	图　解	操作说明
1	准备工作		(1)工具准备齐全，摆放整齐，场地清洁 (2)查 LL480B 柴油发动机技术手册，记录相关的性能参数
2	拆装燃油路零部件		(1)清洁所有拆装部位 (2)打开油箱加油口盖，关闭油路总开关，先拆下柴油滤清器到输油泵输出端的低压油管，再拆下输油泵进油端至油箱的低压油管，并将其中的燃油放回油箱
			(3)拆下柴油滤清器

续表

操作步骤	操作内容	图　解	操作说明
2	拆装燃油路零部件		(4)拆下高压油管和喷油器端的回油管
			(5)拆下喷油器
			(6)作好喷油泵的安装标记 (7)拆下喷油泵 (8)按顺序摆放拆下的零部件 (9)用清洁的柴油对喷油泵和喷器进行清洗 按照先拆的后装、后拆的先装，将拆下的零部件装复
3	低压油路空气排除		(1)将手油门拉至中等负荷以上，将手油泵上的柱塞旋松，然后连续手动泵动，直至感觉到油路中有油和泵动的阻力 (2)连续泵动手油泵直至感到最大压力时，压住手泵柱塞，松开放气螺钉等没有泡沫状油流出时旋紧放气螺钉 (3)重复上述操作，直至排出的全是油没有空气为止

(二) 柱塞式喷油泵的拆装和调试

操作步骤	操作内容	图　解	操作说明
1	调试前准备	 垫块	(1)工具准备：17、19号开口扳手，毛刷、抹布、油盆、橡胶锤、起子、大中小飞接杆、14号套筒长短各一只、专用工具1套、活动扳手、机油等 (2)工具准备齐全，摆放整齐，场地清洁 (3)根据喷油泵型号，选择合适的高压油管及支撑垫块
		 进油管 回油管 高压油管 传动盘	(1)先将喷油泵固定在喷油泵试验台上并与试验台的驱动轴相连 (2)拆去控制齿条盖帽、控制齿条限位器(冒烟限制器)，并装上齿条位移测量仪，在最小位置处对好零位 (3)连接好高低压油管；并连接好喷油泵与试验台传动部分，手动旋转传动盘，应运转平稳，无跳动，拧紧夹紧装置 (4)在喷油泵凸轮轴室及调速器室加入适当机油 (5)将喷油泵供油齿杆移动到不供油位置，松开喷油泵放气螺钉

续表

操作步骤	操作内容	图　解	操作说明
2	调试	 油标尺	(1)打开试验台总开关,启动输油泵,调整输油压力为0.15～0.2MPa (2)设置好试验台速度调试按钮或旋钮,启动试验台低速运转,待确认运转平稳正常时将转速提高至600r/min,运转2～3min,观察喷油器,出油后拧紧放气螺钉。减速并停止运转
		 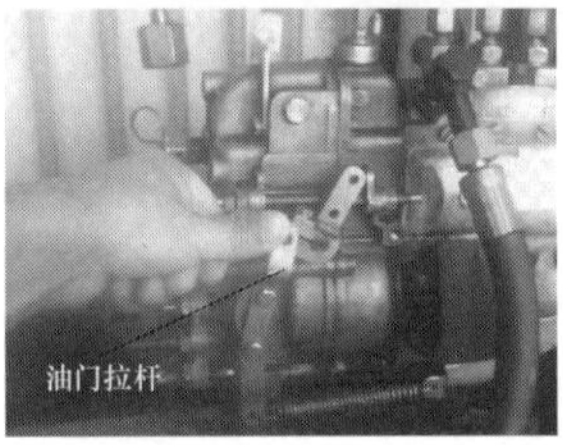 数显 油门拉杆	(1)启动工况供油量测试:将油门拉杆放置于最大供油位置上,试验台以150r/min转速运转,按下计数器按钮,记录启动供油量(mL/200次) (2)怠速供油量测试:将油门拉杆放置于最小供油(怠速)位置上,试验台以300r/min转速运转,按下计数器按钮,记录各缸怠速供油量(mL/200次) (3)标定转速工况供油量测试:将油门拉杆放置于最大供油位置上,试验台以1450r/min转速运转,按下计数器按钮,记录各缸供油量(mL/200次) (4)校正转速工况供油量测试:将油门拉杆放置于最大供油位置上,试验台以900r/min转速运转,按下计数器按钮,记录各缸供油量(mL/200次) (5)调速器高速起作用时转速测试:将油门拉杆放置于最大供油位置上,试验台以1450r/min转速运转,并缓缓提高,观察喷油量开始减少时转速,即为高速起作用转速 (6)调速器高速断油转速测试:将油门拉杆放置于最大供油位置上,试验台转速进一步提高,观察供油量,彻底断油时的转速即为最高断油转速。减速停车,关闭输油泵开关;切断电源,拆除进回油管,拆除喷油泵。整理并放置好工具,清洁设备

(三)喷油器的拆装和检测

操作步骤	操作内容	图　解	操作说明
1	准备工作		(1)工具准备:17、19号开口、扳手、毛刷、抹布、油盆、橡胶锤、起子、大中小飞接杆、14号套筒长短各一个、专用工具1套、活动扳手、机油 (2)将喷油器安装到试验台上,并固定好 (3)排出管路中的空气
2	喷油器调整		(1)喷油压力调整 ①以每分钟60次的速度压动试验台的手柄,观察喷油器开始喷油时的压力是否与技术手册一致 ②压力过高或过低,先将紧固螺母拆下,再用起子调节喷油器上端的调节螺钉。顺时针旋动,喷油压力升高,反之,压力降低 (2)密封性试验 ①以每分钟60次的速度连续压动试验台手柄,看压力表指针直至压力上到23MPa ②保持手柄不动,看压力下降到18MPa时,所用的时间。用时越长,说明密封性越好 (3)燃油雾化质量试验 ①在喷油器正下方放置宣纸,取纸到喷油器喷油处的距离为H,喷油器喷雾的锥角为θ,纸上的油雾圆面的直径为D ②连续压动试验台的手柄直至喷油,然后量出油雾圆面的直径 由$\tan\theta=D/H$,得雾化的锥角,根据标准数据,判断雾化质量

（四）柴油机电子控制喷油系统的检修

操作步骤	操作内容	图解	操作说明
1	冷却液温度传感器线束的检测		(1)关闭点火开关，拆下蓄电池负极接线 (2)断开发动机冷却液温度传感器连接器 (3)断开 ECU 连接器 (4)用万用表测试 1 号和 2 号脚分别到 ECU 连接器线路的通断；若线路完好，测量传感器在不同温度冷却液中的阻值
2	发动机转速传感器的检测	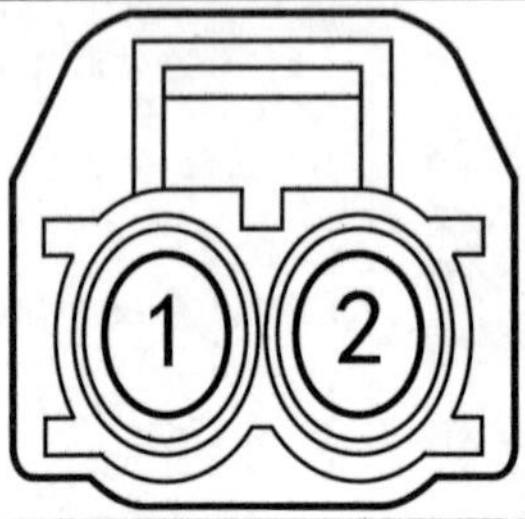	(1)关闭点火开关 (2)断开发动机转速传感器连接器 (3)用万用表红黑表笔连接测试，1 号和 2 号脚之间的电阻，若不符合规定值，则为传感器自身损坏；反之，检查线束 (4)断开 ECU 连接器 (5)用万用表测试，分别测量 1 号和 2 号脚分别到 ECU 连接器线路的通断及与车身的搭铁情况
3	质量型空气流量计的拆检：拆下空气流量计	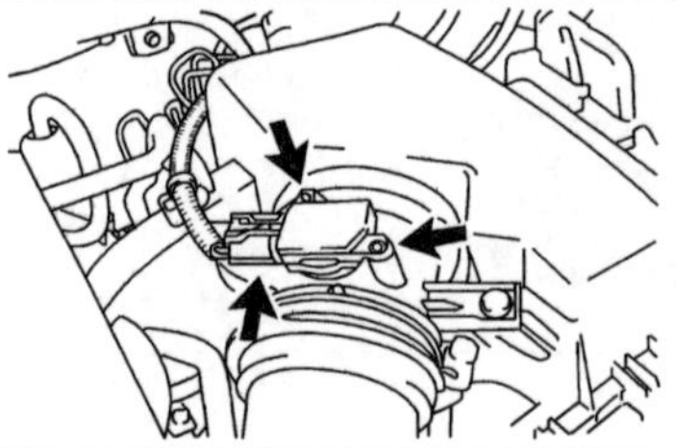	(1)断开连接器 (2)拆下两个螺钉，取下空气流量计
	空气流量计的外观检查	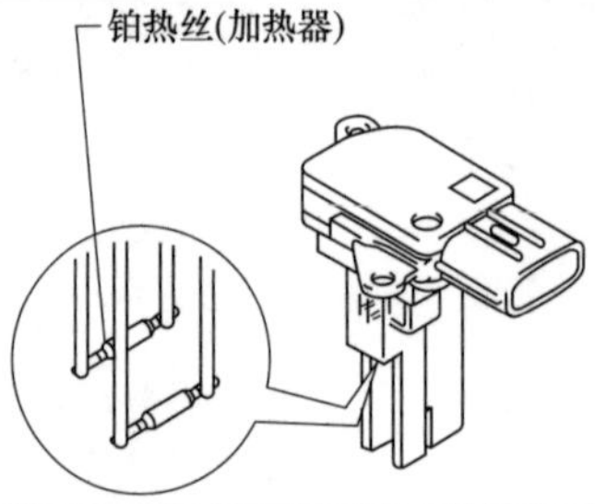	目视检查铂丝上是否有异物，若有异物且不符合规定，则更换质量型空气流量计，无异物则正常，再测量电阻值
	空气流量计的测量	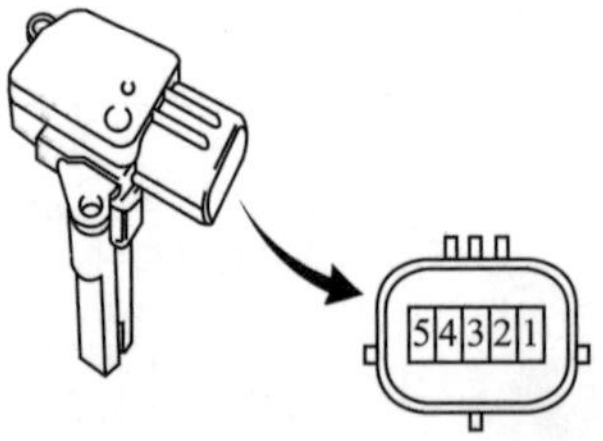	测量 1 脚和 2 脚间的电阻值应符合规定，若不符合规定，则应更换质量型空气流量计
	空气流量计的安装	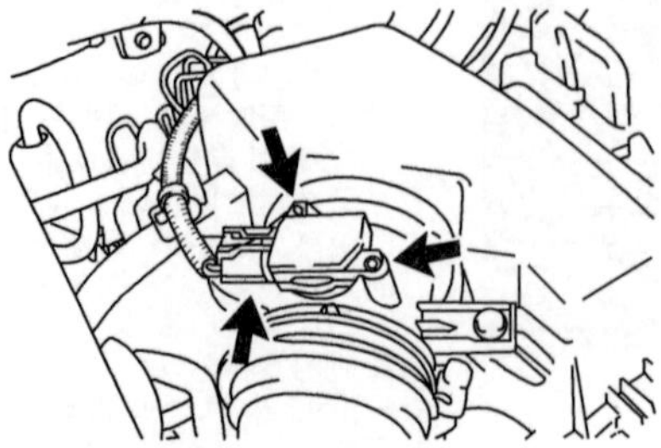	(1)用螺钉安装时，注意 O 形圈未破损或卡住 (2)连接质量型空气流量计的连接器

第六节　润滑系统

发动机工作时，相对运动的零件表面之间必然会产生摩擦，摩擦将导致零件的磨损和温度升高，磨损下来的金属屑附着在工作表面上将加剧零件的磨损。润滑系统的主要功用是润滑、冷却、清洗、密封、减振、防锈、液压控制等。润滑系统主要由油底壳、机油泵、机油滤清器、限压阀、旁通阀、机油压力表、机油标尺和散热装置等组成。

一、润滑系统的结构组成

（一）润滑系统的功用与类型

发动机工作时，相对运动的零件表面之间必然存在摩擦。而金属表面之间的摩擦不仅会增加发动机的功率消耗，使零件表面迅速磨损，另外摩擦产生的大量热量可能导致零件表面的烧损，导致发动机不能运转。所以，为了确保发动机正常工作，必须对相对运动零件的表面加以润滑，润滑工作是由润滑系统来完成的。

1. 润滑系统的功用

汽车发动机润滑系统的功用主要有以下几项。

（1）润滑作用：机油对运动零件表面润滑，减小摩擦阻力和磨损，减小发动机的功率消耗。

（2）冷却作用：机油在润滑系统内循环，带走摩擦副产生的部分热量，起到冷却作用。

（3）清洗作用：机油在润滑系统内不断循环，清洗摩擦表面，带走磨屑和其他杂质。

（4）密封作用：机油在运动零件之间形成油膜，提高它们的密封性，有利于防止漏气或漏油。

（5）防锈蚀作用：机油在零件表面形成油膜，阻隔零件与大气中的水、燃烧时产生的酸性气体等接触，对零件表面起保护作用。

（6）减震缓冲作用：机油在运动零件表面形成油膜，吸收冲击能量，起到缓冲、减震的作用。

（7）液压控制作用：机油可用作液压油，起液压控制作用，如液压挺柱和奥迪的可变配气相位控制等。

2. 润滑系统的类型

发动机按润滑油的供给方式不同分为压力润滑、飞溅润滑、综合润滑等。润滑油在机油泵的作用下以一定的压力，通过专设的油道输送到摩擦表面叫压力润滑。这种方式润滑可靠，并有较强的冷却和清洗作用，适用于相对速度较高负荷较重的摩擦表面，如曲轴主轴承、连杆轴轴承、凸轮轴轴承、摇臂轴承等。靠运动零件击溅起来的润滑油油滴或油雾，直接落在摩擦表面或经集油孔收集后流到摩擦表面进行润滑的叫飞溅润滑。这种方式适用于速度较低、负荷较小的零件以及不易实现压力润滑的零件的润滑，如气缸壁、连杆小头衬套、活塞销座、配气凸轮及挺柱、正时齿轮等部位。汽车发动机同时采用压力和飞溅分别对不同部位零件的摩擦表面润滑，这种润滑系统称为综合式润滑系统。

（二）润滑系统的组成

润滑系统主要由油底壳、机油泵、机油滤清器、限压阀、旁通阀、机油压力表、机油标尺和散热装置等组成，如图 2-129 所示。

1. 油底壳

油底壳主要用来储存润滑油，并封闭上曲轴箱，一般用薄钢板冲压而成，其形状取决于

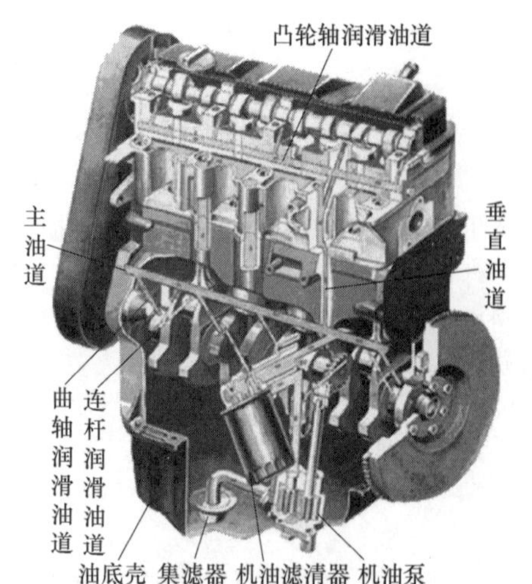

图 2-129 润滑系统的组成

发动机的总体布置和机油的容量。油底壳的容量除了要满足润滑系统工作时最大循环油量的要求，还应考虑机油自然散热的需求。容量大则机油在油底壳内停留时间长，散热多，但受到结构尺寸限制，不可能做得太大。油底壳底部装有放油螺塞，放油螺塞上通常装有永久性磁铁，以吸附润滑油中的金属屑，减少发动机的磨损。

2. 机油泵

机油泵的功用是提高机油压力并保证一定的流量，向各摩擦表面强制供油，使发动机润滑部位得到可靠的润滑。机油泵一般有齿轮式和转子式两种，齿轮泵又分为外齿轮泵和内齿轮泵，内齿轮泵由于内外齿轮之间有月牙隔墙又称为月牙泵，如图 2-130所示。

(a) 转子泵

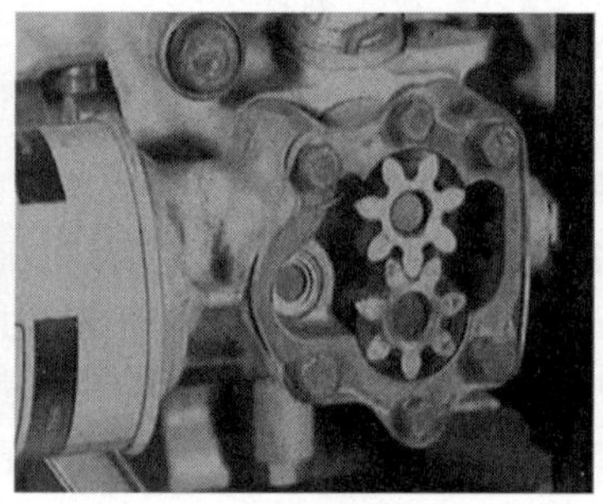
(b) 外齿轮泵

(c) 月牙泵

图 2-130 机油泵的分类

3. 机油滤清器

发动机工作时，机油因受热氧化等会产生胶状沉淀物，同时金属磨屑和灰尘也不可避免地会进入机油，机油中的这些杂质，会加速零件磨损，阻塞油道，使活塞环、气门等零件发生胶结，并使机油的使用期缩短。机油滤清器的功用是及时清除机油中的机械杂质和胶状沉淀物，延长机油的使用期。对机油滤清器的要求是滤清效果好，流动阻力小，使用寿命长，制造成本低，保养方便。机油滤清器根据功能分为集滤器、粗滤器和细滤器三类，根据过滤原理分为过滤式和离心式。

4. 机油冷却装置

热负荷较大的发动机，为了使机油保持最有利的工作温度，除了靠油底壳和其他零件的自然散热外，还设有专门的机油散热装置，这些装置分为风冷式（又叫机油散热器）和水冷式（又叫机油冷却器）两种形式。

5. 其他辅助装置

（1）油尺和机油压力表　油尺如图 2-131 所示，是用来检查油底壳内油量和油面高低的。它是一片金属杆，下端制成扁平，并有刻线。机油油面必须处于

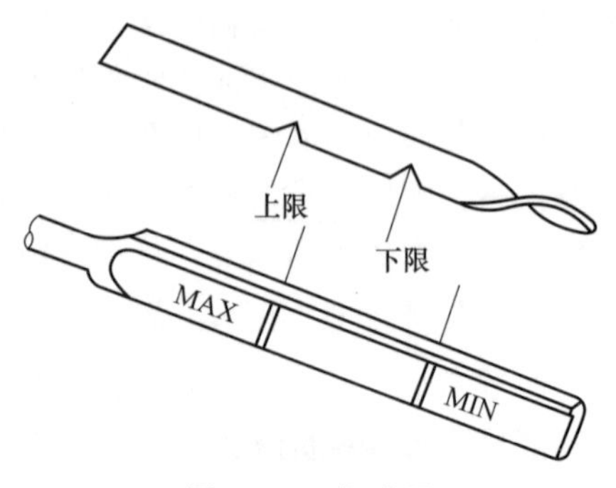

图 2-131 机油尺

油尺上下刻线之间。

机油压力表是用来检测润滑系统主油道压力的一种专用量具。

（2）阀类 在润滑系中都设有几种阀，以确保润滑系正常工作，根据功用分为限压阀、旁通阀。

① 限压阀。限压阀用以限制润滑系统中机油的最高压力。

② 旁通阀。旁通阀用以保证润滑系统内油路畅通，当机油滤清器堵塞时，机油通过并联在其上的旁通阀直接进入润滑系统的主油道，防止主油道断油。旁通阀与限压阀的结构基本相同，只是其安装位置、控制压力、溢流方向不同，通常旁通阀弹簧刚度要比限压阀弹簧刚度小得多。

6. 曲轴箱通风

发动机工作中，气缸内的可燃混合气和燃烧以后的废气有一部分会经活塞、活塞环与缸壁之间的间隙窜到曲轴箱内。这些气体中含有的未燃烧燃油会将机油稀释；废气中的水蒸气凝结后，会使机油中的含水量和泡沫增加，影响润滑。废气中的酸性物质，使机油的酸质增加，导致发动机零件腐蚀。同时，进入曲轴箱的气体还会使曲轴箱内压力和温度升高，高温导致机油老化，高压造成接合面、油封等处漏油。曲轴箱通风装置就是将外界空气经过滤后送入曲轴箱内，再将曲轴箱内的气体排出，以保证润滑系工作正常，延长机油使用寿命，保证发动机机件不腐蚀和防止泄漏发生。曲轴箱通风方式有两种：自然通风和强制通风。

（1）自然通风 将曲轴箱内抽出的气体直接导入到大气中，称为自然通风。自然通风如图 2-132（a）所示。在与曲轴箱连通的气门室盖或润滑油加注口接出一根下垂的出气管，管口处切成斜口，切口的方向与汽车行驶的方向相反。利用汽车行驶和冷却风扇的气流，在出气口处形成一定真空度，将气体从曲轴箱抽出。这种通风方式对大气有污染，低速时通风效果差，已很少采用。

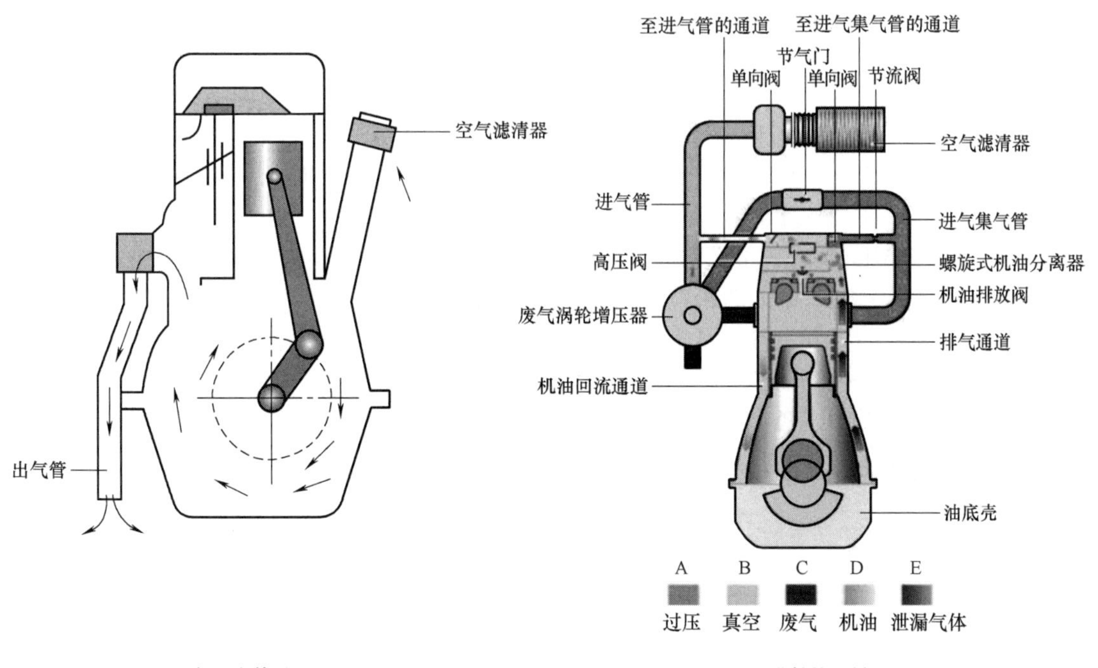

(a) 曲轴箱自然通风

(b) 曲轴箱强制通风

图 2-132 曲轴箱通风

（2）强制通风　将曲轴箱内抽出的气体导入进气管内，这种方式称为强制通风。这样可将窜入曲轴箱内的混合气回收使用，有利于提高经济性和减轻污染，现代汽车发动机普遍采用。

如图 2-132（b）为 2011 款 MINI 车 N18 发动机曲轴箱通风系统，为适应增压进气方式，设计了特制的气门室盖，利用气门室盖内的调压阀和 2 个单向阀向气缸输送曲轴箱内的泄漏气体。

7. 润滑油路

现代汽车发动机润滑系油路布置方案大致相似，只是由于润滑系的工作条件和某些具体结构的不同而稍有差别。

上海桑塔纳轿车 JV 型 1.8L 汽油发动机采用复合式的润滑油路，如图 2-133 所示。发动机工作时，机油经集滤器初步过滤后进入机油泵，机油泵输出的机油全部流经机油滤清器，然后进入纵向主油道。主油道中的机油分别由各分油道进入曲轴主轴承和连杆轴承，再通过连杆杆身的油道润滑活塞销，并对活塞进行喷油冷却。中间轴的润滑由发动机前边第一条横向斜油道和从机油滤清器出来的油道供给。气缸盖上的纵向油道与主油道相通，并通过横向油道润滑凸轮轴轴颈及向液力挺柱供油。在缸盖和缸体的一侧布置了回油孔，使缸盖上的机油流回曲轴箱。

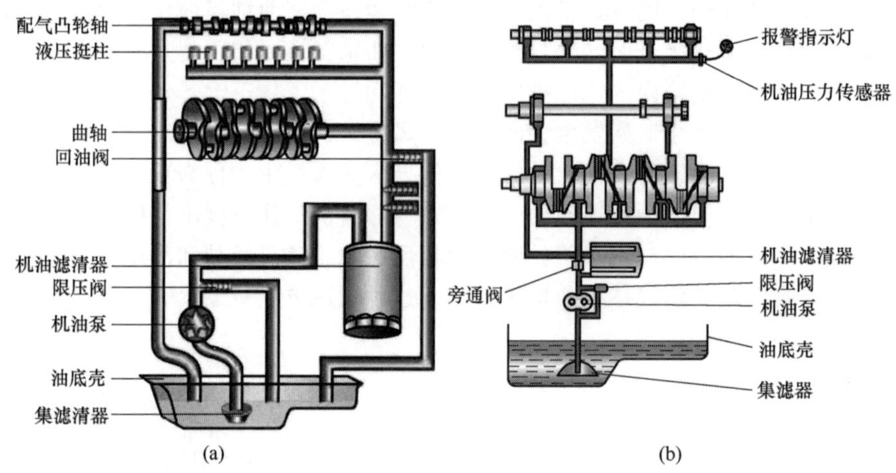

图 2-133　轿车润滑油路

上海桑塔纳轿车 JV 型 1.8L 汽油发动机装有两个报警开关：低压油压开关和高压油压开关，均装在滤清器支架上，发动机在机油温度为 353K、转速为 800r/min 时，机油压力应大于或等于 0.03MPa；在 2000r/min 时，机油压力应大于或等于 0.20MPa。

打开点火开关，仪表板上的机油压力警告灯开始闪烁。发动机启动后，当机油压力大于 0.03MPa 时，限压阀打开，警报灯熄灭；发动机低速运转时，机油压力低于 0.03MPa，则低油压开关触电闭合，机油压力警告灯闪烁。当发动机转速超过 2150r/min 时，机油压力未达到 0.018MPa，高压油压开关的触电断开，机油压力警告灯闪烁，报警蜂鸣器也同时报警。

二、润滑系统的故障检修

（一）机油油量的检查

1. 机油油量的检查

检查机油量时，将车停在平坦位置。启动发动机暖机至正常工作温度（水温不低于 60℃），熄火后 10min 左右，让发动机润滑油路中的机油全部流回到油底壳，拔出机油尺并将其擦净，拔出时在其端部放一块布，防止将机油滴到车辆的部件上；重新将擦净的油尺插回油尺管（要注意的是插到位），再次拔出机油尺，左手在油尺下端放一块干净的布，右手

垂直提起油尺至与视线水平位置查看油迹在油尺上的位置，正确的油面高度应在油尺的两条刻度线之间，上刻度线处标有 H、F 或 MAX，下刻度线处标有 L 或 MIN，若油位低于或稍微高于低油位线时应及时添加同型号同品牌的机油。同时要注意机油不可添加过多，加入机油量过多，会造成发动机烧机油，机油消耗量明显增大，尾气排放时冒蓝烟，发动机内部积炭增多，严重的损害发动机；机油量过少，会造成机油散热困难，温度升高，油质变差，同时发动机的一些部件得不到足够的润滑，造成部件磨损。当油位达到正确范围后，要注意安装加油盖，并用手拧紧。

2. 机油消耗过多的原因及故障排除

如果机油消耗量超过规定值称为机油消耗过多，机油消耗过多主要是由泄漏和烧机油造成的。原因主要有活塞环方向装反，活塞环抱死，或其开口转到一起，活塞环磨损，活塞环端隙、边隙或背隙过大，其弹力不足，气门杆油封损坏（尤其是进气门杆油封），进气门导管磨损，活塞与缸壁间隙过大等造成烧机油；曲轴箱通风不良导致油底壳或气门室盖漏油。

机油消耗过多应首先检查有无机油漏油部位，如无漏油部位，可进行发动机急加速试验，如急加速试验时排大量蓝烟，说明发动机烧机油严重，拆检发动机，检查气门油封、活塞、活塞环与气缸密封情况，查找分析烧机油原因。

（二）机油质量的检查

1. 机油质量的检查

变质的机油起不到润滑作用，反而致使运动件磨损加剧造成机件早期损坏，机油质量的鉴别是更换机油的依据。机油质量检查应在发动机停机后机油还未沉淀时进行，因为机油沉淀后，浮在上面的往往是好的机油，而变质机油或杂质存留在油底壳的底部，从而可能造成误检。常用的鉴别方法如下。

（1）外观及气味检查：国产正牌机油多为浅蓝色，具有明亮的光泽，流动均匀。进口机油的颜色为金黄略带蓝色，晶莹透明。若机油呈褐色或呈乳白色，并伴有泡沫说明机油中混入了水；合格的机油无特别的气味，只略带芳香，若机油对嗅觉刺激大且有异味，说明机油变质或质量低劣。

（2）搓捻鉴别：取出油底壳中的少许机油，放在手指上搓捻。搓捻时，如有黏稠感觉，并有拉丝现象，且没有细颗粒搓手的感觉，说明机油未变质且干净，仍可继续使用，否则应更换。

（3）油尺鉴别：抽出机油标尺对着光亮处观察刻度线是否清晰，当透过油尺上的机油看不清刻线时，则说明机油过脏，需立即更换。

（4）倾倒鉴别：取油底壳中的少量机油注入一容器内，然后从容器中慢慢倒出，观察油流的光泽和黏度。若油流能保持细长且均匀，说明机油内没有胶质及杂质，还可使用一段时间，否则应更换。

（5）油滴斑点的检查：取 12～7cm 的硬纸板一式两片，中间挖成直径 5cm 的圆孔，取直径 7cm 或 9cm 的定性快速滤纸放在硬纸板中压平。将油滴入滤纸中心。等待 1～3h 后，即出现一个油斑痕迹，观察斑点扩散形态，与标准图谱对比分析作出判断。若核心区与扩散区光亮无色或很浅无沉淀圈，说明是新油或使用时间很短的油；若核心区与扩散区界限分明，扩散带很宽，氧化环明亮，说明机油使用时间不长、污染程度较轻，分散性较好，机油性能良好，可继续使用；核心区黯黑，分散带较宽，氧化环明亮，说明油品使用时间较长，污染较重，但分散性尚好，机油性能一般，可短期内继续使用；核心区深黑，分散带开始缩小，氧化环浅黄，说明机油使用时间长，污染严重，沉积物增多，分散性能下降，机油性能较差，仍可短期内使用；核心区深黑，甚至呈现油泥状，不易干，分散带狭窄，氧化环扩大呈黄色或分散带完全消失，只剩黑色的沉淀圈与棕黄色的氧化环，说明油品污染严重，沉积

物凝聚，分散性很差或消失，添加剂消耗殆尽，如沉淀圈出现一个不规则的黑色花环，则表示油已被水污染。应立即更换机油。

2. 机油质量恶化的原因

机油在使用过程中，质量不断变化，性能逐渐变坏。其原因有机油受热氧化，产生胶质和炭渣；发动机工作时，一部分机油燃烧生成的产物与气缸内冷凝水结合而生成酸性物质混入润滑油内；空气中的灰沙、机件磨损下来的金属屑和燃烧后的炭渣等机械杂质混入润滑油内；由于燃油供给系统工作不良，燃油雾化性不好，混合气燃烧不完全，会使燃油或大量的过浓燃油混合气窜入曲轴箱与机油混合，将机油稀释。一些采用强制润滑的喷油泵或输油泵漏油也会使机油被燃油稀释；气缸垫密封不良，冷却水流入到曲轴箱内与润滑油混合，致使机油的使用性能下降，在一定条件下会使机油中的部分添加剂使用性能降低甚至失效，破坏机油的黏度，使机油无法在运动配合摩擦副上形成良好的润滑油膜。

（三）机油压力的检查

机油压力常见的异常现象主要有机油压力过低或过高。机油压力过低会造成发动机润滑不足，加剧发动机零部件的磨损，影响发动机的寿命；机油压力过高会造成油封油管损坏，消耗过多的发动机动力，机油压力过高或过低往往是润滑系的综合性故障。

1. 机油压力过低

发动机在正常工作温度和转速下，机油压力表读数低于规定值或油压报警器报警可判定为发生机油压力过低。产生此故障的原因有机油集滤器网或机油滤清器堵塞；细滤器限压阀开启压力过小；油底壳内机油油面过低；机油黏度降低，牌号不对；机油限压阀弹簧过软、折断、杂质卡住，维修时漏装弹簧或钢球等使其开启压力变低或常开；润滑油油管接头漏油或进入空气；润滑油道堵塞；机油泵性能不良；曲轴主轴承、连杆轴承或凸轮轴轴承间隙过大；机油压力表或其传感器工作不良。

2. 机油压力过高

发动机在正常工作温度和转速下，机油压力表读数高于规定值可判定为发生机油压力过高。产生此故障的原因有机油黏度过大；机油限压阀弹簧过硬，弹簧压力调整过大，脏物使阀门不能打开；曲轴主轴承、连杆轴承或凸轮轴轴承间隙过小；机油压力表或其传感器工作不良。

（四）润滑系统的实际检修操作

1. 机油压力的检测

操作步骤	操作内容	图　解	操作说明
1	工具准备		(1)世达工具一台 (2)机油压力测试组件一套 (3)万用表一个
2	安装三件套	安装座椅套	安放地板垫、方向盘套和座椅套

续表

操作步骤	操作内容	图　解	操作说明
3	打开发动机		将支撑杆可靠地支撑在支撑孔内
4	安装翼子板护垫	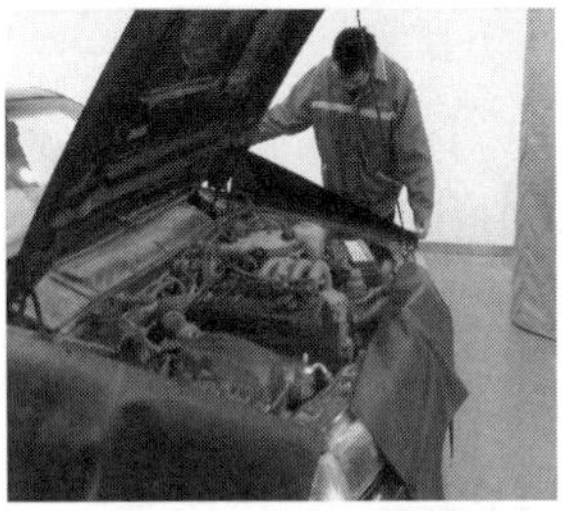	翼子板布和前格栅布应居中放置，与车身接触的一侧必须清洁无油污
5	蓄电池端电压检测	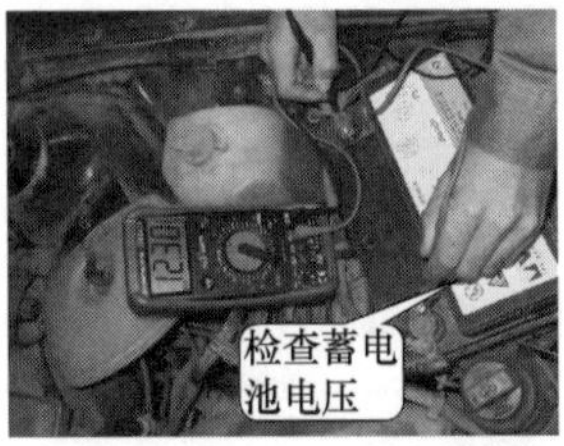	注意：将万用表设置在直流电压 20V 挡位，蓄电池的端电压应达到 12V
6	检查机油液面高度		为保证数据准确，测量机油液面高度时严格按规范操作
7	拆下传动皮带		注意：小心不要被张紧轮夹到手
8	拆卸发电机		(1)先将发电机后面的导线拆下，再拆发电机，以免弄断导线 (2)用绝缘胶带包住拆下后的发电机导线

续表

操作步骤	操作内容	图　解	操作说明
9	拆下机油压力开关	拆下机油压力开关	拆卸机油压力开关
10	连接机油压力表	机油压力表	连接机油压力表时必须拧紧，以免机油漏出
11	机油压力检测		为保证测量结果准确，应将发动机运转几分钟，预热发动机达到正常工作温度，并将发动机转速升至 2000r/min 观察油压变化，然后读出数值。如果所测数值在 1.6～2.0bar，说明机油压力正常
12	装复发电机		安装发电机时，注意端子导线的连接以及传动皮带的方向
13	进行设备和场地的 5S 现场整理工作		不要用潮湿的抹布清洁电器开关、按钮等

2. 机油泵的拆检

操作步骤	操作内容	图　解	操作说明
1	工具准备		(1)要准备的工具：摇把、刀口尺、厚薄规、扭力扳手(一大一小)、毛刷、抹布、油盆、枕木、吸棒、橡胶锤、起子、大中小飞接杆、10 号套筒长短各一个、专用套筒一个(10 号)、转角扳手、气枪、铲刀、游标卡尺、活动扳手、机油、煤油 (2)工具准备要齐全，摆放要整齐

续表

操作步骤	操作内容	图　解	操作说明
2	分解并检测机油泵		用十字套筒拆卸链轮
		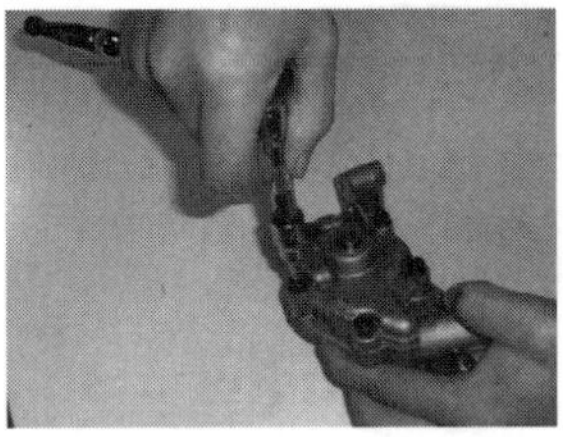	用内六角套筒拆卸机油泵盖
3	清洗并装复齿轮		清洗并装复齿轮
4	检测机油泵	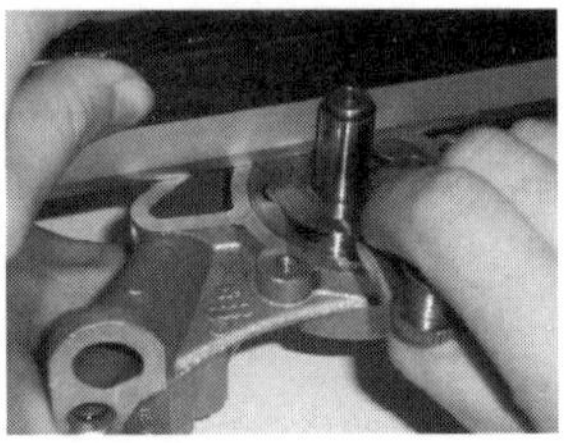	用刀口尺和厚薄规检查齿端间隙 标准值：0.03～0.09mm 极限值：0.15mm
		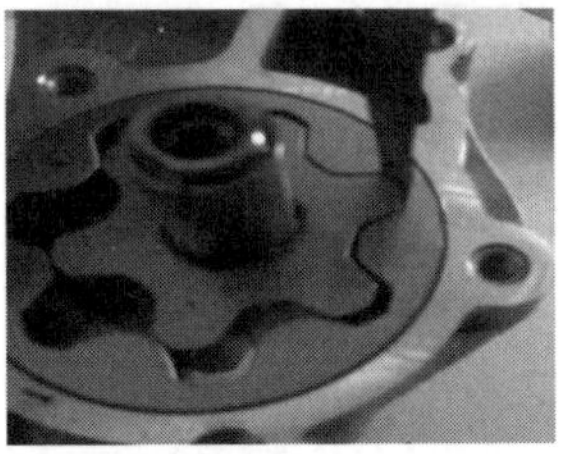	用厚薄规测量内、外转子齿顶端面间隙 标准值：0.04～0.16mm 极限值：0.18mm
			用厚薄规测量外转子与泵体径向间隙 标准值：0.09～0.16mm 极限值：0.20mm
		机油泵除上述间隙检查外，还应检查 (1)用百分表检查泵轴是否弯曲，如果指针摆差超过 0.06mm，应进行校正或更换 (2)泵轴与轴承的配合间隙检查应符合标准 (3)检查限压阀总成零件有无损伤；限压阀弹簧有无异常变形、弹力是否符合要求；油道、滑动表面有无损伤	

续表

操作步骤	操作内容	图　解	操作说明
5	装复机油泵		装复机油泵
			(1)装复链轮 (2)机油泵装合后，将机油泵装在试验台上，检验在规定的机油泵转速、规定的润滑油压力下，供油量是否达到规定的供油量，各处应无渗漏
6	整理工位	整理工具和仪器；清洁地面卫生	

第七节 冷却系统

一、冷却系统的结构组成

（一）冷却系统的功用与类型

发动机工作时，由于燃料的燃烧以及运动零件之间摩擦而产生大量的热，冷却系统的主要功用是使发动机启动后能迅速升温，短时间内达到正常的工作温度；正常工作后，通过水套内冷却液的循环，把受热零件吸收的部分热量及时散发出去，保证发动机在各种工况下都能在最适宜的温度状态 80～90℃之间工作。

若发动机冷却不足，就会因过热而导致充气量减少，汽油燃烧不正常（如早燃、爆燃等），发动机功率下降，且发动机零件也会因为润滑不良而加速磨损；但如果冷却过度，也会造成燃料燃烧不完全，输出功率减少，耗油增加，润滑油黏度高，运动件间的摩擦阻力加大，同时冷凝在气缸壁上的燃油流到曲轴箱中还会稀释润滑油，加剧零件磨损等。

汽车发动机常见的冷却方式有两种，即水冷却和风冷却，水冷系统又分为强制循环式水冷系统和自然循环式水冷系统。自然循环式水冷系统仅利用冷却液的自然对流来实现循环，强制循环式水冷系统是利用水泵强制地使冷却液在冷却系中进行循环流动。强制循环式水冷系统冷却可靠，大多数汽车发动机采用强制循环式水冷系统。

水冷系统（图 2-134）以冷却液为介质，热量由机体传给冷却液，靠冷却液的流动把热量带走，再散发到大气中去，使发动机的温度降低，散热后的冷却液再重新流回到受热机体处。适当地调节水路和冷却强度，就能保证发动机的正常工作温度。

风冷系统（图 2-135）利用高速流动的空气直接吹过气缸盖和气缸体表面，把热量散发到大气中去，保证发动机在最有利的温度范围内工作。风冷系统与水冷系统比较，其结构简单，使用和维修方便，但风冷系存在冷却不够可靠，消耗功率大和噪声大等缺点。

（二）水冷系统的组成

水冷系统（图 2-136）主要由散热器、散热器盖、冷却液补偿装置、水泵、发动机水

套、分水管、冷却强度调节装置、监控装置及冷却介质等组成。

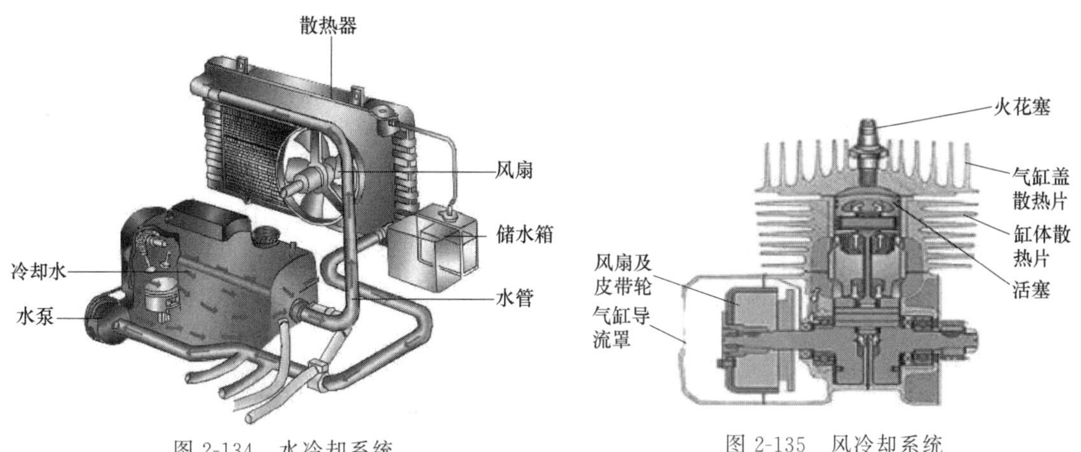

图 2-134　水冷却系统

图 2-135　风冷却系统

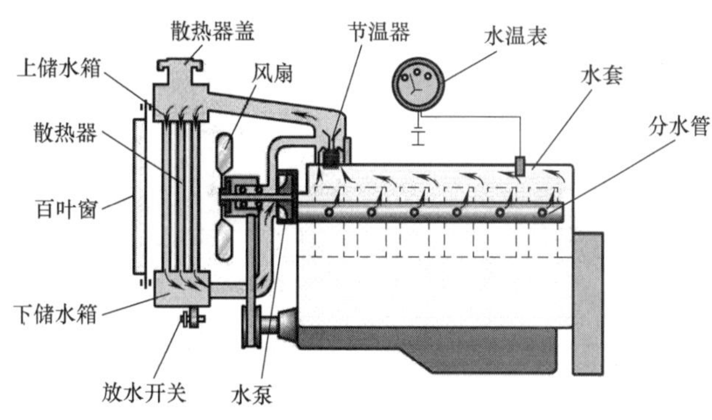

图 2-136　冷却系统组成

1. 散热器

散热器又称水箱，它将从水套流出来的热水自上而下或横向的分成许多小股并将其热量散给周围的空气，以增大散热面积，加速水的冷却。

散热器由上水室、散热器芯和下水室等组成。其按照散热器芯的布置方向分为纵流式散热器（图 2-137）和横流式散热器（图 2-138）两种。纵流式散热器芯竖直布置，冷却液由上水室自上而下流过散热器芯，进入下水室；横流式散热器芯则横向布置，左右分别为进、出水室，冷却液由进水室到出水室横向流过散热器。大多数新型轿车采用横流式散热器，其优点是使发动机罩的外廓较低，利于改善车身前端的空气动力性和便于散热。

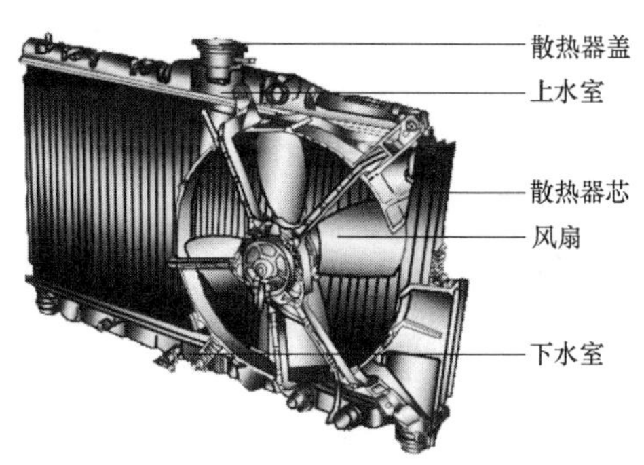

图 2-137　纵流式散热器

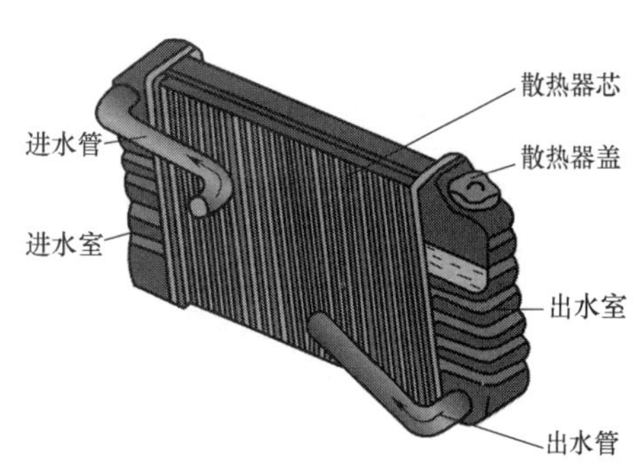

图 2-138　横流式散热器

2. 散热器盖

散热器盖（俗称水箱盖），散热器盖具有较高的密封性。其功用是使冷却系保持一定的压力，提高冷却液的沸点。散热器盖分为开式水冷系用和闭式水冷系用两种。

开式水冷系的蒸汽排出管与大气相通，容易造成冷却液溢失和蒸汽逸出。目前汽车发动机多采用闭式水冷系，其散热器盖具有蒸汽阀和空气阀两个自动阀门，这是两个在弹簧作用下保持常闭状态的单向阀，平时水箱内部与水箱口上跟大气相通的蒸汽排出管是隔开的，可以防止水蒸气逸出。当水箱压力升高到126～137kPa，冷却液沸点达108℃以上时，蒸汽阀开启使水蒸气顺管排出［图2-139（a）］；而当水温下降时，水箱内水和蒸气冷却收缩，会产生一定真空度10～20kPa，此时空气阀开启［图2-139（b）］，空气进入，防止散热器被大气压瘪。

注意：当发动机处于热态时，不能直接打开散热器盖，以防高温水蒸气喷出引起烫伤。必要时可用抹布盖住散热器盖缓慢旋开，使冷却系内压力逐渐降低，以免被喷出的热水烫伤。

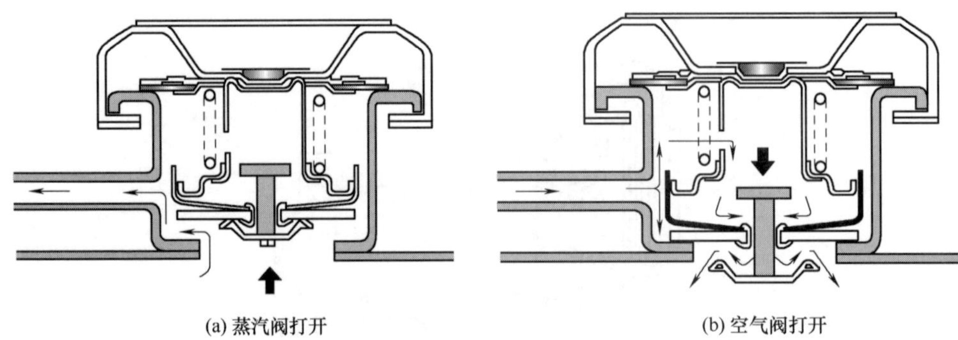

(a) 蒸汽阀打开　　(b) 空气阀打开

图2-139　自动阀门式散热器盖结构

3. 冷却液补偿装置

冷却液补偿装置包含膨胀水箱和补偿水箱。

（1）膨胀水箱　膨胀水箱的功用是为了防止冷却液损失，在水箱受热膨胀时，将多余冷却液进行回收，并当降温时重新将冷却液补偿回水箱，同时还能及时将冷却系内的水、汽分离，避免产生“穴蚀”现象。膨胀水箱多用半透明材料（如塑料）制成。透过箱体可直接方便地观察到液面高度，无需打开散热器盖。膨胀水箱上部用水套出气管和散热器出气管分别和气缸盖水套及水箱上储水室相通；下部用补充水管和水泵的旁通管相通，位置略高于散热器。

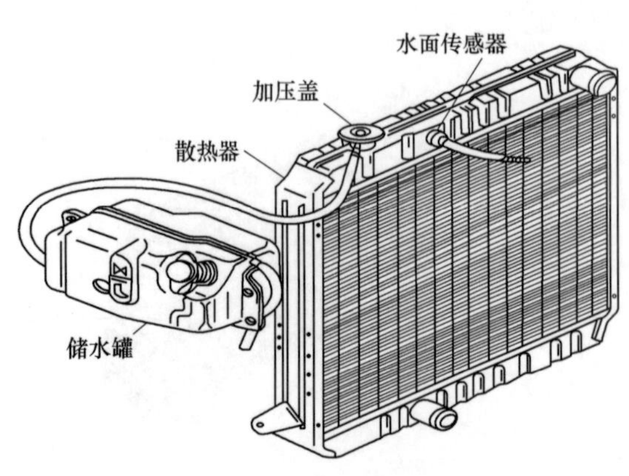

图2-140　补偿水箱示意图

（2）补偿水箱（储水罐）　有的冷却系不用膨胀水箱而使用储液罐。即用一根管子把散热器和储液罐的底部或上部（管口插入液面以下）连通（图2-140）。但这种装置只能解决气水分离及冷却液消耗问题，而对穴蚀没有明显的改善。

4. 水泵

水泵的功用是对冷却液加压，使之在冷却系中加速循环流动，保证冷却可靠的功用。车用发动机上多采用离心式水泵，离心式水泵具有结构简单、尺寸小、排水

量大、维修方便等优点。

离心式水泵主要由泵体、叶轮和水泵轴组成，叶轮一般是径向或向后弯曲的，其数目一般为 6～9 片，固定在水泵轴上，水泵壳装在发动机缸体上（图 2-141）。

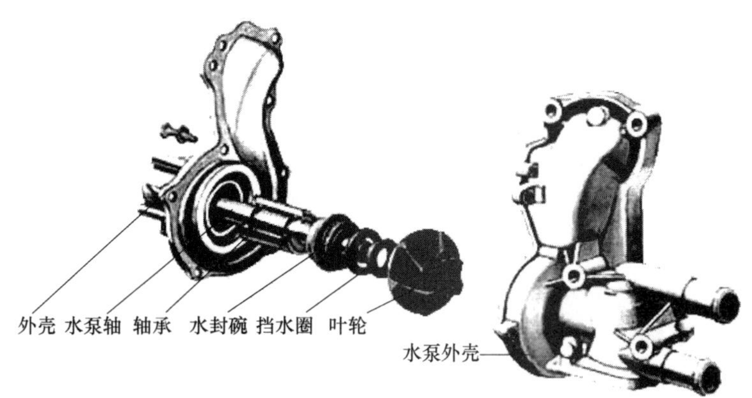

图 2-141　水泵结构

5. 水套和分水管

水套是气缸体和气缸盖双层壁之间所形成的空间，内有分水管和喷水管。分水管可以使冷却液均匀流到各缸；喷水管可以强烈地冷却排气门。

6. 冷却强度调节装置

冷却强度调节装置，包含风扇、风扇离合器、节温器、百叶窗等。冷却强度调节装置是根据发动机不同工况和不同使用条件，改变冷却系的散热能力，保证发动机经常在最有利的温度状态下工作。改变冷却强度通常有两种调节方式：一种是改变通过散热器的空气流量；另一种是改变冷却液的循环流量和循环范围。

7. 冷却液监控装置

冷却液监控装置，主要由冷却液温度传感器、冷却液液位传感器和冷却液指示报警装置等组成。冷却液温度传感器和冷却液液位传感器将发动机冷却液的温度和液位转变为电信号，通过指示报警装置来指示冷却液温度或液面情况。对于电控汽油机冷却液温度信号还是确定燃油喷射量和点火时刻的重要参数之一。

二、冷却系统的故障检修

发动机冷却系的技术状况，对其动力性、经济型及可靠性的影响很大。实验资料表明：当冷却液温度从 90℃降到 40℃时，燃料消耗量约增加 30%，功率约降低 10%左右；当冷却液温度从 90℃升到 120℃时，耗油量增加，功率却降低约 5%左右。发动机的冷却液保持在 80～90℃的温度最适宜。冷却系常见故障有冷却系温度过高、冷却系温度过低、冷却液消耗异常等。

（一）冷却系温度过高

汽车在运行中冷却系若温度过高，水温警示灯会闪亮，同时发动机在加速时伴随有明显的金属敲击声，同时会有动力不足、难以熄火等现象。

造成冷却系温度过高的原因主要有：水温表或报警灯损坏；冷却系水道中有水垢或其他杂物堵塞；水泵损坏；节温器失灵；风扇皮带打滑或断裂；风扇电机或风扇离合器损坏；百叶窗关闭或开度不足；散热器损坏或堵塞；气缸垫冲坏或缸体、缸盖出现裂纹，高温气体进入冷却系；点火时间过迟或配气相位不对；发动机燃烧室积炭过多；空调冷凝器的冷却风扇不转，低挡跑高速等导致发动机长时间大负荷工作；冷却液严重不足；温控开关高速挡或全部失灵；机油油量不足或黏度太大；混合气太浓或过稀等。

对冷却系温度过高的故障应按照由外至内，由简单到复杂逐步查找。具体如下。

(1) 检查百叶窗是否关闭或开度不足（有百叶窗的车型）。

(2) 检查水泵（风扇）皮带是否过松、打滑或断裂；使用硅油离合器的风扇，热机后将发动机熄火，用手转动风扇叶片，若无阻力或阻力很小，说明硅油离合器有故障，应进行检修或更换；装用电动风扇的发动机，发动机冷却液温度高于规定数值时风扇不转，应检查熔断丝是否良好。若熔断丝正常，拔下热敏开关插头，将两插片直接接通，若风扇仍不转，表明风扇损坏或者风扇到温控开关的电路有故障。若电扇转动，表明温控开关有故障。

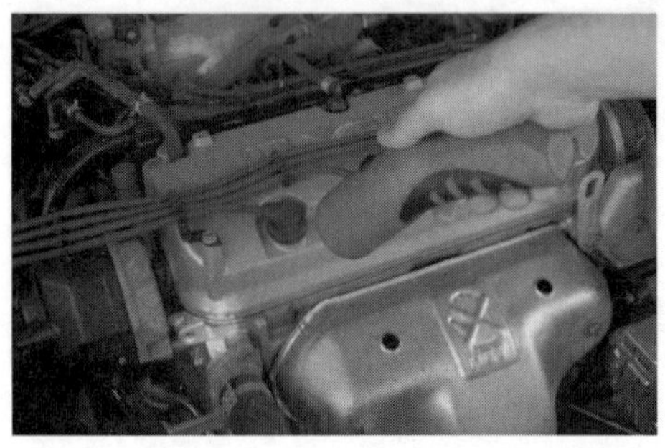
图 2-142 用荧光灯检查冷却系统泄漏情况

(3) 若发动机冷却液温度过高，应打开水箱盖检查冷却液量。若不足，往冷却系中加入少许水溶性荧光检漏剂。启动发动机怠速运转几分钟，带上配套 UV 眼镜，用荧光检漏仪或检漏灯照射（图 2-142），检查冷却系统有无泄漏或渗漏现象，在泄漏处将呈现出明亮的黄色荧光，若有泄漏应进行维修。拔出机油标尺观察机油颜色，若机油呈乳白色，说明发动机机体内有冷却液渗漏。

(4) 检查机油油量及黏度。若油量过少，应及时添加；若机油黏度过大，应更换机油。

(5) 由怠速开始加速，同时用手握住水管，感觉水管中水的流动速度是否能随转速的提高而迅速加快。若不是，说明冷却系统有堵塞或水垢过多影响流速，应对冷却液道进行除垢。

(6) 分别在怠速、中速、高速条件下观察排气颜色。若排出的是黑烟，说明混合气过浓，应及时调整或维修。怠速时急加速，如果发动机转速有回火现象，说明发动机混合气过稀。

(7) 检查喷油正时（柴油机）或点火正时（汽油机），若不正时，应予以调整。

(8) 拆下节温器，将节温器浸入水中加热检查节温器阀门开启温度（图 2-143）。当水温达到规定数值时，节温器应开始打开，水沸腾时节温器阀门升程应达到要求的高度（各车型有所不同）。若不正常，应更换新件。

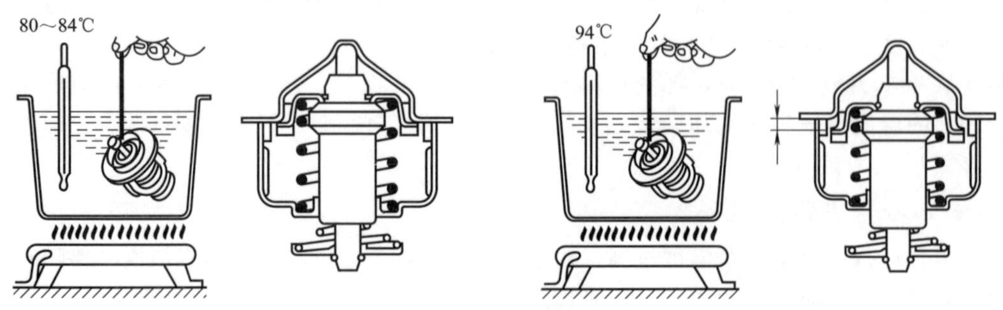

图 2-143 节温器检查

(9) 拆下水箱盖并加满水，让发动机运行几分钟后，观察水箱盖处是否有很多水泡冒出甚至喷水。若有，说明发动机气缸垫已被冲坏。

(10) 拆下火花塞(汽油机)或喷油器(柴油机)用工业用内窥镜(图 2-144)观察发动机燃烧室内积炭情况。若积炭过多,应加以清除,防止发动机早燃或爆燃。

图 2-144 用工业内窥镜观察燃烧情况

(11) 以上检查均正常,则应检查发动机排气门间隙。若间隙过大应进行调整。若间隙正常,检查发动机排气系统是否通畅,再对发动机配气相位点火正时进行检查和调整。

(二) 冷却系温度过低

发动机运转过程中温升低于正常温升速度;水温表指示值低于正常工作温度;发动机乏力,排气管时有放炮声。

造成冷却系温度过低的原因主要有:水温表及线路故障;水温传感器损坏;节温器阀门常开;百叶窗不能关闭温控开关、风扇电机线路故障导致风扇常开或装有硅油离合器风扇的车辆硅油离合器故障。

对冷却系温度过低的故障可按照以下步骤查找。

(1) 在环境温度较低时,检查百叶窗是否关闭自如或未装保温罩。

(2) 冷车启动后打开水箱盖,使发动机加速,观察水流速度及流量。若水流速度很快、流量大,说明节温器常开或未装节温器,应更换或加装节温器。

(3) 若水温表指示温度偏低,而用手触试散热器时感觉很烫,用温度计测量水温却正常,说明水温传感器或水温表有故障。

(4) 冷车启动发动机。此时电动风扇不应运转(装用电动风扇的车辆)。若此时电动风扇运转,说明温控开关失灵,应予以更换。

(5) 冷车启动发动机。硅油离合器风扇应低速运转(装用硅油离合器的发动机)。若硅油离合器风扇在冷车时高速旋转,说明硅油离合器有故障,应予以更换。

(三) 冷却液消耗异常

冷却液消耗过快,需经常补充。

造成冷却液消耗过快的原因主要有:水管破裂或接头密封不良;水泵水封磨损过甚或损坏而漏水;气缸垫渗漏;气缸体或气缸盖有裂纹;散热器损坏泄漏;散热器盖进、排气阀失灵使冷却液泄漏;膨胀水箱盖泄漏等。

对冷却系温度过低的故障可按照以下步骤查找。

(1) 直观检查机体、水泵、散热器及各水管连接处有无冷却液渗出,必要时可对冷却系

统进行加压检查。或用荧光检漏仪检测，若有渗漏，应进行维修。

（2）拔出机油尺，观察是否有冷却液泄漏到机油中。若有，应对发动机进行检修。

（3）如果发动机行驶无力，且排气管排白烟，则应检查发动机气缸垫是否已被冲坏。若有，应检修发动机。

（四）节温器检查与更换实际操作

操作步骤	操作内容	图解	操作说明
1	准备工作		（1）工具准备齐全，摆放整齐，场地清洁 （2）查桑塔纳 2000GSI AJR 技术手册知 AJR 型发动机节温器的性能参数：开启温度为 87℃±2℃，全开温度 102℃±3℃，最大升程大于 7mm；节温器的安装方向要正确；节温器盖螺栓的规定力矩为 20N·m
		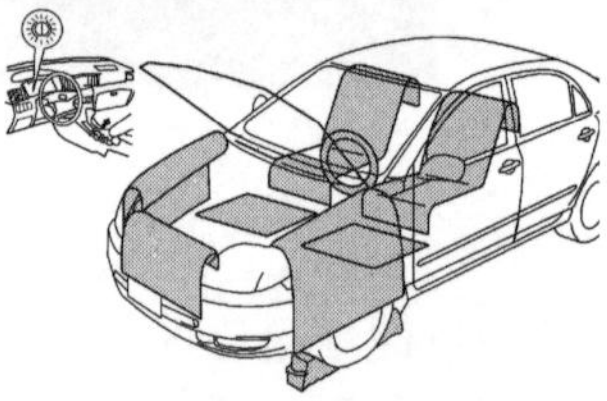	（1）安放室外前格栅布、翼子板布；室内方向盘套、换挡杆套、座椅垫、地板垫 （2）车辆停放安全，拉起手刹，变速器置于空挡 （3）安装尾气排放管
2	观察冷却系的组成	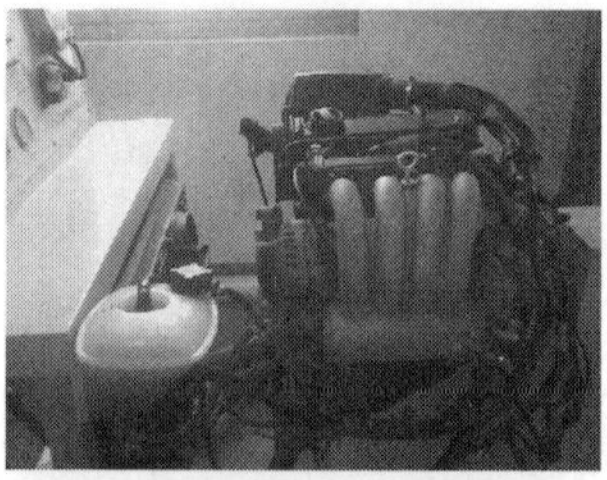	（1）观察冷却系主要零件的安装位置、连接关系 （2）熟悉冷却液大小循环路线及控制方式 （3）熟悉冷却液温调节方式 （4）观察散热器、风扇、水泵、缸体与缸盖水套、水温表传感器、节温器等主要零件的位置及外形构造
3	发动机预热		（1）确认驻车和空挡位置 （2）打开点火开关，启动发动机并保持怠速运转 3～5min （3）注意观察水温表指示数值的变化，当水温达到 90℃左右时，关闭点火开关，停止发动机运转
4	排放冷却液	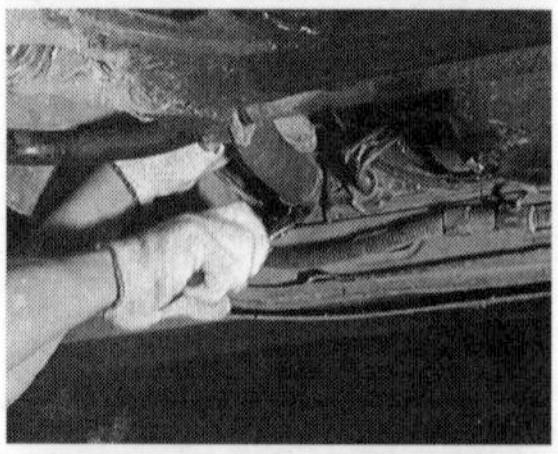	（1）将车辆举升至头顶高度，可靠停驻，并确认车下作业安全 （2）将接水容器放置于散热器下方，正对于下水管与散热器出水接口处 （3）使用鲤鱼钳将下水管的卡箍张开并拉离水管和接口的接触部位，取下鲤鱼钳，使卡箍保留在下水管上
		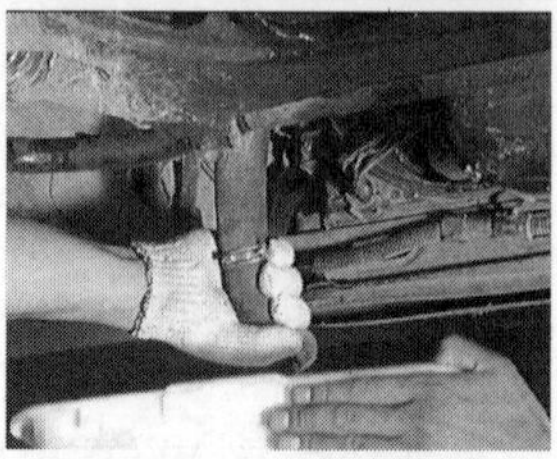	双手握住下水管靠近散热器进水接口处，摆动水管，待水管与进水接口松动后，转动并向后拉出水管 注意： （1）严禁使用一字起等尖锐器具拆卸水管 （2）下水管即将脱开时要防止冷却液烫伤

续表

操作步骤	操作内容	图　解	操作说明
4	排放冷却液	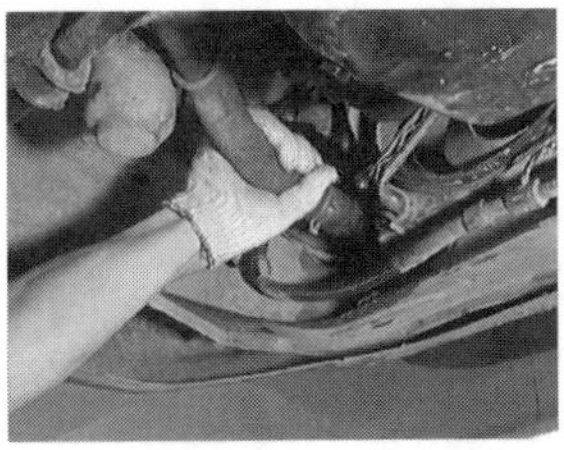	等冷却液不再流出时，将下水管安装到出水接口上，确认卡箍安装到位
5	拆卸发电机		观察发电机周围附件的连接情况，查技术规范
			(1)用17#开口扳手卡住发电机皮带张紧机构的调整凸块 (2)用力向发电机侧扳动扳手使张紧机构顺时针转动一定角度
			当张紧机构的定位孔与其支架上的挡块对齐时，将定位销插入定位孔中，松开工具
			确认定位销工作可靠，张紧机构固定牢固
			将传动带从发电机带轮、动力转向油泵带轮、曲轴带轮上取下来 注意： 工作人员手上不能有油、水等黏附在传动带上，防止装上后皮带打滑

续表

操作步骤	操作内容	图　解	操作说明
5	拆卸发电机		(1)用10#套筒、接杆、棘轮扳手拧松蓄电池负极固定螺栓 (2)从极柱上取下负极线，并确认完全离开极柱
			用6#内六角扳手拧松发电机支架上端的螺栓 注意：松开或紧固螺栓时，右手握内六角扳手长杆，省力；旋入或旋出螺栓时，要右手握短杆，快速；扳手要完全插入螺母中
			(1)用8#内六角扳手拧松发电机支架下端螺栓 (2)用木锤柄插入发电机和支架间的空隙，撬动发电机
		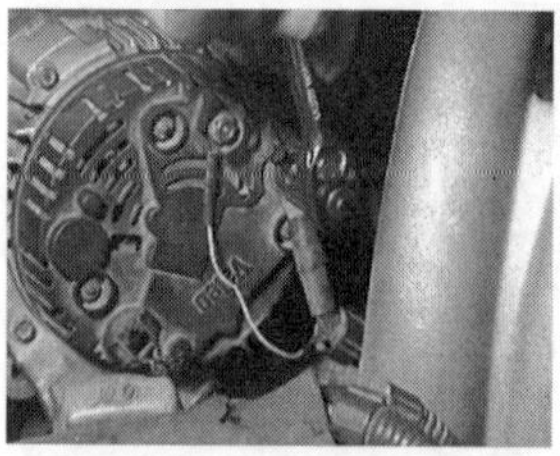	(1)从支架上取下发电机后，用13#套筒、棘轮扳手拧松发电机后端盖上的B接线柱上的固定螺母，将导线脱离B接线柱 (2)用10#套筒、棘轮扳手拧松发电机后端盖上的励磁导线固定螺母，并使导线脱离接线柱
		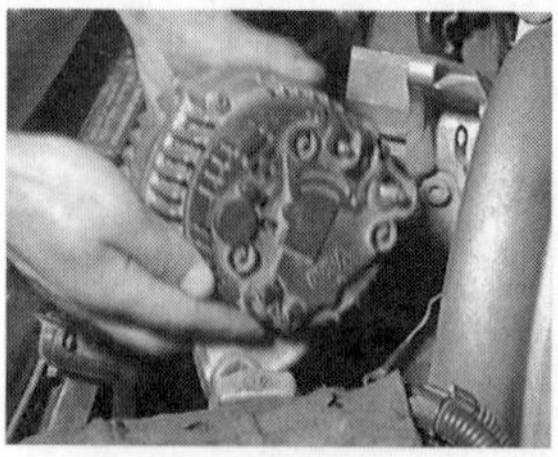	移出发电机，放置平稳
6	拆卸节温器		(1)移出发电机后，即可在进水管口处观察到节温器盖的安装螺栓 (2)注意观察节温器盖的安装方向，为防止装错，也可以在节温器盖上做上记号

续表

操作步骤	操作内容	图　解	操作说明
6	拆卸节温器		(1)用10#套筒、接杆、棘轮扳手拧松节温器盖两颗固定螺栓 (2)确认节温器的安装方向，取下节温器。注意：如取节温器困难，可用橡胶锤振动取下，严禁使用螺丝刀或铁锤砸
		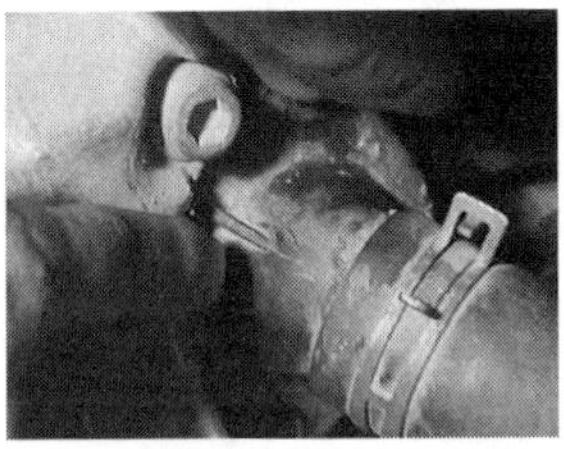	注意节温器盖在气缸体上的安装方向，带有条形凸起的一侧朝向发动机的前方
		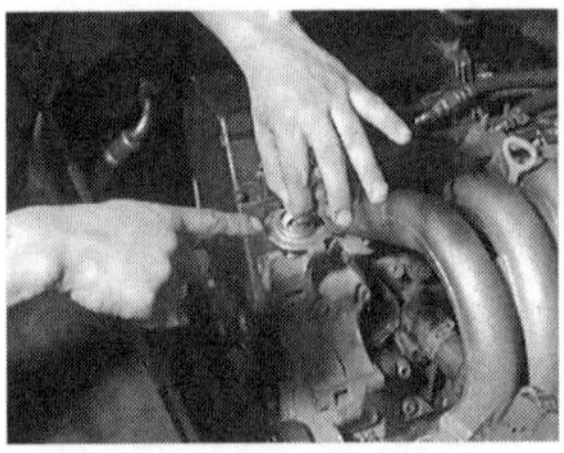	注意节温器的安装方向，应使推杆一端朝外，带感温体的一端朝向气缸体或气缸盖水套
		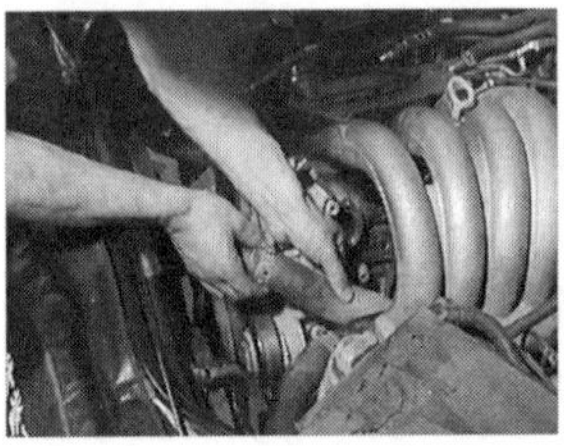	检查冷却系统分水管有无橡胶老化、裂纹、脱层、起包等现象。如有，应更换分水管
			(1)检查节温器盖有无变形、裂纹 (2)观察卡箍是否出现歪扭变形，是，更换新卡箍；否，检验其弹力 (3)使用鲤鱼钳夹住卡箍卡口，握紧钳柄，使卡簧涨开，如感到弹力较大，则继续使用；否则，更换新卡簧
7	节温器性能检查	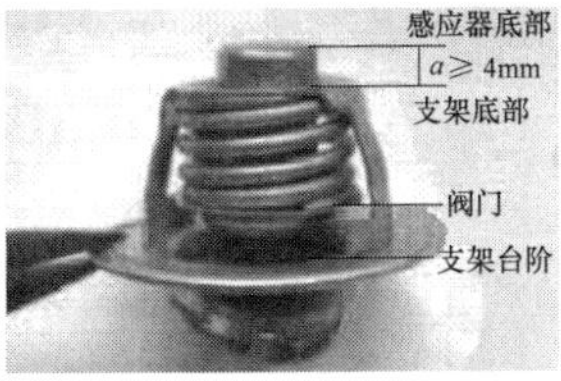 感应器底部 $a \geq 4$mm 支架底部 阀门 支架台阶	检查节温器开启性能 将节温器置于水中加热，用温度计检测水温，当水温达到87℃±2℃时，阀门开始开启；水温达到102℃±3℃时，感应器底部铜件部分升起超出支架底部大于4mm，且阀门开启至支架台阶位置以上，表明全开升程大于7mm，此时节温器开度状态合格

续表

操作步骤	操作内容	图　解	操作说明
7	节温器性能检查		检查节温器关闭性能 方法一：停止水加热，自然冷却，阀门应逐渐关闭，当水温降至 87℃±2℃时，阀门应全闭 方法二：将节温器从水中取出，自然降温，阀门应逐渐关闭，直至全关
		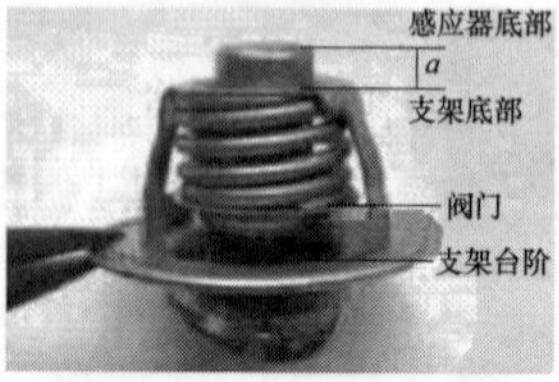 感应器底部 a 支架底部 阀门 支架台阶	如果节温器开闭温度不符合规定要求，感温器底部铜件部分升起超出支架底部小于4mm；且阀门开启低于支架台阶位置，表明全开升程小于7mm；此时节温器不合格。说明节温器有故障，应更换
8	清洁节温器座及盖	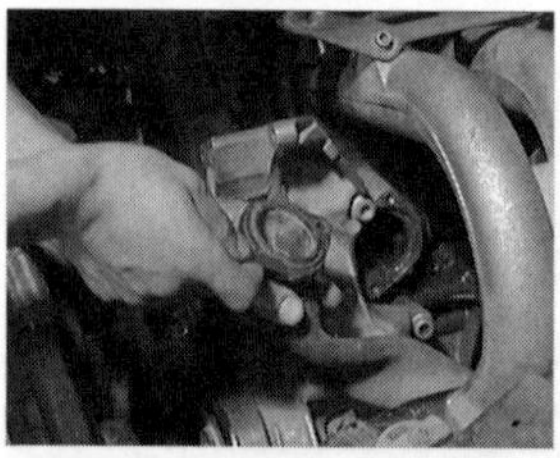	使用刮刀清洁节温器座上的腐蚀物、胶质和节温器盖上的胶质等，保持节温器及盖的接触面清洁、平整
9	安装节温器		按照节温器正确安装方向放入节温器
			(1)在密封圈上均匀涂抹一层薄机油将其套装在节温器盖上，要保持圈的自然平顺状态，严禁扭曲 (2)按照节温器盖正确方向安装到气缸体接合面上 (3)拧紧盖上固定螺栓，紧固力矩为10N·m
10	加注冷却液	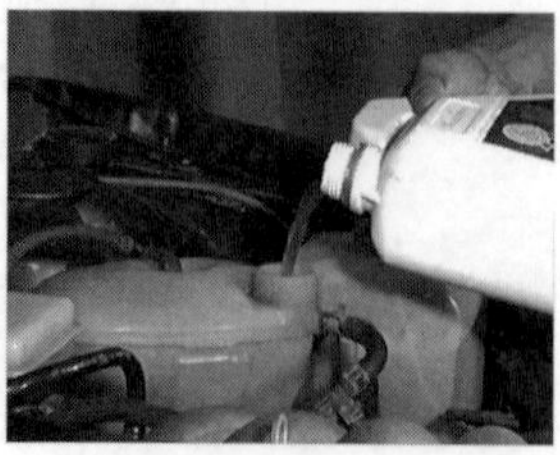	从膨胀水箱加注口，缓缓注入冷却液

续表

<table>
<tr><th>操作步骤</th><th>操作内容</th><th>图 解</th><th>操作说明</th></tr>
<tr><td rowspan="2">10</td><td rowspan="2">加注冷却液</td><td></td><td>当感到冷却系统内的冷却液量不足，而膨胀箱中的液面下降缓慢或停止下降时，用手反复捏压散热器的上下水管，液面下降后，继续加注，反复进行</td></tr>
<tr><td>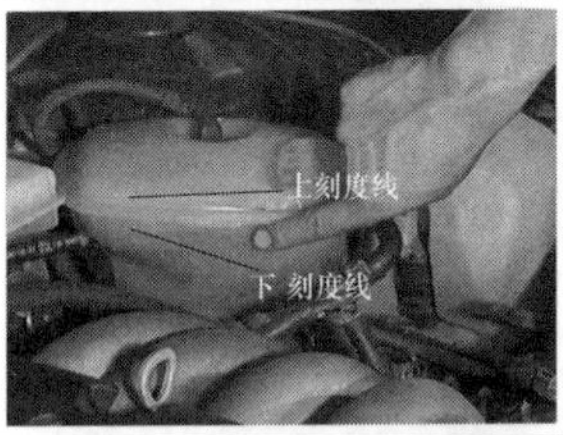
</td><td>直到膨胀箱内的液面位于上下刻度线的中间位置不再变化为止</td></tr>
<tr><td rowspan="3">11</td><td rowspan="3">检查冷却系统泄漏情况</td><td>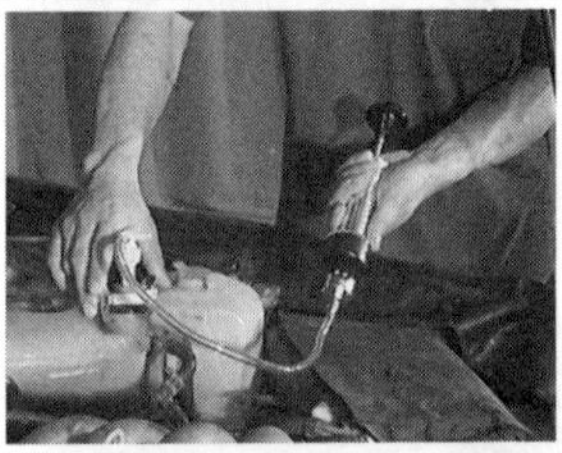</td><td>选择合适的检漏仪凸缘盘，将接头旋紧在冷却液膨胀箱的加水口上，将检漏仪和凸缘盘连接起来</td></tr>
<tr><td>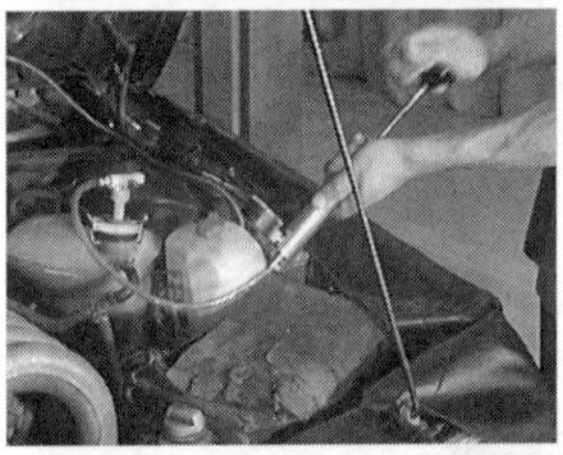</td><td>反复推动打气泵手柄，向冷却系统施加压力，同时注意倾听查找漏气情况，排除后继续加压</td></tr>
<tr><td>
</td><td>(1)观察检漏仪压力表的指示值，当压力值显示为 0.2MPa 时，停止加压
(2)观察压力表指针的变化情况。如果压力表指针在 5min 没有明显变化，证明冷却系统无泄漏；如果压力表指针下降速度较快，证明冷却系统存在严重的泄漏</td></tr>
<tr><td rowspan="2">12</td><td rowspan="2">安装发电机</td><td></td><td rowspan="2">(1)将 B 导线和励磁导线装在对应接线柱上并紧固。安装导线时，要保证与接柱间接触面清洁、无锈蚀
(2)将发电机下支撑臂插入固定在气缸体上的铝制支架的支撑块上，然后将发电机推向气缸体一侧，调整发电机的位置，使发电机支撑臂的螺栓孔与支架的螺栓孔对齐
(3)将两个固定螺栓旋入对应螺栓孔，最后用内六角扳手上到规定力矩</td></tr>
<tr><td></td></tr>
</table>

续表

操作步骤	操作内容	图　解	操作说明
13	安装发电机传动带		将传动带安装到曲轴带轮、发电机带轮、导向轮带轮、张紧轮上，并确认传动带安装正确到位
			(1)用17＃开口扳手卡住传动带张紧机构上的凸块，用力扳动扳手使张紧机构转动微量角度，取下定位销 (2)缓缓放松张紧机构，使张紧轮压向传动带，直到不再下降为止，取下扳手，用手按压传动带，检查皮带松紧度。提示：AJR型发动机的发电机传动带采用自动张紧机构，可以自动将皮带挠度控制在一定范围，无需人工进行张紧力调整
14	安装蓄电池负极桩柱接线		按规定扭矩拧紧蓄电池负极桩柱的固定螺栓。要保证负极桩接线与负极桩柱之间接触面清洁，无锈蚀。必要时可用细砂布打磨
15	发动机的运行检查		(1)启动发动机并怠速运转，观察水温表指针的变化情况和冷却风扇的转动情况 (2)观察膨胀水箱中冷却液液面，必要时进行添加补充 (3)也可以使用测温仪测量发动机进出水口温度来判断节温器工作情况：发动机水温低于85℃时，温差最大；85～99℃时，温差逐渐减小；99℃以上，温差基本稳定，变化不大，则说明节温器工作正常
16	整理工位	拆除室内外保护件；关闭发动机舱盖；整理工具和仪器；清洁地面卫生	

第八节 点火系统

汽油机气缸内的可燃混合气是靠高压电火花点燃的，而电火花的产生是由点火系实现的。点火系应在发动机各种工况和使用条件下保证可靠而准确的点火。目前汽油机点火系常用无触点电子点火系统、有分电器微机控制点火系统、无分电器微机控制点火系统三类。

一、点火系统的结构原理

（一）点火系概述

1. 点火系的作用

点火系的作用是将汽车电源供给的低压电转变为高压电，并按照发动机的工作顺序与点火时间的要求，适时地配送给各缸火花塞，在其间隙处产生电火花，点燃气缸内的可燃混合气。

汽油机上最早使用点火系的能源为磁电机，故称磁电机点火系。汽车电源在采用蓄电池以后，点火系的能源由磁电机改成蓄电池，因而称为蓄电池点火系。汽油机点火系从传统

（触点式）点火系统，向电子点火系和电控点火系发展，使汽油机的点火性能进一步得到改善。汽油机点火系发展大致可分成五个阶段：传统（触点式）点火系统、有触点电子点火系统、无触点电子点火系统、有分电器微机控制点火系统、无分电器微机控制点火系统。目前，汽油机点火系常用后三类点火系统。

点火系应在发动机各种工况和使用条件下保证可靠而准确的点火。因此要求有能产生足以击穿火花塞电极间隙的电压，传统点火系统可提供10～20kV的高电压，电子点火系统可提供15～25kV的高电压，甚至更高；为了保证点火可靠，电火花应具有足够的能量；点火时刻应适应发动机的工况，即点火顺序应与发动机的工作顺序一致，同时点火时刻要准确。

2. 点火系的基本组成

传统的点火系统由电源、点火开关、点火线圈及附加电阻、分电器（包括断电触点、配电器和点火提前机构）、火花塞和高低压导线等组成。传统点火系由于工作可靠性差，节能和环保不达标，现已经彻底淘汰，在此不作叙述。

电子点火系统按照储能方式的不同可以分为电感式点火系统和电容式点火系统两大类。前者的储能元件是点火线圈，后者的储能元件是电容器。

电子点火系统由电源、点火开关、点火线圈、分电器（包括信号发生器、配电器和点火提前机构）、点火控制器及火花塞等组成，如图2-145所示。其中，点火开关、点火线圈、火花塞、配电器及点火提前机构的结构原理与传统点火系统基本相同。电子点火系统与传统点火系统的不同点在于采用了各种形式的点火信号发生器来代替驱动凸轮，由信号发生器产生触发信号，从而控制点火线圈初级电路的接通与切断。

电子点火系统按点火信号发生器的不同又可分为磁感应式、霍尔式、光电式、电磁振荡式电子点火系统等类型，其中前两种应用较为广泛。

微机控制的点火系统分为有分电器微机控制的点火系统和无分电器微机控制的点火系统两类。

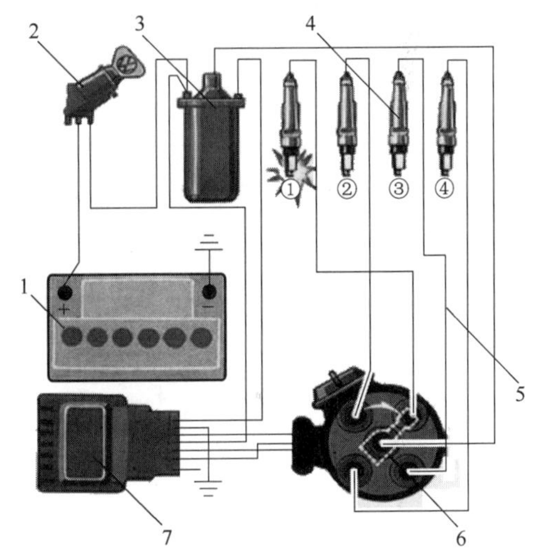

图2-145 电子点火系统的组成

1—电源；2—点火开关；3—点火线圈；4—火花塞；5—高压线；6—分电器；7—点火控制器

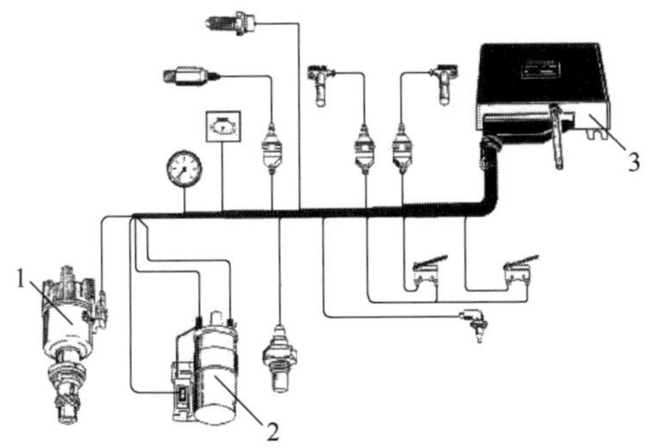

图2-146 有分电器微机控制点火系统的组成

1—分电器；2—点火线圈和点火控制器；3—微机控制单元（ECU）

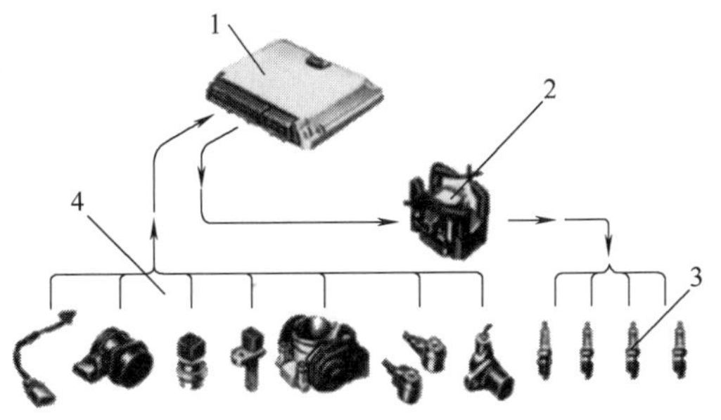

图2-147 无分电器微机控制点火系统的组成

1—微机控制单元（ECU）；2—点火控制器和点火线圈；3—火花塞；4—各种传感器

有分电器微机控制点火系统由电源、点火开关、微机控制单元（ECU）、点火控制器、点火线圈、分电器、火花塞、高压线和各种传感器等组成。如图 2-146 所示为有分电器微机控制点火系统的组成示意图。

无分电器微机控制点火系统由电源、点火开关、微机控制单元（ECU）、点火控制器、点火线圈、火花塞、高压线和各种传感器等组成，如图 2-147 所示。有的无分电器点火系还将点火线圈直接安装在火花塞上方，取消或隐藏了高压线。

3. 点火系统的基本原理

点火系统是利用点火线圈的自感和互感原理工作的，点火系统基本工作原理如图 2-148 所示。传统点火系统采用图 2-148（a）、（b）所示接线方式；有触点电子点火系统、无触点电子点火系统、有分电器微机控制点火系统、无分电器微机控制点火系统、独立点火方式采用图 2-148（b）所示接线方式，无分电器微机控制点火系统同时点火方式采用图 2-148（c）所示接线方式。

接通点火开关 ON 挡，当发动机转动时，点火信号使点火模块末级三极管交替地导通和截止（或断电器凸轮旋转使断电器触点交替地闭合和断开）。当三极管导通（断电器触点闭合）时，点火线圈初级绕组 N_1 通过低压电流并逐渐增长，铁芯储存了磁场能。当三极管截止（断电器触点断开）时，初级电流和磁场的骤然下降，使得初级绕组感应出 300～400V 自感电动势（e_1），次级绕组 N_2 由于绕组匝数较多，约为初级绕组的 80～100 倍，感应出了电压可高达 15000～25000V 的互感电动势（e_2）。次级电压由配电器或直接按照点火顺序传送至各气缸火花塞，击穿火花塞放电间隙，产生电火花点燃气缸内的可燃混合气。发动机工作时，这个过程周而复始地进行。若要发动机停止工作，只要点火开关由 ON 挡转到 OFF 挡，切断初级电路即可。

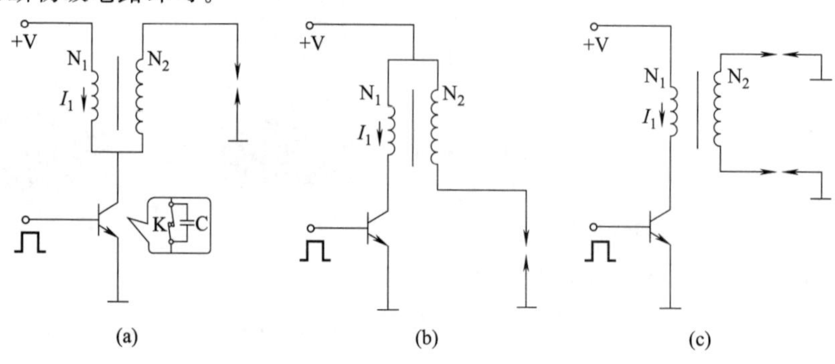

(1) 初级电流接通并逐渐增长

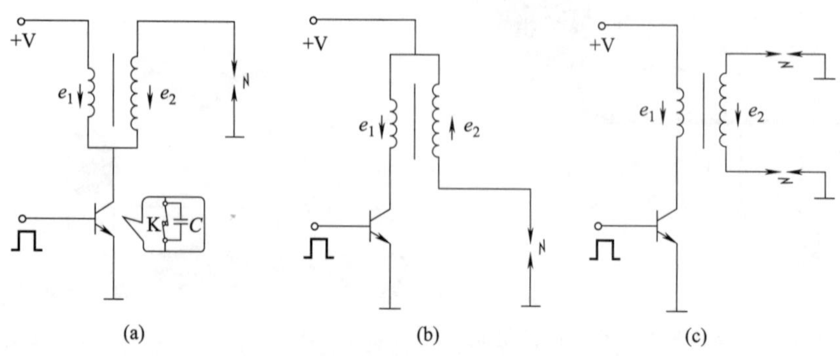

(2) 初级电流切断，次级产生高压，火花塞点火

图 2-148 点火系统基本工作原理示意图

点火系统的工作过程基本可分为三极管导通，初级电流增长；三极管截止，次级线圈产生高电压及火花放电三个过程。

（1）三极管导通，初级电流按指数规律增长　三极管导通时，火花塞间隙不会被击穿，所以把次级电路看作开路状态，可不计其对初级回路的影响。初级电流 i_1 是按指数规律变化的。初级电流增长时，由于电磁感应，会在初级和次级线圈中分别产生感应电压，其大小都是按指数规律逐渐减小的。见图 2-149（a）导通段。

（2）三极管截止，次级线圈产生高压电动势　当三极管截止时，瞬间的初级电流为 I_k（即断开电流），初级电流急剧下降，并且在初级回路中形成衰减的振荡，见图 2-149（a）截止段。初级线圈中感应出 300～400V 左右的自感电动势，同时在次级线圈中感应出 15～30kV 的高压（互感）电动势，见图 2-149（b）、（c）。

U_{1max}的数值一般为 300～400V。U_{2max}约为 15～30kV，足以击穿火花塞间隙，产生火花放电。

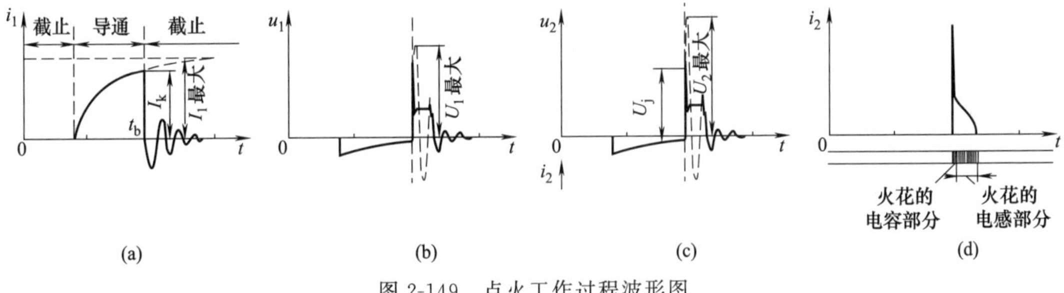

图 2-149　点火工作过程波形图

（3）火花放电过程　次级高压 U_2 上升过程中，首先以电场能的形式储存在高压电路的分布电容中，当 U_2 上升到火花塞间隙击穿电压 U_j［图 2-149（c）］时，就可以击穿火花塞间隙，产生数十安培的次级电流 i_2，实现电容放电（约 1μs），也称火花头。由于电容放电，首先使火花塞间隙处的气体电离为等离子体。接着在迅速下降的 U_2 作用下继续放电，这即电感放电阶段，也称火花尾，如图 2-149（d）所示。电感放电阶段的电压 U_2，是靠初级电路中衰减的振荡（通过互感）来维持的。电感放电的时间一般为几毫秒，电压为 600V 左右，放电电流为几十毫安。混合气的燃烧主要是靠火花尾来完成的。电感放电时间越长，点火越可靠，燃烧越充分。

电容放电时，伴随有高频振荡，频率约 10^7～10^8Hz，这是无线电干扰的主要来源。

（二）点火系的主要部件

1. 点火线圈

根据 QC/T 73—93 的规定，国产点火线圈的型号组成如下。

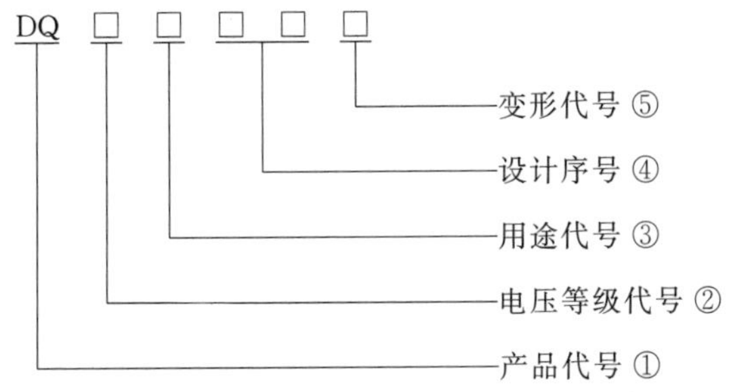

① 产品代号：DQ 表示点火线圈；DQG 表示干式点火线圈；DQD 表示电子点火系统用。

② 电压等级代号：1 表示 12V；2 表示 24V；6 表示 6V。

③ 用途代号：1 表示单、双缸发动机；2 表示四、六缸发动机；3 表示四、六缸发动机（带附加电阻）；4 表示六、八缸发动机（带附加电阻）；5 表示四、六缸发动机；6 表示八缸以上的发动机；7 表示无触点分电器；8 表示高能；9 表示其他（包括三、五、七缸发动机）。

点火线圈按其磁路结构形式的不同，一般可分为开磁路式和闭磁路式两种。

（1）开磁路点火线圈　开磁路点火线圈的基本结构如图 2-150 所示，主要由铁芯、胶木盖、瓷座、接线柱和外壳等组成。一般传统点火线圈都带有附加电阻，用于电子点火系的点火线圈不带附加电阻。

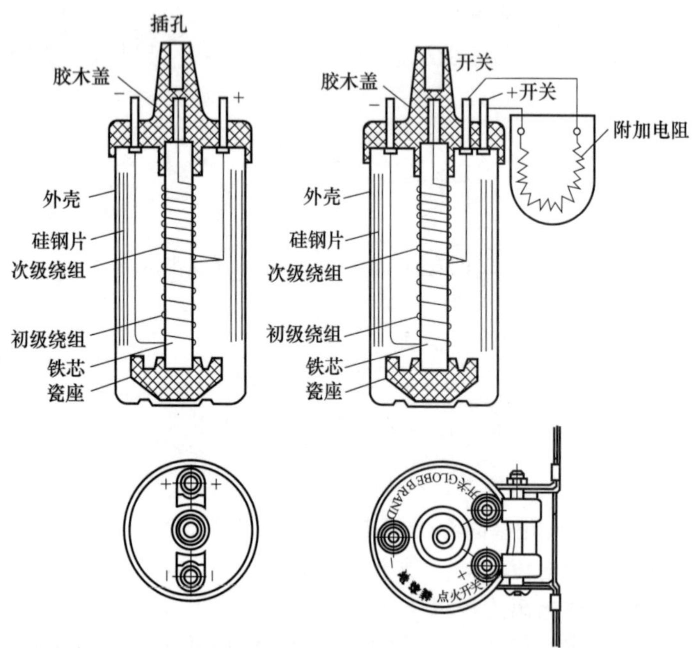

图 2-150　开磁路点火线圈结构示意图

铁芯由若干层涂有绝缘漆的硅钢片叠成，外面套有绝缘套管。套管外面先分层绕制一定匝数的次级绕组，每层绕组之间都用绝缘纸隔开，最外层的绝缘纸层较多。再用同样方法将初级绕组绕在次级绕组外面，以利于散热。不同型号点火线圈的绕组参数是不同的，一般初级绕组导线直径为 0.5～1.0mm，匝数约 230～380 匝；次级绕组导线直径为 0.06～0.10 mm，匝数约 1100～2600 匝。绕好后的绕组在真空中填入绝缘物，以增强绝缘。

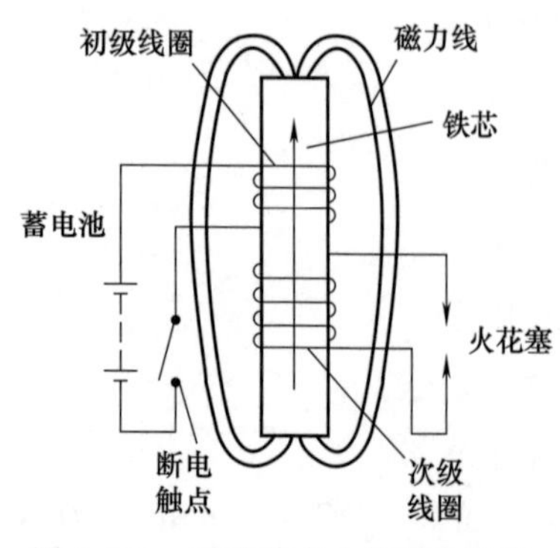

图 2-151　开磁路点火线圈的磁路

点火线圈外壳与绕组之间装的导磁用的钢片，由四片呈圆弧形的硅钢片组成部分。当低压电流过初级绕组时，铁芯被磁化。由于磁路上、下部分都是在空气中通过的，铁芯并未构成闭合磁路，所以称之为开磁路点火线圈，如图 2-151 所示。点火线圈上部装有胶木盖，底部装瓷座，用来防止高压电击穿次级绕组的绝缘层，向铁芯或外壳放电。为加强绝缘，防止潮气浸入，利于散热，外壳内填满沥青或变压器油、六氟化硫等绝缘材料。

点火线圈的胶木盖上，装有与点火开关、分电器连接的低压接柱。根据低压接柱的数目不同，点火线圈有

两接柱和三接柱之分，如图 2-150 所示。两接线柱点火线圈的低压接柱上分别标有“+”、“−”标记。三接线柱点火线圈的低压接柱上分别标有“开关”、“+开关”、“−”标记，并在“开关”和“+开关”接柱上接有附加电阻，胶木盖的中央是高压线插座，周围较高，以防高压电在接柱间放电。点火线圈的初级绕组两端分别接“+”（或开关）和“−”接线柱，次级绕组的一端接初级绕组，另一端接高压插座。

点火线圈低压接线柱的连接必须正确，即“−”接线柱接至断电器的触点，“+”接线柱接至点火开关，使初级电流自“+”接线柱流入，从“−”接线柱流出，只有这样才能确保高压电路为正极搭铁。

（2）闭磁路点火线圈　闭磁路点火线圈和传统的开磁路点火线圈相比，其铁芯不是条形而是“日”字形或“口”字形。铁芯磁化后，其磁力线经铁芯构成闭合磁路，如图 2-152 所示。由于闭磁路点火线圈漏磁场小，磁阻小，能量损失小，所以能量转换率高，可达 75%，而开磁路点火线圈的能量转换率只有 60%。另外由于闭磁路铁芯导磁能力强，可在较小的磁动势（安匝数）下产生较强的磁场，因而可有效地减小线圈匝数，使点火线圈小型化。

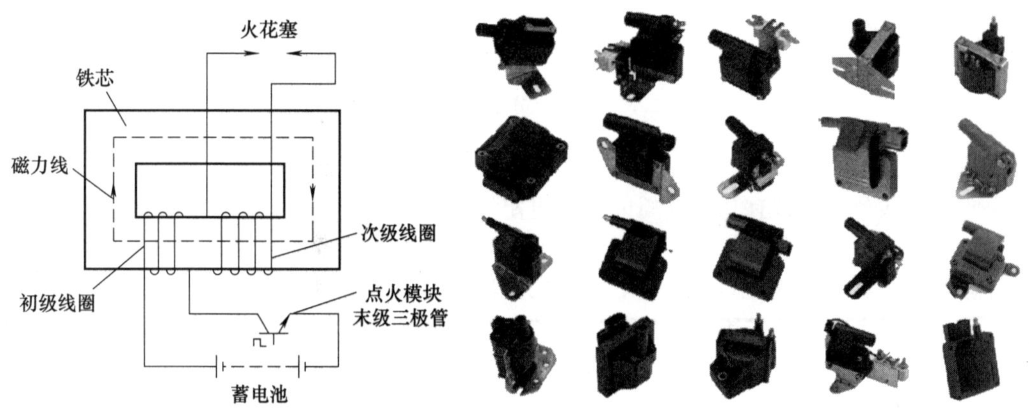

图 2-152　闭磁路点火线圈的磁路

图 2-153　各种闭磁路点火线圈

闭磁路点火线圈，一般采用环氧树脂或耐高压塑料封装，带有支架，如图 2-153 所示，有的带附加电阻（1.2～2.6Ω），有的内部接有高压二极管。点火线圈与电路连接采用插接件，次级电压输出端用高压线接分电器盖中央插孔。

2. 点火控制器

点火控制器也称为点火模块，除了传统点火系统，其他点火系统都要用到。由于点火信号来源以及装配位置不同，点火控制器电路结构和外形也不同。

3. 分电器

点火系分电器总成主要由配电器、点火信号发生器或断电器、电容器、真空点火提前装置和离心点火提前装置等部件组成，如图 2-154 所示。

（1）配电器　配电器由分火头和分电器盖组成，作用是按发动机工作顺序将高压电分配到各缸火花塞上。分电器盖由胶木制成，盖内四周有与发动机气缸数相等的旁电极，同盖外的旁插孔相通，旁插孔用来安插分缸线。盖的中间有一个用来插中央线的插孔，其内侧为中心电极，电极孔中装有带弹簧的电刷，电刷借弹簧力与分火头上的导电片紧密接触。

分火头由胶木制成，其顶部嵌有一铜导电片，分火头装于断电凸轮顶端，当其随轴旋转时，其上的导电片在距旁电极 0.2～0.8mm 的间隙处掠过。当高压产生时，分火头正好对准盖内某一旁电极，高压电便由中心电极，经电刷柱、导电片跳到旁电极，再经分缸线送至

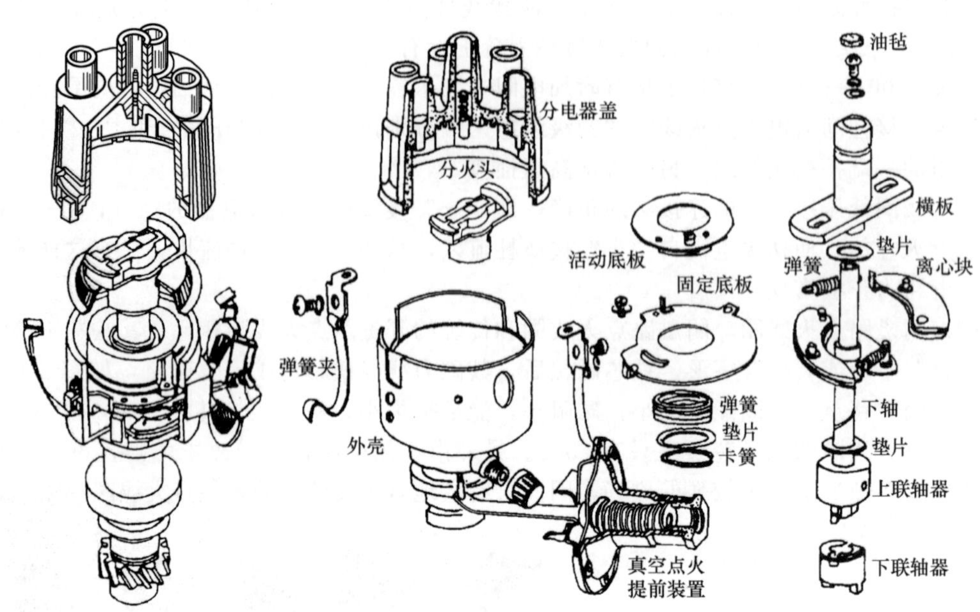

图 2-154 分电器结构

火花塞跳火。在高压电跳过导电片与旁电极之间的间隙时，会产生火花，造成对无线电的干扰。为此，有些分火头带有几千欧姆的阻尼电阻，其作用是抑制对无线电的干扰。

（2）点火信号发生器 传统点火系统是利用断电器触点的开闭来控制初级电流和点火时刻，有触点电子点火系统仅利用断电器触点的开闭作为点火信号，现已被淘汰，在此不再介绍。无触点电子点火系统采用点火信号发生器，其结构原理将在下一项目中介绍。而有分电器微机控制点火系统、无分电器微机控制点火系统点火信号是由发动机控制单元根据相关传感器的数据经过处理、比较、修正后产生的。

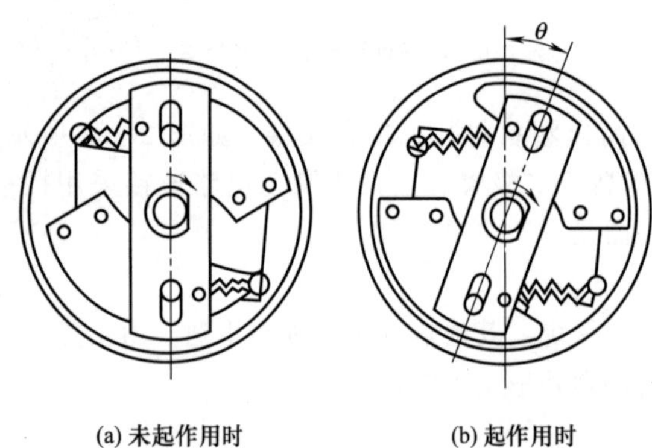

图 2-155 离心式点火提前装置的工作原理

（3）机械式点火提前调节装置

① 离心式点火提前装置。离心式点火提前装置的作用是当发动机转速发生变化时自动调整点火提前角。如图 2-155 所示。

当发动机转速升高时，离心块在离心力作用下克服弹簧拉力向外甩开，离心块上的销钉便推动拨板带着点火信号发生器活动部件沿分电器轴旋转方向多转过一个角度 θ，使点火信号发生器提前产生点火信号，点火提前角增大 2θ。反之，当转速降低时，离心力减小，弹簧便拉动离心块、拨板沿旋转相反方向退回一个角度，使点火提前角减小。由于采用粗细两根弹簧，转速低时，细弹簧起作用，点火提前角增加量较大；转速高时，两根弹簧同时起作用，点火提前角增加量较小。

② 真空式点火提前装置。真空式点火提前装置的作用是当发动机负荷发生变化时自动调整点火提前角。它装在分电器壳体的外侧，内部构造及原理如图 2-156 所示。

当发动机负荷小时，节气门开度小，如图 2-156（a）所示，小孔处的真空度较大吸动膜片，克服弹簧力向右拱曲，拉杆拉动活动底板并带着点火信号发生器固定部件逆着分电器轴

旋转方向转动一定角度，使点火信号发生器提前产生点火信号，点火提前角增大；当发动机负荷增大时，节气门开度增大，如图 2-156（b）所示，小孔处真空度下降，膜片在弹簧力作用下向左拱曲，使点火提前角减小；怠速时，真空孔已位于节气门上方，真空度很小，点火提前角位于最小值，如图 2-156（c）所示。

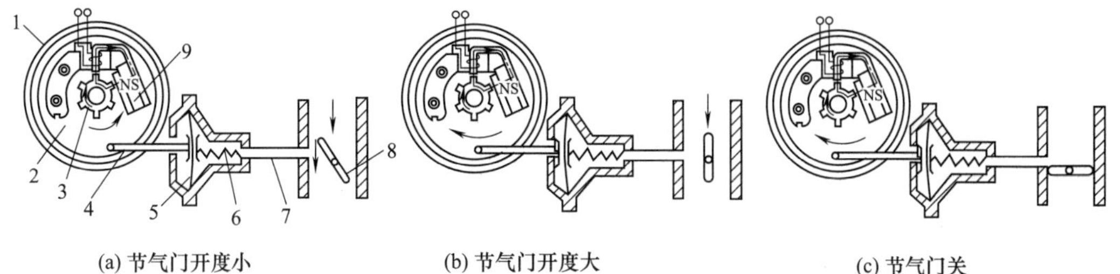

(a) 节气门开度小　　(b) 节气门开度大　　(c) 节气门关

图 2-156　真空式点火提前装置的结构及原理

1—分电器壳体；2—底板；3—信号转子；4—拉杆；5—膜片；6—弹簧；7—真空接连管；8—节气门；9—信号发生器

根据 QC/T 73—93 的规定，国产分电器的型号组成如下：

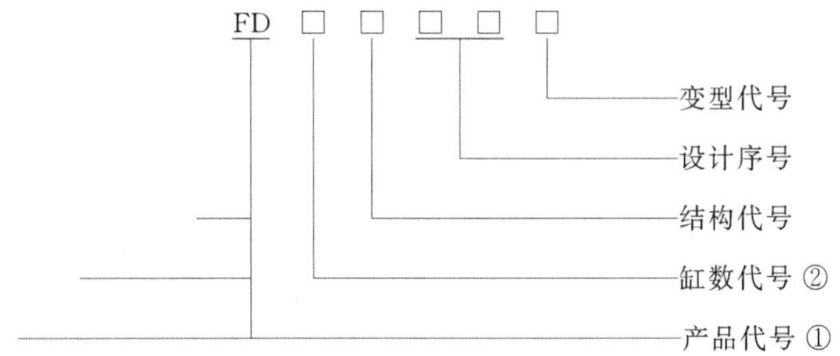

① 产品代号：传统分电器为 FD，无触点分电器为 FDW。F、D、W 分别表示“分”“电”“无”。

② 分电器的缸数代号与结构代号分别见表 2-4、表 2-5。

表 2-4　分电器的缸数代号

缸数代号	1	2	3	4	5	6	7	8	9
缸　数	—	2	3	4	—	6	—	8	—

表 2-5　分电器的结构代号

结构代号	1	2	3	4	5	6	7
结构	无离心	无真空	拉偏心	拉圆心	拉外壳		特殊结构

4. 高压线

高压线用来传送高电压，其工作电压一般在 15kV 以上，但通过电流强度较小，因此高压导线的绝缘包层很厚，耐压性能好，但线芯截面积很小。高压线有铜芯线和阻尼线两种，为了衰减火花塞产生的电磁波干扰，目前广泛使用高压阻尼点火线。

高压阻尼点火线常用的有金属阻丝式和塑料芯导线式。金属阻丝式又分为金属阻丝线芯式和金属阻丝线绕电阻式两种。不同车型采用的阻尼高压线的阻值不相同，在检修或更换高压线时要注意测量。

5. 火花塞

（1）火花塞的结构　火花塞的结构如图 2-157 所示，在钢质壳体内部固定着高氧化铝陶瓷绝缘体，绝缘体中心孔内装有中心电极，中心电极上端有接线螺母，用来连接高压导线。

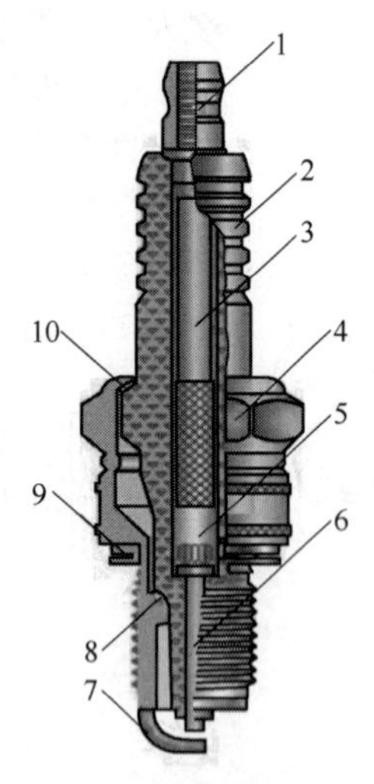

图 2-157 火花塞的结构
1—接线帽；2—陶瓷体；3—中心螺杆；4—壳体；5—导电玻璃；6—中心电极；7—侧电极；9—软金属垫圈；8，10—密封垫圈

壳体的下端面固定有弯曲的侧电极。壳体的上端有便于拆装的六角柱面，它与绝缘体之间装有紫铜垫片，主要起导热和密封作用。

火花塞的电极间隙一般为 0.7～0.9mm，近年来为适应发动机排气净化的要求，采用稀混合气燃烧，火花塞电极间隙有增大的趋势，有的已增大至 1.0～1.2mm。

(2) 火花塞的热特性　为保证火花塞的正常工作，其下部绝缘体—裙部工作时的温度维持在 500～700℃，这样才能使落在绝缘体上的油滴立即烧掉，不致形成积炭，通常称这个温度为火花塞的“自净温度”。如果温度过低，火花塞会形成积炭；温度过高，又易导致炽热点火，使发动机遭到损坏。

火花塞裙部绝缘体的工作温度，取决于其受热情况和散热条件。影响火花塞裙部温度的主要因素是裙部的长度，裙部较长的火花塞，在燃烧室内吸热面积大，传热距离长，散热困难，因而裙部温度高，称为“热型”火花塞，如图 2-158 (a) 所示；而裙部较短的火花塞，吸热面积小，传热距离短，散热容易，因而裙部温度较低，称为“冷型”火花塞，如图 2-158 (c) 所示；各项条件居中的称为“中型”火花塞，如图 2-158 (b) 所示。

发动机技术性能不同，汽缸内工作温度也不相同。大功率，高转速，高压缩比的发动机汽缸温度高。为使火花塞不致产生炽热点火，应选用“冷型”火花塞；相反，对功率小，转速和压缩比低的发动机来说，为了不致形成积炭，应采用“热型”火花塞。

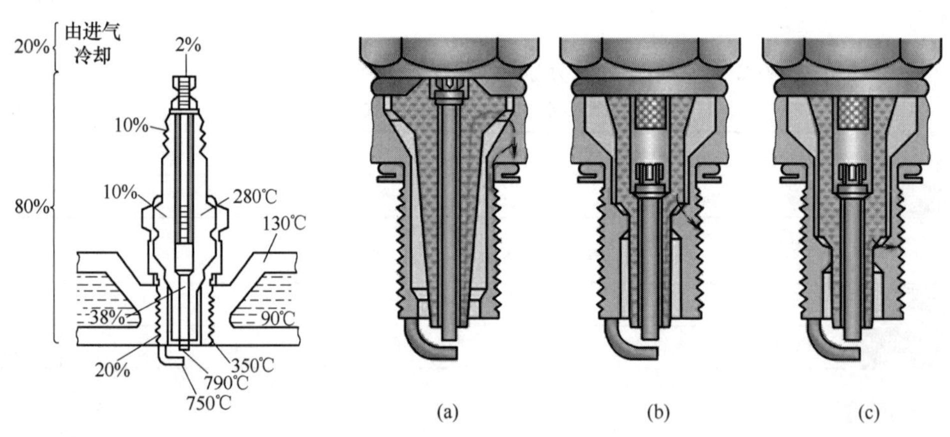

图 2-158 火花塞的热特性

目前各国对火花塞热特性的表示方法不完全相同，一般常用“热值”表示。所谓“热值”，是指火花塞散掉所吸热量的程度。它是一个相对概念，国产火花塞分别用 1、2、3、4、5、6、7、8、9、10 等阿拉伯数字表示。热值数越高，表示散热性能越好，因而小数字为热型火花塞，大数字为冷型火花塞。热值数字越大，越趋向于冷型火花塞。

(3) 常用火花塞的类型　常用火花塞的结构类型如图 2-159 所示。

① 标准型火花塞。其绝缘体裙部略缩入壳体端面，侧电极在壳体端面以外。

② 突出型火花塞。绝缘体裙部较长，突出于壳体端面之外。它吸热量大，抗污能力好，

且能直接受到进气的冷却而降低温度，不易引起炽热点火，热适应范围宽，是使用最广泛的火花塞。

③ 细电极型火花塞。其电极很细，特点是火花强烈，点火能力好，在严寒季节也能保证发动机迅速可靠地启动，热范围较宽，能满足多种用途。

④ 多极型火花塞。侧电极一般为两个或两个以上。优点是点火可靠，间隙不需经常调整。故在电极容易烧蚀和火花间隙不能经常调节的一些汽油机上被采用。神龙富康轿车采用了两极型火花塞，上海桑塔纳轿车采用了四电极火花塞。

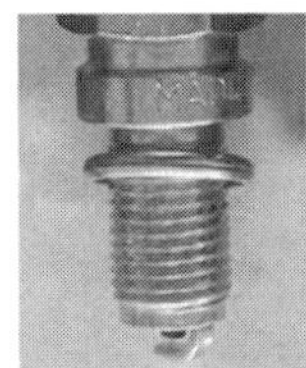
(a) 标准型

(b) 突出型

(c) 细电极型

(d) 沿面跳火型

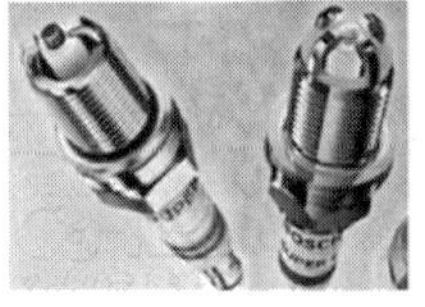
(e) 多极型

图 2-159　常用火花塞的结构类型

（4）火花塞的型号规格　根据 ZBT 37003—89 标准规定，火花塞产品型号由以下三部分组成。

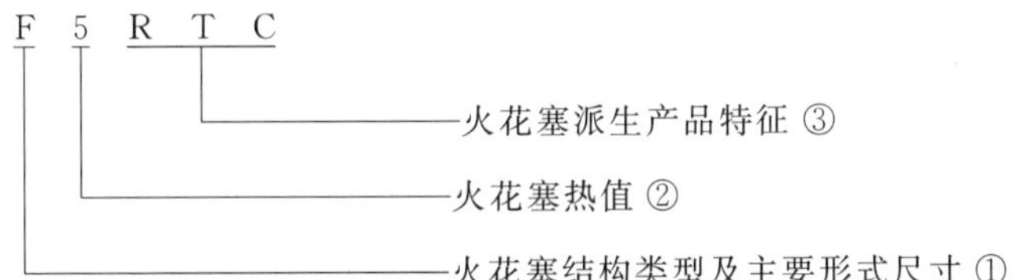

第一部分为汉语拼音字母，表示火花塞结构类型及主要形式尺寸，各字母含义可以查看有关标准。

第二部分为阿拉伯数字，表示火花塞热值。

第三部分为汉语拼音字母，表示火花塞派生产品结构特征，发火端特征，材料特性及特殊技术要求，无字母者为普通型火花塞，该部分如需用两个以上汉语拼音字母时，则应按表中所示的先后顺序排列。

例　F5RTC 型火花塞即为螺纹旋合长度为 19mm，壳体六角对边为 20.8mm，热值为 5 的 M14×1.25 带电阻及镍铜复合电极的绝缘体突出型平座火花塞。

（三）电子点火系统

目前国内外汽车上使用的电子点火系统主要分为有触点的电子点火系统和无触点的电子点火系统两大类。无论是哪一类电子点火系统，都是利用电子元件（晶体三极管）作为开关来接通或断开点火系统的初级电路，通过点火线圈来产生高压电。

电子点火系统由电源、点火开关、点火线圈、分电器（包括信号发生器、配电器和点火提前机构）、点火控制器及火花塞等组成，如图 2-160 所示。

电子点火系统按点火信号发生器的不同又可分为磁感应式、霍尔式、光电式电子点火系统等类型，其中前两种应用较为广泛。

1. 磁感应式电子点火系统

磁感应式电子点火系统也称为磁脉冲式电子点火系统，其点火信号发生器采用电磁感应原理。

（1）磁感应式点火信号发生器　磁感应式点火信号发生器根据传感线圈的安装位置分为偏置线圈式和同心线圈式两种，如图 2-161 所示。

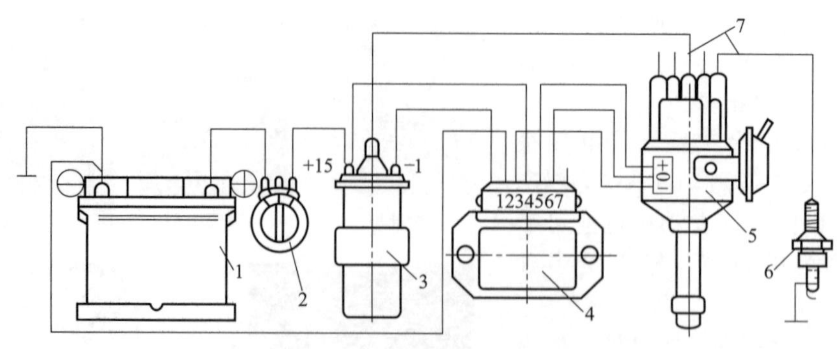

图 2-160　桑塔纳轿车电子点火系统的组成

1—电源；2—点火开关；3—点火线圈；4—点火控制器；5—分电器；6—火花塞；7—高压线

磁感应式点火信号发生器的结构主要由信号转子、定子、永久磁铁和传感线圈等组成。信号转子的转子爪数与发动机气缸数相同，固定在转子轴的上端，随轴一起转动；定子叠装永久磁铁后固定在活动底板上，受真空提前机构的拉杆约束；在转子与定子之间安装有传感线圈。当分电器轴转动时，通过离心提前机构带动信号转子随着分电器轴旋转。转子轴旋转时，转子爪与定子间的空气间隙发生周期性的变化，同时其磁路的磁阻和穿过传感线圈的磁通量也发生周期性的变化，因而在传感线圈内便产生交变电动势。分电器轴旋转一周时，将产生与气缸数相同个数的交变信号，该交变信号输入给点火控制器即可控制点火系统的工作。

图 2-161　磁感应式点火信号发生器

（2）点火控制器　点火控制器的作用是将点火信号发生器输入的信号进行整形放大后，控制点火线圈初级电路的通断。如图 2-162 所示为某汽车上采用的磁感应式电子点火系统，其中 4 为点火控制器工作原理图。它由点火信号检测整形电路（三极管 VT_1、VT_2）、信号放大电路（三极管 VT_3、VT_4）和开关电路（功率三极管 VT_5）等部分组成。

如图 2-163 所示，磁感应式电子点火系统由 WFD663 型磁感应式分电器、6TS2107 型点火控制器、JDQ 型高能点火线圈和火花塞等组成。安装在分电器内的磁感应式点火信号发生器的结构和工作原理与前面介绍的基本相同，但其 6TS2107 型点火控制器除具有接通和切断点火线圈初级电路作用外，还增加了点火线圈限流控制、闭合角控制、停车断电保护和过压保护等功能（见桑塔纳点火控制器），使其点火性能更加完善。

2. 霍尔式电子点火系统

霍尔式电子点火系统的点火信号发生器是以霍尔效应的原理制成的。我国生产的奥迪、桑塔纳等轿车的点火系统均采用了霍尔式电子点火系统。

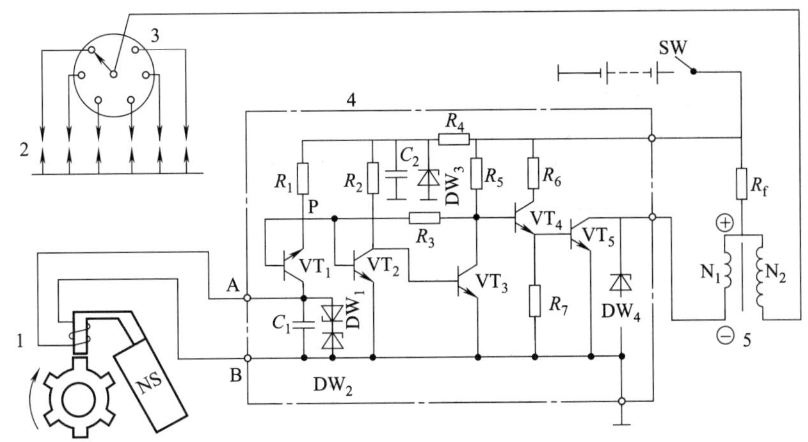

图 2-162　磁感应式电子点火系统电路

1—磁感应式点火信号发生器；2—火花塞；3—分电器；4—点火控制器；5—点火线圈

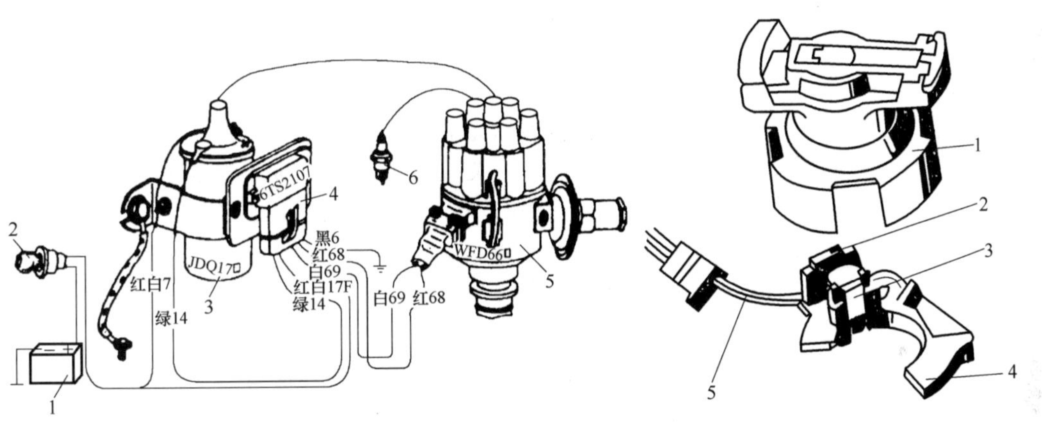

图 2-163　磁感应式电子点火系统组成

1—蓄电池；2—点火开关；3—点火线圈；4—点火控制器；5—磁感应式分电器；6—火花塞

图 2-164　霍尔式点火信号发生器

1—触发叶轮；2—霍尔集成块；3—带导磁板的永久磁铁；4—触发开关；5—插座

（1）霍尔式点火信号发生器　霍尔信号发生器的结构如图 2-164 所示，它由触发叶轮 1 和信号触发开关 4 组成。触发叶轮与分火头制成一体由分电器轴带动，其叶片数与气缸数相等。触发开关 4 由霍尔集成块 2 和带导磁板的永久磁铁 3 组成。霍尔集成块包括霍尔元件和集成电路，信号发生器工作时，霍尔元件产生的霍尔电压信号，经过放大、整形、变换后，以方波形式输出。

霍尔信号发生器工作原理如图 2-165 所示，触发叶轮转动时，当触发叶轮的叶片进入永久磁铁与霍尔集成块之间的空气隙时，磁场被触发叶轮的叶片旁路，如图 2-165（a）所示，霍尔元件不产生霍尔电压，集成电路输出级的三极管处于截止状态，信号发生器输出高电位。当触发叶轮的叶片离开空气隙时，永久磁铁的磁通通过导磁板作用于霍尔元件上，如图 2-165（b）所示，霍尔元件产生霍尔电压，集成电路输出极的三极管处于导通状态，信号发生器输出低电位。

（2）点火控制器　如图 2-166 所示为桑塔纳轿车用点火控制器的外形，其内部为混合集成电路，由专用点火集成电路（L497）和辅助电路组成。该点火控制器除具有一般点火控

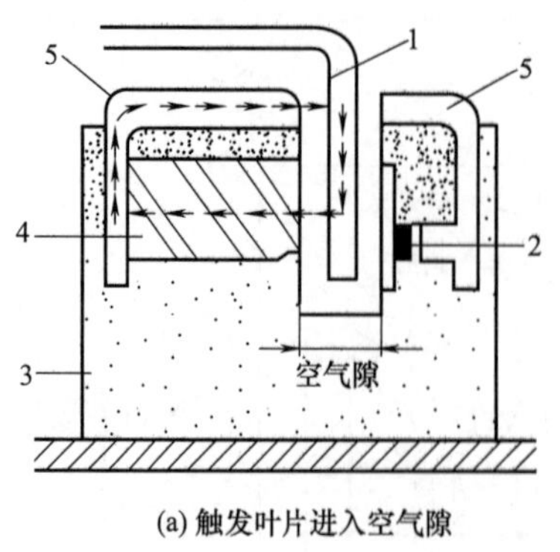

(a) 触发叶片进入空气隙

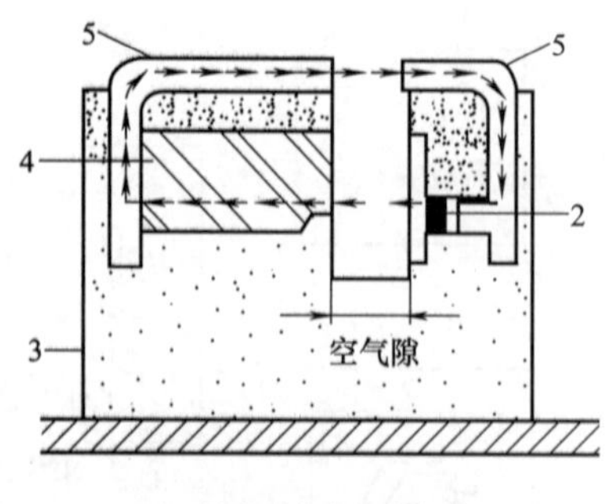

(b) 触发叶轮离开空气隙

图 2-165 霍尔信号发生器工作原理

1—触发叶轮；2—霍尔集成块；3—永久磁铁；4—触发开关；5—导磁板

制器的开关作用，即接通和切断点火线圈初级电路外，还增加了许多附加功能，如点火线圈限流控制、闭合角控制、停车断电保护和过压保护等功能。控制器壳体用铝材铸模而成，以利于散热，内部电路用导热树脂封装在壳体内，壳体上封装有一个 7 线插座，用以与点火线路的线束插头连接。

3. 光电式电子点火系统

光电式信号发生器主要由光源、光接收器和遮光盘三部分组成，如图 2-167 所示。

光电式半导体点火系统的工作原理是当点火开关接通后，转子随分电器轴转动，光源 3 通电，发出红外线光束。当转子的缺口通过光源时，红外线光束照在光接收器 4 上，光接收器 4 导通产生电信号，通过控制电路接通点火线圈的初级电路；当转子的实体部分遮住光源的红外线光束时，光接收器截止，断开点火线圈的初级电路，在点火线圈的次级绕组 N_2 中产生高压电，供给火花塞使其跳火，点燃气缸中的可燃混合气。

与磁感应式半导体点火系统相比，光电式信号发生器有信号和闭合角不受转速的影响、点火正时性能稳定等优点，但是受灰尘影响较大，密封性要求高。

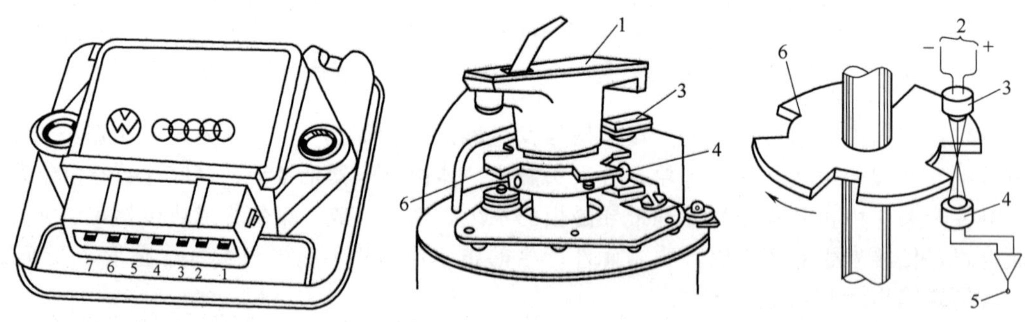

图 2-166 桑塔纳轿车点火控制器

图 2-167 光电式信号发生器

1—分火头；2—电源；3—光源；4—光接收器；5—输出信号；6—遮光盘

（四）微机控制点火系统

微机控制的点火系统与电子式点火系统最大的区别在于它有一个微机控制的点火用电子控制装置，内部有发动机在各种工况下所需的点火控制曲线图（MAP 图）。

简单地说，微机控制的点火系统是通过一系列传感器如发动机转速传感器、进气管真空

度传感器（发动机负荷传感器）、节气门位置传感器、曲轴位置传感器等来判断发动机的工作状态，在 MAP 图上找出发动机在此工作状态下所需的点火提前角，按此要求进行点火。然后根据爆震传感器信号对上述点火要求进行修正，使发动机工作在最佳点火时刻。

1. 有分电器微机控制点火系

（1）有分电器微机控制点火系的组成　有分电器微机控制点火系由低压电源、点火开关、微机控制单元（ECU）、点火控制器、点火线圈、分电器、火花塞、高压线和各种传感器等组成。

微机控制单元（ECU）依据各传感器输入的电信号，计算确定最佳点火提前角和初级电路导通角，并将点火控制信号输送给点火控制器，通过点火控制器快速、准确地控制点火线圈的工作。

传感器是将电信号或非电信号整理或转变为电信号的装置，为微机控制单元提供曲轴转速、曲轴位置、节气门开度、负荷、冷却水温度、进气温度和流量、启动开关状态、蓄电池电压、废气中氧的含量等有关发动机运行工况和使用条件的各种信息。

点火控制器，根据微机控制单元输出的点火控制信号控制点火线圈初级电路的通断。

分电器除了分配高压电外，多数分电器还装有曲轴位置和转速传感器及凸轮轴位置传感器。

（2）有分电器微机控制点火系统的工作原理　如图 2-168 所示为丰田公司的一种有分电器式微机控制点火系统的原理图。曲轴位置传感器和转速传感器装于分电器壳内，与点火线圈、点火控制器组合为一体。

工作原理如下：接通点火开关，电源电压加到点火控制器上。启动发动机，各传感器开始将发动机的各种工况信息转换为电信号并传递给微机控制单元，微机控制单元将接收到的信号与只读存储器中储存的数据进行比较、计算后，输出点火信号至点火控制器，由点火控制器接通和切断点火线圈的初级电路。当初级电路接通，在点火线圈中形成磁场；当点火控制器切断初级电路，初级电流迅速下降，次级绕组中感应出高压电进行点火。曲轴每转两圈，各缸火花塞按点火顺序轮流跳火一次，发动机工作时，上述过程往复循环。

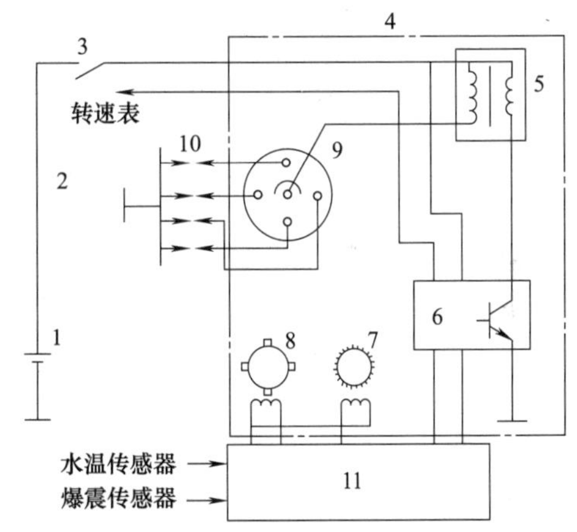

图 2-168　有分电器式微机控制点火系统原理图
1—蓄电池；2—熔丝；3—点火开关；4—分电器；5—点火线圈；6—点火控制器；7—曲轴转速传感器；8—曲轴位传感器；9—配电器；10—火花塞；11—微机控制单元（ECU）

2. 无分电器微机控制点火系

无分电器点火系又称为直接点火系，它除了具有有分电器微机控制点火系的优点外，无分电器微机控制点火系统（DIS）由于点火线圈（或初级绕组）数量增加，对每一个点火线圈来说，初级绕组允许通电时间可增加 2～6 倍。因此，无分电器点火系统具有足够大的点火能量和足够高的次级电压来保证发动机在任何工况都能可靠点火，有利于采用稀混合气燃烧，降低排污含量和耗油量；同时也避免了与分火头有关的一些机械故障，提高了工作的可靠性；对无线电的干扰几乎降至为零；无需进行点火正时方面的调整，使用维护更加方便。因此，无分电器点火系已经成为现代轿车点火系的主流。

（1）无分电器微机控制点火系的组成　无分电器点火系由低压电源、点火开关、微机控

制单元（ECU）、点火控制器、点火线圈、火花塞、高压线和各种传感器等组成，有的无分电器点火系还将点火线圈直接安装在火花塞上方，取消了高压线，如图 2-169 所示。

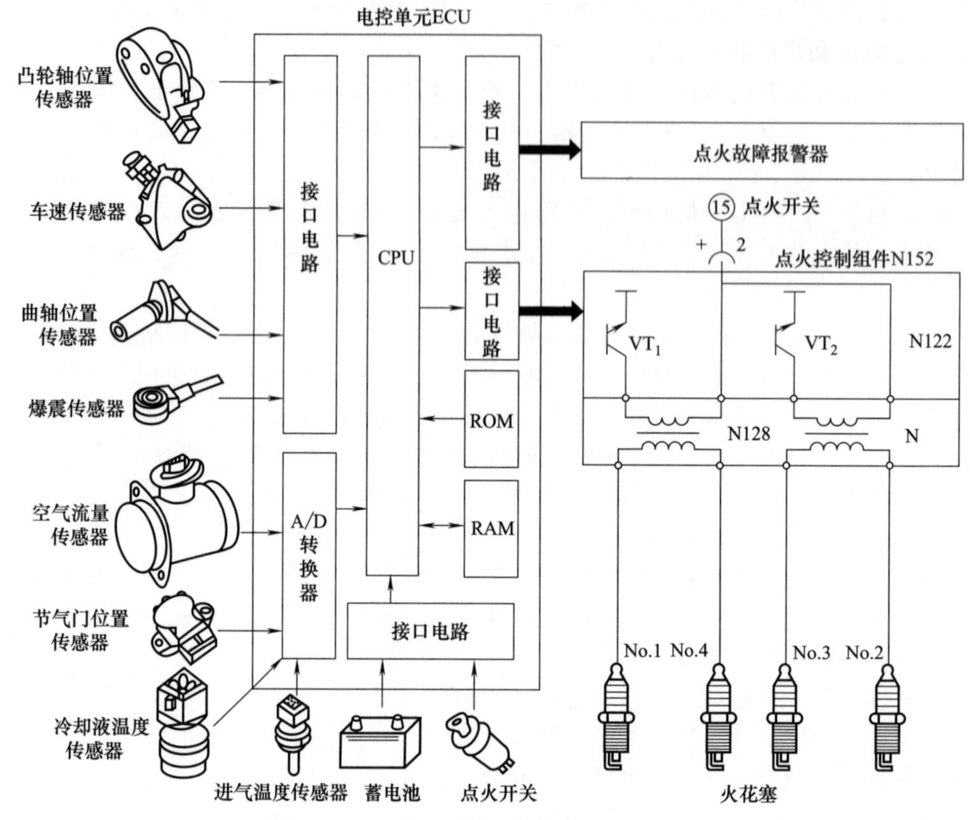

图 2-169　无分电器微机控制点火系统组成

（2）无分电器点火系的工作原理　无分电器点火系次级电压的产生过程和点火提前角的控制与有分电器微机控制点火系基本相同，不同之处在于高压配电和工作过程，前者的配电采用电子控制配电，后者采用的是机械式的分电器配电。

电子配电方式是指在点火控制器控制下，点火线圈的高压电按照一定的点火顺序，直接加到火花塞上的直接点火方式。采用电子配电方式分配高压电的点火系统称为无分电器点火系统 DIS。常用电子配电方式分为双缸同时点火和各缸单独点火两种配电方式，如表 2-6 所示。

① 双缸同时点火的控制。双缸同时点火是指点火线圈每产生一次高压电，使两个气缸的火花塞同时跳火。次级绕组产生的高压电将直接加在两个气缸（四缸发动机的 1、4 缸或 2、3 缸；六缸发动机的 1、6 缸，2、5 缸或 3、4 缸）的火花塞电极上跳火。

双缸同时点火时，一个气缸处于压缩行程末期，是有效点火，另一个气缸处于排气行程末期，缸内温度较高而压力很低，火花塞电极间隙的击穿电压很低，对有效点火气缸火花塞的击穿电压和火花放电能量影响很小，是无效点火。曲轴旋转一转后，两缸所处行程恰好相反。双缸同时点火时，高压电的分配方式又分为二极管分配和点火线圈分配两种形式。

② 各缸单独点火的控制。点火系统采用单独点火方式时，每一个气缸都配有一个点火线圈，并安装在火花塞上方。在点火控制器中，设置有与点火线圈相同数目的大功率三极管，分别控制每个线圈次级绕组电流的接通与切断，其工作原理与同时点火方式相同。单独点火的优点是省去了高压线，点火能量损耗进一步减少；此外，所有高压部件都可以安装在

表 2-6　高压电子配电方式的类型

双缸同时点火		各缸单独点火	
二极管分配式	线圈分配式	电容储能式	电感储能式
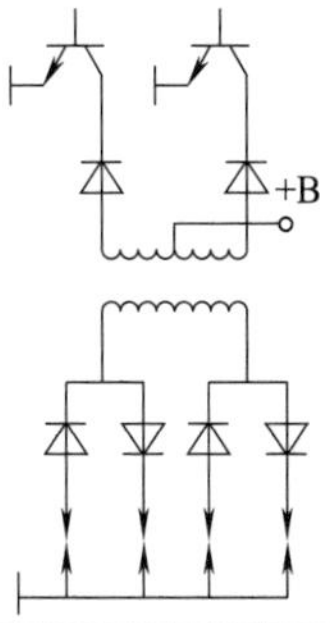 +B	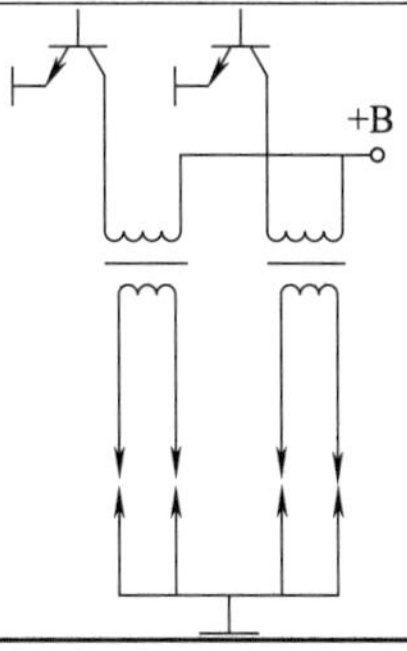 +B	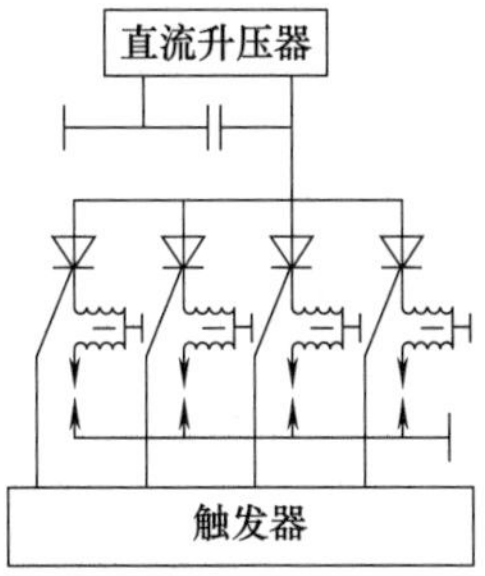 直流升压器 触发器	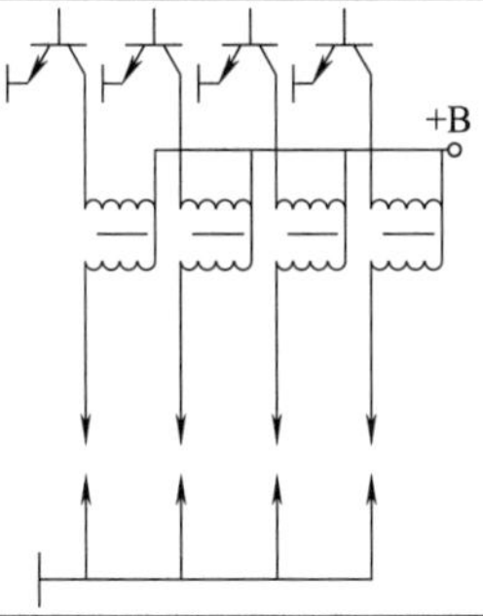 +B

发动机气缸盖上的金属屏蔽罩内，点火系对无线电的干扰可大幅度降低。

二、电子点火系统的故障检修

电子点火系统可靠性较好，一般不需经常维修。如果发动机不能发动或工作不良，怀疑是电子点火系统有问题，可从分电器盖上拔出中央高压线，使其距离气缸体 5～7mm，然后接通启动机，观察其线端的跳火情况。若不跳火，说明电子点火装置有故障，此时点火控制器及点火线圈进行检查，必要时，应对它们进行调整、修理和更换。如跳火，可检查分电器盖、分火头、分缸线及火花塞等。

（一）电子点火系统的检测与调整

1. 点火正时的调整

发动机点火系与两大机构工作协调，达到最佳动力性以及经济性状态，称为点火正时。因此在安装分电器总成或改变汽油牌号时，应进行点火时间校正，俗称“对火头”。点火正时的校正方法随着发动机的型号不同而略有差异。无论哪一种型号的发动机，其点火正时的校正方法与步骤均应根据生产厂家的规定进行。校正点火时间的一般步骤如下。

（1）取下分电器盖并调整点火信号发生器相关间隙，如磁感应式点火信号发生器的电子点火系统，应将转子凸齿与线圈铁心间隙调整为 0.2～0.4mm。

（2）拆下第 1 缸火花塞，用棉纱堵住该孔，慢摇曲轴，待棉纱冲出后，对准发动机飞轮或曲轴皮带轮上的正时记号，即表明 1 缸处于压缩上止点位置。

（3）安装分电器。安装分电器使分电器壳上的标记与缸体上的标记对齐或分电器上的分火头正好指向分电器壳体上的标记，将分电器装入后旋紧分电器压板螺栓即可。

（4）记住分火头朝向，盖上分电器盖，以分火头所对的旁插孔为第一缸，按点火顺序及分火头旋转方向插好分缸高压线。一般六缸发动机的点火顺序为 1-5-3-6-2-4，四缸发动机为 1-2-4-3（或 1-3-4-2），具体应以制造厂家的维修手册为准。

2. 点火提前角测试

（1）初始点火提前角测试　使发动机达到正常工作温度，拆下分电器真空管（双膜片式可拆下副膜片室软管），并堵住该管。把点火正时灯（图 2-170）高压感应线夹在第一缸高压线上，将红、黑色电源线分别夹在电池正、负极上。将正时灯光照射到飞轮壳上正时孔线处（有些发动机正时记号在曲轴皮带轮及正时齿轮盖间），随着灯光闪亮，观察正时标记。在规定转速（一般为怠速）下，点火提前角应符合原厂标准。

（2）动态点火提前角测试　拆下分电器真空管，并把它堵住，使发动机加速运转，正时

图 2-170　点火正时灯

灯照亮的正时记号应朝提前方向偏移。否则应检修离心点火提前装置。

用手动真空泵或吸气的方法对真空点火提前装置施加一定真空，正时灯照射下的正时记号应向提前方向偏移，否则应检查真空点火提前装置。

3. 点火波形测试

用汽车示波器与点火系相连，便可显示出次级电压波形。将仪器调零后，可测试电源电压、序列点火波形、单缸点火波形、重叠波点火波形及千伏波波形。

（1）序列波形测量　将发动机转速调到 1500r/min，进行序列波形观察，如图 2-171 所示。若波形颠倒，说明点火极性错误，应及时更正点火线圈低压连线。

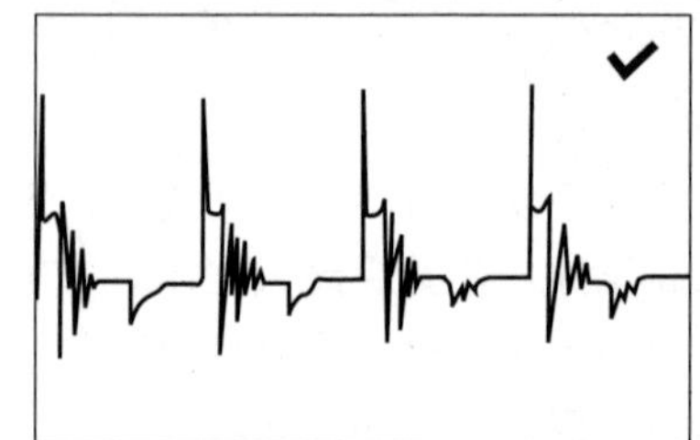

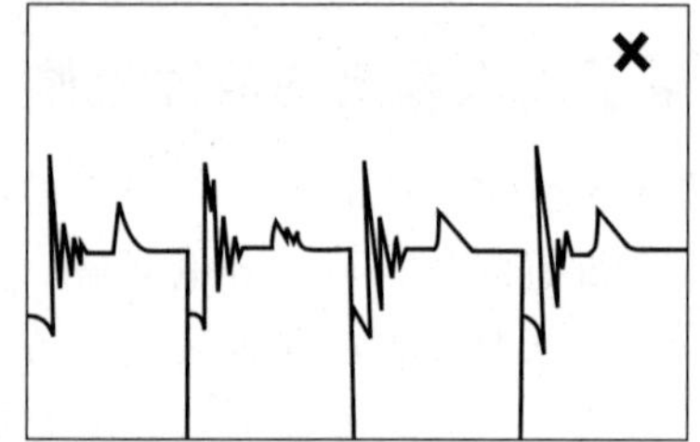

图 2-171　典型序列波

（2）单缸点火波形测量　转换到单缸点火波形观察，正常单缸点火波形曲线如图 2-172（a）所示。

若火花线过分倾斜［图 2-172（b）］，说明点火系次级回路电阻过大。应检查次级回路是否接触不良、断线或火花塞电极烧蚀。

若缺少第一个负压波峰［图 2-172（c）］，说明点火模块插接座接触不良，应清理。

若缺少衰减振荡波峰数［图 2-172（d）］，说明点火线圈绝缘性能下降、阻抗偏小，将这部分振荡吸收。

若断电衰减振荡波形呈上下振荡形式［图 2-172（e）］，说明点火模块末级三极管导通后又截止，形成正压小波峰。这时，应检查点火信号发生器有无松动，点火模块插接座接触不良及真空点火提前装置膜片漏气故障。

若缺少衰减振荡波形［图 2-172（f）］，说明中心线未插牢或点火线圈内有断路故障。

若初级电流段出现高低不平的不规则曲线波形［图 2-172（g）］，说明初级回路电流不平稳，致使次级回路出现感应电动势。应检查初级回路中有无将要断开而又未完全断开的导线，未拧紧的接线柱以及点火信号发生器固定底板与分电器外壳是否接触不良。

若在火花线出现一阶梯状波形［图 2-172（h）］，说明某缸点火缺失。应检查点火信号发生器、点火模块插接座引线是否松脱、断线及分电器外壳是否未夹牢。

（3）重叠波测量　在发动机以 1500r/min 运转时，进行重叠波形观察。正常的重叠波形如图 2-173（a）所示。点火间隔角应均匀，闭合角约占配置角的 60%，各缸闭合角的最大差异应小于闭合角的 5%。

若触点闭合角过大［图 2-173（b）］或过小［图 2-173（c）］，说明点火模块闭合角控制有故障。

若各缸触点闭合角差异过大［图 2-173（d）］，说明分电器轴磨损、弯曲、点火信号发

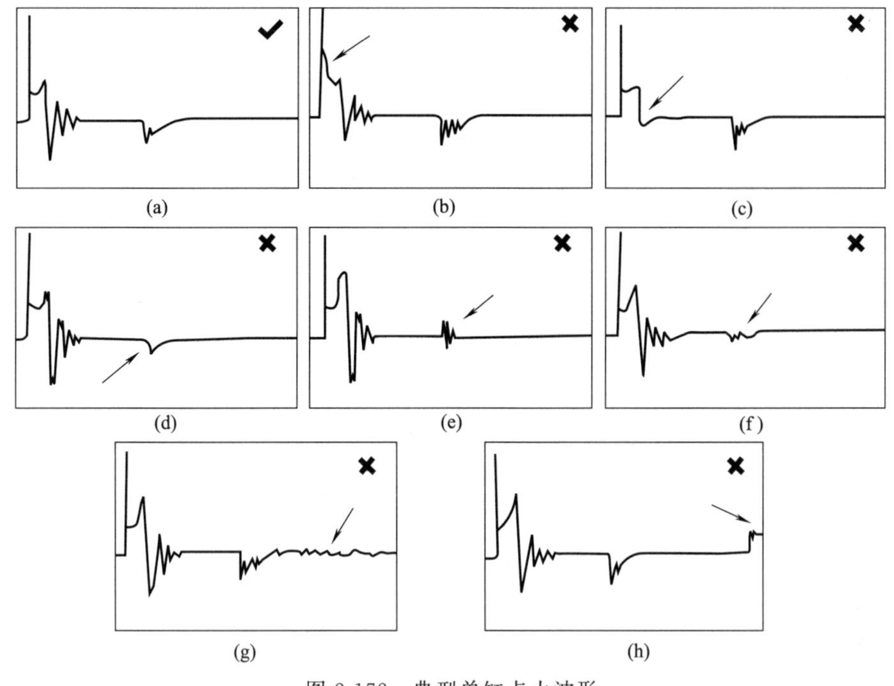

图 2-172　典型单缸点火波形

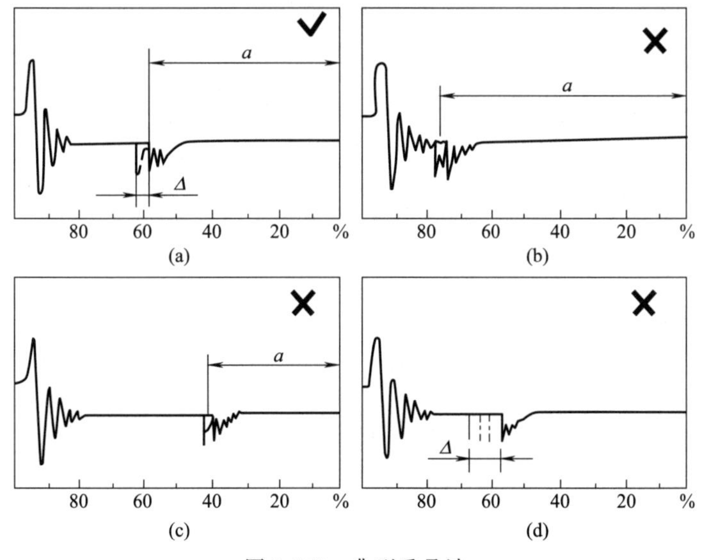

图 2-173　典型重叠波

生器的底板松动和分电器轴轴向窜动。

（4）千伏波测量　在发动机以 1500r/min 运转时，进行千伏波观察测量，并使图形基线与横坐标重合，从纵坐标刻度上可读出点火电压的千伏数。正常的千伏电压波形如图 2-174（a）所示，各缸电压应在 5～8kV 之间。各条竖线不跳动或闪烁。

应注意千伏波排列顺序虽与点火顺序一致，但第一缸千伏波曲线却显示在最右边。

若点火电压偏高［图 2-174（b）］，说明火花塞电极间隙调整过大或电极烧蚀。此外，中央线折断、分火头与分电器旁电极间隙过大及阻尼分缸线烧断、混合气过稀，也会造成点火电压偏高。

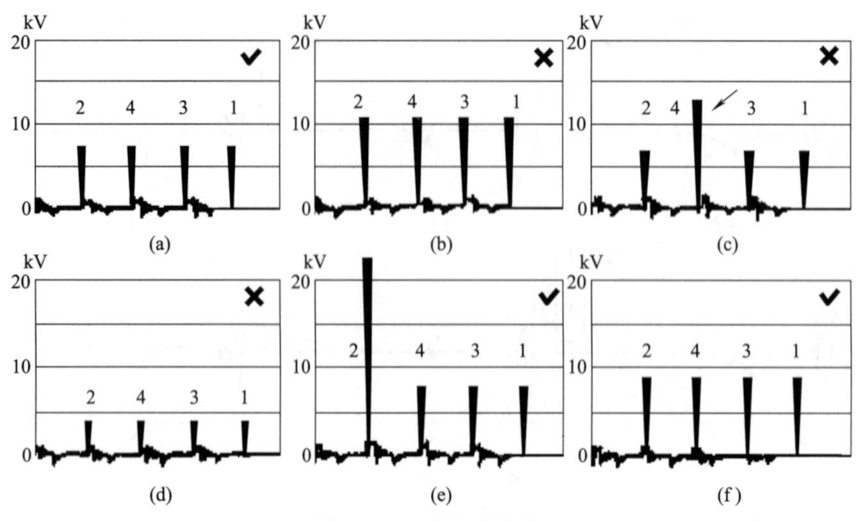

图 2-174 重叠千伏波

若个别缸点火电压偏高［图 2-174（c）］，说明此缸的高压线到火花塞电路中存在较大的跳火间隙。应检查分电器盖上对应此缸的电极是否烧蚀、火花塞间隙过大、分缸线断路。

若点火电压偏低［图 2-174（d）］，说明火花塞间隙调整过小或火花塞积炭油污。各缸气压偏低、混合气过浓，也会造成这种波形的产生。

拔掉某缸高压线，被拔气缸点火电压应在 20kV 以上，如图 2-174（e）所示，说明高压回路绝缘性能良好，点火系统发火能力强。若拔去分缸线，该缸点火电压不到 20kV，说明点火系次级回路有漏电，或点火系发火能力降低，应检查分火头、分电器盖和点火线圈绝缘盖是否有绝缘电阻偏低的现象。

将发动机从怠速突然加速，使转速升到 2500r/min，在加速时，各缸点火电压均应略有增高，如图 2-174（f）所示。若加速时某缸电压上升过快，说明此缸火花塞间隙过大、烧蚀。加速时，某缸电压上升很慢或不上升，说明火花塞瓷芯有裂纹、积炭或漏电。

（二）分电器总成的检修

1. 配电器的检修

分电器盖或分火头裂损受潮或绝缘击穿，将引起发动机“断火”“乱火”或根本不能发动。发现有裂纹或缺损则应更换新件，受潮可加以烘烤。检查分火头和分电器盖高压线插孔中有无烧蚀、锈蚀或脏污，若有烧蚀、锈蚀和脏污现象应及时清除干净。检查分电器盖内的炭精棒是否发卡或松脱，如有发卡及松脱现象应及时修复。

在汽车上利用点火线圈的高压线进行跳火试验，若发现分电器盖的中央插孔与各高压分线插孔之间以及各高压分线插孔之间有窜火，应更换新件。

检查分火头的绝缘。拆下分电器盖，取下分火头平放在缸盖上，从分电器盖中央插线孔内拔出高压总线，并对准分火头安装孔内，启动或摇转发动机，察看有无火花出现。若有微弱或强烈的火花，表明绝缘被击穿，必须更换新件；若无火花，证明该分火头绝缘性能良好。

2. 点火信号发生器的检测

（1）磁感应式信号发生器的检测

① 检测调整信号转子凸齿与铁芯间的间隙。偏置线圈式磁感应式信号发生器信号转子凸齿与传感器铁芯之间的空气间隙一般为 0.2～0.4mm。检查时，应用塑料厚薄规进行测量。若间隙不符合要求，可以松开螺钉进行调整，直到符合所规定的标准值为止。也可以用万用表测量传感线圈的电阻，并根据各生产厂家所提供的技术标准进行判断。

② 检测信号发生器线圈电阻。拆下线束插接器，用万用表电阻挡对信号发生器线圈进行测量，阻值应符合维修手册规定值。若阻值为无穷大，表明线圈内部断路，若阻值比规定值小得多，说明信号发生器线圈有匝间短路。发现异常，应予排除或更换信号线圈。

为了进一步检查信号发生器热稳定性，可用照明灯对其进行加热后再用欧姆表测量传感器线圈的电阻，然后再与线圈的标准电阻值比较，即能看出其热稳定性的好坏。与此同时，还可以用螺丝刀把轻轻敲击信号发生器线圈，以检查其内部是否松旷、有无间歇性故障。

(2) 霍尔式信号发生器的检测　霍尔式信号发生器为有源器件，需要接上电源后才能进行检查。霍尔式信号发生器与磁感应式信号发生器不同，它有三根引出线，其中一根电源线“＋”、一根搭铁线“－”，还有一根为信号输出线“s”。接通点火开关后，可以按下列步骤进行检测。

① 测量霍尔电压法。用万用表测量信号发生器的电源电压，即“＋”与“－”的电压，应为电源电压。拆下控制器接线盒上的橡胶套，将高阻抗电压表连于控制器 6、3 号线柱上，如图 2-175 (a) 所示。接通点火开关，转动分电器转子，当叶片离开气隙中时，电压表读数应小于 0.3～0.4V。当叶片进入气隙时电压表读数应为 9～12V。否则，说明霍尔器件已失效。

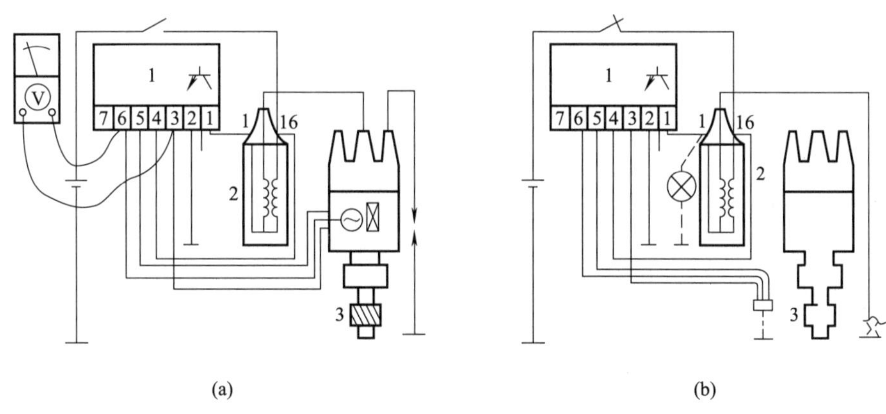

图 2-175　霍尔式信号发生器的检测

1—点火控制器；2—点火线圈；3—霍尔式分电器

② 模拟信号法。在点火线圈“－”接线柱与搭铁间连一试灯。从分电器拔下插接器，如图 2-175 (b) 所示。接通点火开关，把插接器中心端（绿色线）作短路搭铁，同时取点火线圈中心线距缸体 3～5mm 进行跳火。若试灯暗亮变化，中心线跳火强烈，说明霍尔器件已失效；若试灯亮度不变，说明控制器或控制器信号线断路。

(3) 光电式点火信号发生器的检测　光电式点火信号发生器的常见故障有发光二极管、光敏晶体管沾污、损坏，内部电路断路或接触不良，触点盘（信号盘）变形、损坏等，使之信号减弱或无信号产生，造成发动机工作不稳或不能工作。

打开分电器盖，检查发光二极管和光敏晶体管表面是否脏污，线路连接是否良好。如无问题，从发动机上拆下分电器，拆开分电器线路插接器，用导线将插接器两端的电源插孔连接起来，并将分电器外壳搭铁，打开点火开关（但不启动发动机），然后慢慢转动分电器轴，从插接器信号插孔测信号电压。如果电压表指示电压在 0～1V 之间摆动（不同的车型具体摆动幅度稍有不同），说明点火信号发生器良好，否则，需更换分电器。

3. 点火提前机构常见故障

点火提前机构常见故障为离心提前机构的失效或真空提前机构的膜片破裂。离心提前机构的弹簧张力不足，导致发动机在中、低速时点火提前角过大；拨板磨损导致点火提前角不准；轴间缺油而卡死导致点火提前角固定，不能随转速变化。真空提前机构膜片破裂，导致

发动机在低负荷时不能增大点火提前角；弹簧张力减小则点火提前角过大，这些都会影响发动机的动力性及经济性。

（1）离心点火提前装置的检修　检查离心重块甩动是否灵活平稳，所有销孔结合处应无卡滞和松旷现象，托板与分电器轴静配合应良好。检查离心块拉簧，当发现有折断、变形和表面出现严重磨痕，应换用新件。将分电器轴固定不动，使凸轮向正常旋转方向转至极限位置，放松时，凸轮应立即返回原位。

（2）真空点火提前装置的检修　检查真空点火提前装置的工作性能和膜片室密封性能，将手动真空泵接到真空点火提前装置的管接螺母上，当施加负压时，膜片能带动真空点火提前装置拉杆移动，若负压消失，拉杆能迅速回位，说明真空点火提前装置工作性能良好，当施加 66.7kPa 左右的负压时，若真空表的指针能保持 1min 稳定不动，说明膜片气密性能良好。也可以用嘴吸吮真空点火提前装置管端，膜片应能带动真空膜片拉杆移动，否则说明密封性差，应予以更换。

4. 分电器总成性能检验

分电器装配调整后，可进行凸轮闭合角试验、点火间隔角试验、火花强度试验和点火提前角试验等综合检验，确定其技术状态是否符合维修手册所列的要求。

（三）点火线圈的检修

点火线圈的主要故障有：一次或二次绕组断路、短路或搭铁，绝缘破损漏电以及附加电阻断路。检查和试验方法如下。

1. 外观检查

仔细观察点火线圈的外表，若发现胶木绝缘盖裂损、填充物外溢、接线柱松动螺纹滑牙、壳体变形、高压插座接触不良及温度过高，应及时更换点火线圈。

2. 电阻测量

用万用表测量点火线圈的初级绕组、次级绕组及附加电阻的电阻值，与维修手册列出的数据比较。将万用表拨至 $R\times1$ 挡，使两表棒分别与点火线圈初级绕组两端的接线柱相接触，初级绕组阻值应符合原厂规定值。阻值偏小或偏大，应检查型号是否匹配；电阻为无穷大，说明初级绕组断路。将万用表拨至 $R\times100$ 挡，用两表棒分别接“开关”与高压插孔之间，其次级绕组阻值应符合原厂规定值。将万用表拨到 $R\times1$ 挡，用两表棒分别接在点火线圈附加电阻两端的接线柱上，万用表测得的附加电阻值应在 1.3～1.8Ω 之间，若电阻值为无穷大，说明附加电阻已断路。

3. 绝缘性能检查

点火线圈初、次级绕组与外壳应绝缘，检查时，可用兆欧表检查接线柱与外壳的绝缘电阻。当采用 500V 兆欧表测量时，阻值不得小于 200MΩ。

4. 点火线圈发火强度检验

（1）比较法检验　点火线圈发火强度采用比较法进行检验时，将需要检验的点火线圈与标准点火线圈分别安装到点火系内作跳火试验，比较两者火花强度，从而鉴别出点火线圈的性能好坏。

（2）三针放电检验　在汽车电气万能试验台上进行点火线圈三针放电检验，其结果：6～8 缸用的点火线圈在每分钟点火次数 21600 次的高速下，形成 7mm 以上间隙的连续火花；4～6 缸用的点火线圈在每分钟跳火为 12600 次的转速下，形成 7mm 以上间隙的连续火花。

（四）点火控制器的检查

1. 磁感应式电子点火系统控制器检查

（1）一般检查　一般检查包括对电子点火器进行外观检查，用欧姆表测量其输入端电

阻，以及用电流表测量电路中的电流等。

① 外观检查。将电子控制器从分电器（或点火线圈）上拆下后，松开连接线或插接器，仔细检查各引出端导线，看是否良好。

② 测量电子点火控制器输入电阻。控制器输入端是指接到传感器的两个端钮，其输入电阻因点火器电路不同有所差异。检测时，若发现此电阻值过大，应检查各插接件的焊点是否良好，屏蔽线有无断路。若发现此阻值过小，应仔细检查电路各个部分，查明有无搭铁、元件击穿造成短路。

③ 测量点火装置初级电流。在初级回路串进电流表（或观看车上电流表），缓慢转动曲轴。电流表应在 0A 与 6～8A 间摆动。

(2) 替换法检查点火模块　用相同规格的点火模块替换怀疑有故障的点火模块，如果故障现象消失，则表明点火模块已损坏。

2. 霍尔式电子点火系控制器的检测

(1) 信号电压的检测　用万用表电压挡测控制器 2、4 线柱电压应为 12V，测 3、5 线柱电压也应为 12V，否则说明控制器已坏。测分电器信号线插接器两边缘线头（红黑为正，棕白为负）也应为 12V，否则说明有断线。

(2) 点火线圈初级电压的检测　将万用表正极与点火线圈（＋）线柱相连，负极与点火线圈（－）接线柱相连，拔出分电器信号线插接器，接通点火开关，电压表读数应为 6V，并在 2s 左右的时间内降到零。否则说明控制器已失效。

（五）火花塞的检修

火花塞电极有积炭或被烧蚀，电极间的高压电火花变弱，发动机燃油经济性变差，输出动力下降；甚至火花塞不能点火，发动机无法正常工作。

检查间隔：每 10000km 或 6 个月。更换间隔：20000～40000km。对于铂电极和铱电极火花塞，更换间隔在 100000～150000km，没有必要在使用过中来调整其火花塞间隙。

1. 火花塞的检查项目

(1) 火花塞的表面状态检测

① 正常火花塞：选型正确、使用正常的火花塞，瓷芯表面应洁净，表面有微薄的黄褐色粉末状积炭；电极可能略有烧蚀，如图 2-176 (a) 所示。其余均为火花塞不正常状态，如图 2-176 所示。

② 火花塞积炭：如果个别缸火花塞积炭，则火花塞间隙可能过小；该缸高压线可能漏电；气门或气缸间隙可能有泄漏等。如果各缸火花塞均出现积炭，则混合气可能过浓；点火线圈质量欠佳或火花塞选型不当等。

③ 火花塞过热：瓷芯表面呈瓷体原色或淡灰色，中心电极烧蚀严重，甚至有熔化现象，个别瓷芯上还会有小疹泡等。在正常使用情况下，如果多数火花塞出现过热现象，说明所选用的火花塞型号不对，火花塞的热值偏低，应换用高热值火花塞。

④ 火花塞油污：如果火花塞暴露在燃烧室内的表面内有湿润油渣状质硬黑色的积炭，说明发动机有窜油故障，应清洁火花塞、检修发动机。

⑤ 火花塞漏气：火花塞暴露在燃烧室内的瓷芯，有时会出现碎裂现象，轻者在突出的前端产生小块崩裂，出现缺口，重者会裂成几块脱落。由于瓷芯硬度高，当裂块落入气缸可能会引起拉缸，因此，火花塞出现瓷体碎裂现象不论轻重均应更换新件。

(2) 火花塞间隙的测量与调整　使用火花塞间隙规，检查中央电极和侧电极之间的间隙，如图 2-177 所示，一般在 0.8～1.0mm，如超出标准，应调整火花塞间隙，如图 2-178 所示。

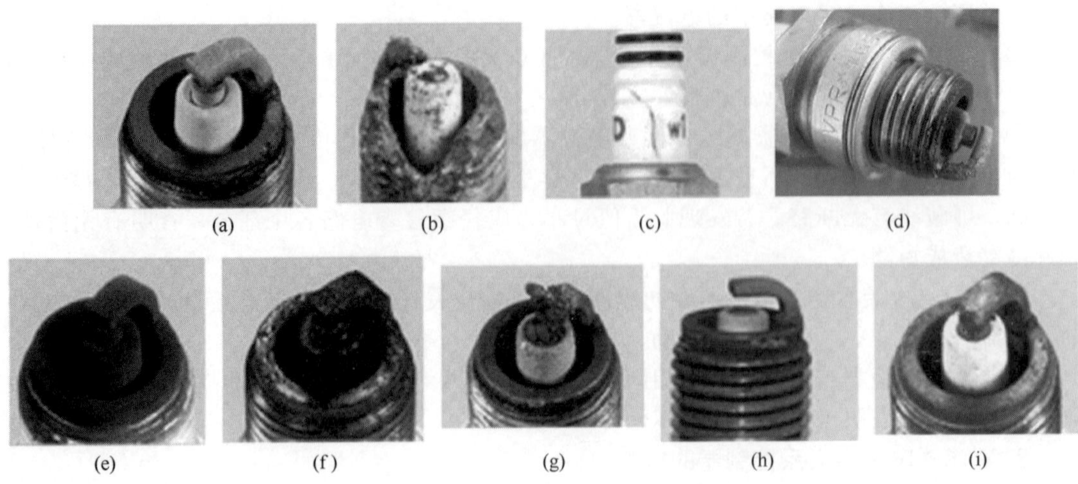

图 2-176 火花塞的表面状态

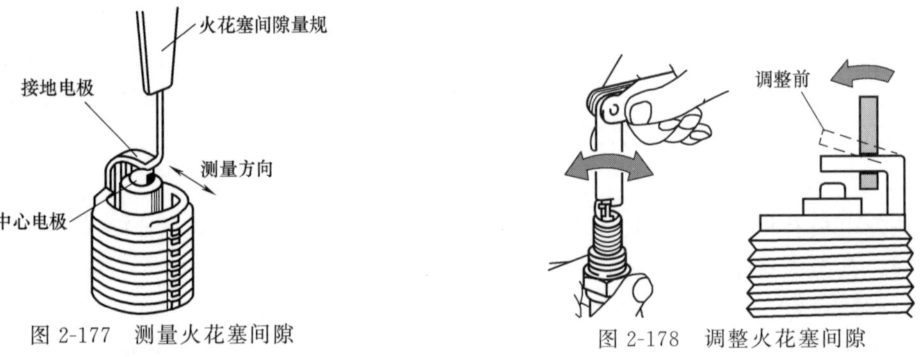

图 2-177 测量火花塞间隙

图 2-178 调整火花塞间隙

2. 火花塞的检查与维护操作

操作步骤	操作内容	图 解	操作说明
1	工具准备		(1)要准备的工具：成套世达工具、火花塞专用套筒、火花塞间隙规、扭矩扳手、抹布若干 (2)工具准备要齐全，摆放要整齐
2	车辆防护		(1)安装车轮挡块，安装车内三件套 (2)拉起驻车制动杆，降下驾驶员侧车窗玻璃，拉发动机舱盖释放杆 (3)打开发动机舱盖，安装翼子板布和前格栅布
3	拆卸点火线圈		(1)关闭点火开关，断开点火线圈的接线插座 (2)拆卸点火线圈的固定螺栓 (3)取出点火线圈

续表

操作步骤	操作内容	图解	操作说明
4	拆卸火花塞		(1)用专用套筒拆下火花塞,并取出 (2)并用干净的布遮住火花塞孔 注意:取出火花塞时应小心,防止落地损坏;需戴手套,防止高温烫伤
5	火花塞电极检查		检查火花塞电极是否有烧蚀、积碳和油污
6	火花塞外观检查		(1)检查火花塞绝缘体是否有损坏 (2)检查连接螺纹是否有损坏
7	火花塞间隙检查		用间隙规测量火花塞间隙 注意:量规与间隙之间应有轻微的阻力;火花塞间隙一般为0.8～1.1mm
8	装复火花塞		(1)装复火花塞,并按规定扭矩拧紧 (2)装复点火线圈及电气连接线 (3)启动发动机,确认运行平稳

续表

操作步骤	操作内容	图　解	操作说明
9	车辆、工具复位		(1)取下车内、外防护用品 (2)车辆复位,清洁车身 (3)清洁并整理工具 注意:在操作过程中要体现5S

（六）高压线的检测

1. 外观检测

检查高压线的外表绝缘层是否破损，若破损严重应更换新品。检查高压线是否有折叠，在折叠处有时会折断而使电阻增大，用火花变弱。

2. 电阻测量

用万用表电阻挡检测高压线阻值。将万用表两触针分别接每条高压线的两端，测其电阻值，电阻值应符合规定值，否则予以更换。

三、微机控制点火系的故障检修

（一）微机控制点火系的使用与维护

在无分电器点火系使用和检修中，除了遵从有分电器微机控制点火系统使用与维护的规定外，还须注意以下事项。

① 尽量少用或者不用将高压线断路的方法检查二极管配电方式的点火系故障，以免造成高压二极管损坏。

② 同时点火方式点火系的各缸高压线要分别插入点火线圈相应插孔中，不能插乱。

③ 单独点火方式点火系的各缸点火线圈与点火控制器之间的接线不能错乱。

④ 初始点火提前角一般可以通过改变曲轴位置和转角传感器或判缸信号传感器的定子部分（传感部分）安装位置进行调整，如果使传感器的定子部分沿着传感器转子工作时的旋转方向转过一定角度，则初始点火提前角减小；如果使传感器的定子部分逆着传感器转子工作时的旋转方向转过一定角度，则初始点火提前角增大。

⑤ 在一个发动机工作循环中，同时点火方式的每个火花塞要跳两次火，电极损耗严重。为了保证火花塞可靠工作，一般要采用特制的火花塞，或加强对火花塞的定期检查。

（二）微机控制点火系的故障诊断与排除

由于微机控制点火系组成、工作原理与传统点火系和电子点火系有较大差异，因而发生故障的原因也不尽相同，诊断方法差异更大。

微机控制点火系的故障原因除了点火控制器、点火线圈、配电器、高压线、火花塞发生故障外，还包括各种传感器及其线路连接异常或微机控制单元异常。

1. 利用汽车专用解码仪进行诊断

怀疑是点火系统故障时，应首先利用发动机ECU的自诊断功能进行诊断和检查，必要时再进行人工诊断，最后通过人工检查明确故障部位和原因。维修人员利用汽车专用解码器读出故障代码后，查出故障的含义、类别以及故障范围，再进行人工检查，明确故障的具体

原因和部位，将故障排除。一般情况下，故障代码只代表了故障类型及大致的范围，不能具体指明故障的全部原因和部位，因此，必须以此为依据进行具体、全面的人工分析和检查，确诊故障，予以排除。

2. 人工诊断

当怀疑微机控制点火系有故障或自诊断系统显示点火系统故障，需要人工诊断时，对于有分电器微机控制点火系一般从中央高压线的跳火试验开始。从分电器盖上取下中央高压线，使其端部距离气缸体 6～10mm，转动曲轴，根据中央高压线和气缸体之间的跳火是否正常按图 2-179 所示步骤进行检查和维修，图中 I_{Gf} 是点火控制器给 ECU 的点火反馈信号，I_G 是点火线圈的控制信号。

对于无分电器点火系由于高压配电方式和有分电器微机控制点火系不同，个别气缸工作不良（或不工作）故障的原因和诊断方法也存在一些差异。如果只是为了判断个别气缸工作是否正常，可以人为停止该缸喷油，根据该缸停止喷油前后发动机的转速变化进行判断。要具体确定个别气缸不工作的故障原因，还需要用高压线对缸体试火的方法仔细检查。如果是火花塞缺火导致的个别气缸工作不良，主要原因除了火花塞、高压线的故障外，还可能是相应的点火信号控制电路连接不良或点火线圈、点火控制器、微机控制单元的相应部分等发生故障。可以从分缸高压线的跳火情况开始，参照图 2-179 所示进行检查。

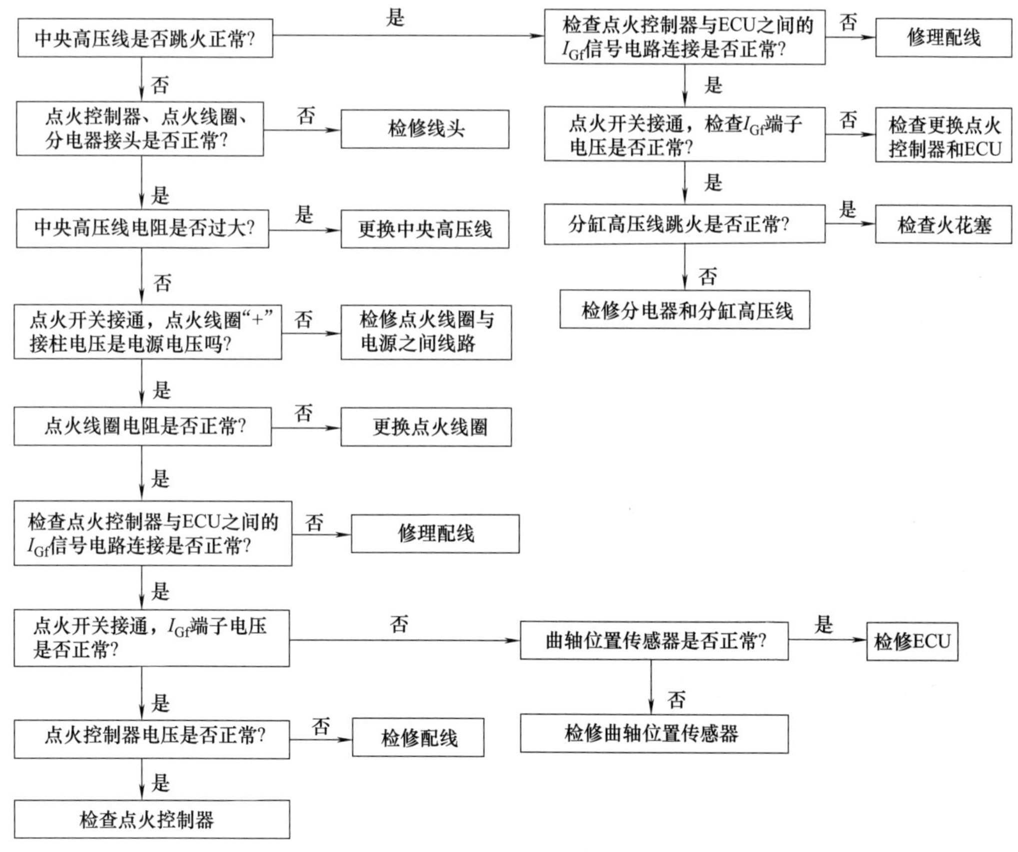

图 2-179 微机控制点火系统故障诊断、检查

对于点火系统故障造成的发动机工作不正常的原因，可以用示波器检测点火系的初级和次级电压的波形变化进行诊断。初级电压波形反映的是点火线圈"－"接线柱和机体之间的电压（即断电器触点两端的电压）随分电器轴转角变化的规律，简称初级波形；次级电压波

形反映的是中央高压线和机体之间的电压（包括火花塞、高压线、分火头等处的次级电压）随着分电器轴转角变化的规律，简称次级波形。

第九节 发动机总成吊装

发动机总成吊装是在汽车发动机大修作业和汽车发生严重碰撞后进行车身整形作业过程中的一项重要作业内容。它涉及工作人员安全和设备安全，以及汽车整车的工作状态的良好。

一、吊装作业前的准备

（一）确定发动机吊装的基本工艺流程

1. 维修手册的使用方法

别克车的维修手册提供了上海通用汽车有限公司的汽车维护和修理信息。在维修手册中，你可以发现有关整辆车的维修信息。通过维修手册的总目录可以了解到维修手册共包括以下各章节：

0. 基本信息	5. 制动系统
1. 空调系统	6. 发动机
2. 转向系统	7. 自动变速器
3. 悬架系统	8. 车身和附件
4. 驱动系统	9. 安全保护装置

在维修手册每一章节的目录中，又可以分为不同的系统，而不同的系统下又可以分成不同的标题。维修手册的每一章节中的每个系统均包含了以下标题：

规格	维修指南
示意图和布线图	说明与操作
部件定位	专用工具和设备
诊断信息和程序	

在规格这个标题下面可以查找到螺栓的扭矩、系统所用油液的类型和容量、系统所用部件的参数。

在示意图和布线图这个标题下面可以查找到该系统的线路图。

在部件定位图这个标题下面可以查找到该系统机械或线路部件的位置。

在诊断信息和程序这个标题下面可以查找到一些维修策略的详细步骤、诊断故障码的详细解释和出现故障码的检修流程、TECH2 上每项数据的解释。

在维修指南这个标题下面可以查找到该系统的部件拆装步骤。

在说明与操作这个标题下面可以查找到对该系统主要部件的介绍及对线路图的走向说明介绍。

在专用工具和设备这个标题下面可以查找到维修该系统时所需用到的专用工具名称及专用工具的图形和编号。

我们在查找维修手册时，首先要了解查找目标，确定需要查找的项目应该属于哪一个章节，然后再翻到相对应章节的目录，确定需要查找的项目应该属于该章节的哪一个系统，再根据需要查找的项目来确定属于该系统的哪一个标题，最后根据标题确定具体的页数。

2. 发动机吊装作业应用场合

发动机总成吊装是在汽车发动机大修作业和汽车发生严重碰撞后进行车身整形作业过程中的一项重要作业内容。它涉及工作人员安全和设备安全，以及汽车整车的工作状态的良好。

3. 发动机吊装作业的工艺流程

发动机吊装作业必须有合理的工艺流程，一般在维修手册上都有操作步骤，但是有的操作步骤不是很详细，维修人员还要根据具体车型的实际情况，结合维修手册制订较详细的工艺流程，从而保证在人身和设备安全的基础上，正确的从车上吊下或吊上发动机。同时，根据工作需要，提前准备常用工具、容器、辅料和必需的吊装设备。

（二）正确准备和规范使用主要吊装设备

操作步骤	操作设备	图　解	操作说明
1	剪式举升机		（1）取出车内的大件行李，将车辆驶上举升工位，拉紧驻车制动器 （2）正确安放支撑垫块，支撑垫块要对准车辆被支撑部位，不能伸出板外
2	举升机控制柜		（1）操作举升机前，操作者应高声发出举升信号："请注意，举升机准备上升！"，待配合者发出"无障碍物，可以上升（或下降）"后才能操作；喊声要响亮，环视四周，并聆听配合者的应答；举升要结合吊装要求具体操作 （2）举升结束后必须将举升机锁止，再次操作时，先解锁
3	发动机吊车		（1）吊车使用前应检查吊架连接情况，确保插销与吊钩，均用弹簧开口销保险 （2）起吊前，要将放气螺钉旋紧，根据实际情况，以合适的速度上升，细心观察周围情况 （3）下降时，根据实际情况旋松放气螺钉控制下降速度，下降过程细心观察周围情况

续表

操作步骤	操作设备	图　解	操作说明
4	卧式液压千斤顶		（1）支撑座和发动机油底壳之间放置好支撑垫块，防止油底壳变形 （2）上升前，要将放气螺钉旋紧，根据实际情况，以合适的速度上升，细心观察周围情况 （3）下降时，旋松放气螺钉要小心，根据实际情况以合适的速度下降，细心观察周围情况
5	工具车		（1）根据实际情况正确合理选用工具 （2）工具使用完成后及时清洁并放回原位 （3）用扳手操作时，要先确定旋转方向，连接牢固防止滑脱，避免碰伤自己或他人
6	风动扳手		（1）先检查旋向，确保旋向正确 （2）选择正确的套筒，确保安装牢固 （3）操作时严禁戴手套 （4）旋松螺母快结束时，速度要慢，采用点动方式；安装螺母时当螺母平面与配合表面靠上时，停止操作 （5）操作结束，及时卸掉气管，并将工具归位
7	定扭矩扳手	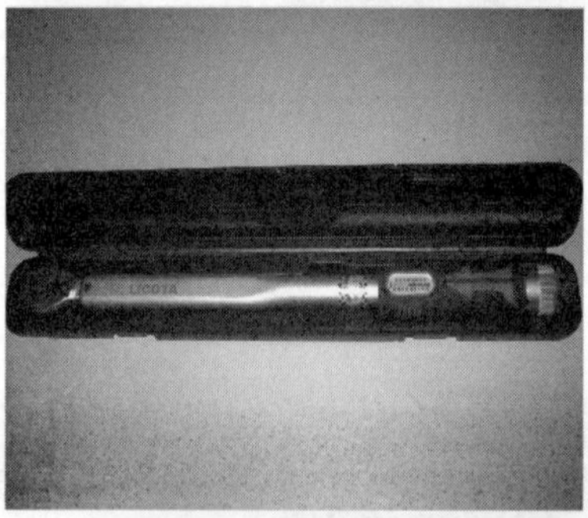	（1）定扭矩扳手属于精密测量仪器，轻拿轻放 （2）用于将螺栓或螺母上到规定扭矩的场合 （3）扭矩调整好后要锁止，不能超量程使用 （4）操作时姿势正确，防止扭伤身体 （5）用后及时复位，清洁后装入盒内
8	发动机翻转架		（1）发动机与翻转架连接要牢固，翻转要自如，无卡滞现象 （2）翻转架锁销锁止要正确、牢固 （3）翻转架支撑要平稳，支承轮旋转自如

二、发动机（变速器）总成下车

（一）注意事项及重要说明

1. 注意事项

根据维修手册要求，赛欧轿车的 1.6 发动机需要将发动机连同自动变速器总成一起从发动机舱下部吊下。吊下之前必须要做到以下几项。

（1）将发动机、变速器与其他总成或部件间的管路（如燃油管、散热器管、暖风水管、空调管、动力转向管、真空软管、排气管）断开，并做好管路的防尘防漏工作，同时应做好标记。

（2）将油门拉线、自动变速器换挡拉线断开。

（3）将蓄电池线束、发动机总线束及一些必要的线束插接器断开，重要的要做好标记。

（4）拆卸左右驱动半轴，并做好防尘和油液防漏。

（5）拆卸其他阻碍整体吊下的零部件或管线。

2. 重要说明

（1）作业前要结合实车仔细阅读维修手册及学生工作手册上的拆装说明及图解。

（2）作业中要服从指导教师的安排，经老师允许后方可操作。

（3）作业中要做好防护工作，确保人员及设备的安全。

（4）作业中要秩序井然，互相配合，团结协作。

（5）发现设备、工具、车辆出现安全隐患，及时提醒指导教师，停止操作，消除隐患后方可继续进行。

（6）作业中，要注意零部件的摆放，按照拆卸先后顺序摆放，拆卸下来的螺栓螺母，原则上安装在拆下来的零部件上，防止丢失。

（7）作业中，要随时做好 5S 工作，及时处理渗漏的油液，确保场地整洁。

（8）作业中，一些重要的管路、线束、连接件要做好方向、位置、连接标记，防止安装时出错。

（二）发动机（变速器）总成下车实际操作

操作步骤	操作内容	图　解	操作说明
1	确定燃油管路卸压方法		
2	车辆防护		(1)放置车轮挡块或用举升机顶起部分车辆重量 (2)放置驾驶室三件套(脚垫、座椅套和方向盘套) (3)放置翼子板布和前格栅布 (4)确认换挡杆置于 P 挡,拉起驻车制动器 (5)接好尾气排放装置
3	燃油系统卸压		(1)拔掉燃油泵继电器 (2)启动发动机(启动发动机前要大声提醒:“大家注意,准备启动发动机”。等待配合者应答“可以启动”方可操作) (3)使发动机运转一会后自动熄火 (4)再次启动 1～2 次,直到熄火,关闭点火开关 (5)重新安装好燃油泵继电器

续表

操作步骤	操作内容	图　解	操作说明
4	断开蓄电池电缆	 	(1)断开负极电缆 (2)断开正极电缆
5	断开发动机供油软管和回油软管	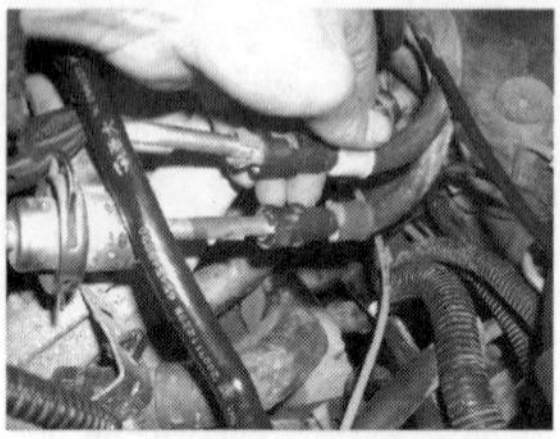	(1)在有关接头下方放上棉纱、抹布等，用来吸附漏出的燃油，并及时妥善处理沾油抹布 (2)用专用工具断开供油软管接头(蓝色接头) (3)用专用工具断开回油软管接头(黑色接头) (4)用专用快速接头将管接头堵上(也可用干净塑料袋包好)，防止进入灰尘
6	拆卸空气滤清器及进气管	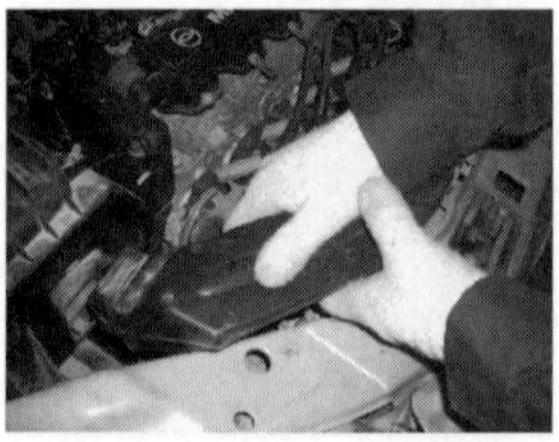	拆下空气滤清器及进气管
7	断开进气温度传感器接头		(1)在接头和线束上做好标记 (2)断开进气温度传感器接头与线束
8	拆卸空气滤清器		(1)旋松波纹管卡箍紧固螺钉，拔下波纹管 (2)拔下管子后再将卡箍适当紧固，防止卡箍丢失 (3)仔细检查软管有无裂纹老化及破损现象，如有建议更换 (4)用干净棉纱将节气门体口堵上，防止进入灰尘及其他异物
			(1)取下空气滤清器 (2)妥善保管空气滤清器与车身连接的橡胶连接件，防止丢失

续表

操作步骤	操作内容	图　解	操作说明
9	拆卸节气门拉索		（1）拆卸拉索头部卡簧，脱开拉索 （2）脱开拉索后及时将卡簧装回原位，防止丢失
		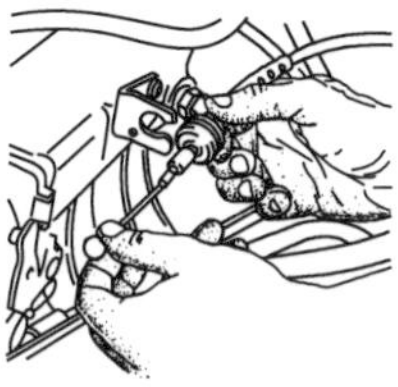	（1）使拉索与进气歧管支架相脱离 （2）脱开拉索后及时将拉索妥善放置，以防吊装时干涉
10	拆卸冷却、暖风系统软管		（1）在盖子上放一块湿抹布，先缓慢旋松盖子，释放里面的蒸汽，待所有蒸汽放净后再全部旋松，拿下加注口盖；冷车状态可直接拆卸 （2）等冷却液排空后再将盖子盖好
		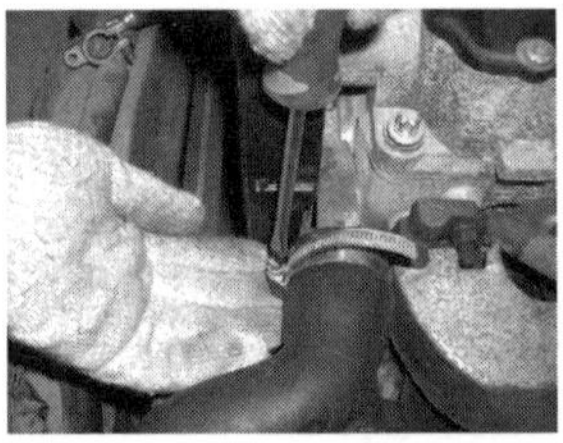	（1）旋松发动机缸盖出水口冷却液管卡箍，将卡箍退后 5cm 后旋紧，防止卡箍丢失 （2）在发动机下方放置冷却液收集桶
			（1）将橡胶软管拔下 （2）仔细检查软管有无裂纹老化及破损现象，如有建议更换 （3）用干净棉纱将管口堵上，防止进入灰尘及其他异物
			用同样方法拆卸发动机冷却液进水管

续表

操作步骤	操作内容	图 解	操作说明
10	拆卸冷却、暖风系统软管		(1)松开储液罐上冷却液蒸发软管卡箍，将卡箍后退5cm左右 (2)拔下软管
			在进气压力传感器插头和传感器上做好记号，断开进气压力传感器插接器
			拆卸进气压力传感器并妥善保管
			(1)旋下储液罐固定螺钉，取下储液罐 (2)将螺钉装回原位
			(1)松开储液罐下方冷却液软管卡箍，将卡箍后退5cm左右 (2)拔下软管，将储液罐在零件桌上放置好，防止跌落地上 (3)仔细检查储液罐、软管等，如发现出现裂纹、破损等应及时更换
		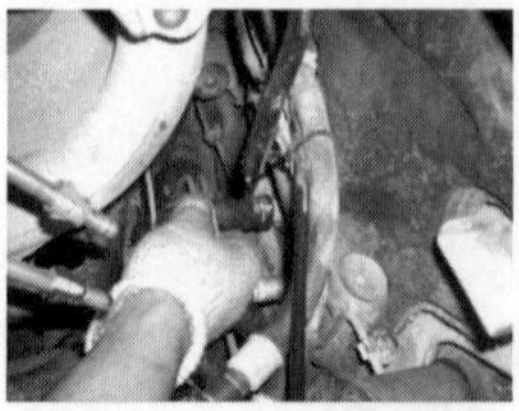	(1)松开暖风装置进、回液管卡箍，将卡箍后退5cm左右 (2)在下方放置冷却液收集桶 (3)拔下软管，如发现软管出现裂纹、破损，及时更换 (4)将管口堵上，防止进入灰尘

续表

操作步骤	操作内容	图　解	操 作 说 明
11	拆卸动力转向泵油管		(1)用开口扳手旋松转向泵高压油管螺母 (2)取下转向泵高压油管并将油管妥善放置,防止吊装过程中干涉 (3)及时堵紧转向泵出油口和油管口 (4)清洁溢出的油液
			(1)旋松转向泵进油管卡箍,将卡箍退后5cm左右旋紧 (2)拔出软管,将油管妥善放置,防止吊装过程中干涉 (3)及时堵住转向泵进油口和油管口 (4)及时清洁溢出的油液
12	拆卸空调管路		(1)参照空调基础模块按规范抽出制冷剂,防止冻伤 (2)记下制冷剂抽出量,标准值:R-134a 0.68kg (3)断开空调压缩机的高低压管路,将空调软管妥善放置,以防止吊装时干涉造成损坏 (4)立即在压缩机进出管口处和软管上安装防尘套
13	拆卸自动变速器拉索		(1)拔下自动变速器拉索端头
			(1)拔下锁销 (2)将拉索放置好,谨防在吊装过程中干涉
14	拆卸自动变速器线束		(1)用手(或一字起协助)拔出挡位开关线束插接器锁销 (2)断开挡位开关线束插接器连接 (3)将挡位开关线束妥善放置,防止吊装过程中干涉

续表

操作步骤	操作内容	图　解	操作说明
14	拆卸自动变速器线束		断开阀体线束插接器 (1)用手(或一字起协助)拔出阀体线束插接器锁销 (2)断开阀体线束插接器连接 (3)将阀体线束妥善放置,防止吊装过程干涉 (4)车辆举升后,断开速度传感器插接器
15	拆卸真空管		拆卸进气歧管上的真空软管 (1)用左手扶住软管,右手用开口扳手旋松进气歧管上的真空软管螺母 (2)取下真空管,将真空管另一端妥善放置,防止吊装过程干涉
			(1)用手直接拔下控制管路上的真空管 (2)将真空管妥善放置,防止吊装过程干涉
16	断开发动机总线束接头		(1)卸掉侧盖板 (2)分别拔下 ECM 模块插接器和仪表板线束插接器,拆卸插头之前要作防静电处理 (3)将发动机线束稳妥地从发动机舱隔板孔中抽出(注意保护插头) (4)卸掉发动机线束在车架上的固定螺钉,将线束妥善地安置在发动机总成上
			(1)仪表板 (2)发动机线束 (3)发动机控制模块(ECM) (4)发动机线束与仪表板线束(X2)的接插件 (5)发动机线束与发动机控制模块的接插件 (6)天线放大器电缆 (7)仪表板线束
17	拆卸前轮		(1)将车辆安全举升至合适高度 (2)用风动扳手卸下车轮螺母,并放置在指定位置(也可取下车轮后再装复原位) (3)取下前轮

续表

操作步骤	操作内容	图　解	操作说明
17	拆卸前轮		(1)小心将车轮放在轮胎架上，要防止轮胎跌落致人员受伤 (2)左右轮胎放置位置要做上标记
18	拆卸制动卡钳		(1)观察好卡簧原来的安装位置 (2)用一字起卸下制动卡钳卡簧，将卡簧放在规定位置
			(1)取下防尘盖，并放置在规定位置 (2)旋下制动卡钳固定螺钉，并放置在规定位置(也可取下卡钳后再装复原位)
			(1)将制动衬片做好内外和左右轮标记，防止装错 (2)卸下卡钳及制动衬片，拆卸过程中防止制动衬片脱落
			用绳索或铁丝挂钩将卡钳固定在减震器弹簧上
19	拆卸自动变速器油液冷却管路	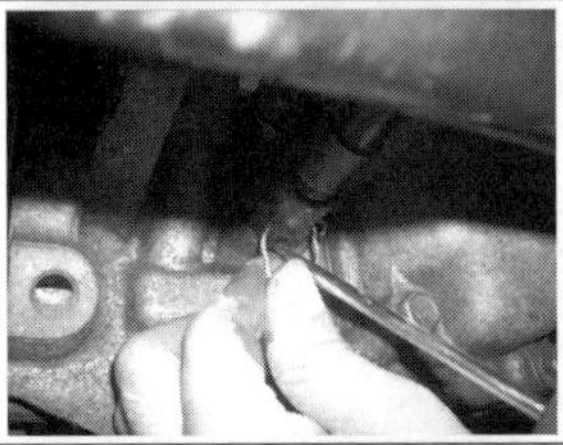	(1)将车辆安全举升至合适高度 (2)放好油液收集桶 (3)拆卸自动变速器油液冷却管口处卡簧，卡簧要妥善保管，管子拔下后及时装复原位
		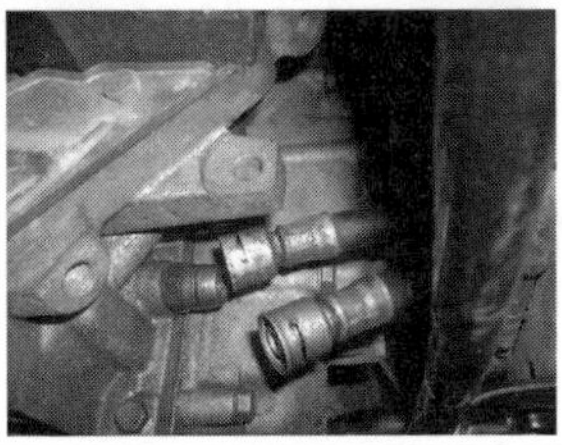	(1)拔下进、回油管，小心管路中的密封圈，以防丢失 (2)及时清洁溢出的油液 (3)为防止灰尘进入和油液泄漏，要及时堵住管口 (4)将油管妥善放置，防止吊装过程中干涉

续表

操作步骤	操作内容	图　解	操作说明
20	拆卸空调离合器线束	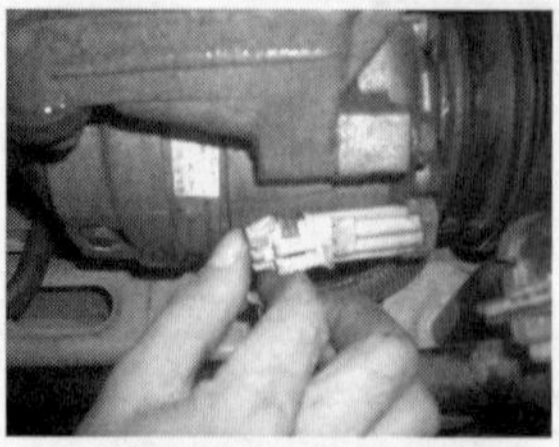	卸掉空调离合器线束插接器
21	拆卸排气管		(1)将车辆举升到合适高度 (2)认真做好防护工作，操作过程中要防止排气管烫伤或灰尘落入眼中 (3)用扳手拆下排气管连接螺栓，排气管螺栓要妥善放置(也可装回原位)，以防丢失
		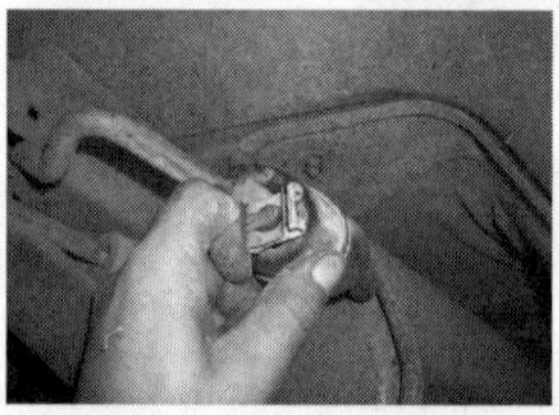	(1)卸掉弹簧卡片 (2)将橡胶吊挂向后拉出，将吊挂和卡片方在规定位置，防止丢失
		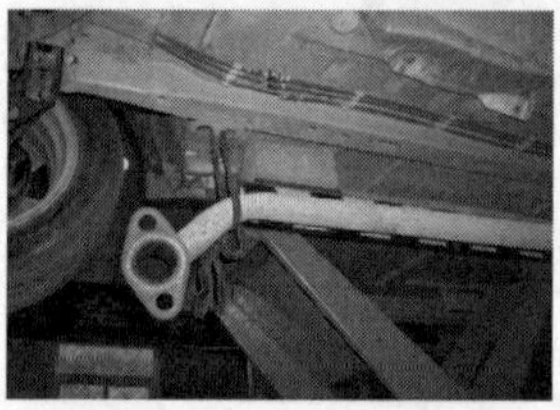	将排气管前方用绳索吊起来
22	拆卸转向节与驱动轴总成	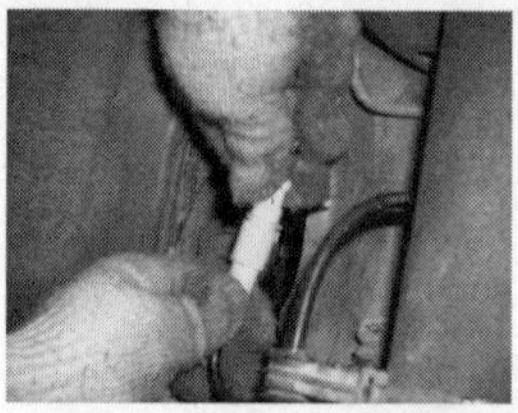	断开轮速传感器插接器，将线束妥善放置，防止吊装过程干涉
			(1)将车辆举升到合适高度 (2)用扳手旋下横拉杆端部与转向节连接螺母
		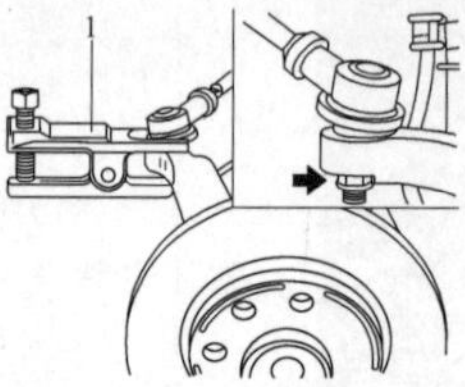	(1)用专用工具 J-810982 将端头从转向节中压出 (2)做好转向节球头的保护工作 (3)观察防尘套有无破损，如有破损更换

续表

操作步骤	操作内容	图　解	操作说明
22	拆卸转向节与驱动轴总成		用风动扳手配合开口扳手卸下转向节与减振器连接螺栓，螺栓、螺母妥善放置，防止丢失
		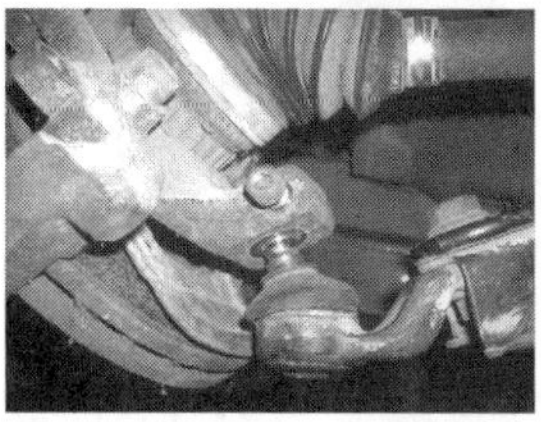	(1)拆下转向节与下球节连接螺栓(卸掉后妥善放置，也可装复原位) (2)用扁冲塞进连接处缝隙，将球节轴承孔扩大一些 (3)将转向节与下球节脱开
			(1)两人配合将驱动轴从驱动桥中抽出，小心花键部分不要碰伤 (2)检查万向节防尘套有无损坏，如损坏更换 (3)密封驱动轴承孔，防止进入灰尘
			(1)用干净塑料袋将轴端包起，防止脏污 (2)将左右驱动轴放置在工作台上指定位置
23	下控制臂、稳定杆与拉杆总成的拆卸	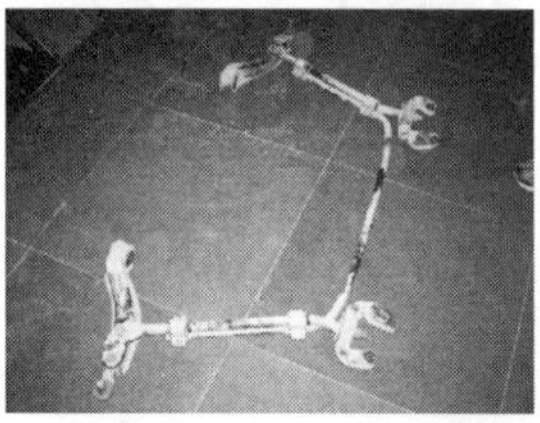	总成全图
		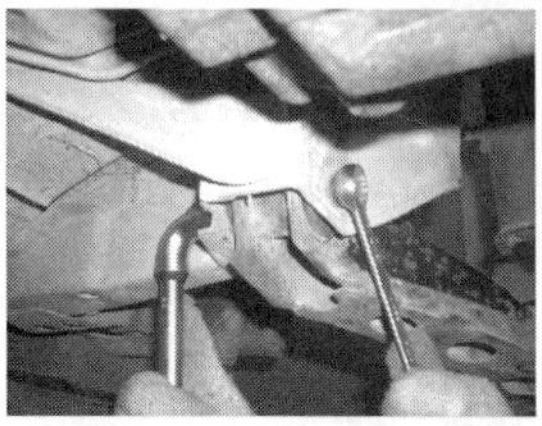	断开下控制臂与横梁连接
		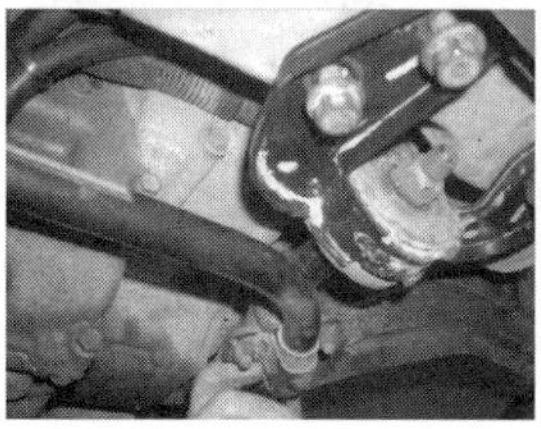	断开拉杆支架与车架连接

续表

操作步骤	操作内容	图　解	操作说明
23	下控制臂、稳定杆与拉杆总成的拆卸		四人配合将总成卸下，并放到工作台上摆好
24	吊下发动机自动变速器总成		（1）将发动机吊装专用架挂在液压吊车上，两个挂钩挂在发动机吊耳上 （2）注意调节水平，左右距离对等 （3）再次检查是否有影响吊装的管路和线束，如有拆卸，或将已经拆卸的线束捆绑好，避免干涉
			（1）在发动机下方放置支承装置，避免发动机、变速器总成着地 （2）举升车辆至合适高度，用吊车稍微吊起发动机总成
			卸下发动机、变速器总成支座的固定螺栓
			（1）注意安全，听从指导教师指挥 （2）举升机和液压吊车下降时速度保持一致 （3）下降过程中随时观察，发现异常立即停止，将吊车锁紧 （4）发动机完全落座后，支承稳妥 （5）重新安装吊车，将发动机吊到远离车下放置好
			降下举升机，进行5S工作

三、发动机（变速器）总成上车

操作步骤	操作内容	图　　解	操作说明
1	吊装发动机自动变速器总成		(1)检查是否有影响吊装的管路和线束，如有将已经拆卸的线束捆绑好，避免干涉 (2)将发动机变速器总成放置在发动机舱正下方
			降下车辆至合适高度，重新安装好吊装设备
			(1)举升机和吊车同步上升到一定高度 (2)在卧式千斤顶支承端安装垫块，用卧式液压千斤顶支承住发动机总成
		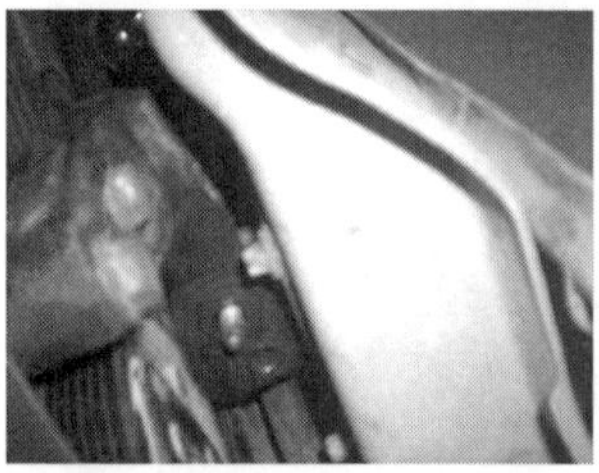	(1)确保支座螺栓孔对正 (2)先用手动工具将支座螺栓（或螺母）带上几圈
			确认支座螺栓（或螺母）带正后，用气动扳手将螺栓（或螺母）旋到与接触面接触为止
			用扭力扳手上到规定扭矩

续表

操作步骤	操作内容	图　解	操作说明
1	吊装发动机自动变速器总成		(1)将吊车降到最低位，卸下液压吊车，放到规定位置 (2)将发动机支承木板移开，确保场地无障碍物
2	安装下控制臂、稳定杆与拉杆总成	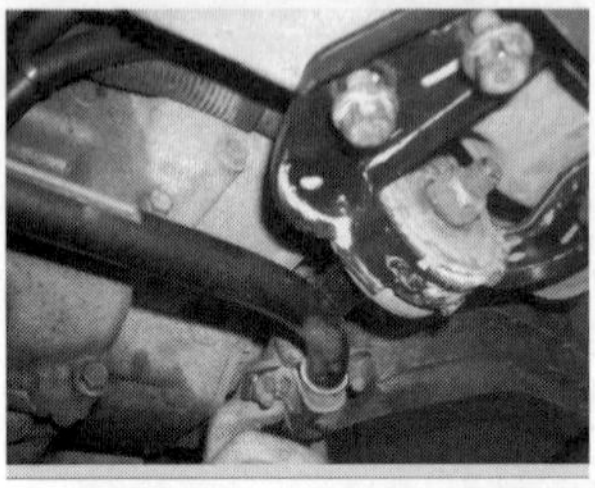	(1)用手将拉杆支架与横梁连接螺栓旋上 (2)用风动扳手将螺栓旋到靠紧结合面为止 (3)用扭矩扳手上到规定力矩(查技术手册)
		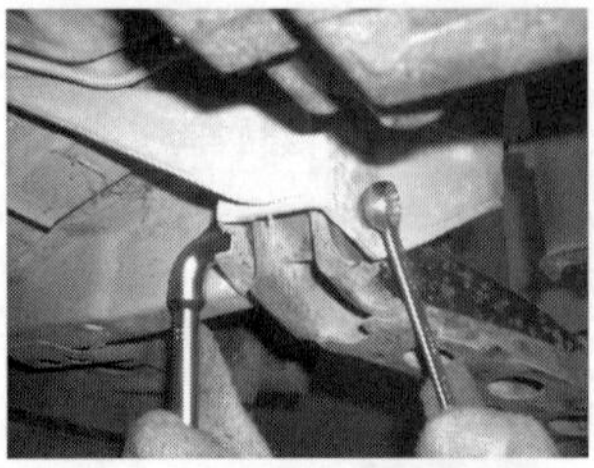	(1)用手将下控制臂与车架连接螺栓旋上 (2)用风动扳手将螺栓旋到靠紧结合面为止 (3)用扭矩扳手上到规定力矩(查技术手册)
3	安装转向节与驱动轴总成		(1)检查万向节防尘套有无损坏，如损坏更换 (2)两人配合，小心将驱动轴插入到差速器中，要防止花键部分碰伤
		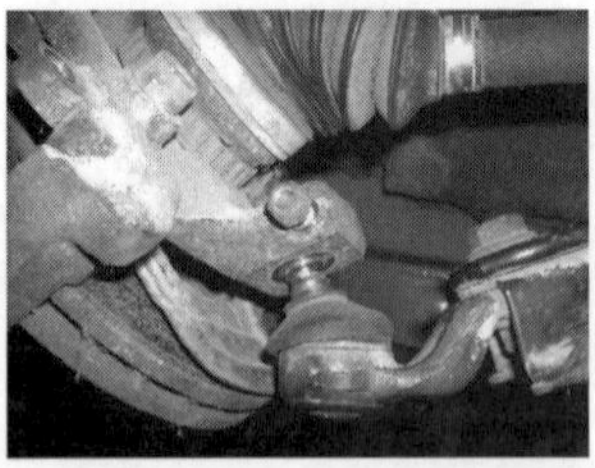	(1)将转向节与下球节装复好 (2)用规定力矩旋紧转向节与下球节的连接螺栓
			(1)先用套筒配合开口扳手将转向节与减振器连接螺栓旋上几圈，再用风动扳手旋紧靠实 (2)用定扭力扳手旋紧螺栓至规定力矩(查技术手册)

续表

操作步骤	操作内容	图　解	操作说明
3	安装转向节与驱动轴总成		(1)先用套筒将下横拉杆端部与转向节连接螺母旋上几圈,再用风动扳手旋紧靠实 (2)用定扭力扳手旋紧螺栓至规定力矩
		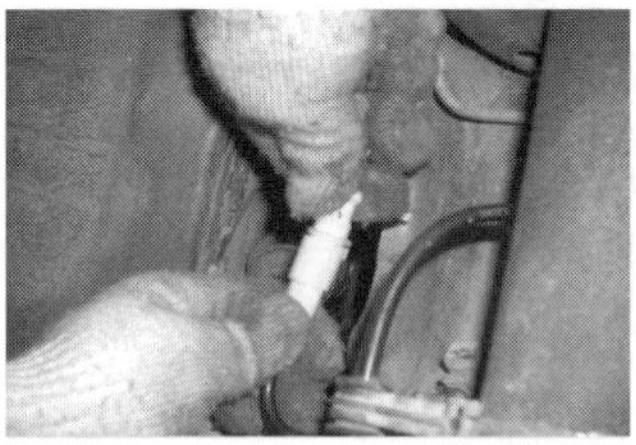	连接轮速传感器插接器
4	安装排气管	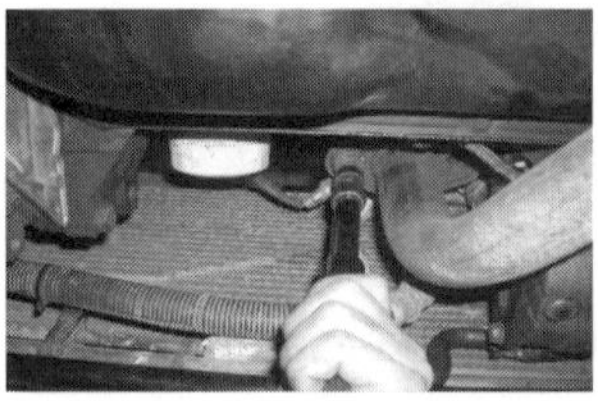	(1)做好防护,防止灰尘落入眼中 (2)将车辆举升到合适高度 (3)用套筒将排气管连接螺栓旋上几圈,再用风动扳手旋到靠实为止 (4)用扭矩扳手上到规定扭矩
			(1)将排气管上的橡胶吊挂挂在吊钩上 (2)装好弹簧卡片
5	连接空调离合器线束		连接好空调离合器线束
6	安装自动变速器油液冷却管路		(1)卸掉防尘套或油堵 (2)检查管口内O形圈有无脱落 (3)按记号标记装上软管 (4)装上卡簧

续表

操作步骤	操作内容	图　解	操作说明
7	安装制动卡钳		(1)检查制动摩擦片厚度是否符合技术要求 (2)看清制动衬片内外和左右轮标记，安装制动衬片及卡钳
			(1)按规定力矩旋上制动卡钳固定螺栓 (2)安装防尘盖
			(1)用一字起协助安装制动卡钳卡簧 (2)卡簧要安装到位，防止卡簧伤人
8	安装前轮		(1)将车辆安全举升至合适高度 (2)用轴承润滑油涂在车轮螺柱的锥形面上 (3)用套筒旋上车轮螺栓，并预紧 (4)降下车辆将螺栓交叉上到规定扭矩(110N·m)
9	安装发动机总线束接头		(1)降低车辆，使车轮即将接触地面 (2)将发动机线束稳妥地从发动机舱隔板孔中穿进驾驶舱(注意保护插头)
		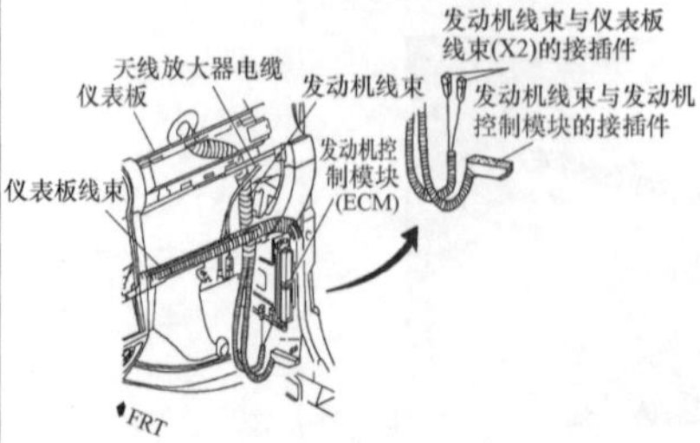 天线放大器电缆 仪表板 仪表板线束 发动机线束 发动机控制模块(ECM) 发动机线束与仪表板线束(X2)的接插件 发动机线束与发动机控制模块的接插件 FRT	(3)做好静电防护工作，按正确方向进行插接器连接，安装好线束插头 (4)安装好侧盖板

续表

操作步骤	操作内容	图　　解	操作说明
10	安装动力转向泵油管		(1)去掉防尘堵塞物，清理管口，安装转向泵出油口处高压油管 (2)用开口扳手按规定扭矩(20～35N·m)旋紧螺母
		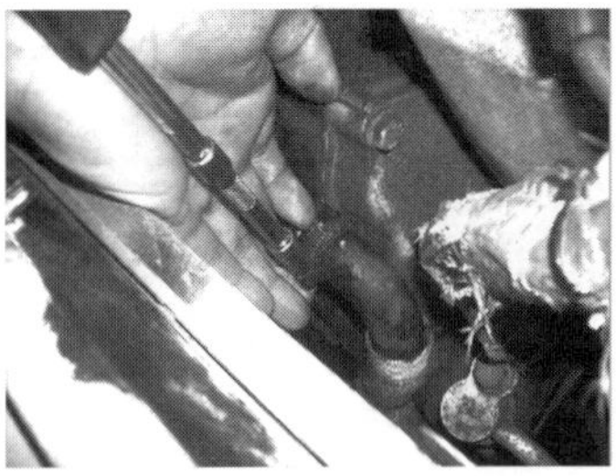	(1)去掉防尘堵塞物，清理管口，安装转向泵进油口处吸油管 (2)将卡箍安到原始位置，旋紧卡箍调整螺钉
11	安装真空软管		(1)安装进气歧管上的真空软管 (2)左手扶住软管，右手用开口扳手旋紧螺母
			安装控制管路上的真空软管
12	安装自动变速器线束	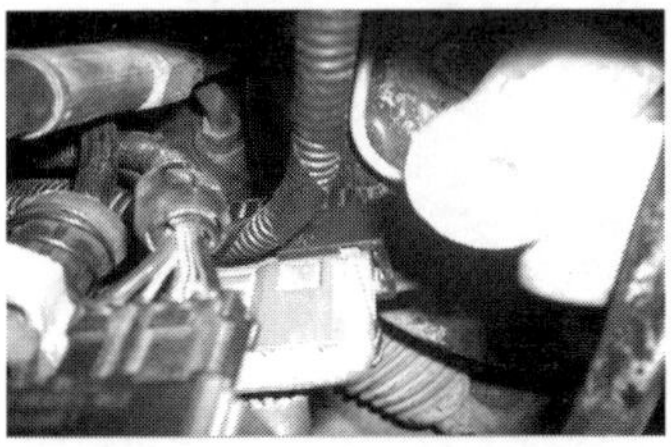	将阀体线束插接器按正确方向推进，防止插接器损坏
		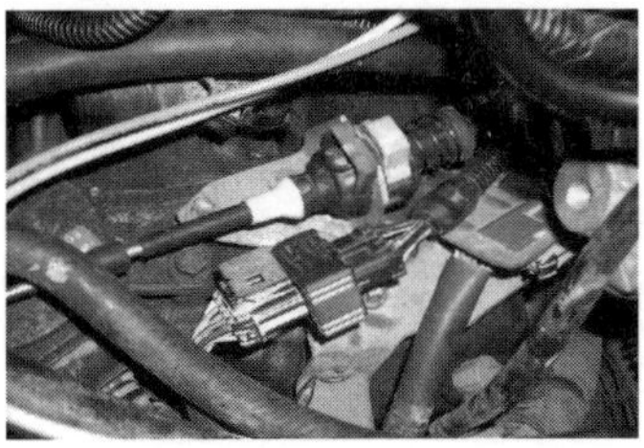	将挡位开关线束插接器按正确方向推进，防止插接器损坏

续表

操作步骤	操作内容	图 解	操作说明
13	安装自动变速器拉索	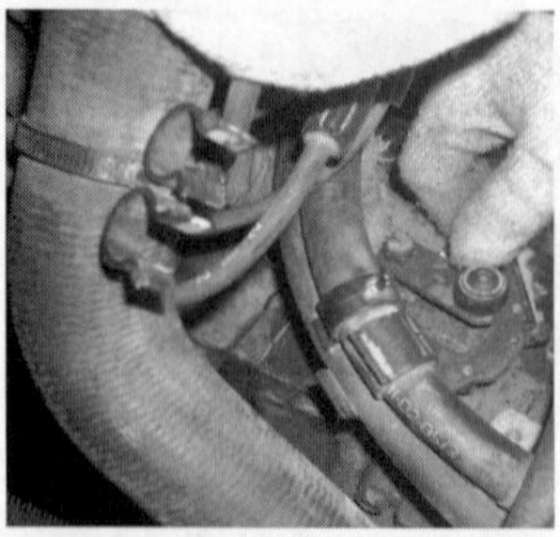	安装自动变速器拉索端头
			安装锁销
14	安装空调管路	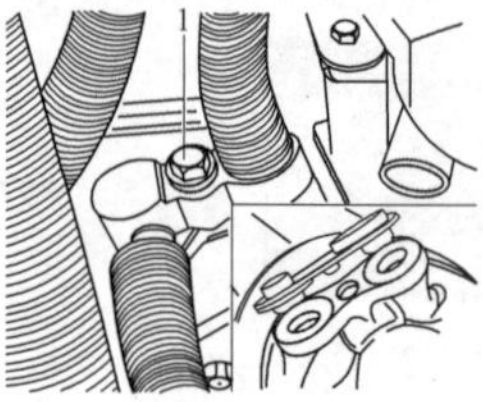	(1)卸掉防尘套，清洁管口，安装空调管路 (2)安装固定螺栓至规定扭矩(33N·m) (3)待所有发动机吊装完成后，进行空调系统制冷剂充注和维护
15	安装冷却、暖风系统软管	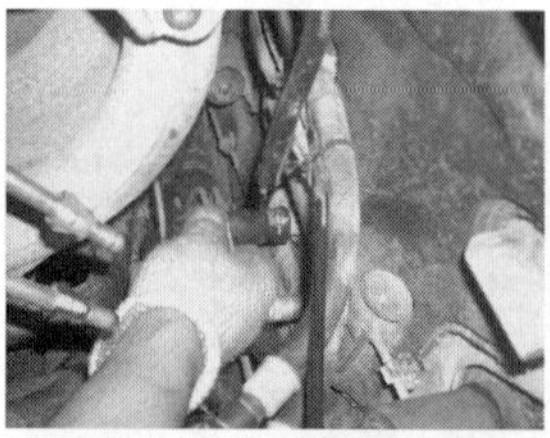	(1)按记号插上暖风装置进、回液软管到规定位置 (2)将卡箍移到规定位置上紧
			安装储液罐
			(1)将储液罐下方冷却液软管插到规定位置 (2)将卡箍移到规定位置上紧

续表

操作步骤	操作内容	图解	操作说明
15	安装冷却、暖风系统软管	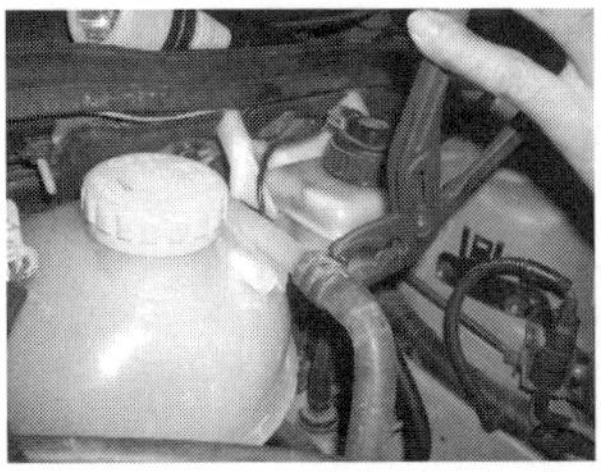	(1)将储液罐上部冷却液蒸发软管插入到规定位置 (2)将卡箍移到规定位置上紧
		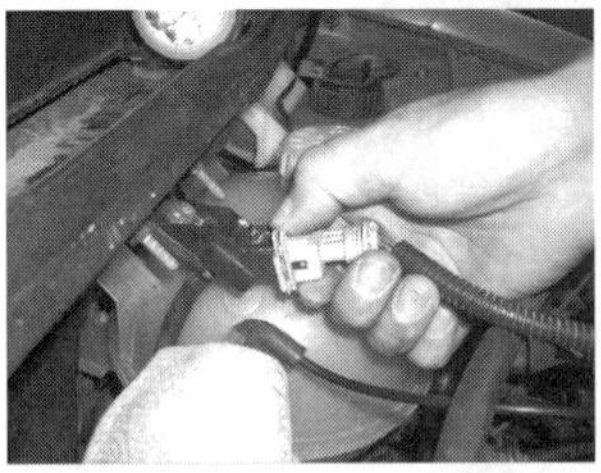	(1)安装进气压力传感器 (2)插上插接器 (3)插上真空软管
		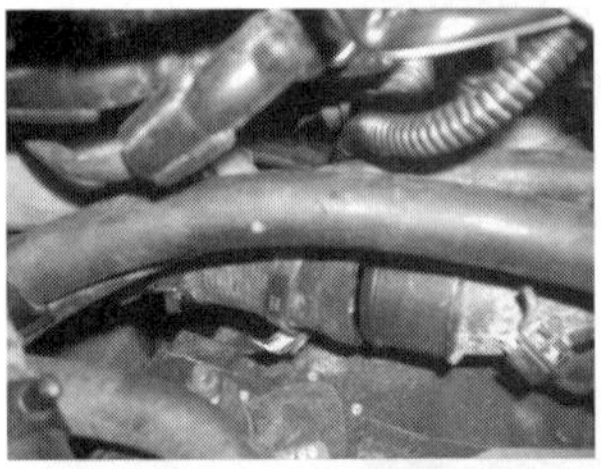	(1)安装发动机处冷却液进水管 (2)将卡箍安装到位并上紧
		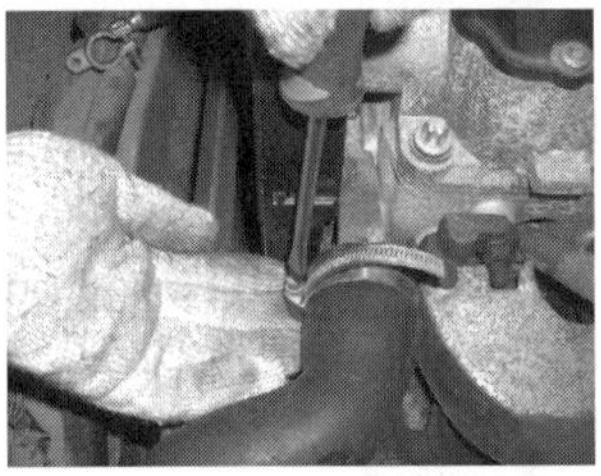	(1)安装发动机缸盖出水口处冷却液管安装出水管 (2)将卡箍安装到位并上紧
16	安装节气门拉索	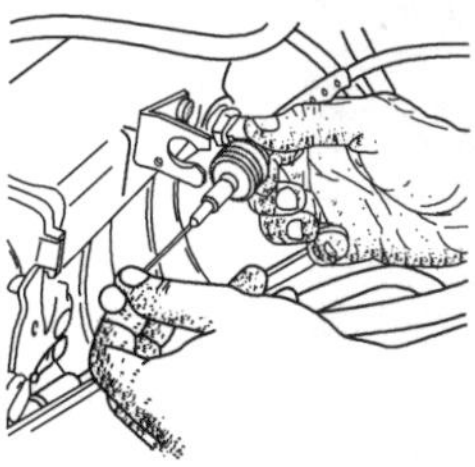	将拉索与进气歧管支架固定
			安上拉索头部,安好拉索头部卡簧

续表

操作步骤	操作内容	图　解	操作说明
17	安装空气滤清器及进气管		将空气滤清器安装到位，防止漏气
			将波纹管安装到位，旋紧波纹管卡箍紧固螺钉
			安装进气温度传感器接头与线束
		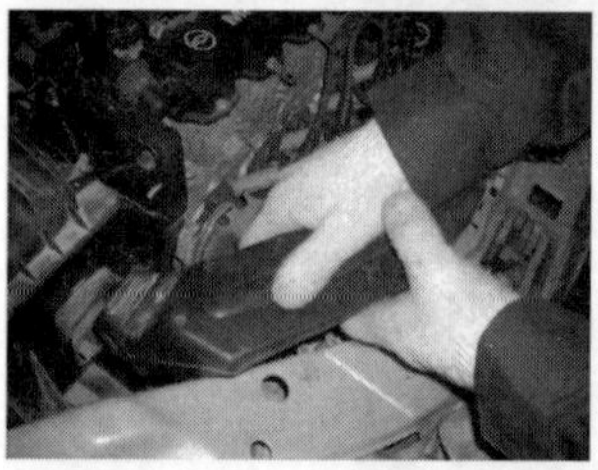	安装空气滤清器进气管
18	安装燃油压力调节器处燃油进、回油管	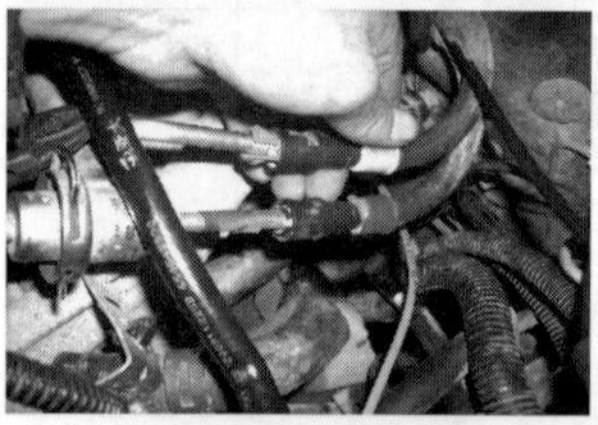	按标记安装发动机供油软管和回油软管
19	安装蓄电池正负极电缆		(1)先确认所有线束插头均插好 (2)安装蓄电池正极电缆 (3)安装蓄电池负极电缆
20	调试	发动机吊装完成后，要进行以下各总成系统的调试工作，确保汽车各总成正常工作。以下各系统的检查和调整参见维修手册进行 (1)发动机冷却系统：加注冷却液，冷却系统调试，确保工作正常 (2)发动机电控系统：用解码器调取工作信息，发现异常情况解决，确保工作正常 (3)空调系统：充注制冷剂，检查空调系统工作情况，确保工作正常 (4)动力转向系统：检查调整动力转向油液，确保工作正常 (5)制动系统：检查制动液，确保工作正常 (6)自动变速器：检查自动变速器油液，确保工作正常	

第三章 ▸▸ 汽车底盘的维修

第一节 传动系统

汽车传动系统是位于发动机和驱动轮之间的动力传动装置，其基本功能是将发动机发出的动力传给驱动轮。如图 3-1 所示，传动系一般由离合器、变速器、万向传动装置、主减速器、差速器和半轴等组成。

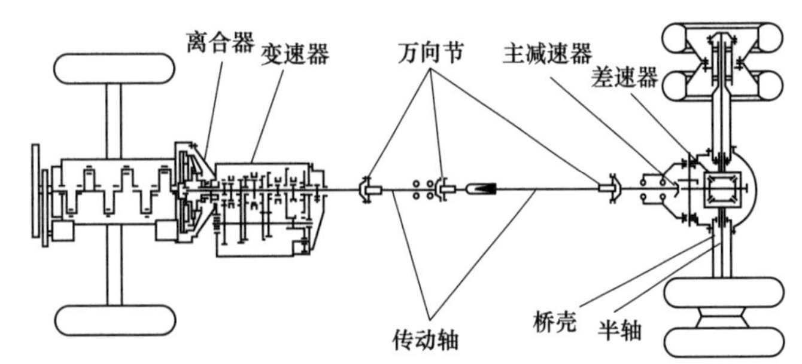

图 3-1 汽车底盘的结构

一、离合器

（一）离合器的结构原理

1. 离合器的功用、要求及分类

（1）离合器的功用　离合器的具体功用有如下三个方面。

① 使发动机与传动系逐渐接合，保证汽车平稳起步。

② 暂时切断发动机的动力传递，保证变速器平顺换挡。

③ 限制所传递的转矩，防止传动系过载。

（2）对离合器的要求　根据离合器的功用，它应满足下列主要要求。

① 保证可靠地传递发动机的最大转矩又能防止传动系过载。

② 接合时应平顺柔和，保证汽车平稳起步，减少冲击。

③ 分离时应迅速彻底，保证变速器换挡平顺。

④ 旋转部分的平衡性好，且从动部分的转动惯量小。

⑤ 具有良好的通风散热能力，防止离合器温度过高。

⑥ 操纵轻便，以减轻驾驶员的劳动强度。

（3）离合器的分类　汽车上应用的离合器主要有以下三种形式。

① 摩擦离合器：指利用主、从动部分的摩擦作用来传递转矩的离合器。目前在汽车上广泛采用。

② 液力变矩器：指利用液体作为传动介质的离合器，用于自动变速器。

③ 电磁离合器：指利用磁力传动的离合器，如在空调中应用的就是这种离合器。

2. 离合器的结构组成

摩擦式离合器种类虽多，但其组成和工作原理基本相同，都由主动部分、从动部分、压紧机构、分离机构和操纵机构五大部分组成，如图 3-2 所示。下面以在汽车上应用较多的膜片弹簧式离合器（如上海桑塔纳、夏利、长安、丰田海斯、解放 CA1092 等都采用这种离合器）为例介绍其总成。

膜片弹簧式离合器是采用膜片弹簧作为压紧机构的。膜片弹簧式离合器如图 3-3 所示。

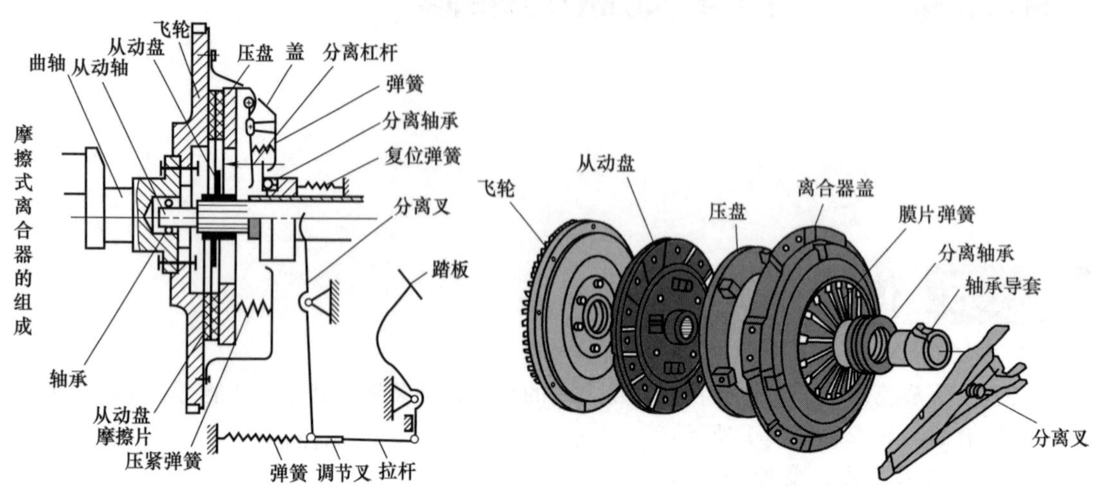

图 3-2　摩擦式离合器的基本组成示意图　　图 3-3　膜片弹簧式离合器的构造

（1）主动部分　离合器主动部分由飞轮、离合器盖和压盘等组成。离合器盖是用低碳钢冲压制成的，其特点是质轻、维修拆装方便。为保证离合器与飞轮同心，离合器盖通过定位销定位，固定装在飞轮上。

离合器盖的侧面制有通风口，当离合器旋转时，热空气就由此抽出，以加强通风。

由于压盘承受很大的机械负荷，为了防止变形，常用强度和刚度都比较大且耐热性都比较好的高强大铸铁制成。

要求压盘和飞轮的工作面须平整光洁。

压盘和离合器盖之间是通过周向均布的三组或四组传动片来传递转矩的。传动片用弹簧钢片制成。每组两片，其一端用铆钉铆接在离合器盖上，另一端则用螺钉与压盘相连接。在离合器分离和接合过程中，依靠弹簧片的弯曲变形，使压盘前后移动。正常工作时，离合器盖通过传动片拉动压盘旋转，从而对压盘起传动、导向和定心的作用。

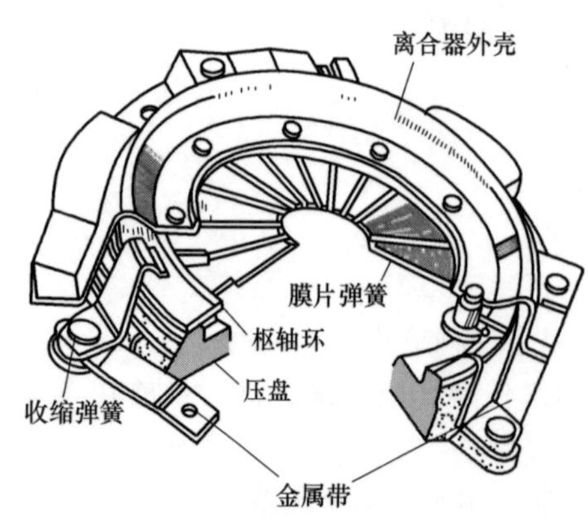

图 3-4　离合器压紧机构与分离机构

（2）压紧机构与分离机构　压紧机构与分离机构由膜片弹簧、枢轴环、压力板、金属带及收缩弹簧组成，如图 3-4 所示。

膜片弹簧的形状像一个碟子，它是在一个具有锥形面的钢圆盘上，开有许多径向切口，形成了一排有弹性的杠杆。在切口的根部都钻有孔，以防止应力集中。真正产生压紧力的，仅仅是钻孔以外的部分。

膜片弹簧离合器的主要特点是用一个膜片弹簧代替传统的螺旋弹簧和分离杠杆。开有径向槽的蝶形膜片弹簧，既起压紧机构的作用，又起分离杠杆的作用。这样，可使离合器的结构大为简化，缩短了离合器的轴向尺寸。并且由于膜片弹簧和压盘是环形接触，所以可保证压盘上的压力均匀，接合平顺。由于膜片弹簧本身特性，当摩擦衬片磨损变薄时，弹簧压力变小，传动可靠性高，

不易打滑以及维持离合器在分离状态时所需的力量较小，操纵轻便。

枢轴环装在膜片弹簧外侧，当膜片弹簧工作时，它作为枢轴而工作。收缩弹簧连接膜片弹簧和压力板，将膜片弹簧的运动传给压力板。

（3）从动部分　从动部分的主要部件是从动盘。从动盘分为不带扭转减振器和带扭转减振器两种类型。

① 不带扭转减振器的从动盘。不带扭转减振器的从动盘由两片摩擦衬片、从动盘钢片、弹簧钢片、从动盘毂等组成，如图 3-5 所示。

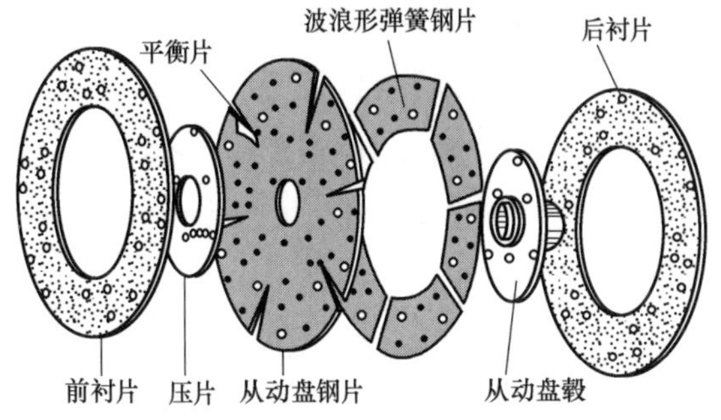

图 3-5　不带扭转减振器的从动盘

从动盘钢片通常是用薄弹簧钢板制成，并与从动盘毂铆在一起，其上开有辐射状的槽，可有效地防止热变形。摩擦衬片应有较大的摩擦系数、良好的耐磨性和耐热性。摩擦衬片系用石棉（或加铜丝、铝丝等）、黏合剂及其他辅助材料经热压合制成。衬片和从动钢片之间一般用铜或铝铆钉铆接，也有的用树脂粘接。

② 带扭转减振器的从动盘。由于发动机传到汽车传动系的转速和转矩是周期性地不断变化的，这会使传动系产生扭转振动；另一方面由于汽车行驶在不平的道路上，使汽车传动系出现角速度的突然变化，也会引起上述扭转振动。这些都会对传动系零件寿命缩短，甚至损坏零件。为了消除扭转振动和避免共振，防止传动系过载，多数离合器从动盘中装有扭转减振器。带扭转减振器从动盘的结构如图 3-6 所示。

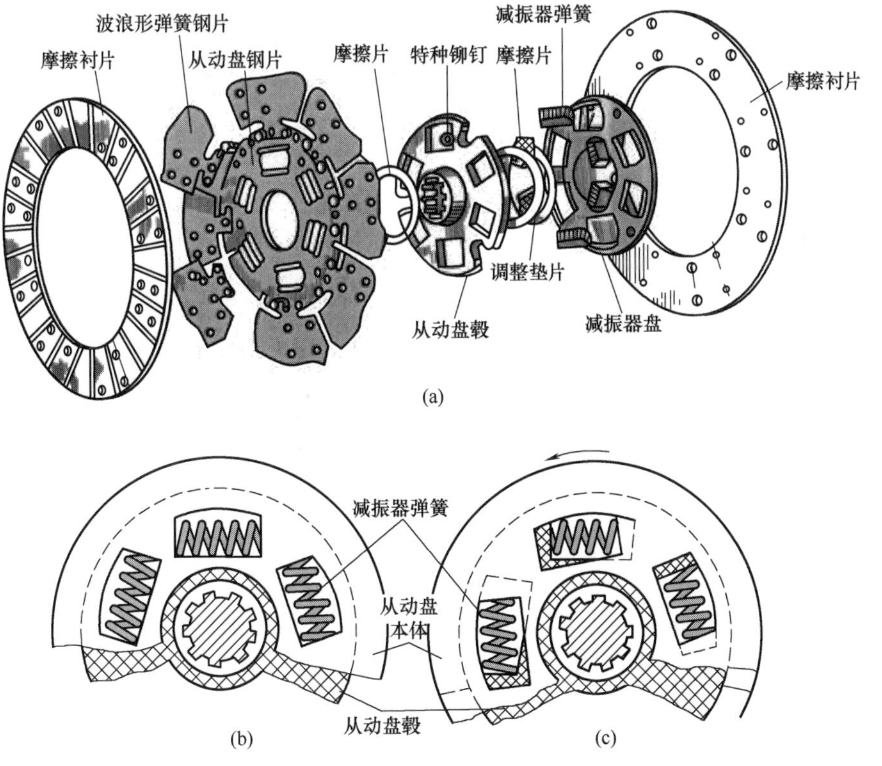

图 3-6　带扭转减振器从动盘的组成及工作示意图

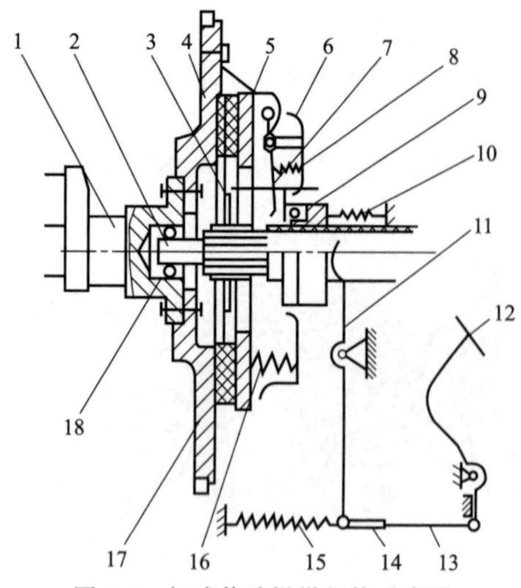

图 3-7 杆式传动操纵机构示意图

1—曲轴；2—从动轴；3—从动盘；4—飞轮；5—压盘；6—离合器盖；7—分离杠杆；8—弹簧；9—分离轴承；10,15—回位弹簧；11—分离叉；12—踏板；13—拉杆；14—拉杆调节叉；16—压紧弹簧；17—从动盘摩擦片；18—轴承

总之，膜片弹簧式离合器具有结构简单、轴向尺寸小，压紧力分布均匀，良好的弹性性能，能自动调节压紧力，操纵轻便，高速时压紧力稳定、分离杠杆平整无须调整等优点，因而在中小型汽车上广泛使用。

（4）离合器操纵机构

① 机械式操纵机构。机械式操纵机构有杆式传动和拉索式传动两种，如图 3-7 所示为最简单的杆式传动操纵机构。它由踏板、连接杆、调节螺母及踏板复位弹簧组成。调节螺母用螺纹与连接杆连接，从而可通过调节螺母来调节杆的工作长度，以实现踏板自由行程的调整。该操纵机构目前被广泛用于各类型汽车上。拉索式传动操纵机构如图3-8所示，可消除位移和变形等缺点，且可在一些杆式传动布置比较困难的情况下采用。多用于微、轻型汽车。

② 液压式操纵机构。液压式操纵机构一般是由离合器踏板、离合器主缸（又称总泵）、工作缸（又称分泵）、分离叉、分离轴承和管路系统组成，如图 3-9 所示。

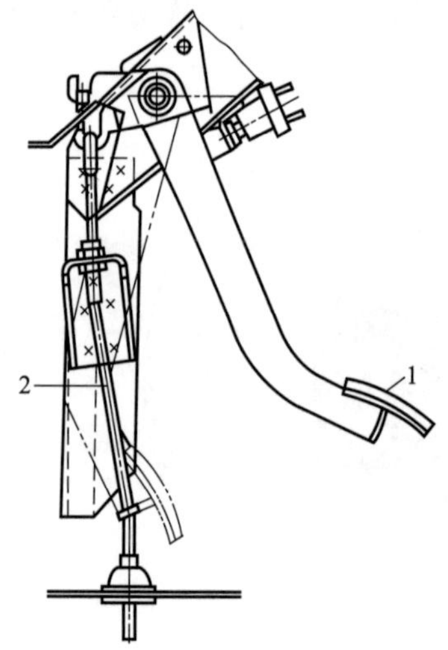

图 3-8 拉索式传动操纵机构示意图

1—离合器踏板组；2—操纵索组件

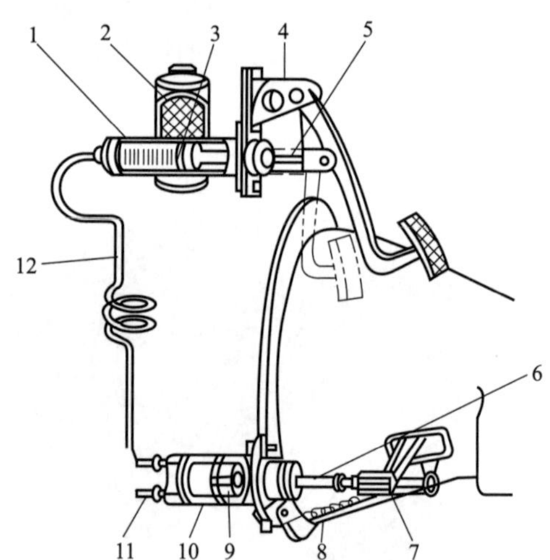

图 3-9 液压式操纵机构

1—主缸；2—储油室；3—主缸活塞；4—踏板支座；5—主缸推杆；6—工作缸推杆；7—分离叉；8—分离叉回位弹簧；9—工作缸活塞；10—工作缸；11—放气塞；12—管路

③ 气压助力式操纵机构。为了减轻踏板操纵力，改善驾驶员的劳动条件，重型汽车上常在机械式或液压式操纵机构中装用助力器。装用助力器时，必须满足如下两点要求。

除了能减轻驾驶员的操纵力以外，离合器接合分离的程度、快慢、停动都应像普通机械式或液压式一样符合驾驶员的操作要求，能被驾驶员所感受，即能够“随动”。

当助力器失效时，仍可用人力进行可靠的操纵。

无论是机械传动还是液压传动的气压助力式操纵机构，所装用的助力器主要都是由伺服控制阀和助力缸组成，二者有的分开，有的装为一个整体。气压助力机械传动式操纵机构如图 3-10 所示。

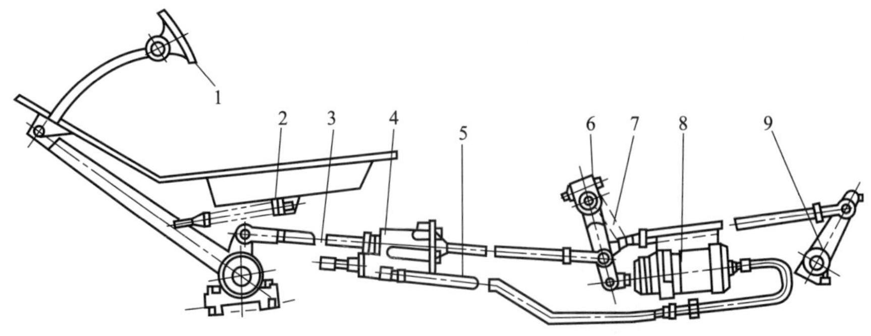

图 3-10　气压助力机械传动式操纵机构

1—踏板；2—回位弹簧；3—进气管；4—伺服控制阀；5—气管；6—中间轴外摇臂；7—中间轴内摇臂；8—助力缸；9—离合器分离叉轴摇臂

（二）离合器的检修操作

1. 离合器结构认知

操作步骤	作业内容	图　　解	具体操作方法及要求
1	离合器盖		能正确识别离合器盖，了解离合器盖的结构、作用及技术要求
2	压盘		能正确识别压盘，了解压盘的结构、作用及技术要求
3	飞轮		能正确识别飞轮，了解飞轮的结构、作用及技术要求

续表

操作步骤	作业内容	图　　解	具体操作方法及要求
4	从动盘		能正确识别从动盘，了解从动盘的结构、作用及技术要求
5	膜片弹簧		能正确识别膜片弹簧，了解膜片弹簧的结构、作用及技术要求
6	离合器总成		能正确识别离合器总成，了解离合器总成的组成、各组成部件的装配关系、作用及技术要求

2. 离合器的拆装与调整

操作步骤	作业内容	图　　解	具体操作方法及要求
1	拆下离合器盖及压盘		用套筒拆下离合器盖上的螺钉，取下离合器盖及压盘
2	取下从动盘		取下从动盘

续表

操作步骤	作业内容	图　解	具体操作方法及要求
3	取下附加环		取下附加环
4	取下信号圈		取下信号圈
5	安装信号圈	 定位孔	安装信号圈，安装时注意对上定位孔
6	安装附加环		安装附加环，安装时注意对上定位孔
7	安装从动盘		安装从动盘时，应先检查从动盘是否符合要求，然后再安装

续表

操作步骤	作业内容	图　解	具体操作方法及要求
8	安装离合器盖及压盘	 定位销	安装时注意对上定位孔，然后按规定力矩安装好离合器盖及压盘

3. 离合器零部件的检修

操作步骤	作业内容	图　解	具体操作方法及要求
1	测量摩擦衬片厚度		摩擦衬片厚度应符合规定要求，若小于规定值或衬片出现龟裂、铆钉松动及磨损不均等现象均应更换摩擦衬片
2	测量摩擦衬片铆钉头深度	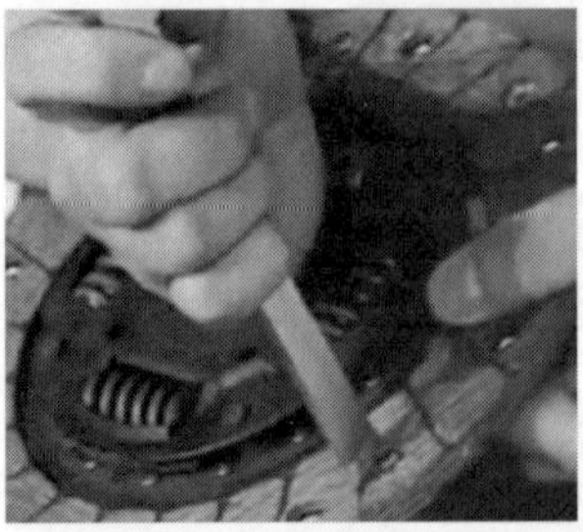	铆钉头应低于摩擦衬片工作表面0.5mm
3	测量摩擦衬片端面圆跳动		用百分表测量摩擦衬片端面圆跳动，应符合技术要求
4	检查扭转减振器		检查扭转减振器的弹簧有没有折断，铆钉有没有松动

续表

操作步骤	作业内容	图　解	具体操作方法及要求
5	检查压盘端面圆跳动		用百分表测量压盘端面圆跳动，应符合技术要求
6	检查离合盖		检查离合盖有没有变形，有无裂纹等

二、手动变速器

目前汽车上广泛采用的是活塞式内燃机，其发动机的转矩与转速变化范围都较小，而汽车实际行驶的道路条件非常复杂，要求汽车的牵引力和行驶速度必须能够在相当大的范围内变化；另外，任何发动机的曲轴总是沿同一方向转动，而汽车实际行驶过程中常常需要倒向行驶。为解决这一矛盾，在传动系中设置加装了变速器，使其能够适应变化的行驶条件，同时又能使发动机保持在较为有利的状况下工作。

（一）手动变速器的结构原理

1. 变速器的功用

（1）实现变速、变矩　汽车上所应用的发动机具有转矩变化范围小、转速高的特点，这与汽车实际的行驶状况是不相适应的。如果没有变速器而直接将发动机与驱动桥连接在一起，首先由于发动机的转矩小，不能克服汽车的行驶阻力，使汽车根本无法起步；其次假使汽车行驶起来，也会由于车速太高而不实用，甚至无法驾控。所以必须改造发动机的转矩、转速特性，使发动机的转矩增大、转速下降以适应汽车实际行驶的要求。变速器中是通过不同的挡位来实现这一功用的。

（2）实现倒车　发动机的旋转方向从前往后看一般为顺时针方向，且是不能改变，为了实现汽车的倒向行驶，变速器中设置了倒挡。

（3）实现中断动力传递　在发动机启动、怠速运转、变速器换挡、汽车滑行和暂时停车等情况下，都需要中断发动机的动力传递，因此变速器中设有空挡。

2. 三轴式变速器的结构

（1）三轴式变速传动机构　三轴式变速器指齿轮传动机构中有输入轴、输出轴及中间轴的变速器。它通常广泛用于发动机前置后轮驱动的车辆上，如 EQ1092、CA1092 型载货车等。

典型的三轴式五挡变速器如图 3-11 所示，结构简图如图 3-12 所示。

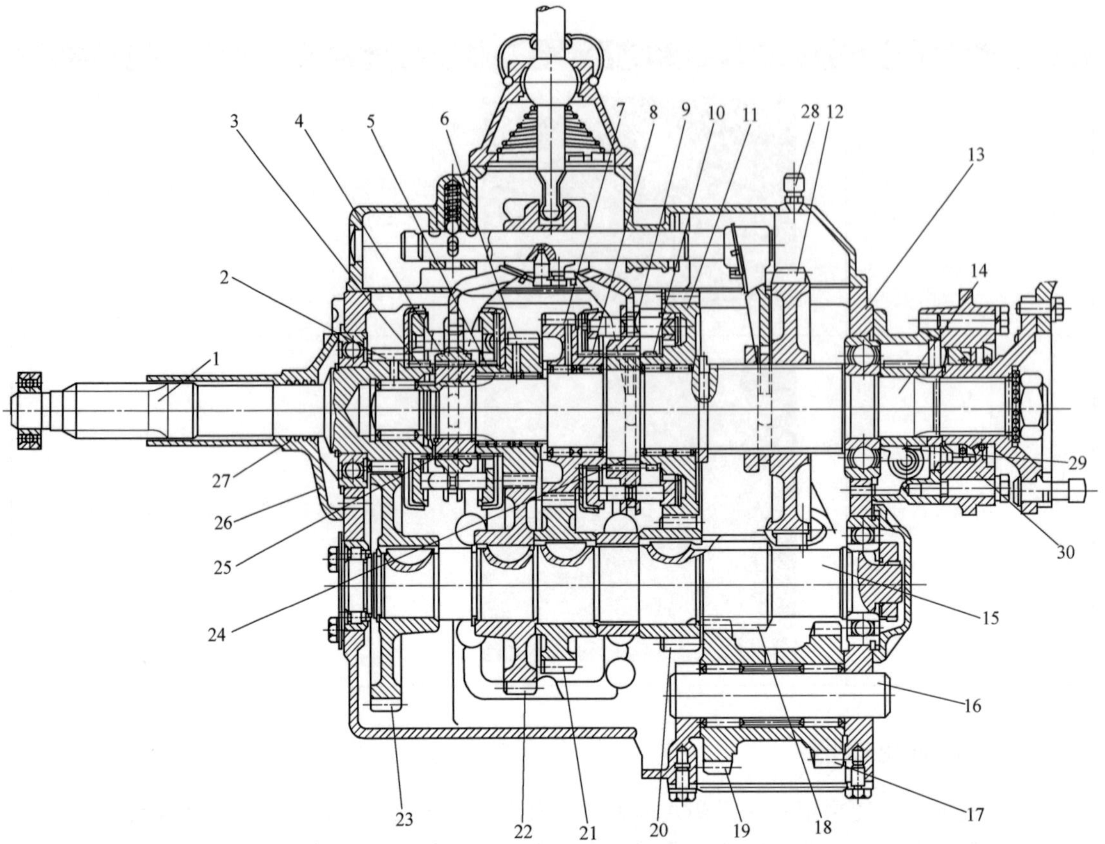

图 3-11 三轴式五挡变速器

1—第一轴；2—第一轴常啮合齿轮；3—第一轴接合齿圈；4,9—接合套；5—四挡齿轮接合齿圈；6—第二轴四挡齿轮；7—第二轴三挡齿轮；8—三挡齿轮接合齿圈；10—二挡齿轮接合齿圈；11—第二轴二挡齿轮；12—第二轴一、倒挡滑动齿轮；13—变速器壳；14—第二轴；15—中间轴；16—倒挡轴；17,19—倒挡中间齿轮；18—中间轴一、倒挡齿轮；20—中间轴二挡齿轮；21—中间轴三挡齿轮；22—中间轴四挡齿轮；23—中间轴常啮合传动齿轮；24,25—花键齿毂；26—第一轴轴承盖；27—回油螺纹；28—通气塞；29—里程表传动齿轮；30—驻车制动器底座

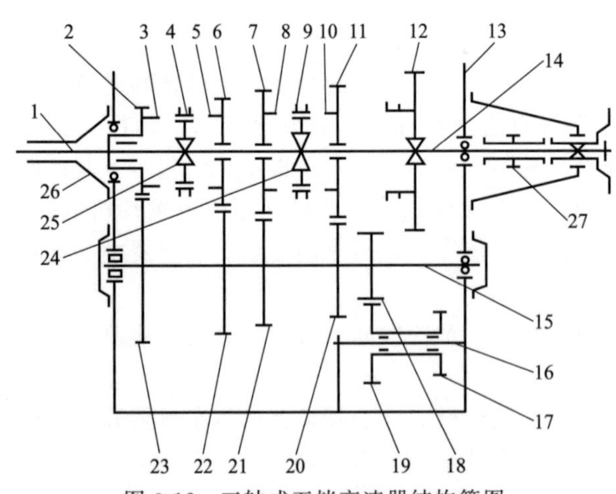

图 3-12 三轴式五挡变速器结构简图

注：图中数字代表零部件名称与图 3-11 相同。

（2）同步器 变速器的换挡操作，尤其是从高挡向低挡的操作比较复杂，而且很容易产生轮齿或花齿间的冲击。为了简化操作，避免齿间冲击，一般在变速器换挡装置中设置了同步器。

同步器的功用是使接合套与待啮合的齿圈迅速同步，缩短换挡时间，且防止在同步前啮合而产生接合齿的冲击。

同步器是由同步装置（包括推动件、摩擦件）、锁止装置和结合装置组成。目前所采用的同步器几乎都采用摩擦惯性式同步装置，按锁止装置不同，可分为锁环式惯性同步器（图 3-13）和锁销式惯性同步器（图 3-14）。

（3）变挡操纵机构 驾驶员通过变速器操纵机构进行换挡操作，从而改变变速器的工作状态。对于机械式变速器，换挡操纵均是由驾驶员拨动变速杆再通过一套操纵机构来完成

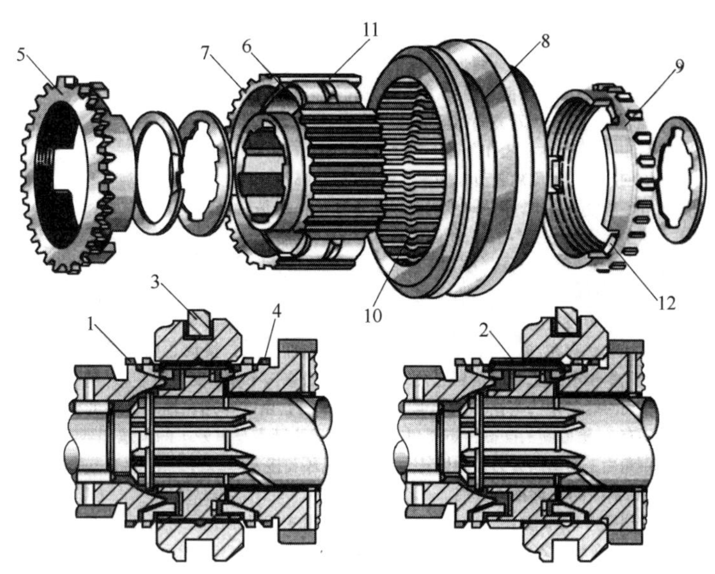

图 3-13 锁环式惯性同步器

1—第一轴齿轮；2—滑块；3—拨叉；4—第二轴齿轮；5,9—锁环；6—弹簧圈；7—花键毂；8—接合套；10—环槽；11—3 个轴向槽；12—缺口

的。变速器操纵机构通常由换挡拨叉机构和定位锁止装置两部分组成。

① 换挡拨叉机构。图 3-15 所示为六挡变速器操纵机构的结构示意图。图示位置变速器处于空挡，各个拨叉轴和拨块都处于中间位置，变速杆及叉形拨杆均处于正中位置。变速器要换挡时，驾驶员首先向左右摆动变速杆，使叉形拨杆 17 下端球头置于所选挡位拨块的凹槽内，然后再向前或向后纵向摆动变速杆，使叉形拨杆 17 下端球头通过拨块带动拨叉轴及

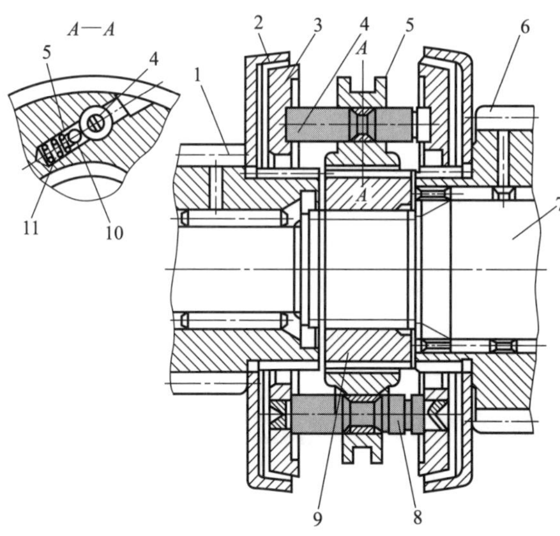

图 3-14 锁销式惯性同步器

1—第一轴齿轮；2—摩擦锥盘；3—摩擦锥环；4—定位销；5—接合套；6—第二轴 4 挡齿轮；7—第二轴；8—锁销；9—花键毂；10—钢球；11—弹簧

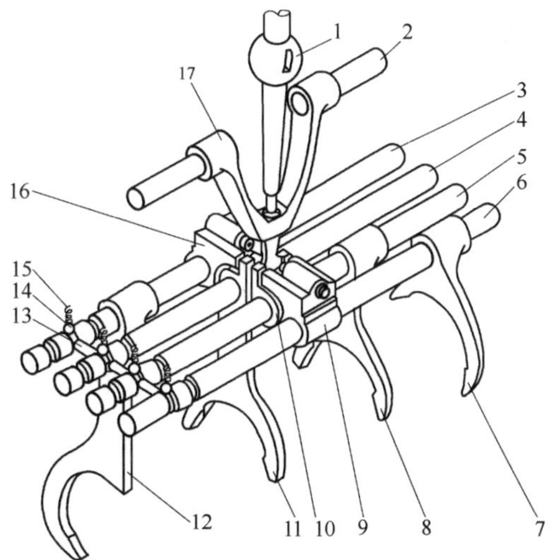

图 3-15 六挡变速器操纵机构的结构示意图

1—变速杆；2—换挡轴；3—五、六挡拨叉轴；4—三、四挡拨叉轴；5—一、二挡拨叉轴；6—倒挡拨叉轴；7—倒挡拨叉；8—一、二挡拨叉；9—倒挡拨块；10—一、二挡拨块；11—三、四挡拨叉；12—五、六挡拨叉；13—互锁销；14—自锁钢球；15—自锁弹簧；16—五、六挡拨块；17—叉形拨杆

拨叉向前或向后移动，从而可实现换挡。

② 定位锁止装置。定位锁止装置包括自锁装置、互锁装置、倒挡锁装置三个装置。

a. 自锁装置。所谓自锁就是对各挡拨叉轴进行轴向定位锁止，以防止其自动产生轴向移动而造成自动挂挡或自动脱挡。大多数变速器的自锁装置都是采用定位钢球对拨叉轴进行轴向定位锁止。

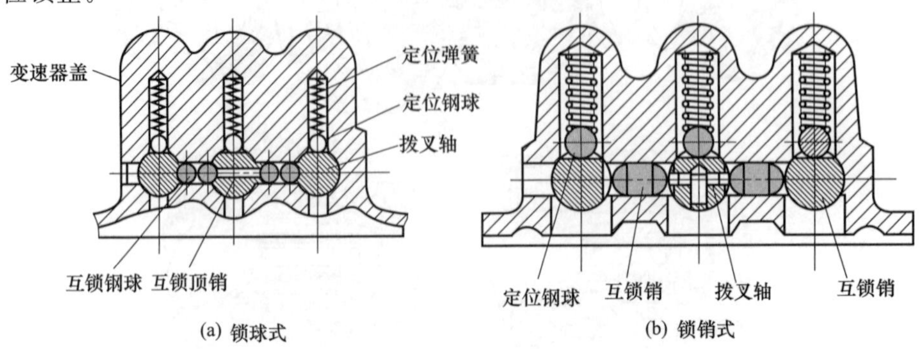

图 3-16　变速器的自锁及互锁装置

图 3-16 所示的自锁装置是在变速器盖的前端凸起部钻有三个深孔，在孔中装入自锁钢球及自锁弹簧，其位置正处于拨叉轴的正上方，每根拨叉轴对着钢球的表面沿轴向设有三个凹槽，槽的深度小于钢球的半径。中间的凹槽对正钢球时为空挡位置，前边或后边的凹槽对正钢球时则处于某一工作挡位置，相邻凹槽之间的距离保证齿轮处于全齿长啮合或是完全退出啮合。

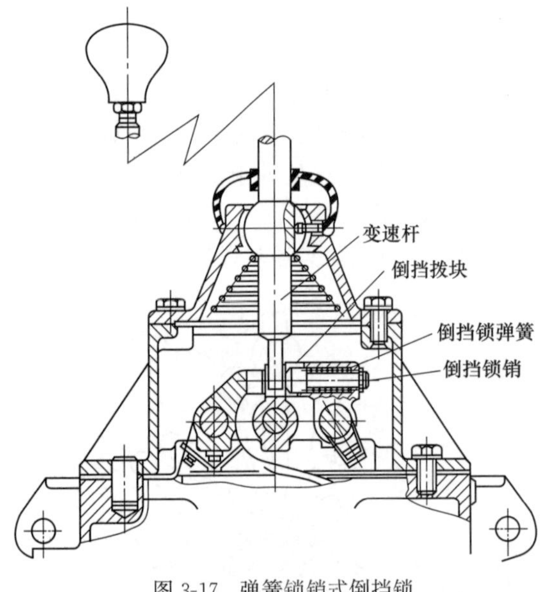

图 3-17　弹簧锁销式倒挡锁

b. 互锁装置。互锁装置的作用是阻止两个拨叉轴同时移动，即当拨动一根拨叉轴轴向移动时，其他拨叉轴都被锁止，从而可以防止同时挂入两个挡位。

c. 倒挡锁。倒挡锁的作用是使驾驶员必须对变速杆施加较大的力，才能挂入倒挡，起到提醒作用，防止误挂倒挡，提高安全性。多数汽车变速器采用结构简单的弹簧锁销式倒挡锁，如图 3-17 所示。

（二）手动变速器的检修操作

1. 手动变速器认知

操作步骤	作业内容	图　解	具体操作方法及要求
1	整体认识		能正确识别变速器的类型，了解变速器的作用、分类和工作原理

续表

操作步骤	作业内容	图　解	具体操作方法及要求
2	变速器盖	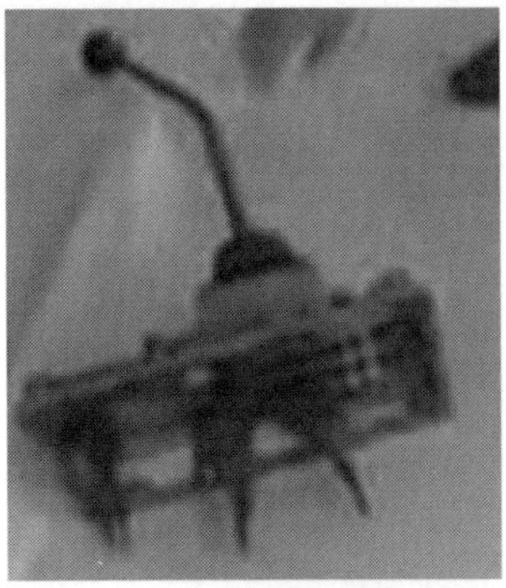	能正确识别变速器盖，了解变速器盖的结构、作用及技术要求
3	分离轴承	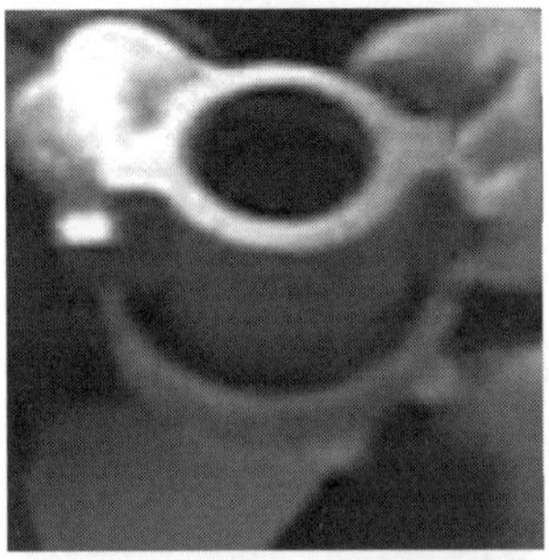	能正确识别分离轴承，了解分离轴承的结构、作用及技术要求
4	第一轴	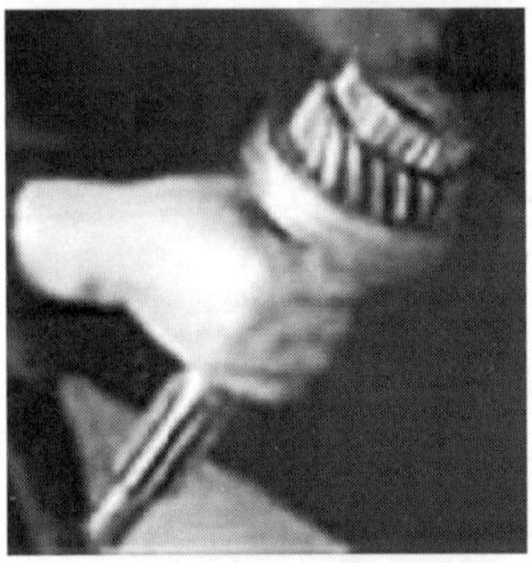	能正确识别第一轴，了解第一轴的结构、作用及技术要求
5	第二轴		能正确识别第二轴，了解第二轴的结构、作用及技术要求
6	壳体	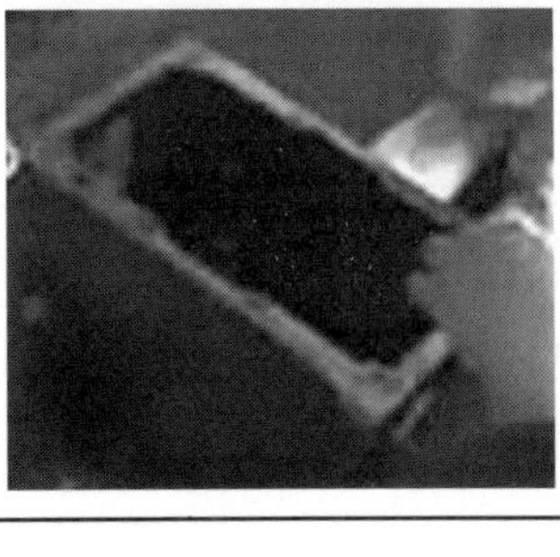	能正确识别壳体，了解壳体的结构、作用及技术要求

2. 手动变速器的拆装

以桑塔纳2000轿车手动变速器为例。

操作步骤	作业内容	图　解	具体操作方法及要求
1	分解壳体总成		在分解之前，应放掉变速器油
2	取出突缘轴		拆卸突缘轴固定螺钉。取出突缘轴
3	拆卸差速器盖		拆卸差速器盖，取出差速器总成
4	拆卸变速器后盖		拆卸变速器后盖的固定螺钉，分离出后盖总成
5	取出五挡齿轮及同步器总成		拆卸选挡轴销钉，取出五挡齿轮及同步器总成

续表

操作步骤	作业内容	图　解	具体操作方法及要求
6	拆卸选挡轴		拆卸选挡轴
7	装配		在对零部件清洗，吹干后，按与拆卸的相反顺序安装

3. 手动变速器的检修

操作步骤	作业内容	图　解	具体操作方法及要求
1	齿轮检修		检查齿轮的磨损情况，轮齿有无折断，表面有无烧蚀等
2	主动轴和从动轴的检修	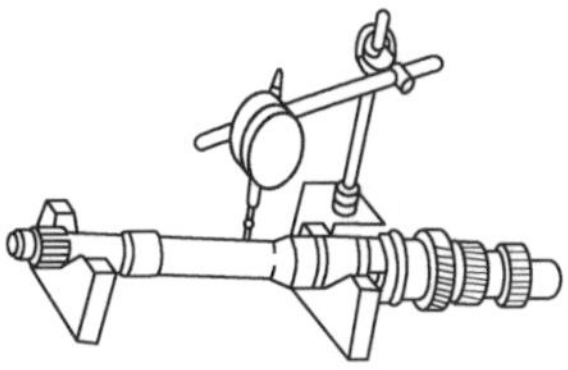	轴不应有裂纹，各轴颈及花键不应有严重磨损，轴上的固定齿轮不应有断齿和严重磨损，轴的径向圆跳动不得超过 0.05mm
3	同步器的检修		检查同步器的性能
4	变速器操纵装置的检修	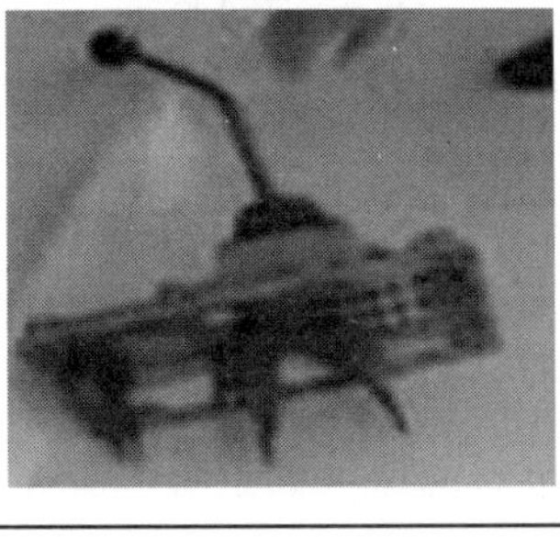	检查变速器操纵装置的变速叉、拨叉轴、自锁及互锁装置是否完好

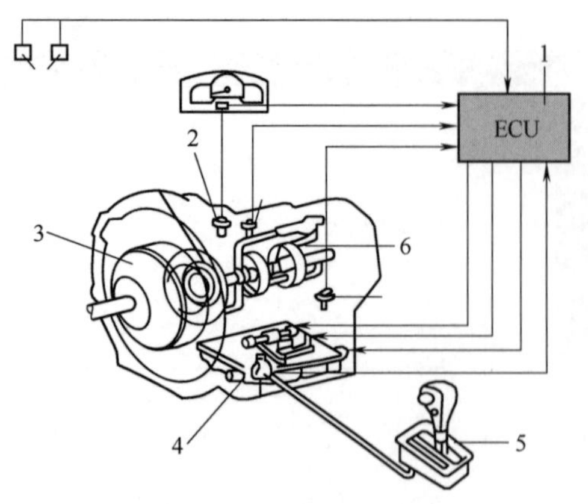

图 3-18 自动变速器

1—电控单元；2—传感器；3—变矩器；4—液压控制系统；5—挡位杆；6—行星齿轮装置

三、自动变速器

（一）自动变速器结构组成

自动变速器（AT）主要由电控单元、传感器、液力变矩器、液压控制系统、换挡杆、行星齿轮装置等构成，如图 3-18 所示。自动变速器根据节气门位置传感器和输出转速传感器等信号，利用液压力控制换挡执行元件，实现自动变速（改变输出转速和扭矩）。

1. 液力变矩器

液力变矩器的结构如图 3-19 所示，利用液体的力把发动机的动力传送给行星齿轮机构。其原理是泵轮的转动将一个离心力施加在液体上，液体再将此力传送给涡轮旋转，类似于一对面对面的风扇，一个风扇吹出空气转动另一个。

2. 行星齿轮机构

行星齿轮机构一般由几个行星排组成。一个三速变速器需有两个行星排；一个四速变速器需有三个行星排。

行星排由太阳轮、齿圈、行星架和支撑在行星架上的几个行星轮组成，如图 3-20 所示。太阳轮、齿圈、行星架称为行星排的三个基本元件。

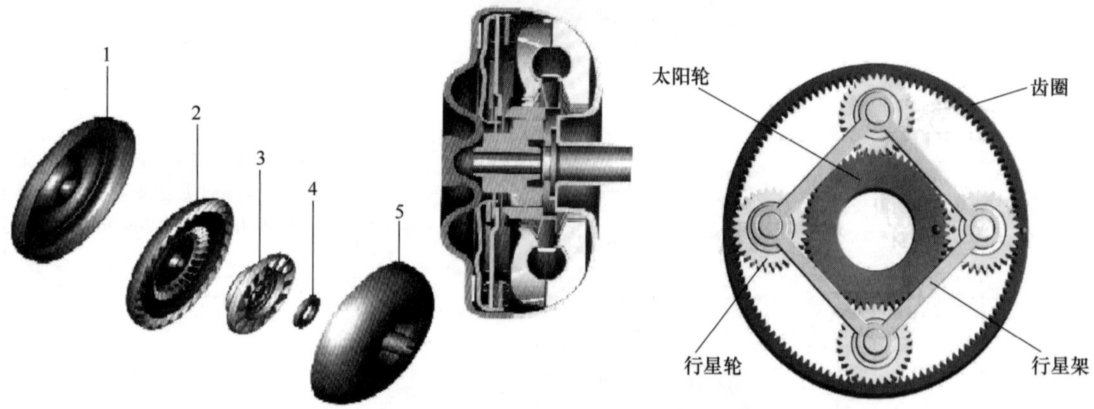

图 3-19 液力变矩器

1—壳体；2—涡轮；3—导轮；4—单向离合器；5—泵轮

图 3-20 行星排

太阳轮位于机构的中心，行星轮与之啮合同时行星轮外侧同齿圈啮合。通常行星轮有 3～6 个，通过滚针轴承安装在行星轮轴上，行星轮轴对称或均匀安装在行星架上。行星轮机构工作时，行星轮除绕行星轮轴自转外，同时还绕太阳轮公转。行星轮绕太阳轮公转时，行星架也将绕太阳轮旋转。

在行星排中，太阳轮、行星轮、齿圈为常啮合状态。太阳轮、行星架和齿圈三者的轴线同轴，而行星轮轴则可绕前三者的轴线旋转，故行星齿轮变速器又称为旋转轴式变速器。

（二）自动变速器的维护操作

自动变速器液（ATF）会因长期使用而变质，如果不定期更换，换挡冲击变大，燃油

经济性变差，产生噪声。在正常车辆使用过程中，油液不会减少，如有减少是由于泄漏造成的。

检查间隔：40000km 或 2 年。更换间隔：80000km 或 4 年。

维护项目：

(1) 检查自动变速器液位。

(2) 检查自动变速器有无泄漏。

(3) 检查自动变速器冷却软管有无损坏。

具体操作步骤如下。

操作步骤	操作内容	图　解	操作说明
1	工具准备		(1)实操所需工具，如左图 (2)工具要齐全，摆放要整齐
2	车辆防护与预检		(1)安装车轮挡块，接排气烟道 (2)安装车内三件套 (3)拉起驻车制动杆，降下驾驶员侧车窗玻璃，拉发动机舱盖释放杆 (4)打开发动机舱盖，安装翼子板布和前格栅布 (5)进行发动机预检
3	检查自动传动桥液位	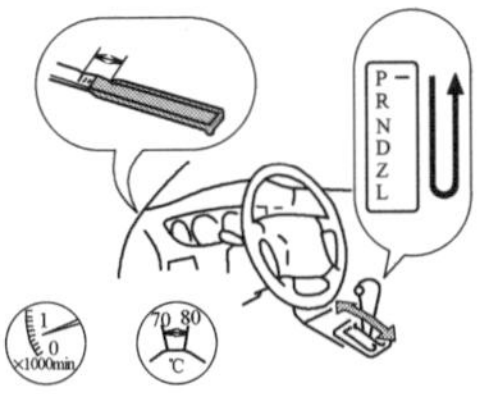	(1)启动发动机，并进行预热 (2)按照从 P 挡到 L 挡的顺序转换换挡杆，每个挡位稍作停留(以使换挡执行元件动作)，然后再从 L 挡拉回到 P 挡 (3)通过自动变速器液位尺检查液位是否正常 注意：液位尺上有冷、热两种状态刻度，检查时注意区分
4	检查自动变速器液泄漏		(1)举升车辆至合适高度 (2)检查各配合表面有无渗漏 (3)检查轴和拉索伸出区域有无渗漏 (4)检查油封有无渗漏 (5)检查排放塞和加注塞 注意：如有自动变速器液散热器，还需检查冷却管路是否有裂纹、凸起等
5	车辆、工具复位		(1)下降车辆至地面 (2)取下车内、外防护用品 (3)车辆复位，清洁车身 (4)清洁并整理工具 注意：在操作过程中要体现 5S

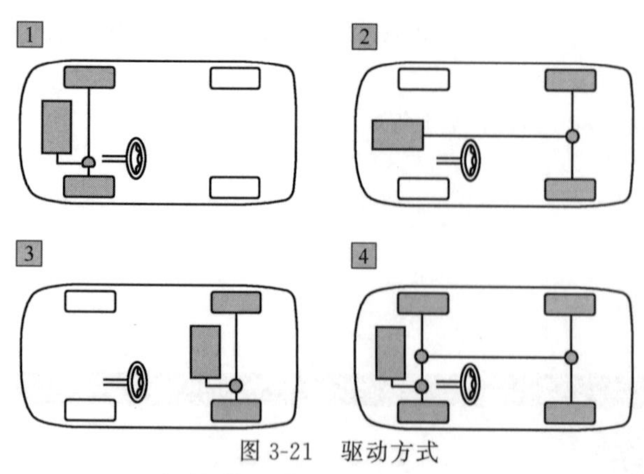

图 3-21　驱动方式

1—发动机前置/前驱；2—发动机前置/后驱；
3—发动机后置/后驱；4—发动机前置/4 驱

四、驱动轴

（一）驱动轴的结构原理

1. 车辆的驱动方式

不同车型，其发动机的位置及驱动方式有所不同，常见的类型有 4 种，如图 3-21 所示。

（1）发动机前置/前驱（FF）　该驱动方式发动机布置在车辆前部，前轮既是转向轮，又是驱动轮，有两根驱动半轴分置于车辆前部，故乘员室内宽敞、舒适，被广泛用于轿车。

（2）发动机前置/后驱（FR）　该驱动方式发动机布置在车辆前部，后轮是驱动轮，有一根长驱动轴贯穿整个车身，故乘员室底部有一凸起，空间有所影响；但车辆有很好的重平衡，转向轮与驱动轮分开，故其控制性和稳定性很好，被广泛用于中、高级轿车。

（3）发动机后置/后驱（RR）　该驱动方式发动机布置在车辆后部，后轮是驱动轮，有两根驱动半轴分置于车辆后部，故乘员室内宽敞、舒适，车辆尾部不能设置行李厢，被广泛用于大型客车。

（4）发动机前置/4 驱（4WD）　该驱动方式发动机布置在车辆前部，前、后轮都是驱动轮，故其可以稳定的方式在很差的路况下行驶，常用于越野车。

2. 驱动轴的结构组成

发动机驱动力经传动桥，通过驱动轴传递给车轮，常用于带独立悬架系统支撑的驱动轮车辆，主要结构如图 3-22 所示。

如果驱动轴护套损坏将导致传动装置万向节润滑不良，从而影响机械使用寿命及驱动力的输出。

检查间隔：20000km 或 1 年。

维护项目：①检查驱动轴护套；②检查卡箍的安装状况。

3. 万向节的类型

在驱动轴尾端都装有万向节，常见万向节的类型有三种，如图 3-23 所示。

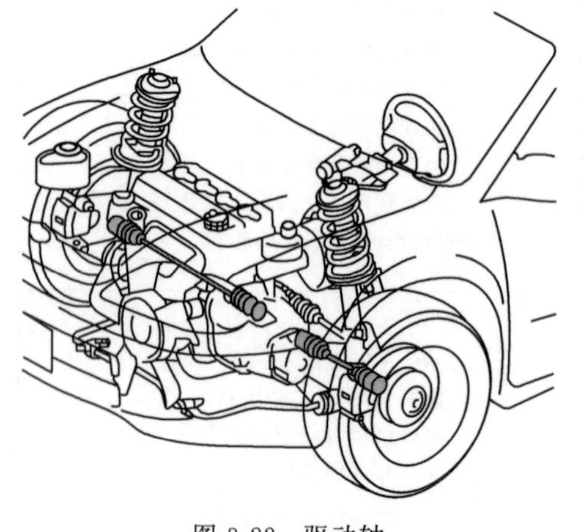

图 3-22　驱动轴

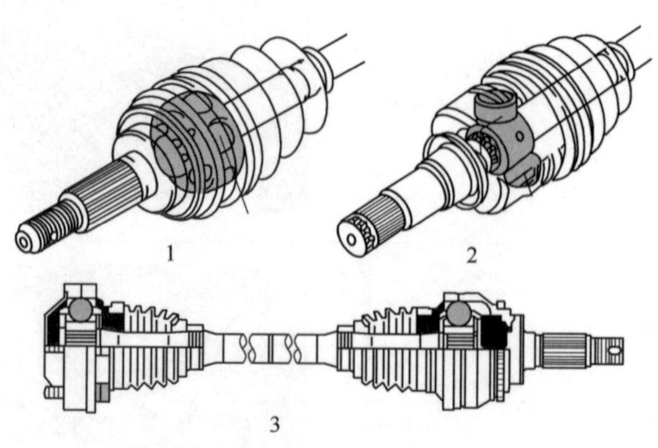

图 3-23　万向节类型

1—球笼式；2—三轴式；3—十字槽式

（1）球笼式万向节 由内、外球笼及几个钢珠组成，优点在于速度性能稳定，被广泛用于小型车辆。

（2）三轴式万向节 由三个滑动滚子组成，在速度性能稳定方面稍差于球笼式万向节，但其结构简单并可轴向滑移。

（3）十字槽式万向节 使用多个钢珠，在振动、噪声和恒定的速度等方面具有优良性能。

（二）驱动轴的检修操作

操作步骤	操作内容	图 解	操作说明
1	工具准备		(1)实操所需工具，如左图 (2)工具要齐全，摆放要整齐
2	车辆防护与预检		(1)安装车轮挡块，安装车内三件套 (2)拉起驻车制动杆，降下驾驶员侧车窗玻璃，拉发动机舱盖释放杆 (3)打开发动机舱盖，安装翼子板布和前格栅布 (4)进行发动机预检
3	检查驱动轴护套		(1)举升车辆至合适高度 (2)偏转车轮至极限位置，转动车轮 (3)检查外侧护套有无开裂、渗漏 (4)检查内侧护套有无开裂、渗漏 (5)同样检查另一侧内、外侧驱动轴护套有无开裂、渗漏
4	检查卡箍安装状况		(1)检查外侧护套卡箍有无锈蚀、损坏 (2)检查外侧护套卡箍安装有无松动 (3)检查内侧护套卡箍有无锈蚀、损坏 (4)检查内侧护套卡箍安装有无松动 (5)同样检查另一侧内、外侧护套卡箍有无锈蚀、损坏，安装有无松动
5	车辆、工具复位		(1)下降车辆至地面 (2)取下车内、外防护用品 (3)车辆复位，清洁车身 (4)清洁并整理工具 注意：在操作过程中要体现5S

第二节 行驶系统

一、悬架

（一）悬架的结构原理

1. 悬架的功用

汽车悬架是车架（或承载式车身）与车桥（或车轮）之间一切传力装置的总称。它具有以下功用。

（1）吸收和减缓汽车行驶中不平整路面所造成的各种摇摆和振动等，从而保障乘客和货物的安全，并提高驾驶稳定性。

（2）将路面与车轮之间的摩擦所产生的驱动力和制动力，传输至底盘和车身。

（3）支承车桥上的车身，并使车身与车轮之间保持适当的几何关系。

图 3-24 悬架
1—前悬架；2—后悬架

2. 悬架的组成

悬架系统将车轮与车身或车架相连，以便实际支撑车辆，缓冲地面冲击，改善行驶，确保行驶稳定，主要构成有：减震器、减震弹簧、稳定杆等，如图 3-24 所示。

减震器（图 3-25）限制车身或车架的移动，起到缓冲的作用；减震弹簧（图 3-26）缓冲路面冲击力并减少传递到车身上的震动；当车辆转弯时，因为离心力发生倾斜，稳定杆（如图 3-27）扭曲通过弹簧扭转力控制它，并保持轮胎贴紧地。

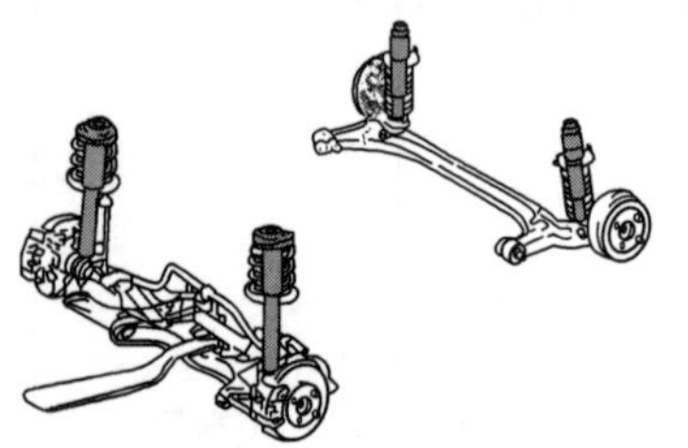

图 3-25 减震器

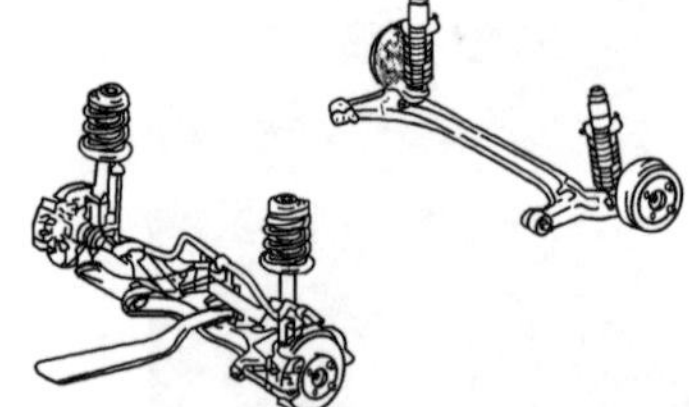

图 3-26 减震弹簧

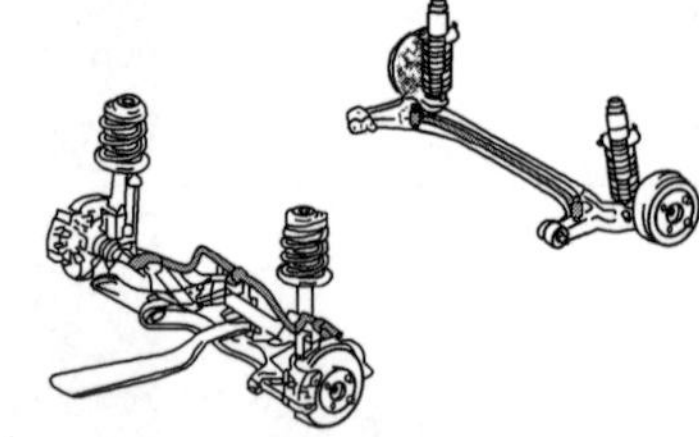

图 3-27 稳定杆

悬架系统中，减震弹簧按其结构不同，可以分为螺旋弹簧、钢板弹簧和扭杆弹簧，如图 3-28 所示。

上述三部分装置所起作用的侧重点不同，分别是缓冲、减振和导向，但三者共同的任务是传递车轮与车架之间的各种力和力矩，控制车身的各种振动。

3. 悬架的类型

汽车悬架可分为两大类：非独立悬架和独立悬架。

（1）非独立悬架 如图 3-29（a）所示，其结构特点是两侧车轮安装在一根整体式车桥上，车轮和车桥一起通过弹性元件悬挂在车架（或车身）下面。当一侧车轮因路面不平等原因相对于车架（或车身）的位置发生变化时（如图中右侧车轮跳动）；另一侧车轮的位置也

随之发生变化（图中左侧车轮摆动）。

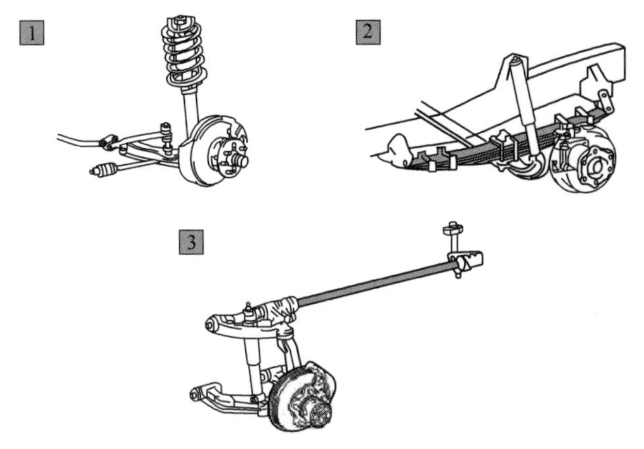

图 3-28　减震弹簧类型

1—螺旋弹簧；2—钢板弹簧；3—扭杆弹簧

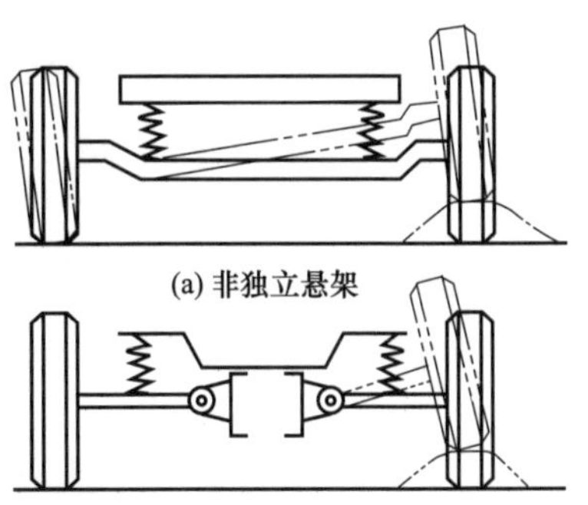

(b) 独立悬架

图 3-29　悬架的类型

（2）独立悬架　如图 3-29（b）所示，其结构特点是两侧车轮各自独立地通过弹性元件悬挂在车架（或车身）下面，其配用的车桥都是断开式车桥。这样，当一侧车轮相对于车架（或车身）位置发生变化时，对另一侧车轮几乎不产生影响。

（二）悬架的检查与维护

悬架系统决定着车辆的舒适性和操控性，若悬架出现故障，车辆的舒适、安全将受严重影响，甚至出现事故隐患，所以悬架系统必须定期检查和维护。

检查间隔：每 10000km 或 6 个月。

维护项目：①车身水平检查；②悬架减震力检查；③稳定杆检查；④弹簧外观检查；⑤减震器外观检查。

悬架的检查与维护操作步骤如下。

操作步骤	操作内容	图　解	操作说明
1	工具准备		(1)实操所需工具，如左图 (2)工具要齐全，摆放要整齐
2	车辆防护与预检		(1)安装车轮挡块，安装车内三件套 (2)拉起驻车制动杆，降下驾驶员侧车窗玻璃，拉发动机舱盖释放杆 (3)打开发动机舱盖，安装翼子板布和前格栅布 (4)进行发动机预检

续表

操作步骤	操作内容	图　解	操作说明
3	检查车身水平	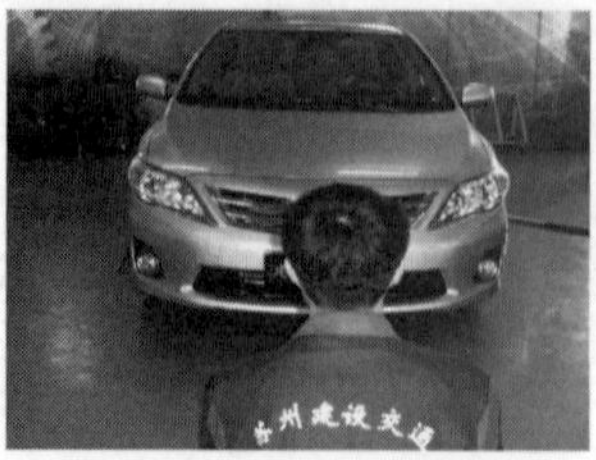	(1)取下发动机外部防护，关闭舱盖 (2)采用半蹲姿势在车辆的正前方，观察车身有无明显倾斜 (3)采用半蹲姿势在车辆的正后方，观察车身有无明显倾斜
4	检查悬架减震力		分别用力按压 4 个减震器部位的车身，观察车身上下晃动的情况，检查减震力是否正常 注意：一般车身晃动两三次后停止
5	检查稳定杆		(1)将车辆举升至合适高度 (2)用手摇晃稳定杆及稳定连接杆，检查安装是否有松动 (3)检查稳定杆外观有无变形或其他损坏
6	检查弹簧外观		目视检查螺旋弹簧有无裂纹、断裂等损坏现象
7	检查减震器外观		分别目视检查 4 个减震器有无凹痕、漏油等损坏现象 注意：减震器损坏后只能更换
8	车辆、工具复位		(1)降下车辆至地面 (2)取下车内、外防护用品 (3)车辆复位，清洁车身 (4)清洁并整理工具 注意：在操作过程中要体现 5S

二、车轮与轮胎

（一）车轮

1. 车轮的组成

车轮是介于轮胎和车桥之间承受负荷的旋转组件，一般由轮毂、轮辐（轮盘）和轮辋所组成，如图 3-30 所示。

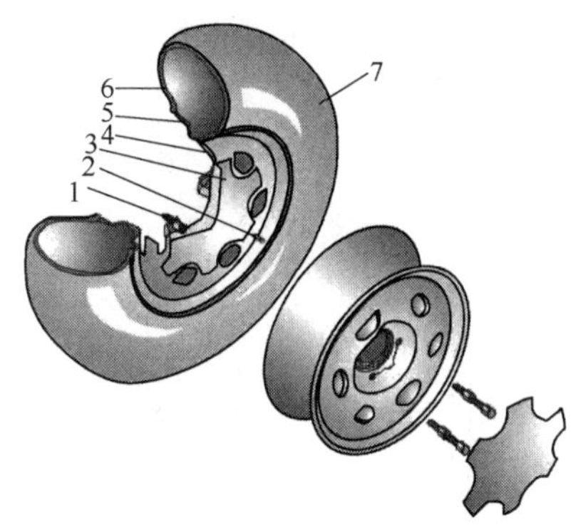

图 3-30　车轮总成

1—车轮螺栓；2—气门嘴；3—车轮饰板；4—轮辐板；5—轮辋；6—子午线轮胎；7—平衡块及夹子

轮辋一般由钢铁或铝合金制成，轮辐外形多样，如图 3-31 所示。轮辋用于安装轮胎，与轮胎组合实现行驶、转向、制动等功能。

2. 车轮的类型

按轮辐的构造，车轮可分为辐板式和辐条式两种。目前，普通级轿车和轻、中型载货汽车多采用辐板式车轮，而高级轿车、竞赛汽车及重型载货汽车多采用辐条式车轮。

图 3-31　轮辋

（1）辐板式车轮的结构　这种车轮如图 3-32 所示，由挡圈 1、轮辋 2、辐板 3 及气门嘴伸出口 4 组成。

用以连接轮辋和轮毂的圆盘称为辐板。辐板大多是冲压制成的，也有铸造的。为了减轻轿车车轮质量，辐板选用较薄材料。将辐板冲压成起伏形状，可以提高刚度。辐板上开有若干孔，用以减轻质量，同时有利于制动器散热，安装时也便于用手拿车轮。

（2）辐条式车轮　这种车轮的轮辐是钢丝辐条［图 3-33（a）］或者是与轮毂铸成一体的铸造辐条［图 3-33（b）］。钢丝辐条车轮由于价格昂贵，维修安装不便，故仅用于赛车和某些高级轿车上（如美国别克轿车）。铸造辐条是车轮用于装载质量较大的重型汽车上。在这种结构的车轮上，轮辋 1 是用螺栓 3 和特殊形状的衬块 2 固定在辐条 4 上。为了使轮辋和辐条很好的对中，在轮辋和辐条上都加工出配合锥面 5。

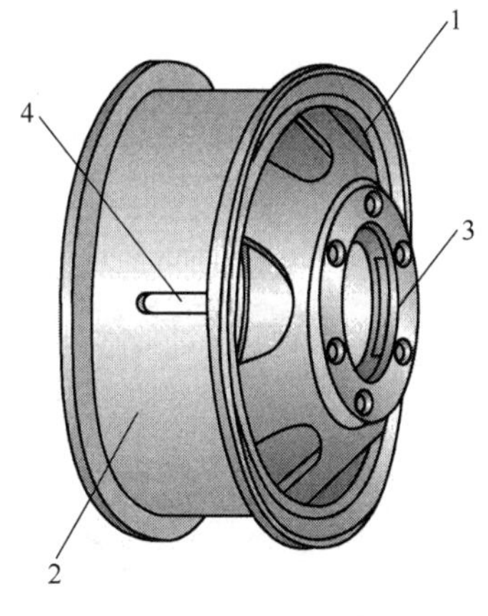

图 3-32　辐板式车轮

1—挡圈；2—轮辋；3—辐板；4—气门嘴伸出口

（二）轮胎

1. 轮胎的作用

现代汽车几乎都采用充气轮胎。轮胎安装在轮辋上，直接与路面接触，它的作用是：

① 车悬架共同来缓和汽车行驶时所受到的冲击，并衰减由此而产生的振动，以保证汽车有良好的乘坐舒适性和平顺性。

② 保证车轮和路面有良好的附着性，以提高汽车的牵引性、制动性和通过性。

③ 承受汽车的重力，并传递其方向的力和力矩。

因此，轮胎必须有适宜的弹性和承受载荷的能力。同时，在其与路面直接接触的胎面部分，应具有用以增强附着作用的花纹。

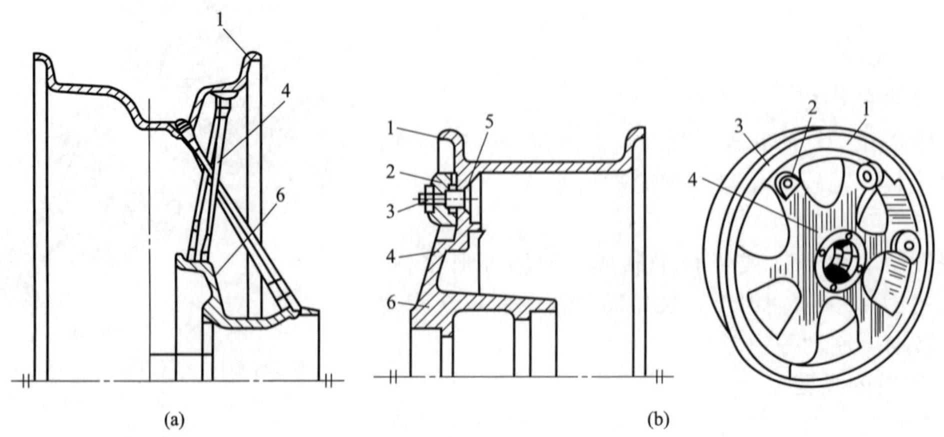

图 3-33 辐条式车轮

1—轮辋；2—衬块；3—螺栓；4—辐条；5—配合锥面；6—轮毂

此外，车轮滚动时，轮胎在所承受的重力和由于道路不平而产生的冲击载荷作用下受到压缩。压缩消耗的功，在载荷去除后并不能完全回收，有一部分消耗与橡胶的内摩擦，结果使得轮胎发热。温度过高将严重地影响橡胶的性能和轮胎的组织，从而大大增加轮胎的磨损而缩短轮胎的使用寿命。

2. 轮胎的分类

汽车轮胎按用途分，可分为载货汽车轮胎和轿车轮胎；而载货汽车轮胎又分为重型、中型和轻型载货汽车轮胎。

汽车轮胎按胎体结构不同可分为充气轮胎和实心轮胎。现代汽车绝大多数采用充气轮胎。

充气轮胎按组成结构不同，又分为有内胎轮胎和无内胎轮胎两种。

充气轮胎按胎体中帘线排列的方向不同，还分为普通斜交胎、代束斜交胎和子午线胎。

目前，普通斜交胎和子午线胎在汽车上得到广泛应用，特别是子午胎的应用最为广泛。下面主要介绍普通斜交轮胎和子午线轮胎。

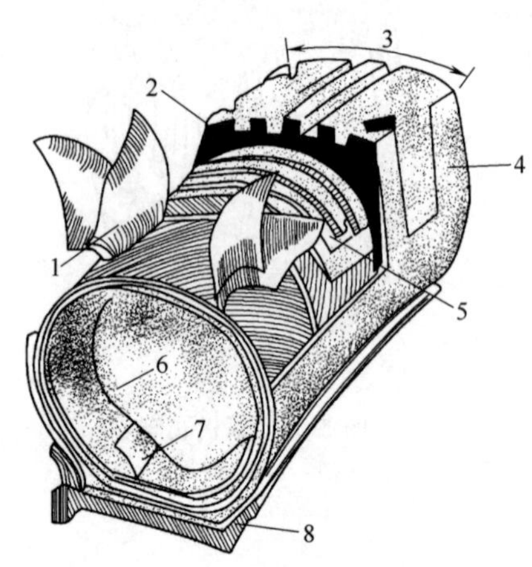

图 3-34 普通斜交轮胎

1—帘布层；2—胎肩；3—胎冠；4—胎侧；5—缓冲层；6—内胎；7—垫带；8—胎圈

(1) 普通斜交轮胎 普通斜交轮胎的帘布层和缓冲层各相邻层帘线交叉且与胎中心线呈小于 90°角排列的充气轮胎。图 3-34 所示为有内胎的普通斜交胎构造。外胎由胎冠 3、帘布层 1、缓冲层 5 和胎圈 8 组成。

(2) 子午线轮胎 图 3-35 所示为无内胎子午线轮胎的构造。它由帘布层、带束层、胎冠、胎肩和胎圈组成，并以带束层箍紧胎体。其特点如下。

帘布层帘线排列的方向与轮胎的子午线断面一致。由于帘线如此排列，使其强度得到充分利用。子午线轮胎的帘布层束一般可比普通斜交轮胎减少约 40%～50%，胎体较柔软。

帘线在圆周方向上只靠橡胶来联系，因此，为了承受行驶时产生的较大切向力，子午线轮胎具有若干层帘线与子午断面呈大角度（交角为70°～75°）、高强度、不易拉伸的轴向环形的类似缓冲层的带束层。带束层通常采用强度较高、拉伸变形很小的织物帘布（如玻璃纤维、聚酰胺纤维等高强度材料）或钢丝帘布制造。

（3）无内胎的充气轮胎　无内胎充气轮胎近年来在轿车和一些货车上的使用日益广泛（图3-36）。它没有内胎，空气直接压入外胎中，因此要求外胎和轮辋之间有很好的密封性。

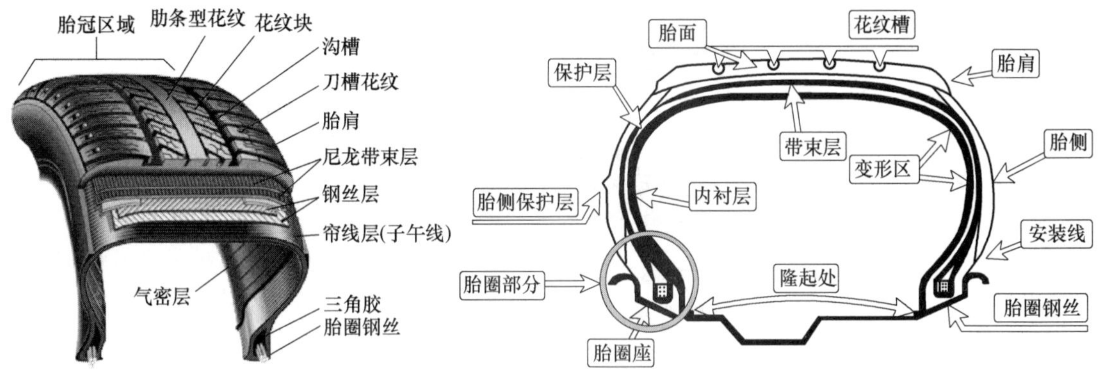

图3-35　子午线轮胎　　　图3-36　无内胎充气轮胎

（三）车轮定位

为了保证汽车直线行驶的稳定性和操纵的轻便性，减少轮胎和其他机件的磨损，转向车轮、转向节和前轴三者与车架的安装应保持一定的相对位置关系，这种安装位置关系称为转向车轮定位，也称前轮定位。

对于两端装有主销的转向桥，汽车转向时，转向车轮会围绕主销轴线偏转［图3-37（a）］。但在大多数断开式转向桥中没有主销，采用上、下球头销代替主销，上、下球头销球头中心的连心线相当于主销轴线［图3-37（b）］。

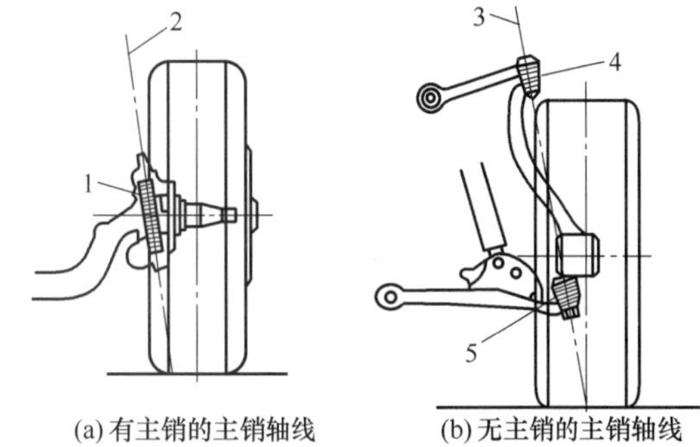

图3-37　悬架类型与主销轴线

1—转向主销；2,3—转向轴线；4—上球头销；5—下球头销

正确的前轮定位应做到：

① 可使汽车直线行驶稳定而不摆动；

② 转向时转向盘上的作用力不大；

③ 转向后转向盘具有自动回正作用；

④ 轮胎与地面间不打滑以减少油耗；

⑤ 延长轮胎使用寿命。

车轮定位包括前轮外倾、主销后倾、主销内倾及车轮前束4个参数。见表3-1。

表3-1　几种国产汽车的车轮定位参数

车型	主销后倾	主销内倾	车轮外倾	车轮前束/mm
CA1091	1°30′	8°	1°	2～4
EQ1090	2°30′	6°	1°	1～5
奥迪100	1.16°	14.2°	−30′±30′	0.5～1
上海桑塔纳			−30′±20′	−3～−1
南京依维柯	30′～1°	0°	1°	1.5～2.5
北京切诺基	7.5°		0°	0
天津夏利	2°55′	12°	0°	1

（四）车轮与轮胎的检测操作

1. 车轮与轮胎的检测

操作步骤	操作内容	图解	操作说明
1	工具准备		(1)实操所需工具，如左图 (2)工具要齐全，摆放要整齐
2	车辆防护与预检		(1)安装车轮挡块，安装车内三件套 (2)拉起驻车制动杆，降下驾驶员侧车窗玻璃，拉发动机舱盖释放杆 (3)打开发动机舱盖，安装翼子板布和前格栅布 (4)进行发动机预检
3	拆下车轮		(1)举升车辆至合适高度 (2)拆下待检车轮(如果检查备胎，打开行李厢取出即可) (3)将待检车轮放在架上
4	检查胎面、胎侧		(1)将车轮至少旋转 1 圈 (2)检查胎面、胎侧是否有异常磨损 (3)检查胎面、胎侧是否有裂纹和损坏 注意：如有较大裂纹、割痕(能看到帘布层)，应更换轮胎
5	检查轮胎花纹槽		(1)将车轮至少旋转 1 圈 (2)目视检查花纹槽内是否嵌入金属等异物 注意：如嵌入任何金属、玻璃等颗粒，或较大石子，应取出
6	测量花纹深度	1.6mm (0.063in)	(1)清洁轮胎花纹深度规 (2)进行校零 (3)沿车轮圆周方向均匀分三次测量各沟槽深度 (4)读出并记录测量值 注意：测量时避免沟槽内磨损指示凸块；读数时目光应平视刻度线；如低于 1.6mm，应更换轮胎

续表

操作步骤	操作内容	图解	操作说明
7	检查轮胎气压		(1)清洁轮胎气压表 (2)进行校零 (3)旋下气门芯帽,接上气压表 (4)读出并记录气压数值。 注意:如轮胎气压不符合要求,需相应调整
8	检查气门芯		(1)用刷子在气门芯上涂抹肥皂水 (2)观察气门芯有无气泡冒出 (3)清洁气门芯 (4)旋上气门芯帽 注意:如气门芯漏气,应调整或更换
9	检查轮辋		目视检查轮辋(钢圈)有无变形、腐蚀或损坏 注意:如轮辋变形或损坏严重,需更换
10	车辆、工具复位		(1)装复车轮,并降下车辆 (2)取下车内、外防护用品 (3)车辆复位,清洁车身 (4)清洁并整理工具 注意:在操作过程中要体现5S

2. 车轮定位检测

以阿波罗四轮定位仪操作为例。

操作步骤	作业内容	图解	具体操作方法及要求
1	认识阿波罗四轮定位仪		阿波罗四轮定位仪主要由可移动式机柜1台、打印机1台、夹具4个、转向盘2个、方向锁1把、刹车锁1把、标定架1个、通信电缆1套和用户手册1本

续表

操作步骤	作业内容	图解	具体操作方法及要求
2	第一步:将汽车开上举升工位		将汽车开上举升工位之前要将转角盘和侧滑板固定销插上,汽车驶入时确保轮子分别落入转角盘和侧滑板的中间位置,拉上手刹
3	第二步:安放脚刹车踏板固定器	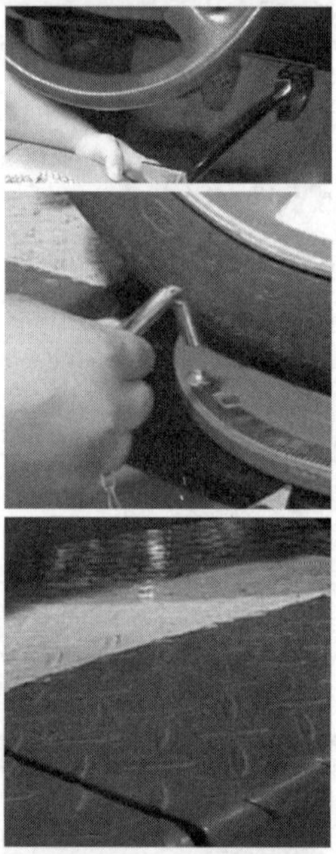	安放脚刹车踏板固定器固定车身,将车举升到测量工位,取出转角盘和侧滑板固定销,并举至测量工位
4	第三步:开机		先分别将四个传感器电源打开,再打开电脑主机电源,电脑会自动运行四轮定位系统,启动定位软件后,注意观察"通信方式"、"端口号"、"波特率",进入软件的模式是否正确,确认无误后,点击"定位系统"进入软件待机画面

续表

操作步骤	作业内容	图解	具体操作方法及要求
5	第四步：安装夹具及传感器		将夹具牢固横向分别安装在四个轮圈上，再将传感器挂在夹具上，适当锁紧
6	第五步：检测传感器通信状况		按 Ctrl＋E 键观察屏幕画面，等到四个传感器通信参数出现“OK”表示正常，按 Esc 键返回待机画面
7	第六步：选择标准车规数据	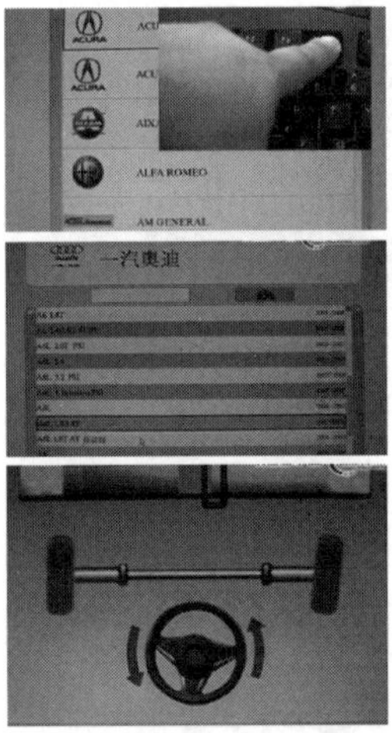	按 F4 键进入车型菜单，按上下键选择所检测的车型，再按 F4 键进入标准车规数据画面，继续按 F4 键进入测量程序
8	第七步：调节传感器水平		首先根据画面引导将前轮打直，画面会自动出现四个水平泡，此时分别调节传感器水平。直到电脑画面水平泡消失

续表

操作步骤	作业内容	图解	具体操作方法及要求
9	第八步：测量定位角度	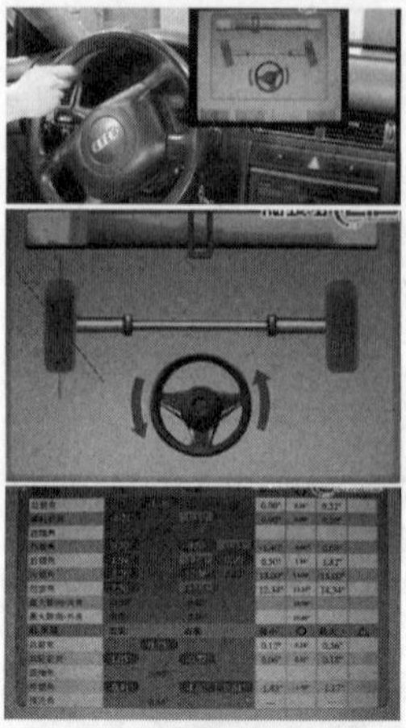	在完成传感器水平调节后，软件自动测量并进入到下一画面，根据画面提示转动方向盘，先左打方向盘，再右打方向盘，最后打正方向盘，转动完方向盘后软件自动进入到显示测量出的角度值及与之对比的标准值
10	第九步：调整后轮定位角度		调整时先调外倾角，再调前束。要根据指针指示进行调整，当指针调到中段时表示达到标准值范围，在红色区域表示超标。调整完后轮角度后按F4键进入锁方向盘操作
11	第十步：锁方向盘操作		调整前轮定位角度前，必须先将方向盘打正，再用方向盘固定器锁定方向盘，然后按F4键
12	第十一步：调整前轮定位角度	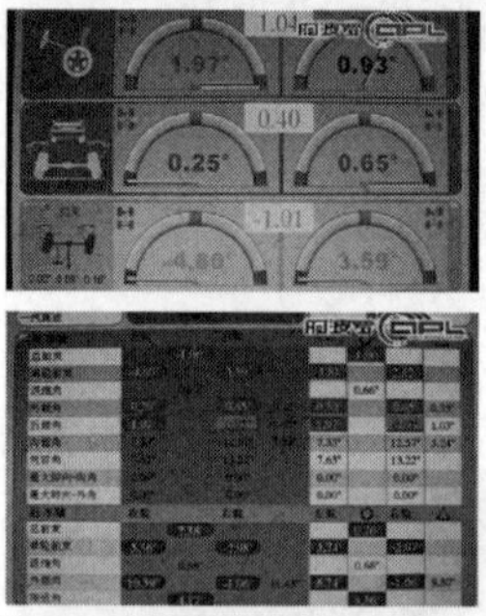	调整时根据指针指示调节，并按照先调后倾角、再调外倾角，最后调前束的次序进行。调整完后按F4键显示调整前及调整后的对比数据
13	第十二步：录入客户资料	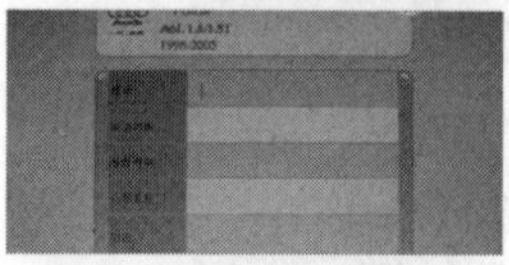	继续按F3键进入客户资料录入画面，根据画面表格分别录入客户信息，最后按F2键保存信息
14	第十三步：完成客户定位服务		卸掉传感器及夹具，放下车身，卸掉方向盘固定器，脚刹车固定器，将汽车驶出举升工位进行试车验证

三、车桥与车架

（一）车桥与车架的结构与功用

车桥与车架是车辆底盘行驶系的重要组成装置，对于轿车而言，主要由前、后拖臂组成，如图 3-38 所示。车架支承车身，承受汽车载荷，固定汽车大部分部件和总成；车桥传递车架与车轮之间的各个方向的作用力。

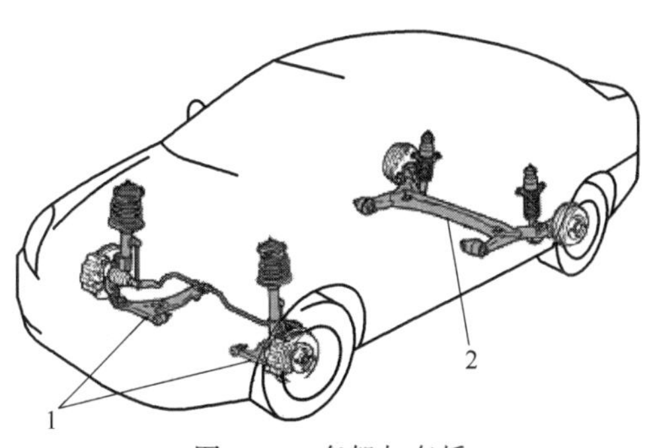

图 3-38 车架与车桥

1—前拖臂；2—后拖臂

（二）车桥与车架的检修操作

随着车辆的使用，由于行驶颠簸及其他一些因素，可能会导致底盘螺栓、螺母松动，甚至脱落，将严重影响行车安全，所以需对底盘螺栓、螺母进行定期检查。

操作步骤	操作内容	图解	操作说明
1	工具准备		(1)实操所需工具，如左图 (2)工具要齐全，摆放要整齐
2	车辆防护与预检		(1)安装车轮挡块，安装车内三件套 (2)拉起驻车制动杆，降下驾驶员侧车窗玻璃，拉发动机舱盖释放杆 (3)打开发动机舱盖，安装翼子板布和前格栅布 (4)将车辆举升至合适高度
3	准备扭力扳手		(1)选择合适的扭力扳手，使用前应清洁 (2)进行校零 (3)进行旋向检查 (4)调整扭力扳手到所需扭矩值 (5)进行锁止
4	检查底盘螺栓		使用规定扭矩，逐一检查底盘螺栓 注意：作业时应尽量用力拉，避免冲击动作；螺栓如有松动需记录并按规定扭矩拧紧
5	车辆、工具复位		(1)装复车轮，并降下车辆 (2)取下车内、外防护用品 (3)车辆复位，清洁车身 (4)清洁并整理工具 注意：在操作过程中要体现 5S

第三节 转向系统

一、转向系统的结构组成

机械转向系由转向操纵机构、转向器和转向传动机构三大部分组成，如图 3-39 所示为其一般布置情况示意图。

转动方向盘带动转向轴旋转，转向轴带动齿轮齿条式机械转向器的主动齿轮旋转。齿轮齿条式机械转向器将齿轮的旋转运动转换成齿条的直线左右运动，齿条带动转向横拉杆。转向横拉杆推动转向节臂，转向节臂带动转向节摆动从而带动转向轮旋转一定角度，实现转向。

1. 转向操纵机构

转向操纵机构主要由转向盘、主转向轴、转向柱管等组成，如图 3-40 所示，其功用是将驾驶员转动方向盘的操纵力传给转向器。

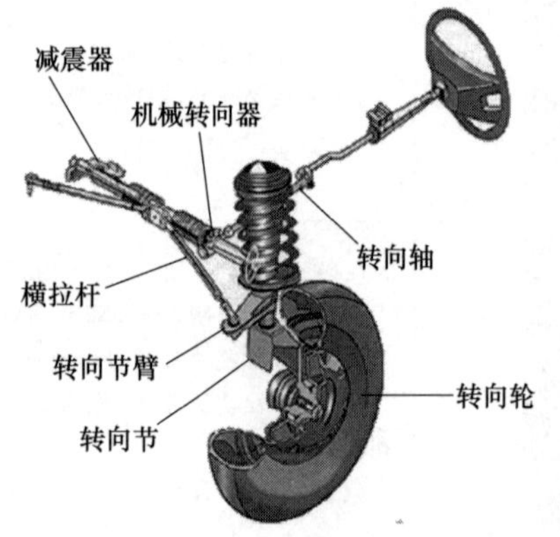

图 3-39　桑塔纳轿车机械转向系工作原理图

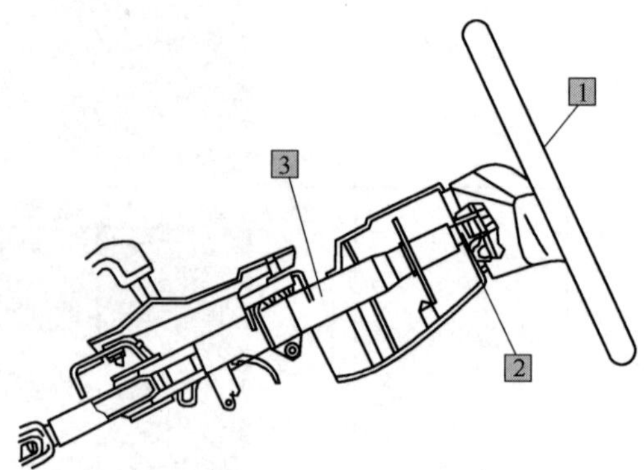

图 3-40　转向操纵机构

1—转向盘；2—主转向轴；3—转向柱管

2. 转向器

转向器是转向系中的减速增力传动装置，其功用是增大由转向盘传到转向节的力矩，并改变力的传递方向。

转向器的种类很多，按作用力的传递情况分为可逆式、不可逆式、极限可逆式三种；按转向器中传动副的结构形式分为齿轮齿条式、蜗杆曲柄指销式、循环球式和蜗杆滚轮式等几种。

如图 3-41 所示为齿轮齿条式转向器。它主要由壳体 8、转向齿轮 9、转向齿条 5 等组成。转向器通过壳体 8 的两端用螺栓固定在车身上。

齿轮齿条式转向器结构简单，加工方便、传动效率高，操纵轻便，所以得到了广泛的应用，如天津夏利轿车、一汽捷达和高尔夫及上海桑塔纳轿车等。另外，南京依维柯轻型货车也采用了这种转向器。

3. 转向传动机构

转向传动机构的功用是将转向器输出的运动和动力传给转向桥两侧的转向节，使两侧转向轮偏转，并使两转向轮偏转角按一定的关系变化，以保证汽车转向时车轮与地面的相对滑动尽可能小；吸收车轮传到转向盘的反冲力。

转向传动机构主要由横拉杆、转向球节、转向节、防尘罩等组成，如图 3-42 所示。转向的过程就是将转向器输出的力和运动传到转向节，从而使两侧转向轮偏转。

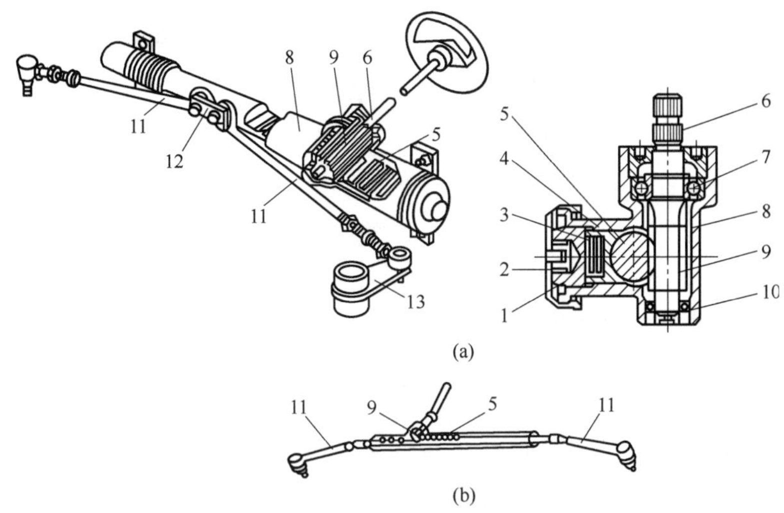

图 3-41　齿轮齿条式转向器

1—调整螺塞；2—罩盖；3—压簧；4—压簧垫块；5—转向齿条；6—齿轮轴；7—球轴承；8—转向器壳体；9—转向齿轮；10—滚子轴承；11—转向横拉杆；12—拉杆支架；13—转向节

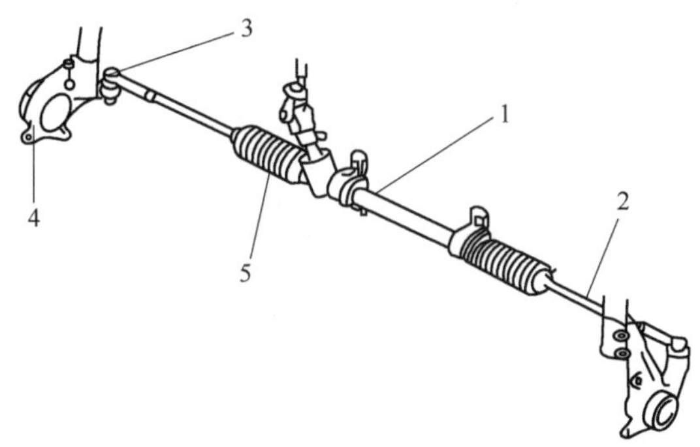

图 3-42　转向传动机构

1—转向器；2—横拉杆；3—转向球节；4—转向节；5—防尘罩

二、转向系统的检修操作

（一）转向器的拆装操作

1. 循环球式转向器拆装

操作步骤	作业内容	图解	具体操作方法及要求
1	拆下转向器侧盖		在拆之前，先将螺杆旋转到正中位置，然后用工具将侧盖上的三个螺钉拆下

续表

操作步骤	作业内容	图解	具体操作方法及要求
2	取出扇形齿轮轴	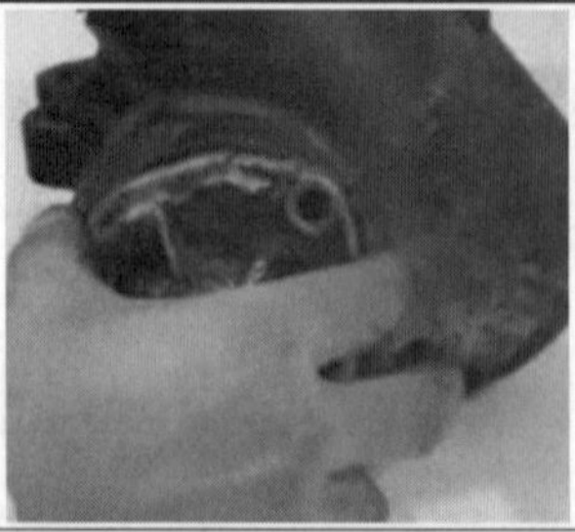	取出扇形齿轮轴，并将其与侧盖分解开
3	松开转向器上侧的锁紧螺母	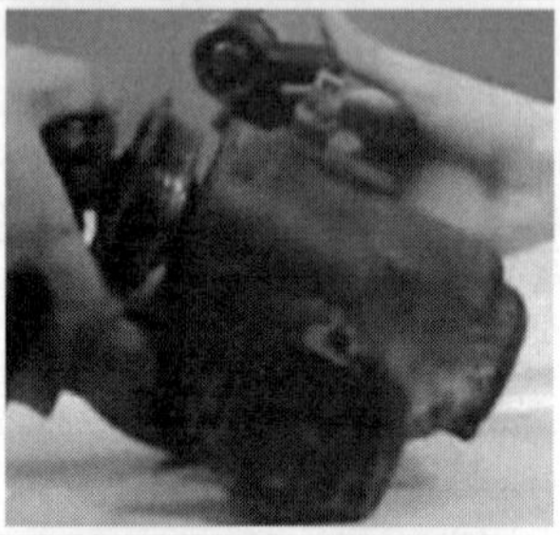	松开转向器上侧的锁紧螺母
4	抽出螺杆总成		抽出螺杆总成
5	分解螺杆总成	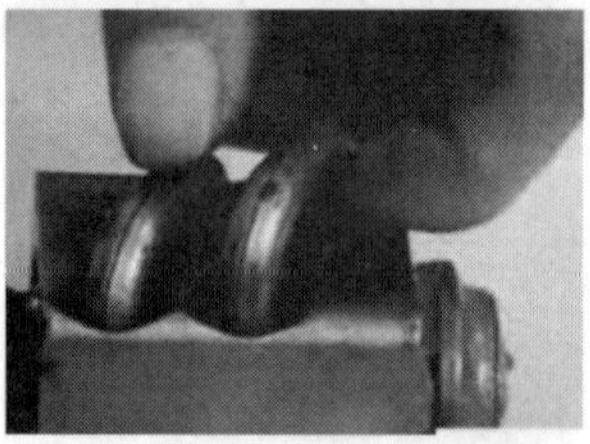	分解螺杆总成，注意滚珠不要丢失
6	组装螺杆总成	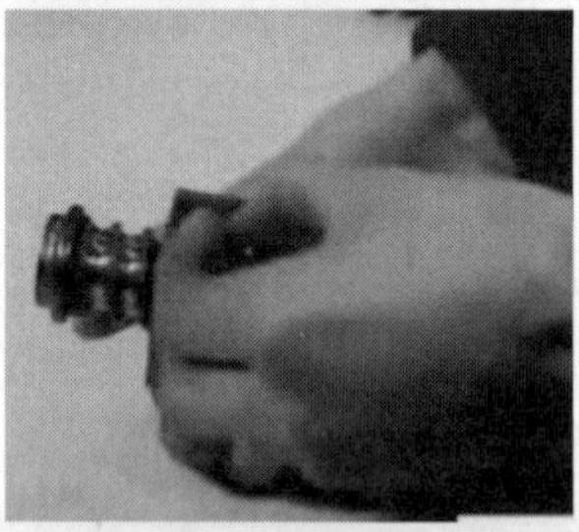	将零部件清洗、吹干后，组装螺杆总成
7	装回螺杆总成	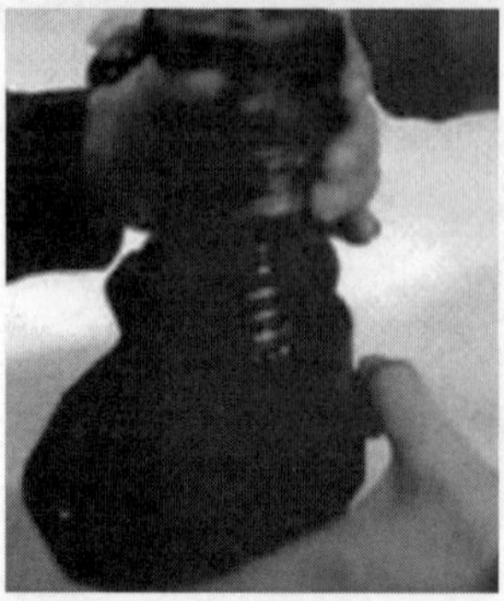	装回螺杆总成

续表

操作步骤	作业内容	图解	具体操作方法及要求
8	装回扇形齿轮轴	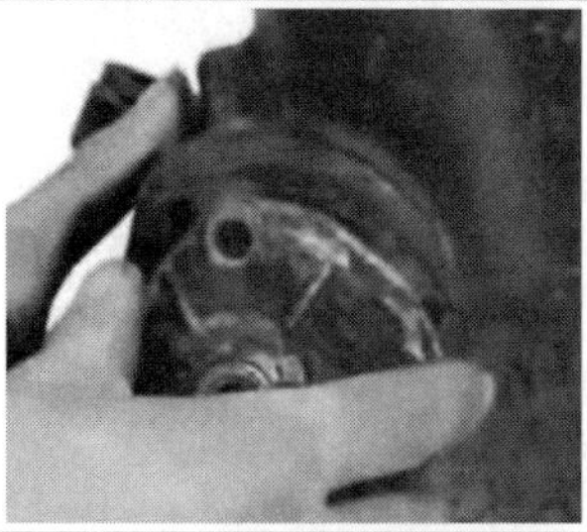	装回扇形齿轮轴时，应先将螺母调到中间位置
9	旋紧固定螺钉		旋紧侧盖上的固定螺钉

2. 齿轮齿条式转向器拆装

操作步骤	作业内容	图解	具体操作方法及要求
1	齿轮齿条式转向器整体	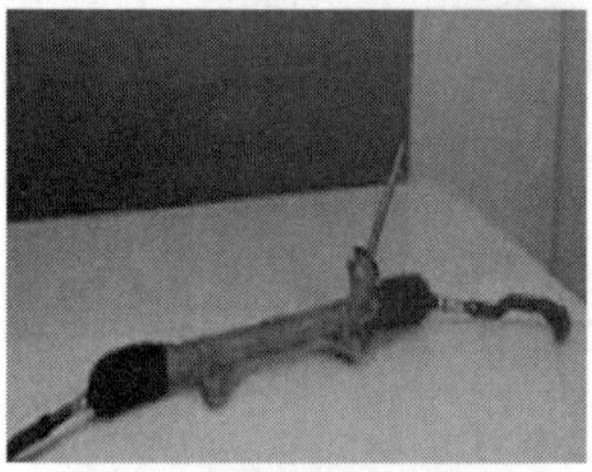	了解齿轮齿条式转向器整体结构及组成
2	取出转向器小齿轮和轴承	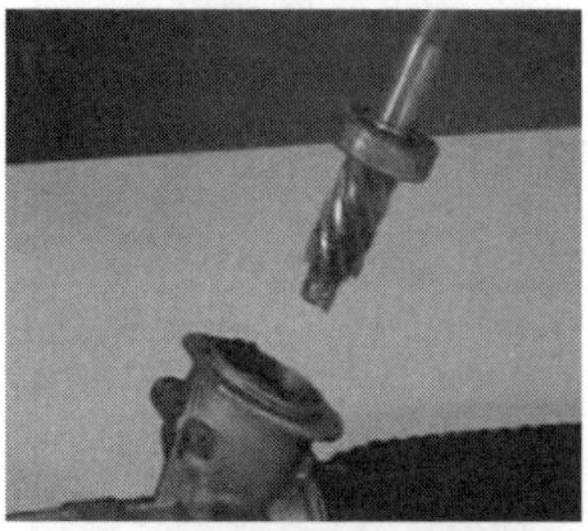	从转向器壳体中，拨出转向器小齿轮和轴承
3	拆卸转向器两侧拉杆接头分总成及防尘罩		拆卸转向器两侧拉杆接头分总成及防尘罩
4	拆下转向齿条接头分总成		拆下转向齿条接头分总成

续表

操作步骤	作业内容	图解	具体操作方法及要求
5	拆卸六角螺母		用专用工具拆卸六角螺母
6	取出压簧和导向块		从转向器壳体中，取出压簧和导向块
7	拆卸转向器齿条	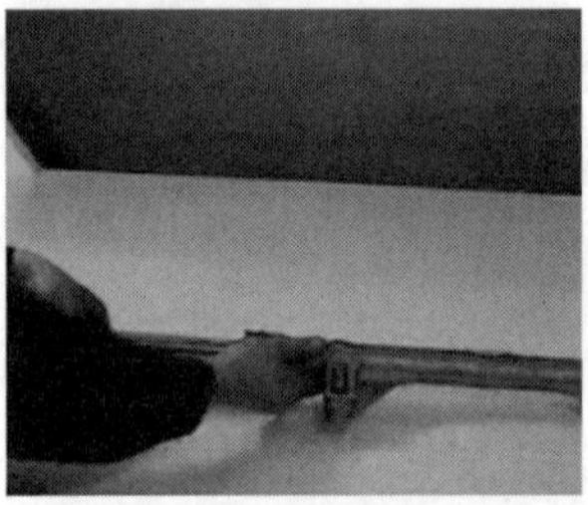	从转向器壳体中，抽出转向器齿条
8	装回转向器齿条		在装回转向器齿条前，应将相关零部件清洗干净、吹干。然后再按规范装回转向器齿条
9	装回导向块和压簧		装回导向块和压簧
10	拧紧锁紧六角螺母	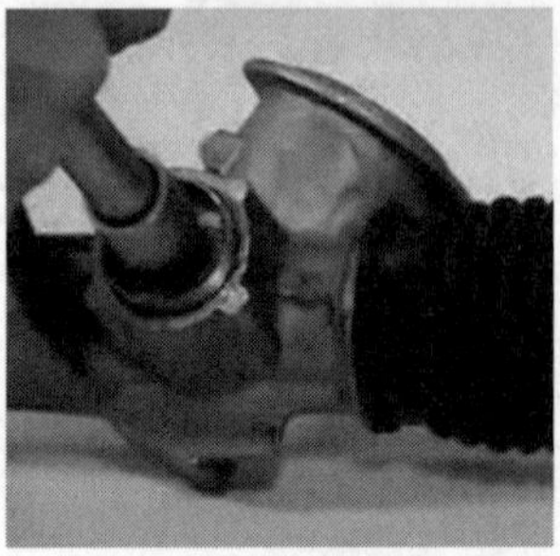	拧紧锁紧六角螺母

续表

操作步骤	作业内容	图解	具体操作方法及要求
11	装回转向齿条接头分总成		装回转向齿条接头分总成
12	装回防尘罩		装回防尘罩
13	装回转向拉杆接头分总成		装回转向拉杆接头分总成
14	装回转向器小齿轮及轴承		装回转向器小齿轮及轴承

3. 转向器的调整

转向齿条与转向齿轮的啮合间隙也称为转向齿条的预紧力，其调整机构如图 3-43 所示。因结构的差异，调整方法也有所不同。但常见的有两类：一是改变转向齿条导块与盖之间的垫片厚度来调整转向齿条与转向齿轮轮齿的啮合深度，完成预紧力的调整；另一种方法是用盖上的调整螺塞改变转向齿条导块与弹簧座之间的间隙值，保证啮合深度，即预紧力的调整。

图 3-43 所示的结构形式，其预紧力的调整步骤是：先不装弹簧以及壳体与盖之间的垫片，进行 x 值的调整，使转向齿轮轴上的转动力矩为 1～2N・m，然后用厚薄规测量 x 值，第三步在 x 值上加 0.05～0.13mm，此值就是应加垫片的总厚度，也就是转向齿条和转向齿轮合格的啮合间隙所要求的垫片总厚度。

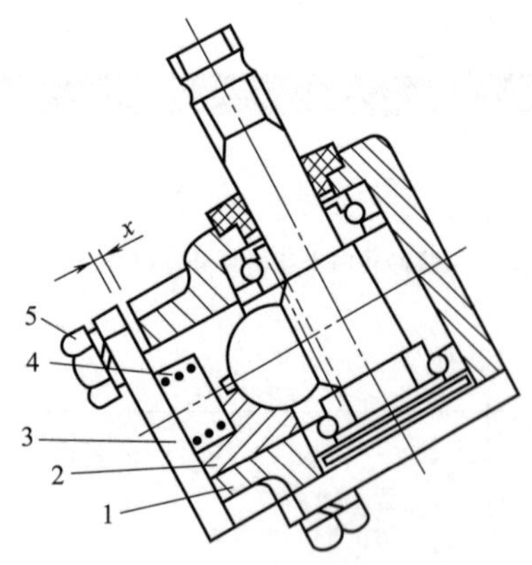

图 3-43　预紧力调整机构
1—转向器壳体；2—导块；3—盖；
4—导块压紧弹簧；5—固定螺母；
x—盖与壳体之间的间隙

有弹簧座时，先旋转盖上的调整螺塞，使弹簧座与导块接触，将调整螺塞旋出 30°～60°之后，检查转向齿轮轴的转动力矩，如此重复操作，直至转向齿轮的转动力矩符合原厂规定，最后紧固锁紧螺母。

4. 转向器的检修

① 零件出现裂纹应更换，横拉杆、齿条在总成修理时应进行隐伤检验。

② 转向齿条的直线度误差不得大于 0.30mm。

③ 齿面上无疲劳剥蚀及严重的磨损，若出现左右大转角时转向沉重，且又无法调整时应更换。

④ 更换转向齿轮轴承。

（二）转向盘自由行程的检查

转向盘自由行程是指车轮不偏转转向盘自由转过的最大角度。它是转向系统各机件配合间隙的综合反映。转向盘的自由行程有利于缓和路面冲击，避免驾驶员过度紧张，因而转向盘应有合适的自由转动量。但转向盘自由转动量不宜过大，否则将使转向灵敏度下降，影响行车安全。转向盘自由行程可按下列步骤检查：

① 使汽车前轮处于直线行驶位置，保持前轮正直。

② 将检查器的刻度盘和指针分别固定在转向柱管和转向盘上。

③ 向左、向右旋转转向盘到感觉有阻力为止（前轮不偏转）。

④ 读取指针在刻度盘上所划过的角度（即为转向盘的自由行程）。

（三）最大转向角的检查与调整

1. 最大转向角的检查

① 将前轴支起，使前轮离开地面且处于直线行驶位置。

② 在两个前轮下面各垫一块木板，在板上垫一张白纸。

③ 将直尺紧靠轮胎外边缘，在纸上画出一条与车轮平行的直线 a。

④ 向右将转向盘转到极限位置，这时车轮带动直尺也向右转，再画出第二条直线 b。

⑤ 用量角器测量两直线 a 与 b 的夹角，即为右轮的最大右转向角。

用同样的方法可测出左轮的最大转向角。

2. 最大转向角的调整

① 旋松转向节上车轮转向限位螺栓锁紧螺母。

② 旋松车轮限位螺栓，同时把转向盘转到极限位置，直到最大转向角符合规定为止。

③ 检查车轮转到极限位置时前端外侧与其他零件的间隙。

④ 拧紧车轮转向限位螺栓锁紧螺母。

（四）转向节的检修

转向节的重点检修内容是磨损与隐伤。

1. 隐伤的检验

转向节的油封轴颈处，因其断面的急剧变化，应力集中，是一个典型的危险断面，容易产生疲劳裂纹，以致造成转向节轴疲劳断裂，酿成重大的交通事故。因此，二级维护和修理时必须对转向节轴进行隐伤检验。一旦发现疲劳裂纹，只能更换，不许焊修。转向节常用 40MnB 钢制成。

2. 磨损的检修

(1) 转向节轴磨损的检修　转向节轴轴颈磨损后用刷镀法修复。轴颈与轴承的配合间隙：轴颈直径不大于40mm时，配合间隙为0.040mm；轴颈直径大于40mm时，配合间隙为0.055mm。禁止用“拉毛”法修复轴颈。

(2) 转向节轴锁止螺纹的检验　损伤不多于2牙，锁止螺母只能用扳手拧入，若能用手拧入，说明螺纹已经磨损松旷，应予以修复或更换转向节。

(3) 转向节上面的锥孔的检验　与转向节臂等杆件配合的锥孔的磨损，应使用塞规进行检验，其接触面积不得小于70%，与锥孔配合的锥颈的止推端面沉入锥孔的沉入量不得小于2mm。否则，更换转向节。

3. 主销衬套的检修

(1) 主销衬套的更换　主销衬套与主销的配合间隙大于0.15mm时必须更换，以免引起汽车前轮摆动等故障。主销衬套与承孔的配合过盈为0.175～0.086mm，应在压力机上平稳压模。压镶衬套时，必须对准润滑脂孔。

(2) 主销衬套孔的加工　上耳衬套孔与下耳衬套孔的同轴度公差为0.02mm。为了保证两衬套孔的同轴度，最好以转向节轴为基准，用导向镗削法加工衬套孔。若用手动铰刀铰削，应选用有导向装置的专用铰刀，或在通用手动铰刀上加装导向轴（图3-44）铰削衬套孔。衬套与主销的配合间隙一般为0.06～0.10mm。

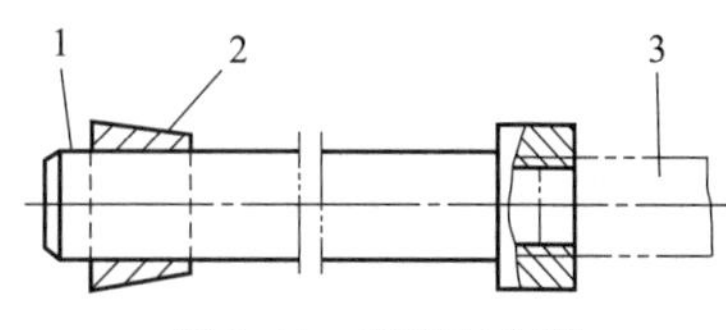

图3-44　铰刀导向轴

1—导向轴；2—定位锥套；3—铰刀

第四节　制动系统

汽车在保证安全行驶的前提下，应尽可能地提高行驶速度，以提高运输生产效率，同时还应视需要减速或停车。而作用在行驶汽车上的滚动阻力、上坡阻力、空气阻力虽然都能使汽车减速，但这些外力的大小都是随机、不可控制的。因此，汽车上必须装设一系列专门装置来使行驶中的汽车减速或停车。这样的装置称为制动装置，由一套或多套的制动装置构成的系统称为汽车制动系。

一、制动系统的结构原理

（一）制动系统基本介绍

1. 制动系的功用

汽车制动系是汽车安全行车所必不可少的系统，其主要功用是：①使行驶中的汽车按照驾驶员的要求进行强制减速甚至停车；②使已停驶的汽车在各种道路条件下（包括在坡道上）稳定驻车；③使下坡行驶的汽车速度保持稳定。

2. 对制动系的基本要求

汽车制动系统的优劣直接关系到车辆的行驶安全，它是汽车安全行驶的保障。为了保证汽车在安全的条件下发挥其高速行驶的能力，制动系统必须满足下列要求。

① 具有良好的制动性能。包括良好的制动效能、制动效能的恒定性、制动时的方向稳定性三个方面。其制动效能的评价指标有：制动距离、制动减速度、制动力和制动时间；制动效能的恒定性包括抗“热衰退”和抗“水衰退”能力；制动时的方向稳定性是指制动时保持原有行驶方向的能力，即不“跑偏”、不“甩尾”。

② 操纵轻便。即操纵制动系统所需的力不应过大。对于人力液压制动系最大踏板力不大于500N（轿车）和700N（货车）。踏板行程：货车不大于150mm，轿车不大于120mm。

③ 制动平顺性好。制动力矩能迅速而平稳的增加，也能迅速而彻底的解除。

④ 对有挂车的制动系，还要求挂车的制动作用略早于主车；挂车自行脱钩时能自动进行应急制动。

3. 制动系的组成

汽车制动系一般包括两套各自独立的制动装置：一套制动装置主要用于汽车行驶中的减速和停车，其制动器装在车轮上，通常由驾驶员用脚操纵，称为车轮制动装置或行车制动装置。另一套制动装置主要用于停车后防止汽车滑溜，通常由驾驶员用手操纵，称为驻车制动装置。

此外，许多汽车还装有辅助制动装置，其作用是在行车制动装置失效的情况下保证汽车仍能实现减速或停车。经常在山区行驶的汽车，若单靠行车制动装置来限制汽车下长坡的车速，则可能导致制动器过热而降低制动效能，甚至完全失效，故还应增装辅助制动装置（排气制动装置、缓行器等）。

行车制动装置是汽车制动系中的重要装置，主要由：①供能装置——供给、调节制动所需能量以及改善传能介质状态的各种部件；②控制装置——产生制动动作和控制制动效果的各种部件（如制动踏板）；③传动装置——将制动能量传输到制动器的各个部件及管路（如制动主缸、轮缸、连接管路，制动阀、制动气室等）；④制动器——产生摩擦力矩以阻碍车辆运动或运动趋势的部件（一般通过固定元件与旋转元件工作表面之间的摩擦作用来实现）四部分组成。

4. 制动系的类型

汽车制动系除按功用可分为行车制动系、驻车制动系、第二制动系和辅助制动系之外，还可按传力介质分为机械式、液压式和气压式制动系。也可按制动能源不同分为人力制动系、动力制动系和伺服制动系等三种。以驾驶员的体力作为唯一制动能源的制动系称为人力制动系（如机械式驻车制动系）。完全靠发动机的动力转化而成的气压或液压作为制动能源的制动系称为动力制动系（如装有空气压缩机或动力油泵的制动系统）。兼用人力和发动机动力作为制动能源的制动系称为伺服制动系（如装有助力装置的液压制动系）。

5. 最佳制动状态

制动时车轮上的制动力 F_{B} 随踏板力及其产生的制动力矩 $M\mu$ 的增加而增加。但受到轮胎与附着情况的限制，制动力不可能超过附着力 $F\phi$（它等于轮胎上的垂直载荷 G 与轮胎和路面间的附着系数 ϕ 的乘积，即 $F\phi=G\phi$）。当制动力等于附着力时，车轮将被抱死而在路面上滑拖。滑拖会使胎面局部严重磨损，在路面上留下一条黑色的拖印。同时，滑拖使胎面产生局部高温，使胎面局部稀化，就好像轮胎与路面间被一层润滑剂隔开，使附着系数反而减小。最大制动力和最短制动距离并不是在车轮抱死时出现，而是在车轮将要抱死又未完全抱死时出现（制动力接近附着力），即在所谓“临界状态”时，达到最大值。

可见，制动到抱死状态所能达到的制动力与车轮上的垂直载荷成正比。即车轮上的载荷越大，可能获得的制动力也应越大。为此，应根据各类汽车前后桥车轮所分配的质量的不同（包括附着质量和转移质量），从制动器的结构形式上（如张开机构、制动鼓、制动蹄的形式和尺寸大小等方面），合理地分配制动力的大小，来获得较理想的制动工作状态。

实际上，一般结构的制动器在制动过程中，因车轮的载荷及其与地面附着系数不是常数，所以很难完全避免车轮抱死滑拖。

不少汽车在制动系统中增设了前后桥车轮制动力分配调节装置，能减少车轮的抱死现

象。但最理想的还是电子控制的自动防抱死装置，即ABS装置。在ABS系统中，每个车轮上各安装一个转速传感器，将关于各车轮转速的信号输入电子控制单元（ECU）。电子控制单元（ECU）根据各个车轮转速传感器输入的信号对各个车轮的运动状态进行监测和判定，并形成相应的控制指令。制动压力调节器主要由调压电磁阀总成、电动系总成和储液器等组成一个独立的整体，通过制动管路与制动主缸和各制动轮缸相连，制动压力调节器受电子控制单元（ECU）的控制，对各制动轮缸的制动压力进行调节。

6. 车轮防抱死制动系统

车轮防抱死制动系统（Anti-Lock Brake System），简称ABS或ALB，它是汽车上的一种主动安全装置。其作用是在汽车制动时，自动调节制动力的大小，避免车轮完全抱死在路面上产生滑拖，使车轮处于边滚边滑的状态，以保证车轮与地面间有最好的附着状态，从而缩短制动距离，提高汽车制动过程中的方向稳定性及转向操纵能力，使汽车制动更为安全有效。

（1）车轮制动受力分析　忽略车轮等旋转部件的惯性力矩和车轮的滚动阻力，汽车制动时车轮的受力情况如图3-45所示。

制动时，制动器对车轮施加的制动力矩 M_z，只有通过轮胎与路面的附着作用才能产生路面对车轮的制动力 X_z，从而使车辆减速。换句话说，地面制动力不仅与制动器的摩擦力矩有关，而且还受到车轮与地面的附着系数的制约。即最大地面制动力不超过地面纵向附着力，最大地面防侧滑力不超过地面横向附着力。

在汽车紧急制动时，制动性能取决于地面纵向附着系数和横向附着系数，即最好的制动条件是车轮处于将要抱死而又未抱死的临界状态。车轮地面附着系数的影响因素较多，如车轮滑移率、车速、轮胎的结构和气压等，较突出的是车轮相对于地面的滑移率。

（2）车轮滑移率　汽车行驶时，实际车速与车轮瞬时圆周速度之间的差异称为车轮滑移率，用 S 表示。其计算公式为：

$$S=[(v-v_w)/v]\times100\%=[(v-r_0\omega)/v]\times100\%$$

式中　S——滑移率；

v——汽车相对地面的移动速度，m/s；

v_w——车轮瞬时圆周速度，m/s；

r_0——车轮的工作半径，m；

ω——车轮角速度，rad/s。

车轮完全抱死时，$S=100\%$；车轮纯滚动时，$S=0$。

干燥硬实路面上的地面附着系数与滑移率之间的关系如图3-46所示。

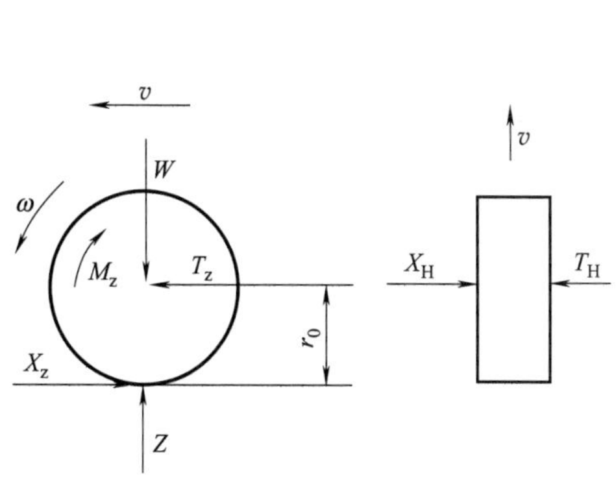

图3-45　制动时车轮的受力情况

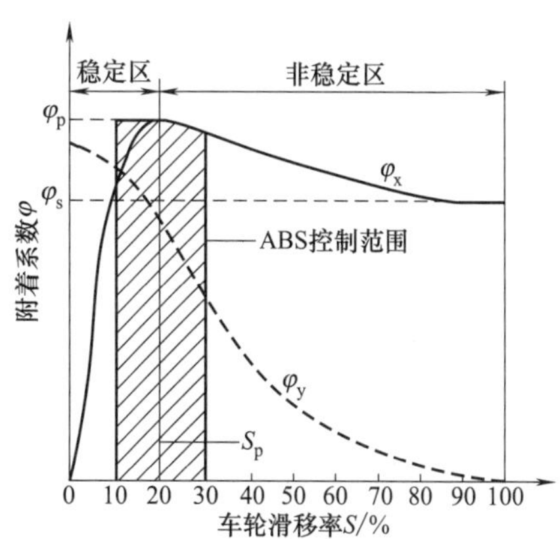

图3-46　滑移率与地面附着系数

从图 3-46 中的曲线可知，当车轮滑移率在 S_p 处（滑移率 20%）时，纵向附着系数最大，可得到最大的制动力。同时横向附着系数也保持较大值，使汽车具有良好的抗侧滑能力及制动时的转向操纵能力，因而得到最佳的制动效果。

$0 \leqslant S \leqslant S_p$ 称为稳定区域，$S_p \leqslant S \leqslant 100\%$ 称为非稳定区域。

（3）制动防抱死系统的产生　普通制动系在紧急制动时，地面制动力迅速增长而达到车轮与地面的附着极限，车轮完全“抱死”在地面上，产生滑移，滑移率为 100%。由图 3-46 看出，此时纵向附着系数较小，侧向附着系数几乎为零，制动力将随着纵向附着系数变小而下降，从而延长制动距离；同时，地面对车轮的侧向反作用力也几乎为零，将使车轮产生侧滑及甩尾，且失去转向操纵能力。为克服普通制动系的上述问题，汽车制动防抱死系统应运而生。

（4）制动防抱死系统的应用及发展　ABS 最初应用于飞机，作为第一个 ABS 生产厂家的德国博世（BOSCH）公司 1978 年首次推出汽车上用的电子 ABS。20 世纪 80 年代后期，ABS 在汽车上得到了广泛应用，许多国家的新定型汽车及进口汽车都将 ABS 列为标准配置。

（二）制动系统的结构组成

1. 行车制动系统

行车制动系统是车辆底盘的重要组成部分，其作用是控制车辆速度或实现停车，将直接影响车辆的行驶安全，其主要构成有：操纵机构、真空助力器、制动总泵、制动分泵、制动液及管路等，如图 3-47 所示。

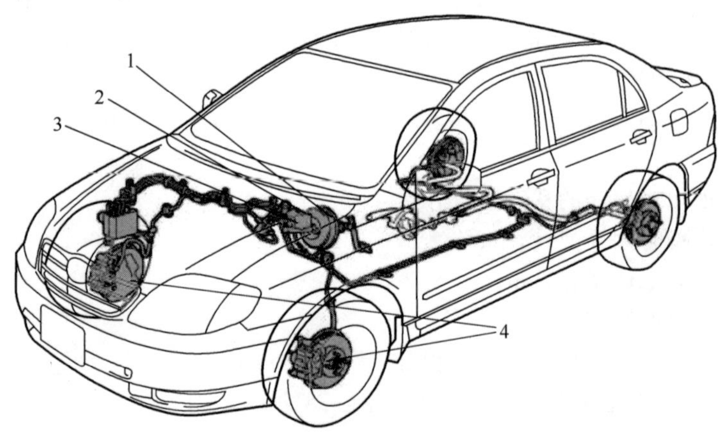

图 3-47　行车制动系统的组成

1—操纵机构；2—真空助力器；3—制动总泵；4—制动分泵

行车制动操纵机构用于接受外力（驾驶员踩踏）驱动；真空助力器辅助外力施加；制动总泵将行车制动操纵机构的力转变为液力，并通过制动管路及制动液传递到行车制动分泵，最终由行车制动分泵实施制动。

2. 驻车制动系统

驻车制动操纵杆用于接受外力驱动，并通过驻车制动缆线将拉力传递到驻车制动器，最终实施驻车制动。

驻车制动系统是车辆制动系统的重要组成部分，其作用是在车辆停放时对后轮进行机械锁定，防止车辆在无人及停驻状态时出现溜车。其主要构成有：驻车制动器操纵杆、驻车制动缆线以及驻车制动器，如图 3-48 所示。

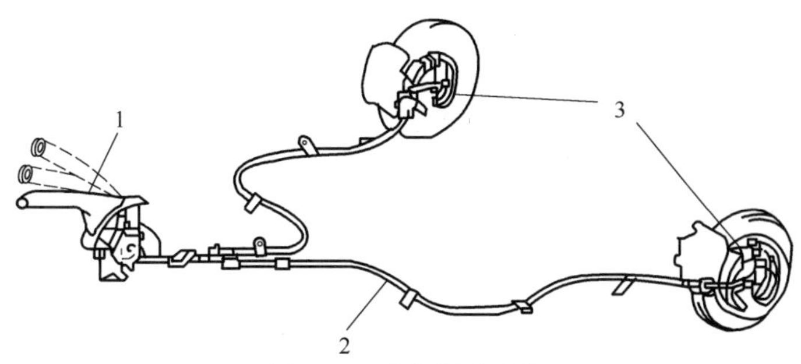

图 3-48　驻车制动系统

1—驻车制动器操纵杆；2—驻车制动缆线；3—驻车制动器

3. 盘式制动器

盘式制动器是当前小型乘用车的主流制动形式，主要部件有制动盘、摩擦片、制动分泵和制动卡钳等，如图 3-49 所示。

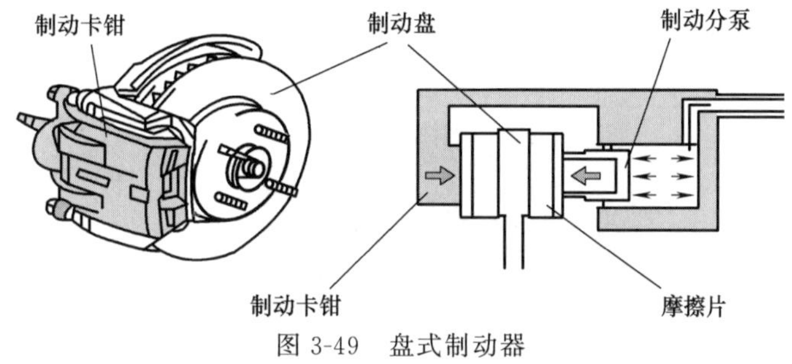

图 3-49　盘式制动器

在驾驶员踩踏力作用下，通过制动管路，将液力作用于制动分泵，分泵推动摩擦片与制动盘之间形成摩擦制动力，即对车轮进行制动。

4. 制动管路

制动管路由六根硬管和四根软管组成，如图 3-50 所示，为双回路液压管路。六根硬管其中四根的一端直接与总泵连接，另一端有两根与两前轮分泵软管相连，两根与后轮制动软管连接后再分别用两根短硬管与两后轮分泵相连。

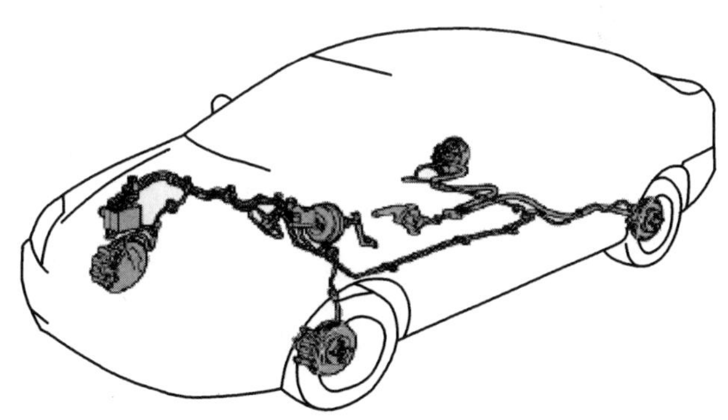
图 3-50　全车制动管路

制动管路的设计直接影响客车的制动性能。制动管路系统技术的优劣是汽车安全行驶的先决条件，关系到乘客的生命安全，而决定其技术优劣的主要因素在于密封形式的选择。

二、制动系统的维修操作

（一）行车制动操纵机构的检修操作

行车制动操纵机构是驾驶员实施制动以及制动分泵响应制动的关键部件，其主要构成有：制动踏板和真空助力器。在经过一段时间使用后，可能会出现制动响应性能的下降，从而影响行车安全，为了保证安全，必须定期对其进行检查维护。保证正确的制动踏板工作参数以及真空助力器的工作状况，以获得合适的制动力并保证未踩下制动踏板时，制动器不会拖滞。

检查间隔：一般为每 10000km 或 6 个月。

维护项目：

① 检查制动踏板工作状态，有无异常噪声和松旷。

② 测量制动踏板的高度，是否符合标准规定。

③ 测量制动踏板自由行程，是否符合标准规定。

④ 制动踏板行程余量，是否符合标准规定。

⑤ 检查真空助力器工作状况、真空功能、气密性是否良好。

操作步骤	操作内容	图解	操作说明
1	工具准备		(1)实操所需工具，如左图 (2)工具要齐全，摆放要整齐
2	车辆防护与预检		(1)安装车轮挡块，接排气烟道 (2)安装车内三件套 (3)拉起驻车制动杆，降下驾驶员侧车窗玻璃，拉发动机舱盖释放杆 (4)打开发动机舱盖，安装翼子板布和前格栅布 (5)进行发动机预检
3	检查制动踏板工作状况		(1)发动机处于未启动状态，踩踏制动踏板数次 (2)制动踏板应无异常噪声和松旷
4	检查真空助力器工作状况		(1)踩住制动踏板，启动发动机 (2)制动踏板应能自然下沉，无僵硬感，响应性良好，形成助力效果
5	检查制动踏板余量		用 294N 力踩下制动踏板，制动踏板行程余量应大于 60mm

续表

操作步骤	操作内容	图解	操作说明
6	检查真空助力器真空功能	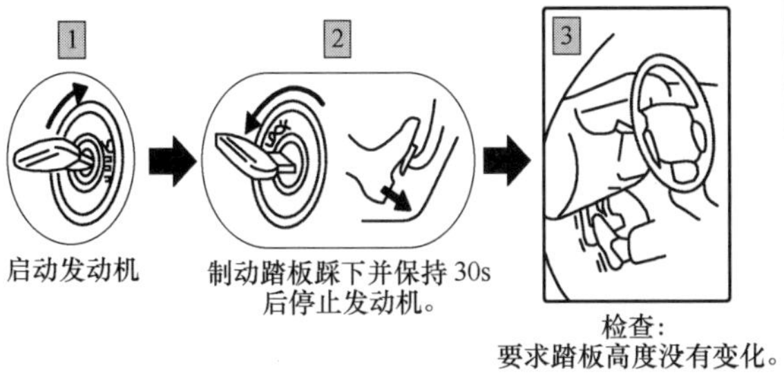 1 启动发动机 → 2 制动踏板踩下并保持30s后停止发动机。 → 3 检查：要求踏板高度没有变化。	(1)踩下制动踏板保持30s (2)发动机熄火，松开制动踏板 (3)检查真空助力器真空功能，制动踏板高度应无明显变化
7	检查真空助力器气密性	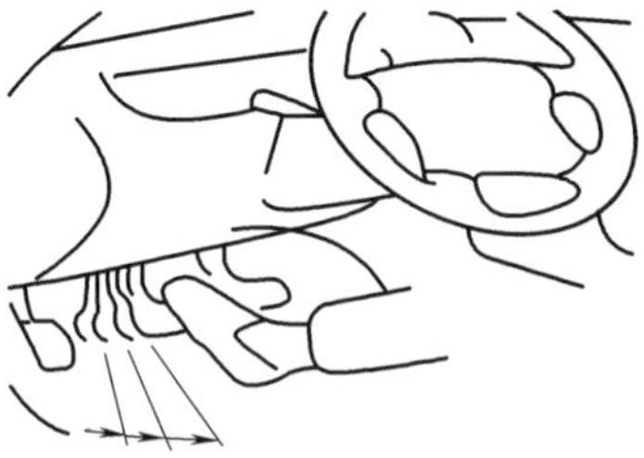	(1)踩踏制动踏板数次，检查真空助力器气密性 (2)制动踏板高度越来越高，确认气密性良好
8	检查制动踏板总高度	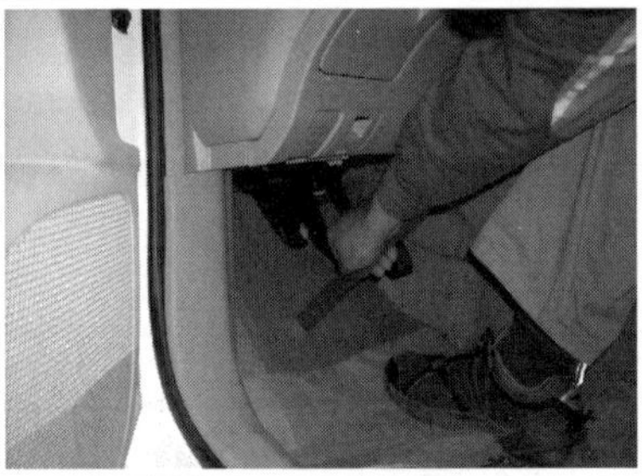	用直尺测量从地板到制动踏板上表面的距离，制动踏板总高度应在115～135mm之间 注意：测量值应减去地胶和地板垫的厚度
9	检查制动踏板自由行程		轻轻按压制动踏板，用直尺测量制动踏板自由行程，应在1～6mm之间
10	车辆、工具复位		(1)取下车内、外防护用品 (2)车辆复位，清洁车身 (3)清洁并整理工具 注意：在操作过程中要体现5S

（二）驻车制动操纵机构的检修操作

1. 驻车制动操纵机构的检查维护

当驻车制动杆行程太长时，有可能产生制动打滑，车辆停驻溜车；当驻车制动杆行程太短时，有可能产生制动拖滞。

检查间隔：每 10000km 或 6 个月。

维护项目：

① 检查驻车制动操纵杆行程；

② 制动指示灯工作情况。

操作步骤	操作内容	图解	操作说明
1	工具准备		(1)实操所需工具,如左图 (2)工具要齐全,摆放要整齐
2	车辆防护与预检		(1)安装车轮挡块,安装车内三件套 (2)拉起驻车制动杆,降下驾驶员侧车窗玻璃,拉发动机舱盖释放杆 (3)打开发动机舱盖,安装翼子板布和前格栅布 (4)进行发动机预检
3	检查驻车制动操纵机构	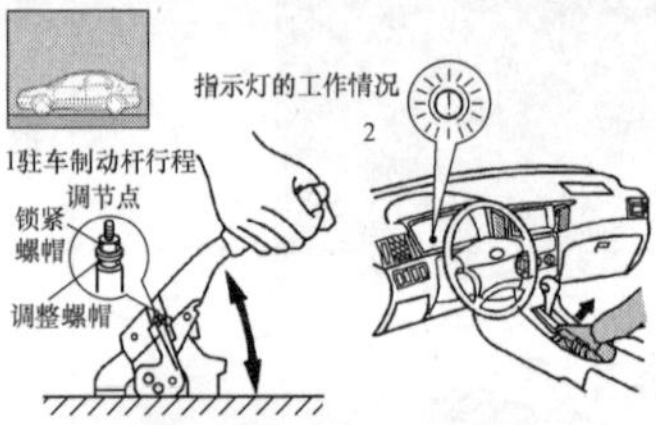	(1)点火钥匙旋至 ON 位 (2)拉起驻车制动操纵杆,在操纵杆到达第一个槽口前,检查制动指示灯能否点亮 (3)继续拉起操纵杆,听到咔嗒声并记录次数,应在 6～9 次为正常 (4)放下操纵杆,检查制动指示灯能否熄灭
4	车辆、工具复位		(1)取下车内、外防护用品 (2)车辆复位,清洁车身 (3)清洁并整理工具 注意:在操作过程中要体现 5S

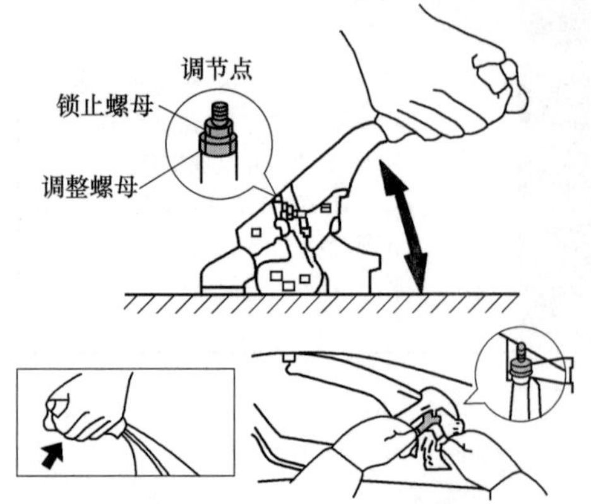

图 3-51 驻车制动杆行程调整

2. 驻车制动杆行程的调整

先松开锁止螺母，然后通过调整螺母调整行程。调整完整后，上紧锁止螺母，如图 3-51 所示。

3. 盘式制动器的检修操作

盘式制动器的好坏将直接影响行车安全，盘式制动器在使用一段时间后，可能会出现制动分泵渗漏、摩擦片异常磨损、制动盘损坏等现象，这将导致制动性能下降或严重后果。因此，必须对盘式制动器定期进行检查与维护。

检查间隔：每 10000km 或 6 个月。

维护项目：

① 制动卡钳外观检查；
② 摩擦片检查与测量；
③ 制动盘检查与测量。

操作步骤	操作内容	图解	操作说明
1	工具准备		(1)实操所需工具，如左图 (2)工具要齐全，摆放要整齐
2	车辆防护与预检		(1)安装车轮挡块，安装车内三件套 (2)拉起驻车制动杆，降下驾驶员侧车窗玻璃，拉发动机舱盖释放杆 (3)打开发动机舱盖，安装翼子板布和前格栅布 (4)进行发动机预检
3	拆卸车轮		(1)举升车辆至合适位置 (2)检查气动扳手 (3)使用气动扳手按照对角交叉顺序拆卸车轮 (4)取下车轮，置于轮胎架上
4	拆卸制动卡钳		(1)对角拧上两颗车轮螺母 (2)将制动盘向外转动一定角度 (3)旋松制动卡钳固定螺栓
5	拆卸摩擦片		(1)旋下卡钳下固定螺栓 (2)用挂钩吊起制动卡钳 (3)取下摩擦片 注意：在拆卸时，防止摩擦片消音垫片松动掉落
6	检查制动分泵		(1)检查制动分泵密封圈有无老化、渗漏 (2)检查滑动支撑销有无锈蚀、卡滞

续表

操作步骤	操作内容	图解	操作说明
7	检查摩擦片	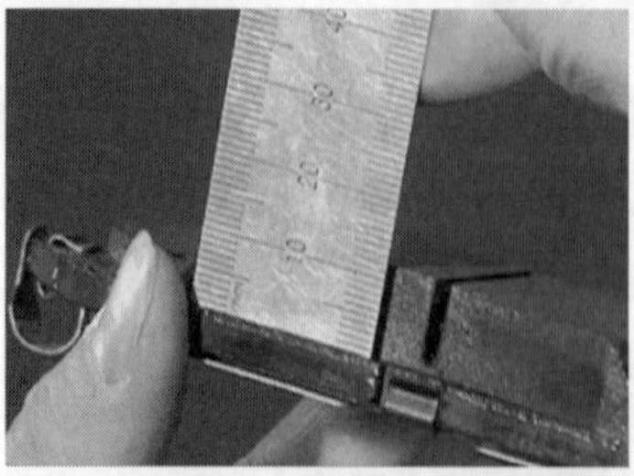	(1)检查内、外摩擦片工作面有无异常磨损 (2)测量3个位置的厚度并根据保养周期预估磨损规律，当厚度不足规定时，进行更换
8	检查制动盘外观		(1)清洁制动盘工作表面 (2)检查制动盘外观，应无损坏或异常磨损
9	测量制动盘厚度	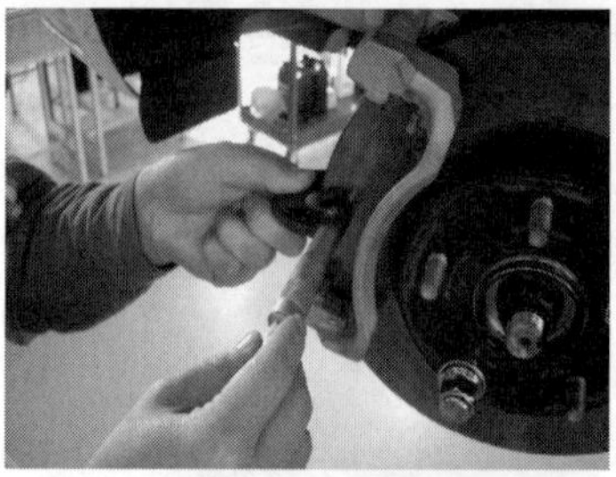	(1)千分尺清洁并校零 (2)在距制动盘边缘10mm处，测3个点，测量制动盘厚度，取最小值；制动盘厚度应不小于19mm (3)清洁并复位量具 注意：制动盘厚度为19～22mm
10	测量制动盘端面圆跳动	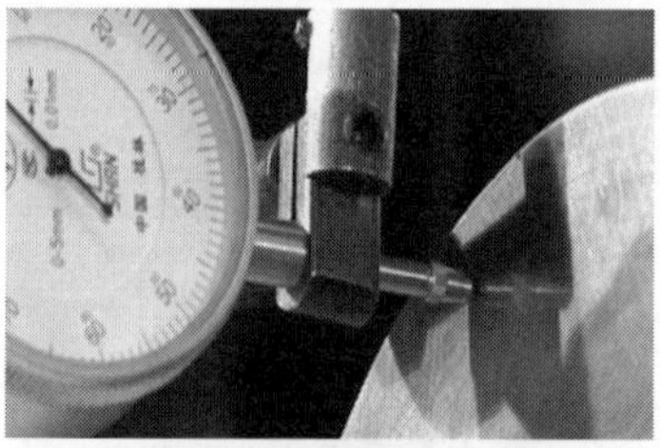	(1)用专用工具配合扭力扳手，以规定扭矩对角紧固两颗车轮螺母 (2)安装百分表，转动制动盘一周，记录偏摆量，偏摆量应不大于0.05mm (3)测量完毕，清洁并收回量具
11	安装摩擦片	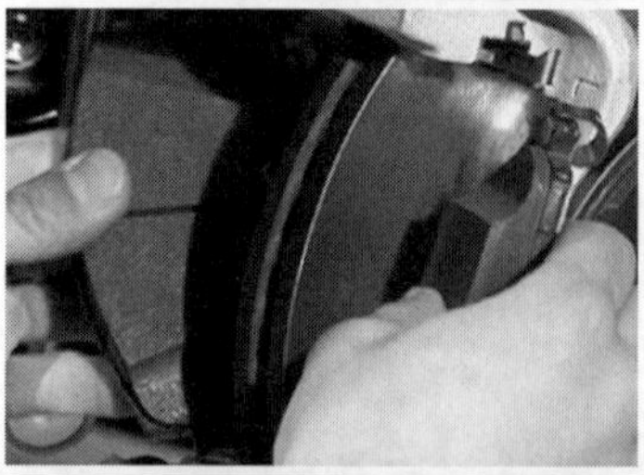	安装摩擦片 注意：摩擦片的安装位置和方向
12	安装制动卡钳	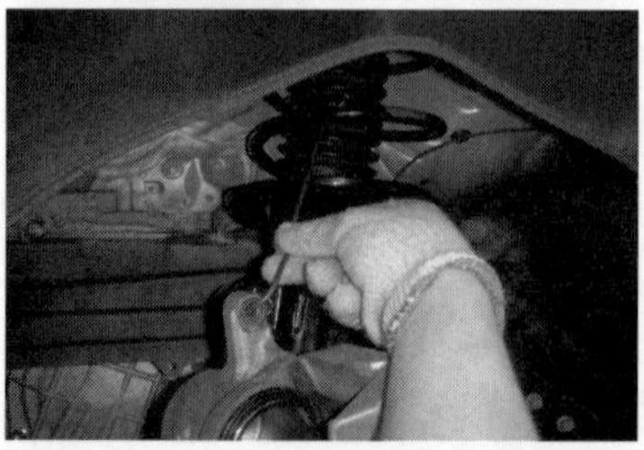	(1)取下挂钩，安装制动卡钳，将卡钳下固定螺栓紧固至34N·m (2)回正制动盘，拆下车轮螺母

续表

操作步骤	操作内容	图解	操作说明
13	安装摩擦片		(1)按照对角交叉顺序预紧车轮螺母 (2)将车降至地面 (3)以 103N·m 的扭矩，按照对角交叉顺序，紧固车轮螺母
14	车辆、工具复位		(1)降下车辆 (2)取下车内、外防护用品 (3)车辆复位，清洁车身 (4)清洁并整理工具 注意：在操作过程中要体现 5S

（三）制动管路的检修操作

1. 制动管路的检查维护

制动管路是制动器的重要组成部分，若管路损坏、老化会导致制动液泄漏，制动器不能工作；当制动管路因吸收空气中的湿气或制动液沸腾吸入大量气体，施加在制动分泵上的液压制动力将下降，从而降低制动效能；制动管路中存在气体，还会在分泵上产生锈蚀，使密封圈处泄漏。

检查间隔：每 20000km 或 1 年。

维护项目：

(1) 检查安装于底盘下的制动管路；

(2) 检查安装于制动器附近的制动软管；

(3) 检查安装于机舱的制动管路。

操作步骤：

操作步骤	操作内容	图解	操作说明
1	工具准备		(1)实操所需工具 (2)工具要齐全，摆放要整齐
2	车辆防护与预检		(1)安装车轮挡块，安装车内三件套 (2)拉起驻车制动杆，降下驾驶员侧车窗玻璃，拉发动机舱盖释放杆 (3)打开发动机舱盖，安装翼子板布和前格栅布 (4)进行发动机预检

续表

操作步骤	操作内容	图解	操作说明
3	检查发动机舱内制动管路		(1)检查管路连接部分有无液体渗漏 (2)检查制动管路有无凹痕、损坏 (3)检查管路固定部件有无松动
4	检查车辆底部制动管路		(1)将车举升至合适位置 (2)检查制动管路有无凹痕、损坏 (3)检查制动管路有无渗漏 (4)检查管路安装状况是否良好
5	检查制动软管		(1)偏转车轮至任何一侧极限位置 (2)旋转车轮 (3)检查制动软管安装状况，制动软管应不与车轮或者车身接触 (4)检查制动软管表面有无凸起、老化、开裂、渗漏等现象
6	车辆、工具复位		(1)降下车辆 (2)取下车内、外防护用品 (3)车辆复位，清洁车身 (4)清洁并整理工具 注意：在操作过程中要体现5S

2. 制动管路排空气

当制动系统存在空气时会使制动效能显著衰减，所以每间隔10000km或6个月就要对制动系统进行排空气操作。双人操作进行排气方法：一人踩踏制动踏板，然后踩住，给制动系统加压。另一人拧松放气螺栓，进行排空气操作，当流出液体中无气泡时按规定力矩拧紧放气螺栓，操作完毕。反复进行，确保制动系统完好，如图3-52所示。

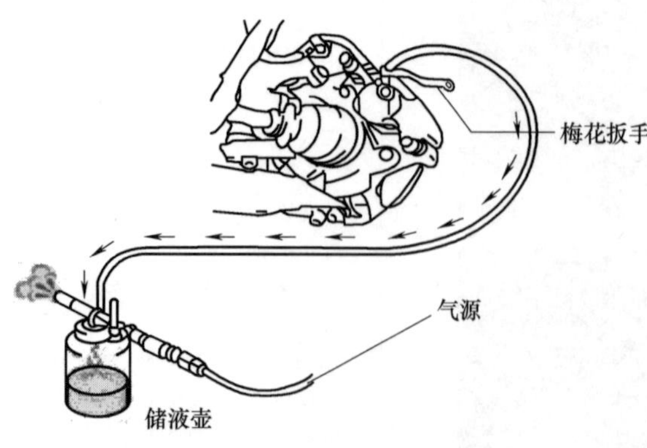

图3-52 制动系统排空气操作

第四章 汽车电气的维修

第一节 汽车电气电路认知

一、汽车电气的组成与特点

汽车电气设备是汽车的重要组成部分，其工作性能的优劣直接影响汽车的动力性、经济性、安全性、可靠性、舒适性和排气净化等。

1. 汽车电气的组成

(1) 电源系统　电源系统包括蓄电池和发电机。发电机是汽车上的主要电源，蓄电池是辅助电源。当发电机工作时，由发电机向全车用电设备供电，同时给蓄电池充电。蓄电池的作用是启动发动机时向启动机供电，当发电机不工作时向用电设备供电。

(2) 启动系统　启动系统包括启动机、启动继电器、点火开关及启动保护装置等，其作用是带动飞轮旋转使发动机曲轴达到必要的启动转速让发动机着车。

(3) 点火系统　点火系统（汽油机）包括点火线圈、点火控制器、点火开关、火花塞等，其作用是将低压电转化为高压电，让火花塞点燃气缸内的可燃混合气。

(4) 照明和信号系统　照明系统包括车内外各种照明灯，有前大灯、雾灯、示宽灯等，其作用是确保车辆内外一定范围内合适的亮度；信号系统包括电喇叭、转向灯、倒车灯、制动灯等，其作用是告示行人、车辆引起注意，提供安全行车所必需的信号。

(5) 仪表和报警系统　仪表包括发动机转速表、车速里程表、燃油表、水温表、电压表、机油压力表等；报警系统包括各种报警指示灯及控制器，其作用是显示汽车运行参数及交通信息，报警运行性机械故障，确保行车、停车的安全、可靠。

(6) 辅助电器系统　辅助电器系统包括电动刮水器、风窗洗涤器、空调、中控门锁、电动车窗和电动座椅等。其作用是提高车辆安全性、舒适性、经济性。

(7) 电子控制装置　电子控制装置由电子控制燃油喷射装置、巡航控制系统、自动变速器和防抱死制动装置等组成。

2. 汽车电气的特点

汽车的种类很多，各种汽车电器设备的数量不等，其安装位置、接线方法等也各有差异，但不论进口汽车还是国产汽车，也不论是大车还是小车，其电器电路的设计一般都遵循一定的规律。知道了这些特点，对我们了解汽车电器有很大的帮助。其特点如下。

(1) 单线制　单线制，就是利用汽车发动机、底盘、车身等金属机件作为各种电器设备的共用连线（俗称搭铁），而用电设备到电源只需另设一根导线。任何一个电路中的电流都是从电源的正极出发，经导线流入用电设备后，由搭铁的负极通过金属车架流回电源负极而成回路。采用单线制不仅可以节省材料（铜导线），使电路简化，而且也便于安装、检修，同时也使故障率大大降低。

（2）电源负极搭铁　负极搭铁，就是将蓄电池的负极用搭铁线连接到发动机或底盘等金属体上。我国标准中规定发电机、蓄电池必须以负极搭铁。目前世界各国生产的汽车也大多采用负极搭铁方式。

采用负极搭铁方式的好处是，由于电化学的作用，不仅使汽车车架和车身均不易锈蚀，而且汽车电器对无线电设备（例如汽车音响、通信系统等）的干扰也较电源正极搭铁方式小。

（3）两个电源　两个电源，是指蓄电池和发电机。前者在发动机未运转时可以向有关用电设备供电，后者在发动机运转到一定转速后取代蓄电池向有关用电设备供电，同时也对蓄电池进行充电。两者互补可以有效地使用电设备在不同的情况下都能正常的工作，同时也延长了蓄电池的供电时间。

（4）用电设备并联　用电设备并联，是指汽车上的各种用电设备都采用并联方式与电源连接，每个用电设备都由各自串联在其支路中的专用开关控制，互不产生干扰。

（5）低压直流供电　为了简化结构和保证安全，汽车电器设备采用低压直流（DC）供电。柴油车大多采用低压24VDC供电（有两个12V蓄电池串联供电），汽油车大都采用12VDC电压供电。汽车运行中的电压，一般12V系统的为14V，24V系统为28V。

（6）安装有保险装置　为了防止电路和元器件因搭铁或短路而烧坏电线束和用电设备，各种类型的汽车上均安装有保险装置。这些保险装置有的串接在元器件（或零部件）回路中，也有的串接在支路中。

（7）大电流开关通常加中间继电器　汽车中大电流的用电器如启动机、电喇叭等工作时的电流很大（例如汽油机车启动机的电流一般约100～200A），如果直接用开关控制它们的工作状态，往往会使控制开关过早损坏。因此，控制大电流用电设备的开关常采用加装中间继电器的方法，即采用控制继电器线圈的小电流，由继电器闭合后的触点为用电设备提供大电流。

（8）具有充放电指示　汽车上蓄电池的充电、放电情况一般由电压指示，也有用指示灯指示。对于前者，当蓄电池向外供电、发电机向蓄电池充电时，都可从电压表上指示出来。对于后者，发动机未启动或低速运转时点亮，一旦发动机运转带动发电机转速超过1000r/min以上，充电指示灯熄灭，表示处于充电状态。

（9）汽车电路上有颜色和编号特征　随着汽车用电设备的增加，导线数目也在不断增多，为便于识别和检修汽车电气设备，电路中的低压线通常由不同的颜色组成，并在汽车电器线路图上用有颜色的字母代号标注出。

二、汽车电路图中常见符号

1. 保险装置

当电路中流过超过规定的过大电流时，汽车电路保险装置能够切断电路，从而防止烧坏电路连接导线和用电设备，并把故障限制在最小范围内。汽车上的保险装置主要有：熔断器、易熔线和断路器。熔断器和易熔线符号如图4-1所示。

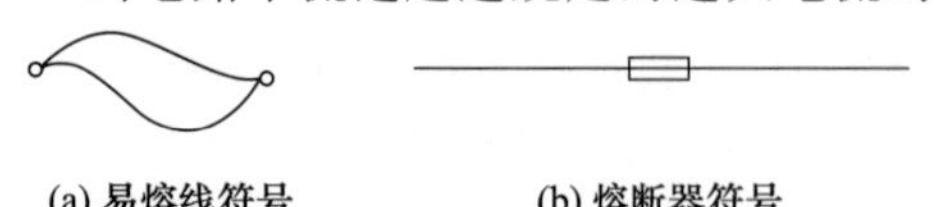

(a) 易熔线符号　(b) 熔断器符号

图4-1　熔断器和易熔线

（1）熔断器（保险丝）　熔断器在电路中起保护作用。当电路中流过超过规定的电流时，熔丝自身发热而熔断，切断电路，防止烧坏电路连接导线和用电设备，并把故障限制在最小范围内。熔断器一般安装在仪表盘附近或发动机罩下面的熔断器盒内，常与继电器组装在一起，构成全车电路的中央接线盒。熔断器外观与熔值标注如图4-2所示。

图 4-2 熔断器

一般情况下，环境温度在 18～32℃时，流过熔断器的电流为额定电流的 1.1 倍时，熔丝不熔断；达到 1.35 倍时，熔丝在 60s 内熔断；达到 1.5 倍时，20A 以内的熔丝在 15s 以内熔断，30A 的熔丝在 30s 以内熔断。

熔断器在使用中应注意以下几点：

① 熔断器熔断后，必须真正找到故障原因，彻底排除故障。

② 更换熔断器时，一定要与原规格相同。

③ 熔断器支架与熔断器接触不良会产生电压降和发热现象，安装时要保证良好接触。

（2）易熔线 易熔线是一种大容量的熔断器，用于保护电源电路和大电流电路，如图 4-3 所示。

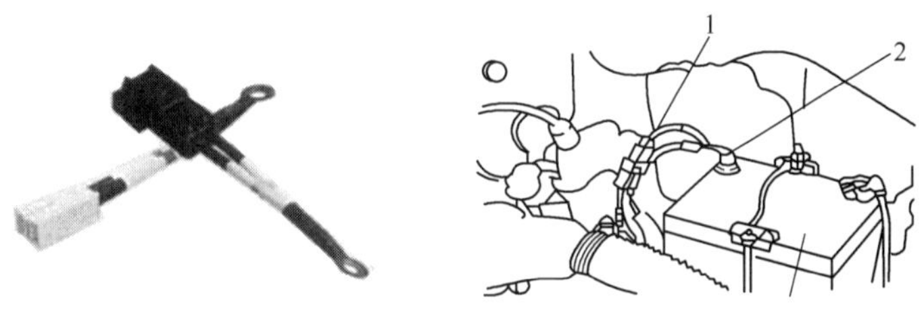

图 4-3 易熔线

1—易熔线；2—蓄电池正极

易熔线在使用中应注意以下几点：

① 绝对不允许换用比规定容量大的易熔线。

② 易熔线熔断，可能是主电路发生短路，因此需要仔细检查，彻底排除隐患。

③ 不能和其他导线绞合在一起。

（3）断路器 断路器在电路中用于防止有害的过载（额外的电流）。断路器是机械装置，它利用两种不同金属（双金属）的热效应断开电路。如果额外的电流经过双金属带，双金属带弯曲，触点开路，阻止电流通过。当电路断路器冷却，触点再次闭合，电路导通。当无电流时，双金属带冷却而使电路重新闭合，电路断路器复位，如图 4-4 所示。

2. 继电器

一般情况下，汽车上使用的操纵开关的触点容量较小，不能直接控制工作电流较大的用电设备，常采用继电器来控制它的接通与断开。继电器可以实现自动接通或切断一对或多对触点，完成用小电流控制大电流，可以减小控制开关的电流负荷，保护电路中的控制开关。如进气预热继电器、空调继电器、喇叭继电器、雾灯继电器、中间继电器等，如图 4-5 所示。

汽车上的继电器有很多，常见的有三类：常开继电器，常闭继电器和混合型继电器。继电器的每个插脚都有标号，与中央接线盒正面板的继电器插座的插孔标号相对应。如图 4-6 所示。

注：要想在原车上安装额外的电子附件，简单地接入已有的电路中可能会使保险装置或配线过载。采用继电器扩展可有效解决这一问题 ，如图 4-7 所示。

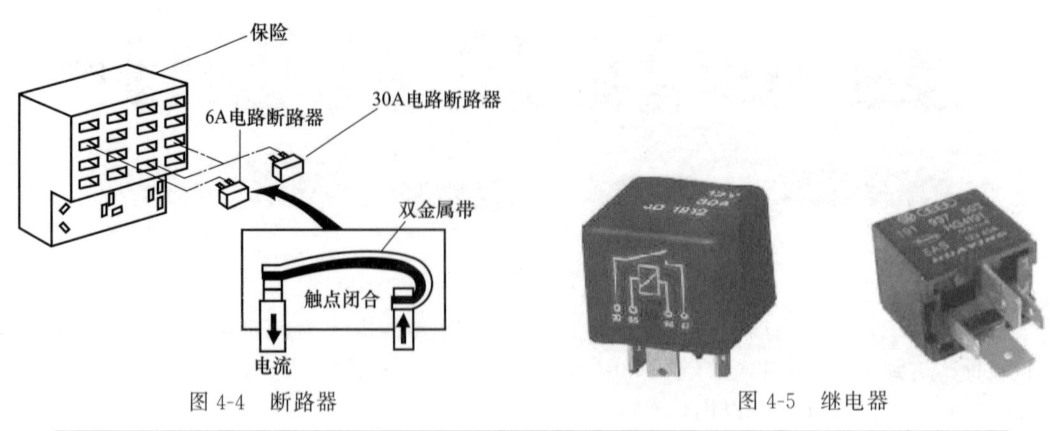

图 4-4 断路器　　　　图 4-5 继电器

型号	外　形	电　路	引线标号	颜色
1T	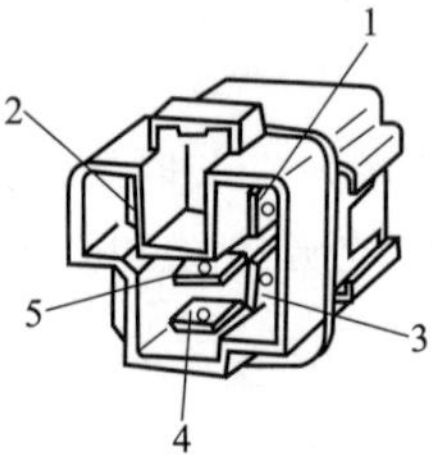	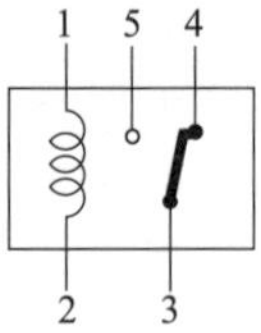	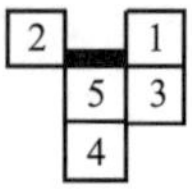	黑
1M	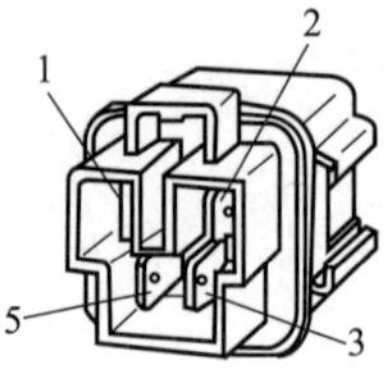	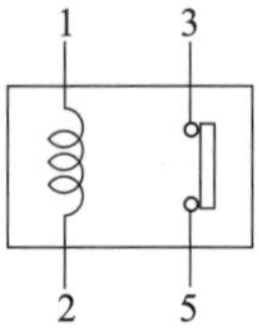	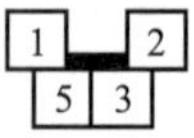	蓝
2M	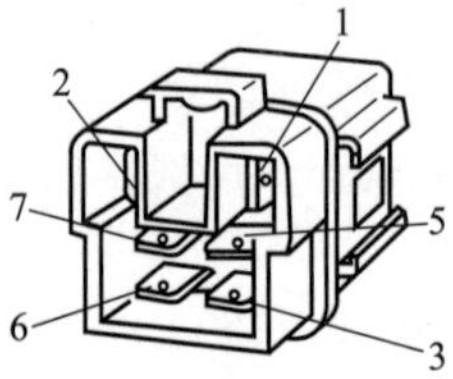	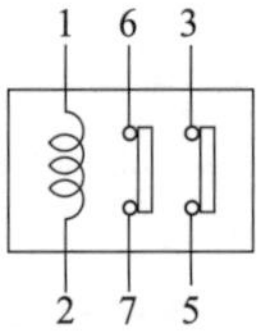	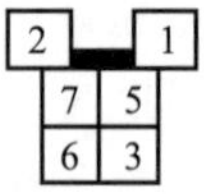	棕色
1M.1B	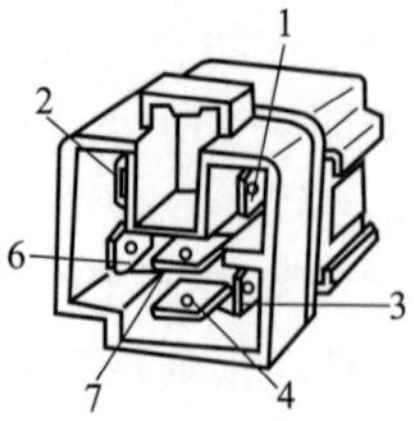	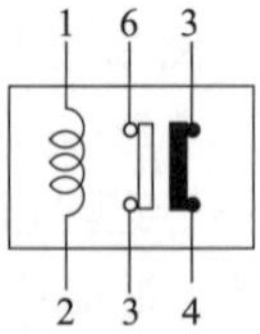	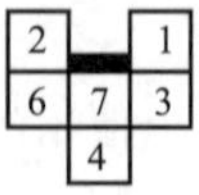	灰色

图 4-6 继电器常见类型

3. 开关

汽车上各种电器控制系统的工作均受控于开关，汽车电气开关有组合开关和单体开关，现代小汽车多采用组合开关，用于提高汽车的性能和乘坐舒适性，若采用较多的单体开关，汽车内部布置会很乱，因此，现代汽车将很多功能相近的控制系统的开关组合在一起，如灯

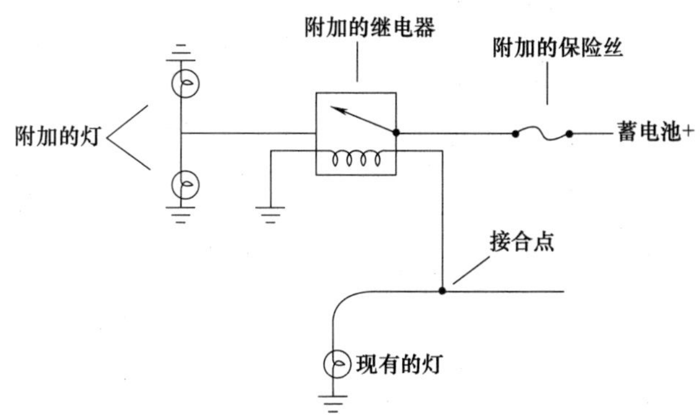

图 4-7　继电器的运用

光系统组合开关、音响组合开关、空调组合开关、司机位门组合开关等。如图 4-8 所示。

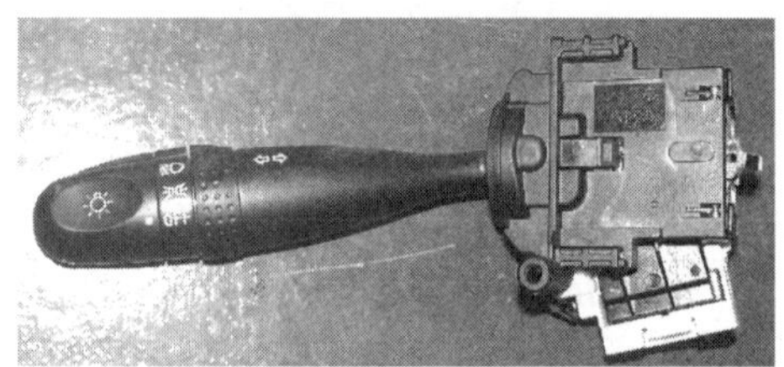

(a) 灯光系统组合开关

(b) 司机位门组合开关

图 4-8　组合开关

开关在电路图中的表示方法有结构图表示法、表格表示法和图形符号表示法等。以点火开关为例，介绍电路中开关的表示方法，见图 4-9。点火开关的功能主要有锁住转向盘转轴（LOCK 挡）、接通仪表指示灯（ON 或 IG 挡）、启动发动机（ST 或 START 挡）、给附件供电（ACC 挡，主要是收放机、点烟器）及发动机预热（HEAT 挡）。其中，在启动挡、预热挡工作时消耗电流很大，开关不宜接通过久，所以这两个挡位在操作时必须用手克服弹簧力，扳住钥匙，一松手就弹回点火挡，不能自行定位，其他各挡位均可自行定位。

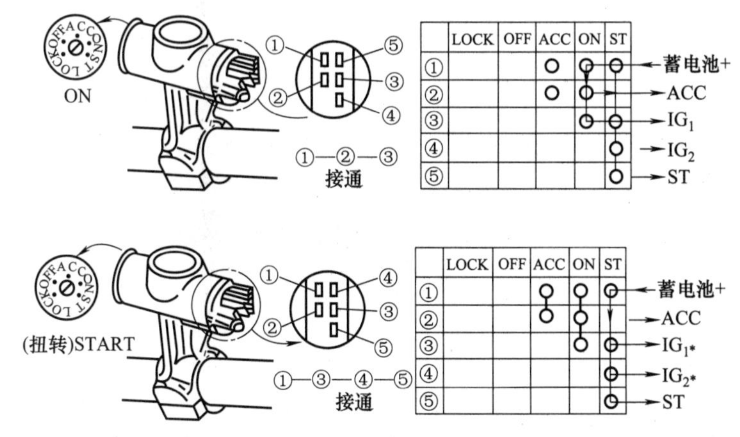

图 4-9　开关的表示方法

4. 插接器

插接器就是通常所说的插头与插座，用于线束与线束或导线与导线间的相互连接。为了防止插接器在汽车行驶中脱开，所有的插接器均采用了闭锁装置。如图 4-10 所示为几种常见的插接器。

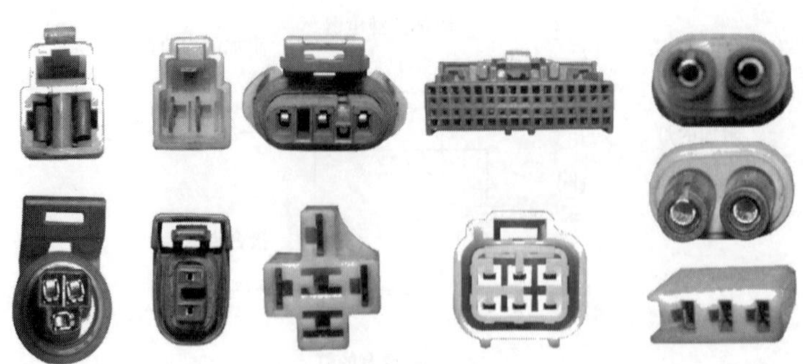

图 4-10 插接器

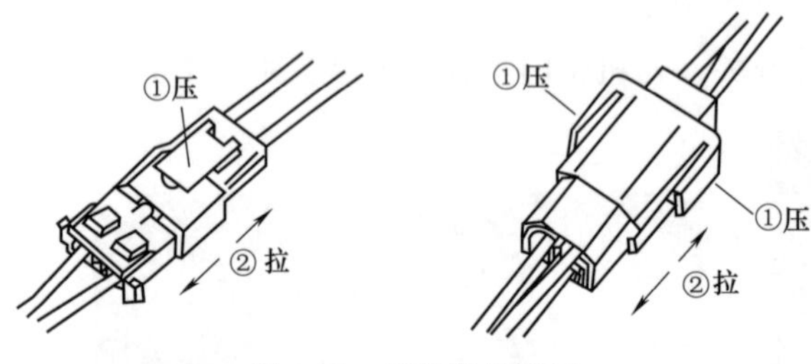

图 4-11 插接器的拆卸

要拆开插接器时，首先要解除闭锁（图 4-11），然后把插接器拉开，不允许在未解除闭锁的情况下用力拉导线，这样会损坏闭锁装置或导线。有些插接器用钢丝扣锁止，取下钢丝扣后才能将插接器拔开。在插接器端子有接触不良或断线故障时，可将插接器分解，用小一字型螺丝刀或专用工具从壳体中取出导线及端子进行修理或更换。

5. 导线

汽车电气系统的导线有低压线和高压线两种。低压线又有普通线、启动电缆和控制电缆之分，高压线又有铜芯线和阻尼线之分。

（1）低压导线

① 导线的截面积。普通低压导线为铜质多丝导线，导线的截面主要根据用电设备的电流进行选择。但截面太小，机械强度差，易折断。一般汽车电气导线截面不小于 0.5mm²。各种低压导线标称截面积允许的负载电流见表 4-1。

表 4-1 低压导线标称截面积允许的负载电流值

导线标称截面积/mm²	1.0	1.5	2.5	3.0	4.0	6.0	10	13
允许电流值/A	11	14	20	22	25	35	50	60

汽车 12V 电器主要线路导线标称截面积选择的推荐值见表 4-2。

表 4-2 12V 电器主要线路导线标称截面积选择的推荐值

汽车类型	截面积/mm²	用 途
轿车货车挂车	0.5	后灯、顶灯、指示灯、仪表灯、牌照灯、燃油表、雨刮器电机
	0.8	转向灯、制动灯、停车灯、分电器
	1.0	前照灯的单线(不接保险器)、电喇叭(3A 以下)
	1.5	前照灯的电线束(接保险器)、电喇叭(3A 以上)
	1.5～4	其他连接导线
	4～6	电热塞
	4～25	电源线
	16～95	启动机电缆

② 导线的颜色。为便于安装和检修，汽车采用双色导线，主色为基础色，辅色为环布导线的条色带或螺旋色带，且标注时主色在前，辅色在后。以双色为基础选用时，各用电系统的电源线为单色，其余为双色，双色线的主色见表 4-3。

表 4-3　汽车电器各系统导线颜色代号

系统名称	电线主色	代号	系统名称	电线主色	代号
电气装置接地线	黑	B	仪表、报警指示和喇叭系统	棕	Br
点火启动系统	白	W	前照灯、雾灯等外部照明系统	蓝	Bl
电源系统	红	R	各种辅助电器及操纵系统	灰	Gr
灯光信号系统	绿	G	收放音机、点烟器等系统	紫	V
车身内部照明系统	黄	Y			

③ 线束。为使全车线路规整，安装方便及保护导线的绝缘，汽车上的全车线路除高压线、蓄电池电缆和启动机电缆外，一般将同区域的不同规格的导线用棉纱或薄聚氯乙烯带缠绕包扎成束，称为线束，如图 4-12 所示。

线束安装与检修的注意事项如下。

a. 线束应用卡簧或绊钉固定，以免松动磨坏。

b. 线束不可拉得过紧，尤其在拐弯处，在绕过锐角或穿过金属孔时，应用橡胶或套管保护，否则容易磨坏线束而发生短路、搭铁，以至烧毁全车线束。

c. 连接电器时，应根据插接器的规格及导线或插接头的颜色，分别接于电器上并插接到位。难以辨别时，一般可用试灯区分，而不要用刮火法。

（2）高压导线　高压导线用于汽车点火线圈至火花塞之间的电路，高压导线分为普通铜芯高压导线和高压阻尼点火导线，带阻尼的高压导线可抑制和衰减点火系产生的高频电磁波，降低对电控装置和无线设备的干扰。高压导线如图 4-13 所示。

图 4-12　汽车线束

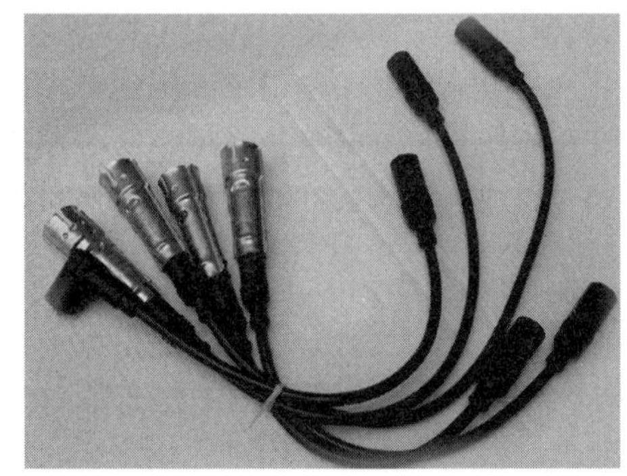

图 4-13　高压导线

三、汽车导线的连接

（1）单股铜芯导线的直线连接。

① 准备：先按图 4-14 中的（a）、（b）、（c）、（d）进行导线剥削。

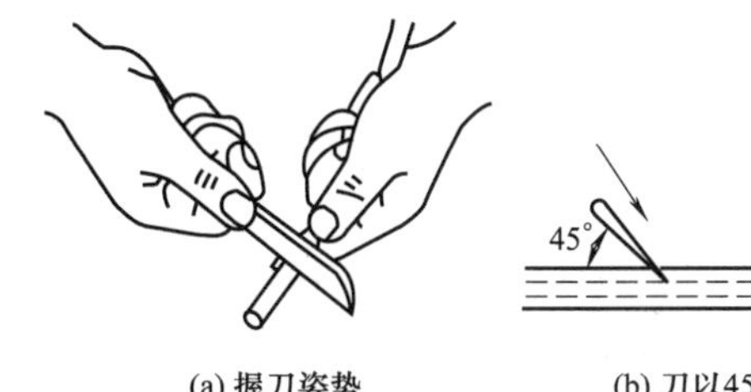

(a) 握刀姿势

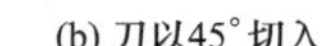

(b) 刀以45°切入

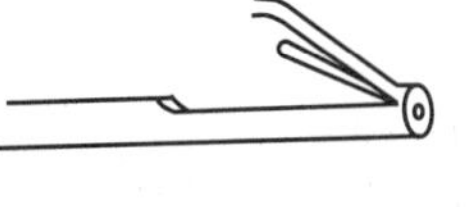

(c) 刀以25°倾斜推削

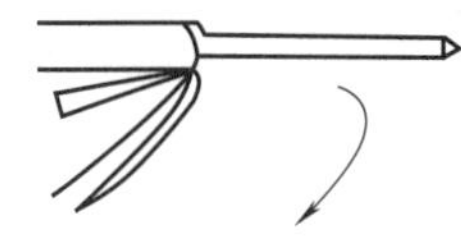

(d) 扳翻塑料层并在根部切去

图 4-14　单层导线绝缘层的剥削

② 先将两导线芯线线头呈 X 形相交，如图 4-15（a）所示。

③ 互相绞合 2～3 圈后，扳直两线头，如图 4-15（b）所示。

④ 将第一个线头在另一芯线上紧贴并绕 5～6 圈，用钢丝钳切去余下的芯线，并钳平芯线末端，如图 4-15（c）所示。

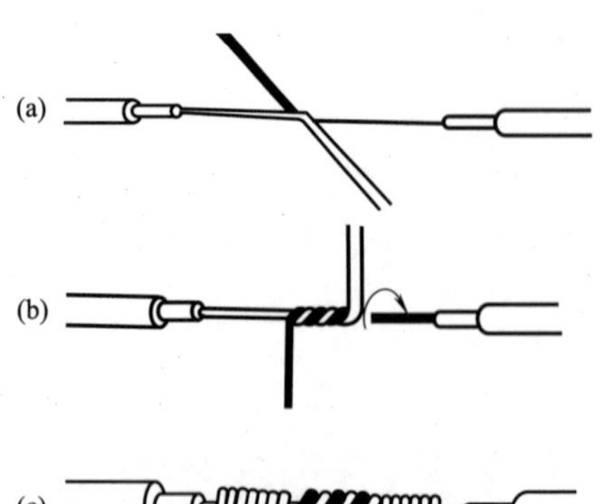

图 4-15 单股铜芯导线的直线连接

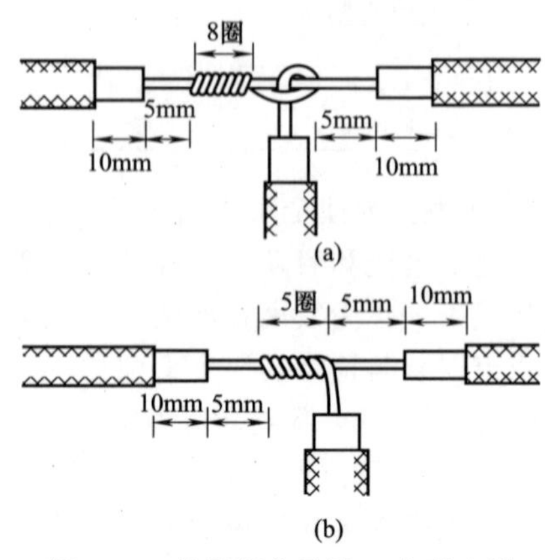

图 4-16 单股铜芯导线 T 字形连接

（2）单股铜芯导线的 T 字形连接，如图 4-16 所示。

① 将支路芯线的线头与干线芯线十字相交，在支路芯线根部留出 5mm，然后顺时针方向缠绕 6～8 圈后，用钢丝钳切去余下的芯线，并钳平芯线末端。

② 小截面的芯线可以不打结。

（3）双股导线的对接，如图 4-17 所示。

将两根双芯线线头剖削成图中的形式。连接时，将两根待连接的线头中颜色一致的芯线按小截面直线连接方式连接。用相同的方法将另一颜色的芯线连接在一起。

（4）软线与单股硬导线的连接，如图 4-18 所示。

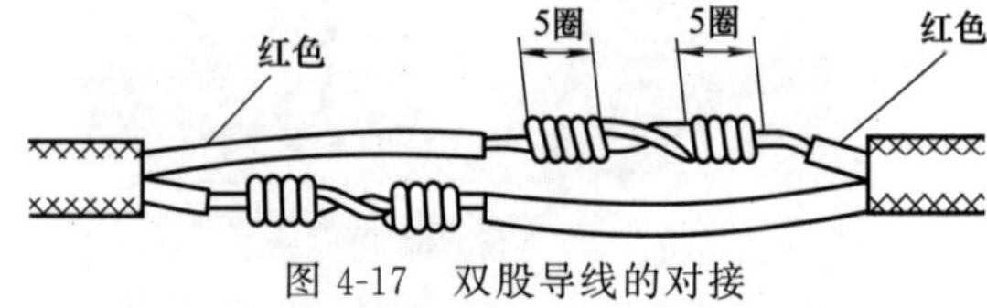

图 4-17 双股导线的对接

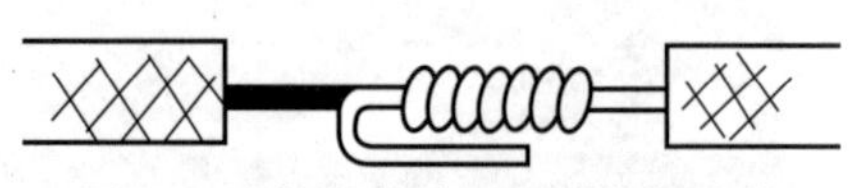
图 4-18 软线与单股硬导线的连接

先将软线拧成单股导线，再在单股硬导线上缠绕 7～8 圈，最后单股硬导线向后弯曲，以绑脱落。

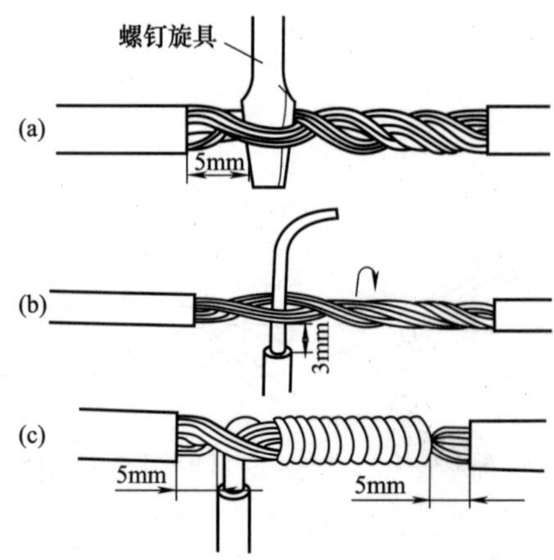

图 4-19 单股铜芯线与多股线的连接

（5）单股线与多股线的连接，如图 4-19 所示。

① 在离多股线的左端绝缘层口 3～5mm 处的芯线上，用螺丝刀把多股芯线 分成较均匀的两组。

② 把单股芯线插入多股芯线的两组芯线中间，但单股芯线不可插到底，应使绝缘层切口离多股芯线约 3mm 距离。接着用钢丝钳把多股芯线的插缝钳平钳紧。

③ 把单股芯线按顺时针方向紧缠在多股芯线上，应使圈圈紧挨密排，绕足 10 圈；然后切断余端，钳平切口毛刺。

④ 导线绝缘的恢复。用绝缘带包扎以恢复其绝缘。缠绕时应使每圈的重叠部分为带宽的一半。接头两端为绝缘带的两倍。

(6) 导线与插座、插头的连接，如图 4-20 所示。

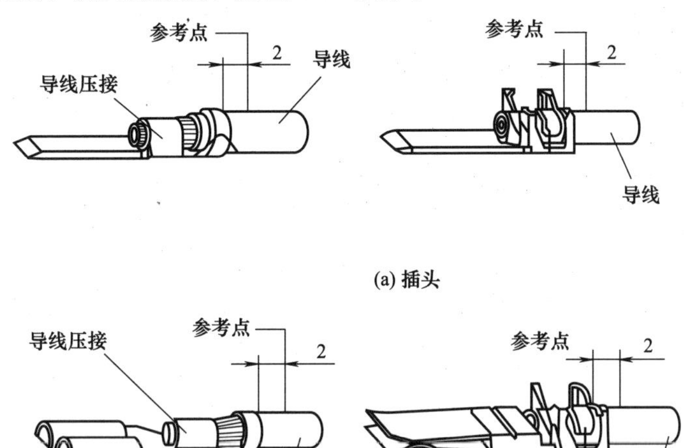

图 4-20　导线与插座、插头的连接方法

第二节　蓄电池

一、蓄电池的结构特点

(一) 蓄电池的分类及型号

1. 蓄电池作用

汽车上的电源有两个：蓄电池和发电机，其中蓄电池为辅助电源，发电机为主电源，这两个电源并联连接，全车的用电设备也均为并联连接，如图 4-21 所示。

蓄电池是一种可逆直流电源，其作用如下。

① 启动发动机时，蓄电池向启动系和用电设备供电。

② 当发电机发出电压低于蓄电池的电压时，由蓄电池向用电设备供电。

③ 当发电机发出电压高于蓄电池的电压时，蓄电池将发电机的剩余电能储存起来。

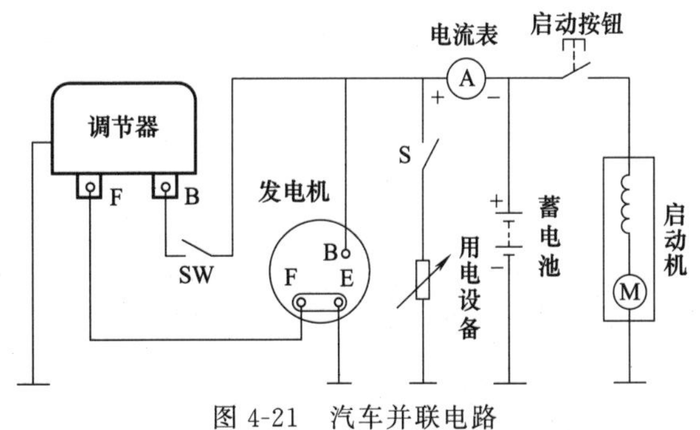

图 4-21　汽车并联电路

④ 当发电机过载时，蓄电池协助发电机向用电设备供电。

⑤ 蓄电池还相当于一个较大的电容器，能吸收电路中随时出现的瞬时过电压，以保护晶体管元件不被击穿损坏。

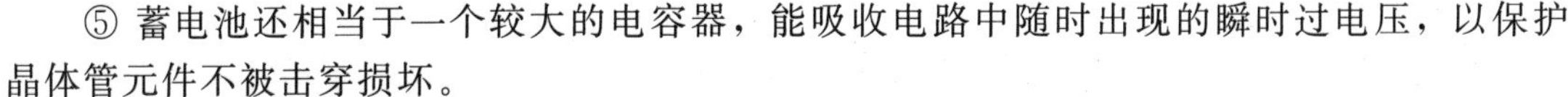

作为汽车的启动电源，蓄电池必须能满足启动发动机的需要，即在短时间内（5～10s）可供给启动机强大的电流，所以汽车用蓄电池又叫作启动型蓄电池。汽油发动机汽车一般为

200～600A，柴油发动机汽车一般为 800～1000A。

2. 蓄电池分类

蓄电池的种类很多，按使用的电解液的成分，可分为酸性蓄电池和碱性蓄电池；按电极材料可分为铅蓄电池和铁镍、铬镍蓄电池；按用途不同可分为汽车用蓄电池、电瓶车用蓄电池、电信、航标用蓄电池等。目前，汽车上广泛采用的是铅酸蓄电池，这种蓄电池通常称为启动型蓄电池。后面如无特别说明，所指蓄电池都为铅酸蓄电池。表 4-4 列出了几种汽车常用蓄电池的特点。

表 4-4 几种铅蓄电池的特点

类型	特点
普通铅蓄电池	新蓄电池的极板不带电，使用前需按规定加注电解液并进行初充电，初充电的时间较长，使用中需要定期维护
干荷电铅蓄电池	新蓄电池的极板处于干燥的已充电状态，电池内部无电解液。在规定的保存期内，如需使用，只需按规定加入电解液，静置 20～30min 即可使用，使用中需要定期维护
湿荷电铅蓄电池	新蓄电池的极板处于已充电状态，蓄电池内部带有少量电解液。在规定的保存期内，如需使用，只需按规定加入电解液，静置 20～30min 即可使用，使用中需要定期维护
免维护蓄电池	使用中不需维护，可用 3～4 年不需补加蒸馏水，极桩腐蚀极少，自放电少

3. 蓄电池的型号

按《铅蓄电池产品型号编制方法》标准规定，铅蓄电池的型号分为三部分（见表 4-5）：如型号 6-QA-60 代表额定电压 12V、额定容量 60A·h 的启动型干荷电铅蓄电池。

表 4-5 蓄电池的型号

第一部分	第二部分		第三部分	
串联的单格电池数	蓄电池的类型	蓄电池的特征	蓄电池的额定容量	蓄电池的特殊性能
用阿拉伯数字表示	用大写的汉语拼音字母表示 如：Q—启动用铅蓄电池 N—内燃机车用蓄电池 M—摩托车用蓄电池	用大写的汉语拼音字母表示 如：A—干荷电铅蓄电池 H—湿荷电铅蓄电池 W—免维护铅蓄电池 B—薄型极板 无字母—普通铅蓄电池	20h 率放电率的额定容量，单位为 A·h，单位略去不写	用大写的汉语拼音字母表示 如：G—高启动率 D—低温性能好 S—塑料槽蓄电池

（二）蓄电池的结构组成

1. 普通蓄电池

汽车上使用的铅蓄电池基本结构大致相同，本书以普通铅蓄电池为例介绍蓄电池的构造。启动型铅酸蓄电池外形与结构如图 4-22 所示。蓄电池一般由多个单格电池串联而成。每个单格电压为 2V，6V 蓄电池由 3 个单格串联而成，12V 蓄电池由 6 个单格电池串联而成。铅蓄电池主要由极板、隔板、电解液、外壳、联条、极桩等组成。

图 4-22 塑料槽蓄电池的构造

1—塑料电池槽；2—塑料电池盖；3—正极柱；4—负极柱；5—加液孔螺塞；6—穿臂联条；7—汇流条；8—负极板；9—隔板；10—正极板

（1）极板 极板是蓄电池的核心部件，由栅架与活性物质组成，如图 4-23 所示。在蓄电池充放电过程中电能与化学能的相互转换，依靠极板上的活性物质与电解液中的硫酸产生化学反应来实现。

栅架的作用是固结活性物质，由铅锑合金浇铸而成，具有良好的导电性、耐蚀性和一定的机械强度。为了改善蓄电池的启动性能，有些铅蓄电池采用了放射性栅架，如图 4-24 所示。

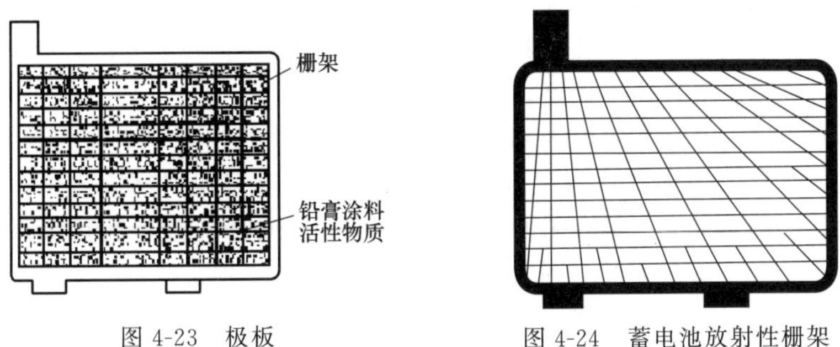

图 4-23　极板　　图 4-24　蓄电池放射性栅架

在栅架中添加金属锑的目的是：提高栅架机械强度和改善浇铸性能，但是含锑过多也具有副作用，含锑过多能加速栅架的腐蚀，降低蓄电池的使用寿命。普通蓄电池栅架的含锑量为 5%～7%；为了降低或消除锑的副作用干荷电蓄电池栅架采用铅低锑合金，含锑量为 1.5%～2.3%；免维护蓄电池采用了耗水量小、导电性能好的铅钙锡合金，彻底消除了锑的副作用。

极板分为正极板和负极板两种。将涂上铅膏后的生极板先经热风干燥，再放入稀硫酸中进行充电便得到正极板和负极板。正极板上的活性物质为二氧化铅（PbO_2），呈深棕色；负极板上的活性物质为海绵状纯铅（Pb），呈深灰色。为了增大容量，将多片正、负极板分别并联，用汇流条焊接起来便分别组成正、负极板组。汇流条（横板）上联有极桩，各片间留有空隙。安装时各片正、负极板相互嵌合，中间插入隔板后装入蓄电池单格内，便形成单格电池，如图 4-25 所示。

在每个单格电池中，负极板总比正极板多一片。这是因为正极板上的化学反应比负极板上的化学反应剧烈，所以将正极板夹在负极板之间，可使其两侧放电均匀，防止活性物质体积变化不一致而造成极板拱曲变形。此外正极板上的活性物质容易脱落，所以通常正极板的厚度比负极板大：正极板 2.2mm，负极板 1.8mm。

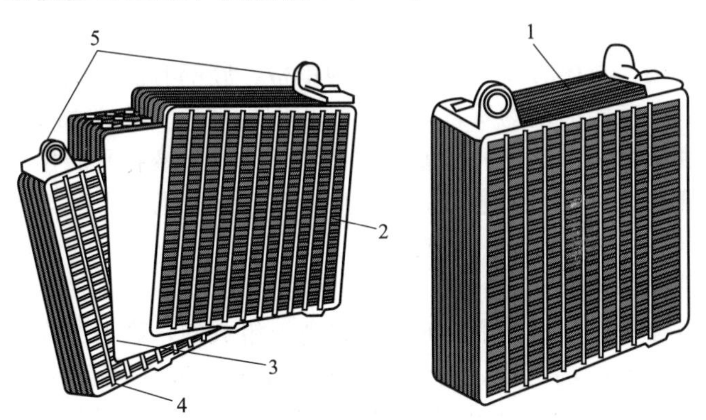

图 4-25　极板

1—极板组总成；2—负极板；3—隔板；4—正极板；5—极板联条

（2）隔板　为了减小蓄电池的内阻和尺寸，蓄电池的正负极板应尽可能靠近。为了防止相邻正、负极板彼此接触而短路，正、负极板之间要用隔板隔开。隔板的材料应具有多孔性，以便电解液渗透；且化学性能稳定，具有良好的耐酸性、耐腐蚀性和抗氧化性。

隔板的材料有木质、微孔橡胶、微孔塑料、玻璃纤维和纸板等。现代汽车多采用微孔塑料隔板。隔板的厚度一般不超过1mm，隔板的一面带有沟槽，安装隔板时应将有沟槽的一面朝向正极板，这是因为正极板在充、放电过程中反应强烈，沟槽能使电解液上下流动通畅，正极板上脱落的活性物质顺利地掉入壳底槽中，反应中产生的气体能沿槽上升。

在现代新型蓄电池中，将微孔塑料隔板制成袋状，包在正极板外部。这样可进一步防止活性物质脱落，避免了极板内部短路，并使组装简化。

（3）电解液　电解液是蓄电池内部发生化学反应的主要物质，由相对密度为1.84的化学纯净硫酸和蒸馏水按一定的比例混合配置而成，其成分用相对密度表示，其相对密度在1.24～1.30之间。配置电解液需要用规定的汽车蓄电池专用硫酸，而且应采用耐酸耐热的陶瓷或玻璃容器进行。先将蒸馏水倒入容器内，然后再慢慢地加入硫酸，并用玻璃棒不断搅拌。目前市场上有专门销售的电解原液，相对密度为1.28左右。

电解液的纯度和密度对蓄电池寿命和性能影响极大，如用工业硫酸和非蒸馏水配制，将带进有害物质（如铁、盐酸、锰、硝酸、铜、砷、醋酸及有机化合物等）而引起蓄电池内部自行放电，减少蓄电池容量。电解液密度低，冬季易结冰；电解液密度大，可以减少冬季结冰的危害，同时可使电动势增高；但密度过大，电解液黏度增加，隔板、极板将加速腐蚀而缩短使用寿命。电解液的密度应根据地区、气候条件和制造厂的要求而定，见表4-6。

表4-6　电解液的相对密度

使用地区最低温度/℃	冬季	夏季
＜－40	1.31	1.27
－30～－40	1.29	1.25
－20～－30	1.28	1.25
0～20	1.27	1.24

（4）壳体　蓄电池的壳体是用来盛放电解液和极板组的。对它的要求是：耐酸、耐热、耐震、绝缘性好并具有一定的机械强度。早些年曾采用硬橡胶外壳，这种壳体虽然耐酸、耐热、绝缘性能好，但壳体壁厚（一般为10mm），笨重。现代汽车用蓄电池一般用透明工程塑料制成外壳，不仅耐热、耐酸、耐震，而且强度好、韧性好，壳体可以做得很薄，其壁厚仅为3.5 mm，电解液的高度和极板组的大体状况从外面能清晰观察，非常便于对蓄电池的检查和维护。

壳体为整体式结构，壳内有6个互不相通的单格，底部有凸起的筋条以搁置极板组，筋条间的空隙可以存放脱落的活性物质，以防止极板间短路。每个单格的盖子中间有加液孔，可用来检查液面高度，测量电解液的密度和加注电解液，加液孔平时用加液孔盖拧紧。每个加液孔盖中心都有通气孔和大气相通，应经常使通气孔保持通畅，使电池化学反应放出的气体随时释放出来，以防止电池爆炸。在极板组上部装有护板，以防止测量电解液相对密度、液面高度或加液时，损坏极板。

（5）联条　蓄电池一般是由3个或6个单格电池组成的，联条的作用是将单格电池串联起来，以提高整个蓄电池的端电压。启动型铅酸蓄电池的联条用铅锑合金制成，有外露式（联条外露在蓄电池盖外面，这种蓄电池在现在汽车上已经很少看到）、跨接式（联条埋在盖下，连接部分跨接在单格电池的中间单间格上）和较先进的穿壁式（如图4-26所示，在蓄电池的中间格壁上打孔，使极板组柄直接穿过中间隔板而将单格电池相互串联起来）3种。前者用在硬橡胶外壳上，后两种用在塑料外壳上。采用穿壁式联条有许多优点。如体积比能量提高20%左右，质量比能量提高15%左右，联条功率消耗减少80%，端电压提高0.15～0.40V，节约铅锑合金50%，同时还能有效地避免氧化腐蚀，保证接触良好，提高技术性能。

（6）极桩　中间极桩便于将单格电池串联起来；首尾极桩则是电池对外的接线柱，它分为正极接线柱和负极接线柱，接线柱分锥形、L形、侧置式三种，如图4-27所示。首尾极桩正负接线柱具有如下特征（可用于判断）。

① 标号法——正极接线柱标有“+”，负极接线柱标有“−”。

② 涂色法——正极接线柱涂有“红色”，负极接线柱涂有“黑色”或不涂色。

③ 尺寸法——正极接线柱直径较粗，负极接线柱直径较细。

④ 观察法——正极接线柱（充过电）呈棕色，负极接线柱呈褐灰色。

⑤ 测量法——测量电压时与红表笔接触显示正电压的接线柱是正极桩，与黑表笔接触显示正电压的是负极桩。

蓄电池与充电、用电设备连接时，应正接正，负接负。

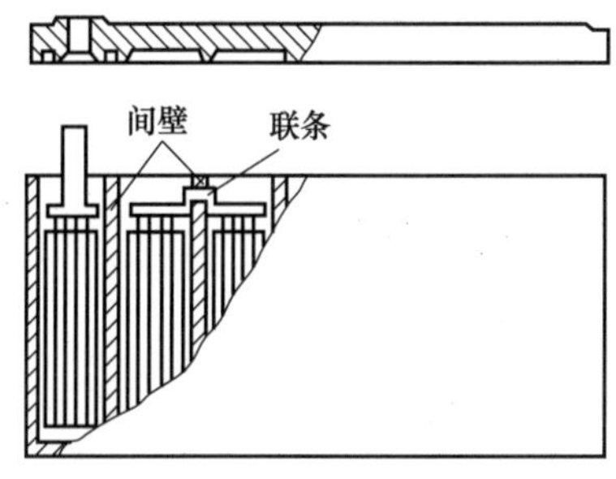

图4-26　单个电池间穿臂连接

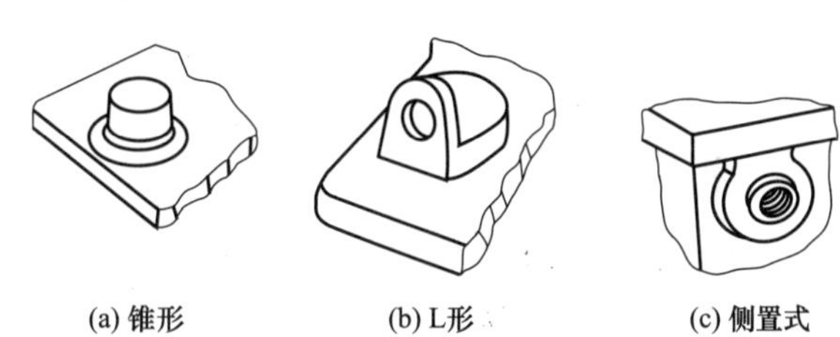

图4-27　正负接线柱形状

2. 免维护蓄电池

免维护蓄电池又称MF蓄电池，免维护是指在汽车合理使用期间，不需要对蓄电池进行加注蒸馏水、检测电解液液面高度、检测电解液密度等维护作业。免维护蓄电池具有如下特点。

① 栅架材料采用铅钙合金，既提高了栅架的机械强度，又减少了蓄电池的耗水量和自放电。

② 采用了袋式微孔聚氯乙烯隔板，将正极板装在隔板袋内，既可避免正极板上的活性物质脱落，又能防止极板短路。因此壳体底部不需要凸起的肋条，降低了极板组的高度，增大了极板上方的容积，使电解液储存量增多。

③ 蓄电池内部安装有电解液密度计，可自动显示蓄电池的存电状态和电解液液面的高低。如果密度计的观察窗呈绿色，表明蓄电池存电充足，可正常使用；若显示深绿色或黑色，表明蓄电池存电不足，需补充充电；若显示浅黄色，表明蓄电池已接近报废。

④ 采用了新型安全通气装置和气体收集器，在孔盖内部设置了一个氧化铝过滤器，可阻止水蒸气和硫酸气体通过，同时又可以使氢气和氧气顺利逸出。通气塞中装有催化剂钯，可促使氢、氧离子重新结合成水回到蓄电池中。

（三）蓄电池的充电

蓄电池是直流电源，必须用直流电源对其进行充电。充电时，充电电源的正极接蓄电池的正极，充电电源的负极接蓄电池的负极。

汽车上的充电设备是由发动机驱动的交流发电机。充电间多采用硅整流充电机、晶闸管整流充电机和智能充电机等。

1. 充电方法

（1）定电压充电　恒压充电是指充电过程中，充电电源电压保持恒定的充电方法。

恒压充电的接线方法见图 4-28。若充电电压过高，将导致过充电；充电电压过低，将导致充电不足。一般单格电池充电电压选为 2.5V。在恒压充电初期，充电电流较大，4～5h 内即可达到额定容量的 90%～95%，因而充电时间较短，而且不需要照管和调整充电电流，适用于补充充电。由于充电电流不可调节，所以不适用于初充电和去硫化充电。

（2）定电流充电　指充电电流保持恒定的充电方法。广泛用于初充电、补充充电和去硫化充电等。恒流充电的接线方法见图 4-29。

为缩短充电时间，充电过程通常分为两个阶段。第一阶段采用较大的充电电流，使蓄电池的容量得到迅速恢复，当蓄电池电量基本充足，单格电池电压达到 2.4V，开始电解水产生气泡时，转入第二阶段，将充电电流减小一半，直到电解液密度和蓄电池端电压达到最大值且在 2～3h 内不再上升，蓄电池内部剧烈冒出气泡时为止。

恒流充电的适应性强，可任意选择和调整充电电流的大小，有利于保持蓄电池的技术性能和延长使用寿命，其缺点是充电时间长，要经常调节充电电流。

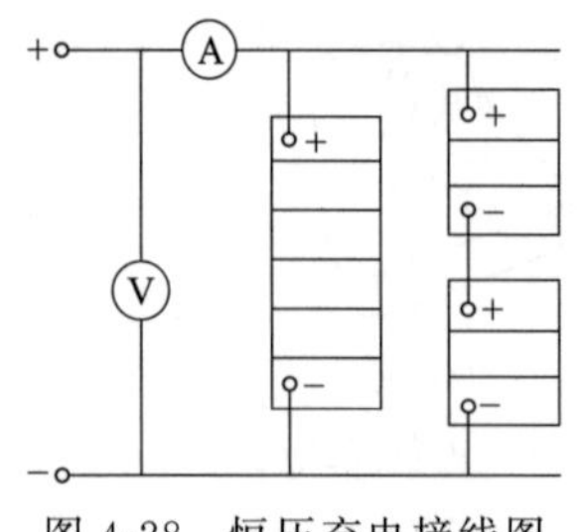

图 4-28　恒压充电接线图

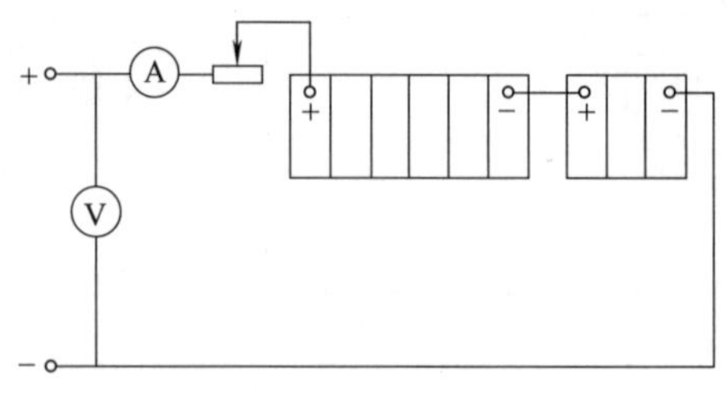

图 4-29　恒流充电接线图

（3）脉冲快速充电　脉冲快速充电必须用脉冲快速充电机进行，其充电电流波形如图 4-30 所示。

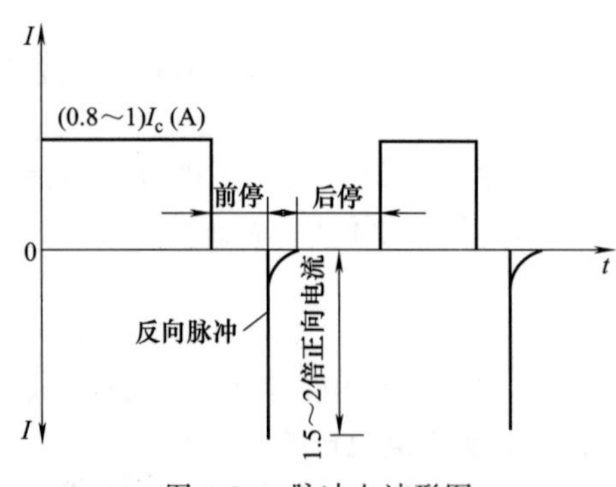

图 4-30　脉冲电波形图

脉冲快速充电的过程是：先用 0.8～1 倍额定容量的大电流进行恒流充电，使蓄电池在短时间内充至额定容量的 50%～60%，当单格电池电压升至 2.4V，开始冒气泡时，由充电机的控制电路自动控制，开始脉冲快速充电，然后再放电或反向充电，使蓄电池反向通过一个较大的脉冲电流（脉冲深度一般为充电电流的 1.5～3 倍，脉冲宽度为 150～1000μs），然后再停止充电 40ms（称为后停充），以后的过程为：正脉冲充电—前停充—负脉冲瞬间放电—后停充—正脉冲充电……循环进行，直至充足电。脉冲快速充电的优点是充电时间可大大缩短（新蓄电池充电仅需 5h，补充充电需 1h）。缺点是对蓄电池的寿命有一定的影响，并且脉冲快速充电机结构复杂，价格昂贵，适用于电池集中、充电频繁、要求应急的场合。

2. 充电种类

（1）初充电　初充电指对新的或更换极板后的蓄电池进行的第一次充电。其操作步骤如下。

① 按蓄电池制造厂的规定和本地区的气温条件，加注一定密度的电解液（加注前，电解液温度不得超过 30℃），放置 4～6h，使极板浸透，并调整液面高度至规定值。

② 将蓄电池的正、负极分别与充电机的正、负极相连。

③ 采用两阶段恒流充电法充电时，第一阶段充电电流为额定容量的 1/15，待电解液中有气泡冒出、单格电池电压达 2.4V 时，转入第二阶段，将电流减小一半，直至蓄电池充足电为止。

充电过程中应注意测量电解液的温度，当温度超过 40℃时，应将电流减半，如温度继续上升达 45℃时，应停止充电，待冷却至 35℃以下时再充电。

④ 充好电的蓄电池应检查电解液的密度，如不符合规定，应用蒸馏水或 1.4g/cm³ 的稀硫酸进行调整，并调整液面高度至规定值。调整后，再充电 2h，直到电解液密度符合规定为止。

(2) 补充充电　补充充电是指对使用中的蓄电池在无故障的前提下，为保持或恢复其额定容量而进行的正常的保养性充电。

一般汽车用蓄电池应每隔 1～2 个月从车上拆下来进行一次补充充电，使用中，如发现下列现象之一时，必须及时进行补充充电。

① 电解液相对密度降至 1.15 以下时。

② 冬季放电量超过 25%，夏季超过 50%时。

③ 前照灯灯光比平时暗淡，启动无力时（无线路故障）。

④ 单格电池电压降到 1.70V 以下时。

补充充电可采用恒压充电或两阶段恒流充电。

汽车上蓄电池的充电采用恒压充电法充电。充电间多采用两阶段恒流充电法充电。采用两阶段恒流充电法进行补充充电时，应先用 C20/10 的电流进行充电，当单格电池电压达到 2.4V 以上时，改用 C20/20 的电流充电至充足为止。

(3) 间歇过充电　间歇过充电是为了避免使用中的铅蓄电池极板硫化的一种预防性充电，汽车用铅蓄电池应每隔三个月进行一次。

充电方法是：先按补充充电的方法将蓄电池充足电，停歇 1h 后，再以减半的充电电流值进行过充电至沸腾，再停歇 1h 后，重新接入充电，如此反复，直到蓄电池刚接入充电时，立即沸腾为止。

(4) 循环锻炼充电　循环锻炼充电是铅蓄电池为防止极板钝化而进行的保养性充电。铅蓄电池使用中常处于部分放电的状况，参加化学反应的活性物质有限，为避免活性物质长期不工作而收缩，每隔三个月应进行一次循环锻炼充电。

充电方法是：先按照补充充电或间歇过充电方法将铅蓄电池充足电，再用 20h 率的电流连续放电至单格电池电压降为 1.75V 为止，其容量降低不得大于额定容量的 10%，否则，应进行充、放电循环，直至容量达到额定容量的 90%为止，方可使用。

(5) 去硫化充电　去硫化充电是消除铅蓄电池极板轻度硫化的一种排故性充电。充电方法和步骤如下。

① 将铅蓄电池按 20h 放电率，放电至单格电池电压降至 1.75V 为止。

② 倒出电解液，用蒸馏水反复冲洗几次，然后加入蒸馏水至规定的液面高度，用初充电第二阶段充电电流进行充电，当电解液密度增大到 1.15g/cm³ 时，再将电解液倒出，加入蒸馏水，继续充电，反复多次，直至电解液密度不再上升为止。

③ 换用正常密度的电解液，按初充电方法将蓄电池充足电。

④ 用 20h 放电率放电，检查容量，若其输出容量可达额定容量的 80%以上，则可装车使用，若达不到，应更换蓄电池或修理。

二、蓄电池的检修操作

（一）蓄电池的正确使用

1. 蓄电池的日常使用与维护

在蓄电池的日常使用和维护中应努力做到以下事项。

① 放完电的蓄电池应在24h内送到充电室充电；蓄电池每两月至少应补充充电一次。

② 不连续使用启动机，每次启动的时间不得超过5s，如果一次未能启动发动机，应休息15s以上再作第二次启动，连续三次启动不成功，应查明原因，排除故障后再启动发动机。

③ 应经常清除蓄电池表面的灰尘污物，保持蓄电池表面清洁、干燥。

④ 经常检查电解液液面高度，必要时用蒸馏水或电解液进行调整使其保持在规定范围内。橡胶壳蓄电池电解液液面高度应高出极板10～15mm。塑料蓄电池外壳呈半透明状，液面应在厂方标明的上下刻线之间。电解液不足，应及时添加蒸馏水或“补充液”。若液面降低确系溅出倾倒造成，应补加相应密度的电解液并充电调整。

2. 拆卸、安装蓄电池应注意的事项

① 从汽车上拆卸蓄电池时，应先拆搭铁电缆，后拆启动机电缆。拆卸时，若发现蓄电池接线柱螺栓锈蚀难以取出，切莫用锤或钳敲打，以避免极桩断裂、极板活性物质脱落。可用热水冲洗后，拧开螺栓，用桩头拉器拉出。

② 往车上装蓄电池时，应认清正负极，保持负极搭铁。应先接启动机电缆，再接搭铁电缆，以防扳手搭铁引起强烈火花。

③ 安装电缆端子时，应先用细砂纸或专用清洁器清洁接线柱及电缆端子。连接接线柱夹头时，螺栓螺母的螺纹应先涂凡士林或润滑脂，以防氧化生锈，便于以后拆卸。

④ 如接线柱小，夹头大，需要垫衬垫时，最好用铅皮或铜皮，并且只垫半圈。若整圈垫，易氧化腐蚀而接触不良。

⑤ 维修带故障自诊断功能的电脑系统，在拆蓄电池电缆前，应先读取故障代码，或在点烟器上插上专用辅助电源，并接通点火开关的“ACC”挡。

3. 蓄电池技术状况的检查

为了保证蓄电池合理使用和正确维护，及时检查电解液液面高度，确定蓄电池的充放电程度非常重要。

（1）电解液液面高度的检查　对于塑料壳体的蓄电池，可以直接通过外壳上的液面线检查，电解液液面应保持在高、低水平线之间。对于橡胶壳体的蓄电池，可以用孔径为3～5mm的透明玻璃管测量电解液高出隔板的高度来检查，如图4-31所示。当电解液液面偏低时，应补充蒸馏水。除非确知液面降低是由电解液溅出或泄漏所致，否则不允许补充硫酸溶液。

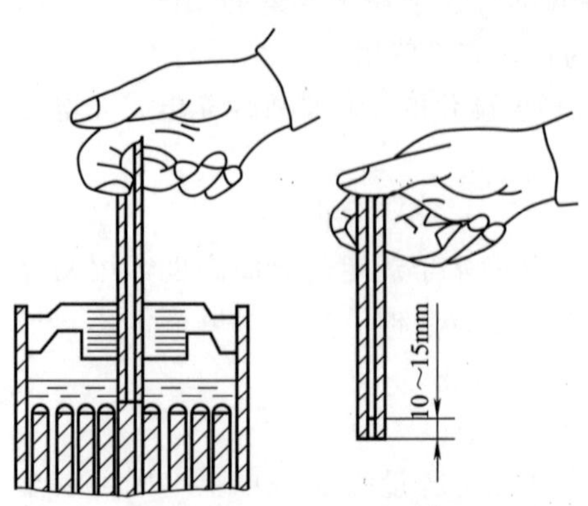

图4-31　测量电解液液面

（2）蓄电池放电程度的检查　蓄电池的放电程度可根据电解液密度判断或用高率放电计检测。

① 根据电解液密度判断。电解液密度可用吸式密度计或电解液密度检测仪检测。图4-32所示为使用吸式密度计测电解液密度。

根据实际经验，电解液密度每下降0.04g/cm^{3}约相当于蓄电池放电25%，所以从测得的电解液密度就可以粗略估算出蓄电池的放电程度。

测量电解液密度时注意：必须同时测量电解液

温度，以便将测得的电解液密度按公式进行修正，得到对应 25℃时的电解液密度；在大电流放电或加注蒸馏水后，不能立即测量电解液密度，应等电解液充分混合均匀后再测，一般在半小时以后即可 。

② 用高率放电计检查。高率放电计是模拟接入启动机负荷，通过测量单格电池在大电流（接近启动机启动电流）放电时的端电压，判断蓄电池的技术状况和启动能力。如图4-33所示。

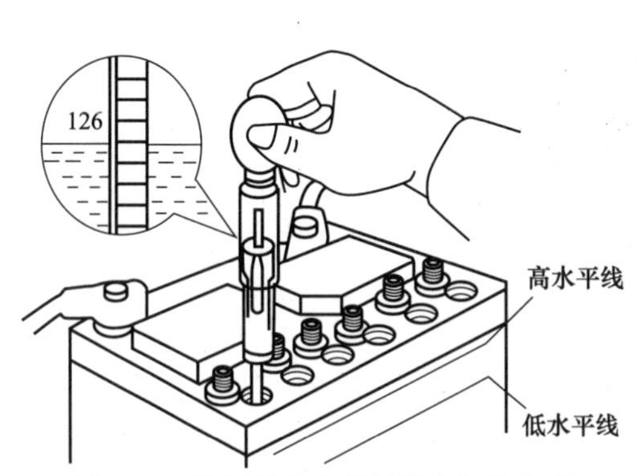

图 4-32　使用吸式密度计测电解液密度

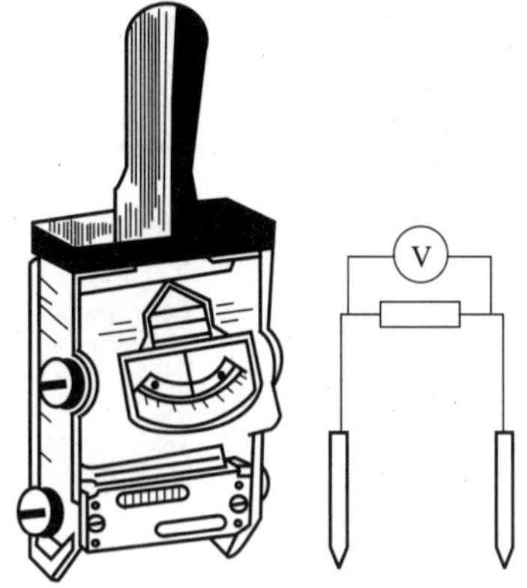

图 4-33　高率放电计测单个电压

4. 蓄电池的储存

（1）新蓄电池的储存　未启用的新蓄电池，其加液孔盖上的通气孔均已封闭，不要捅破。保管蓄电池时应注意以下几点。

① 存放室温 5～30℃，干燥、清洁、通风。

② 不要受阳光直射，离热源距离不小于 2m。

③ 避免与任何液体和有害气体接触。

④ 不得倒置或卧放，不得叠放，不得承受重压。

⑤ 新蓄电池的存放时间不得超过 2 年。

（2）暂时不用的蓄电池的储存　采用湿储存方法，即先充足电，再把电解液密度调至 1.24～1.28g/cm^3，液面调至规定高度，然后将通气孔密封，存放期不得超过半年，期间应定期检查，如容量降低 25%，应立即补充充电，交付使用前也应先充足电。

（3）长期停用的蓄电池的储存　采用干储存法，即先将充足电的蓄电池以 20h 放电率放完电，然后倒出电解液，用蒸馏水反复冲洗多次，直到水中无酸性，晾干后旋紧加液孔盖，并将通气孔密封，存放条件与新蓄电池相同。

（二）蓄电池结构认识操作

操作步骤	作业内容	图　解	具体操作方法及要求
1	准备车辆		技术要求： (1)将车辆停放于水平地面，安装好车轮挡块 (2)变速手柄放置空挡，拉起手制动 安全警告： 切记拉起手制动，安装车轮挡块

续表

操作步骤	作业内容	图　解	具体操作方法及要求
2	安装翼子板布、前格栅布及三件套	 安装翼子板布及前格栅布	技术要求： 翼子板布和前格栅布应居中放置，与车身接触的一侧必须清洁无油污 安全警告： 放置时避免敲击车身及在车身上滑拖而损坏漆面
3	找到蓄电池位置	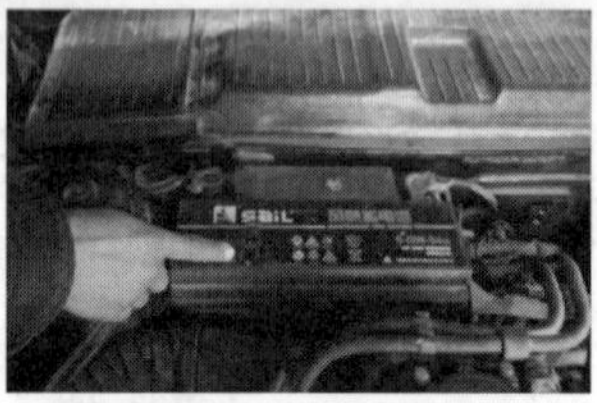	技术要求： 找到蓄电池位置，及在车上的安装方法 安全警告： 切忌用金属物将蓄电池正负极接触而造成短路
4	找到观察孔		技术要求： 清洁蓄电池表面找到蓄电池状态观察窗，观察颜色（绿色为良好；黑色为需充电；无色为液不足，需更换）
5	找到蓄电池型号位置		技术要求： 在蓄电池壳体上找到蓄电池型号
6	找到蓄电池正负接线柱	 正　负	技术要求： 在蓄电池上找到蓄电池正负极接线柱。查看正负极桩及标记、导线颜色和安装方法
7	打开电源开关（不启动发动机）观察仪表盘指示灯		技术要求： 在仪表盘上能找到蓄电池指示灯（亮），蓄电池向用电设备供电

续表

操作步骤	作业内容	图　解	具体操作方法及要求
8	打开电源开关（启动发动机）观察仪表盘指示灯		技术要求： 在仪表盘上找不到蓄电池指示灯（指示灯熄灭），发电机向用电设备供电，蓄电池充电
9	关闭电源开头，使发动机熄火		技术要求： 使汽车恢复原状 安全警告： 切记拉起手制动
10	5S工作		技术要求： （1）对工具和设备清洁，并放回原位 （2）整理场地 （3）清扫场地 安全警告： 不要用潮湿的抹布清洁电器开关、按钮等

（三）蓄电池的正确充电操作

操作步骤	作业内容	图　解	具体操作方法及要求
1	准备工作		技术要求： 准备完好充电机、待充电蓄电池
2	检查蓄电池电压		技术要求： 检测蓄电池电压，如果电压低于12V，则需要充电 安全警告： 注意防止正负极间短路
3	检查蓄电池电解液面高度		技术要求： 检查蓄电池电解液液面高度，如果低于规定值，则应添加蒸馏水（免维护蓄电池不需要） 安全警告： 防止液体溅到皮肤上

续表

操作步骤	作业内容	图　解	具体操作方法及要求
4	熟悉充电机开关设置		技术要求： （1）正确使用蓄电池电压选择开关。汽油车选择12V；柴油车选择24V （2）正确使用充电电流调节旋钮
5	连接蓄电池和充电机		技术要求： 先把电缆的正极（+）红色夹子与蓄电池接线柱的正极（+）相连，后把电缆的负极（−）黑色夹子与蓄电池接线柱的负极（−）相连 安全警告： 防止蓄电池正负接线柱与充电设备正负极性接反
6	给充电机通电	打开电源开关	技术要求： 先给充电机接上电源，然后再打开充电机电源开关，这时可观察到充电机上充电指示灯亮 安全警告： 防止先打开充电机电源
7	调节充电电流，给蓄电池充电		技术要求： 转动充电电流调节旋钮，设置充电电流，可观察电流表查看充电电流
8	充电结束		技术要求： 把电流调节于“OFF”处。关闭电源
9	拆卸蓄电池和充电机的连接导线		技术要求： 先拆下负极接线，再拆下正极接线

续表

操作步骤	作业内容	图　　解	具体操作方法及要求
10	5S工作		技术要求： (1)对工具和设备清洁，并放回原位 (2)整理场地 (3)清扫场地

(四) 蓄电池的检查与维护操作

操作步骤	作业内容	图　　解	具体操作方法及要求
1	准备车辆		技术要求： 翼子板布和前格栅布应居中放置，与车身接触的一侧必须清洁无油污 安全警告： 放置时避免击打车身而损坏漆面
2	安装翼子板布及前格栅布	 安装翼子板布、前格栅布	技术要求： 翼子板布和前格栅布应居中放置，与车身接触的一侧必须清洁无油污
3	检查蓄电池端子导线松动	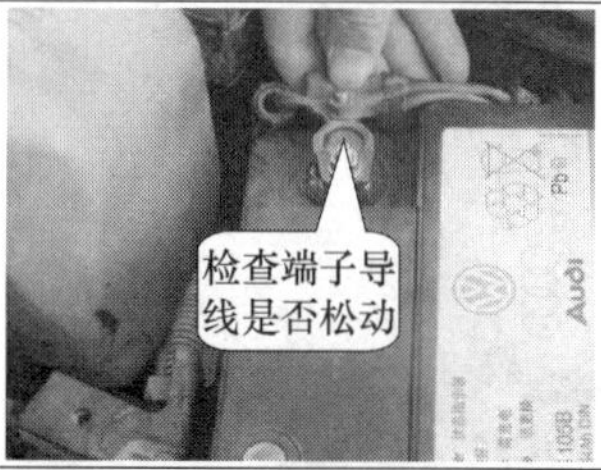 检查端子导线是否松动	技术要求： 如果蓄电池端子导线有松动现象，应进行紧固处理 安全警告： 紧固正极极柱时，扳手严禁与车身金属相碰
4	检查蓄电池桩头是否腐蚀	 检查电极柱是否腐蚀	易发问题： 如果蓄电池桩头有氧化物或者腐蚀，应进行清理
5	检查蓄电池盒	 检查蓄电池外壳是否损坏	技术要求： 检查蓄电池盒是否损坏；检查蓄电池盒是否有裂纹或者渗漏，如有则更换 安全警告： 小心渗漏的电解液与皮肤接触，一旦接触要用大量清水冲洗

续表

操作步骤	作业内容	图解	具体操作方法及要求
6	检查蓄电池通风孔塞（注：如采用普通蓄电池的进行该项目）		检查通风孔是否损坏、通风孔上的孔是否堵塞（免维护蓄电池）
7	检查蓄电池通风孔塞（注：如采用普通蓄电池的进行该项目）		技术要求： 检查通风孔塞是否损坏、通风孔塞上的孔是否堵塞 安全警告： 如果蓄电池通风孔塞损坏，则需要更换，如果通风孔塞上的孔堵塞，则应进行疏通处理
8	检查电解液液位（目视液位标线）		技术要求： 查看液位是否处于上线和下线之间 安全警告： 检查时要轻轻摇晃，不要用力过猛 必要时，加水一定要加蒸馏水，不许加已经配置好的电解液
9	检查蓄电池电量（目视指示器）		特别提醒： 某些类型的蓄电池可以通过蓄电池指示器查看液位和蓄电池状况
10	检测蓄电池端电压		技术要求： 测量时将放电叉的两触针紧压在蓄电池的正负极桩上，观察指针所指的位置 指在白色区域，表明电已充足；指在绿色区域表明正常；指在黄色区域表明要重充；指在红色区域表明电已放完 安全警告： 使用该仪器检查蓄电池的放电程度时，测量的时间不能超过 3s
11	用万用表测量蓄电池的开路电压		技术要求： 将万用表置直流适当挡位，万用表的正表笔接蓄电池的正极端，负表笔接负极端。读出指示电压值，12V 为正常值 易发问题： 万用表挡位和量程选择不正确

续表

操作步骤	作业内容	图　　解	具体操作方法及要求
12	清洗吸管		技术要求： 取出电解液密度检测仪，用吸管吸蒸馏水对电解液密度检测仪进行清洁，并对电解液密度检测仪进行校零
13	吸出电解液	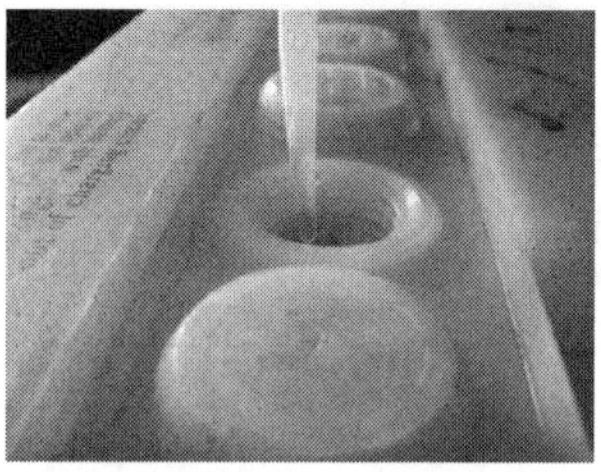	技术要求： 用吸管从蓄电池中吸出少量电解液 安全警告： 防止电解液黏附皮肤，如有应立刻用大量清水清洗
14	滴在 密度计上		技术要求： 将电解液滴在电解液密度检测仪的测试板上，盖上电解液密度检测仪的盖板 安全警告： 防止电解液黏附皮肤或溅入眼睛，如有应立刻用大量清水清洗并及时就医
15	查看密度	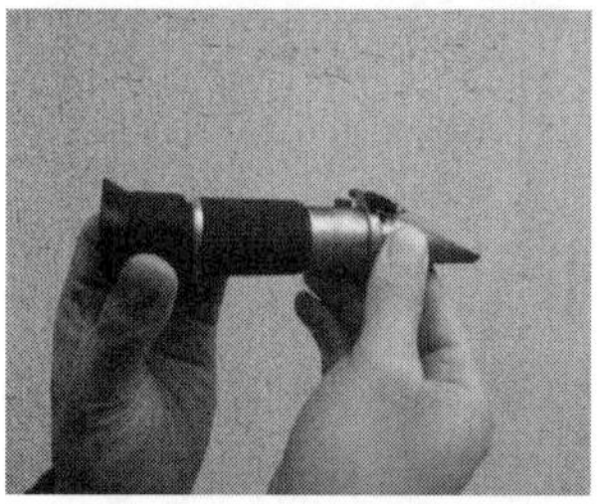	技术要求： 将电解液密度检测仪端平，对着光线良好的地方，观察蓄电池电解液的密度 安全警告： 蓄电池电解液的密度在20℃(68℉)时应为1.24～1.30g/cm^3
16	清洁		技术要求： 用吸管吸蒸馏水对电解液密度检测仪进行清洁
17	归位	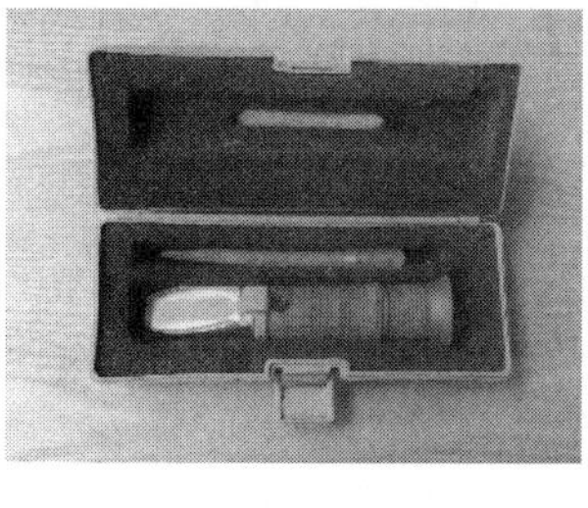	技术要求： 用干净的抹布清洁电解液密度检测仪并放回原位

续表

操作步骤	作业内容	图　解	具体操作方法及要求
18	安装加注口盖		技术要求： 安装好电解液加注口盖 易发问题： 忘记将电解液加注口盖盖上
19	5S工作		技术要求： (1)整理、整顿、清洁、清扫、素养 (2)车身上凡是作业过程中动过的部位均应用干净抹布清洁 (3)所有工量具、物品必须归位 (4)地面必须用拖把清洁 安全警告： 不要用潮湿的抹布清洁电器开关等

第三节　交流发电机及电压调节器

一、交流发电机

（一）交流发电机的结构原理

1. 交流发电机的结构组成

发电机的作用是将来自发动机的机械能转变成电能。机械能通过皮带轮传给发电机。皮带轮带动转子转动发出交流电来。然后经二极管整流器整流变成直流电。电压调节器对发电机的输出电压进行控制，使其保持基本恒定，以满足汽车用电设备的需求。

交流发电机的主要部件是：产生磁场的转子；产生交流电的定子以及整流用的二极管。此外，还有为了产生磁场而将电流提供给转子的电刷和滑环，使转子平滑转动的轴承、冷却转子、定子及二极管的风扇。所有这些部件均装在前后机架上。如图 4-34 所示。

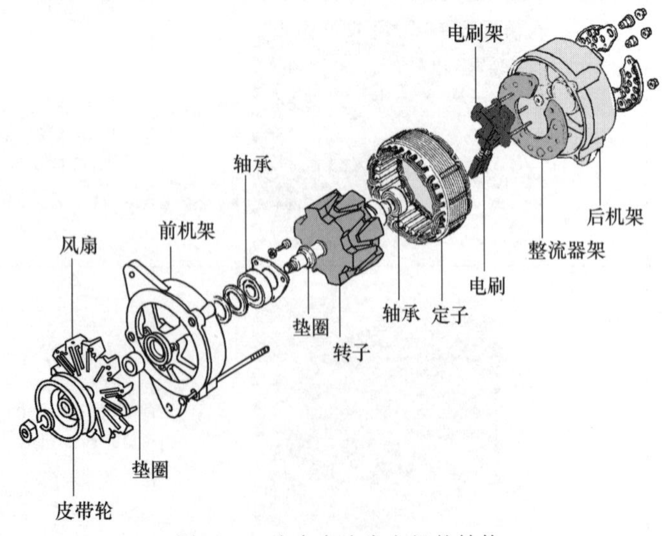

图 4-34　汽车交流发电机的结构

（1）转子　转子是交流发电机的磁场部分，其功用是产生旋转磁场，主要由转子轴、励磁绕组、两块爪形磁极、滑环等组成。如图 4-35 所示。

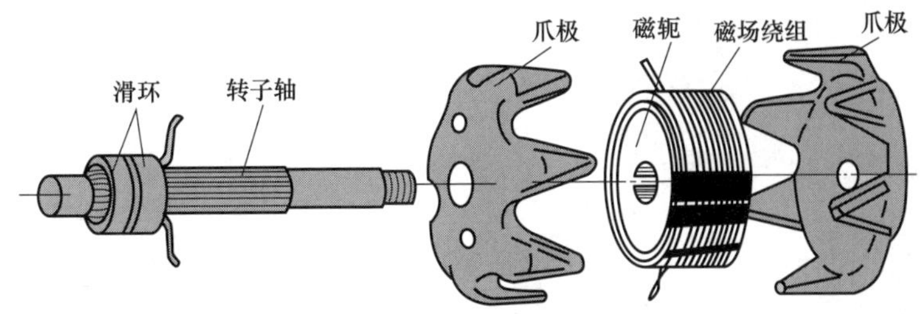

图 4-35　交流发电机转子的结构

（2）定子　定子的功用是产生交流电，也称作电枢，由定子铁芯和定子绕组组成。定子铁芯一般由一组相互绝缘的且内缘带有嵌线槽的圆环状硅钢片叠制而成。嵌线槽内嵌入三相对称的定子绕组。如图 4-36 所示。

（3）整流器　整流器的作用是：将定子绕组产生的三相交流电变成直流电输出；其次，可阻止蓄电池的电流向发电机倒流。它一般有六个硅二极管接成三相桥式全波整流电路。其整流二极管的特点是工作电流大、反向电压高。如图 4-37 所示为整流器。

图 4-36　发电机的定子结构

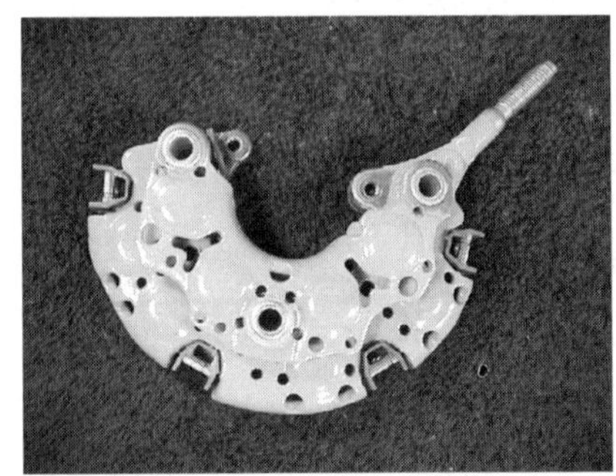

图 4-37　整流器

正极管：其中心引线为二极管的正极，外壳为负极，在管壳底上一般标有红色标记。在负极搭铁的交流发电机中，三个正二极管的外壳压装在元件板的三个座孔内，共同组成发电机的正极，由一个与后端盖绝缘的元件板固定螺栓通至机壳外，作为发电机的火线接线柱“B”（“+”，“A”或“电枢”接线柱）。

负极管：其中心引线为二极管的负极，外壳为正极，管壳底部一般有黑色标记。三个负极管的外壳压装在后端盖的三个孔内，和发电机外壳一起成为发电机的负极。

上海桑塔纳轿车用 JFZ1813Z 型交流发电机整流器安装在后端盖外侧，只要打开塑料防尘罩，即可取出，不需将交流发电机解体、维修方便。

（4）端盖　前后端盖用非导磁性材料铝合金制成，漏磁少，并具有轻便、散热性好等优点。在后端盖内装有电刷架和电刷。汽车上使用的发电机的前后端盖上通常设有通风口。当传动带轮和风扇一起旋转时，使空气高速流经发电机内部进行冷却。

（5）电刷组件　两只电刷装在电刷架的方孔内，利用弹簧的压力使其与集电环保持良好的接触。电刷与电刷架的结构有外装式和内装式两种，其构造如图 4-38 所示。

搭铁电刷的引出线用螺钉直接固定在后端盖上（标记“－”），此方式称为内搭铁；如果此电刷的引出线与机壳绝缘接到后端盖外部的接线柱上（标记 F2），这种方式称为外搭铁。

(6) 风扇　一般用1.5mm厚的钢板冲制或用铝合金压铸而成，并用半圆键装在前端盖外侧的转轴上，发电机工作时，对发电机进行冷却。

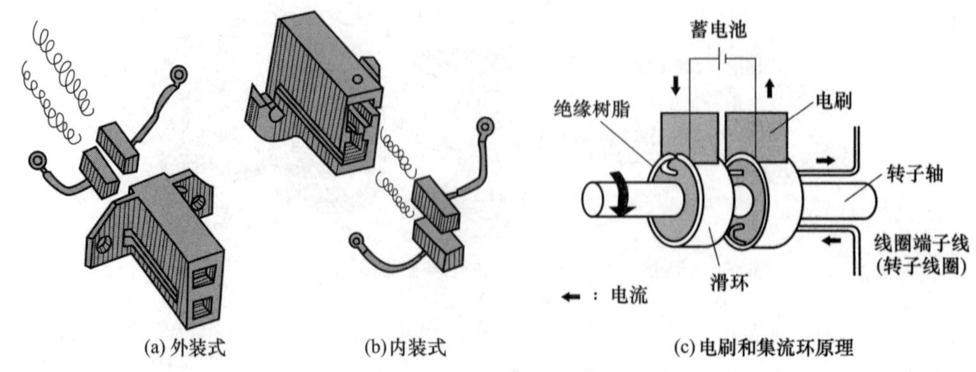

图 4-38　电刷与电刷架

2. 交流发电机的工作原理

(1) 发电原理　如图4-39所示，发电机定子的三相绕组按一定规律分布在发电机的定子槽中，内部有一个转子，转子上安装着爪极和励磁绕组。

当外电路通过电刷使励磁绕组通电时，便产生磁场，使爪极被磁化为N极和S极。当转子旋转时，磁通交替地在定子绕组中变化，根据电磁感应原理可知，定子的三相绕组中便产生交变的感应电动势。这就是交流发电机的发电原理。

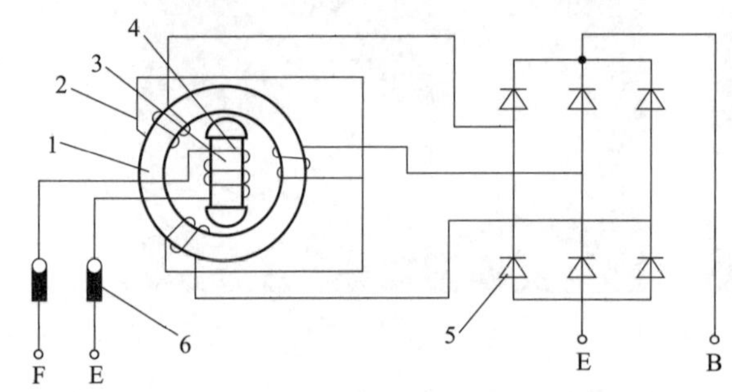

图 4-39　交流发电机发电原理示意图

1—定子铁芯；2—定子绕组；3—转子；4—励磁绕组；5—整流二极管；6—电刷

(2) 交流发电机的整流原理　将交流电变成直流电的过程称为整流。整流的方法有许多种，但是汽车交流发电机所使用的是一种既简单又有效的二极管整流法。

交流发电机定子的三相绕组中，感应产生的交流电，通过6只二极管组成的三相桥式整流电路整流为直流电。整流电路如图4-40 (a) 所示。

二极管具有单向导通性，当给二极管加上正向电压时二极管导通，当给二极管加上反向电压时二极管截止。将定子的三相绕组和6只整流二极管按图4-40 (a) 的电路连接，发电机的输出端B、E上就输出一个脉动直流电压，如图4-40 (c) 所示，这就是发电机的整流原理。

有些交流发电机的整流器采用9只二极管，增加的是三只小功率磁场二极管，专门用来供给励磁电流，这样可以提高发电机的电压调节精度。采用磁场二极管后，仅用简单的放电警告灯即可以指示发电机的发电情况，节省了一只放电警告灯继电器。

另外，有些发电机为了提高中性点电压，提高发电机输出功率，增加了两只二极管对中性点电压进行整流，汇入发电机的输出端。同时具备上述两种功能的发电机整流器共有11只硅二极管，图4-41为几种不同发电机整流器。

(3) 发电机的励磁方式　将电流引入到励磁绕组使之产生磁场称为励磁。交流发电机励磁方式有自励和他励两种。

① 他励。在发电机转速较低时（发动机未达到怠速转速），自身不能发电，需要蓄电池

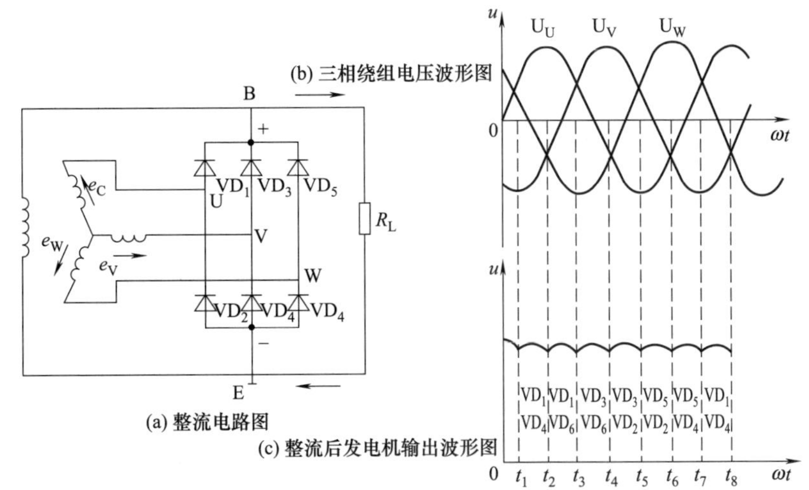

图 4-40 交流发电机整流原理

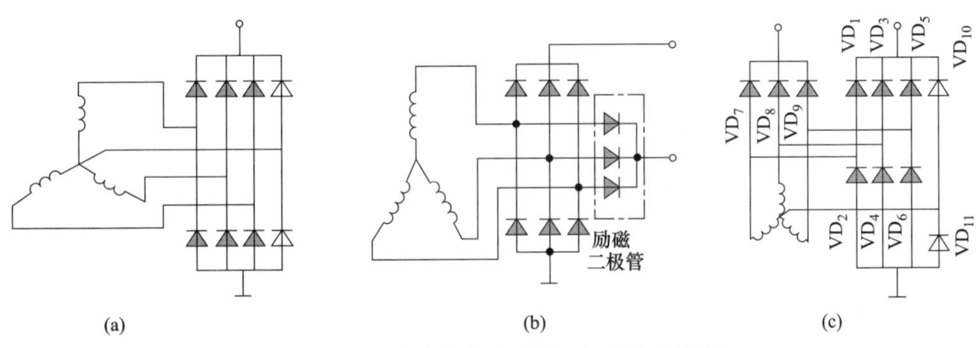

图 4-41 具有中性点和磁场二极管的整流器

供给发电机励磁绕组电流，使励磁绕组产生磁场来发电。这种由蓄电池供给磁场电流发电的方式称为他励发电。

② 自励。随着转速的提高（一般在发动机达到怠速时），发电机定子绕组的电动势逐渐升高并能使整流器二极管导通，当发电机的输出电压大于蓄电池电压时，发电机就能对外供电了。当发电机能对外供电时，就可以把自身发的电供给励磁绕组，这种自身供给磁场电流发电的方式称为自励发电。

交流发电机开始发电时，需由蓄电池供给励磁电流。当发电机电压达到蓄电池电压时，即由发电机自己供给励磁电流，也就是由他励转变为自励。

（二）交流发电机的检修操作

1. 交流发电机的正确使用

交流发电机的结构简单，维护方便。若正确使用，则不仅故障少而且寿命长；若使用不当，则会很快损坏。因此在使用和维护中应特别注意以下几点。

（1）汽车交流发电机均为负极搭铁，蓄电池搭铁极性必须与此相同，否则，蓄电池将使整流二极管立即烧坏。

（2）发电机运转时，不能用试火花的方法检查发电机是否发电，否则容易损坏二极管。

（3）一旦发现发电机不发电或充电电流很小时，就应及时找出故障并予以排除，不应再长期继续运转。因为如果一只二极管短路，发电机就不能正常输出电压，并会导致其他二极

管或定子绕组被烧坏。

（4）整流器的 6 只二极管与定子绕组连接时，绝对禁止用兆欧表（摇表）或 220V 交流发电机检查发电机的绝缘情况，否则将使二极管击穿而损坏。

（5）发电机熄火时，应将点火开关断开，否则蓄电池将长期经磁场绕组和调节器放电。

（6）发电机与蓄电池之间的导线要连接可靠，如突然断开，将会产生过电压，易损坏电子元器件。

2. 发电机的就车检查

操作步骤	作业内容	图解	具体操作方法及要求
1	工具准备		工具：组合套筒一套、一字起子、十字起子各一把；清洗剂等 工具准备要齐全，摆放要整齐
2	检查蓄电池状况		（1）检查蓄电池是否有损坏、变形。如果有严重损坏、变形或泄漏，更换蓄电池 （2）检查各单格电解液量 （3）检查蓄电池端子有无松动、腐蚀 提示 检查蓄电池电压之前，关闭所有的电气系统
3	检查多楔带	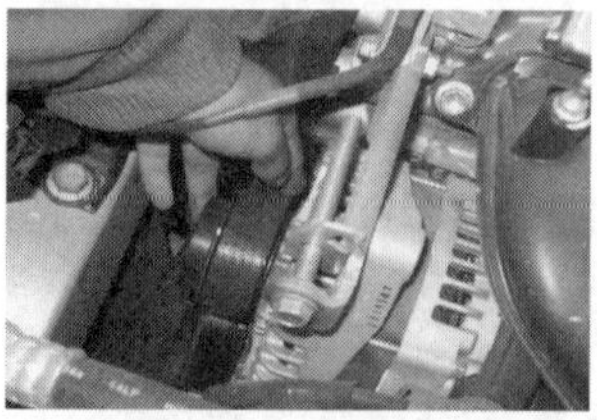	（1）检查多楔带有无磨损、破裂和其他损坏痕迹 （2）检查并确认皮带正确安装在楔形槽中 提示 皮带磨损严重或皮带棱缺损严重，则更换
4	目视检查发电机配线	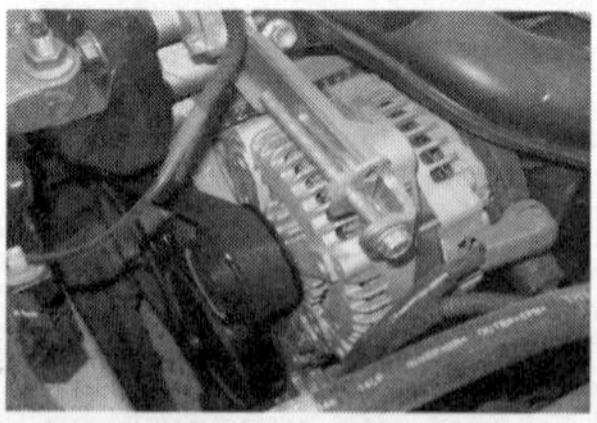	检查并确认配线情况良好。如果状态不正常，维修或更换发电机线束
5	检查发电机是否有异响		发动机正常运行时，发电机如果有异响，应更换皮带轮或发电机

续表

操作步骤	作业内容	图　解	具体操作方法及要求
6	检查充电警告灯电路		(1)将点火开关置于ON位置,检查并确认充电警告灯点亮 (2)启动发动机,检查确认灯已熄灭 如果警告灯工作情况不符合规定,则对充电警告灯电路进行故障排除
7	发电机无负载测试	rpm 使发动机的速度达到2000rpm 发电机的端子B 测量电压 A V	将电压表和电流表连接至充电电路,启动发动机保持转速2000r/min,检查电流表、电压表读数 标准电流:10A或更小 标准电压:13.2~14.8V 如果结果不符合规定,则更换发电机
8	检查带负载充电电路	rpm 使发动机的速度达到2000rpm 发电机的端子B 测量电压 A V	保持发动机转速在2000r/min,打开远光灯,并将加热器鼓风机开关转至HI位置,检查电流表读数 标准电流:30A或更大 如果结果不符合规定,则更换发电机

3. 交流发电机的检修操作

(1) 交流发电机的总成拆卸

操作步骤	作业内容	图　解	具体操作方法及要求
1	工具准备		工具:组合套筒一套、一字起子、十字起子各一把;清洗剂等 工具准备要齐全,摆放要整齐
2	打开发动机盖		(1)打开发动机盖,安装前格栅布、翼子板布 (2)从蓄电池负极断开电缆 (3)拆卸发动机后部右侧底罩 (4)拆卸散热器上空气导流板
3	拆卸发电机总成		(1)拆卸多楔带 (2)拆卸端子盖 (3)拆下螺母并将线束从端子B上断开 (4)断开连接器和线束卡夹 (5)拆下两个螺栓和发动机总成 注意: 工作人员手上不能有油、水等黏附在传动带上,防止装上后皮带打滑

续表

操作步骤	作业内容	图　解	具体操作方法及要求
4	取出并安放好发电机		拆下螺栓和线束支架，并安放好发电机
5	5S工作	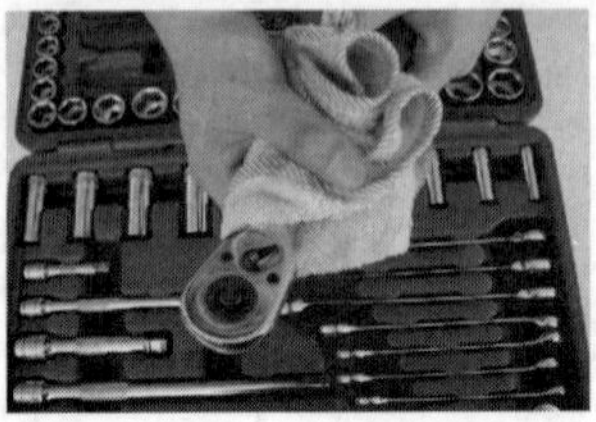	对工具和设备清洁，并放回原位 整理场地 清扫场地

（2）交流发电机的拆解

操作步骤	作业内容	图　解	具体操作方法及要求
1	拆卸发电机离合器皮带轮	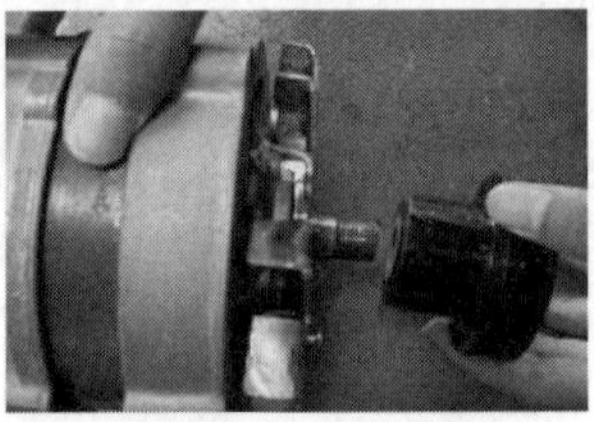	（1）用螺丝刀拆下发电机皮带轮盖 （2）用专用工具拆下锁紧螺母，取下皮带轮
2	拆下电刷架总成		电刷架总成安装在交流发电机的后端盖上，用十字起拆下电刷架总成的固定螺栓 取出电刷架时应小心，防止电刷损坏
3	取下风扇		注意安装方向，防止安装错误
4	拆卸交流发电机的连接螺栓		依次拆下四个螺栓，按序放好

续表

操作步骤	作业内容	图　解	具体操作方法及要求
5	取下前端盖		在取下前端盖时，注意定子与其的连接，防止定子总成被损坏
6	拆卸发电机转子总成		取出转子总成，整齐摆放在工作台上
7	拆下定子总成		用一字起拆下定子总成的固定螺栓，取出定子总成

（3）交流发电机的检查

操作步骤	作业内容	图　解	具体操作方法及要求
1	检查发电机离合器皮带轮	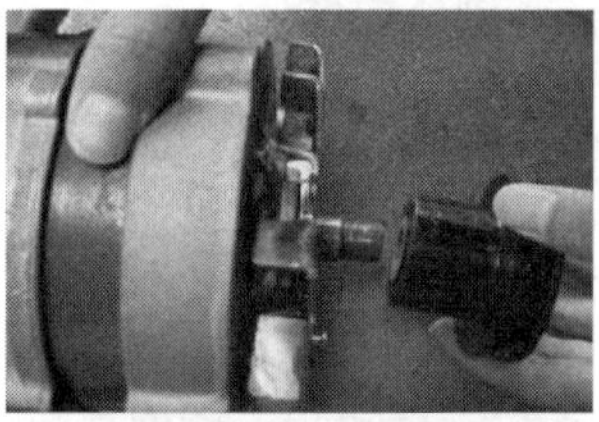	固定皮带轮中心，确认外锁环只能逆时针转动而不能顺时针转动 如果不符合规定，更换离合器皮带轮
2	检查发电机电刷架总成	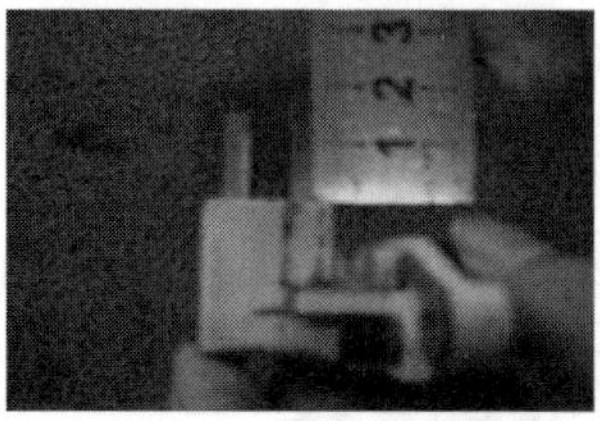	测量电刷的外露长度 标准长度：9.5～11.5mm 最小外露长度：4.5mm 如果外露长度小于最小值，更换电刷架总成
3	检查发电机转子总成		（1）检查发电机转子是否断路，用欧姆表测量滑环之间的电阻，规定状态为 2.3～2.7Ω。如果不符则更换转子总成

续表

操作步骤	作业内容	图解	具体操作方法及要求
3	检查发电机转子总成	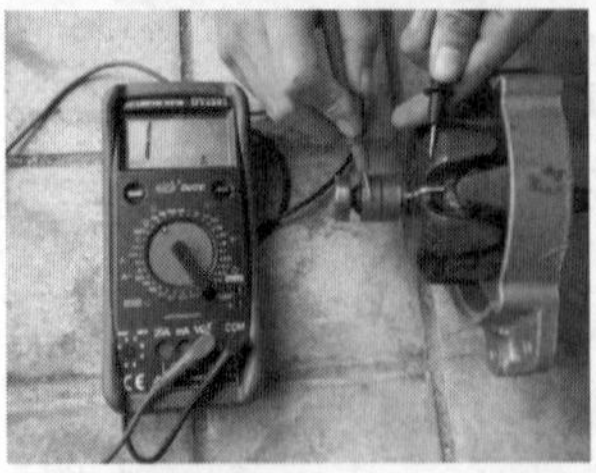	(2)检查转子是否对搭铁断路 使用欧姆表测量滑环与转子之间的电阻，标准值为1MΩ或更大。如不符则更换转子总成
			(3)检查发电机转子轴承没有变粗糙或磨损。如有必要更换发电机转子总成 (4)用游标卡尺测量滑环直径 标准直径：14.2～14.4mm 最小直径：14.0mm 如果直径小于最小直径，更换转子总成
4	定子的检查		(1)定子绕组断路检测 用万用表Ω挡检测定子绕组三个接线端，两两相测，阻值应小于1Ω，若阻值为∞，说明断路 若不能修复，应更换定子绕组或定子总成 (2)定子绕组短路检测 若短路，应更换定子绕组或定子总成
			定子绕组搭铁检测 用万用表电阻最大挡检测定子绕组接线端与定子铁芯间的电阻，应为∞，否则说明有搭铁故障 有搭铁故障应更换定子绕组或定子总成

(4) 交流发电机的组装

操作步骤	作业内容	图解	具体操作方法及要求
1	安装发电机转子总成		(1)将驱动端端盖放在离合器皮带轮上 (2)将发电机转子总成安装到驱动端端盖上 (3)将发电机垫圈放到发电机转子上
2	安装前端盖		装配过程中，严禁硬敲硬砸，以防损伤发电机

续表

操作步骤	作业内容	图　　解	具体操作方法及要求
3	安装发电机电刷架总成		(1)将2个电刷推入发电机电刷架总成 (2)用2个螺钉将电刷架总成安装到发电机上
4	安装发电机离合器皮带轮		(1)将端子绝缘垫安装到发电机线圈上 (2)用专用工具将皮带轮安装到转子轴上。检查并确认皮带轮旋转平稳

(5) 安装

操作步骤	作业内容	图　　解	具体操作方法及要求
1	安装发电机导线	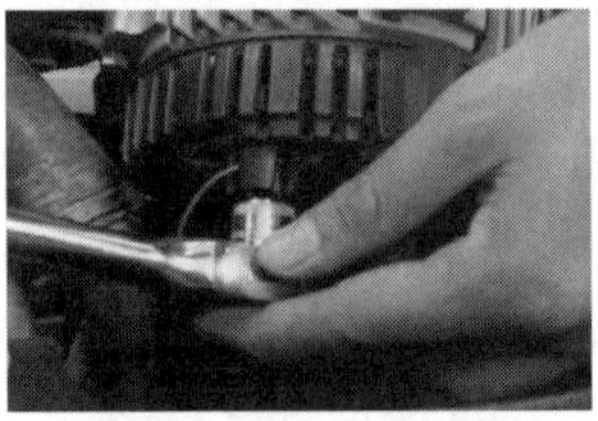	(1)用螺栓安装线束卡夹支架 (2)用2个螺栓暂时安装发电机总成 (3)用螺母将线束安装到端子并安装端子盖 (4)安装连接器和线束卡夹
2	安装发电机		按照与拆卸相反的顺序安装发电机到指定位置
3	安装发电机传动带		将传动皮带安装到位
4	调整皮带松紧度	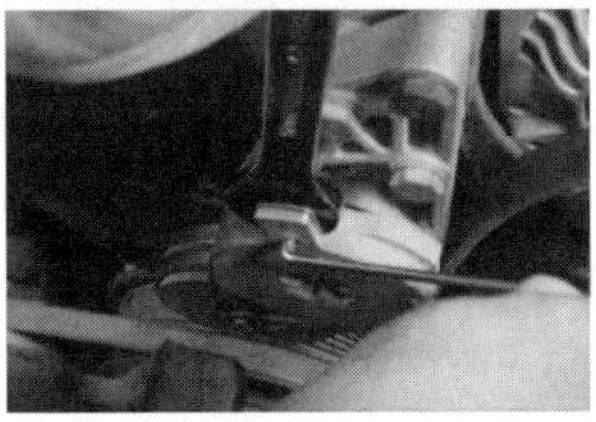	将传动皮带调整至规定张紧度

续表

操作步骤	作业内容	图解	具体操作方法及要求
5	5S工作		(1)清洁工具和设备，并放归原位 (2)整理场地 (3)清扫场地

二、电压调节器

（一）电压调节器的结构原理

发电机在汽车上是按固定的传动比由发动机驱动旋转的，其转速随发动机转速变化而在很大范围内变化。

根据电磁感应原理，交流发电机发出的电压，随发电机速度和负载（输出电流）而变化。由于发动机的转速不断变化，交流发电机转速很难保持不变。因此，为了使发电机能提供稳定的电压，必须采用调节器来控制电压。一般充电系统使用发电机的电压调节器来保持充电系统的电压稳定。如图 4-42 所示。

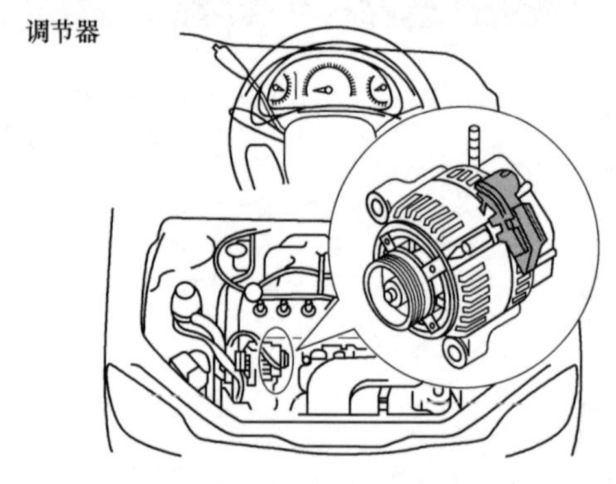

图 4-42　电压调节器

1. 电压调节器的功用

当发电机转速变化时，自动对发电机的电压进行调节，使发电机的电压稳定，以满足汽车用电设备的要求。

2. 电压调节器的分类

（1）按工作原理可分为：触点式电压调节器；晶体管式调节器；集成电路调节器；电脑控制调节器。

（2）按所匹配的交流发电机搭铁形式可分为：内搭铁型调节器；外搭铁型调节器。

3. 发电机电压调节器的工作原理

根据电磁感应原理，发电机的感应电动势为 $E\Phi = Cen\Phi$，即感应电动势 $E\Phi$ 与发电机转速 n 和磁通 Φ 成正比；发电机的空载电压 $U = E\Phi = Cen\Phi$，发电机在汽车上是按固定的传动比驱动旋转的，其转速 n 随发动机转速变化而在很大范围内变化。如果要在转速 n 变化时维持发电机电压恒定，就必须相应地改变磁极磁通 Φ。因为磁极磁通 Φ 取决于励磁电流 I_f 的大小，所以在发电机转速变化时，只要自动调节励磁电流 I_f，就能使发电机电压保持恒定。电压调节器就是利用自动调节励磁电流使磁极磁通改变这一原理来调节发电机电压的。

（1）晶体管式电压调节器的工作原理　晶体管式调节器，也称电子调节器，以稳压管作为电压感受元件，控制晶体三极管的通断来调节励磁电流 I_f，使发电机电压保持稳定。这种调节器没有触点，使用过程中无需保养和维护，结构简单、体积小、重量轻。

晶体管式电压调节器有多种形式，其电路各不相同，基本结构一般由 2～4 个晶体管、1～2个稳压管和一些电阻、电容、二极管组成。调节器对外引出有“+”（或“S”、“点火”）、“F”（或“励磁”）、“E”（或“搭铁”、“−”）等的接线柱或引线，分别与交流发电机等连接构成汽车电气装置的充电系统。

如图 4-43 所示为晶体管式调节器原理图。

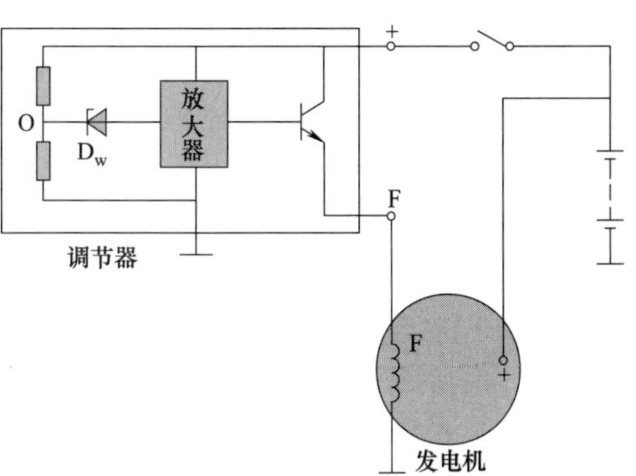

图 4-43　晶体管式调节器原理图

调节器的“＋”接线柱接点火开关，“F”接线柱接发电机励磁绕组，“＋”和“F”之间为三极管的集电极与发射极之间形成的开关电路，“＋”与“－”之间有两个电阻 R_1、R_2 组成的分压器，其 O 点电压正比于发电机电压，O 点与放大器之间接有稳压管 D_W，用来感受电压，其工作过程如下。

在发电机电压较低的情况下，分压器中间 O 点电压也较低，此时稳压管处于截止状态，此状态经放大器放大，给三极管的基极一个高电位信号，使三极管导通，励磁电流可以通过三极管流入发电机励磁绕组，使发电机电压上升，当电压上升到调节器电压调整值时，O 点电压升高至稳压管的击穿电压，稳压管被击穿，此信号经放大器放大后给三极管一个低电位信号，使三极管截止，切断了励磁电流，发电机无励磁电流，电压便下降，这样又使三极管导通，如此反复，使发电机的电压稳定在一调定值。

晶体管式电压调节器与内、外搭铁形式的交流发电机配套使用，也有内、外搭铁的区别，使用前一定要判断其搭铁形式，并与发电机的相应接线柱正确连接。如图 4-44 为发电机和调节器的两种接线方式。

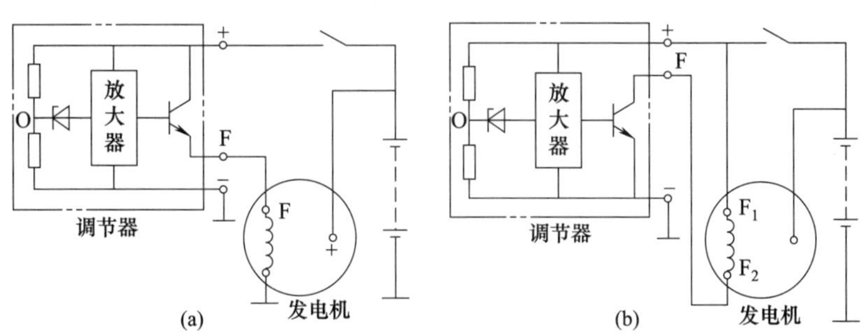

图 4-44　发电机和调节器的两种接线方式

图 4-44（a）为内搭铁式。调节器装在发电机与点火开关之间，发电机励磁绕组有一端搭铁。

图 4-44（b）为外搭铁式。调节器装在发电机励磁绕组与搭铁之间，发电机励磁绕组无搭铁端，调节器控制励磁绕组搭铁。

这两种形式的发电机与调节器不能互换，否则将会造成发电机电压失调或不发电。

（2）集成电路式电压调节器的工作原理　集成电路式调节器是利用集成电路（IC）组成的调节器，可分为全集成电路调节器和混合集成电路调节器两类。前者是将二极管、三极管、电阻、电容等电子元件同时制在一块硅基片上；后者是用厚膜或薄膜电阻与集成的单片芯片或分立元件组装而成，使用最广泛的是厚膜混合集成电路调节器。

集成电路式调节器除具有晶体管调节器的优点外，还有以下特点。

① 体积小、重量轻，因此可以直接装在发电机内部或壳体上成为整体式交流发电机的一个零件，这样可以省去调节器和发电机之间的导线，减小了线路损失，减少了线路故障，使调节器的精度可达±0.3V，工作更为可靠。

② 耐高温性能好，可在 130℃高温下正常工作。

③ 更加耐振，使用寿命长。

集成电路式调节器的基本工作原理与晶体管调节器完全一样，都是利用晶体三极管的开关特性控制发电机磁场电流来达到稳定发电机输出电压的目的。也有内搭铁和外搭铁之分，而且以外搭铁使用的较多。

目前轿车上已大量采用集成电路调节器。

（二）电压调节器的检修

1. 电压调节器的正确使用

调节器在使用中应注意以下几点。

（1）调节器与发电机的电压等级必须一致，否则电源系统不能正常工作。

（2）调节器与发电机的搭铁形式必须一致，交流发电机的磁场电流在调节器中的流动方向如图 4-45 所示。

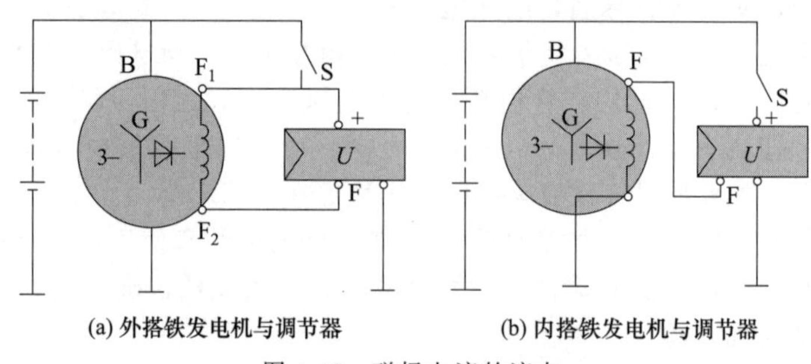

图 4-45 磁场电流的流向

由图 4-45 可见，对于外搭铁型发电机与外搭铁型的调节器，磁场电流是由调节器的“磁场”端子（“F”）流入，经内部的大功率三极管（NPN 型三极管）后从调节器的“ 搭铁”（“—”）端子流出，再回到电源负极。对于内搭铁型发电机和内搭铁型调节器，磁场电流则是由调节器“+”端子流入，经内部的大功率三极管（PNP 型）后，从调节器“F”端子流出，再经发电机磁场绕组搭铁回到电源负极。由此可见，内搭铁型调节器只能与内搭铁型发电机配用；外搭铁型调节器只能与外搭铁型发电机配用，否则发电机无磁场电流而不能输出电压，蓄电池使用寿命会大大缩短。当调节器与发电的搭铁形式不匹配而又急需使用时，只能通过改变发电机磁场绕组的搭铁形式，使发电机与调节器搭铁形式一致后方可配合使用。

（3）交流发电机的功率不得超过调节器设计时所能配用的交流发电机的功率，因为交流发电机的功率愈大，磁场电流亦愈大（如 14V750W 交流发电机，其磁场电流为 3～4A，14V1000W 交流发电机，其磁场电流为 4～5A）。磁场电流越大，对调节器中控制磁场电流的大功率管（三极管、复合管或达林顿管）的技术要求就越高，成本也越高，大功率发电机的调节器，配小功率发电机，虽然可用，但成本较高，不经济。而小功率发电机的调节器则不能与大功率发电机配用，一方面是调节器会因超负荷工作而使用寿命大为缩短；另一方面是控制磁场电流三极管的管压降增大，磁场电流最大值减小，发电机的空载转速 n_A 和额定负载转速 n_R 都将增高，不仅会降低交流发电机的输出性能，而且还会影响充电系统正常工作。

（4）线路连接必须正确。目前，国家对调节器的接线位置及方式等尚无统一规定。使用时，必须根据使用说明书所给出的接线图或有关说明，正确连接充电系统线路，否则充电系统不能正常工作，甚至会损坏调节器和发电机等电器部件。例如，当调节器正负极接反时，由调节器电路可知，此时任何一种电子调节器控制磁场电流的大功率三极管的发射结均为反

偏，极易被击穿损坏，此外用作过压保护的稳压管相当于一只普通二极管并正向导通，极易被通过的大电流烧坏，故接线时要特别注意；内搭铁型调节器的“磁场”与“负极”接反或外搭铁型调节器的“磁场”与“正极”接反时，蓄电池电压在接通电源（或点火）开关后，全部加在大功率管的集电极与发射极，调节器亦容易被击穿损坏。

（5）调节器必须受点火（或电源）开关控制，一旦接通电源，调节器中控制磁场电流的大功率管在发电机输出电压低于蓄电池充电电压时就始终导通。如果调节器不受开关控制，那么汽车停驶时，该功率管也始终导通工作，夜间停驶也是如此，且此时功率管工作负荷接近最大，这不但会使电子调节器使用寿命大为缩短，而且还会导致蓄电池亏电。试验证明，当电子调节器不受开关控制而直接与蓄电池连通时，使用 5～7 天，蓄电池就不能启动发动机了，调节器的使用寿命也只有 100 天左右。

（6）汽车停驶时，应将点火（或电源）开关断开。

2. 晶体管电压调节器的检测

对晶体管电压调节器进行检测前，应先了解调节器的电路特点及搭铁极性，再确定相应的检测方法。

（1）内搭铁式晶体管电压调节器的检测　将可调直流电源与调节器按图 4-46（a）所示的线路接好，再逐渐提高电源电压。当电压达到 6V 左右时，指示灯亮。继续提高电源电压，当电压达到 13.5～14.5V 时，指示灯应熄灭。此时电压即为调节器的调节电压，若指示灯不亮或发电机电压超过规定值后，灯仍不熄灭，则调节器有故障。

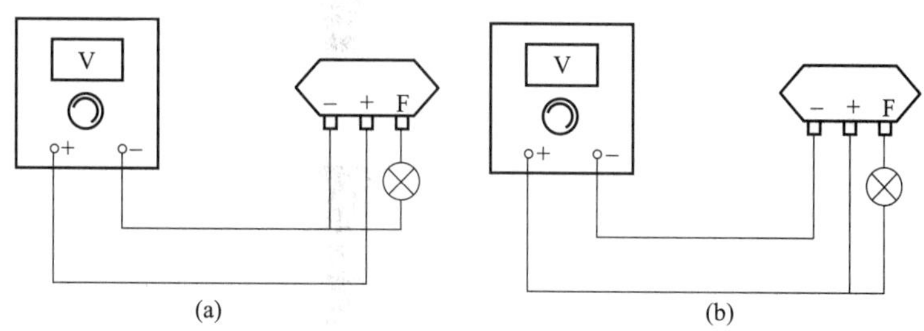

图 4-46　晶体管电压调节器的检测

（2）外搭铁式晶体管电压调节器的检测　外搭铁式交流发电机工作时，磁场绕组通过调节器搭铁，具体检测线路连接如图 4-46（b）所示。由于其检测方法与内搭铁式晶体管电压调节器的检测方法完全相同，检测方法可参见内搭铁式晶体管电压调节器的检测方法。

3. 集成电路式电压调节器的检测

（1）发电机电压检测法　集成电路调节器直接在发电机上检测发电机的输出电压，称为发电机电压检测法，如图 4-47 所示。加在分压器 R_1 和 R_2 上的电压是励磁二极管输出端 L 的电压 U_L，$U_L=U_B$，因此，检测点 P 的电压加在稳压管 VZ_1 上，其电压与发电机的端电压 U_B 成正比，所以该检测法称为发电机电压检测法。

（2）蓄电池电压检测法　如果用连接导线检测蓄电池的端电压来检测发电机的输出电压，称为蓄电池电压检测法，如图 4-48 所示。加在分压器 R_1 和 R_2 上的电压为蓄电池端电压，由于通过检测点 P 加到稳压管 VZ_1 上的反向电压与蓄电池成正比，所以该检测法称为蓄电池电压检测法。

在这两种基本检测法中，前者发电机的引线可以少一根，但是发电机 B 到蓄电池的接线柱之间的电压降较大时，蓄电池的充电电压将会降低，使蓄电池充电不足，因此一般大功率发电机宜采用蓄电池电压检测法。

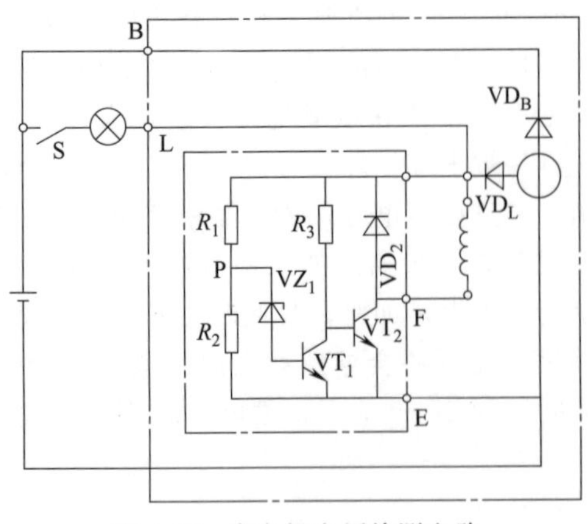

图 4-47　发电机电压检测电路

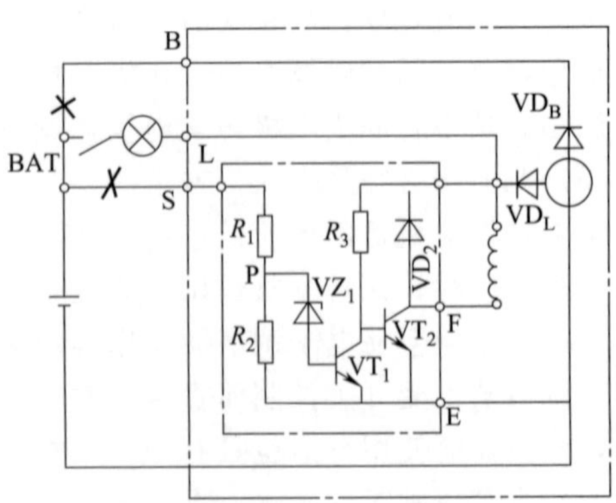

图 4-48　蓄电池电压检测电路

第四节 启动系统

一、启动机的结构原理

启动系的作用是在正常使用条件下，通过启动机以足够高的转速运转，以便发动机顺利启动，发动机启动之后，启动机便立即停止工作。

（一）启动机的类型

目前，在汽车上采用的电力启动机主要有以下三种类型。

1. 常规启动机

磁极采用电磁铁，传动机构中一般只是由简单的驱动齿轮、单向离合器和拨叉等组成，无特殊结构和装置。

2. 永磁启动机

永磁启动机省去了传统启动机中的励磁绕组，电动机的磁极用永磁材料制成，可以使结构简化，体积小、质量轻。适于安装在空间较小的车辆上。

3. 减速启动机

减速启动机是在传动机构中设有减速装置（行星齿轮机构），采用高速、小型、低力矩电动机，质量和体积比普通启动机可减小 30%～35%，但结构和工艺比较复杂。其又分为外啮合减速式启动机、行星齿轮啮合式减速启动机。

（二）启动机的结构组成

启动机一般由直流电动机、传动机构（或称啮合机构）和控制装置（电磁开关）三部分组成。

1. 直流电动机

直流电动机的作用是产生力矩。串励直流电动机主要由机壳、磁极、电枢、换向器及电刷等组成，如图 4-49 所示。

（1）机壳　机壳的作用是安装磁极，固定机件。壳体是由低碳钢卷制而成，壳体上有四个检查窗口，中部只有一个电流输入接线柱，并在内部与励磁绕组的一端相连接，如图4-50所示。

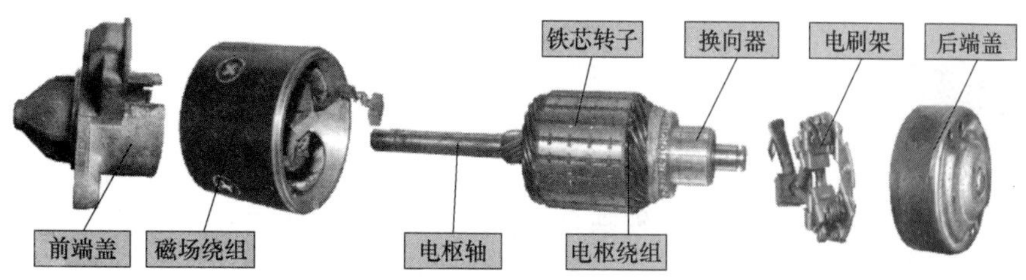

图 4-49　直流电动机的组成

图 4-50　启动机机壳

（2）磁极　磁极的作用是产生磁场，它由固定在机壳上的磁极铁芯和励磁绕组组成，一般是四个，两对磁极相对交错安装在电动机定子内壳上，如图 4-51（a）所示。四个励磁线圈可互相串联后再与电枢绕组串联，也可两两串联后并联再与电枢绕绕组串联，如图 4-51（b）所示。

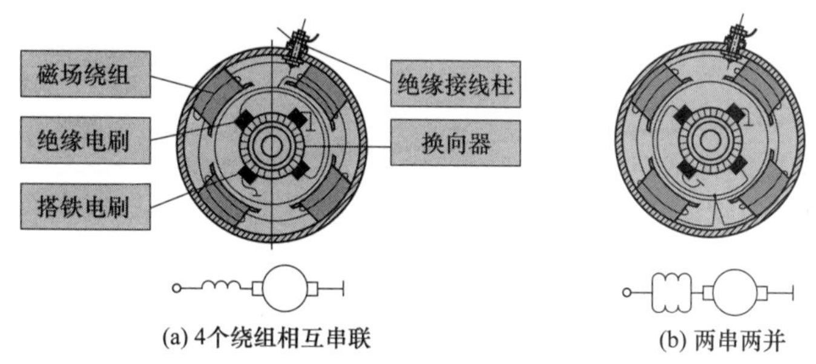

图 4-51　励磁绕组的接法

（3）电枢　电枢的作用是产生电磁转矩，电枢是直流电动机的转子部分，由铁芯、绕组、换向器和电枢轴组成。电枢总成如图 4-52 所示。

（4）换向器　它由一定数量的燕尾形铜片组成，并用轴套和压环组装成一个整体，压装在电枢轴上，各铜片之间以及铜片与轴套、压环之间均用云母或硬塑料片绝缘。

（5）电刷及电刷架　电刷及电刷架的作用是将电流通过换向器引入电枢让其旋转。

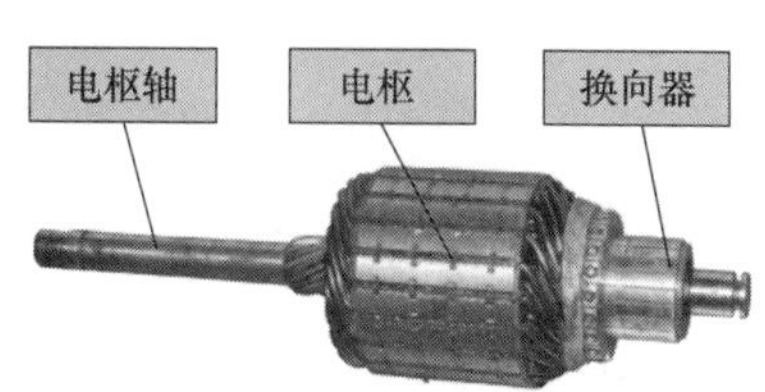

图 4-52　电枢的组成

电刷用铜与石墨粉压制而成，呈红棕色，加入铜可减小电阻并增加其耐磨性。一般含铜 80%～90%，石墨 10%～20%。

电刷架多制成框式，正极刷架与端盖绝缘地固装，负极刷架直接搭铁。刷架上装有弹力较大的盘形弹簧。如图 4-53 所示。

一般有四个电刷及电刷架，电刷架固定在前端盖上，其中两个对置的电刷架与端盖绝缘，称为绝缘电刷架；另外两个对置的电刷架与端盖直接铆合而搭铁，称为搭铁电刷架。

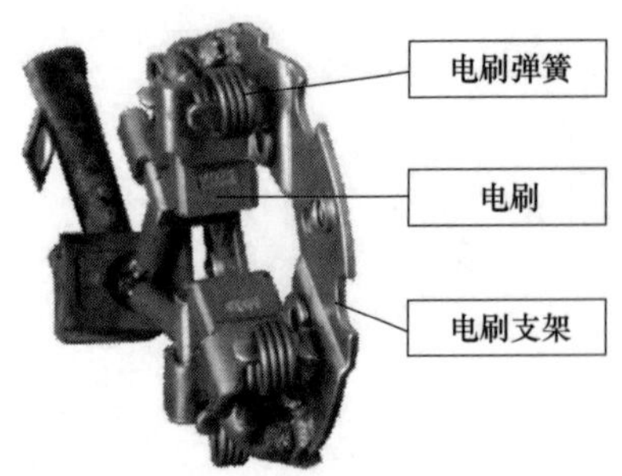

图 4-53　电刷及电刷架的组合

（6）端盖　端盖有前、后之分。前端盖一般用钢板压制而成，其上装有四个电刷架，后端盖为灰铸铁浇铸而成。它们分别装在机壳的两端，靠两根长螺栓与启动机机壳紧固在一起。两端盖内均装有青铜石墨轴承套或铁基含油轴承套，以支承电枢轴。

2. 启动机的传动机构

传动机构的作用是把直流电动机产生的转矩传递给飞轮齿圈，再通过飞轮齿圈把转矩传递给发动机的曲轴，使发动机启动后，飞轮齿圈与驱动齿轮自动打滑脱离。传动机构一般由驱动齿轮、单向离合器、拨叉、啮合弹簧等组成，如图 4-54 所示。

传动机构中，结构和工作情况比较复杂的是单向离合器，它的作用是传递电动机转矩，启动发动机，而在发动机启动后自动打滑，保护启动机电枢不致飞散。常用的单向离合器主要有滚柱式、摩擦片式和弹簧式等几种。

3. 启动机的控制装置

启动机的控制装置分为机械式和电磁式两种。通常称为启动开关。控制装置有机械式和电磁式两种。机械式控制装置是用脚踏或手拉的方式直接操纵离合器和控制电动机电路的。这种装置虽然结构简单、工作可靠，但要求启动机、蓄电池靠近驾驶室，而受安装布局的限制，且操纵不便，因此现已很少采用。现在启动机大都采用电磁式控制装置。

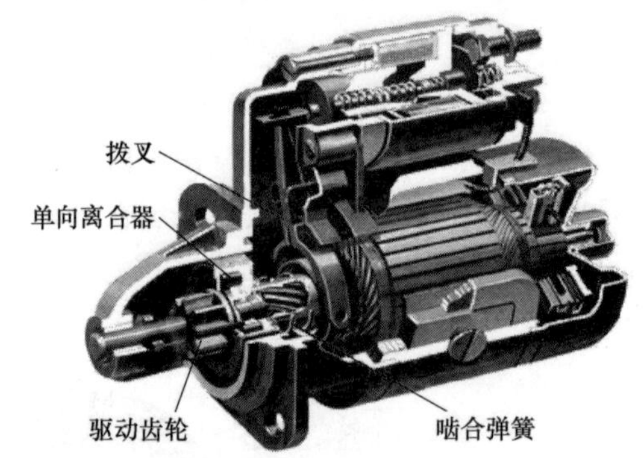

图 4-54　电刷及电刷架的组合

电磁式控制装置是利用电磁力来控制离合器的驱动齿轮与飞轮的啮合或分离，并同时控制电动机开或关。下面主要介绍电磁式控制装置的控制原则。

为了充分发挥启动机和蓄电池的性能，启动机控制装置应遵循如下基本原则。

（1）“先啮合后接通”的原则。即首先使驱动齿轮进入啮合，然后使主开关接通，以免驱动齿轮在高速旋转过程中进行啮合，引起打齿并且啮合困难。

（2）“高启动转速”原则。即启动机控制装置应尽量减少甚至不消耗蓄电池电能，以便使蓄电池的电能尽可能多地用于启动电机，提高启动转速。

（3）切断主电路后，驱动齿轮能迅速脱离啮合。

（三）直流串励式电动机的工作原理

直流电动机是将电能转变为机械能的设备，它是根据载流导体在磁场中将受到电磁力作用而发生运动的原理进行工作的。

由电磁理论知，将直导体置于磁场中，使其通过一定方向的电流时，直导体就会受到定向电磁力作用而运动，且运动方向与导体中电流方向和磁场方向有一定关系，可用左手定则判断，如图 4-55 所示。

直流电动机的工作原理如下。

电动机的电刷与直流电源相连，电流由正电刷和换向片 A 流入，从换向片 B 和负电刷流出，如图 4-55（a）所示，此时电流方向为：蓄电池正极→正电刷→换向片 A→线圈 abcd→换向片 B→负电刷→蓄电池负极。电流方向为 a→d，由左手定则可以确定，线圈受到逆时针方向的转矩作用，电枢绕组及换向片在电磁力矩的作用下逆时针转动。

当电枢转过 180°以后，正电刷和换向片 B 相接触，负电刷和换向片 A 相接触，如图 4-55（b）所示，电流方向为：蓄电池正极→正电刷→换向片 B→线圈 dcba→换向片 A→负电刷→ 蓄电池负极。线圈中的电流方向为 d→a，由左手定则可以确定，线圈仍然受到逆时针方向的转矩作用，电枢绕组及换向片在电磁力矩的作用下继续逆时针转动。

由于一个线圈所产生的力矩太小，转速又不稳，所以电动机的电枢绕组都由很多匝线圈组成，因此换向片的片数也随线圈的增多而增加。

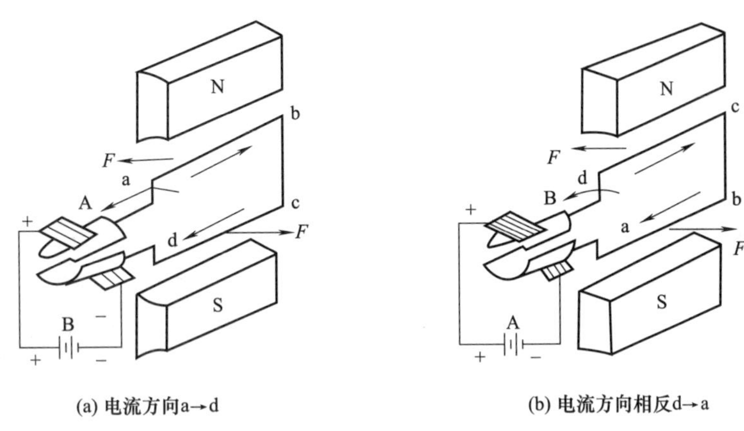

图 4-55　直流电动机的工作原理

二、启动机的检修操作

（一）启动机的检修基础

1. 电枢总成的检修

（1）电枢轴　电枢轴弯曲可用百分表检测，其径向跳动应不大于 0.10～0.15mm，否则应予以校正，如图 4-56 所示。用游标卡尺检测轴颈外径与衬套内径，配合间隙应为 0.035～0.077mm，最大不超过 0.15mm，间隙过大应更换衬套并重新铰配。

（2）换向器　换向器直径不小于标准值 1.10mm，换向片高出云母片 0.40～0.80mm，如图 4-57 所示。检查换向器表面有无烧蚀和圆度误差是否合格。轻微烧蚀用 00 号砂纸打磨，严重时应车削，换向器与电枢轴的同轴度误差不大于 0.03mm，否则应在车床上修整。

图 4-56　电枢轴的检查

图 4-57　换向器直径检查

（3）电枢

① 电枢线圈搭铁的检查。用万用表检查时，其表笔分别搭在换向器和铁芯（或电枢轴）

图 4-58 电枢线圈搭铁的检查

上，阻值应为无穷大；若阻值为零，则为搭铁，应更换，如图 4-58 所示。

② 电枢线圈短路的检修。把电枢放在万能试验台检验器上，接通电源，将锯片放在检验器上并转动电枢。锯片不振动表明电枢线圈无短路，否则为电枢线圈短路，应予以修理或更换，如图 4-59 所示。

③ 电枢线圈断路的检查。检视电枢线圈的导线是否甩出或脱焊。用万用表两表笔分别依次与相邻换向器接触，其读数应一致，否则说明电枢线圈断路，断路应更换，如图 4-60 所示。

图 4-59 电枢线圈短路的检查

图 4-60 电枢线圈断路的检查

2. 定子绕组的检修

（1）励磁线圈搭铁的检修　用万用表的两表笔分别接励磁接线柱和外壳，若阻值为无穷大，则正常；若阻值为零，则说明有搭铁故障，如图 4-61 所示。

（2）定子绕组短路、断路的检修　蓄电池正极接启动机接线柱，负极接正电刷，将旋具放在每个磁极上迅速检查磁极对旋具的吸力，应相同。磁极吸力弱的为匝间短路，各磁极均无吸力为断路。若用万用表置于电阻挡，测接线柱与正电刷的导通情况，如不导通，说明断路。如图 4-62 所示。

3. 电刷总成的检修

（1）电刷高度的检查　电刷磨损后的高度不应小于电刷原高度的一半，不小于 10mm。

图 4-61 励磁线圈搭铁的检查

图 4-62 定子绕组短路、断路的检查

电刷在架内活动自如，无卡滞，电刷与换向器的接触面积不低于 80%。

（2）电刷架的检查　用万用表的电阻挡位测两绝缘电刷架与电刷架座盖，阻值应为无穷大，否则说明绝缘体损坏；相同方法测两搭铁电刷架与电刷架座盖，阻值为零，否则说明电刷架松动，搭铁不良。

（3）电刷弹簧的检查　用弹簧秤检查弹簧的弹力，应为 11.76～14.7N，如过弱应更换，如图 4-63 所示。

4. 单向离合器的检修

按顺时针转动驱动齿轮，应自由转动；逆时针转动时应该被锁住，如图 4-64 所示。

图 4-63　电刷弹簧的检查

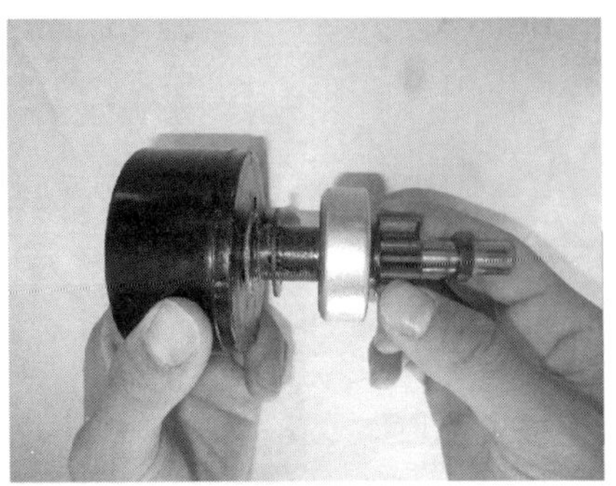

图 4-64　单向离合器的检查

5. 电磁开关的检修

① 将两表笔分别接于励磁接线柱和电磁开关外壳，若有电阻，说明保持线圈良好；若电阻为零，则为短路；若电阻无穷大，则为断路，短路或断路都应更换，如图 4-65 所示。

② 两表笔分别接于励磁接线柱和启动机接线柱，若有电阻，说明吸拉线圈良好；若电阻为零，则为短路；若电阻无穷大，则为断路，短路或断路都应更换，如图 4-66 所示。

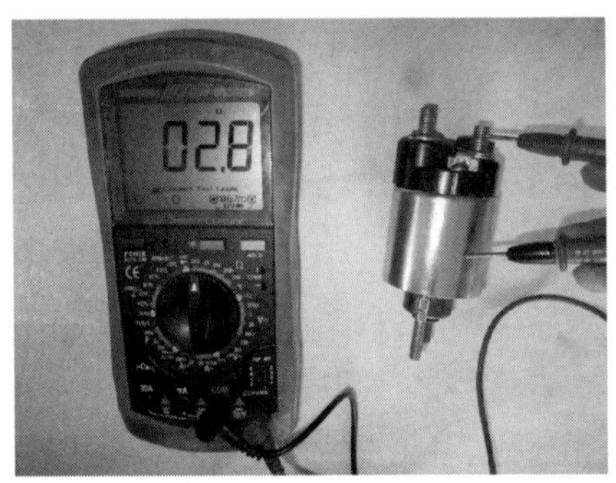

图 4-65　保持线圈的检查

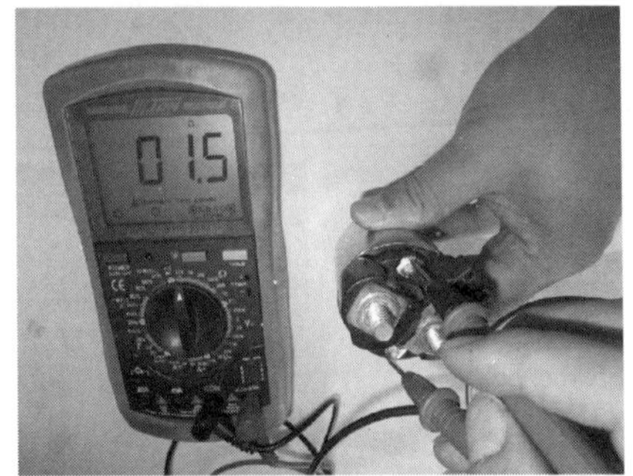

图 4-66　吸拉线圈的检查

③ 用手将接触盘铁芯压住，让电磁开关上的电源接线柱与启动机接线柱连通，测量两接线柱间的电阻值应为零，否则为接触不良。

（二）启动机的检修操作步骤

1. 启动机就车检测与更换

操作步骤	作业内容	图　解	具体操作方法及要求
1	安装垫块		操作要求： ①在指定位置安装车辆垫块 ②拉起手刹 ③换挡杆至于空挡 ④将蓄电池负极拆下 注意事项： ①垫块位置一定要安装正确，否则会有危险隐患 ②不要忘记拉起手刹

续表

操作步骤	作业内容	图　解	具体操作方法及要求
2	举升车辆		操作要求： ①车辆举升到合适高度 ②车辆举升过程中严禁周围站人或走动 注意事项： ①举升过程一定要大声呼喊 ②举升过程提醒其他人不要靠近
3	旋松固定螺栓	 固定螺栓	操作要求： 找到启动机的固定螺栓 注意事项： 不要拆错固定螺栓造成其他问题
4	取下螺栓	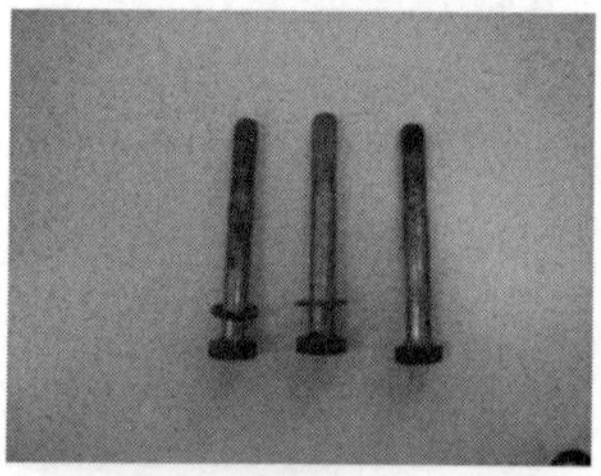	操作要求： 将螺栓摆放整齐，不要随处乱放 易发问题： 螺栓没有按要求放好，造成丢失
5	拔下插头 取下 启动机		操作要求： ①拔下连接启动机的插接器 ②轻轻晃动启动机，将启动机在车上取下 注意事项： ①拔插头要小心，防止弄伤手 ②两手抓紧启动机防止脱落
6	完成拆卸		操作要求： 拆卸启动机放在工具车上 易发问题： 启动机随处摆放，可能脱落地上砸伤脚部
7	安装启动机		操作要求： ①安装新启动机 ②位置安装到位 ③插接器安装正确 注意事项： 因底部光线较暗，需要有人打开手电协助作业

续表

操作步骤	作业内容	图解	具体操作方法及要求
8	清洁工具		操作要求： 认真清洁所使用过的工具 易发问题： 忘记清洁工具
9	整理工具		操作要求： 认真整理所使用的工具 易发问题： 随处乱放，工具丢失
10	5S工作		操作要求： 将翼子板布、前格栅布叠放整齐 易发问题： 没有好好叠放

2. 启动机的分解与拆装

操作步骤	作业内容	图解	具体操作方法及要求
1	清洁启动机	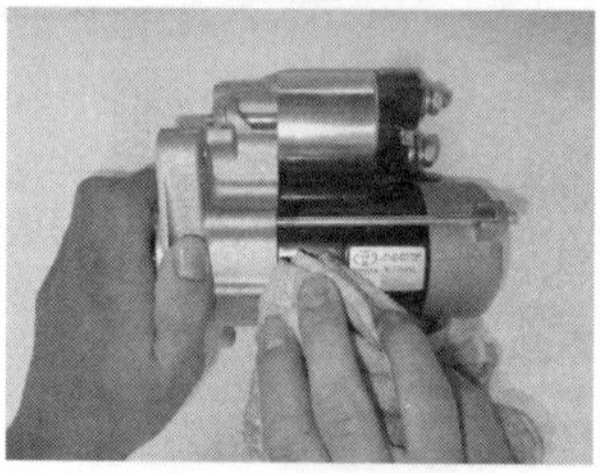	启动机解体前应清洁外部的油污和灰尘
2	拆下直流电动机连接导线	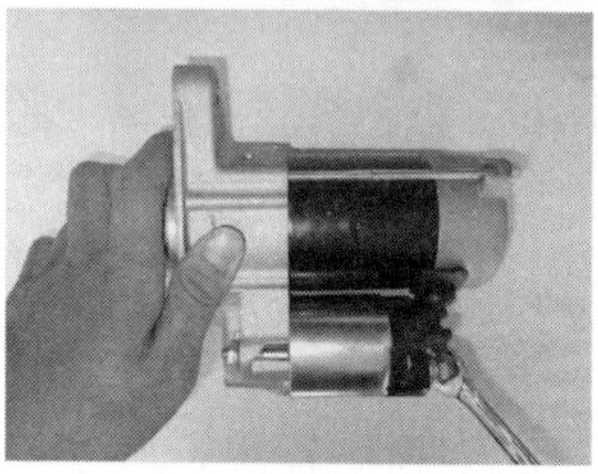 取下连接导线	拆卸要求： ①用相应规格的套筒拆下直流电动机连接导线的固定螺栓 ②取出连接导线端子 注意事项： 在拆卸连接导线时不要用力拉扯，防止导线损坏
3	拆下启动机前端盖	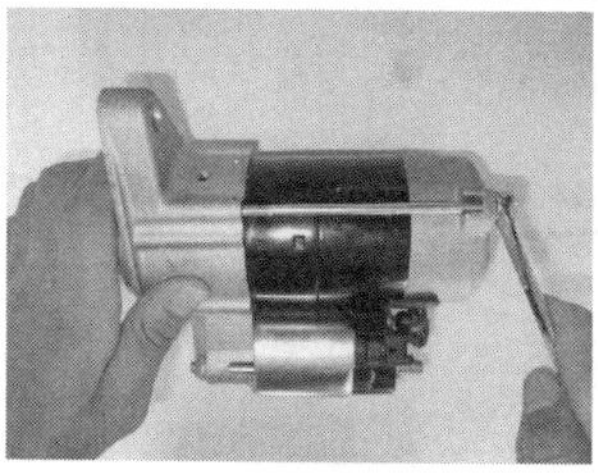 取下前端盖	拆卸要求： 用相应规格的套筒旋出两个紧固穿心螺栓，取下前端盖

续表

操作步骤	作业内容	图　解	具体操作方法及要求
4	取下电刷架总成	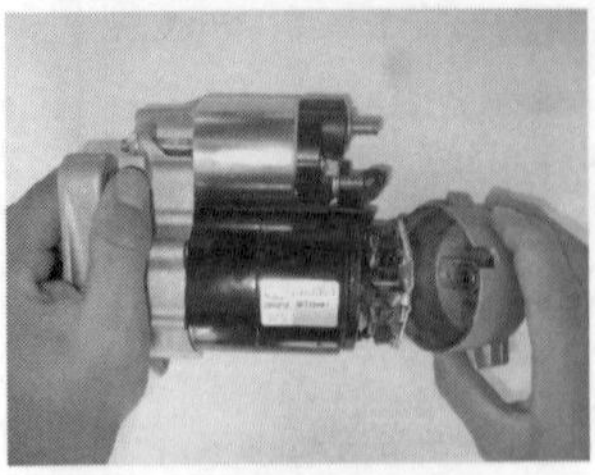	拆卸要求： 先拆下电刷架的橡胶卡扣，取出电刷架总成 注意事项： 在拆卸电刷架时需防止电刷架中的弹簧弹出
5	拆下磁极	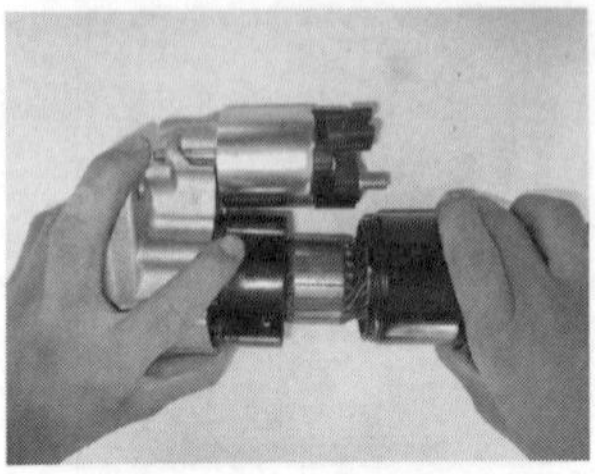	拆卸要求： 用手取下启动机磁极
6	取下电枢	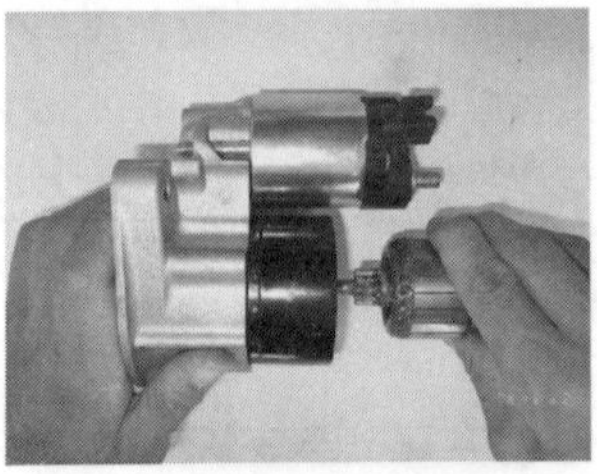	注意事项： 因为这是永磁式启动机，磁极里面有磁铁，取的时候需要使用较大的力气，但要防止电枢被磁铁吸回而弄伤手
7	拆卸电磁开关	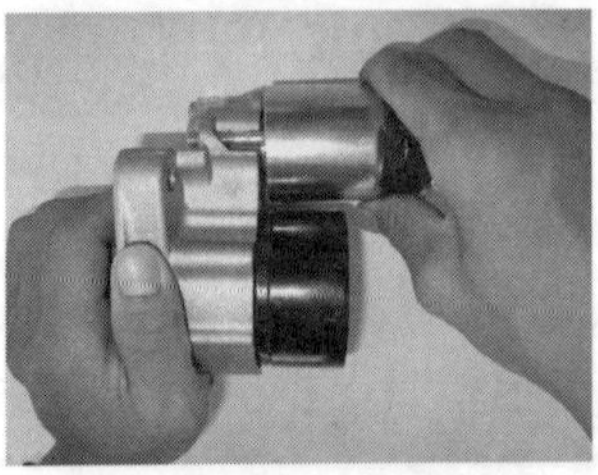	拆卸要求： 用十字起拆卸电磁开关的三个固定螺栓，然后取出电磁开关 注意事项： 电磁开关一端和拨叉相连，取电磁开关时可以轻轻摇摆，使得电磁开关与拨叉分离后再取出
8	拆下传动机构		拆卸要求： 用一字起撬出橡胶密封块，取下密封圈，把传动机构总成从外壳中取出。把拨叉从传动机构上取下，放好 注意事项： ①用一字起撬橡胶块时应小心，防止伤害到人 ②取出传动机构并放好 ③拨叉在安装时应注意正、反向
9	启动机的装配		安装要求： 按照拆卸的相反顺序装配。 注意事项： ①拨叉在装配时注意装配方向，容易装反 ②安装电枢和磁极的时候要注意安全 ③电刷架的安装比较困难，需要将电刷按压住进行装配 ④直流电动机和电磁开关的连接电缆在连接时应看好正确的接线柱后才能连接

续表

操作步骤	作业内容	图　解	具体操作方法及要求
10	5S工作	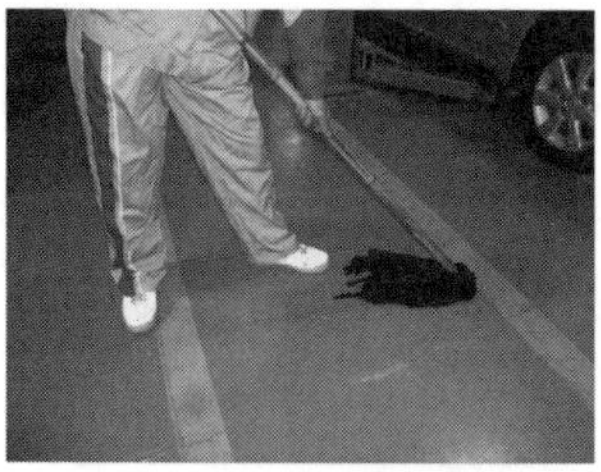	拆卸要求： ①对工具和设备清洁，并放回原位 ②整理场地 ③清扫场地 注意事项： 不要用潮湿的抹布清洁电器开关、按钮等 易发问题： ①清洁工作马马虎虎，应付差事 ②废弃物未丢弃或未分类丢弃 ③清洁不彻底、漏项

3. 启动机的检修

操作步骤	作业内容	图　解	具体操作方法及要求
1	电枢绕组的检测	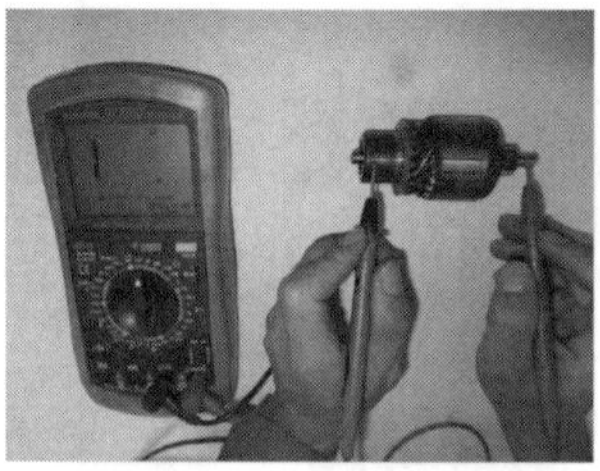	(1)电枢绕组搭铁的检查 操作要求： 用万用表测量换向器和铁芯(或电枢轴)之间的电阻，应为∞，否则为搭铁 注意事项： 也可用交流试灯检查，灯亮表示搭铁故障 易发问题： 挡位选择错误
2	电枢绕组的检测	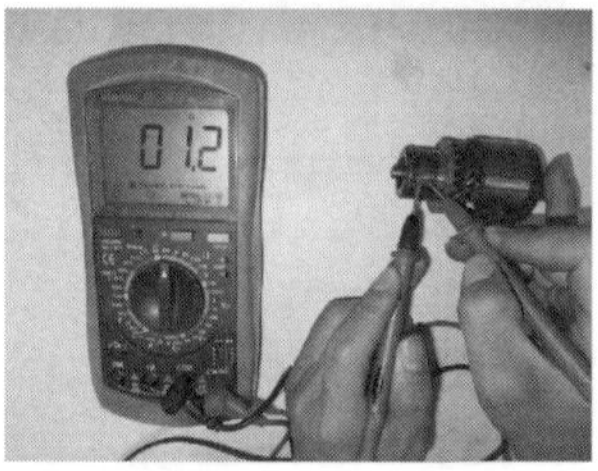	(2)电枢绕组断路的检查 操作要求： 目测电枢绕组的导线是否甩出或脱焊。再用万用表两触针依次与两相邻换向器铜片接触，所测电阻值应一样。如果读数不一样，则说明断路 注意事项： 电枢绕组有严重搭铁、短路或断路时，应更换电枢总成
3	磁极绕组的检测(对于永磁式启动机该项不检测)		(1)磁极绕组搭铁的检查 操作要求： 用万用表测量启动机接柱和外壳间的电阻，阻值应为无穷大，否则为搭铁故障 注意事项： 也可用220V的交流试灯检测
		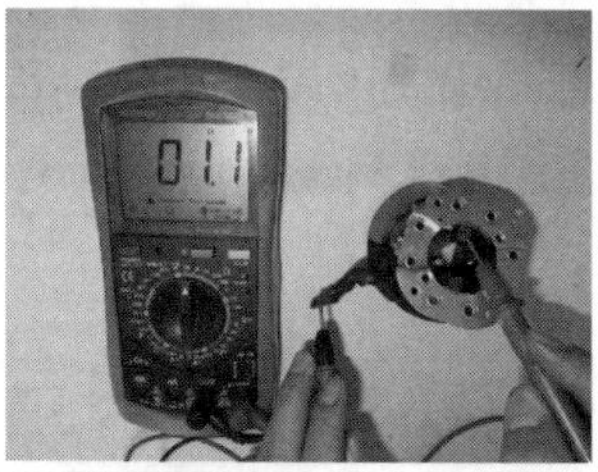	(2)磁极绕组断路的检查 操作要求： 用万用表测量启动机接柱和绝缘电刷间的电阻，阻值应很小，若为无穷大则为断路
4	电刷组件的检测	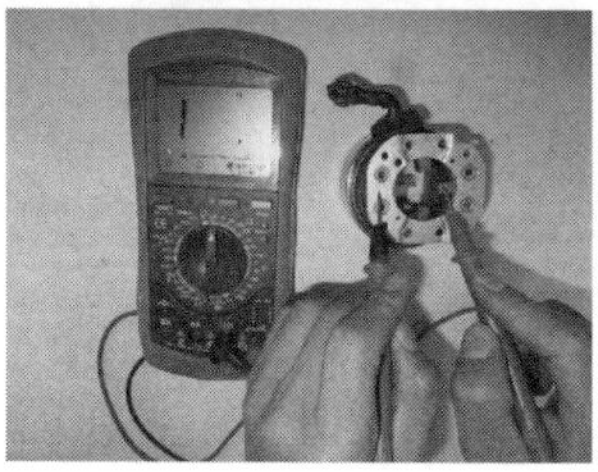 绝缘电刷架的检测	操作要求： ①电刷在架内活动自如，无卡滞，不歪斜 ②用万用表测量绝缘电刷架和后盖间的电阻，应为无穷大 ③用万用表测量搭铁电刷架和后盖间的电阻，应为零 注意事项： 正确辨别绝缘电刷架和搭铁电刷架

续表

操作步骤	作业内容	图　解	具体操作方法及要求
4	电刷组件的检测	搭铁电刷架的检测	操作要求： ①电刷在架内活动自如，无卡滞，不歪斜 ②用万用表测量绝缘电刷架和后盖间的电阻，应为无穷大 ③用万用表测量搭铁电刷架和后盖间的电阻，应为零 注意事项： 正确辨别绝缘电刷架和搭铁电刷架
5	5S工作		操作要求： ①对工具和设备清洁，并放回原位 ②整理场地 ③清扫场地 注意事项： 不要用潮湿的抹布清洁电器开关、按钮等 易发问题： ①清洁工作马马虎虎，应付差事 ②废弃物未丢弃或未分类丢弃 ③清洁不彻底、漏项

第五节 汽车照明及信号系统

一、照明及信号系统的结构组成

（一）照明及信号系统功能介绍

1. 车内照明系统

车内照明灯主要有阅读灯、车厢灯、行李厢灯，有些车还有手套箱灯、烟灰缸灯等。

（1）阅读灯　阅读灯位于前排或后排乘员或驾驶员席上方，主要是提高车内明亮度，来方便乘员或驾驶员。按下相应的按键可打开或关闭阅读灯，如图 4-67 所示。

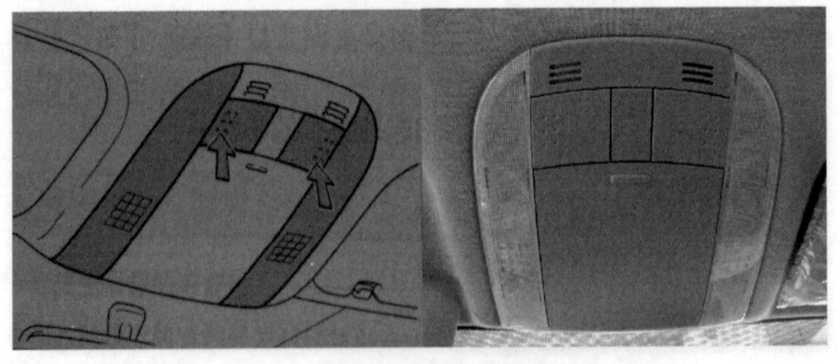

图 4-67　阅读灯

（2）车厢灯　车厢灯位于前排或车厢中部的厢顶部，主要也是提高车内明亮度，来方便乘员或驾驶员。需要点亮车厢灯时，可将开关滑移。

车厢灯开关具有以下位置，如图 4-68 所示。

“ON”：全时间内，保持车厢灯在点亮状态。

“OFF”：将车厢灯熄掉。

“DOOR”：任何一扇车门打开时，车厢灯发亮；所有的车门都关闭后，车厢灯熄灭。

当车厢灯开关在“DOOR”位置时，只要打开任何一扇车门灯就会点亮。当所有的车门关闭之后，灯在熄灭之前都将点亮并保持约 30s。但是，在下列场合，车厢灯将立刻熄灭：当点火钥匙在“ON”位置时所有的车门被关闭；用无线遥控发送器关闭所有的车门并锁定。

（3）行李厢灯 行李厢灯位于后备厢内部的一侧，主要是提高行李厢的明亮度，方便驾驶员在晚间或光线不足的情况下存取物品。

打开行李厢时，此灯应点亮。通过按压按钮进行检查行李厢灯，如图 4-69 所示，按下时，行李厢灯应熄灭；不按时，应点亮。

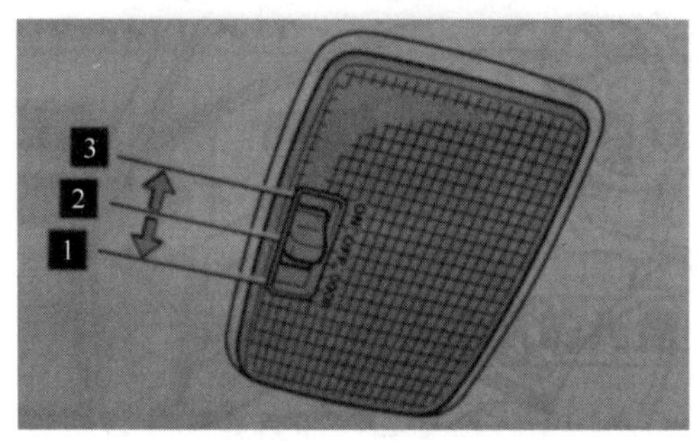

图 4-68 车厢灯

1—车门关联挡；2—关闭；3—打开

图 4-69 行李厢灯开关

（4）仪表板上的指示标记 仪表板上的指示灯有多种颜色，一般来讲，黄色指示灯表示车辆可以运行，但要尽快去检查维护；红色指示灯表示车辆现在处于危险状态，要立即停车检查；其他颜色灯如绿色、蓝色指示灯等仅表示某些指示作用，如图 4-70 所示。

	制动系统警告灯		车门开放警告灯
	座位安全扣带提示灯		SRS 警告灯
	充电系统警告灯		尾灯指示灯
	机油低压警告灯		大灯远光指示灯
	发动机故障指示灯		转向信号指示灯
	低燃油位警告灯		前雾灯指示灯
	防抱死制动系统警告灯		后雾灯指示灯

图 4-70 汽车仪表指示灯图标及含义

2. 车外照明系统

车外照明灯主要有前大灯、前后雾灯、倒车灯、牌照灯等；车外信号灯主要有示宽灯（小灯）、尾灯、转向灯、危险警告灯、制动灯等。检查间隔：每 10000km 或 6 个月。

（1）灯光的操作与功用　将灯光组合开关向上旋动“1”挡，如图 4-71 所示，示宽灯、仪表照明灯、尾灯、牌照灯应亮起，向上旋动“2”挡，前大灯和上述所有灯光都打开。

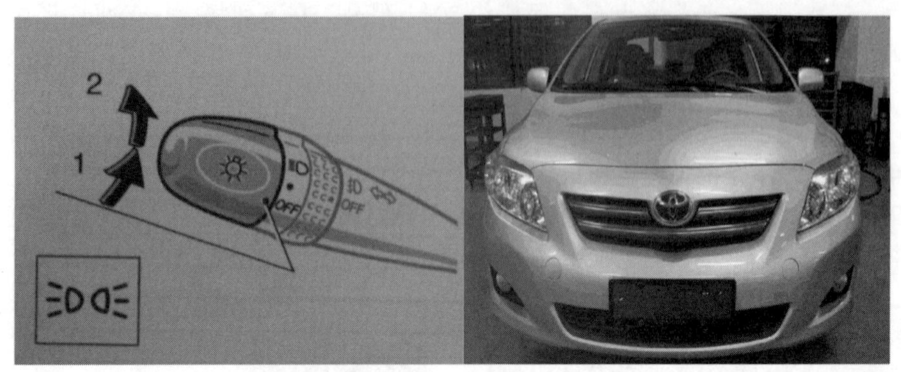

图 4-71　灯光组合开关

在能见度低的情况下，打开这些灯将起到警示的作用，同时还能方便驾驶员看清仪表板。

（2）前大灯　将灯光组合开关向上旋动两挡，如图 4-72 所示，近光灯及其指示灯应亮起；按位置“1”所示下压灯光组合开关，远光灯及其指示灯应亮起。如果在近光灯打开的情况下，按位置“3”所示上拉灯光组合开关，前大灯变光器应工作正常（远近光切换），如图 4-73 所示，仪表板上指示灯也应点亮。

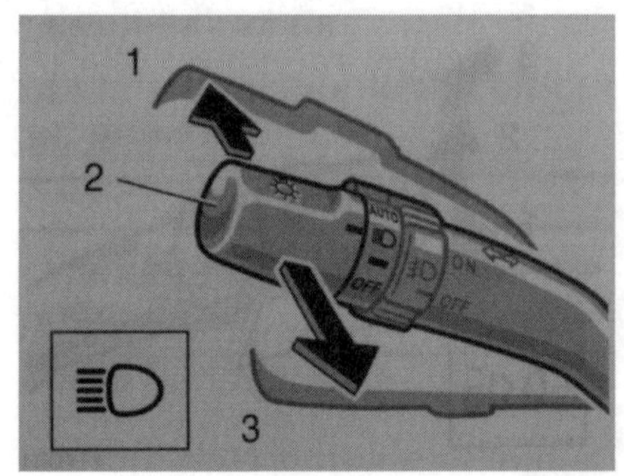

图 4-72　近光灯

图 4-73　远光灯

前大灯在夜间行车提高能见度，远近光切换可起到提示或警示的作用。对于前大灯的使用，有严格的要求，驾驶员应按照交通法规规范操作，以避免事故，如夜间会车时，应切换成近光等等。

（3）前后雾灯　在小灯打开的情况下，将灯光组合开关内侧的雾灯旋钮向前旋一挡，则前雾灯及仪表板上前雾灯指示灯亮起，如图 4-74 所示；在前雾灯亮起的前提下，将灯光组合开关内侧的雾灯旋钮向前再旋一挡后放松，则后雾灯及仪表板上后雾灯指示灯亮起，如图 4-75 所示。

在雨雾天气，打开前后雾灯，起到提高能见度和警示的作用。

（4）倒车灯　将手动变速器置于倒挡或自动变速器置于“R”挡，倒车灯应亮起，如图

图 4-74　前雾灯

图 4-75　后雾灯

4-76 所示。

在倒车时，倒车灯能提高车后的能见度，并对车后的行人或车辆起到警示作用。

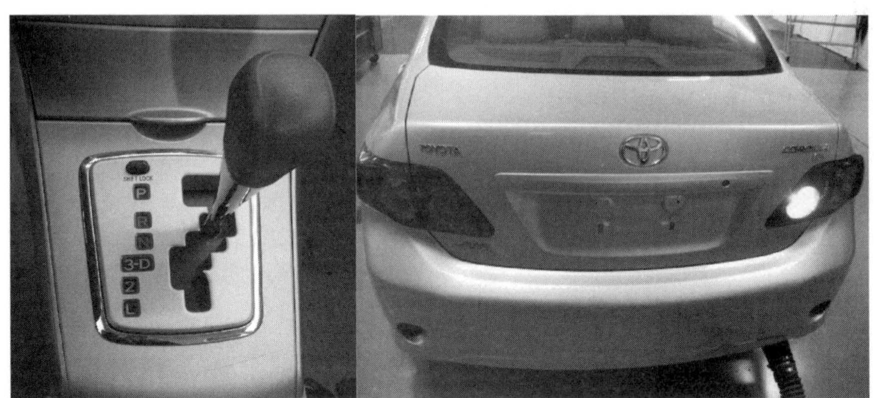

图 4-76　倒车灯

(5) 转向灯及危险警告灯　将灯光组合开关向上或向下拨至位置“1”，如图 4-77 所示，则左右转向灯及仪表板上左右转向灯指示灯亮起；发出变换车道信号时，把杆向上或向下移动至位置“2”；将仪表板中央的危险警告灯按钮（红色三角形）按下，如图 4-78 所示，则危险警告灯亮起（即所有转向灯同时亮起），转向灯仪表板指示灯也应点亮。

在转向前打开转向灯，主要起向行人或过往车辆提示驾驶员转向意图的作用；打开危险警告灯，主要起向行人或过往车辆提示有危险或紧急情况的作用。

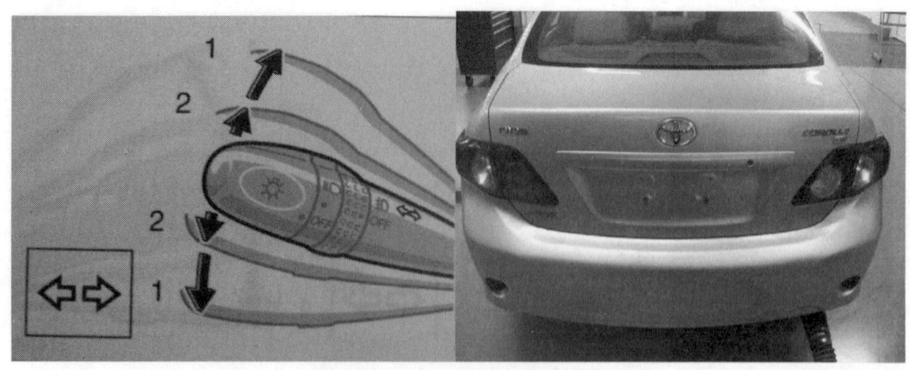

图 4-77　左右转向灯操作

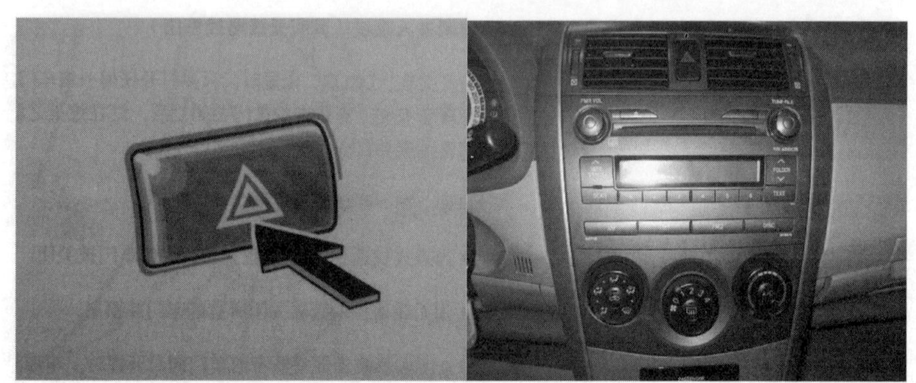

图 4-78　危险警告灯开关

图 4-79　制动灯及高位制动灯

（6）制动灯　踩踏制动踏板时，制动灯及高位制动灯应亮起，如图 4-79 所示。

在进行车辆制动时，制动灯点亮，将对车后的车辆或行人起到警示的作用，避免追尾事故的发生。

（二）照明及信号系统的结构原理

1. 前照灯

（1）对前照灯的要求　由于汽车前照灯的照明效果直接影响着夜间的交通安全，故世界各国交通管理部门一般都以法律形式规定了汽车前照灯的照明标准，以确保夜间行车的安全，基本要求如下。

① 前照灯应保证车前有明亮而均匀的照明，使驾驶员能看清车前 100m 以内路面上的任何障碍物。随着高速公路的建成，汽车行驶速度的提高，要求汽车前照灯的照明距离也相应地增长，现代有些汽车的前照灯照明距离已达到 200～250mm。

② 应具有防止眩目的装置，确保夜间两车迎面相遇时，不使对方驾驶员因产生眩目而造成事故。

（2）前照灯的结构　汽车前照灯一般由光源（灯泡）、反射镜、配光镜（散光镜）三部分组成。

① 灯泡。目前汽车前照灯所用的灯泡有充气灯泡（白炽灯泡）、卤素灯泡和新型高压（20kV）放电氙灯等几种类型。

充气灯泡和卤素灯泡的灯丝均采用熔点高发光强的钨制成，如图 4-80 所示。前者由玻璃泡内抽出空气，然后充以 86%的氩气和约 14%的氮气的混合惰性气体制成。灯泡通电后，灯丝发热，惰性气体受热膨胀而产生较大的压力，可以减少钨的蒸发，延长其使用寿命，灯丝制成紧密的螺旋状。灯泡在长期使用后发黑，表明灯丝的损耗依然存在，因此并不能阻止钨丝的蒸发。后者是在惰性气体中加入了一定量的卤族元素（如碘、溴），使得从灯丝上蒸发出来的气态钨与卤族元素反应生成了一种挥发性的卤化钨，在扩散到灯丝附近的高温区域后又受热分解，使钨重新回到灯丝上，如此循环防止了钨的蒸发和灯泡黑化的现象。该种灯泡尺寸较小，外壳用耐高温且机械强度较高的石英玻璃或硬玻璃制成，可以充入较高压力的气体。灯泡内工作气压高，亦可抑制钨的蒸发。由于卤钨灯泡体积小、耐高温、发光强度高、使用寿命长，故而目前得到广泛的应用。

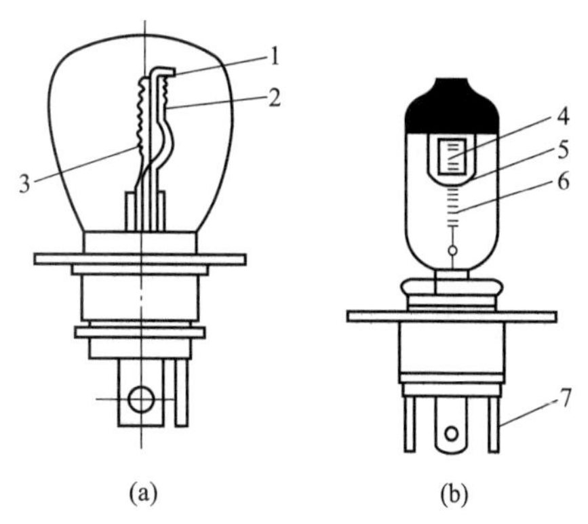

图 4-80　前照灯的灯泡构造
1,5—遮光罩；2,4—近光灯丝；3,6—远光灯丝；7—插片

新型高压放电氙灯的组件系统由弧光灯组件、电子控制器和升压器三大部件组成，图 4-81 是其外形及原理示意图。灯泡发出的光色和日光灯非常相似，亮度是目前卤素灯泡的 3 倍左右，寿命可达卤素气体灯泡的 5 倍，克服了传统钨灯的缺陷，几万伏的高压使得其光亮强度增加，完全满足汽车夜间高速行驶的需要。

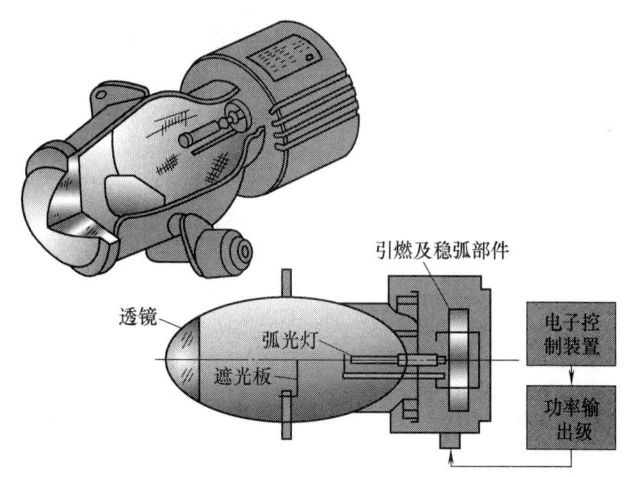

图 4-81　高压放电氙灯外形及原理示意图

② 反射镜。前照灯灯泡的光度不大，如果没有反射镜，驾驶员只能辨清车前 6m 处有无障碍物。反射镜的作用是将灯泡的光线聚合并导向远方。反射镜材料有薄钢板、玻璃、塑料等，其表面形状是旋转抛物面，内表面镀银、铝或铬，再进行抛光。如图 4-82 所示为反射镜反射灯泡光线的情况。灯丝位于焦点上，灯丝的绝大部分光线向后射在立体角 ω 范围内，经反射镜反射后变成平行光束射向远方，使光度增强几百倍，从而使车前 100～150m 处的路面照得足够清楚。从灯丝射出的位于 $4\pi-\omega$ 范围内的光线则向各方散射，散射向侧方和下方的部分光线，可照亮车前 5～10m 的路面和路缘。

③ 配光镜。配光镜又称散光玻璃，由透光玻璃压制而成，是多块特殊棱镜和透镜的组

合，外形一般为圆形和矩形，如图 4-83 所示。

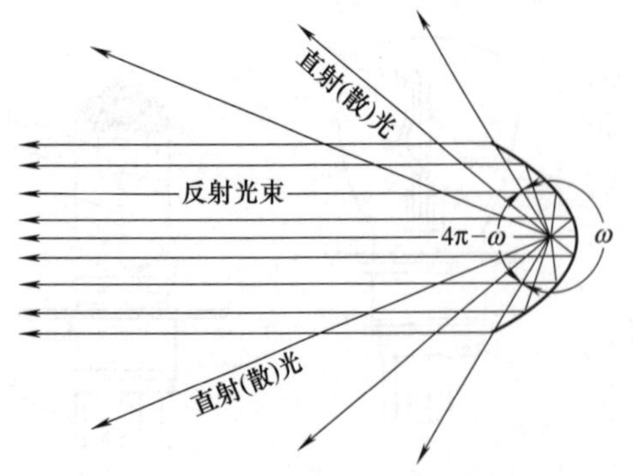

图 4-82 反射镜反射灯泡光线的作用

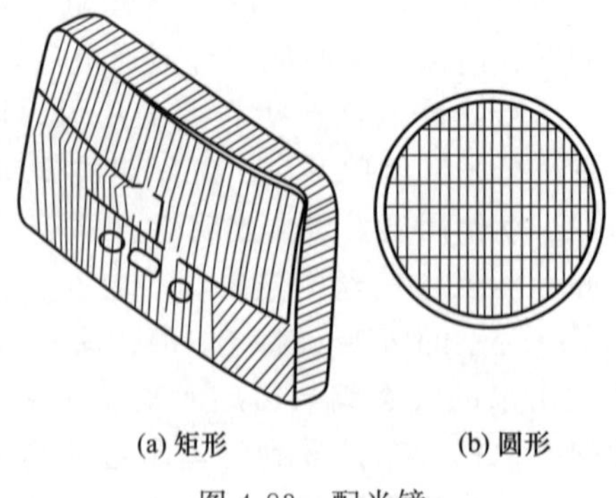

图 4-83 配光镜

配光镜的作用是将反射镜反射出的平行光束进行折射，使车前的路面有良好而均匀的照明，如图 4-84 所示。

（3）前照灯的分类 前照灯按其结构不同可分为半封闭式和全封闭式两种，如图 4-85 和图 4-86 所示。半封闭式前照灯的前透镜和反射镜密封，可从反射镜的后端拆装灯泡，其优点是维修方便，但反射镜易被污染。全封闭式前照灯的反射镜和前透镜熔焊为一个整体，灯丝直接焊在反射镜的底座上，其优点是可完全避免反射镜被污染，但灯丝烧坏后需更换整个总成，维修成本高。

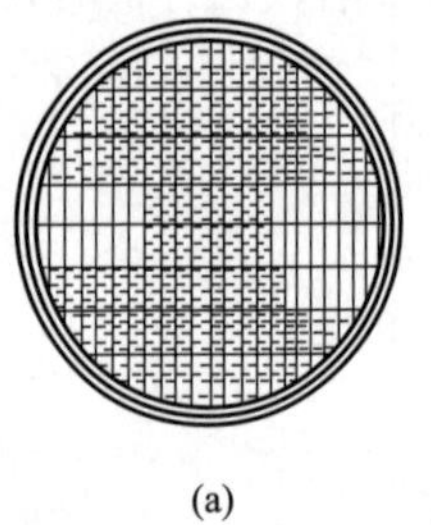

(a)

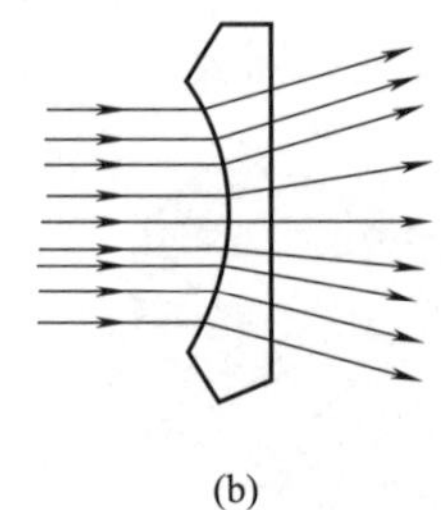

(b)

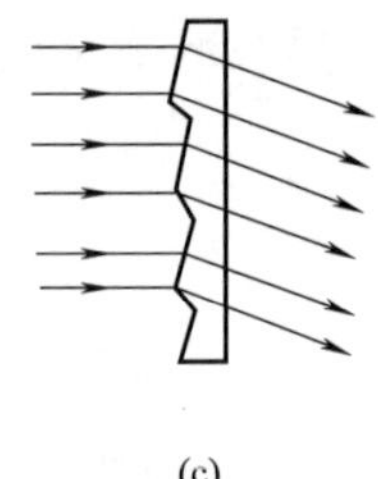

(c)

图 4-84 配光镜的作用

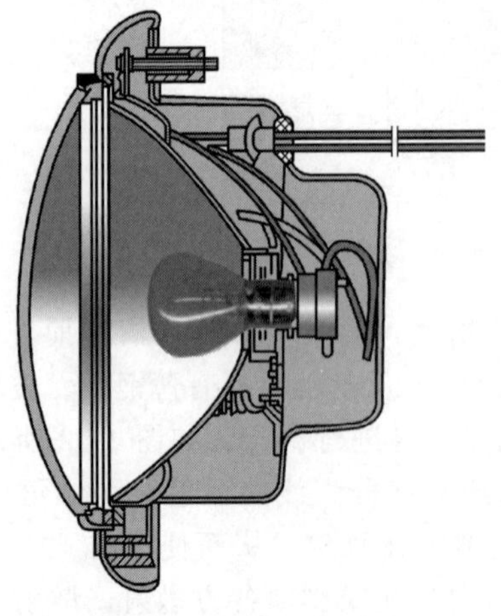

图 4-85 半封闭式前照灯

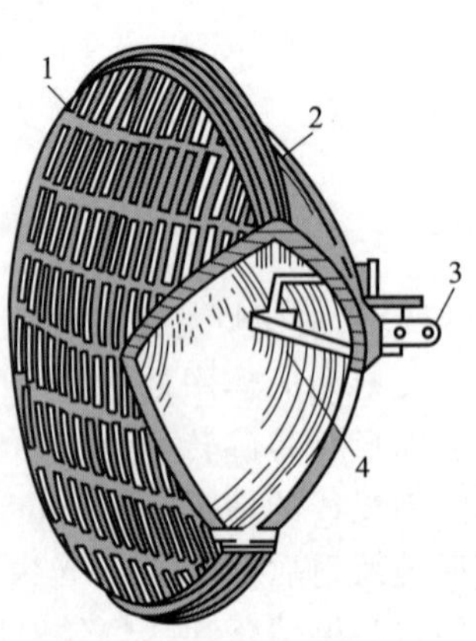

图 4-86 全封闭式前照灯

1—配光镜；2—反射镜；

3—插头；4—灯丝

(4) 前照灯的防眩目措施　为了避免前照灯的眩目作用，保证汽车夜间行车安全，一般在汽车上都采用双丝灯泡的前照灯。一根为远光灯丝，另一根为近光灯丝。远光灯丝功率较大，位于反射镜焦点。近光灯丝功率较小，位于焦点下方或前方。远光灯丝点亮时，光束照亮较远的路面；近光灯丝点亮时，光束照亮较近的路面。当夜间行驶无迎面来车时，可使用远光灯丝，使前照灯光束射向远方，便于提高车速。当两车相遇时，使用近光灯丝，使光束倾向路面，从而避免迎面来车驾驶员的眩目，并使车前 50m 内的路面也照得十分清晰。

① 采用双丝灯泡。当对面来车时，使用近光灯，由于光线较弱，经反射后的光线大部分射向车前的下方，所以可避免使对面驾驶员眩目，如图 4-87 所示。

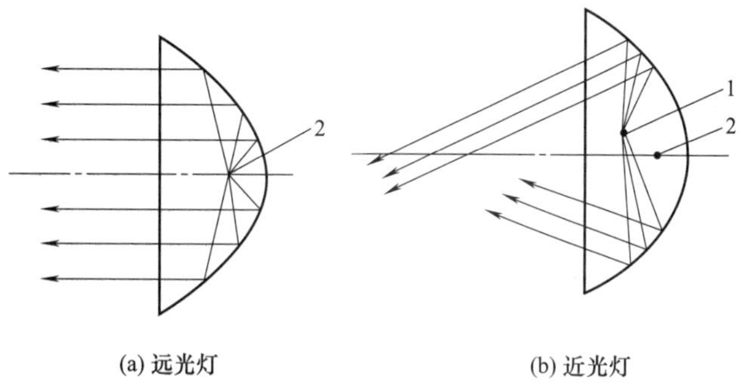

图 4-87　双丝灯泡的远、近光束

1—近光灯丝；2—远光灯丝

② 采用带遮光罩的双丝灯泡。当使用近光灯时，遮光罩能将近光灯丝射向反射镜下部的光线遮挡住，无法反射，增强防眩目效果，目前这种双丝灯泡广泛使用在汽车上，如图 4-88 所示。

③ 采用不对称光形。安装时将遮光罩偏转一定的角度，使其近光的光形分布不对称，将近光灯右侧光线倾斜升高 15°，如图 4-89 (b) 所示。

④ Z 形光形。为防止对面来车驾驶员与非机动车人员眩目，Z 形光形是目前较先进的光形，如图 4-89 (c) 所示。

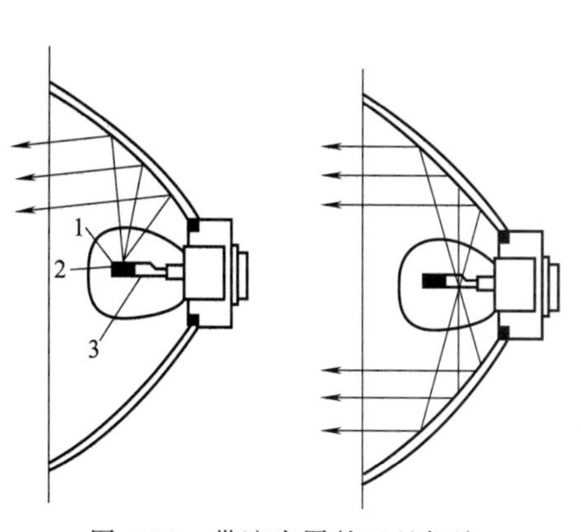

图 4-88　带遮光罩的双丝灯泡

1—近光灯丝；2—遮光罩；3—远光灯丝

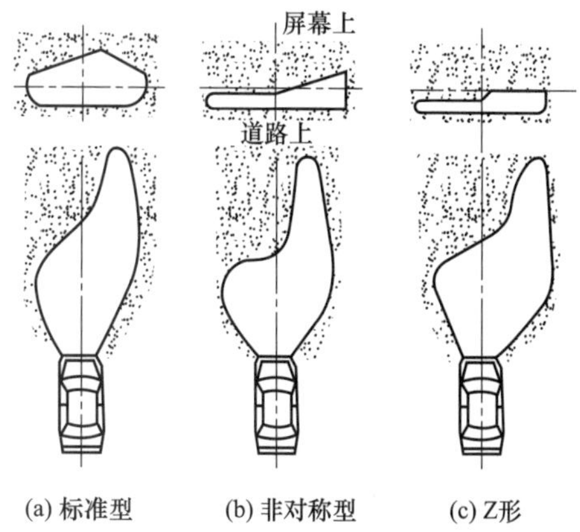

图 4-89　前照灯配光光形

(5) 前照灯电路　前照灯电路由灯光开关、变光开关、远光指示灯和前照灯等组成。前照灯电路如图 4-90 和图 4-91 所示。

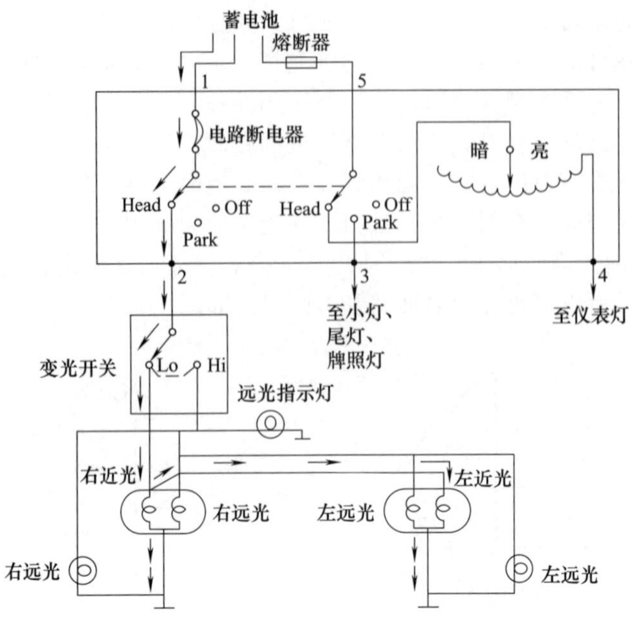

图 4-90 前照灯电路——变光开关在 Lo（近光）挡

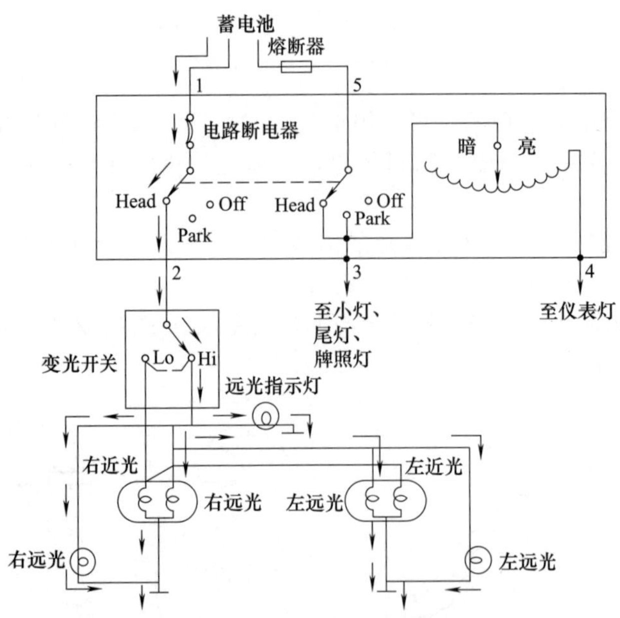

图 4-91 前照灯电路——变光开关在 Hi（远光）挡

灯光开关可以装在仪表板上，也可装在转向柱上。

变光开关大多数安装在转向柱上，串接在前照灯电路中，当灯光开关打到 Head 挡时，驾驶员可通过变光开关控制前照灯的远光和近光。

2. 雾灯

在雨雾天气时，能见度较低，为了提高行车安全，汽车装备有雾灯照明，采用波长较长的黄色、橙色或红色，其穿透性较强。前雾灯装于汽车前部比前照灯稍低的位置，左右各一个，用于照亮车辆前方路面。后雾灯装于汽车尾部，有些车辆只一个后雾灯，用于向后方车辆或行人标示行车位置。打开雾灯开关，电流经雾灯继电器至雾灯接地，雾灯点亮，如图

4-92 所示。

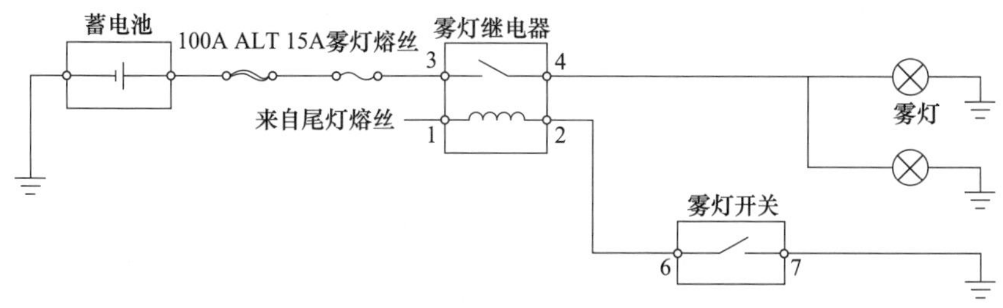

图 4-92　雾灯系统控制电路

二、照明及信号系统的检修操作

1. 照明及信号系统的检查

操作步骤	作业内容	图　解	具体操作方法及要求
1	工具准备		(1)实操所需工具,如左图 (2)工具要齐全,摆放要整齐
2	车辆安全防护		(1)安装车轮挡块 (2)安装排气烟道
3	安装车内防护		(1)安装套座椅套 (2)安装换挡杆套 (3)铺地板垫
4	安装车外防护		(1)降下驾驶员侧车窗玻璃 (2)拉发动机舱盖释放杆,打开发动机舱盖 (3)安装翼子板布 (4)安装前格栅布
5	车辆预检		(1)检查机油、冷却液、制动液、喷洗液各液位是否在规定范围 (2)取下车外防护,关闭发动机舱盖

续表

操作步骤	作业内容	图　解	具体操作方法及要求
6	检查阅读灯		分别按下两个阅读灯开关，阅读灯都应能点亮
7	检查车厢灯		（1）将开关拨至“ON”位，车厢灯能点亮 （2）关闭所有车门，将开关拨至“DOOR”位，车厢灯不亮 （3）逐一打开各扇车门，车厢灯能点亮，关闭车门后，能延时熄灭
8	检查行李厢灯	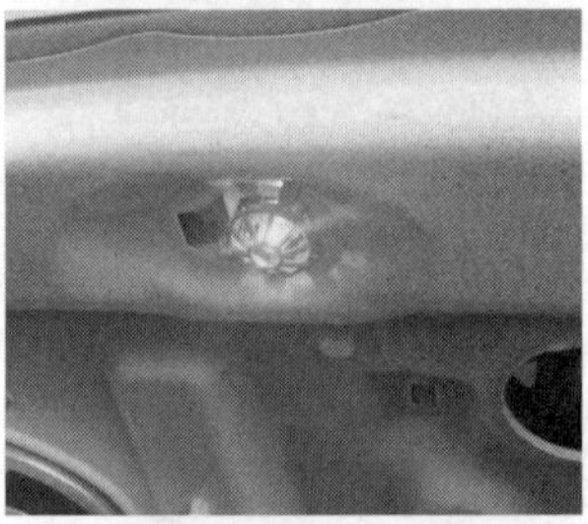	拉后备厢盖释放杆，打开行李厢，行李厢灯应能点亮
9	检查示宽灯等		（1）启动发动机，灯光组合开关向上旋到“1”挡 （2）检查仪表照明灯是否点亮 （3）检查示宽灯是否点亮 （4）检查牌照灯是否点亮 （5）检查尾灯是否点亮 （6）检查尾灯总成安装有无松动 （7）检查尾灯壳体有无开裂、油污、内部起雾等现象
10	检查前大灯		（1）灯光组合开关向上旋到“2”挡 （2）检查近光灯及指示灯是否点亮 （3）检查远光灯及指示灯是否点亮 （4）检查前大灯变光器是否正常 （5）检查前大灯总成安装有无松动 （6）检查前大灯壳体有无开裂、油污、内部起雾等现象
11	检查前后雾灯		（1）检查前雾灯及指示灯是否点亮 （2）检查后雾灯及指示灯是否点亮 注意：必须先将灯光组合开关向上旋到“1”挡，再开雾灯

续表

操作步骤	作业内容	图　解	具体操作方法及要求
12	检查转向灯及危险警告灯		(1)检查左转向灯及指示灯是否点亮 (2)检查右转向灯及指示灯是否点亮 (3)检查危险警告灯及指示灯是否点亮
13	检查制动灯		检查制动灯及高位制动灯是否点亮
14	检查倒车灯		检查倒车灯是否点亮 注意:挂倒挡时,必须踩下制动踏板或离合器踏板,注意安全
15	车辆复位		(1)取下车内、外防护用品 (2)取下排气烟道、车轮挡块 (3)清洁车身
16	工具复位		清洁并整理工具 注意:在操作过程中要体现5S

2. 前照灯的检修和拆装

操作步骤	作业内容	图　解	具体操作方法及要求
1	准备车辆		技术要求: ①将车辆停放在实训车间,拉起手刹 ②打开发动机盖 安全警告: ①不要忘记拉起手刹 ②换挡杆置于空挡

续表

操作步骤	作业内容	图　　解	具体操作方法及要求
2	拆卸蓄电池负极线		技术要求： 用开口扳手旋松负极螺栓，拆卸负极线 安全警告： 不要忘记拆卸负极线
3	拔下大灯接线	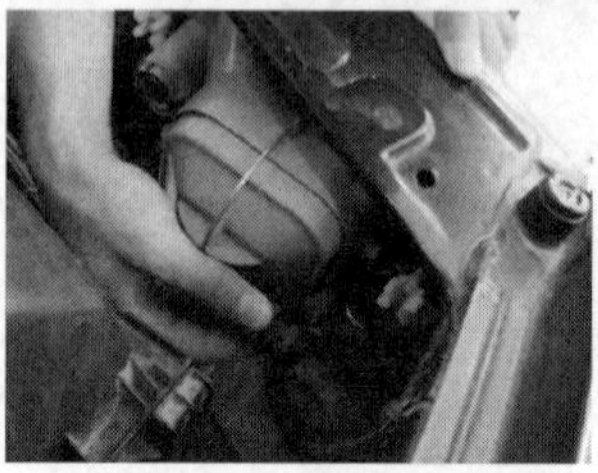	技术要求： 找到前大灯灯泡插接器，并拔出插接器 易发问题： ①忘记关闭点火开关 ②用力过猛，损坏插接器
4	拆卸大灯	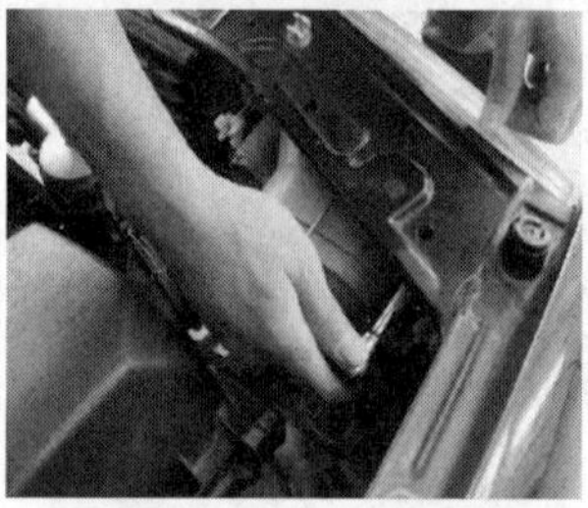	技术要求： 用套筒扳手拆卸大灯固定螺母，共四个 安全警告： 小心螺母脱落 易发问题： 螺母旋下来脱落掉地
5	取下密封条		技术要求： 取下大灯下边缘塑料密封条 安全警告： 塑料扣板不要折断 易发问题： 塑料扣板折断
6	取下大灯	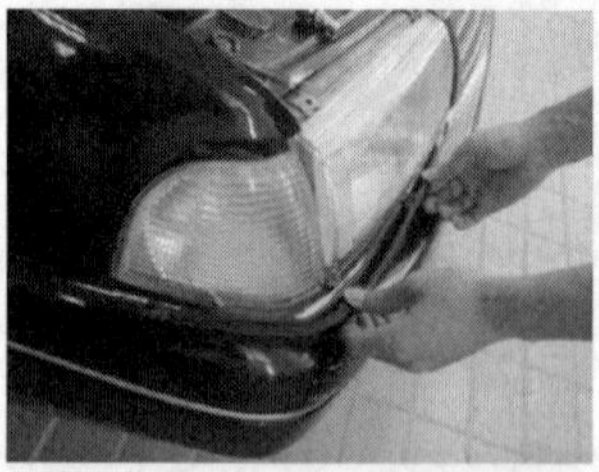	技术要求： 双手晃动大灯，小心取下大灯 安全警告： 小心大灯脱落 易发问题： 没有拿稳，使大灯脱落地面损坏
7	取下后盖	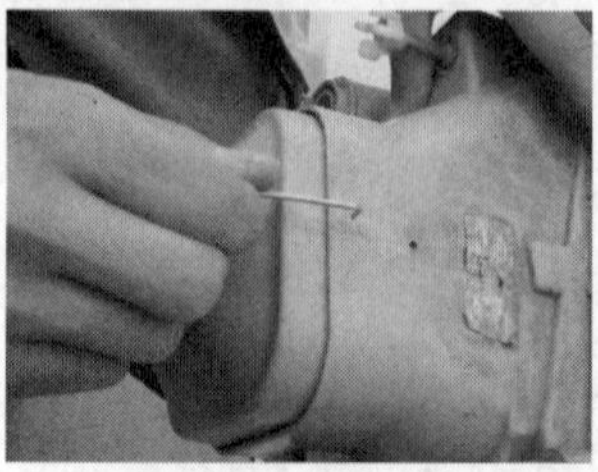	技术要求： 取下大灯后方塑料盖弹簧固定丝 安全警告： 小心弹力伤手，出现意外事故

续表

操作步骤	作业内容	图　解	具体操作方法及要求
8	取出灯泡	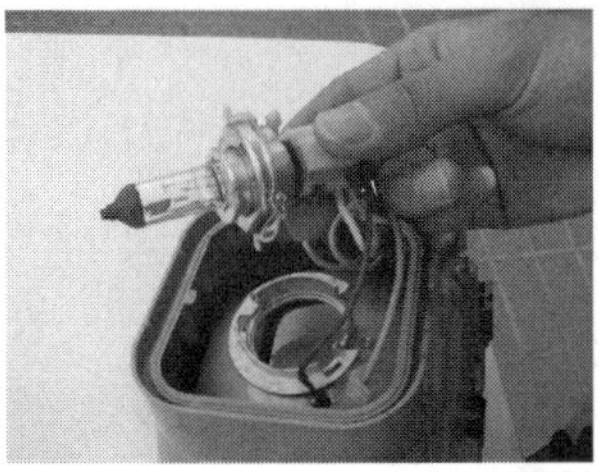	技术要求： 打开后盖，旋转灯泡底座，取出灯泡 安全警告： ①直接用力往外拔灯泡，造成灯泡损坏 ②不要接触灯泡表面
9	拔下灯泡	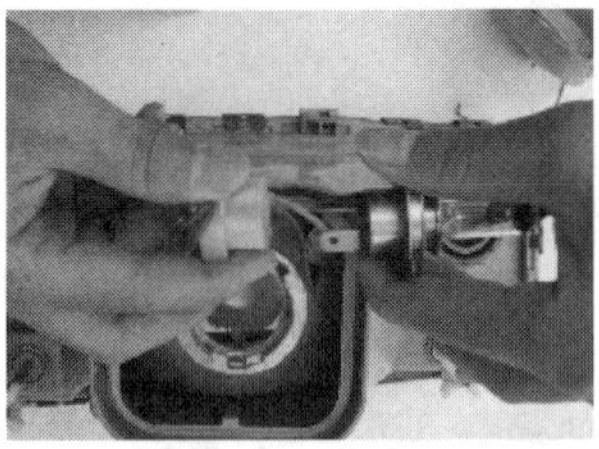	技术要求： ①将灯泡与插接器分离 ②手指不要碰到灯泡表面
10	更换灯泡	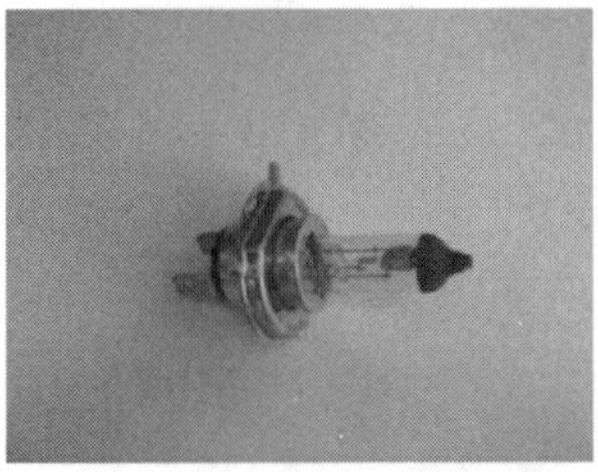	技术要求： 更换新的灯泡
11	安装后盖		技术要求： ①按照标记，装好后盖 ②安装后盖紧固钢丝 易发问题： 安装不牢固
12	安装大灯		技术要求： 对准位置，安装大灯 安全警告： 大灯安装一定要到位，螺栓孔对正，否则造成无法紧固螺栓
13	紧固大灯		技术要求： 用相应扳手套筒拧紧固定螺栓，共四个，按规定力矩拧紧 易发问题： 螺栓紧固过程中容易脱落

续表

操作步骤	作业内容	图　解	具体操作方法及要求
14	安装塑料条		技术要求： 安装大灯下方塑料密封条
15	调节大灯		技术要求： 调节大灯光束，使大灯光束照射位置正确
16	清洁工具		技术规范 及时清洁工具 易发问题： 忘记清洁工具，直接放回工具箱
17	整理工具		技术规范 工具归位，轻拿轻放 易发问题： 工具摆放位置出现错误
18	5S工作		技术要求： 将翼子板布、前格栅布收起，并叠放整齐，归位 易发问题： 翼子板布前格栅布随处乱放，没叠放整齐

第六节　汽车空调系统

一、汽车空调的结构组成

（一）汽车空调系统功用及组成

汽车的空气调节装置主要用来实现对车内空气的换气、加热、冷却和除湿。同时，空调装置还起到净化空气的作用。汽车安装了空调装置，可以给驾驶员创造良好的工作环境。冬

季使用暖风装置，可使车室内空气温度适中，同时还可有效去除汽车门窗玻璃上的霜、雾，使驾驶员具有良好的视野，有利行车安全；夏季气温较高，驾驶员长时同行车容易疲劳、困倦，使用冷风装置可使车内温度、湿度适宜，改善司机的工作条件。

一般情况下，每 5000km 或 3 个月需对空调滤清器进行清洁；每 20000km 或 12 个月需更换空调滤清器。

汽车空调一般主要由压缩机、冷凝器、蒸发器、膨胀阀、储液干燥器、冷却风扇、管路等组成，如图 4-93 所示。

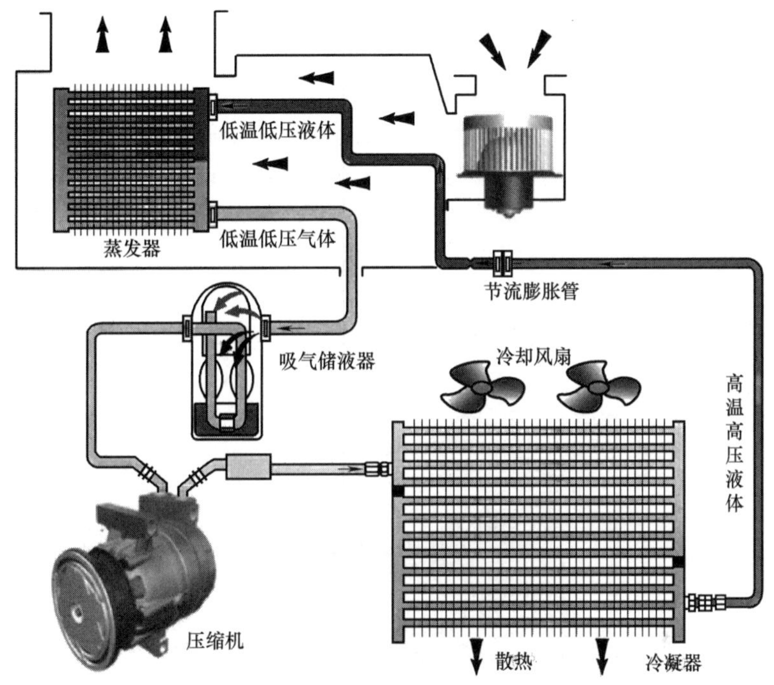

图 4-93 汽车空调结构

（二）汽车空调系统原理及分类

1. 汽车空调的工作原理

汽车空调利用制冷剂（R-134a）从液态变成气态时吸收大量热能的原理进行制冷。通过汽车发动机的动力驱动，压缩机吸入低温低压的制冷剂气体，运转压缩成为高温高压的气体，经过冷凝器散热管降温冷却变成高压中温的液体，再经过储液干燥器除湿与缓冲，然后以较稳定的压力和流量流向膨胀阀，经节流和降压最后流向蒸发器，制冷剂一遇低压环境即蒸发，吸收大量热能，车厢内的空气不断流经蒸发器，车厢内温度也就因此降低；液态制冷剂流经蒸发器后再次变成低压气体，又重新被吸入压缩机进行下一次的循环工作。

2. 汽车空调系统分类（按动力源分）

（1）独立式空调　有专门的动力源（第二台发动机）驱动压缩机的运行，一般用于大中巴汽车上，这是由于大中巴的内部空间位置较大而且对空调运行效果要求更高。独立式空调由于需要两台发动机，燃油消耗高，同时造成较高的成本，并且其维修及维护十分困难，所以局限于大中巴汽车上使用。

（2）非独立式空调　直接利用汽车发动机来运转的空调系统，非独立式空调由主发动机带动压缩机运转，并由电磁离合器进行控制。接通电源时，离合器断开，压缩机停机，从而

调节冷气的供给，达到控制车厢内温度的目的。其优点是结构简单、便于安装布置、噪声小。由于需要消耗主发动机10%～15%的动力，直接影响汽车的加速性能和爬坡能力；同时其制冷量受汽车行驶速度影响，如果汽车停止运行，空调系统也停止运行。尽管如此，非独立式空调由于其较低的成本（相对独立式空调），可靠的质量，成为市场的主导产品。

（三）汽车空调主要部件

1. 压缩机

压缩机是一种使制冷剂在系统内循环的动力源，使制冷剂完成从气态到液态的转变过程，达到制冷剂散热凝露的目的。同时在整个空调系统，压缩机还是管路内介质运转的压力源，没有它，系统不仅不制冷而且还失去了运行的动力。

压缩机的旋转轴是通过磁性离合器及皮带与发动机曲轴相连取得动力的，这是因为当装在蒸发器出风口的传感器感知出风的温度不够低时，它就会通过电路使压缩机的磁性离合器闭合，这样压缩机随发动机运转，实现制冷。而当出风温度低于设定的温度，它则控制磁性离合器切离，这样压缩机不工作。如果这一控制失灵，那么压缩机将不断工作，使蒸发器结冰造成管道压力超标，最终破坏系统甚至造成损坏。

图4-94是桑塔纳2000GSi型轿车空调系统用SESH-14型斜盆式压缩机的结构，主要由电磁离合器、传动斜盆、带圆锥齿轮的行星盘、气缸与活塞、吸气阀片与排气阀片以及缸体（壳体）等组成。

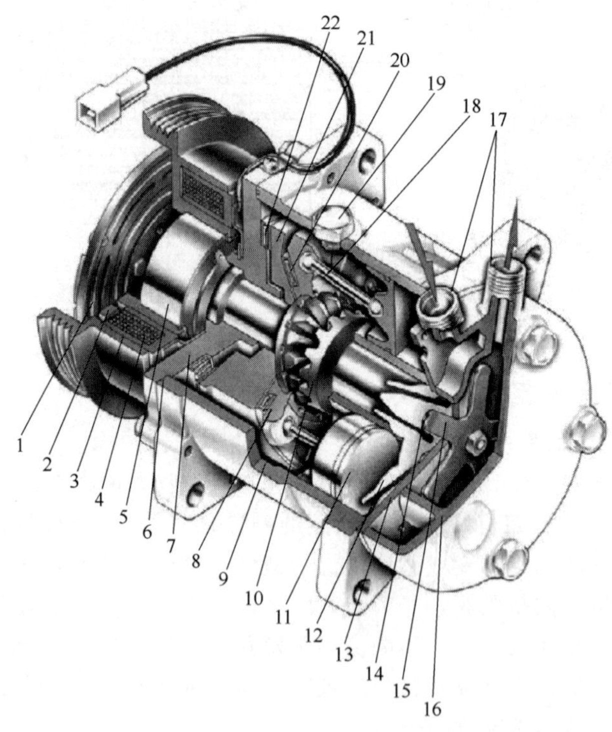

图4-94 桑塔纳2000GSi型轿车空调系统用SESH-14型斜盆式压缩机的结构

1—压盘；2—电磁离合器；3—多槽驱动带带轮；4—电磁离合器线圈；5—轴承；6—密封圈；7—驱动端盖；8—带锥齿轮的行星盘；9—缸体；10—固定锥齿轮；11—活塞；12—吸气阀片；13—阀板；14—排气阀片；15—阀片限位板；16—后端盖；17—制冷剂进出接头；18—连杆；19—注油塞；20,22—推力轴承；21—斜盘

2. 冷凝器

冷凝器是在一排弯绕的管道上布满散热用的金属薄片，以此实现外界空气与管道内物质

的热交换的装置。冷凝器的冷凝指的是其管道内的制冷剂散热从气态凝成液态，经常被安装在车辆前部，在发动机冷却液散热器的后面，共同被来自车辆前方的空气冷却。

3. 膨胀阀

在汽车空调系统中，膨胀阀是控制制冷剂进入蒸发器的关键部件，如果制冷剂进入蒸发器太多，就不易蒸发；如果制冷剂进入蒸发器太少，冷气又会不够。

4. 蒸发器

蒸发器的结构与冷凝器相似，但作用恰好相反，蒸发器是制冷剂由液态变成气态（即蒸发）吸收热量的场所，从而使流经其表面空气冷却，空调出风口就吹出冷气。

5. 储液干燥器

储液干燥器用来储存制冷剂，并吸收制冷剂中的水分和杂质。一方面，它相当于汽车的油箱，为泄漏制冷剂多出的空间补充制冷剂；另一方面，它又像空气滤清器那样，过滤掉制冷剂中掺杂的杂质。储液干燥器中还装有一定的硅胶物质，起到吸收水分的作用。

6. 空调管路

汽车空调管路分为高压管路和低压管路。空调管路要注入一定压力的制冷剂，所以必须采用金属管道，一般为铝管或铜管。特别是从压缩机到冷凝器到储液干燥器和膨胀阀这部分管路，是空调系统的高管路，所以比其他管道有更高的耐高压要求。

（四）汽车空调控制面板

汽车空调按照控制方式可以分为自动空调和手动空调，其控制面板有所不同，常见手动空调的控制面板如图 4-95 所示。

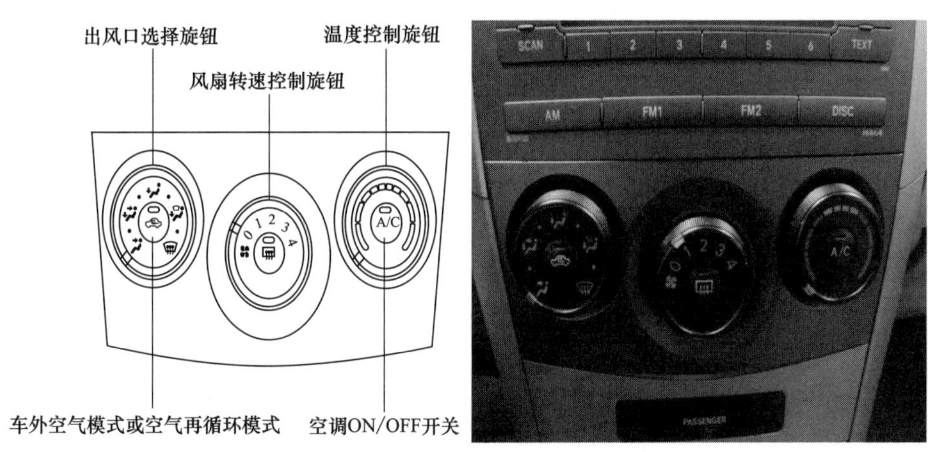

图 4-95　手动空调的控制面板

1. 进气选择器（图 4-96）

通过移动杆来控制气流源，选择内循环方式，使车内的空气进行内部再循环，制冷效果较好，但长时间如此，对身体健康不利；选择外循环方式，把外界空气引入车内循环，从而保持车内空气清新，但制冷效果较低。

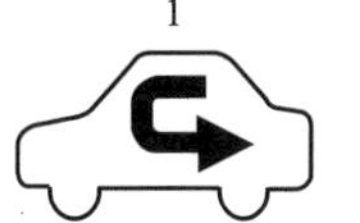

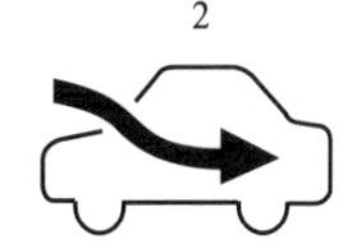

图 4-96　进气选择器
1—内循环；2—外循环

2. “A/C” 开关

要打开空调系统时，按“A/C”开关，其指示器点亮；关闭空调系统时，再按一次此开关，其指示器

熄灭。

3. 温度选择器

转动该钮调节空调的制冷或制热效能，越向右侧（蓝色图标）旋，则空调的制冷效能越大；越向左侧（红色图标）旋，则暖风系统的制热效能越大；当该旋钮在中间（灰色图标）时，系统既不制冷，也不制热。

4. 风扇转速选择器

转动该钮调节风扇速度。向右增强风速，向左减慢风速。

5. 气流选择器

转动该钮选择气流出风口，如图 4-97、图 4-98 所示。

图 4-97 气流选择器

（1）仪表板：气流主要来自仪表安装板通风口。

（2）双层面：气流来自地板通风口和仪表安装板通风口。

（3）地板：气流主要来自地板通风口。

（4）地板/挡风玻璃：气流主要来自地板通风口和挡风玻璃通风口。和进气选择器在新鲜出风口位置时一起使用。

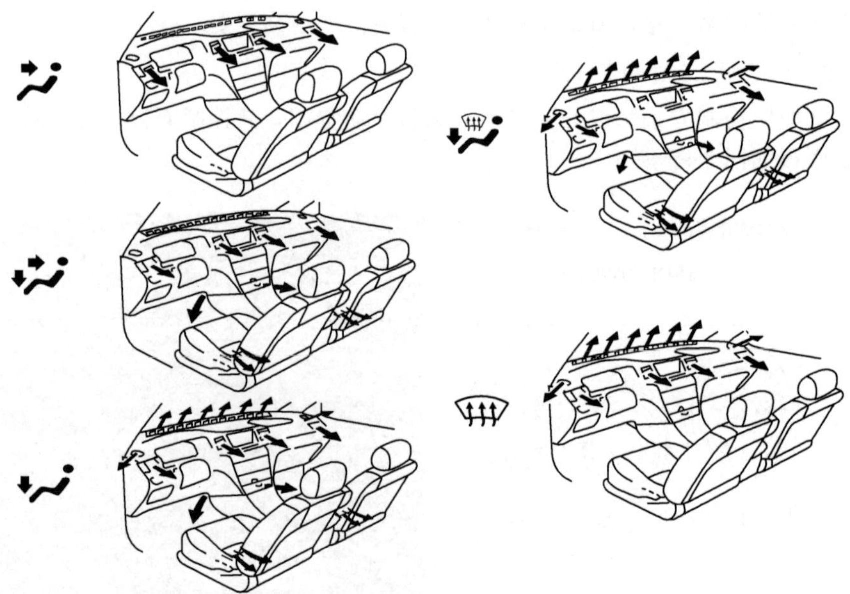

图 4-98 气流选择器通风口

二、汽车空调系统的检修操作

（一）汽车空调的检查与维护项目

1. 控制旋钮功能检查

在启动发动机的情况下，检查各控制旋钮的功能是否正常。打开“A/C”开关前，应先打开风扇转速选择器。

2. 制冷剂量的检查

启动发动机，打开所有车门至最大开度，将空调模式选择至最大制冷效果，风扇转速挡位旋至“4”位，再打开“A/C”开关，并将发动机再加速至 1500r/min，检查出风口有冷风吹出，表

明空调制冷效果良好；观察制冷剂观察窗，如图 4-99 所示，“A”先有少量气泡，后来消失，则制冷剂量正常；“B”始终有大量气泡，则制冷剂量不足，需进行空调系统检漏或添加制冷剂。

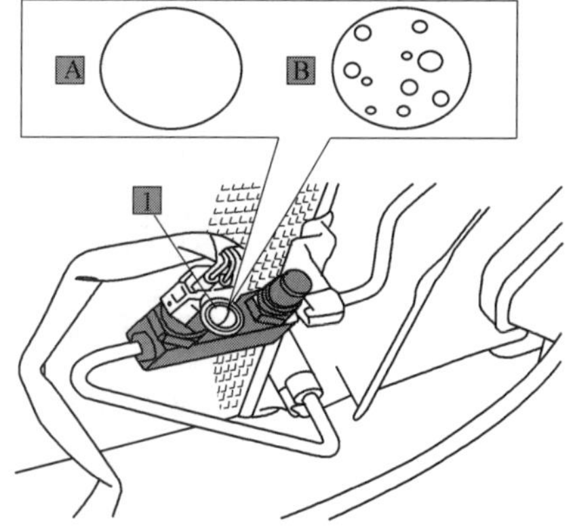

图 4-99　制冷剂量检查

3. 清洁空调滤清器

空调滤芯位于副驾驶席前手套箱内侧，如图 4-100 所示，检查滤芯是否脏污，如脏污可用压缩空气清洁，不过要注意吹的方向，如图 4-101 所示，脏污严重的可更换空调滤芯。

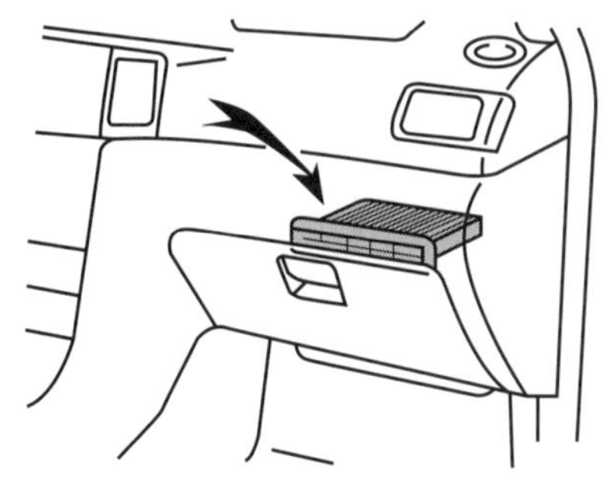

图 4-100　空调滤芯的位置

图 4-101　清洁空调滤芯

（二）汽车空调系统的维护操作

操作步骤	操作内容	图　解	操作说明
1	工具准备		(1)实操所需工具，如左图 (2)工具要齐全，摆放要整齐
2	车辆防护与预检		(1)安装车轮挡块，接排气烟道，安装车内三件套 (2)拉起驻车制动杆，降下驾驶员侧车窗玻璃，拉发动机舱盖释放杆 (3)打开发动机舱盖，安装翼子板布和前格栅布 (4)进行发动机预检

续表

操作步骤	操作内容	图　解	操作说明
3	检查空调控制旋钮		(1)启动发动机 (2)逐一打开风扇各挡位,检查工作是否正常 (3)逐一打开出风口各挡位,检查工作是否正常 (4)打开冷空调,检查制冷效果是否正常
4	检查制冷剂量		(1)打开所有车门 (2)将空调打开至制冷效果最大 (3)将发动机转速加至1500r/min (4)检查制冷剂量是否正常 注意:检查制冷剂量时,需两人配合进行
5	清洁空调滤清器		(1)关闭空调,发动机熄火 (2)清洁空调滤清器 注意:空调滤清器受潮发霉,需及时更换
6	车辆复位		(1)取下车内、外防护用品 (2)取下排气烟道、车轮挡块 (3)清洁车身
7	工具复位		清洁并整理工具 注意:在操作过程中要体现5S

(三) 汽车空调制冷剂的检漏与回收操作

1. 主要设备

主要设备有电子式卤素检漏仪、制冷剂回收加注机、护目镜，如图4-102所示。

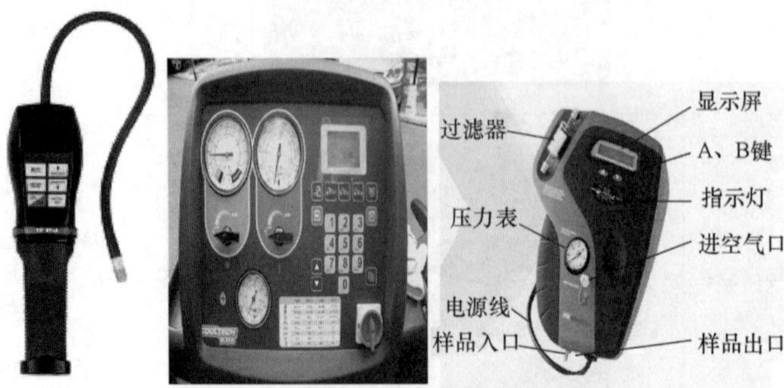

图4-102　工具的准备

2. 实施步骤

操作步骤	作业内容	图　　解	具体操作方法及要求
1	制冷剂纯度检测	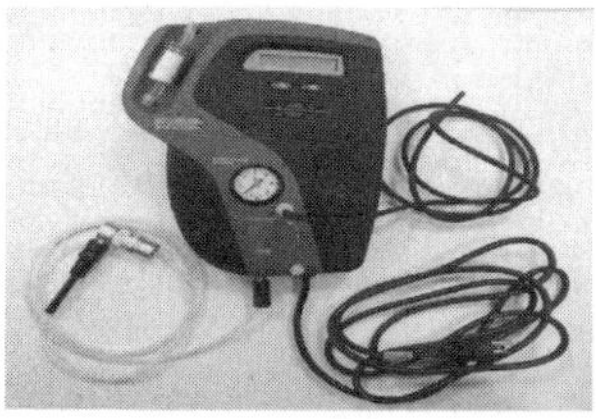	安全警告： (1)连接电源后自动开机、预热预热时间约为 2min (2)管路连接应正确无误
			技术要求： (1)在预热的过程中，按住 A、B 键直到显示屏出现"USAGE ELEVATION，400FEET"(出厂设置，海拔 400 英尺，相当于是 120 米) (2)使用 A 键和 B 键，调节海拔高度
		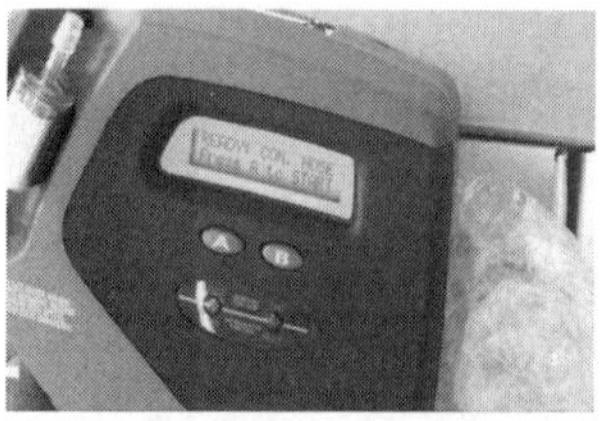	技术要求： 把采样管接到车辆空调系统或制冷剂罐的出口上。按 A 键开始
		 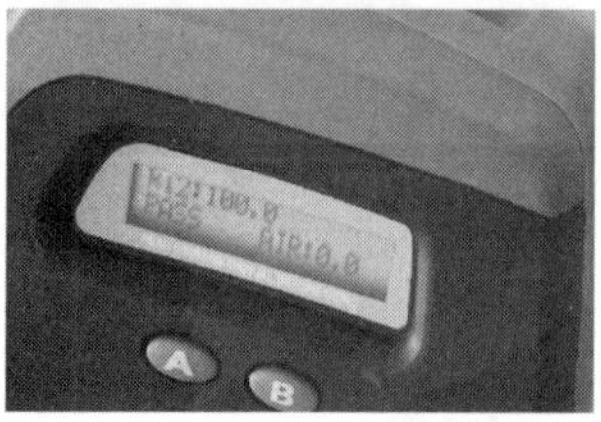	技术要求： 检验结果说明 PASS：制冷剂纯度达到 98%或更高。通过检验，可以回收 FAIL：R12 或 R134a 的混合物，任一种纯度达不到 98%，混合物太多 FAIL CONTAMINATED：未知制冷剂，如 R22 或 HC 含量 4%或更多。不能显示含量 NO REFRIGERANT-CHK HOSE CONN：空气含量达到 90%或更高。没有制冷剂
2	检漏	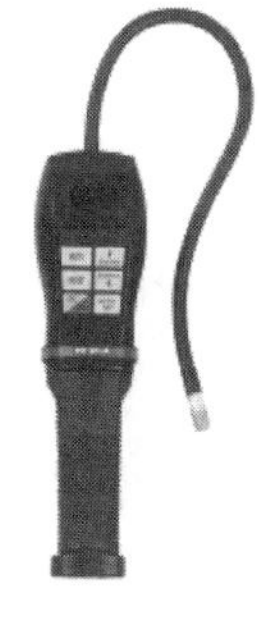	技术要求： 调节灵敏度 探头保持洁净(不要接触被测部位) 环境空气洁净 安全警告： 在检漏环节中需配合使用护目镜

续表

操作步骤	作业内容	图　解	具体操作方法及要求
3	制冷剂的回收、抽真空、加注	(1)开机 储罐重量和储罐内部的制冷剂重量	技术要求： 连接在220V电源，转动电源开关，显示主菜单
		(2)排气。此步骤是对AC350C自身进行排气、清理，应在30s内完成。操作方法 ①按下排气键，设备进行排气，2s后完成 ②按下确认键	
		(3)回收。此步骤是将车辆空调系统的制冷剂回收到AC350C中。操作方法 ①按下回收键，然后按界面提示接好管路及接头 ②设定制冷剂的回收量：利用数字键输入制冷剂重量，按下确认键 ③界面显示“清理管路1分钟”。设备开始自动进行清理，然后进行回收 正在进行制冷剂回收	技术要求： 当界面显示“回收完成”后，按下确认键
		(4)制冷剂净化作业 ①净化作业准备及开始 在完成制冷剂回收之后，按下AC350C的确认键，AC350C开始进行排油。完成后(约10s)，必要时记录排油量 ②纯度指标检测 使用制冷剂鉴别仪(16910)对加收的制冷剂进行检测。根据检测结果得出结论 ③净化操作 若制冷剂纯度达不到要求，则继续进行净化。	技术要求： (1)制冷剂的纯度大于96%小于98%需净化 (2)制冷剂纯度大于98%无需净化
		(5)抽真空	技术要求： 抽真空时间设定为30min
		(6)保压	技术要求： 保压时间设定为3min

续表

操作步骤	作业内容	图　解	具体操作方法及要求
3	制冷剂的回收、抽真空、加注	(7)注油	技术要求： (1)设定注油量为排出的油量加 20mL (2)关闭低压阀，进行单管充注
		(8)加注制冷剂	技术要求： (1)制冷剂的加注量需对照车辆铭牌信息或查看数据库，并通过数字键输入充注重量 (2)关闭低压阀，进行单管充注 (3)加注结束，关闭阀门
		(9)管路清理	
4	5S 工作		技术要求： ①对工具和设备清洁，并放回原位 ②整理场地 ③清扫场地 安全警告： 不要用潮湿的抹布清洁电器开关、按钮等 易发问题： ①清洁工作马马虎虎，应付差事 ②废弃物未丢弃或未分类丢弃 ③清洁不彻底、漏项

第七节　汽车仪表

一、汽车仪表报警系统

（一）汽车仪表报警系统的结构组成

1. 报警装置的作用

为了便于驾驶员随时了解汽车各个主要系统的工作情况，及时发现问题、采取措施，防止发生人身和机械事故，保证汽车可靠而安全地行驶，汽车上安装了一些报警信号装置，如图 4-103、图 4-104 所示，用来监测和反映汽车和发动机的一些重要系统的工作情况。

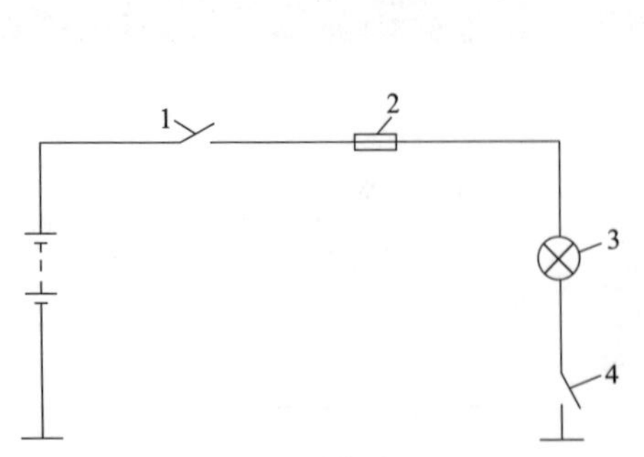

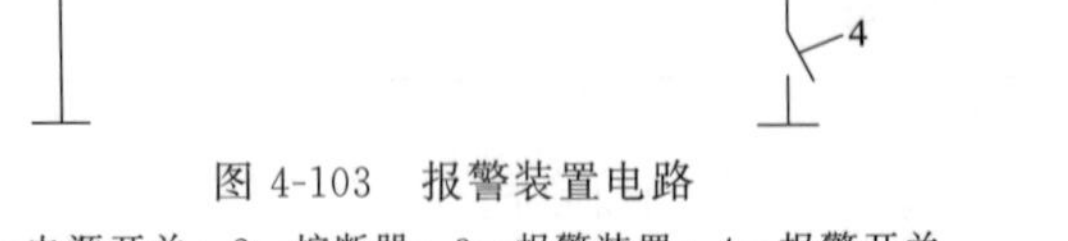

图 4-103　报警装置电路

1—电源开关；2—熔断器；3—报警装置；4—报警开关

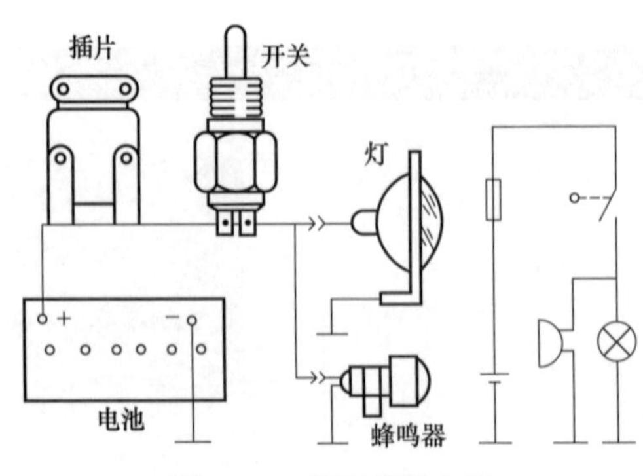

图 4-104　倒车信号电路

数字仪表与传统仪表采用的传感器结构和原理基本相同，二者的本质区别在于指示表（显示装置）的结构和工作原理不同。数字仪表借助于各种电子显示器件和有关电路，实现数字显示、模拟指针显示、图像和曲线显示等不同显示形式，利用数字式显示可以实现一组数字进行分时显示不同内容，提高了显示精度、增加了显示内容，具有一表多用之功能，有利于使仪表盘简化；利用模拟指针显示，增加了显示色彩，改善了显示效果；图像和曲线显示醒目、直观，便于分析。

数字仪表主要有传感器、控制单元和显示装置构成。传感器的作用是检测信号；控制单元的作用是采集传感器的信号，将模拟信号转化成数字量，经分析处理后控制显示装置；显示装置的作用是接受控制单元的命令，显示各种信息。

2. 报警信号装置的组成

报警信号装置包括报警装置和信号装置。报警装置是在被监测的系统或总成工作或状态不正常时工作，提醒驾驶员注意，如水温报警灯、燃油液面报警灯等；信号装置是在被监测的系统或总成工作时，提醒驾驶员注意，如远光指示灯、转向指示灯等。报警信号装置有灯光报警信号装置和音响报警信号装置两种。报警灯、指示灯的符号含义如表 4-7 所示。

表 4-7　报警灯、指示灯的符号含义

燃油	(水)温度	油压	充电指示	转向指示灯	远光
近光	雾灯	手制动	制动失效	安全带	油温
示廓(宽)灯	真空度	驱动指示	发动机室	行李室	停车灯
危急报警	风窗除霜	风机	刮水/喷水器	刮水器	喷水器
车灯开关	阻风门	喇叭	点烟器	后刮水器	后喷水器

（1）机油压力过低报警灯

① 弹簧式机油压力过低报警灯。图 4-105 为弹簧管式机油压力过低报警灯电路，有一对常闭触点。点火开关接通，在发动机未启动时，油压开关是接通的，报警灯亮。在发动机启动后，主油道压力升高，开关的触点断开，报警灯熄灭，表示润滑系统工作正常。运行中若主油道堵塞、泄漏等原因使机油压力过低时，开关接通，报警灯亮。

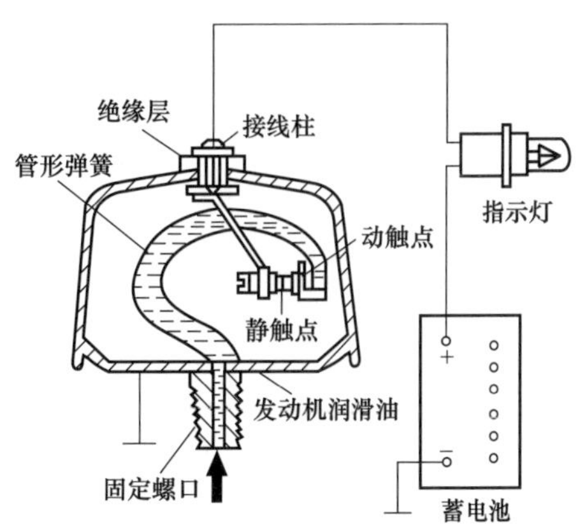

图 4-105　弹簧管式机油压力过低报警灯电路

② 膜片式机油压力过低报警灯。膜片式机油压力过低报警灯电路如图 4-106 所示。当机油压力低于一定值时，油压报警传感器中的动触点下降与静触点相接触，接通油压报警灯电路，报警灯发亮。

（2）燃油量不足报警　燃油量不足报警灯电路，如图 4-107 所示。其报警开关为热敏电阻式，装在油箱内。当油箱内燃油量多时，负温度系数的热敏电阻元件浸没在燃油中散热快，温度较低，电阻值较大。因此电路中几乎没有电流，报警灯不亮。而当燃油量减少到规定值以下时，热敏电阻元件露出油面，散热较慢，温度升高，电阻值减小，电路中电流增大，于是报警灯发亮，提醒驾驶员应及时加注燃油。

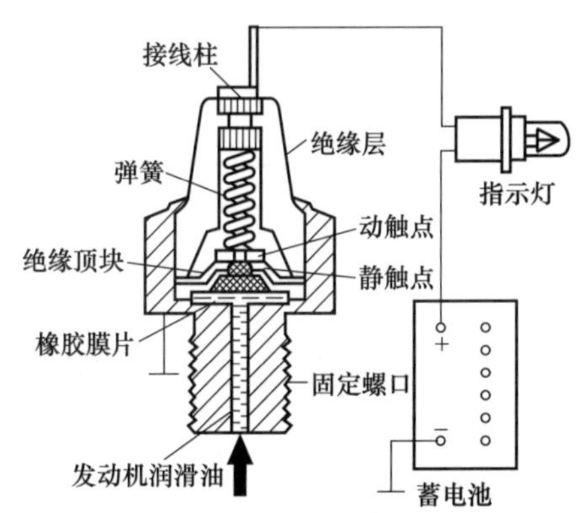

图 4-106　膜片式机油压力过低报警灯电路

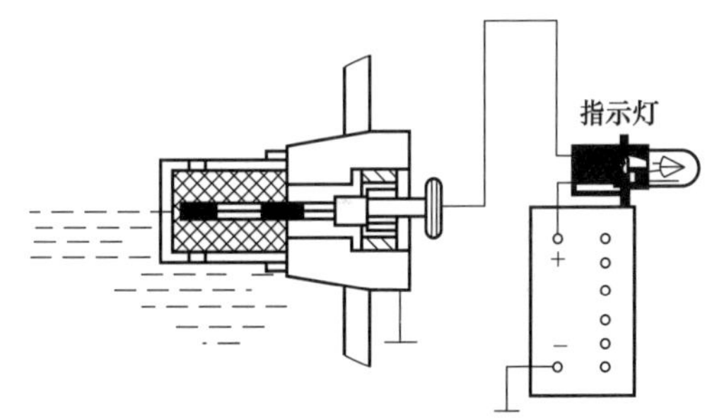

图 4-107　燃油量不足报警灯电路

（3）制动灯断线报警　制动灯断线报警灯电路如图 4-108 所示。在正常情况下制动时，踩下制动踏板，制动灯开关接通，电流分别流经左右两电磁线圈，使左右制动信号灯亮。此时，两线圈所产生的磁场相互抵消，干簧开关触点断开，报警灯不亮。若左（或右）制动信号灯线断路或灯丝烧断时进行制动，则左（或右）电磁线圈无电流通过，而通电的线圈所产生的电磁吸力吸动干簧开关触点闭合，报警灯发亮，表示制动灯电路有断路故障。

（4）冷却水、制动液、挡风玻璃清洗液液面过低报警　液面过低报警装置适用于发动机冷却水、制动液、挡风玻璃清洗液等液面过低的报警，其电路如图 4-109 所示。它的工作原理是：当浮子随液面下降到规定值以下时，永久磁铁吸动干簧开关使之闭合，接通电路，使报警灯发亮，以示告警。当液面在规定值以上时，浮子上升，磁铁吸力不足，干簧开关在自身弹力作用下，使电路断开，报警灯熄灭。

（5）蓄电池液面过低报警　如图 4-110 所示为蓄电池电解液液面过低报警灯电路。其报警开关是一个电子开关，由传感器和放大器组成，传感器为一铅棒，通常安装在由正极柱算起第三个单格内。当蓄电池电解液液面高度正常时，传感器铅棒上的电位为 8V，从而使 VT_1

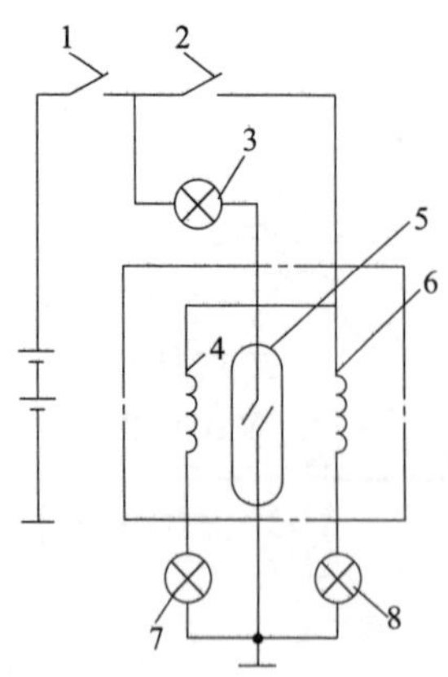

图 4-108　制动灯断线报警灯电路

1—点火开关；2—制动灯开关；3—警告灯；4，6—电磁线圈；5—舌簧开关；7，8—制动灯

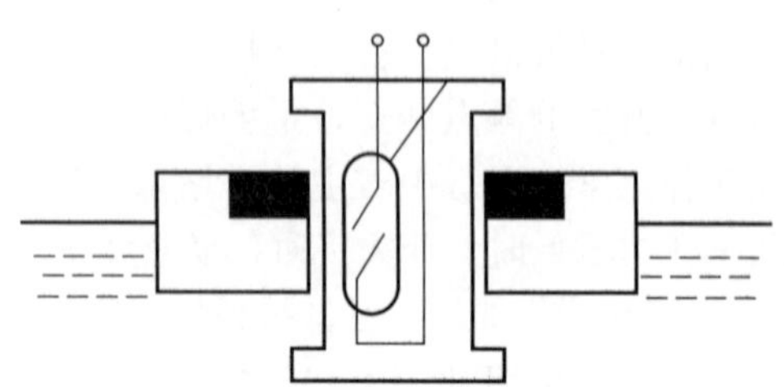

图 4-109　液面过低报警灯电路

导通，VT_2 截止，报警灯不亮。当电解液液面在最低限位以下时，铅棒无法与电解液接触，也就无正电位，从而使 VT_1 截止，VT_2 导通，报警灯发亮。

（6）水温过高报警　水温过高报警灯电路如图 4-111 所示，其报警开关为双金属片式温度开关。当冷却水温正常时，双金属片几乎不变形，触点分开，报警灯不亮。如果冷却水温升高到 95～105℃之间时，双金属片由于温度升高而弯曲变形，使触点闭合，红色报警灯便通电发亮，提醒驾驶员采取适当降温措施。

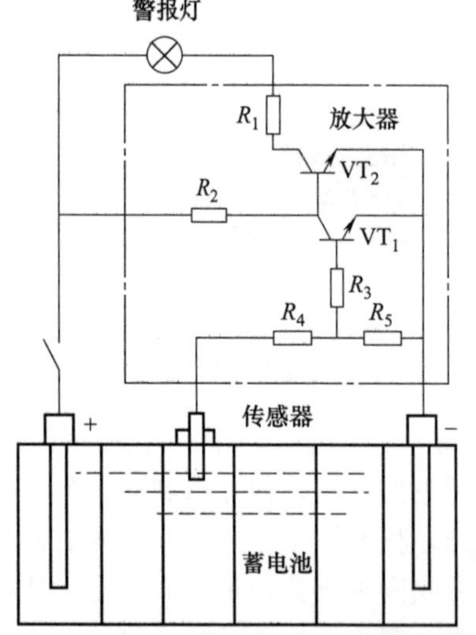

图 4-110　蓄电池电解液液面过低报警灯电路

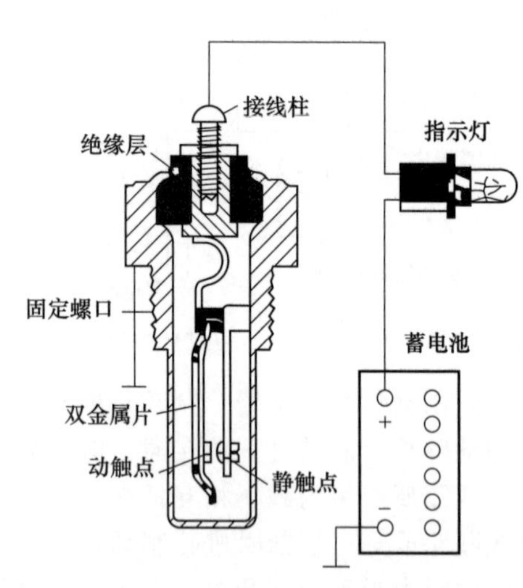

图 4-111　水温过高报警灯电路

（二）汽车仪表报警系统的拆装操作

操作步骤	作业内容	图　解	技术规范
1	按顺序找出各报警装置		技术要求： 按顺序依次将各个报警仪表找出并拆装

续表

操作步骤	作业内容	图　解	技术规范
2	认知各个报警仪表及其作用		技术要求： 结合资料掌握各个仪表的作用
3	拆装报警仪表装置		技术要求： 有规律地将各连接导线拆下 安全警告： 在拆卸连接导线时不要用力拉扯，防止导线损坏
4	拆装机油压力过低报警器		技术要求： 将拆下的零部件按顺序放在规定部位 安全警告： 在拆卸连接导线时不要用力拉扯，防止导线损坏
5	找出燃油量不足报警线路	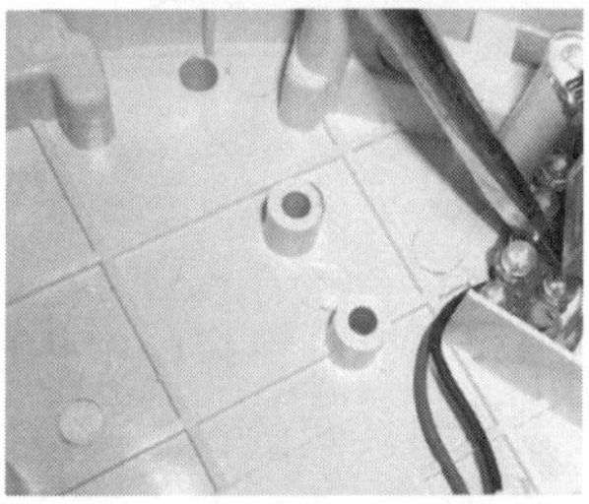	技术要求： 先观察后动手，选择合适的工具 安全警告： 在拆卸连接导线时不要用力拉扯，防止导线损坏
6	找出制动灯断线报警电路		安全警告： 在拆卸连接导线时不要用力拉扯，防止导线损坏
7	熟知各清洗液液面过低报警	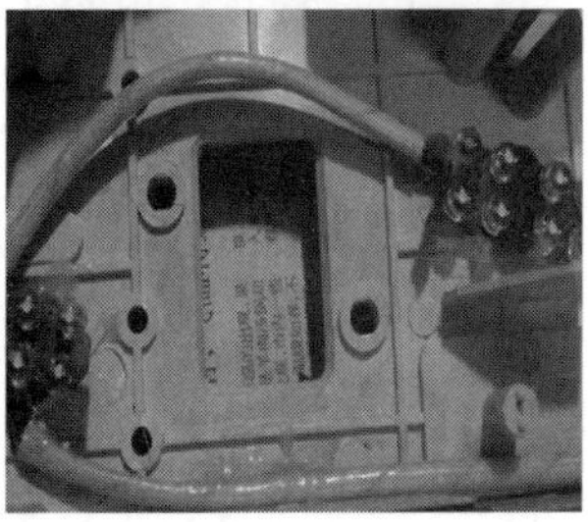	技术要求： 对应仪表拆卸相应的导线 安全警告： 在拆卸连接导线时不要用力拉扯，防止导线损坏

续表

操作步骤	作业内容	图　解	技术规范
8	拆装蓄电池液面过低报警		技术要求： 拆装过程中注意观察相应传感器，了解其原理。 安全警告： 在拆卸连接导线时不要用力拉扯，防止导线损坏
9	拆装水温过高报警器		安全警告： 在拆卸连接导线时不要用力拉扯，防止导线损坏
10	5S工作		技术要求： ①对工具和设备清洁，并放回原位 ②整理场地 ③清扫场地 安全警告： 不要用潮湿的抹布清洁电器开关、按钮等 易发问题： ①清洁工作马马虎虎，应付差事 ②废弃物未丢弃或未分类丢弃 ③清洁不彻底、漏项

二、发动机转速表

（一）发动机转速表的工作原理

为了检查调整发动机，并监视发动机及其他电器的工作情况，更好地掌握换挡情况，在汽车的仪表板上还应安装可直观反映发动机转速的仪表，即发动机转速表。

发动机转速表有机械式和电子式两种。电子式转速表具有指示平稳、结构简单、安装方便等优点，所以被广泛采用。

电子式转速表获取转速信号的方式有三种，即取自点火系、发动机的转速传感器和发电机。

电子转速表的型号较多，现介绍两种汽油机电子转速表的电路原理。

1. 电容放电式转速表

如图 4-112 所示为桑塔纳轿车取自点火系的电子式转速表电路原理图。

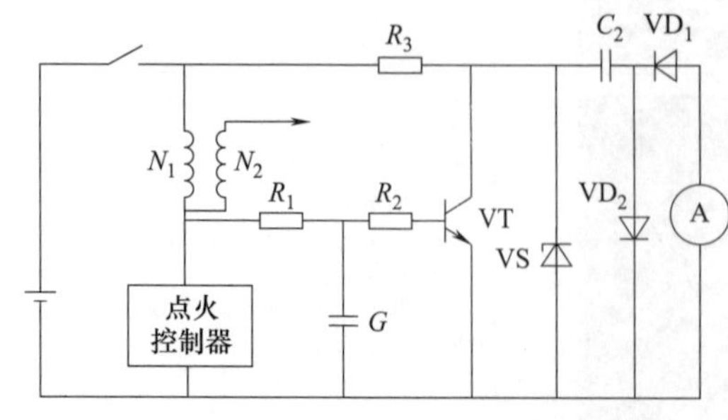

图 4-112　桑塔纳轿车电子式转速表电路原理

原理：当初级电路导通时，三极管 VT 截止，电容 C_2 被充电，充电电流由蓄电池正极→点火开关→电阻 R_3→电容 C_2→二极管 VD_2→蓄电池负极。当初级电路截止时，三极管 VT 导通，电容器 C_2 放电，放电电流通过三极管 VT→电流表→二极管 VD_1。当发动机工作时，点火系初级电路不停地导通与截止，电容 C_2 不停地充放电。因为初

级电路通断的次数与发动机转速成正比，所以电流表中电流平均值与发动机转速成正比，从而可用电流平均值标定发动机的转速。

2. 单稳态触发器转速表

单稳态触发器转速表原理如图 4-113 所示，当点火系统初级电路的触点 K 断开时，VT_1 基极得一正的脉冲信号，VT_1 导通，转速表 n 通过一定的电流，VT 导通时集电极的负跳变信号经电容 C_1 耦合到 VT_2 的基极，使 VT_2 截止，集电极的正跳变电压经 R_9 耦合到 VT_1 的基极，使 VT_1 进一步导通。保持 VT_1 导通的时间，由电源通过电阻 R_7、R_6、R_{10} 向 C_1 充电至规定电压值所需的时间来决定。当 C_1 上的充电电压升至 VT_2 的导通电压时，VT_2 导通并把 VT_2 集电极的负跳变信号经 R_9 耦合到 VT_1 的基极，则 VT_1 截止，电路又恢复原始状态，把发动机工作时触点 K 周期开闭，经过转速表的一系列方波脉冲电流，其平均值均与发动机的转速成正比。VT_1 导通，VT_2 截止的暂稳态时间，应能阻止火花放电高频电磁振荡信号的影响，避免误触发转速电路，造成测量误差。

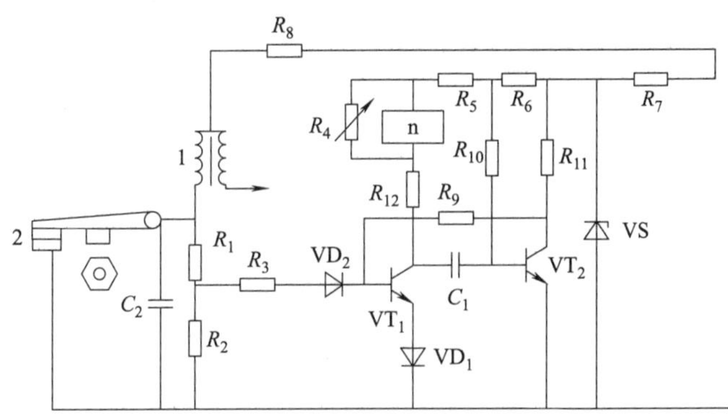

图 4-113　单稳态触发器转速表原理

（二）发动机转速表的拆装操作

操作步骤	作业内容	图　解	技术规范
1	找出发动机转速表的位置		技术要求： 观察仪表盘并独立找出相应仪表
2	拆下发动机转速表		技术要求： 对应仪表拆卸相应导线 安全警告： 在拆卸连接导线时不要用力拉扯，防止导线损坏

续表

操作步骤	作业内容	图　解	技术规范
3	掌握发动机转速表的组成部分		技术要求： 观察表盘上相应仪表的组成部分，并根据维修手册判断各部分所起的作用
4	了解发动机转速表的作用		技术要求： 结合发动机转速传感器找出发动机转速表的原理
5	将发动机转速表装回仪表盘		技术要求： 严格按照拆卸的相反顺序装配
6	5S工作		技术要求： ①对工具和设备清洁，并放回原位 ②整理场地 ③清扫场地 安全警告： 不要用潮湿的抹布清洁电器开关、按钮等 易发问题： ①清洁工作马马虎虎，应付差事 ②废弃物未丢弃或未分类丢弃 ③清洁不彻底、漏项

三、车速里程表

（一）车速里程表的结构原理

车速里程表是用来指示汽车行车速度和累计汽车行驶里程数的仪表，它由车速表和里程表两部分组成，由汽车变速器或分动器通过转轴带动。车速里程表按结构分为磁感应式、电子式两种车速里程表。

1. 磁感应式车速里程表

磁感应式车速里程表由变速器（或分动器）内的蜗轮蜗杆经软轴驱动。其基本结构如图4-114所示。车速表是由与主动轴紧固在一起的永久磁铁 1，带有轴及指针 6 的铝碗 2，磁屏 3 和紧固在车速里程表外壳上的刻度盘 5 等组成。里程表由蜗轮蜗杆机构和六位数字的十进位数字轮组成。

（1）车速表工作原理　不工作时，铝碗 2 在盘形弹簧 4 的作用下，使指针指在刻度盘的零位。

当汽车行驶时，主动轴带着永久磁铁 1 旋转，永久磁铁的磁力线穿过铝碗 2，在铝碗 2 上感应出涡流，铝碗在电磁转矩作用下克服盘形弹簧的弹力，向永久磁铁 1 转动的方向旋转，直至与盘形弹簧弹力相平衡。由于涡流的强弱与车速成正比，指针转过角度与车速成正比，指针便在刻度盘上指示出相应的车速。

（2）里程表工作原理　汽车行驶时，软轴带动主动轴，主动轴经三对蜗轮蜗杆（或一套蜗轮蜗杆和一套减速齿轮系）驱动里程表最右边的第一数字轮。第一数字轮上的数字为 1/10km，每两个相邻的数字轮之间的传动比为 1∶10。即当第一数字轮转动一周，数字由 9 翻转到 0 时，便使相邻的左面第二数字轮转动 1/10 周，呈十进位递增。这样汽车行驶时，就可累计出其行驶里程数，最大读数为 99999.9km。

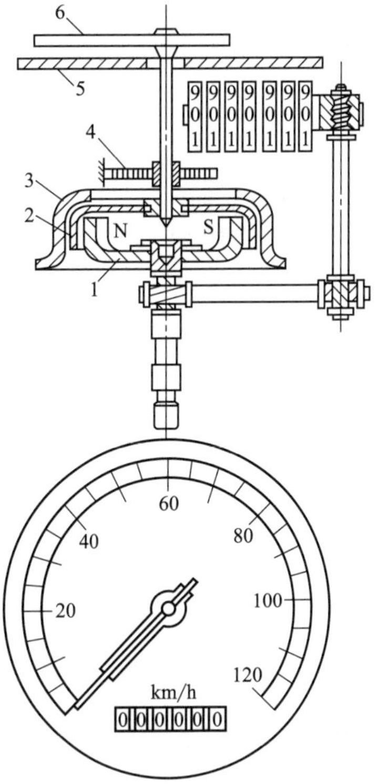

图 4-114　磁感应式车速里程表

1—永久磁铁；2—铝碗；3—磁屏；4—盘形弹簧；5—刻度盘；6—指针

2. 电子式车速里程表

电子式车速里程表主要由车速传感器、电子电路、车速表和里程表四部分组成。如图 4-115 所示为奥迪轿车的电子式车速里程表。

（1）车速传感器　其作用是产生正比于车速的电信号。它由一个舌簧开关和一个含有 4 对磁极的转子组成。变速器驱动转子旋转，转子每转一周，舌簧开关中的触点闭合、打开 8 次，产生 8 个脉冲信号，该脉冲信号频率与车速成正比。

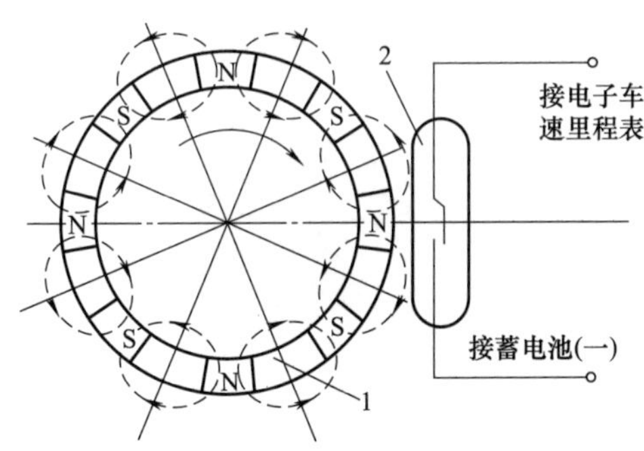

图 4-115　奥迪轿车电子式车速里程表

1—塑料环；2—舌簧开关管

（2）电子电路　其作用是将车速传感器送来的电信号整形、触发，输出一个电流大小与车速成正比的电流信号。

电路如图 4-116 所示，其基本组成主要包括稳压电路、单稳态触发电路、恒流源驱动电路、64 分频电路和功率放大电路。

（3）车速表　它是一个电磁式电流表，当汽车以不同车速行驶时，从电子电路接线端 6 输出的与车速成正比的电流信号便驱动车速表指针偏转，即可指示相应的车速。

（4）里程表　它由一个步进电动机和六位数字的十进位数字轮组成。车速传感器输出

的信号，经 64 分频后，再经功率放大器放大到足够的功率，驱动步进电动机，带动数字轮转动，从而记录行驶的里程。

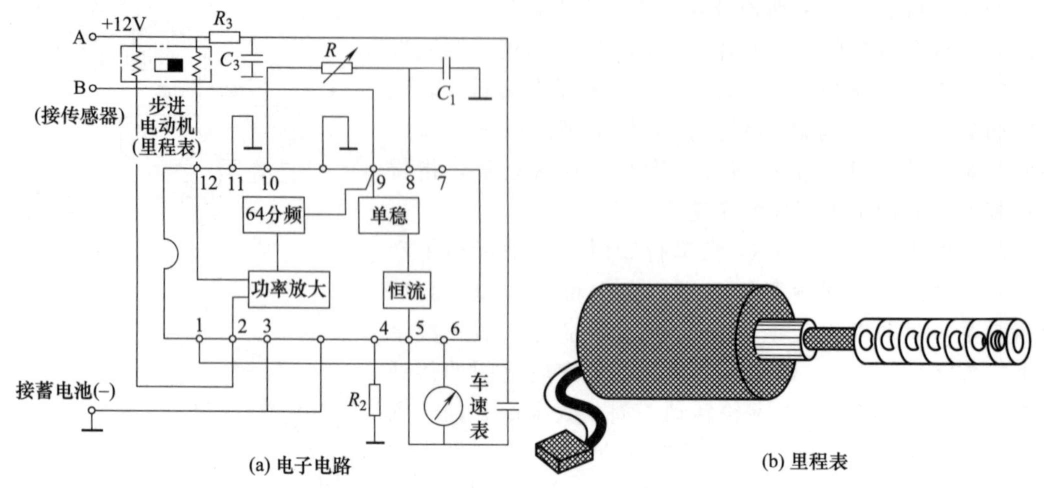

(a) 电子电路　　(b) 里程表

图 4-116　奥迪轿车电子式车速里程表

（二）车速里程表的拆装操作

操作步骤	作业内容	图　解	技术规范
1	找出车速里程表装在车上的位置		技术要求： 观察仪表盘并独立找出相应仪表
2	学会识读车速里程表的示数		技术要求： 对应仪表拆卸相应导线 安全警告： 在拆卸连接导线时不要用力拉扯，防止导线损坏
3	掌握车速里程表的各组成部分		技术要求： 观察表盘上相应仪表的组成部分，并根据维修手册判断各部分所起的作用

续表

操作步骤	作业内容	图　解	技术规范
4	了解车速里程表的作用		技术要求： 实践操作并结合车速里程表各部分的作用总结它在仪表中的地位
5	将车速里程表装回仪表盘		技术要求： 严格按照拆卸的相反顺序装配
6	5S工作		技术要求： ①对工具和设备清洁，并放回原位 ②整理场地 ③清扫场地 安全警告： 不要用潮湿的抹布清洁电器开关、按钮等 易发问题： ①清洁工作马马虎虎，应付差事 ②废弃物未丢弃或未分类丢弃 ③清洁不彻底、漏项

四、机油压力表

（一）机油压力表的结构原理

机油压力表用来检测和显示发动机主油道的机油压力的大小，以防因缺机油而造成拉缸、烧瓦的重大故障发生。

它由机油压力传感器和机油压力指示表两部分组成。

机油压力指示表可分为电热式、电磁式和弹簧式三种。

机油压力传感器可分为双金属片式和可变电阻式两种。常用的是电热式机油压力指示表配双金属片式机油压力传感器和电磁式机油压力指示表配可变电阻式机油压力传感器。

1. 电热式机油压力表与电热式机油压力传感器

电热式机油压力表也称双金属片式机油压力表，其与电热式传感器的基本结构如图4-117所示。

当点火开关置ON时，电流流过双金属片4的加热线圈，双金属片4受热变形，使触点分开；随后双金属片4又冷却伸直，触点重又闭合。如此反复，电路中形成一脉冲电流，其波形如图4-118所示。

当油压降低时，传感器膜片2变形小，触点压力小，闭合时间短，打开时间长，变化频率低，电路中平均电流小，双金属片11弯曲变形小，指针偏摆角度小，指向低油压；反之，

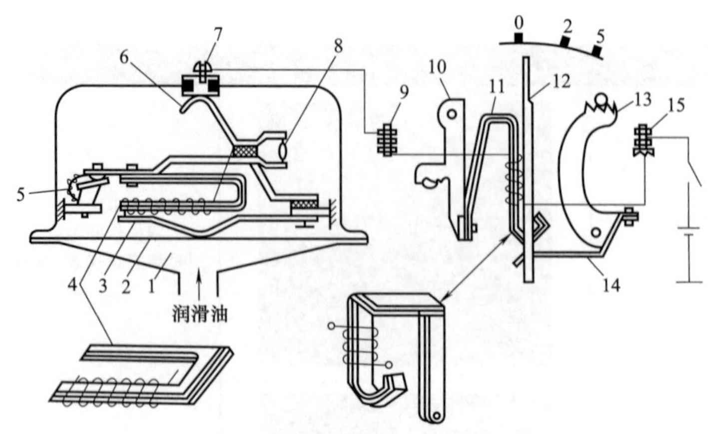

图 4-117 电热式机油压力表与电热式传感器

1—油腔；2—膜片；3—弹簧片；4—双金属片；5—调节齿轮；6—接触片；7—传感器接线柱；8—校正电阻；9—机油压力表传感器接线柱；10,13—调节齿扇；11—双金属片；12—指针；14—弹簧片；15—机油压力表电源接线柱

当油压升高时，指针偏摆角度大，指向高油压。

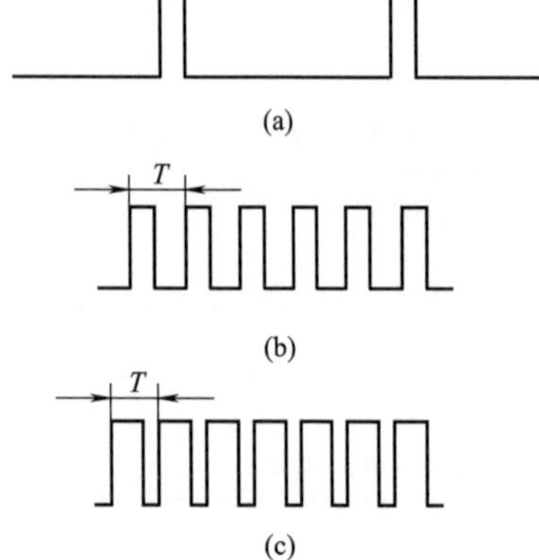

图 4-118 电热式机油压力表加热线圈中电流的波形图

（a）油压为 0，$f=15$ 次/min，$I=0.06$A；（b）油压为 0.2MPa，$f=70$ 次/min，$I=0.17$A；（c）油压为 0.5MPa，$f=125$ 次/min，$I=0.24$A

在安装传感器时，必须使传感器外壳上的箭头（安装记号）向上，不应偏出垂直位置 30°。

发动机低速运转时，机油压力不应小于 0.15MPa；发动机高速运转时，机油压力不应超过 0.5MPa。正常压力应为 0.2～0.4MPa。

2. 电磁式机油压力表与可变电阻式机油压力传感器

电磁式机油压力表与可变电阻式机油压力传感器的基本结构如图 4-119 所示。

当油压降低时，传感器 5 的电阻值增大，线圈 L_1 中的电流减小，线圈 L_2 中的电流增大，转子 2 带动指针 3 随合成磁场的方向逆时针转动，指向低油压；当油压升高时，传感器 5 的电阻值减小，线圈 L_1 中的电流增大，线圈 L_2 中的电流减小，转子 2 带动指针 3 随合成磁场的方向顺时针转动，指向高油压。

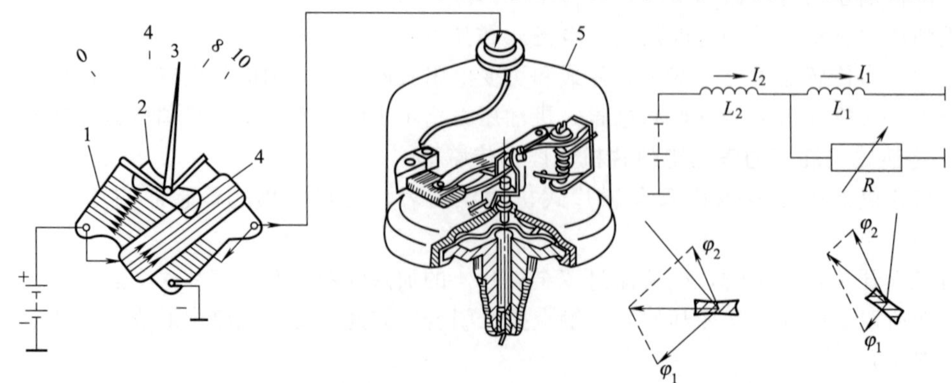

图 4-119 电磁式机油压力表与可变电阻式机油压力传感器

1—L_1 线圈；2—铁磁转子；3—指针；4—L_2 线圈；5—可变电阻式机油压力传感器

（二）机油压力表的拆装操作

操作步骤	作业内容	图　　解	技术规范
1	找出机油压力表的位置		技术要求： 观察仪表盘并独立找出相应仪表
2	拆下机油压力表	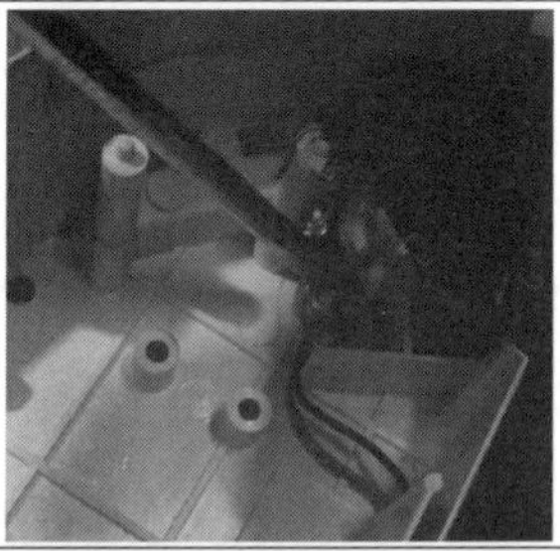	技术要求： 对应仪表拆卸相应导线 安全警告： 在拆卸连接导线时不要用力拉扯，防止导线损坏
3	掌握机油压力表的组成部分		技术要求： 观察表盘上相应仪表的组成部分，并根据维修手册判断各部分所起的作用
4	了解机油压力表的作用	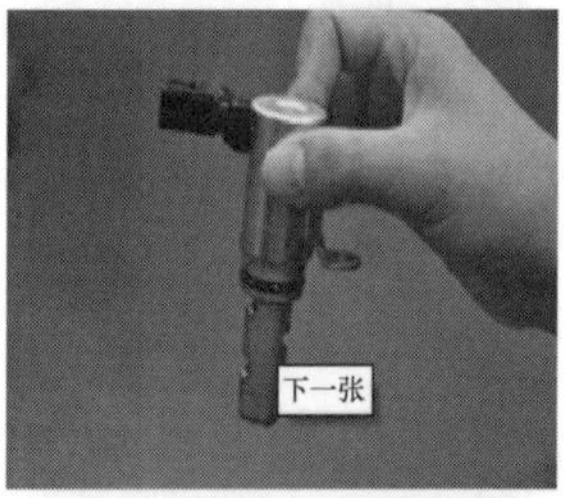	技术要求： 实践操作并结合车速里程表各部分的作用总结它在仪表中的地位
5	将机油压力表装回仪表盘	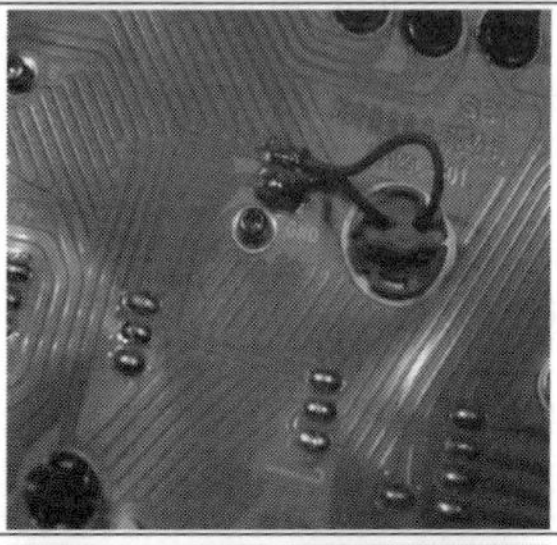	技术要求： 严格按照拆卸的相反顺序装配
6	5S工作		技术要求： ①对工具和设备清洁，并放回原位 ②整理场地 ③清扫场地 安全警告： 不要用潮湿的抹布清洁电器开关、按钮等 易发问题： ①清洁工作马马虎虎，应付差事 ②废弃物未丢弃或未分类丢弃 ③清洁不彻底、漏项

五、冷却液温度表

（一）冷却液温度表的结构原理

冷却液温度表用来检测和显示发动机水套中冷却液的工作温度，以防因冷却液温度过高而使发动机过热。

冷却液温度指示表可分为电热式、电磁式和动磁式三种，冷却液温度传感器可分为双金属片式和热敏电阻式两种。常用的是电热式冷却液温度指示表配双金属片式传感器、电热式冷却液温度指示表配热敏电阻式传感器和电磁式冷却液温度指示表配热敏电阻式传感器三种。

1. 电热式冷却液温度表与双金属片式传感器

电热式冷却液温度表与双金属片式传感器的基本结构如图 4-120 所示。

当点火开关置 ON 时，电流流过加热线圈，双金属片 4 受热变形使触点分离，切断电路；随后双金属片冷却伸直，触点重又闭合，电路又被接通，如此反复，电路中形成一脉冲电流。

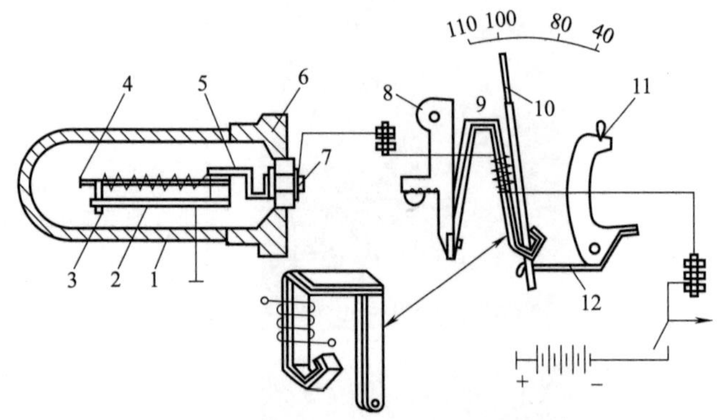

图 4-120 电热式冷却液温度表与双金属片式传感器

1—铜壳；2—底板；3—固定触点；4,9—双金属片；5—接触片；6—壳；7—接线柱；8,11—调整齿扇；10—指针；12—弹簧片

当冷却液温度较低时，双金属片 4 变形小，触点压力大，闭合时间长，打开时间短，电路中电流的平均值大，该电流流过指示表加热线圈，指示表的双金属片 9 变形大，指针偏摆角度大，指向低温。反之，当水温较高时，传感器中双金属片 4 向上翘曲变形大，触点压力小，闭合时间短，打开时间长，电路中电流的平均值小，指示表的双金属片 9 变形小，指针偏摆角度小，指向高温。

2. 电热式冷却液温度表与热敏电阻式传感器

其基本结构如图 4-121 所示。热敏电阻式传感器的主要元件为负温度系数的热敏电阻。

当点火开关置 ON 时，电流从蓄电池正极→点火开关→电源稳压器→温度表双金属片 6 的加热线圈 7→传感器接线柱 12→热敏电阻 14→传感器外壳 15→搭铁→蓄电池负极。

当发动机冷却液温度较低时，传感器的热敏电阻阻值大，电路中电流的平均值小，温度表的双金属片弯曲变形小，指针指向低温。反之，当冷却液温度升高时，热敏电阻阻值小，电路中电流的平均值大，温度表的双金属片弯曲变形大，指针指向高温。

3. 电磁式冷却液温度表与热敏电阻式温度传感器

其基本结构如图 4-122 所示。

当点火开关置 ON 时，左、右两线圈通电，各形成一个磁场，同时作用于软铁转子，转

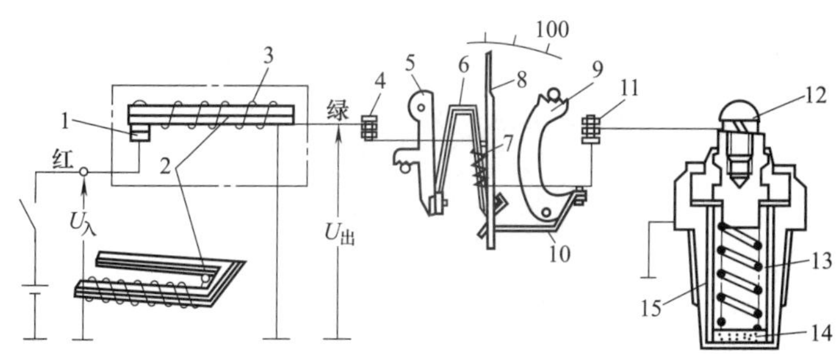

图 4-121 电热式冷却液温度表与热敏电阻式传感器与稳压器

1—触点；2—双金属片；3—加热线圈；4,11,12—接线柱；5,9—调解齿扇；6—温度表双金属片；7—加热线圈；8—温度表指针；10,13—弹簧；14—热敏电阻；15—外壳

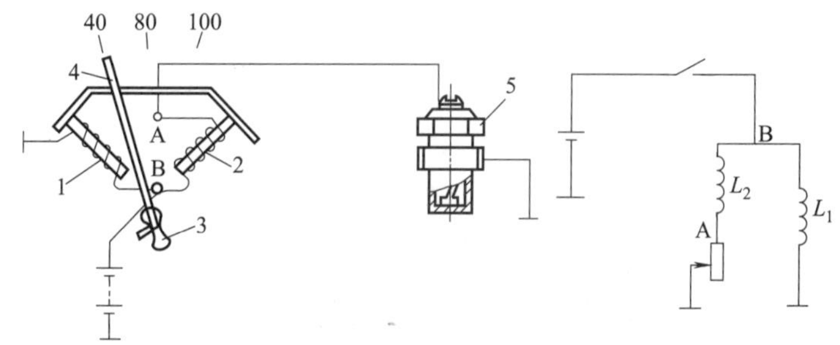

图 4-122 电磁式冷却液温度表与热敏电阻式温度传感器

1,2—电磁线圈；3—转子；4—指针；5—热敏电阻

子 3 便在合成磁场的作用下转动，使指针指在某一刻度上。

当冷却液温度降低时，传感器热敏电阻阻值增大，线圈 2 中电流变小，合成磁场逆时针转动，使指针指在低温处；反之，当冷却液温度升高时，传感器热敏电阻阻值减小，线圈 2 中电流增大，合成磁场顺时针转动，使指针指在高温处。

（二）冷却液温度表的拆装操作

操作步骤	作业内容	图　解	技术规范
1	找出冷却液温度表装在车上的位置		技术要求： 观察仪表盘并独立找出相应仪表
2	学会识读冷却液温度表的示数		技术要求： 对应仪表拆卸相应导线 安全警告： 在拆卸连接导线时不要用力拉扯，防止导线损坏

续表

操作步骤	作业内容	图　解	技术规范
3	掌握冷却液温度表的各组成部分		技术要求： 观察表盘上相应仪表的组成部分，并根据维修手册判断各部分所起的作用
4	了解冷却液温度表表的作用		技术要求： 实践操作并结合车速里程表各部分的作用总结它在仪表中的地位
5	将冷却液温度表装回仪表盘		技术要求： 严格按照拆卸的相反顺序装配
6	5S工作		技术要求： ①对工具和设备清洁，并放回原位 ②整理场地 ③清扫场地 安全警告： 不要用潮湿的抹布清洁电器开关、按钮等 易发问题： ①清洁工作马马虎虎，应付差事 ②废弃物未丢弃或未分类丢弃 ③清洁不彻底、漏项

六、燃油表

（一）燃油表的结构原理

燃油表用来指示燃油箱内燃油的储存量。它由装在仪表板上的燃油指示表和装在燃油箱内的传感器两部分组成。

燃油表有电磁式、动磁式和电热式三种，传感器均为可变电阻式。

1. 电磁式燃油表与可变电阻式传感器

电磁式燃油表与可变电阻式传感器如图4-123所示，在燃油指示器中，左、右两个线圈1和2，中间与转子3和指针4相连。其燃油指示表刻度盘从左至右标明0、1/2、1，分别表示油箱内无油、半箱油、满油。可变电阻式传感器由电阻、滑片、浮子等组成。浮子漂浮在油面上，随油面的高低而起落，从而带动滑片使电阻的阻值随之改变。

当点火开关置ON时，电流由蓄电池正极→点火开关11→燃油表接线柱10→左线圈1→

接线柱 9→右线圈 2→搭铁→蓄电池负极。同时电流由接线柱 9→传感器接线柱 8→可变电阻 5→滑片 6→搭铁→蓄电池负极。左线圈 1 和右线圈 2 形成合成磁场，转子 3 就在合成磁场的作用下转动，使指针指在某一刻度上。

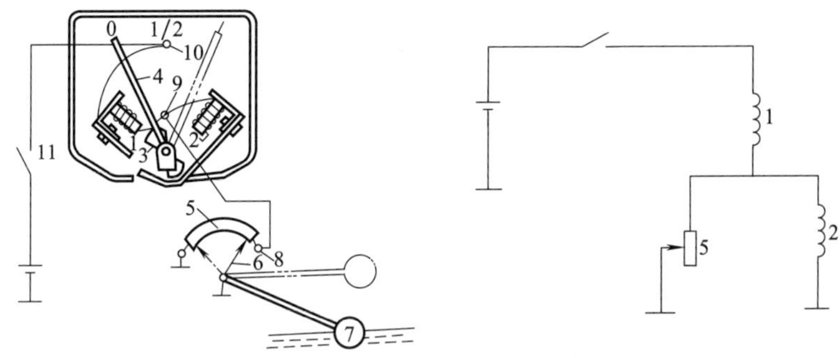

图 4-123　电磁式燃油表与可变电阻式传感器

1,2—电磁线圈；3—转子；4—指针；5—电阻；6—滑片；7—浮子；8～10—接线柱；11—点火开关

当油箱无油时，浮子下沉，可变电阻 5 上的滑片 6 移至最右端，可变电阻 5 被短路，右线圈 2 也被短路，左线圈 1 的电流达最大值，产生的电磁吸力最强，吸引转子 3，使指针停在最左面的“0”位上。

随着油箱中油量的增加，浮子上浮，带动滑片 6 沿可变电阻滑动。可变电阻 5 部分接入电路，左线圈 1 电流相应减小，而右线圈 2 中电流增大。转子 3 在合成磁场的作用下向右偏转，带动指针指示油箱中的燃油量。如果油箱半满，指针指在“1/2”位；当油箱全满时，指针指在“1”位。

2. 动磁式燃油表与可变电阻式燃油量传感器

如图 4-124 所示，磁化线圈 1 和 2 互相垂直地绕在一个矩形塑料架上，塑料套筒轴承和金属轴穿过交叉线圈，金属轴上装有永久磁铁转子 3，转子上连有指针 4。

其工作原理与电磁式燃油表基本相同。

3. 电热式燃油表与可变电阻式燃油量传感器

电热式燃油表的基本结构和工作原理与电热式燃油表相同，仅表盘刻度不同。电热式燃油表配用可变电阻式传感器，需串联一个稳压器。其基本结构如图 4-125 所示。

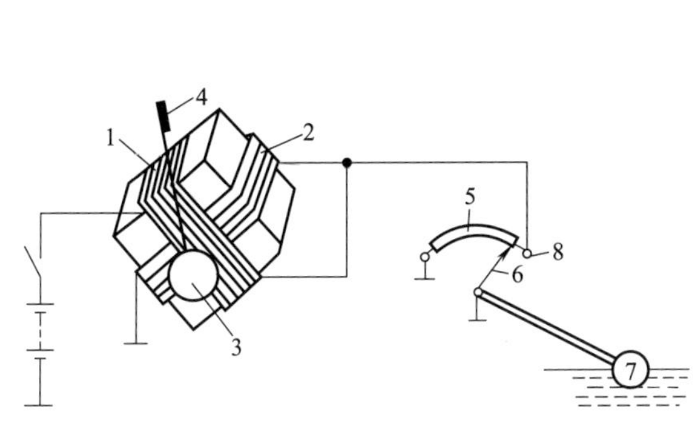

图 4-124　动磁式燃油表与可变电阻式燃油量传感器

1—左线圈；2—右线圈；3—永久磁铁转子；4—指针；5—可变电阻；6—滑片；7—浮子；8—接线柱

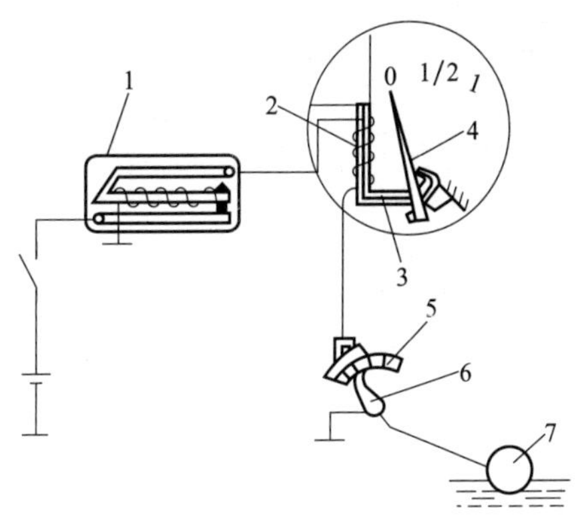

图 4-125　电热式燃油表与可变电阻式燃油量传感器

1—稳压器；2—加热线圈；3—双金属片；4—指针；5—可变电阻；6—滑片；7—浮子

当油箱无油时，浮子下沉，滑片 6 处于可变电阻 5 的最右端，传感器的电阻全部串入电路中，此时电路中电流最小，燃油表加热线圈 2 发热量小，双金属片 3 变形小，带动指针 4 指在“0”位。

当油箱内油量增加时，浮子上升，滑片向左移动，串入电路中的电阻减小，电路中的电流增大，燃油表加热线圈 2 发热量大，双金属片 3 变形增大，带动指针 4 向右偏转。

当油箱充满时，滑片移至最左端，将可变电阻短路，此时电路中电流最大，指针偏到最右边，指在“1”处。

（二）燃油表的拆装操作

操作步骤	作业内容	图　解	技术规范
1	找出燃油表的位置		技术要求： 观察仪表盘并独立找出相应仪表
2	拆下燃油表		技术要求： 拆下仪表盘上面的螺钉就可以往外面拉仪表盘出来 安全警告： 在拆卸连接导线时不要用力拉扯，防止导线损坏
3	掌握燃油表的组成部分		技术要求： 观察表盘上相应仪表的组成部分，并根据维修手册判断各部分所起的作用
4	了解燃油表的作用		技术要求： 实践操作并结合车速里程表各部分的作用总结它在仪表中的地位
5	将燃油表装回仪表盘		技术要求： 严格按照拆卸的相反顺序装配

续表

操作步骤	作业内容	图 解	技术规范
6	5S工作		技术要求： ①对工具和设备清洁，并放回原位 ②整理场地 ③清扫场地 安全警告： 不要用潮湿的抹布清洁电器开关、按钮等 易发问题： ①清洁工作马马虎虎，应付差事 ②废弃物未丢弃或未分类丢弃 ③清洁不彻底、漏项

七、汽车仪表的检测操作

（一）注意事项

（1）拆卸蓄电池时，总是最先拆下负极（—）电缆；装上蓄电池时，总是最后连接负极（—）电缆。拆下或装上蓄电池电缆时，应确保点火开关或其他开关都已断开，否则会导致半导体元器件的损坏。

（2）不允许使用欧姆表及万用表的 $R\times100$ 以下低阻欧姆挡检测小功率晶体三极管，以免电流过载损坏它们。

（3）操作过程中应按步骤进行，在指导教师检验无问题后，方可通电试验，以免因线路接错而导致事故。

（二）操作步骤

操作步骤	作业内容	图 解	技术规范
1	分析仪表总成的组成及导线的连接		技术要求： 按顺序观察各个仪表总成及导线的连接
2	掌握各个仪表线路的连接		技术要求： 有规律地将各连接导线拆下 安全警告： 在拆卸连接导线时不要用力拉扯，防止导线损坏
3	学会报警电路的连接		技术要求： 有规律地将各连接导线拆下 安全警告： 在拆卸连接导线时不要用力拉扯，防止导线损坏

续表

操作步骤	作业内容	图　解	技术规范
4	电流表故障诊断与排除		技术要求： 有规律地将各连接导线拆下 安全警告： 在拆卸连接导线时不要用力拉扯，防止导线损坏
5	油压表故障的诊断与排除		技术要求： 有规律地将各连接导线拆下 安全警告： 在拆卸连接导线时不要用力拉扯，防止导线损坏
6	燃油表故障的诊断与排除		技术要求： 有规律地将各连接导线拆下 安全警告： 在拆卸连接导线时不要用力拉扯，防止导线损坏
7	水温表故障的诊断与排除		技术要求： 有规律地将各连接导线拆下 安全警告： 在拆卸连接导线时不要用力拉扯，防止导线损坏
8	5S 工作		技术要求： ①对工具和设备清洁，并放回原位 ②整理场地 ③清扫场地 安全警告： 不要用潮湿的抹布清洁电器开关、按钮等 易发问题： ①清洁工作马马虎虎，应付差事 ②废弃物未丢弃或未分类丢弃 ③清洁不彻底、漏项

第八节　汽车电动辅助系统

一、风窗刮水、清洗和除霜装置

（一）风窗刮水、清洗和除霜装置的结构原理

1. 风窗刮水器

为了保证驾驶员在雨天、雪天和雾天有良好的视线，轿车都安装有电动挡风玻璃刮水

器，它具有一个或两个以上的橡胶刷，由驱动装置带着来回摆动，以除去玻璃上的水、雪等。

风窗刮水器的挡位如图 4-126 所示。

图 4-126 风窗刮水器挡位开关

（1）风窗刮水器的基本结构 电动刮水器的电动机一般有永磁式和励磁式两种，而永磁式电动机结构简单、体积小、可靠性好，被广泛采用。永磁式电动机由蜗杆、蜗轮、永久磁铁、电枢等组成。

如图 4-127 所示，电动刮水器是由电动机、传动机构和刮水片三部分组成。电动机轴端的蜗杆驱动蜗轮 4，蜗轮 4 带动摇臂 6 旋转，摇臂 6 使拉杆往 7 复运动，从而带动刮水片左右摆动。

如图 4-128 所示为美国福特公司采用的永磁式电动刮水器的电动机结构。

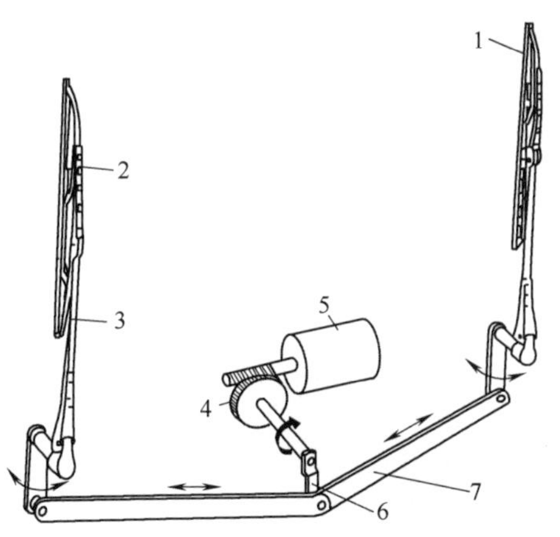

图 4-127 电动刮水器的组成

1—刮水片；2—刮水片架；3—雨刮臂；4—蜗轮；5—电动机；6—摇臂；7—拉杆

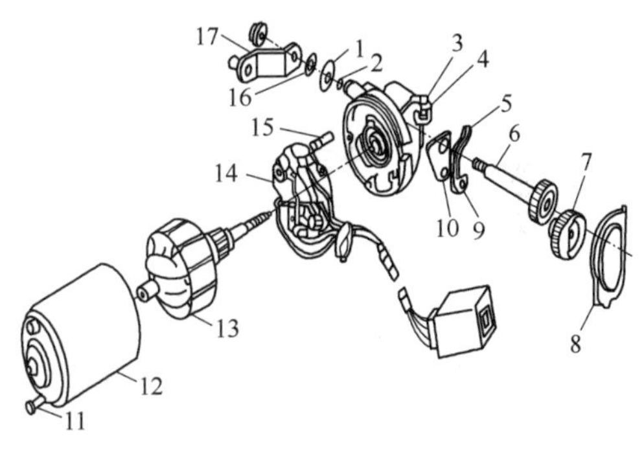

图 4-128 福特公司采用的永磁式电动机结构

1—平垫圈；2—O 形圈；3—减速器壳；4—弹簧；5—复位开关顶杆；6—输出齿轮机构；7—惰轮和蜗轮；8—减速器盖；9—放在凸轮表面的不分；10—复位开关顶杆的定位销；11—长螺钉；12—电动机外壳和磁铁总成；13—电枢；14—三个电刷的安装位置和复位开关总成；15—复位开关顶杆及其与开关联动的销子；16—弹簧垫圈；17—输出臂

电动机旋转，带动蜗杆、蜗轮，使与蜗轮相连的拉杆和摆杆带左右两刮片架作往复运动，橡胶刷便刷去风窗玻璃上的雨水、雪或灰尘。

（2）风窗刮水器的工作原理

① 永磁式电动刮水器变速原理 刮水片一般都有两种摆动刮水速度，通过控制驱动电动机的变速实现。永磁式电动机是利用三个电刷来改变正负电刷之间串联的线圈数来实现变

速的。

其控制原理是：直流电动机工作时，在电枢内的所有线圈中同时产生反电动势，每个小线圈都产生相等的反电动势，如图 4-129 所示。

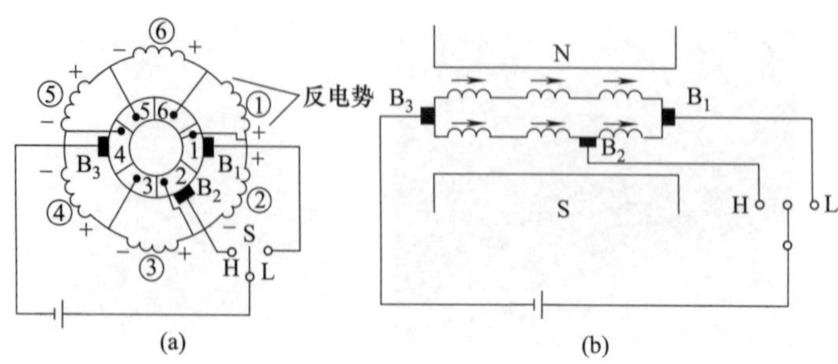

图 4-129 永磁电动机变速原

当开关 S 拨到低速挡 L 时，在两个电刷 B_1、B_3 之间有两条并联支路，各有 3 个线圈，反电动势方向如图。当开关 S 拨到高速挡 H 时，在两个电刷 B_2、B_3 之间也有两条并联支路，一个支路有 2 个线圈串联，另一个支路有 4 个线圈串联，但其中一个线圈的反电动势方向与另三个线圈的反电动势方向相反。由于反电动势的减小，使电枢的转速上升，重新达到电压平衡，这样永磁式电动刮水器就得到了高、低速不同的工作挡位。

② 永磁式电动刮水器复位原理　为了不影响驾驶员的视线，要求刮水器能自动复位，即不论在什么时候关闭刮水器开关，刮水片都能自动停在风窗玻璃的下部。图 4-130 为刮水器自动复位装置的原理图，其工作原理：

当电源开关接通时，把刮水器开关拉到“Ⅰ”挡时，电流从蓄电池的正极→电源开关→熔丝→电刷 B_3→电枢绕组→电刷 B_1→刮水器“Ⅰ”挡→搭铁，刮水器电动机低速运转。

当刮水器开关拉到“Ⅱ”挡时，电流从蓄电池的正极→电源开关→熔丝→电刷 B_3→电枢绕组→电刷 B_2→刮水器“Ⅱ”挡→搭铁，刮水器电动机高速运转。

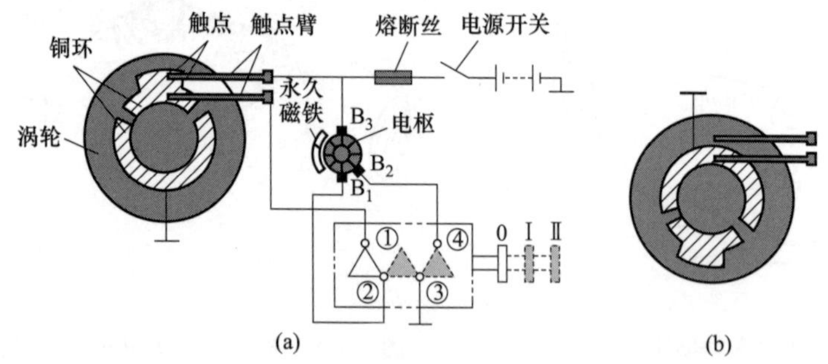

图 4-130 永磁电动机刮水器自动复位原理图

当刮水开关推到“0”挡时，如果刮水器的刮水片没有停在规定的位置，则电流经蓄电池正极→电源开关→熔丝→电刷 B_3→电枢绕组→电刷 B_1→刮水器“0”挡→触点臂→铜环→搭铁［图 4-130（b）］，这时电动机将继续转，当刮水器的刮水片到规定位置时，触点臂都和铜环接触，使电动机短路［图 4-130（a）］。与此同时，电动机电枢由于惯性而不能立刻停下来，电枢绕组通过触点臂与铜环接触而构成回路，电枢绕组产生感应电流，因而产生制动扭矩，电动机迅速停止转动，使刮水器的刮水片停止在规定的位置。

③ 刮水片的间歇摆动　间歇控制是采用了间歇控制继电器而实现的。一般采用的是多谐振荡电路，和电容式闪光器电路图类似。

（3）典型电动刮水器与洗涤器电路　如图 4-131 所示为奥迪轿车电动刮水器与洗涤器电路图。

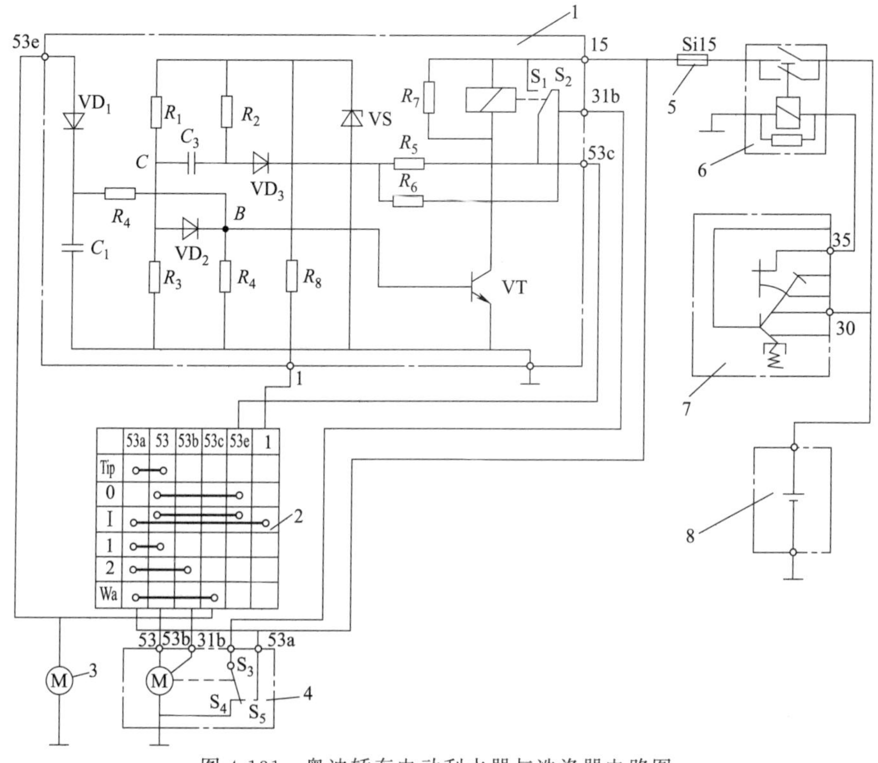

图 4-131　奥迪轿车电动刮水器与洗涤器电路图

1—刮水器间歇控制器；2—刮水器与洗涤器控制开关（TiP—点动状态，0—空挡，Ⅰ—间隙挡，1—低速挡，2—高速挡，Wa—洗涤挡）；3—洗涤器电动机；4—刮水器电动机；5—熔丝；6—卸荷继电器；7—点火开关；8—蓄电池

① 低速挡。当刮水器开关位于挡位“1”时，电流由蓄电池正极→卸荷继电器→熔断丝→刮水器开关 53a 和 53→刮水器电动机 53→搭铁，此时刮水器电动机低速挡工作。

② 高速挡。当刮水器开关位于挡位“2”时，电流由蓄电池正极→卸荷继电器→熔断丝→刮水器开关 53a 和 53→刮水器电动机 53b→搭铁，此时刮水器电动机高速挡工作。

③ 自动停机复位。当刮水器开关位于“0”挡时，若此时刮水片没有回到规定位置，则刮水器电动机自动复位开关触点 S_3 与 S_5 相接，电流由蓄电池正极→卸荷继电器→熔断丝→刮水器电动机 53a、S_5 和 31b 间歇控制器的 31b、常闭触点 S_2 和 53e→刮水器开关 53e 和53→刮水电动机 53→搭铁，电动机仍继续旋转，直到刮水片到达规定位置时，复位开关中的触点 S_3 与 S_5 断开而与 S_4 接通，电动机被短路，产生制动转矩，刮水器回到规定的位置。

④ 间歇挡。当刮水器开关位于“Ⅰ”挡时，三极管 VT 导通，间歇控制器中的触点 S_2 打开、S_1 闭合，电流由蓄电池正极→卸荷继电器→间歇控制器接线柱 15、触点 S_1、接线柱 53e→刮水器开关 53e 和 53→刮水器电动机 53→搭铁，此时刮水器以低速挡工作。

当刮水器到达规定位置时，复位开关中触点 S_3 与 S_4 接通，即 S_3 搭铁，使间歇控制器中 31b 为低电位，C 点电位下降，三极管 VT 截止，间歇控制器触点 K_1 断开，刮水器电动机停止工作。此时 C_2 处于放电状态，随着放电过程的进行，C 点电位升高，三极管 VT 又导通，刮水器电动机再次以低速工作。

可见，C_2 的不断充电、放电，三极管 VT 就会导通截止反复翻转，如此形成间歇刮水过程。刮洗时间为 2～4s，间歇时间为 4～6s。

⑤ 点动挡。当刮水器开关位于“TiP”挡时，刮水器电动机低速工作，松开刮水器开关手柄，开关自动跳回“0”挡，刮水器在复位开关的作用下，回到规定的位置。

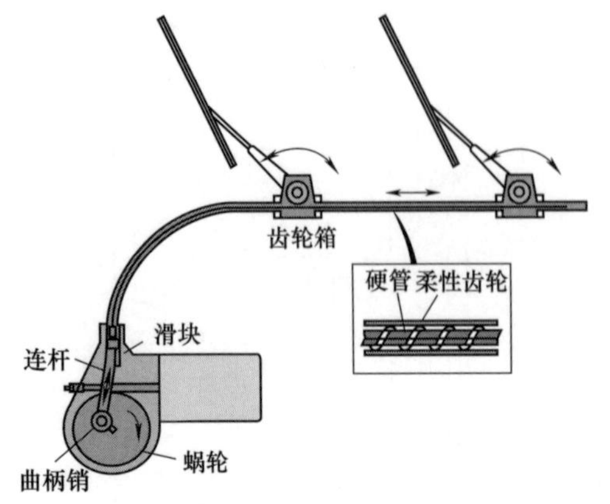

图 4-132 柔性齿条传动刮水器

（4）风窗刮水器的新技术

① 柔性齿条传动刮水器，如图 4-132 所示。

② 雨滴感知型间歇雨刮系统，如图 4-133 所示。

2. 风窗清洗器

汽车在灰尘较多的环境中行驶时，会造成一些灰尘飘落在风窗上影响驾驶员的视线。为此许多汽车的刮水系统中增设了清洗装置，必要时向风窗表面喷洒专用清洗液或水，在刮水片配合工作下，保持风窗表面洁净。

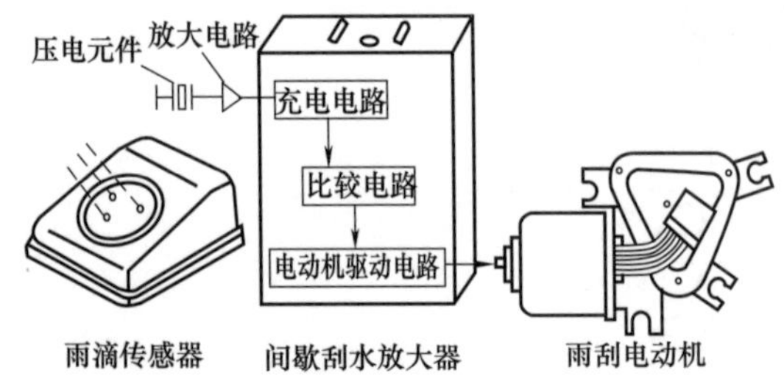

图 4-133 雨滴感知型间歇雨刮系统

（1）风窗清洗器的结构组成　风窗清洗器的结构如图 4-134 所示。

① 洗涤液罐。洗涤液＝水＋添加剂（防冻剂、去垢剂、缓蚀剂等）。洗涤液罐的位置如图 4-135 所示。

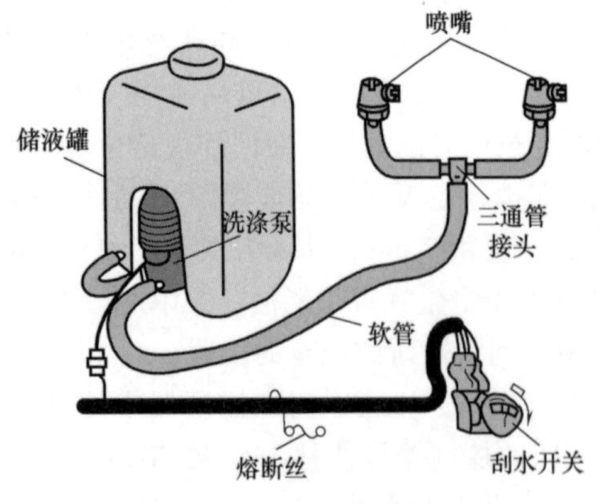

图 4-134 风窗清洗装置

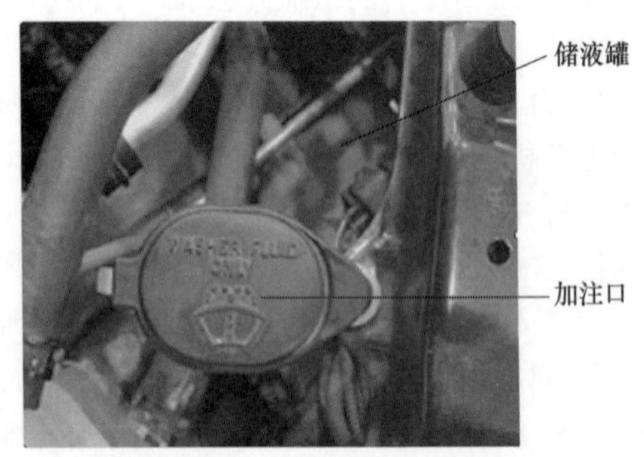

图 4-135 洗涤液罐的位置

② 洗涤泵。由永磁直流电机和离心式液压泵（吸油、压油）组成一体。

③ 软管。

④ 三通喷嘴。喷嘴的喷射压力约 70～80kPa，在风窗玻璃下面，其方向可调整。喷嘴位置如图 4-136 和图 4-137 所示。

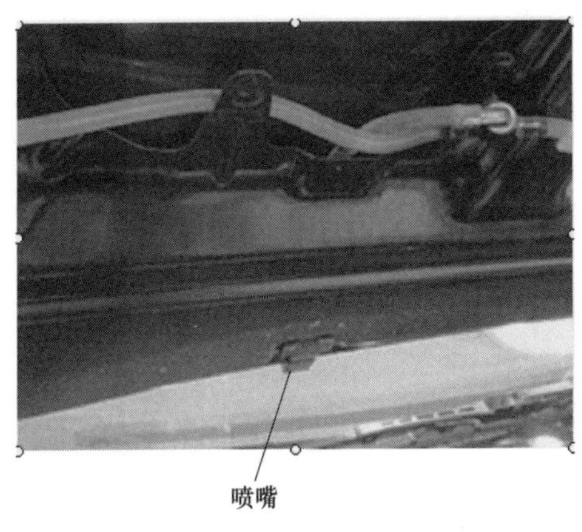

图 4-136 丰田卡罗拉风窗洗涤器的喷嘴

图 4-137 雪佛兰科鲁兹风窗洗涤器喷嘴

⑤ 刮水器开关。

(2) 风窗清洗器的工作原理 其工作原理如图 4-131 所示。风窗清洗装置电路比较简单，一般和电动刮水器共用一个保险丝。有的车清洗开关单独设置安装，有的则和刮水器开关组合在一起，便于操作。

当刮水器开关位于“Wa”挡时，风窗洗涤器和刮水器同时工作。洗涤器电机的电路为：蓄电池正极→卸荷继电器→熔断丝→刮水器开关 53a 和 53c→洗涤器电动机→搭铁，于是洗涤器电动机带动水泵运转，将洗涤液喷洒到风窗玻璃上。与此同时，通过间歇控制器 53c 接柱，使得间歇控制器工作，刮水器电动机间歇挡工作。

在此挡位工作，当松开刮水器开关手柄时，刮水器开关自动回到“0”挡。

3. 风窗玻璃除霜系统

在较冷的季节，有雨、雪或雾的天气，空气中的水分会在冷的风窗玻璃上凝结成细小的水滴甚至结冰，从而影响驾驶员的视线。为了防止水蒸气在风窗玻璃上凝结，设置风窗除霜装置，需要时可以对风窗玻璃加热。

(1) 除霜的方法

① 前风窗玻璃：在汽车空调系统的风道中加设除霜器风门。

② 后风窗玻璃：采用除霜热线，利用电阻丝组成的电栅加热除霜。

(2) 风窗玻璃除霜的工作原理 因除霜系统耗电很大（30A 以上），所以系统采用了定时电路。图 4-138 为 LS400 轿车风窗除霜系统电路图，其工作过程如下：当接通除霜器开关后，除霜器开关使除霜继电器的磁化线圈搭铁，继电器触点闭合，风窗玻璃及后视镜上的电热丝通电发热，使冰霜受热蒸发。除霜器开关中的时间继电器维持除霜继电器导通 10～20min，然后自动切断除霜继电器的电路，使电热丝断电。若想继续除霜，可再次接通除霜开关。

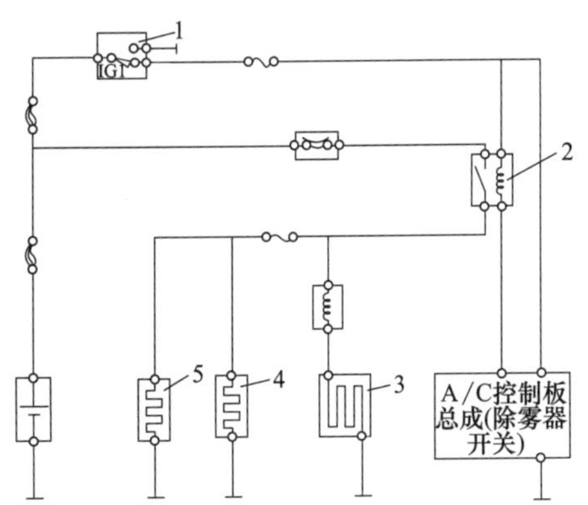

图 4-138 LS400 轿车后风窗玻璃除霜装置电路图

1—点火开关；2—继电器；3—后窗除雾器；4—左后视镜除雾器；5—左后视镜除雾器

（二）风窗刮水、清洗和除霜装置的检修操作

1. 电动刮水器及风窗洗涤器的检查调整

操作步骤	作业内容	图解	具体操作方法及要求
1	将车辆停放在举升机位		技术要求： ①位于举升机位的正常举升位置 ②车辆中心轴线应和举升机对称面在同一平面内，车辆不允许偏向任一侧或一端 安全警告： ①移动车辆时要注意检查车辆周围有无障碍物 ②必须由具有驾驶证并有驾驶经验的人员移动车辆
2	放置车轮挡块		技术要求： ①车轮挡块可放置在任意车轮的前后 ②车轮挡块要与轮胎外边沿平齐 ③挡块斜面与轮胎紧密接触 ④挡块放置要周正，不能歪斜 安全警告： ①挡块要拿稳，避免跌落砸伤脚步及地面 ②避免撞击车身、轮胎或轮毂，以免对车身或车轮造成损伤
3	安装尾排		技术要求： ①拉下尾排 ②安装尾排 安全警告： 尾排安装的时候小心伤到自己
4	安装3件套	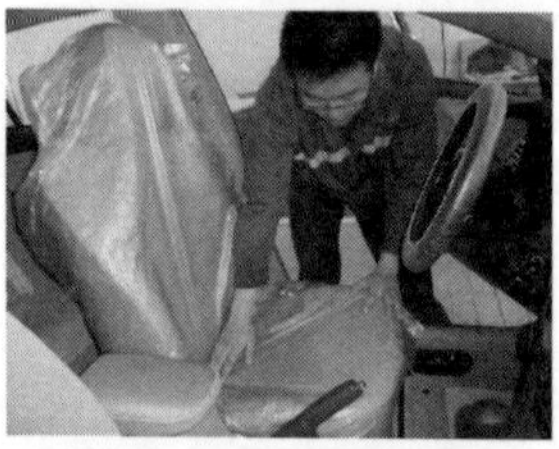	技术要求： ①放置车轮挡块 ②放置驾驶室三件套（脚垫、座椅套和方向盘套） ③确认换挡杆置于P挡，拉起驻车制动器
5	拉紧驻车制动器		技术要求： ①驻车制动器行程标准值6～9声 ②拉紧驻车制动器 安全警告： 禁止拉紧手柄时用力过猛，谨防损坏 易发问题： 忘记拉紧驻车制动器
6	启动发动机	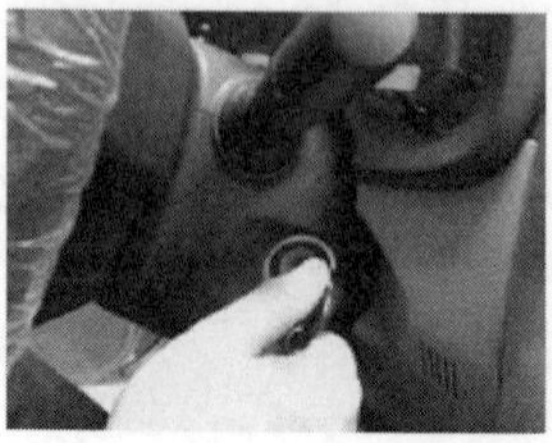	技术要求： ①发动机启动前，要再次确认挡杆置于P挡，拉起驻车制动器 ②启动发动机 安全警告： ①发动机启动前，要再次确认挡杆置于P挡，拉起驻车制动器 ②启动发动机前一定要大声提醒周围人注意，并确认发动机舱处无人再作其他操作

续表

操作步骤	作业内容	图　解	具体操作方法及要求
7	将雨刮组合开关向上方提一次		技术要求： 将雨刮组合开关向上方提一次 安全警告： 上提力度要适中，避免用力过猛，损坏雨刮组合开关
8	检查挡风玻璃喷洗器喷洒压力是否足够		技术要求： ①挡风玻璃喷洗器喷洒喷射应有力 ②如果刮水器开动时无喷洗液喷出，则刮水器电动机有可能被烧坏 安全警告： 如果发现刮水器开动时无喷洗液喷出，应立即停止作业，以免刮水器电动机被烧坏
9	检查刮水器是否协同工作		技术要求： 刮水器应协同工作，停止在最低位置 易发问题： 打开雨刮开关，无法正确检查协同工作情况 安全警告： 检查雨刮时发动机应处于怠速状态
10	检查洗涤液喷射位置是否正确		技术要求： 洗涤液喷射位置应集中在刮水器工作范围内 安全警告： 洗涤液喷射位置不正确，必须调整 易发问题： 不检查洗涤液喷射位置或洗涤液喷射位置检查不仔细
11	调节喷射方向		技术要求： ①在喷嘴内插入一根与挡风玻璃喷洗器喷嘴的孔相匹配的钢丝 ②调整喷洒的方向，对准喷嘴以使喷洗器喷洒大约落在刮水器的刮水范围的中间
12	检查刮水器各挡位工作情况		技术要求： ①在发动机怠速运转情况下，操纵刮水器开关，分别打到间歇、低速、高速挡位，检查每只刮水器工作情况 ②各挡停留时间要适当，不宜过短 安全警告： 为防止划破挡风玻璃，在使用刮水器前要喷洒喷洗液 易发问题： 各挡位停留时间过短

续表

操作步骤	作业内容	图　解	具体操作方法及要求
13	关闭刮水器开关，检查刮水器自动停止位置	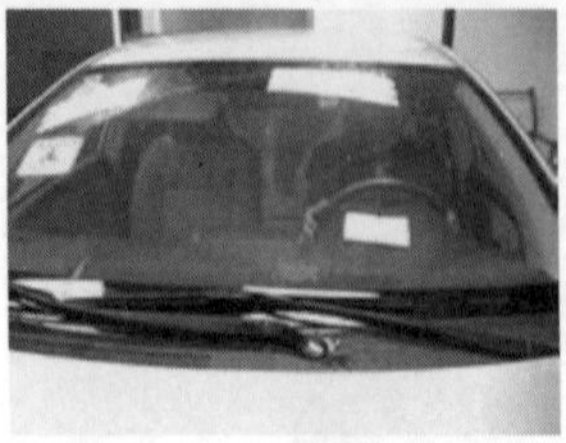	技术要求： 当刮水器开关关闭时，刮水器自动停止在其停止位置 安全警告： 关闭开关时在每个挡位要稍有停顿，禁止快速关闭
14	检查刮水器刮拭状况		技术要求： ①检查刮水器不会产生以下问题 a. 条纹式的刮水痕迹 b. 刮水效果不好 ②检查完毕应关闭发动机 安全警告： ①刮水器开动时无喷洗液喷出，则电动机有可能被烧坏 ②检查完毕后，应及时关闭发动机 易发问题： ①刮水器开动时无喷洗液喷出，未立即停止，仍然操作，导致电动机被烧坏 ②检查完毕未关闭发动机
15	熄灭发动机	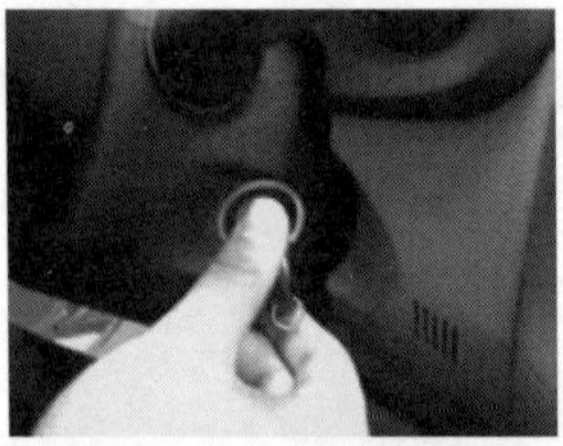	技术要求： 将点火钥匙旋到 OFF 挡，熄灭发动机 易发问题： ①钥匙拧错方向，应向左旋 ②取出钥匙的时候应先往里摁再拔出
16	检查雨刮片是否损坏		技术要求： 检查雨刮片是否磨损严重、老化、损坏等，如果是，则更换；检查是否黏附砂砾、昆虫等杂物，如果是应清洁 安全警告： 如果雨刮片损坏，将导致雨天车辆不能安全行驶，导致事故
17	更换雨刮片		技术要求： ①卸下旧的雨刮片 ②安装新的雨刮片 ③安装新雨刮片后要再次检查刮水器的刮拭效果 安全警告： ①在更换雨刮片时，应将雨刮器轻轻放下，以防击坏风挡玻璃 ②更换新雨刮片后要再次检查刮水器的刮拭效果，确保刮水效果良好
18	5S 工作		拆卸要求： ①对工具和设备清洁，并放回原位 ②整理场地 ③清扫场地 注意事项： 不要用潮湿的抹布清洁电器开关、按钮等 易发问题： ①清洁工作马马虎虎，应付差事 ②废弃物未丢弃或未分类丢弃 ③清洁不彻底、漏项

2. 电动刮水器操作机构的拆装操作

操作步骤	作业内容	图　解	具体操作方法及要求
1	抬起刮水片	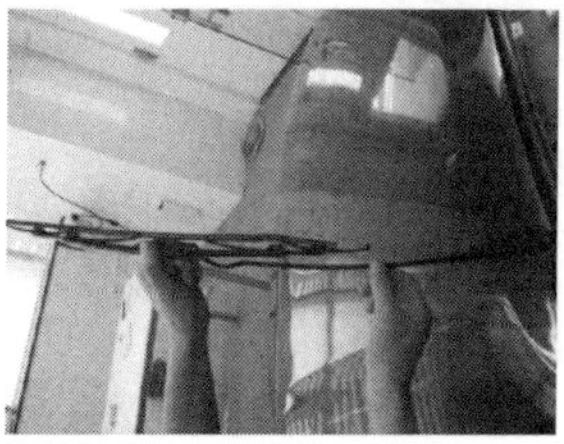	技术要求： ①检查刮水片是否损坏，如有损坏，及时更换 ②刮水片摇臂杆是否有弯曲折断现象，如果有及时修理更换 易发问题： ①用力摇晃刮水片摇臂杆 ②没能仔细认证检查刮水片是否完好无损
2	取下刮水片	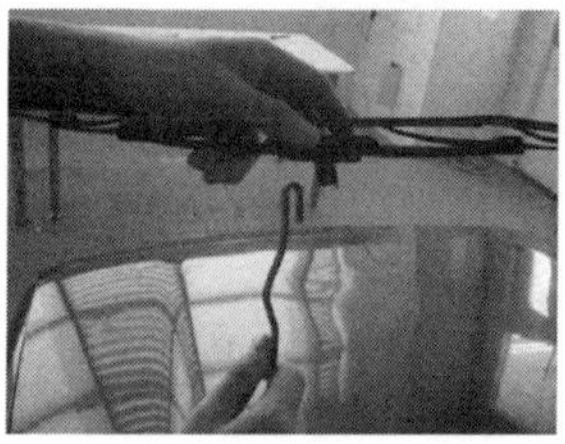	技术要求： ①找到雨刮器卡扣，轻轻向里推刮水片，取下刮水片 ②操作过程中，手不要离开摇臂杆 易发问题： ①用力过猛，将刮水片损坏 ②摇臂杆由于弹力敲击玻璃使玻璃损坏
3	清洁刮水片	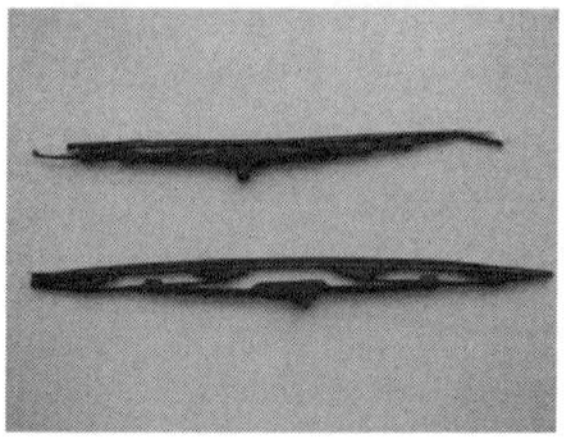	技术要求： ①刮水片放到指定位置，清理干净 ②仔细检查刮水片是否损坏，如果有更换新刮水片 安全警告： 不要随便乱扔，不按规定摆放
4	取下塑料盖	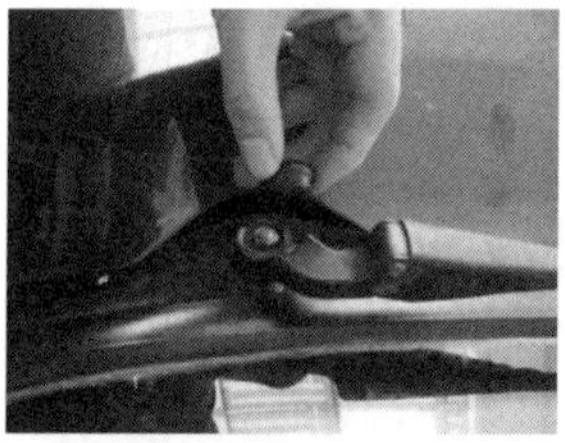	技术要求： 用螺丝刀轻轻敲起塑料盖 安全警告： 不要用力过猛弄伤身体或损坏车辆
5	轻放摇臂	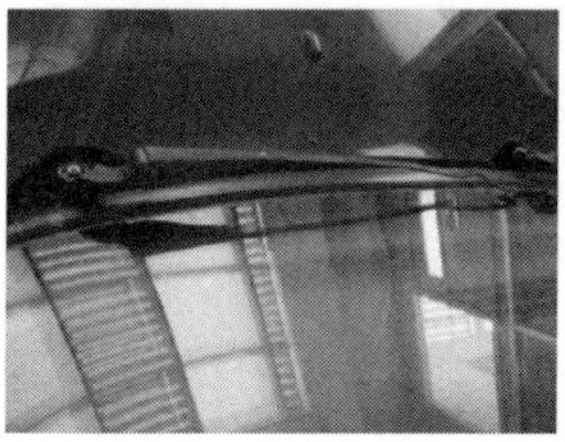	技术要求： 将刮水片操作杆轻轻放下 安全警告： 不要将摇臂杆支撑起来 易发问题： 摇臂杆支起不放下
6	旋松螺栓		技术要求： 用中号飞扳手、套筒、接杆旋松操作杆固定螺栓 易发问题： 工具不能正确使用

续表

操作步骤	作业内容	图 解	具体操作方法及要求
7	取下螺栓		技术要求: 取下固定螺母,放到指定工具车上 易发问题: 螺母脱落
8	取下摇臂	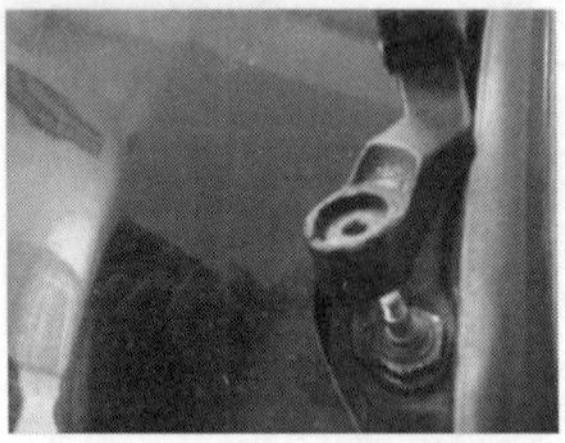	技术要求: 取摇臂杆时将操作杆支起,轻轻用手向上提起,如果太紧,轻轻晃动便可 易发问题: 生砸硬敲取下摇臂杆,损坏刮水器
9	旋松螺栓	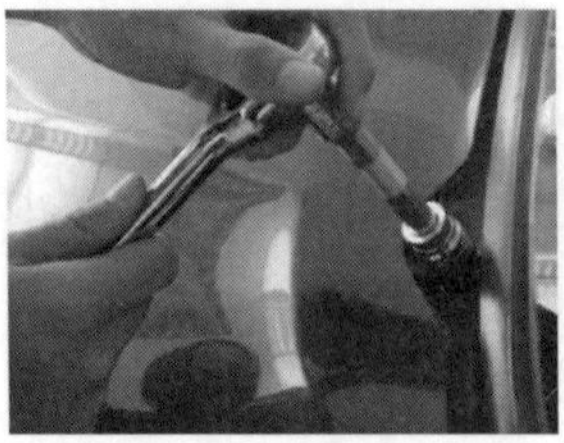	技术要求: 用中号飞扳手旋松固定螺栓 易发问题: 中号飞扳手的使用方法错误,方向调整错误
10	取下固定螺栓	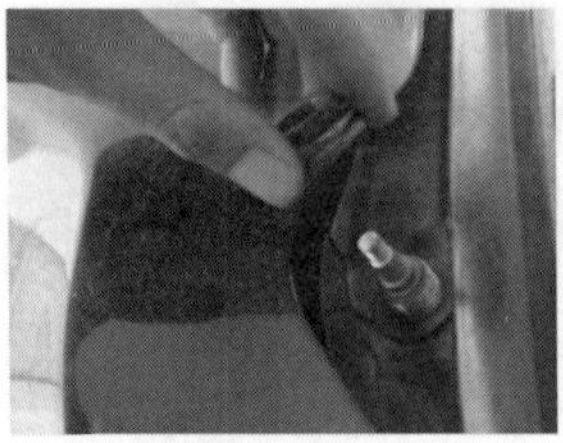	技术要求: 轻轻取下固定螺栓,放到指定位置,并及时清洁螺栓处 易发问题: 螺母随处乱放
11	打开发动机盖		技术要求: 打开发动机盖,安装前格栅布、翼子板布 易发问题: 不安装前格栅布和翼子板布,直接操作
12	取下塑料板		技术要求: 旋松塑料扣板的卡扣,取下挡风玻璃下方的塑料扣板 易发问题: 没有旋松卡扣,直接取下扣板,会造成扣板损坏

续表

操作步骤	作业内容	图　解	具体操作方法及要求
13	拔下插头		技术要求： 按下卡扣、取下电机接线插接器 易发问题： 不按下卡扣，直接用力拽。会造成插接器损坏
14	取下电动机		技术要求： 从车上取下电动机及操作机构总成
15	检查电动机		技术要求： ①连接导线，检查电动机是否正常工作 ②检查是否能够实现低速、高速旋转 易发问题： 导线连接错误 安全警告： 连接导线一定要有指导教师在现场指导
16	5S工作		拆卸要求： ①对工具和设备清洁，并放回原位 ②整理场地 ③清扫场地 注意事项： 不要用潮湿的抹布清洁电器开关、按钮等 易发问题： ①清洁工作马马虎虎，应付差事 ②废弃物未丢弃或未分类丢弃 ③清洁不彻底、漏项

二、电动车窗

（一）电动车窗的结构原理

电动车窗，是指以电为动力使车窗玻璃自动升降的门窗。它是由驾驶员或乘员操纵开关接通车窗升降电动机的电路，电动机产生动力通过一系列的机械传动，使车窗玻璃按要求进行升降。

1. 电动车窗的特点及分类

（1）电动车窗的特点

① 具有单按系统。

② 能够在车外关闭门窗。

③ 具有安全控制。

（2）电动车窗的分类

按结构形式可分为以下几种。

① 交叉臂式。在各种汽车上广泛应用，在豪华和高速型轿车上很少使用。

② 绳轮式。主要应用于轿车，其他车上很少使用，如图 4-139 所示。

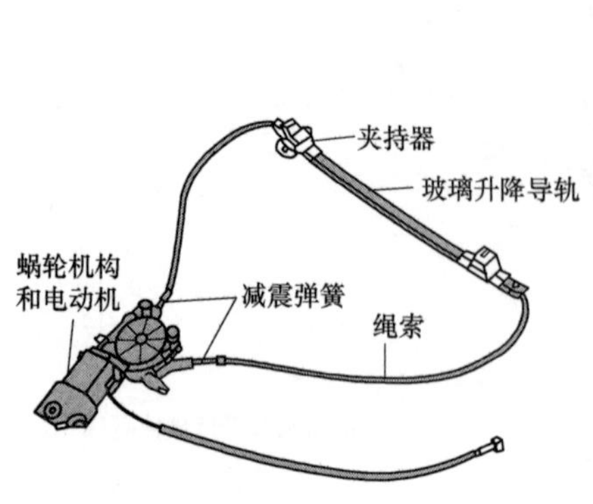

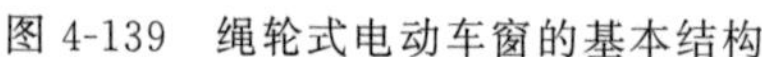
图 4-139 绳轮式电动车窗的基本结构

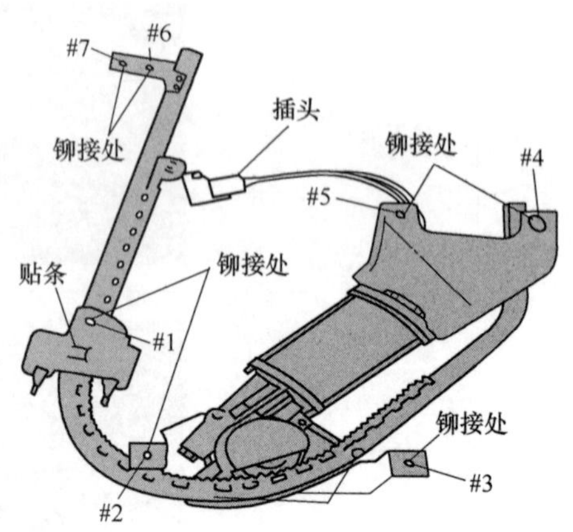

图 4-140 软轴式玻璃升降机构

③ 软轴式。各种汽车均可采用，如图 4-140 所示。

④ 塑料带式。

2. 电动车窗的基本组成

电动车窗主要由升降控制开关、电动机（双向转动永磁电动机）、升降器等组成，其中电动机一般采用双向转动永磁电动机，通过控制电流方向，使其正反向转动，达到车窗升降功能。

3. 电动车窗的控制电路

以 LS400 电动车窗控制电路为例，如图 4-141 所示。

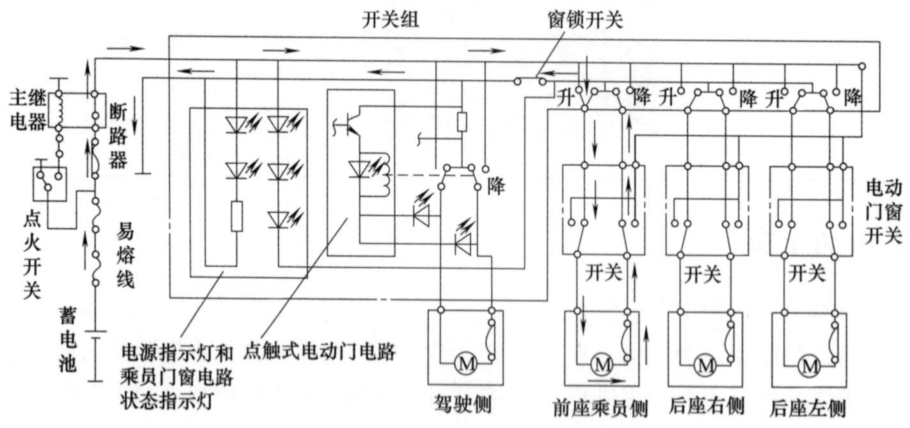

图 4-141 LS400 轿车电动车窗控制电路

（1）电动车窗的控制电路组成 主要由电源、易熔线、断路器、主继电器、开关、车窗升降器和指示灯组成。

① 电源。它为电气设备提供电能，以使电气设备工作。汽车的电源主要是发电机和蓄电池。

② 易熔线。易熔线的作用是防止电流过大而损坏电气设备。

③ 断路器。电路或电动机内装有一个或多个热敏断路器，用以控制电流，防止电动机

过载。当车窗完全关闭或由于结冰等原因使车窗玻璃不能自如运动时，即使操纵开关没有断开，热敏开关也会自动断路。其基本原理是，当电动机过载时，其阻抗减小甚至为零，此时，输入的电流过大，引起断路器的双金属片发热变形而断路。当关断开关后其电路中的电流为零，断路器的双金属片因无电流通过，便逐渐冷却触点又恢复接触状态，以备再次接通门窗的电路。

④ 主继电器。主继电器的作用是接通或断开门窗电路。当接通点火开关电路时，同时也接通了主继电器的线圈电路，主继电器接通门窗的电路。当关断点火开关时，主继电器同时也断开门窗的电路，以防损坏电气组件和发生意外。

⑤ 开关。开关用来控制门窗玻璃升降。一般电动门窗系统都装有两套控制开关。一套装在仪表板或驾驶员侧车门扶手上（即方便于驾驶员操纵的位置），为主开关，它由驾驶员控制每个车窗的升降。另一套分别装在每一个乘员的车门上，它为分开关，可由乘员操纵。一般在主开关上还装有窗锁开关。如果将其断开，则分开关就不起作用。

有的车上还专门装有一个延迟开关，在点火开关断开后约 10min 内，或在打开车门以前，仍有电源提供，使驾驶员和乘员能有时间关闭车窗。

⑥ 指示灯。指示灯是用来指示门窗电路的工作状态。它主要有电源指示灯、乘员门窗电路指示灯和驾驶员侧门窗升降状态指示灯几种。电源指示灯的点亮或熄灭表示电源电路的通断。即门窗电路导通时，电源指示灯点亮，电源断开时指示灯熄灭。当接通窗锁开关时，乘员门窗电路指示灯点亮，断开时熄灭。

⑦ 车窗升降器。车窗升降器是一个执行机构，它执行驾驶员或乘员的指令使门窗升降。它主要由电动机、传动装置等组成

a. 电动机。电动机是用来为门窗的升降提供动力的装置。门窗升降电动机采用双向转动的电动机。它有永磁型和双绕组型两种。永磁型的电动机是外搭铁，双绕组型的电动机则是各绕组搭铁。这两种电动机都是通过改变电流方向来实现正反转以实现门窗的升或降。

b. 传动装置。按传动方式可分为齿扇式和齿条式两种，一种是齿扇式，另一种是齿条式。

齿扇式升降器如图 4-142 所示。齿扇上连有螺旋弹簧，当门窗下降时螺旋弹簧收缩吸收能量；当门窗上升时螺旋弹簧伸展而释放能量，以减轻电动机的负荷。于是无论门窗上升或下降，电动机的负荷基本相同。当电动机传动时，通过蜗轮蜗杆减速并改变旋转方向，使齿扇转动，并带着门窗上下进行升降。

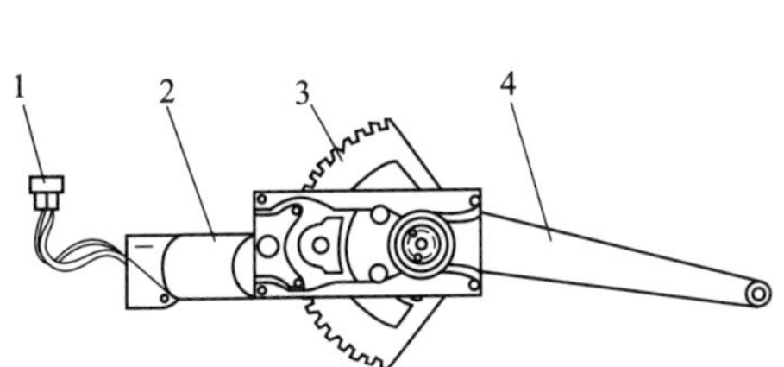

图 4-142　齿扇式电动门窗升降器

1—电源插头；2—电动机；3—齿扇；4—推力杆

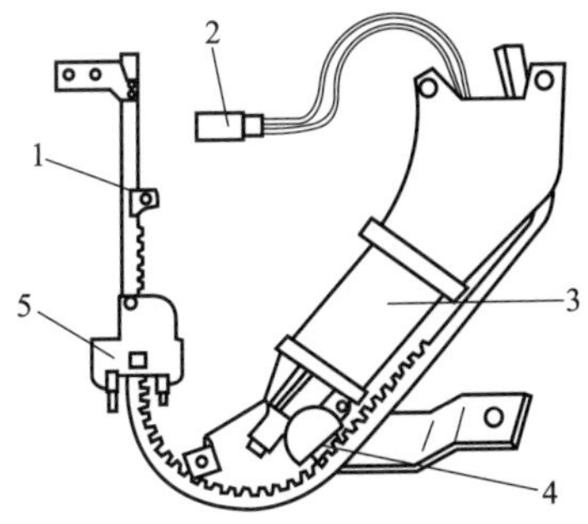

图 4-143　齿条式电动门窗升降器

1—齿条；2—电源插头；3—电动机；4—小齿条；5—凸片

齿条式的升降器如图 4-143 所示。升降器采用柔性齿条和小齿轮。当电动机转动时，通

过蜗轮蜗杆减速机构将动力传给小齿轮，小齿轮又使齿条移动，齿条通过拉绳带着门窗进行升降。

（2）工作原理（以日本凌志 LS400 轿车为例） 如图 4-141 所示，当点火开关转至点火挡时，电动门窗主继电器工作，触点闭合，给电动门窗电路提供了电源，此时，电源指示灯点亮。如将主开关上的窗锁开关闭合，那么所有车窗都可随时进入工作状态，乘员门窗的指示灯点亮。

① 前右侧门窗升降

a. 驾驶员操纵。当驾驶员按下主开关相应的前乘员门窗上升开关时，其电流由蓄电池的正极→易熔线→断路器→主继电器→主开关→前乘员开关左触点→电动机→断路器→乘员开关的右触点→窗锁开关→搭铁→蓄电池的负极，构成闭合回路。该电路中的电动机通电而工作，使门窗上升。当需要门窗下降时，驾驶员按下主开关上的下降开关时，因电动机是永磁双向电动机，其电动机的电流方向相反，电动机通电而反转使门窗下降。

b. 乘员操纵。乘员接通前乘员门窗上升开关时，其电流由蓄电池的正极→易熔线→断路器→乘员开关左触点→电动机→断路器→乘员开关的右触点→窗锁开关→搭铁→蓄电池的负极，构成了闭合电路。该电路中的电动机通电而工作，使门窗上升。当需要门窗下降时，乘员按下开关上的下降开关，其电动机的电流方向相反，电动机通电而反转使门窗下降。

② 驾驶员侧的门窗升降　若主开关上的窗锁开关断开，则只有驾驶员侧车窗具备工作条件。另外，驾驶员侧的车窗开关由点触式电路控制。门窗在下降过程中，如果要使其停止在某一位置，只要再点触一下开关即可。其工作电路为：当驾驶员侧的门窗需要下降时，可按下主开关上下降按钮，其电流由蓄电池的正极→断路器→电动机→驾驶员侧开关的另一触点→窗锁开关→蓄电池的负极，构成闭合电路。与此同时，触点式开关的电路也同时接通，下降指示灯点亮，继电器线圈也通电而产生吸力，保持开关处于下降工作状态直至下降到极限位置。在下降过程中，如果要使门窗停在某一位置，驾驶员可再点触一下开关，则继电器线圈断路，门窗下降停止。

其他后座乘员左、右门窗的升降操纵与前乘员侧的操纵方法相同，在此不再叙述。

（二）电动车窗的检修操作

操作步骤	作业内容	图　解	具体操作方法及要求
1	车辆准备		技术要求： ①放置驾驶室四件套（脚垫、换挡杆套、座椅套和方向盘套） ②确认换挡杆置于 P 挡，拉起驻车制动器
2	检查驾驶员侧车窗		技术要求： ①打开点火开关 ②依次按压各按钮，检查对应车窗是否有状态变化 ③轻按或轻拉开关查看车窗玻璃是否能够实现点动升降 ④将开关使劲按到底或者向上拉到底，查看车窗玻璃是否能够实现自动的升降 ⑤检查车窗在升降过程中有无异响 易发问题： ①点火钥匙未打开到 ON 位置，车窗没有反应 ②后部车门没有关闭时操作开关车窗没有反应 ③车窗开关损坏或者车窗升降功能的相关部件有故障

续表

操作步骤	作业内容	图　解	具体操作方法及要求
3	检查后排车窗安全锁止键		技术要求： ①此开关用于避免在行车中乘坐在后排的儿童随意通过后座区的车窗开关打开和关闭车窗而引起的伤害事故。在此安全功能接通时 LED 指示灯亮起 ②此时操作后排车窗的开关，车窗没有反应 易发问题： 安全开关损坏或 LED 指示灯不亮
4	检查副驾驶侧及后排车窗		技术要求： ①打开点火开关 ②依次按压各按钮，检查对应车窗是否有状态变化 ③轻按或轻拉开关查看车窗玻璃是否能够实现点动升降 ④将开关使劲按到底或者向上拉到底，查看车窗玻璃是否能够实现自动的升降 ⑤检查车窗在升降过程中有无异响
5	车窗启动紧急模式		技术要求： 为了能够无故障的进行设置，首先要保证：车辆停止；存在足够的蓄电池电压，如有必要，连接充电器；点火钥匙处在收音机挡位或 ON 的挡位；所有车门都已关闭
6	检查电动天窗		技术要求： 打开点火钥匙到 ON；在收音机工作状态约 15min 内；在取下遥控器或关闭收音机工作状态下约 1min 内可操作电动天窗 ①向上按压开关，在活动天窗关闭时它自动升起，同时滑动遮阳板打开一点。在活动天窗打开时它位于自动升起位置。滑动遮阳板保持完全打开状态 ②向后将开关推到压力作用点，活动天窗和滑动遮阳板同时打开，直至松开开关为止 ③将开关推过其压力作用点，活动天窗和滑动遮阳板自动运行打开。再按一次开关，打开过程停止 ④将开关向前推过其压力作用点。活动天窗自动运行关闭 在以上 4 个步骤的操作中观察电动天窗的状态，判断故障点和故障原因
7	天窗的初始化		技术要求： 断电后可能会发生活动天窗只能升起的现象。这样必须对该系统进行初始化设置 ①打开点火钥匙到 ON，使天窗处在完全关闭的位置 ②向上顶天窗的开关，使天窗自动升起，同时滑动遮阳板打开一点 ③再次向上顶住天窗的开关，等待 15～20s，天窗开始自动运行到完全打开，接着继续自动运行到完全关闭的位置 ④初始化结束，此时天窗具有自动打开和关闭的功能，还具有防夹功能

续表

操作步骤	作业内容	图 解	具体操作方法及要求
8	5S工作		拆卸要求： ①对工具和设备清洁，并放回原位 ②整理场地 ③清扫场地 注意事项： 不要用潮湿的抹布清洁电器开关、按钮等 易发问题： ①清洁工作马马虎虎，应付差事 ②废弃物未丢弃或未分类丢弃 ③清洁不彻底、漏项

三、电动座椅

（一）电动座椅的结构原理

为了提高驾驶员和乘客的舒适性，许多轿车安装了电动座椅，即用电动机操作的座椅。它可以满足驾驶员多种姿势情况下的操作和安全的要求，当然也包括对乘客的舒适性和安全性的要求。本节介绍自动座椅的电子控制。

1. 对电动座椅的要求

① 在车厢内布置要合适，尤其是驾驶员的座椅，必须处于最佳的驾驶位置。

② 按人体工程学的要求，必须具有良好的静态与动态的舒适性。其外形必须符合人体生理功能，在不影响舒适性的前提下，力求美观大方。座椅应成凹形，以防止汽车转弯时驾驶员及乘员横向滑动而滑出座椅，同时座椅的前部可适当高于后部，这样汽车制动时可阻碍驾驶员及乘员向前滑动。另外，座椅的面料应有适当的粗糙度，以增大驾驶员及乘员与座椅之间的摩擦阻力，增强乘坐的稳定性。

③ 采用最经济的结构，尽可能地减少质量。

④ 必须十分安全可靠，应具有充分的强度、刚度与耐久性。对可调的座椅，要有可靠的锁止机构，以保证安全。

⑤ 应有良好的振动特性，能吸收从车厢传来的振动。

⑥ 应具有各种调节结构，可适应不同驾驶员、乘员在不同条件下获得最佳位置，以提高乘坐舒适性。

2. 六向电动座椅

（1）六向电动座椅的构造　如图 4-144 所示。六向电动座椅形式是三个电动机移动的六个不同方向：座椅的整体上、下高度调节和前、后滑动调节，以及前倾、后倾的调节。电动座椅前后方调节量一般为 100～160mm，座位前部与后部的调节量约 30～50mm。全程移动所需时间约为 8～10s。电动座椅一般由控制装置和执行机构组成。

① 控制装置。控制装置接受驾驶员或乘员输入的命令，控制执行机构完成电动座椅的调整。电动座椅组合开关包括前倾开关、后倾开关和四向开关（即上下和前后），如图 4-145所示。电动座椅组合控制开关有的汽车安装在车门上，有的汽车安装在座椅旁边，使驾驶员或乘员操纵方便。

② 执行机构。执行机构用来完成驾驶员的指令，在传动装置提供的动力前提下完成座椅的调整，以实现座椅的调节。其主要由电动机、传动、调节装置等组成。

a. 电动机。作用是为电动座椅的调节机构提供动力。此类电动机多采用双向电动机。即电枢的旋转方向随电流的方向改变而改变，使电动机按不同的电流方向进行正转或反转，

以达到座椅调节的目的。电动机的数量取决于电动座椅的类型，通常六向调节的电动座椅装有三个电动机。为防止电动机过载，电动机内装有熔断丝，以确保电器设备的安全。

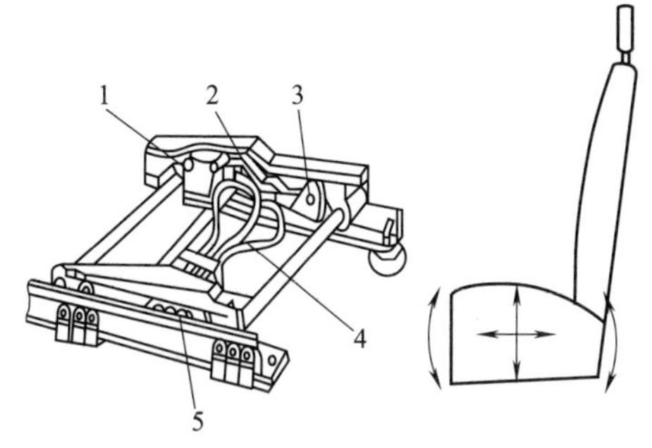

图 4-144 电动座椅调整结构

1—前变速器；2—水平变速器；3—后变速器；4—软轴；5—电动机

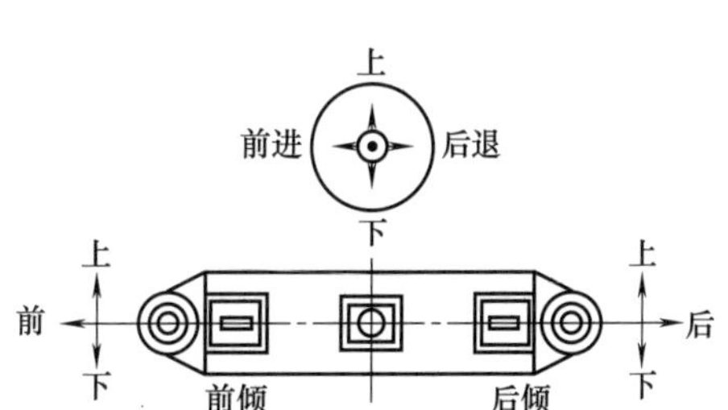

图 4-145 电动座椅组合控制开关

b. 传动、调节装置。传动装置的作用是将电动机的动力传给座椅调节装置，使其完成座椅的调整。它主要由联轴器、软轴、减速器与螺纹千斤顶或齿轮传动机构等组成。电动座椅动力传递过程是：电动机的动力→软传动轴→减速器→螺纹千斤顶或齿轮传动机构，使座椅按驾驶员或乘员的理想位置进行调节。

(2) 电动座椅的工作过程 电动座椅的控制电路如图 4-146 所示，它主要由蓄电池、组合控制开关和三个电动机等组成。组合控制开关内部有四套开关触点。驾驶员或乘员通过控制开关上的按钮来调节座椅的位置。

① 电动座椅前倾的调节 电动座椅前倾的调节实际上就是座椅前部垂直的上下调节。

a. 前部上升电路。如需要电动座椅前部垂直上升时，可接通调节组合控制开关 3 中的前倾开关。此时电路中电流的流动方向如图 4-147 所示。电流由蓄电池 1 的正极→熔断器 2→组合控制开关中①左侧触点→前倾电动机 6→熔断丝→组合控制开关中①右侧触点→组合控制开关中③右侧触点→搭铁→蓄电池的负极，构成闭合回路，电动机 6 转动，座椅前部垂直上升。

b. 前部下降电路。电流由蓄电池 1 的正极→熔断器 2→组合控制开关中①右侧触点→熔断丝→前倾电动机 6→组合控制开关中①左侧触点→组合控制开关中③左侧触点→搭铁→蓄电池的负极，构成闭合回路，电动机 6 反转，座椅前部垂直下降。

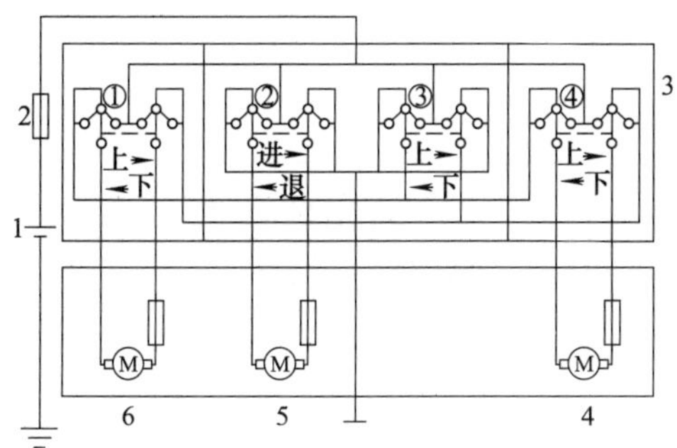

图 4-146 电动座椅电路

1—蓄电池；2—熔断器；3—控制开关；4—后高度调节电动机；5—前进/后退调节电动机；6—前高度调节电动机

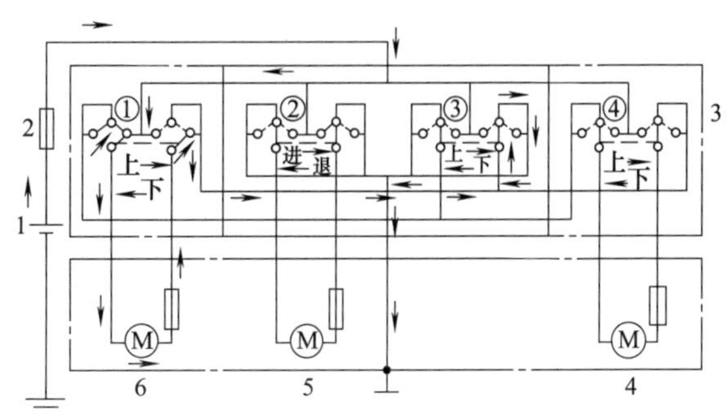

图 4-147 电动座椅前部上升时的电流方向

1—蓄电池；2—熔断器；3—控制开关；4—后高度调节电动机；5—前进/后退调节电动机；6—前高度调节电动机

② 电动座椅后倾的调节　电动座椅后倾的调节实际上就是座椅后部垂直的上下调节。

a. 后部上升电路。如需要电动座椅后部垂直上升时，可接通调节组合控制开关 3 中的后倾开关，这时，电流由蓄电池 1 的正极→熔断器 2→组合控制开关中④左侧触点→后倾电动机 4→熔断丝→组合控制开关中④右侧触点→组合控制开关中③右侧触点→搭铁→蓄电池的负极，构成闭合回路，电动机 4 转动，座椅后部垂直上升。

b. 后部下降电路。蓄电池 1 的正极→熔断器 2→组合控制开关中④右侧触点→熔断丝→后倾电动机 4→组合控制开关中④左侧触点→组合控制开关中③左侧触点→搭铁→蓄电池的负极，构成闭合回路，电动机 4 反转，座椅后部垂直下降。

③ 电动座椅的上/下调节　当需要调节座椅的高度时，驾驶员接通座椅的上升（或下降）的开关③，电动机 4 和 6 同时通电同向转动，实现座椅的上、下调节。

a. 座椅的上升电路。电动机 6 电路：蓄电池 1 正极→熔断器 2→③左侧触点→①左侧触点→电动机 6→电动机熔断器→①右侧触点→③右侧触点→搭铁→蓄电池的负极，电动机 6 正转。

电动机 4 电路：蓄电池 1 正极→熔断器 2→③左侧触点→④左侧触点→电动机 4→电动机熔断器→④右侧触点→③右侧触点→搭铁→蓄电池的负极，电动机 4 正转。

b. 座椅的下降电路。座椅的下降电路同上面类似，只是电动机 6 和 4 同时反转。

④ 座椅前进/后退的调节

a. 前进电路。蓄电池 1 正极→熔断器 2→②左侧触点→电动机 5→电动机熔断器→②右侧触点→搭铁→蓄电池的负极，电动机 5 正转，座椅前进。

b. 后退电路。蓄电池 1 正极→熔断器 2→②右侧触点→电动机熔断器→电动机 5→②左侧触点→搭铁→蓄电池的负极，电动机 5 反转，座椅后退。

3. 自动调节电动座椅

电子控制自动调节电动座椅，如图 4-148 所示。这种电动座椅带有记忆功能，它能够将调节后的位置记录下来，作为以后自动调节的基准。驾驶员需要调节时，只要一按开关就可自动调节到理想的位置。

（1）电子控制自动调节电动座椅的组成　电子控制自动调节电动座椅主要由电气控制部分和执行机构等组成。

① 电气控制部分。电气控制部分如图 4-148 所示，它主要由继电器 3、保护装置 2、控制开关（手动调节开关 4、存储复位开关 5）、电子控制模块 6、位置电位器 7 等组成。继电器 3 的作用是接通和断开控制系统的电路。

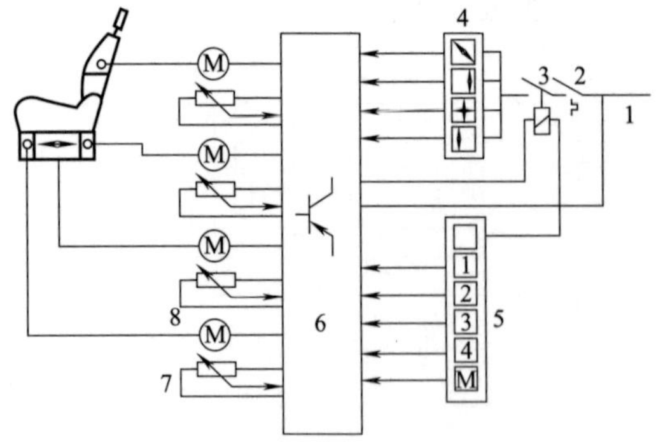

图 4-148　带记忆功能电动座椅电气控制示意图

1—接蓄电池；2—过载保护装置；3—继电器；4—手动调节开关；5—存储复位开关；6—电子控制模块；7—位置电位器；8—电动机

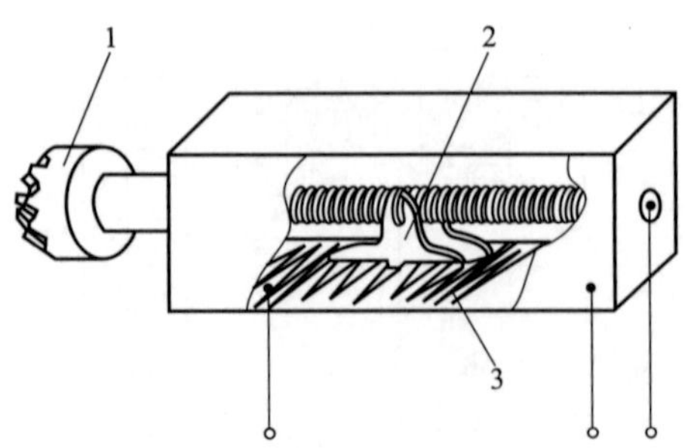

图 4-149　电动座椅的位置电位器

1—齿轮（电动机驱动）；2—滑块；3—电阻丝

a. 保护装置。保护装置 2 的作用是防止电气设备过载，保护电气设备的安全。

b. 控制开关。控制开关安装在驾驶员座椅的左侧，它的作用是控制座椅的调节。由手动调节开关 4 和存储复位开关 5 组成。当需要个别调节时，可按开关上的标志进行操作。存储是通过操纵存储开关，将电位器 7 输送来的电压信号存储在电子控制模块 6 中，作为以后调节的依据。复位开关的作用是通过操纵复位开关使座椅根据记忆恢复到原来的位置。

c. 电子模块。主要是用来自动控制座椅的调节。

d. 位置电位器。如图 4-149 所示，它主要由壳体、螺杆、滑块、电阻等组成。它的作用是将座椅的位置转变成电压信号输送给电子模块存储起来。其基本原理是，当调节座椅时，电动机将动力传给螺杆使螺杆转动，螺杆又带动滑块在电阻丝上滑移，于是改变了电阻值。根据欧姆定律，电阻值的变化引起电压的变化，当座椅的位置调定后将电压输送给电子模块，驾驶员只要按下存储按钮，就能将选定的调节位置进行存储作为重新调节基准。使用时只要按指定的按键，座椅就会调节到预先选定的座椅位置上。

② 执行机构。执行机构用来执行驾驶员的指令，以实现座椅的调整。它主要由电动机、传动装置和调节机构等组成。

a. 电动机。电动机将电能转换为机械能最终产生转矩，通过传动装置驱动调整机构对座椅进行调整。电动机多采用双向式永磁电动机。

b. 传动装置。传动装置的作用是将电动机的动力传给调整机构，以使座椅实现调节。它主要由传动轴和联轴器等组成。为了便于布置，有的传动轴是软传动轴。传动轴的一端通过联轴器与电动机连接，另一端与调节机构连接。

c. 调节机构。座椅的调节机构主要由蜗轮蜗杆减速器、螺杆和螺母（千斤顶）以及支承等组成。

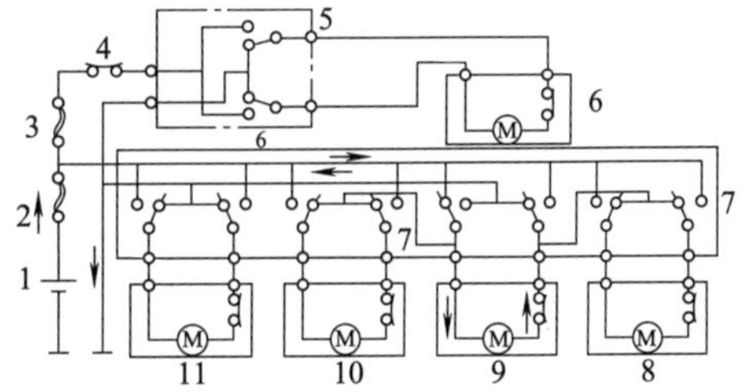

图 4-150　LS400 轿车电动座椅工作原理

1—蓄电池；2，3—熔断丝；4—开关；5—腰垫电动机开关；6—腰垫电动机；7—电动座椅组合控制开关；8—后垂直电动机；9—倾斜电动机；10—前垂直电动机；11—滑动电动机

（2）工作原理　下面以雷克萨斯 LS400 轿车电动座椅为例简介电动座椅的工作原理，如图 4-150 所示。驾驶员根据需要操纵开关并接通电动座椅的调节电路，即可完成不同的调节功能。图中 7 为电动座椅组合控制开关，其内部有四套开关触点，从左到右分别是滑动开关、前垂直开关、倾斜开关和后垂直开关。

① 靠背的倾斜调节

a. 座椅前倾调节。按下组合控制开关上的相应位置，倾斜开关中的左触点向左结合，如图 4-150 所示。电路为：蓄电池 1→熔断丝 2→倾斜开关左触点→倾斜电动机 9→熔断器→倾斜开关右触点→搭铁→蓄电池负极，构成闭合回路。倾斜电动机通电转动，电动机动力→传动装置→蜗轮蜗杆减速机构→链轮→终端的内外齿轮，驱动靠背向前倾斜。

b. 座椅后倾调节。如果需要靠背向后倾斜，只需要将开关向与原来相反的方向扳动，其电流就会与原来的方向相反，由于电动机是双向永磁性电动机，所以电流相反时，电动机的旋转的方向也相反，则靠背就会向与原来相反的方向倾斜

② 电动座椅的前后滑动调节　所谓座椅的前后滑动调节，是指座椅前后移动。

a. 座椅向前滑动。按下组合控制开关上的相应位置，滑动开关中的左触点向左结合。电路为：蓄电池正极→熔断丝 2→滑动开关左触点→滑动电动机 11→熔断器→滑动开关的右触点→搭铁→蓄电池的负极。滑动电动机通电工作，座椅水平向前滑动。

b. 座椅向后滑动。若需要座椅向后滑动，滑动开关右触点向右闭合，此时流过电动机 11 的电流方向与上述相反，电动机反转，座椅后移。

③ 座椅前/后垂直调节　前部垂直调节由电动机 10 控制，分为向上与向下两种运动。

a. 座椅的前部垂直向上调节。按下组合控制开关上的相应位置，前部垂直开关中的左触点向左结合。电路为：蓄电池正极→熔断丝 2→前部垂直开关中的左触点→前垂直电动机 10→熔断器→前部垂直开关中的右触点→倾斜开关左触点→搭铁→蓄电池负极，此时该电路闭合，电动机通电而转动。电动机的动力→蜗轮蜗杆减速机构→蜗轮转动并带动调整机构螺杆旋转，螺杆上的螺母便带着拉杆拉着拐臂绕拐臂的支承销摆动，拐臂的另一端便托着座椅架向上托起，则座椅的前部向上垂直移动。

b. 座椅的前部垂直向下调节。按下组合控制开关上的相应位置，前部垂直开关中的右触点向右结合。此时流过电动机 10 的电流方向与上述相反，电机反转，座椅前部垂直向下移动。

④ 座椅后部垂直调节

a. 座椅后部垂直向上调节。按下组合控制开关上的相应位置，后部垂直开关中的左触点向左结合。电路为：蓄电池正极→熔断丝 2→后部垂直开关中的左触点→后垂直电动机 8→熔断器→后部垂直开关中的右触点→倾斜开关右触点→搭铁→蓄电池负极，此时该电路闭合，电动机通电而转动，座椅后部向上移动。

b. 座椅后部垂直向下调节。按下组合控制开关上的相应位置，后部垂直开关中的右触点向右结合。此时流过电动机 8 的电流方向与上述相反，电动机反转，座椅后部垂直向下移动。

⑤ 座椅高度的调节　按下组合控制开关上的相应位置，前、后垂直电动机同时通电运动，座椅便整体向上或向下运动。

⑥ 腰垫的调节　如图 4-150 所示，当腰垫开关 5 上面的触点向上结合时，电路为：蓄电池正极→熔断丝 2→熔断丝 3→腰垫开关 5 上面的触点→腰垫电动机 6→腰垫开关 5 下面触点→搭铁→蓄电池的负极，构成闭合电路。此时，腰垫电动机 6 通电转动，腰垫向一个方向运动。

当腰垫开关 5 下面的触点向下结合时，电路为：蓄电池正极→熔断丝 2→熔断丝 3→腰垫开关 5 下面的触点→腰垫电动机 6→腰垫开关 5 上面的触点→搭铁→蓄电池的负极，构成闭合电路。此时，腰垫电动机 6 通电，腰垫向另一个方向运动。

有的汽车上还设有枕垫，其电路控制原理同上。

（二）电动座椅的检修操作

操作步骤	作业内容	图　解	具体操作方法及要求
1	车辆准备		技术要求： ①放置驾驶室四件套（脚垫、换挡杆套、座椅套和方向盘套） ②确认换挡杆置于 P 挡，拉起驻车制动器
2	检查电动座椅有无松动		技术要求： ①用手抓紧电动座椅前后左右的轻微的晃动，感觉是否有明显的松动或明显的异响 ②如果有明显的松动，必须紧固电动座椅螺栓并做进一步的检查 易发问题： 用力过大易造成座椅驱动电动机的损坏

续表

操作步骤	作业内容	图　解	具体操作方法及要求
3	检查电动座椅功能		技术要求： 按照图示操作按钮，观察座椅有变化 1—纵向移动 2—垂直移动 3—倾斜度变化 安全警告： 行车期间不要调整驾驶员座椅。否则可能因座椅意外移动而使汽车失控，并引发交通事故
4	检查电动座椅功能		技术要求： 按照图示操作按钮，观察座椅靠背的变化 安全警告： 在行驶过程中，也不要把前排乘客座椅的靠背过于向后倾斜，否则发生事故时乘客有滑到安全带下面的危险，导致安全带的保护作用不存在
5	检查电动座椅位置记忆功能		技术要求： 可以存储和调用两个不同的驾驶员座椅位置 ①接通收音机待机状态和点火装置 ②设置所需要的座椅位置 ③按压按钮 M ，按钮内的指示灯亮起 ④按压希望的存储按钮 1 或 2，指示灯熄灭 ⑤关闭并再打开点火开关，按压住 1 或 2 看座椅是否按照记忆向目标位置自行调整 安全警告： 在行驶期间不要调用记忆设置，否则会因座椅移动而存在发生事故的危险
6	检查电动座椅头枕的功能		技术要求： ①头枕向上移动：拉 ②头枕向下移动：按压按钮，然后向下按头枕 ③拆卸头枕时：将头枕向上拉至极限位置。按压按钮，箭头 1，然后取出头枕 安全警告： 正确设置头枕在发生事故时可以减小颈椎受伤的危险。调整头枕，使其中间部位基本与耳朵等高，否则在发生事故时会造成人身伤害
7	5S 工作		拆卸要求： ①对工具和设备清洁，并放回原位 ②整理场地 ③清扫场地 注意事项： 不要用潮湿的抹布清洁电器开关、按钮等 易发问题： ①清洁工作马马虎虎，应付差事 ②废弃物未丢弃或未分类丢弃 ③清洁不彻底、漏项

参考文献

［1］ 周晓飞. 汽车机修工入门全程图解. 北京：化学工业出版社，2017.

［2］ 刘言强. 汽车维修基础. 南京：江苏科学技术出版社，2010.

［3］ 徐峰. 现代系列轿车维修一本通. 南京：江苏科学技术出版社，2007.

［4］ 汪立亮. 章宏. 汽车机修工快速上岗全程图解. 北京：机械工业出版社，2014.

［5］ 朱芳新. 发动机构造与维修. 南京：江苏教育出版社，2013.

［6］ 卢永胜. 汽车底盘构造与维修. 南京：江苏教育出版社，2013.

［7］ 凌凯汽车资料编写组. 汽车维修实训教程——机修册. 北京：电子工业出版社，2014.